마하반야바라밀다경 15
摩訶般若波羅蜜多經 15

마하반야바라밀다경 15
摩訶般若波羅蜜多經 15

三藏法師 玄奘 漢譯 | 釋 普雲 國譯

혜안

역자의 말

보운

　수행자들에게 하루하루의 삶의 궤적(軌跡)은 세간과 출세간의 중심점에서 좁은 비탈길을 걸어가는 고독한 여행자(旅行者)의 모습을 많이 연상시키는 삶이다. 인간에게 삶의 근원적인 토대는 세간이므로 색신(色身)은 세간에 머물지라도, 심지(心地)는 출세간의 이치를 따라서 수행하는 소임이 맡겨져 있다. 간략하게 살펴본다면 하나의 관점에서는 스스로가 주체라고 말할지라도, 다른 관점에서는 객체의 삶이라는 명제가 주어진다. 실존이 먼저인가? 본질이 먼저인가의 근본적인 인생의 의미를 사유할지라도 수행자의 일생은 여전히 세간과 출세간의 경계에 서 있는 존재라는 의미가 현실을 직시하라고 자각(自覺)을 일깨운다.
　어느 때에 지나온 시간을 되돌아보니, 스스로가 경전을 방패로 삼아 문자에 묻혀있던 시간이 12년을 넘겼으므로 세상과 나의 가운데에 큰 유리벽이 생겨났다는 느낌을 받는다. 일반적인 사문과는 다르게 삼장(三藏)에 묻혀있던 생활 속에서 나는 어느덧 번역이라는 큰 바윗돌에 나의 생활이 짓눌려서 현실의 고통과 변화를 스스로가 격리시키고 있지 않았던가? 이러한 번민은 불·보살님 전에 일으켰던 서원을 실천해가는 과정이라고 스스로를 위로할지라도, 주위의 도반들이나, 승가의 다른 사람들의 수행의 모습들에서 많은 변화가 관찰된다.
　어느 한 순간에 한 사문의 안부가 궁금하였고 국토를 종단하여 만났던 때에, 그 순간에 느꼈던 인연의 그리움보다 세월의 무상함이 짓눌렀던 시간이 던지는 의미는 무엇일까? 이러한 세월의 변화를 번역가의 소명이라는 합리적인 구실을 찾으려고 노력하였던 것은 아니었을까? 세월의

흐름에 친근하였던 사문들은 인생의 황혼을 맞이하는 시간에 타협해야 하고, 승가는 새로운 변화에 도전받고 있으며, 주위의 대중들은 사회의 패러다임을 쫓아가고 있다. 인생에 60년의 주기가 한 바퀴를 굴렀으므로 그동안의 세월은 짧은 시절은 아니었던 것과 같은데, 삶의 매서운 장애를 마주하여 쓰러지지 않았고 절망하지 않았으니, 이것도 불·보살님과 나한님들께서 보살펴주신 공덕이리라. 지난 몇 개월과 동행하였던 번민스러운 장애는 인생에서 하나하나의 처신을 관찰하게 하였고, 삶의 여러 오류를 다시 깊이 성찰하는 시간이었는데, 이것도 역시 남은 여생에 출세간의 수행자에게 주어진 스쳐가는 인연에 하나의 과정일 것이다.

세간의 이치에서는 사문은 출세간의 삶을 추구해야 하므로 현실의 모습에 감응하는 감정이입이 일어나는 것이 불편한 진실일지라도, 한 인간으로 타고난 성품을 절제하지 못하고 번민하는 것은 수행력이 부족한 현재의 모습이리라. 한 사문의 수행력이 증장한다는 것은 스스로가 허물을 깊이 참회할 수 있고, 스스로가 갖춘 공능을 정확하게 인지하며, 스스로가 계행(戒行)과 정진의 힘을 보편적으로 관찰하고, 항상 평등하게 사부대중과 소통하며, 세존의 법을 지니고서 수행하며 널리 유포하고, 스스로가 지혜롭고 다른 사람의 지혜를 증장시키면서 서로가 화합하며, 스스로가 탐욕을 없애고 지혜를 갖춘 방편으로써 사부대중들에게 수행의 결과를 회향하는 것이리라.

한 인간의 생애에서 인생의 도리에 합당한 처신이었는가를 돌아보는 관점에서는 여러 부족함과 후회가 있을지라도, 가슴속에 깊이 묻어두었던 친족에 대한 그리움과 후회가 번잡스러울지라도, 지금 이 순간에도 서원의 길을 걸어갈 수 있는 자신에 가피하시는 시방(十方)의 불·보살님들과 나한님들의 무한한 공덕을 되새겨본다. 오늘도, 이 시간에도, 이 순간에도, 오백 존자들의 자애로운 눈빛이 죽림불교연구원의 서재를 향하고 있으니, 나에게 주어진 삶의 찬란한 환희(歡喜)이리라!

『마하반야바라밀다경』의 역경불사에는 많은 신심과 원력이 담겨있으나, 번역과 출판을 위하여 동참하신 사부대중들은 현세에서 스스로가 소원하는 소원에서 무한한 이익을 얻고, 세간에서 생겨나는 삼재팔난의 장애에서 벗어나기를 발원드리며, 이미 생(生)의 인연을 마치신 영가들께서는 아미타불의 극락정토에 왕생하시기를 발원드린다. 현재까지의 역경과 출판을 위하여 항상 후원과 격려를 보내주시는 은사이신 세영 스님과 죽림불교문화연구원의 사부대중들께 감사드리면서, 이 불사에 동참하신 분들께 불보살들의 가호(加護)가 항상 가득하기를 발원하면서 인사의 글을 마친다.

불기 2569년(2025) 8월에
서봉산 자락의 죽림불교문화연구원에서
사문 보운이 삼가 적다

출판에 도움을 주신 분들

도 선丘   지 정尼   김성도   김도연   왕지섭   문수현
강현구   이태양   이선미   허 민   허 승   정태열
이봉구靈駕   김대성靈駕   김태영靈駕   조승환靈駕   이효숙靈駕   이병훈靈駕

차 례

역자의 말 5
출판에 도움을 주신 분들 8
일러두기 14

해제(解題) 17

1. 성립과 한역 17
2. 설처(說處)와 결집(結集) 20
3. 각 품(品)의 권수와 구성 22

제2분 第二分

마하반야바라밀다경 제421권 33
23. 무변제품(無邊際品)(2) 33

마하반야바라밀다경 제422권 52
23. 무변제품(無邊際品)(3) 52

마하반야바라밀다경 제423권 73
23. 무변제품(無邊際品)(4) 73

24. 원리품(遠離品)(1) 84

마하반야바라밀다경 제424권 95
24. 원리품(遠離品)(2) 95

마하반야바라밀다경 제425권 117
25. 제석품(帝釋品)(1) 117

마하반야바라밀다경 제426권 142
25. 제석품(帝釋品)(2) 142
26. 신수품(信受品) 144
27. 산화품(散花品)(1) 150

마하반야바라밀다경 제427권 166
27. 산화품(散花品)(2) 166
28. 수기품(授記品) 171
29. 섭수품(攝受品)(1) 178

마하반야바라밀다경 제428권 190
29. 섭수품(攝受品)(2) 190
30. 솔도파품(窣堵波品) 193

마하반야바라밀다경 제429권 213
31. 복생품(福生品) 213
32. 공덕품(功德品) 215
33. 외도품(外道品) 220
34. 천래품(天來品)(1) 225

마하반야바라밀다경 제430권 235
    34. 천래품(天來品)(2) 235
    35. 설리라품(設利羅品) 240

마하반야바라밀다경 제431권 259
    36. 경문품(經文品)(1) 259

마하반야바라밀다경 제432권 282
    36. 경문품(經文品)(2) 282
    37. 수희회향품(隨喜廻向品)(1) 291

마하반야바라밀다경 제433권 302
    37. 수희회향품(隨喜廻向品)(2) 302

마하반야바라밀다경 제434권 323
    38. 대사품(大師品) 323
    39. 지옥품(地獄品)(1) 342

마하반야바라밀다경 제435권 345
    39. 지옥품(地獄品)(2) 345

마하반야바라밀다경 제436권 367
    40. 청정품(淸淨品) 367
    41. 무표치품(無標幟品)(1) 388

마하반야바라밀다경 제437권 394
    41. 무표치품(無標幟品)(2) 394
    42. 불가득품(不可得品) 411

마하반야바라밀다경 제438권 425
　43. 동북방품(東北方品)(1) 425

마하반야바라밀다경 제439권 448
　43. 동북방품(東北方品)(2) 448

마하반야바라밀다경 제440권 468
　43. 동북방품(東北方品)(3) 468
　44. 마사품(魔事品) 471
　45. 불화합품(不和合品)(1) 483

마하반야바라밀다경 제441권 491
　45. 불화합품(不和合品)(2) 491
　46. 불모품(佛母品)(1) 506

마하반야바라밀다경 제442권 513
　46. 불모품(佛母品)(2) 513
　47. 시상품(示相品)(1) 531

마하반야바라밀다경 제443권 537
　47. 시상품(示相品)(2) 537

마하반야바라밀다경 제444권 560
　48. 성판품(成辦品) 560
　49. 선등유품(船等喩品)(1) 575

마하반야바라밀다경 제445권 583
　49. 선등유품(船等喩品)(2) 583

50. 초업품(初業品)(1)　588

마하반야바라밀다경 제446권　604
　50. 초업품(初業品)(2)　604
　51. 조복탐등품(調伏貪等品)　612
　52. 진여품(眞如品)(1)　621

마하반야바라밀다경 제447권　627
　52. 진여품(眞如品)(2)　627

마하반야바라밀다경 제448권　650
　52. 진여품(眞如品)(3)　650
　53. 불퇴전품(不退轉品)　658

마하반야바라밀다경 제449권　675
　54. 전불퇴전품(轉不退轉品)　675
　55. 심심의품(甚深義品)(1)　694

마하반야바라밀다경 제450권　698
　55. 심심의품(甚深義品)(2)　698

일러두기

1. 이 책의 저본(底本)은 고려대장경(高麗大藏經) 1권부터 결집된 『마하반야바라밀다경(大般若波羅蜜多經)』이다.

2. 원문은 600권으로 구성되어 있으나 이 책에서는 각 권수를 표시하되 30권을 한 권의 책으로 편집하여 번역하였다.

3. 번역의 정밀함을 기하기 위해 여러 시대와 왕조에서 각각 결집된 여러 한역대장경을 대조하고 비교하며 번역하였다.

4. 원문은 현장 삼장의 번역을 충실하게 따랐으나, 반복되는 용어를 생략하였던 용어에서는 번역자가 생략 이전의 본래의 용어로 통일하여 번역하였다.

5. 원문에 나오는 '필추(苾芻)', '필추니(苾芻尼)' 등의 용어는 음사(音寫)이므로 현재에 사용하는 '비구(比丘)', '비구니(比丘尼)'라고 번역하였다.

6. 원문에서의 이전의 번역과는 다른 용어가 사용되고 있으므로 원문을 존중하여 저본의 용어로 번역하였다.
   예) 보시·지계·인욕·정진·선정·지혜바라밀다 → 보시(布施)·정계(淨戒)·안인(安忍)·정진(精進)·정려(靜慮)·반야바라밀다(般若波羅蜜多), 축생 → 방생(傍生), 아귀 → 귀계(鬼界)

7. 원문에서 사용되고 있으나, 현재의 용어와 많이 다른 경우는 현재 용어로 번역하였고, 생략되거나, 어휘가 변화된 용어도 현재의 용어를 사용하여 번역하였다.
   예) 루(漏) → 번뇌, 악취(惡趣) → 악한 세계, 여래(如來)·응(應)·정등각(正等覺) → 여래·응공·정등각, 수량(壽量) → 수명, 성판(成辦) → 성취

8. 원문에서 사용한 용어 중에 현재와 음가(音價)가 다르게 변형된 사례가 많이 발견된다. 원문의 뜻을 최대한 살려 번역하였으나 현저하게 의미가 달라진 용어의 경우 현재 사용하는 용어로 바꾸어 번역하였다.
   예) 우파색가(鄔波索迦)→ 우바색가, 나유다(那庾多)→ 나유타(那庾多)
9. 앞에서와 같이 동일한 문장이 계속하여 반복되는 경우에는 원문에서 내지(乃至)라는 용어가 사용되고 있는데, 현재의 의미로 해석하여 '…… 나아가 ……' 또는 '나아가'의 형태로 바꾸어 번역하였다.

해제(解題)

1. 성립과 한역

    이 경전의 범명(梵名)은 Mahāprajñāpāramitā Sūtra이다. 모두 600권으로 결집되었고, 여러 반야부의 경전들을 집대성하고 있다. 선행연구에서 대략 AD.1~200년경에 성립되었다고 연구되고 있으며, 인도의 쿠샨 왕조 시대에 남인도에서 널리 사용되었다고 추정되고, 뒤에 북인도에서 대중화되었으며, 산스크리트어로 많은 부분이 남아있다.
    본 번역의 저본은 고려대장경에 수록된『대반야바라밀다경(大般若波羅蜜多經)』으로 당(唐)의 현장(玄奘)이 방주(方州)의 옥화궁사(玉華宮寺)에서 659년 또는 660년에 번역을 시작하여 663년에 번역한 경전이고, 당시까지 번역된 경전과 현장이 새롭게 번역한 경전들을 모두 함께 수록하고 있다.
    중국에서 반야경의 유통은 동한(東漢)의 지루가참(支婁迦讖)이 역출(譯出)한『도행반야경(道行般若經)』10권을 번역하였던 것이 확인할 수 있는 최초의 사례이다. 이후에 삼국시대의 오(吳)나라 지겸(支謙)은『대명도무극경(大明度無極經)』6권으로 중역(重譯)하여 완성하였으며, 축법호(竺法護)는『광찬반야바라밀경(光贊般若波羅蜜經)』10권을 번역하였고, 조위(曹魏)의 사문 주사행(朱士行)이 감로(甘露) 5년(260)에 우전국(于闐國)에서 이만송대품반야범본(二萬頌大品般若梵本)을 구하여 무라차(無羅叉)와 함께『방광반야바라밀경(放光般若波羅蜜經)』20권으로 번역하였으며, 요진(姚秦)의 구마라집(鳩摩羅什)은 홍시(弘始) 6년(404)에 대품이만송(大品二萬頌)의 『마하반야바라밀경(摩訶般若波羅蜜經)』을 중역하였고, 홍시(弘始) 10년(408)에 『마하반야바라밀경(摩訶般若波羅蜜經)』과『금강반야경(金剛般若經)』등을 역출(譯出)하였으며, 북위(北魏) 영평(永平) 2년(509)에 보리유지(菩提流支)는 『금강반야경(金剛般若經)』1권을 역출하였다.

용수보살이 주석한 대지도론에서는 "또 삼장(三藏)에는 올바른 30만의 게송(偈)이 있고, 아울러 960만의 설(言)이 있으나, 마하연은 너무 많아서 무량하고 무한하다. 이와 같아서「반야바라밀품(般若波羅密品)」에는 2만2천의 게송이 있고,「대반야품(大般若品)」에는 10만의 게송이 있다."라고 전하고 있고, 세친(世親)이 저술하고 보리유지가 번역한『금강선론(金剛仙論)』에서는 "8부(八部)의 반야가 있는데, 분별한다면『대반야경초(大般若經初)』는 10만의 게송이고,『대품반야경(大品般若經)』은 2만 5천의 게송이며,『대반야경제삼회(大般若經第三會)』는 1만 8천의 게송이고,『소품반야경(小品般若經)』은 8천의 게송이며,『대반야경제오회(大般若經第五會)』는 4천의 게송이고,『승천왕반야경(勝天王般若經)』은 2천 5백의 게송이며,『문수반야경(文殊般若經)』은 6백의 게송이고,『금강경(金剛經)』은 3백의 게송이다."라고 주석하고 있다.

본 경전의 다른 명칭으로는 『대반야경(大般若經)』,『대품반야경(大品般若經)』, 또는 6백부반야(六百部般若)라고 불린다. 6백권의 390품이고 약 4백6십만의 한자로 결집되어 있으므로 현재 전하는 경장과 율장 및 논장의 가운데에서 가장 방대한 분량이다.

반야경의 한역본을 살펴보면 중복되는 명칭이 경전을 제외하더라도 여러 소경(小經)의 형태로 번역되었던 것을 살펴볼 수 있다. 그 사례를 살펴보면『방광반야경(放光般若經)』(20卷),『광찬경(光贊經)』(10卷),『마하반야바라밀경(摩訶般若波羅蜜經)』(27卷),『도행반야경(道行般若經)』(10卷),『대명도경(大明度經)』(6卷),『마하반야초경(摩訶般若鈔經)』(5卷),『소품반야바라밀경(小品般若波羅蜜經)』(10卷),『불설불모출생삼법장반야바라밀다경(佛說佛母出生三法藏般若波羅蜜多經)』(25卷), 『불설불모보덕장반야바라밀경(佛說佛母寶德藏般若波羅蜜經)』(3卷), 『성팔천송반야바라밀다일백팔명진실원의다라니경(聖八千頌般若波羅蜜多一百八名眞實圓義陀羅尼經)』, 『승천왕반야바라밀경(勝天王般若波羅蜜經)』(7卷), 『문수사리소설마하반야바라밀경(文殊師利所說摩訶般若波羅蜜經)』(2卷), 『문수사리소설반야바라밀경(文殊師利所說般若波羅蜜經)』, 『불설유수보살무상청정분위경(佛說濡首菩薩無上清淨分衛經)』(2卷), 『금강반야바라밀경(金剛般若波羅密經)』, 『금강능단반야바라밀경(金剛能斷般若波羅蜜經)』, 『불설능단금강반야바라밀다경(佛說能斷金剛般若波羅蜜多經)』, 『실상반야바라밀경(實相般若波羅蜜經)』, 『금강정유가이취반야경(金剛頂瑜伽理趣般若經)』, 『불설변조반야바라밀경(佛說遍照般若波羅蜜經)』, 『대락금강불공진실삼마야경(大樂金剛不空眞實三麼耶經)』, 『불설최상근본대락금강불공삼매대교왕경(佛說最上根本大樂金剛不空三昧大敎王經)』(7卷), 『불설인왕반야바라밀경(佛說仁王般若波羅蜜經)』(2卷), 『인왕호국반야바라밀다경(仁王護國般若波羅蜜多經)』(2卷), 『불설요의반야바라밀다경(佛說了義般若波羅蜜多經)』, 『불설오십송성반야바라밀경(佛說五十頌聖般若波羅蜜經)』, 『불설제석반야바라밀다심경(佛說帝釋般若波羅蜜多心經)』, 『마하반야바라밀대명주경(摩訶般若波羅蜜大明呪經)』, 『반야바라밀다심경(般若波羅蜜多心經)』, 『보편지장반야바라밀다심경(普遍智藏般若波羅蜜多心經)』, 『당범번대자음반야바라밀다심경(唐梵飜對字音般若波羅蜜多心經)』, 『불설성불모반야바라밀다경(佛說聖佛母般若波羅蜜多經)』, 『불설성불모소자반야바라밀다경(佛說聖佛母小字般若波羅蜜多經)』, 『불설관상불모반야바라밀다보살경(佛說觀想佛母般若波羅蜜多菩薩經)』, 『불설개각자성반야바라밀다경(佛說開覺自性般若波羅蜜多經)』(4卷), 『대승이취육바라밀다경(大乘理趣六波羅蜜多經)』(10卷) 등의 독립된 경전으로 다양하게 번역되었다.

2. 설처(說處)와 결집(結集)

마하반야바라밀다경의 결집은 4처(處) 16회(會)로 구성되어 있는데, 제1회에서 제6회까지와 제15회는 왕사성의 영취산에서, 제7회에서 제9회까지와 제11회에서 제14회까지는 사위성의 기원정사에서, 제10회는 타화자재천 왕궁에서, 제16회는 왕사성의 죽림정사에서 이루어졌으며, 표로 구성한다면 아래와 같다.

九部般若	四處	『大般若經』의 卷數	특기사항(別稱)
上品般若	鷲峰山	初會79品(1~400卷)	十萬頌般若
中品般若		第二會85品(401~478卷)	二萬五千頌般若, 大品般若經
		第三會31品(479~537卷)	一萬八千頌般若
下品般若		第四會29品(538~555卷)	八千頌般若, 小品般若經
		第五會24品(556~565卷)	四千頌般若
天王般若		第六會17品(566~573卷)	勝天王般若經
文殊般若	給孤獨園	第七會(574~575卷, 曼殊室利分)	七百頌般若, 文殊說般若經
那伽室利般若		第八會(576卷, 那伽室利分)	濡首菩薩經
金剛般若		第九會(577卷, 能斷金剛分)	三百頌般若, 金剛經
理趣般若	他化自在天	第十會(578卷, 般若理趣分)	理趣百五十頌, 理趣般若經
六分般若	給孤獨園	第十一會(579卷~583卷, 布施波羅蜜多分)	五波羅蜜多經
		第十二會(584卷~588卷, 戒波羅蜜多分)	
		第十三會(589卷, 安忍波羅蜜多分)	
		第十四會(590卷, 精進波羅蜜多分)	
	鷲峰山	第十五會(591~592卷, 靜慮波羅蜜多分)	
	竹林精舍	第十六會(593~600卷, 般若波羅蜜多分)	善勇猛般若經

제1회는 범어로는 Śatasāhasrikāprajñāpāramitāsūtra이고, 제1권~제400권의 10만송으로 결집되고 있으며, 79품으로 이루어져 있고, 전체의

3분의 2에 해당하는 분량이다. 현장에 의해 처음으로 번역되었으므로 이역본이 없다.

제2회는 범어로는 Pañcaviṁśatisāhasrikāprajñāpāramitā sūtra이고, 제401권~제478권의 2만5천송(大品般若)으로 결집되고 있으며, 85품으로 이루어져 있고, 제1회와 비교하여 「상제보살품(常啼菩薩品)」과 「법용보살품(法涌菩薩品)」의 두 품이 생략되어 있다. 이역본으로『방광반야바라밀경(放光般若波羅蜜經)』,『마하반야바라밀경(摩訶般若波羅蜜經)』,『광찬경(光讚經)』등이 있다.

제3회는 범어로는 Aṣṭādaśasāhasrikāprajñāpāramitā sūtra이고, 제479권~제537권의 1만8천송으로 결집되고 있으며, 31품으로 이루어져 있고, 제2회와 같이 「상제보살품」과 「법용보살품」이 생략되어 있다.

제4회는 범어로 Aṣṭasāhasrikāsūtra이고, 제538권~제555권의 8천송(小品般若)으로 결집되고 있으며, 29품으로 이루어져 있다.

제5회는 범어로 Aṣṭasāhasrikāprajñāpāramitā sūtra이고, 제556권~제565권의 8천송(小品般若)으로 결집되고 있으며, 24품으로 이루어져 있다. 반야경은 큰 위력이 있어서 그 자체가 신비한 주문이라고 설하면서 수지하고 독송하는 것을 강조하였다. 이역본으로는『마하반야초경(摩訶般若鈔經)』,『도행반야경(道行般若經)』,『대명도경(大明度經)』,『마하반야바라밀경(小品般若經)』, 시호 역의『불모출생삼장반야바라밀다경』, 법현 역의『불모보덕반야바라밀다경』, 시호 역의『성팔천송반야바라밀다일백팔명진실원의다라니경』등이 있다.

제6회는 범어로 Devarājapravaraprajñāpāramitā sūtra이고, 제566권~제573권으로 결집되고 있으며, 17품으로 이루어져 있다. 이역본으로『승천왕반야바라밀경(勝天王般若波羅蜜經)』이 있다.

제7회는 범어로는 Saptaśatikāprajñāpāramitā sūtra이고, 제574~제575권으로 결집되고 있으며, 7백송이다. 만수실리분(曼殊室利分)이라고도 부르는데, 만수실리는 문수사리를 가리킨다. 이역본으로『문수사리소설마하반야바라밀경(文殊師利所說摩訶般若波羅蜜經)』,『문수사리소설반야바라밀경(文殊師利所說般若波羅蜜經)』이 있다.

제8회는 범어로는 Nāgaśrīparipṛcchā sūtra이고, 제576권으로 결집되고 있으며, 5백송이다. 이역본으로『불설유수보살무상청정분위경(佛說濡首菩薩無上淸淨分衛經)』이 있다.

제9회는 범어로 Vajracchedikāprajñāpāramitā sūtra이고, 제577권으로 결집되고 있으며, 능단금강분(能斷金剛分)이라 한다. 이역본으로 구마라집·보리유지·진제가 각각 번역한『금강반야바라밀경』과 현장이 번역한『능단금강반야바라밀다경』, 의정(義淨)이 번역한『불설능단금강반야바라밀다경』이 있다.

제10회는 1백50송이며, 범어로는 Adhyardhaśatikāprajñāpāramitā sūtra이고, 제578권으로 결집되고 있으며, 1백50송이고, 반야이취분(般若理趣分)이라고 부른다. 이역본으로『실상반야바라밀경(實相般若波羅蜜經)』, 『금강정유가이취반야경(金剛頂瑜伽理趣般若經)』, 『변조반야바라밀경(遍照般若波羅蜜經)』, 『최상근본금강불공삼매대교왕경(最上根本金剛不空三昧大教王經)』 등이 있다.

제11회부터 제15회까지는 범어로는 Pañcapāramitānirdeśa이고 1천8백송이다. 제16회는 범어로 Suvikrāntavikramiparipṛcchāprajñāpāramitā sūtra이고, 2천1백송이다. 구체적으로 살펴보면, 제11회는 제579권~제583권의 보시바라밀다분이고, 제12회는 제584권~제588권의 정계바라밀다분이며, 제13회는 제589권의 안인바라밀다분이고, 제14회는 제590권의 정진바라밀다분이며, 제15회는 제591권~제592권의 정려바라밀다분이고, 제16회는 제593권~제600권의 반야바라밀다분으로 결집되어 있다.

3. 각 품(品)의 권수와 구성

『마하반야바라밀다경』의 결집은 4처(處) 16회(會)로 구성되어 있으나,

설법(說法)에 따른 분량에서 매우 많은 차이를 보여주고 있다. 이러한 차이는 각 법문의 내용과 대상에 따른 차이를 반영하고 있는데, 표를 통하여 600권에 수록된 각각의 품(品)과 분(分)을 살펴보면 다음과 같다.

법회(法會)	구분(區分)	설법의 분류	수록권수(收錄卷數)	특기사항
初會	緣起品	第1-1~2	1~2권	서문 수록
	學觀品	第2-1~2	3~4권	
	相應品	第3-1~4	4~7권	
	轉生品	第4-1~3	7~9권	
	贊勝德品	第5	10권	
	現舌相品	第6	10권	
	敎誡敎授品	第7-1~26	11~36권	
	勸學品	第8	36권	
	無住品	第9-1~2	36~37권	
	般若行相品	第10-1~4	38~41권	
	譬喩品	第11-1~4	42~45권	
	菩薩品	第12-1~2	45~46권	
	摩訶薩品	第13-1~3	47~49권	
	大乘鎧品	第14-1~3	49~51권	
	辨大乘品	第15-1~6	51~56권	
	贊大乘品	第16-1~6	56~61권	
	隨順品	第17	61권	
	無所得品	第18-1~10	61~70권	
	觀行品	第19-1~5	70~74권	
	無生品	第20-1~2	74~75권	
	淨道品	第21-1~2	75~76권	
	天帝品	第22-1~5	77~81권	
	諸天子品	第23-1~2	81~82권	
	受敎品	第24-1~3	82~83권	
	散花品	第25	84권	
	學般若品	第26-1~5	85~89권	
	求般若品	第27-1~10	89~98권	
	嘆衆德品	第28-1~2	98~99권	
	攝受品	第29-1~5	99~103권	
	校量功德品	第30-1~66	103~169권	
	隨喜迴向品	第31-1~5	169~172권	
	贊般若品	第32-1~10	172~181권	
	謗般若品	第33	181권	

	難信解品	第34-1~103	182~284권	
	贊淸淨品	第35-1~3	285~287권	
	着不着相品	第36-1~6	287~292권	
	說般若相品	第37-1~5	292~296권	
	波羅蜜多品	第38-1~2	296~297권	
	難聞功德品	第39-1~6	297~304권	
	魔事品	第40-1~2	304~305권	
	佛母品	第41-1~4	305~308권	
	不思議等品	第42-1~3	308~310권	
	辦事品	第43-1~2	310~311권	
	衆喩品	第44-1~3	311~313권	
	眞善友品	第45-1~4	313~316권	
	趣智品	第46-1~3	316~318권	
	眞如品	第47-1~7	318~324권	
	菩薩住品	第48-1~2	324~325권	
	不退轉品	第49-1~3	326~328권	
	巧方便品	第50-1~3	328~330권	
	願行品	第51-1~2	330~331권	
	殑伽天品	第52	331권	
	善學品	第53-1~5	331~335권	
	斷分別品	第54-1~2	335~336권	
	巧便學品	第55-1~5	337~341권	
	願喩品	第56-1~2	341~342권	
	堅等贊品	第57-1~5	342~346권	
	囑累品	第58-1~2	346~347권	
	無盡品	第59-1~2	347~348권	
	相引攝品	第60-1~2	349~350권	
	多問不二品	第61-1~13	350~363권	
	實說品	第62-1~3	363~365권	
	巧便行品	第63-1~2	365~366권	
	遍學道品	第64-1~7	366~372권	
	三漸次品	第65-1~2	372~373권	
	無相無得品	第66-1~6	373~378권	
	無雜法義品	第67-1~2	378~379권	
	諸功德相品	第68-1~5	379~383권	
	諸法平等品	第69-1~4	383~386권	
	不可動品	第70-1~5	386~390권	
	成熟有情品	第71-1~4	390~393권	
	嚴淨佛土品	第72-1~2	393~394권	
	淨土方便品	第73-1~2	394~395권	

	無性自性品	第74-1~2	395~396권	
	勝義瑜伽品	第75-1~2	396~397권	
	無動法性品	第76	397권	
	常啼菩薩品	第77-1~2	398~399권	
	法湧菩薩品	第78-1~2	399~400권	
	結勸品	第79	400권	
第二會	緣起品	第1	401권	서문 수록
	歡喜品	第2	402권	
	觀照品	第3-1~4	402~405권	
	無等等品	第4	405권	
	舌根相品	第5	405권	
	善現品	第6-1~3	406~408권	
	入離生品	第7	408권	
	勝軍品	第8-1~2	408~409권	
	行相品	第9-1~2	409~410권	
	幻喩品	第10	410권	
	譬喩品	第11	411권	
	斷諸見品	第12	411권	
	六到彼岸品	第13-1~2	411~412권	
	乘大乘品	第14	412권	
	無縛解品	第15	413권	
	三摩地品	第16-1~2	413~414권	
	念住等品	第17-1~2	414~415권	
	修治地品	第18-1~2	415~416권	
	出住品	第19-1~2	416~417권	
	超勝品	第20-1~2	417~418권	
	無所有品	第21-1~3	418~420권	
	隨順品	第22	420권	
	無邊際品	第23-1~4	420~423권	
	遠離品	第24-1~2	423~424권	
	帝釋品	第25-1~2	425~426권	
	信受品	第26	426권	
	散花品	第27-1~2	426~427권	
	授記品	第28	427권	
	攝受品	第29-1~2	427~428권	
	窣堵波品	第30	428권	
	福生品	第31	429권	
	功德品	第32	429권	
	外道品	第33	429권	
	天來品	第34-1~2	429~430권	

設利羅品	第35	430권	
經文品	第36-1~2	431~432권	
隨喜迴向品	第37-1~2	432~433권	
大師品	第38	434권	
地獄品	第39-1~2	434~435권	
清淨品	第40	436권	
無標幟品	第41-1~2	436~437권	
不可得品	第42	437권	
東北方品	第43-1~3	438~440권	
魔事品	第44	440권	
不和合品	第45-1~2	440~441권	
佛母品	第46-1~2	441~442권	
示相品	第47-1~2	442~443권	
成辦品	第48	444권	
船等喩品	第49-1~2	444~445권	
初業品	第50-1~2	445~446권	
調伏貪等品	第51	446권	
眞如品	第52-1~3	446~448권	
不退轉品	第53	448권	
轉不退轉品	第54	449권	
甚深義品	第55-1~2	449~450권	
夢行品	第56	451권	
願行品	第57	451권	
殑伽天品	第58	451권	
習近品	第59	452권	
增上慢品	第60-1~3	452~454권	
同學品	第61-1~2	454~455권	
同性品	第62-1~2	455~456권	
無分別品	第63	456권	
堅非堅品	第64-1~2	456~457권	
實語品	第65-1~2	457~458권	
無盡品	第66	458권	
相攝品	第67	459권	
巧便品	第68-1~4	459~463권	
樹喩品	第69	463권	
菩薩行品	第70	464권	
親近品	第71	464권	
遍學品	第72-1~2	464~465권	
漸次品	第73-1~2	465~466권	
無相品	第74-1~2	466~467권	

	無雜品	第75-1~2	467~468권	
	衆德相品	第76-1~4	468~471권	
	善達品	第77-1~3	471~473권	
	實際品	第78-1~2	473~474권	
	無闕品	第79-1~2	474~475권	
	道土品	第80	476권	
	正定品	第81	477권	
	佛法品	第82	477권	
	無事品	第83	478권	
	實說品	第84	478권	
	空性品	第85	478권	
第三會	緣起品	第1	479권	서문 수록
	舍利子品	第2-1~4	479~482권	
	善現品	第3-1~17	482~498권	
	天帝品	第4-1~3	498~500권	
	現窣堵波品	第5-1~3	500~502권	
	稱揚功德品	第6-1~2	502~503권	
	佛設利羅品	第7	503권	
	福聚品	第8-1~2	503~504권	
	隨喜迴向品	第9-1~2	504~505권	
	地獄品	第10-1~2	505~506권	
	嘆淨品	第11-1~2	506~507권	
	贊德品	第12	507권	
	陀羅尼品	第13-1~2	508~509권	
	魔事品	第14	509권	
	現世間品	第15	510권	
	不思議等品	第16	511권	
	譬喩品	第17	511권	
	善友品	第18	512권	
	眞如品	第19-1~2	513~514권	
	不退相品	第20-1~2	514~515권	
	空相品	第21-1~3	515~517권	
	殑伽天品	第22	517권	
	巧便品	第23-1~4	517~520권	
	學時品	第24	520권	
	見不動品	第25-1~2	521~522권	
	方便善巧品	第26-1~4	523~526권	
	慧到彼岸品	第27	527권	
	妙相品	第28-1~5	528~532권	
	施等品	第29-1~4	532~535권	

	佛國品	第30-1~2	535~536권	
	宣化品	第31-1~2	536~537권	
第四會	妙行品	第1-1~2	538~539권	서문 수록
	帝釋品	第2	539권	
	供養窣堵波品	第3-1~3	539~541권	
	稱揚功德品	第4	541권	
	福門品	第5-1~2	541~542권	
	隨喜迴向品	第6-1~2	543~544권	
	地獄品	第7	544권	
	清淨品	第8	545권	
	讚歎品	第9	545권	
	總持品	第10-1~2	545~546권	
	魔事品	第11-1~2	546~547권	
	現世間品	第12	547권	
	不思議等品	第13	547권	
	譬喻品	第14	548권	
	天贊品	第15	548권	
	眞如品	第16-1~2	548~549권	
	不退相品	第17	549권	
	空相品	第18-1~2	549~550권	
	深功德品	第19	550권	
	殑伽天品	第20	550권	
	覺魔事品	第21-1~2	551권	
	善友品	第22-1~2	551~552권	
	天主品	第23	552권	
	無雜無異品	第24	552권	
	迅速品	第25-1~2	552~553권	
	幻喻品	第26	553권	
	堅固品	第27-1~2	553~554권	
	散花品	第28	554권	
	隨順品	第29	555권	
第五會	善現品	第1	556권	서문 수록
	天帝品	第2	556권	
	窣堵波品	第3	557권	
	神呪品	第4	557권	
	設利羅品	第5	558권	
	經典品	第6	558권	
	迴向品	第7	558권	
	地獄品	第8	559권	
	清淨品	第9	559권	

	不思議品	第10-1~2	559~560권	
	魔事品	第11	560권	
	眞如品	第12	560권	
	甚深相品	第13	560~561권	
	船等喩品	第14	561권	
	如來品	第15-1~2	561~562권	
	不退品	第16	562권	
	貪行品	第17-1~2	562~563권	
	姉妹品	第18	563권	
	夢行品	第19	563권	
	勝意樂品	第20	564권	
	修學品	第21	564권	
	根栽品	第22-1~2	564~565권	
	付囑品	第23	565권	
	見不動佛品	第24	565권	
第六會	緣起品	第1	566권	서문 수록
	通達品	第2	566권	
	顯相品	第3	567권	
	法界品	第4-1~2	567~568권	
	念住品	第5	568권	
	法性品	第6	569권	
	平等品	第7	570권	
	現相品	第8	570권	
	無所得品	第9	571권	
	證勸品	第10	571권	
	顯德品	第11	572권	
	現化品	第12	572권	
	陀羅尼品	第13	572권	
	勸誡品	第14-1~2	572~573권	
	二行品	第15	573권	
	讚歎品	第16	573권	
	付囑品	第17	573권	
第七會	曼殊室利分	第1~2	574~575권	서문 수록
第八會	那伽室利分	第1	576권	서문 수록
第九會	能斷金剛分	第1	577권	서문 수록
第十會	般若理趣分	第1	578권	서문 수록
第十一會	施波羅蜜多分	第1~5	579~583권	서문 수록
第十二會	淨戒波羅蜜多分	第1~5	584~588권	서문 수록
第十三會	忍波羅蜜多分	第1	589권	서문 수록
第十四會	精進波羅蜜多分	第1	590권	서문 수록

| 第十五會 | 靜慮波羅蜜多分 | 第1~2 | 591~592권 | 서문 수록 |
| 第十六會 | 般若波羅蜜多分 | 第1~8 | 593~600권 | 서문 수록 |

따라서 마하반야바라밀다경은 설법의 내용을 따라서 각각 다른 결집의 형태를 보여주고 있으며, 매우 방대하였던 까닭으로 반야계통의 경전인 『소품반야경』, 『금강반야경』, 『반야심경』 등에 비교하여 많이 연구되지 않고 있다. 그러나 『고려대장경』의 처음에 『마하반야바라밀다경』을 배치하고 있는 것은 한국불교에서는 『마하반야바라밀다경』의 사상적인 위치가 매우 중요하였다고 추정할 수 있다.

제2분
第二分

마하반야바라밀다경 제421권

23. 무변제품(無邊際品)(2)

그때 구수(具壽) 사리자(舍利者)가 선현(善現)에게 물어 말하였다.
"무슨 인연을 까닭으로 전제(前際)의 제보살마하살이 무소유(無所有)이고 얻을 수 없으며, 후제(後際)의 제보살마하살이 무소유이고 얻을 수 없으며, 중제(中際)의 제보살마하살이 무소유이고 얻을 수 없다고 설(說)합니까? 무슨 인연을 까닭으로 색(色)이 무변(無邊)한 까닭으로 보살마하살도 역시 무변하다고 마땅히 알 수 있겠고, 수(受)·상(想)·행(行)·식(識)이 무변한 까닭으로 보살마하살도 역시 무변하다고 마땅히 알 수 있겠으며, 나아가 성문승(聲聞乘)이 무변한 까닭으로 보살마하살도 역시 무변하다고 마땅히 알 수 있겠고, 독각승(獨覺乘)·대승(大乘)이 무변한 까닭으로 보살마하살도 역시 무변하다고 마땅히 알 수 있다고 설합니까?
무슨 인연을 까닭으로 곧 색인 보살마하살이 무소유이므로 얻을 수 없고, 색을 벗어난 보살마하살도 무소유이므로 얻을 수 없으며, 곧 수·상·행·식인 보살마하살이 무소유이므로 얻을 수 없고, 수·상·행·식을 벗어난 보살마하살도 무소유이므로 얻을 수 없으며, 나아가 곧 성문승인 보살마하살이 무소유이므로 얻을 수 없으며, 성문승을 벗어난 보살마하살도 무소유이므로 얻을 수 없으며, 곧 독각승·대승에 의한 보살마하살이 무소유이므로 얻을 수 없으며, 독각승·대승을 벗어난 보살마하살도 무소유이므로 얻을 수 없다고 설합니까?
무슨 인연을 까닭으로 나에게 이러한 등의 일체법(一切法)으로써, 일체의 종류(一切種)로써, 일체의 처소(一切處)로써, 일체의 때(一切時)로써, 제보살마하살을 구하더라도 모두 볼 수 없고 결국 얻을 수 없다고 설하시면서, 어찌하여 저에게 반야바라밀다로써 제보살마하살을 교계(教誡)하고 교수(教授)하라고 시킵니까? 무슨 인연을 까닭으로 제보살마하살이 제보살마하살인 것은 다만 가명(假名)으로 있고 모두 자성(自性)이 없다고 설합니까? 무슨 인연을 까닭으로 나(我) 등은 반드시 결국에는 생겨나지 않는다고 설하는 것과 같이, 다만 가명이 있고 모두 자성이 없다고 설합니까?

무슨 인연을 까닭으로 제법도 역시 그와 같아서 반드시 결국에는 생겨나지 않고 다만 가명이 있으며 모두 자성이 없다고 설합니까? 무슨 인연을 까닭으로 무엇 등의 색도 반드시 결국에는 생겨나지 않고, 무엇 등의 수·상·행·식도 반드시 결국에는 생겨나지 않으며, 나아가 무엇 등의 성문승도 반드시 결국에는 생겨나지 않고, 무엇 등의 독각승·대승도 반드시 결국에는 생겨나지 않는다고 설합니까? 무슨 인연을 까닭으로 반드시 결국에는 생겨나지 않는다면 곧 색이라고 이름할 수 없고, 역시 수·상·행·식이라고 이름할 수 없으며, 나아가 결국에는 생겨나지 않는다면 성문승이라고 이름할 수 없고, 역시 독각승·대승이라고 이름할 수 없다고 설합니까?

무슨 인연을 까닭으로 내가 어찌 능히 반드시 결국에는 생겨나지 않는 반야바라밀다로써 반드시 결국에는 생겨나지도 않는 제보살마하살을 능히 교계하고 교수할 수 있다고 설합니까? 무슨 인연을 까닭으로 반드시 결국에는 생겨나지 않는 것을 벗어난다면, 역시 보살마하살이 무상정등보리(無上正等菩提)를 능히 수행할 수 없다고 설합니까? 무슨 인연을 까닭으로 만약 보살마하살이 이와 같은 말씀을 듣고서 마음을 숨기지 않고 침울하지 않거나, 역시 근심과 후회가 없거나, 그 마음이 놀라지 않고 두렵지 않으며 겁내지 않는다면, 이 보살마하살은 능히 반야바라밀다를 수행할 수 있다고 마땅히 알아야 한다고 설합니까? 인자(仁者)여. 지금 나에게 상응하게 갖추어 설하여 주십시오."

그때 구수 선현이 사리자에게 알려 말하였다.

"존자(尊者)께서 '무슨 인연을 까닭으로 전제의 제보살마하살이 무소유(無所有)이므로 얻을 수 없고, 후제의 제보살마하살도 무소유이므로 얻을 수 없으며, 중제의 제보살마하살도 무소유이므로 얻을 수 없다고 말하십니까?'라고 물었던 것에서, 사리자여. 유정은 무소유인 까닭으로 전제의 제보살마하살은 무소유이므로 얻을 수 없고, 유정은 공(空)한 까닭으로 전제의 제보살마하살도 무소유이므로 얻을 수 없으며, 유정은 멀리 벗어난 까닭으로 전제의 제보살마하살도 무소유이므로 얻을 수 없고, 유정은 자성이 없는 까닭으로 전제의 제보살마하살도 무소유이므로 얻을 수 없으며, 후제와 중제의 제보살마하살도 무소유이므로 얻을 수 없는 것은 역시 이와 같습니다.

사리자여. 색(色)은 무소유인 까닭으로 전제의 제보살마하살은 무소유이므로 얻을 수 없고, 수(受)·상(想)·행(行)·식(識)도 무소유인 까닭으로 전제의 제보살마하살은 무소유이므로 얻을 수 없으며, 색은 공한 까닭으로 전제의 제보살마하살도 무소유이므로 얻을 수 없고, 수·상·행·식도 공한 까닭으로 전제의 제보살마하살도 무소유이므로 얻을 수 없으며, 색은 멀리 벗어난 까닭으로 전제의 제보살마하살도 무소유이므로 얻을 수 없고, 수·상·행·식도 멀리 벗어난 까닭으로 전제의 제보살마하살도 무소유이므로 얻을 수 없으며, 색은 자성이 없는 까닭으로 전제의 제보살마하살도 무소유이므로 얻을 수 없고, 수·상·행·식도 자성이 없는 까닭으로 전제의 제보살마하살도 무소유이므로 얻을 수 없으며, 후제와 중제의 제보살마하살도 무소유이므로 얻을 수 없는 것은 역시 이와 같습니다.

사리자여. 안처(眼處)는 무소유인 까닭으로 전제의 제보살마하살은 무소유이므로 얻을 수 없고, 이(耳)·비(鼻)·설(舌)·신(身)·의처(意處)도 무소유인 까닭으로 전제의 제보살마하살은 무소유이므로 얻을 수 없으며, 안처는 공한 까닭으로 전제의 제보살마하살도 무소유이므로 얻을 수 없고, 이·비·설·신·의처도 공한 까닭으로 전제의 제보살마하살도 무소유이므로 얻을 수 없으며, 안처는 멀리 벗어난 까닭으로 전제의 제보살마하살도 무소유이므로 얻을 수 없고, 이·비·설·신·의처도 멀리 벗어난 까닭으로 전제의 제보살마하살도 무소유이므로 얻을 수 없으며, 안처는 자성이 없는 까닭으로 전제의 제보살마하살도 무소유이므로 얻을 수 없고, 이·비·설·신·의처도 자성이 없는 까닭으로 전제의 제보살마하살도 무소유이므로 얻을 수 없으며, 후제와 중제의 제보살마하살도 무소유이므로 얻을 수 없는 것은 역시 이와 같습니다.

사리자여. 색처(色處)는 무소유인 까닭으로 전제의 제보살마하살은 무소유이므로 얻을 수 없고, 성(聲)·향(香)·미(味)·촉(觸)·법처(法處)도 무소유인 까닭으로 전제의 제보살마하살은 무소유이므로 얻을 수 없으며, 색처는 공한 까닭으로 전제의 제보살마하살도 무소유이므로 얻을 수 없고, 성·향·미·촉·법처도 공한 까닭으로 전제의 제보살마하살도 무소유이므로 얻을 수 없으며, 색처는 멀리 벗어난 까닭으로 전제의 제보살마하살도 무소유이므로 얻을 수 없고, 성·향·미·촉·법처도 멀리 벗어난 까닭으로 전제의 제보살마하살도 무소유이므로 얻을 수 없으며, 색처는 자성이 없는 까닭으로 전제의 제보살마하살도 무소유이므로 얻을 수 없고, 성·향·미·촉·법처도 자성이 없는 까닭으로 전제의 제보살마하살도 무소유이므로 얻을 수 없으며, 후제와 중제의 제보살마하살도 무소유이므로 얻을 수 없는 것은 역시 이와 같습니다.

사리자여. 안계(眼界)는 무소유인 까닭으로 전제의 제보살마하살은 무소유이므로 얻을 수 없고, 이(耳)·비(鼻)·설(舌)·신(身)·의계(意界)도 무소유인 까닭으로 전제의 제보살마하살은 무소유이므로 얻을 수 없으며, 안계는 공한 까닭으로 전제의 제보살마하살도 무소유이므로 얻을 수 없고, 이·비·설·신·의계도 공한 까닭으로 전제의 제보살마하살도 무소유이므로 얻을 수 없으며, 안계는 멀리 벗어난 까닭으로 전제의 제보살마하살도 무소유이므로 얻을 수 없고, 이·비·설·신·의계도 멀리 벗어난 까닭으로 전제의 제보살마하살도 무소유이므로 얻을 수 없으며, 안계는 자성이 없는 까닭으로 전제의 제보살마하살도 무소유이므로 얻을 수 없고, 이·비·설·신·의계도 자성이 없는 까닭으로 전제의 제보살마하살도 무소유이므로 얻을 수 없으며, 후제와 중제의 제보살마하살도 무소유이므로 얻을 수 없는 것은 역시 이와 같습니다.

사리자여. 색계(色界)는 무소유인 까닭으로 전제의 제보살마하살은 무소유이므로 얻을 수 없고, 성(聲)·향(香)·미(味)·촉(觸)·법계(法界)도 무소유인 까닭으로 전제의 제보살마하살은 무소유이므로 얻을 수 없으며, 색계는 공한 까닭으로 전제의 제보살마하살도 무소유이므로 얻을 수 없고, 성·향·미·촉·법계도 공한 까닭으로 전제의 제보살마하살도 무소유이므로 얻을 수 없으며, 색계는 멀리 벗어난 까닭으로 전제의 제보살마하살도 무소유이므로 얻을 수 없고, 성·향·미·촉·법계도 멀리 벗어난 까닭으로 전제의 제보살마하살도 무소유이므로 얻을 수 없으며, 색계는 자성이 없는 까닭으로 전제의 제보살마하살도 무소유이므로 얻을 수 없고, 성·향·미·촉·법계도 자성이 없는 까닭으로 전제의 제보살마하살도 무소유이므로 얻을 수 없으며, 후제와 중제의 제보살마하살도 무소유이므로 얻을 수 없는 것은 역시 이와 같습니다.

사리자여. 안식계(眼識界)는 무소유인 까닭으로 전제의 제보살마하살은 무소유이므로 얻을 수 없고, 이(耳)·비(鼻)·설(舌)·신(身)·의식계(意識界)도 무소유인 까닭으로 전제의 제보살마하살은 무소유이므로 얻을 수 없으며, 안식계는 공한 까닭으로 전제의 제보살마하살도 무소유이므로 얻을 수 없고, 이·비·설·신·의식계도 공한 까닭으로 전제의 제보살마하살도 무소유이므로 얻을 수 없으며, 안식계는 멀리 벗어난 까닭으로 전제의 제보살마하살도 무소유이므로 얻을 수 없고, 이·비·설·신·의식계도 멀리 벗어난 까닭으로 전제의 제보살마하살도 무소유이므로 얻을 수 없으며, 안식계는 자성이 없는 까닭으로 전제의 제보살마하살도 무소유이므로 얻을 수 없고, 이·비·설·신·의식계도 자성이 없는 까닭으로 전제의 제보살마하살도 무소유이므로 얻을 수 없으며, 후제와 중제의 제보살마하살도 무소유이므로 얻을 수 없는 것은 역시 이와 같습니다.

사리자여. 안촉(眼觸)은 무소유인 까닭으로 전제의 제보살마하살은 무소유이므로 얻을 수 없고, 이(耳)·비(鼻)·설(舌)·신(身)·의촉(意觸)도 무소유인 까닭으로 전제의 제보살마하살은 무소유이므로 얻을 수 없으며,

안촉은 공한 까닭으로 전제의 제보살마하살도 무소유이므로 얻을 수 없고, 이·비·설·신·의촉도 공한 까닭으로 전제의 제보살마하살도 무소유이므로 얻을 수 없으며, 안촉은 멀리 벗어난 까닭으로 전제의 제보살마하살도 무소유이므로 얻을 수 없고, 이·비·설·신·의촉도 멀리 벗어난 까닭으로 전제의 제보살마하살도 무소유이므로 얻을 수 없으며, 안촉은 자성이 없는 까닭으로 전제의 제보살마하살도 무소유이므로 얻을 수 없고, 이·비·설·신·의촉도 자성이 없는 까닭으로 전제의 제보살마하살도 무소유이므로 얻을 수 없으며, 후제와 중제의 제보살마하살도 무소유이므로 얻을 수 없는 것은 역시 이와 같습니다.

사리자여. 안촉(眼觸)을 인연으로 생겨난 여러 수(受)는 무소유인 까닭으로 전제의 제보살마하살은 무소유이므로 얻을 수 없고, 이(耳)·비(鼻)·설(舌)·신(身)·의촉(意觸)을 인연으로 생겨난 여러 수도 무소유인 까닭으로 전제의 제보살마하살은 무소유이므로 얻을 수 없으며, 안촉을 인연으로 생겨난 여러 수는 공한 까닭으로 전제의 제보살마하살도 무소유이므로 얻을 수 없고, 이·비·설·신·의촉을 인연으로 생겨난 여러 수도 공한 까닭으로 전제의 제보살마하살도 무소유이므로 얻을 수 없으며, 안촉을 인연으로 생겨난 여러 수는 멀리 벗어난 까닭으로 전제의 제보살마하살도 무소유이므로 얻을 수 없고, 이·비·설·신·의촉을 인연으로 생겨난 여러 수도 멀리 벗어난 까닭으로 전제의 제보살마하살도 무소유이므로 얻을 수 없으며, 안촉을 인연으로 생겨난 여러 수는 자성이 없는 까닭으로 전제의 제보살마하살도 무소유이므로 얻을 수 없고, 이·비·설·신·의촉을 인연으로 생겨난 여러 수도 자성이 없는 까닭으로 전제의 제보살마하살도 무소유이므로 얻을 수 없으며, 후제와 중제의 제보살마하살도 무소유이므로 얻을 수 없는 것은 역시 이와 같습니다.

사리자여. 보시바라밀다(布施波羅蜜多)는 무소유인 까닭으로 전제의 제보살마하살은 무소유이므로 얻을 수 없고, 정계(淨戒)·안인(安忍)·정진(精進)·정려(靜慮)·반야바라밀다(般若波羅蜜多)도 무소유인 까닭으로 전제의 제보살마하살은 무소유이므로 얻을 수 없으며, 보시바라밀다는 공한 까닭으로 전제의 제보살마하살도 무소유이므로 얻을 수 없고, 정계·안인·정진·정려·반야바라밀다도 공한 까닭으로 전제의 제보살마하살도 무소유이므로 얻을 수 없으며, 보시바라밀다는 멀리 벗어난 까닭으로 전제의 제보살마하살도 무소유이므로 얻을 수 없고, 정계·안인·정진·정려·반야바라밀다도 멀리 벗어난 까닭으로 전제의 제보살마하살도 무소유이므로 얻을 수 없으며, 보시바라밀다는 자성이 없는 까닭으로 전제의 제보살마하살도 무소유이므로 얻을 수 없고, 정계·안인·정진·정려·반야바라밀다도 자성이 없는 까닭으로 전제의 제보살마하살도 무소유이므로 얻을 수 없으며, 후제와 중제의 제보살마하살도 무소유이므로 얻을 수 없는 것은 역시 이와 같습니다.

 사리자여. 내공(內空)은 무소유인 까닭으로 전제의 제보살마하살은 무소유이므로 얻을 수 없고, 외공(外空)·내외공(內外空)·공공(空空)·대공(大空)·승의공(勝義空)·유위공(有爲空)·무위공(無爲空)·필경공(畢竟空)·무제공(無際空)·산공(散空)·무변이공(無變異空)·본성공(本性空)·자상공(自相空)·공상공(共相空)·일체법공(一切法空)·불가득공(不可得空)·무성공(無性空)·자성공(自性空)·무성자성공(無性自性空)도 무소유인 까닭으로 전제의 제보살마하살은 무소유이므로 얻을 수 없으며, 내공은 공한 까닭으로 전제의 제보살마하살도 무소유이므로 얻을 수 없고, 외공, 나아가 무성자성공도 공한 까닭으로 전제의 제보살마하살도 무소유이므로 얻을 수 없으며, 내공은 멀리 벗어난 까닭으로 전제의 제보살마하살도 무소유이므로 얻을 수 없고, 외공, 나아가 무성자성공도 멀리 벗어난 까닭으로 전제의 제보살마하살도 무소유이므로 얻을 수 없으며, 내공은 자성이 없는 까닭으로 전제의 제보살마하살도 무소유이므로 얻을 수 없고, 외공, 나아가 무성자성공도 자성이 없는 까닭으로 전제의 제보살마하살도 무소유이므로 얻을 수 없으며, 후제와 중제의 제보살마하살도 무소유이므로 얻을 수 없는 것은 역시 이와 같습니다.

 사리자여. 4념주(四念住)는 무소유인 까닭으로 전제의 제보살마하살은 무소유이므로 얻을 수 없고, 4정단(四正斷)·4신족(四神足)·5근(五根)·5력

(五力)·7등각지(七等覺支)·8성도지(八聖道支)도 무소유인 까닭으로 전제의 제보살마하살은 무소유이므로 얻을 수 없으며, 4념주는 공한 까닭으로 전제의 제보살마하살도 무소유이므로 얻을 수 없고, 4정단, 나아가 8성도지도 공한 까닭으로 전제의 제보살마하살도 무소유이므로 얻을 수 없으며, 4념주는 멀리 벗어난 까닭으로 전제의 제보살마하살도 무소유이므로 얻을 수 없고, 4정단, 나아가 8성도지도 멀리 벗어난 까닭으로 전제의 제보살마하살도 무소유이므로 얻을 수 없으며, 4념주는 자성이 없는 까닭으로 전제의 제보살마하살도 무소유이므로 얻을 수 없고, 4정단, 나아가 8성도지도 자성이 없는 까닭으로 전제의 제보살마하살도 무소유이므로 얻을 수 없으며, 후제와 중제의 제보살마하살도 무소유이므로 얻을 수 없는 것은 역시 이와 같습니다.

사리자여. 이와 같이 나아가, 여래(佛)의 10력(十力)은 무소유인 까닭으로 전제의 제보살마하살은 무소유이므로 얻을 수 없고, 4무소외(四無所畏)·4무애해(四無礙解)·대자(大慈)·대비(大悲)·대희(大喜)·대사(大捨)·18불불공법(十八佛不共法)도 무소유인 까닭으로 전제의 제보살마하살은 무소유이므로 얻을 수 없으며, 여래의 10력은 공한 까닭으로 전제의 제보살마하살도 무소유이므로 얻을 수 없고, 4무소외, 나아가 18불불공법도 공한 까닭으로 전제의 제보살마하살도 무소유이므로 얻을 수 없으며, 여래의 10력은 멀리 벗어난 까닭으로 전제의 제보살마하살도 무소유이므로 얻을 수 없고, 4무소외, 나아가 18불불공법도 멀리 벗어난 까닭으로 전제의 제보살마하살도 무소유이므로 얻을 수 없으며, 여래의 10력은 자성이 없는 까닭으로 전제의 제보살마하살도 무소유이므로 얻을 수 없고, 4무소외, 나아가 18불불공법도 자성이 없는 까닭으로 전제의 제보살마하살도 무소유이므로 얻을 수 없으며, 후제와 중제의 제보살마하살도 무소유이므로 얻을 수 없는 것은 역시 이와 같습니다.

사리자여. 성문법(聲聞法)은 무소유인 까닭으로 전제의 제보살마하살은 무소유이므로 얻을 수 없고, 독각법(獨覺法)·제불법(諸佛法)도 무소유인 까닭으로 전제의 제보살마하살은 무소유이므로 얻을 수 없으며, 성문법은 공한 까닭으로 전제의 제보살마하살도 무소유이므로 얻을 수 없고, 독각법·제불법도 공한 까닭으로 전제의 제보살마하살도 무소유이므로 얻을 수 없으며, 성문법은 멀리 벗어난 까닭으로 전제의 제보살마하살도 무소유이므로 얻을 수 없고, 독각법·제불법도 멀리 벗어난 까닭으로 전제의 제보살마하살도 무소유이므로 얻을 수 없으며, 성문법은 자성이 없는 까닭으로 전제의 제보살마하살도 무소유이므로 얻을 수 없고, 독각법·제불법도 자성이 없는 까닭으로 전제의 제보살마하살도 무소유이므로 얻을 수 없으며, 후제와 중제의 제보살마하살도 무소유이므로 얻을 수 없는 것은 역시 이와 같습니다.

사리자여. 일체(一切)의 삼마지문(三摩地門)은 무소유인 까닭으로 전제의 제보살마하살은 무소유이므로 얻을 수 없고, 일체의 다라니문(陀羅尼門)도 무소유인 까닭으로 전제의 제보살마하살은 무소유이므로 얻을 수 없으며, 일체의 삼마지문은 공한 까닭으로 전제의 제보살마하살도 무소유이므로 얻을 수 없고, 일체의 다라니문도 공한 까닭으로 전제의 제보살마하살도 무소유이므로 얻을 수 없으며, 일체의 삼마지문은 멀리 벗어난 까닭으로 전제의 제보살마하살도 무소유이므로 얻을 수 없고, 일체의 다라니문도 멀리 벗어난 까닭으로 전제의 제보살마하살도 무소유이므로 얻을 수 없으며, 일체의 삼마지문은 자성이 없는 까닭으로 전제의 제보살마하살도 무소유이므로 얻을 수 없고, 일체의 다라니문도 자성이 없는 까닭으로 전제의 제보살마하살도 무소유이므로 얻을 수 없으며, 후제와 중제의 제보살마하살도 무소유이므로 얻을 수 없는 것은 역시 이와 같습니다.

사리자여. 법계(法界)는 무소유인 까닭으로 전제의 제보살마하살은 무소유이므로 얻을 수 없고, 진여(眞如)·실제(實際)·부사의계(不思議界)·안은계(安隱界) 등도 무소유인 까닭으로 전제의 제보살마하살은 무소유이므로 얻을 수 없으며, 법계는 공한 까닭으로 전제의 제보살마하살도 무소유이므로 얻을 수 없고, 진여·실제·부사의계·안은계 등도 공한 까닭으로 전제의 제보살마하살도 무소유이므로 얻을 수 없으며, 법계는 멀리 벗어난 까닭으로 전제의 제보살마하살도 무소유이므로 얻을 수 없고, 진여·실제·부사의계·안은계 등도 멀리 벗어난 까닭으로 전제의 제보살마하살도 무소유이므로 얻을 수 없으며, 법계는 자성이 없는 까닭으로 전제의 제보살마하살도 무소유이므로 얻을 수 없고, 진여·실제·부사의계·안은계 등도 자성이 없는 까닭으로 전제의 제보살마하살도 무소유이므로 얻을 수 없으며, 후제와 중제의 제보살마하살도 무소유이므로 얻을 수 없는 것은 역시 이와 같습니다.

사리자여. 성문승(聲聞乘)은 무소유인 까닭으로 전제의 제보살마하살은 무소유이므로 얻을 수 없고, 독각승(獨覺乘)·대승(大乘)도 무소유인 까닭으로 전제의 제보살마하살은 무소유이므로 얻을 수 없으며, 성문승은 공한 까닭으로 전제의 제보살마하살도 무소유이므로 얻을 수 없고, 독각승·대승도 공한 까닭으로 전제의 제보살마하살도 무소유이므로 얻을 수 없으며, 성문승은 멀리 벗어난 까닭으로 전제의 제보살마하살도 무소유이므로 얻을 수 없고, 독각승·대승도 멀리 벗어난 까닭으로 전제의 제보살마하살도 무소유이므로 얻을 수 없으며, 성문승은 자성이 없는 까닭으로 전제의 제보살마하살도 무소유이므로 얻을 수 없고, 독각승·대승도 자성이 없는 까닭으로 전제의 제보살마하살도 무소유이므로 얻을 수 없으며, 후제와 중제의 제보살마하살도 무소유이므로 얻을 수 없는 것은 역시 이와 같습니다.

사리자여. 일체지(一切智)는 무소유인 까닭으로 전제의 제보살마하살은 무소유이므로 얻을 수 없고, 도상지(道相智)·일체상지(一切相智)도 무소유인 까닭으로 전제의 제보살마하살은 무소유이므로 얻을 수 없으며, 일체지는 공한 까닭으로 전제의 제보살마하살도 무소유이므로 얻을 수 없고, 도상지·일체상지도 공한 까닭으로 전제의 제보살마하살도 무소유이므로 얻을 수 없으며, 일체지는 멀리 벗어난 까닭으로 전제의 제보살마하살도 무소유이므로 얻을 수 없고, 도상지·일체상지도 멀리 벗어난 까닭으로 전제의 제보살마하살도 무소유이므로 얻을 수 없으며, 일체지는 자성이 없는 까닭으로 전제의 제보살마하살도 무소유이므로 얻을 수 없고, 도상지·일체상지도 자성이 없는 까닭으로 전제의 제보살마하살도 무소유이므로 얻을 수 없으며, 후제와 중제의 제보살마하살도 무소유이므로 얻을 수 없는 것은 역시 이와 같습니다.
 왜 그러한가? 사리자여. 이와 같이 공한 가운데서는 전제를 얻을 수 없고 후제도 얻을 수 없으며 중제도 얻을 수 없으며 보살마하살도 역시 얻을 수 없습니다. 사리자여. 만약 이와 같은 공이거나, 만약 전제이거나, 만약 후제이거나, 만약 중제이거나, 만약 보살마하살이거나, 이와 같은 일체법은 모두가 무이(無二)이고 두 처소(二處)가 없습니다. 사리자여. 오히려 이러한 인연으로 나는 '전제의 제보살마하살이 무소유이므로 얻을 수 없고 후제의 제보살마하살도 무소유이므로 얻을 수 없으며 중제의 제보살마하살도 무소유이므로 얻을 수 없다.'라고 이렇게 말을 지었습니다.

 다시 다음으로 사리자여. 존자께서 '무슨 인연을 까닭으로 색은 무변(無邊)한 까닭으로 보살마하살도 역시 무변하다고 마땅히 알아야 하고, 수·상·행·식도 무변한 까닭으로 보살마하살도 역시 무변하다고 마땅히 알아야 하며, 나아가 성문승은 무변한 까닭으로 보살마하살도 역시 무변하다고 마땅히 알아야 하고, 독각승·대승도 무변한 까닭으로 보살마하살도 역시 무변하다고 마땅히 알아야 하는가?'라는 것을 물었는데, 사리자여. 색은 허공과 같고 수·상·행·식도 허공과 같습니다. 그 까닭은 무엇인가? 허공과 같은 전제는 얻을 수 없고 후제를 얻을 수 없으며 중제도 얻을 수 없는데, 오히려 그것의 중간과 전·후제를 함께 얻을 수 없는 까닭으로 허공이 된다고 설합니다. 색 나아가 식도 이와 같아서 전·중·후제를 모두 얻을 수 없습니다. 왜 그러한가? 색 나아가 식은 모두가 자성이 공한 까닭입니다.
 사리자여. 공 가운데서는 전제를 얻을 수 없고 후제를 얻을 수 없으며 중제도 얻을 수 없고, 역시 중제와 전·후제로써 모두 얻을 수 없는 까닭으로 허공이 된다고 설합니다. 사리자여. 오히려 이러한 인연으로 나는 '색은 무변한 까닭으로 보살마하살도 역시 무변하다고 마땅히 알아야 하고,

수·상·행·식도 무변한 까닭으로 보살마하살도 역시 무변하다고 마땅히 알아야 하며, 나아가 3승도 역시 다시 이와 같다.'라고 이렇게 말을 지었습니다."

"다시 다음으로 사리자여. 존자께서 '무슨 인연을 까닭으로 색으로 나아가더라도(卽) 보살마하살은 무소유이므로 얻을 수 없고, 색을 벗어나더라도 보살마하살도 무소유이므로 얻을 수 없으며, 수·상·행·식으로 나아가더라도 보살마하살이 무소유이므로 얻을 수 없고, 수·상·행·식을 벗어나더라도 보살마하살도 무소유이므로 얻을 수 없으며, 나아가 성문승으로 나아가더라도 보살마하살은 무소유이므로 얻을 수 없고, 성문승을 벗어나더라도 보살마하살도 무소유이므로 얻을 수 없으며, 독각승·대승으로 나아가더라도 보살마하살이 무소유이므로 얻을 수 없고, 독각승·대승을 벗어나더라도 보살마하살도 무소유이므로 얻을 수 없는가?'라는 것을 물었는데, 사리자여. 색은 색의 자성이 공하고, 수·상·행·식은 수·상·행·식의 자성이 공합니다.

왜 그러한가? 색의 자성이 공한 가운데서는 색이 무소유이므로 얻을 수 없는 까닭이고 제보살마하살도 무소유이므로 얻을 수 없으며, 수·상·행·식의 자성이 공한 가운데서는 수·상·행·식이 무소유이므로 얻을 수 없는 까닭이고 제보살마하살도 무소유이므로 얻을 수 없습니다. 사리자여. 색이 아닌 것은 색이 아닌 것의 지성이 공하고, 수·상·행·식이 아닌 것은 수·상·행·식이 아닌 것의 지성이 공합니다. 왜 그러한가? 색이 아닌 것의 자성이 공한 가운데서는 색이 아닌 것이 무소유이므로 얻을 수 없는 까닭이고 제보살마하살도 무소유이므로 얻을 수 없으며, 수·상·행·식이 아닌 것의 자성이 공한 가운데서는 수·상·행·식이 아닌 것이 무소유이므로 얻을 수 없는 까닭이고 제보살마하살도 무소유이므로 얻을 수 없습니다.

사리자여. 오히려 이러한 인연으로 나는 '색으로 나아가더라도 보살마하살은 무소유이므로 얻을 수 없고, 색을 벗어나더라도 보살마하살도 무소유이므로 얻을 수 없으며, 수·상·행·식으로 나아가더라도 보살마하살이 무소유이므로 얻을 수 없고, 수·상·행·식을 벗어나더라도 보살마하살도 무소유이므로 얻을 수 없고 마땅히 알아야 하며, 나아가 3승도 역시 다시 이와 같다.'라고 이렇게 말을 지었습니다."

"다시 다음으로 사리자여. 존자께서 '무슨 인연을 까닭으로 이것 등의 일체법에서 일체의 종류로써, 일체의 처소로써, 일체의 때로써, 제보살마하살을 구하더라도 모두 볼 수 없는 것이므로 결국에는 얻을 수 없는데, 어찌하여 나에게 반야바라밀다로써 제보살마하살을 교계하고 교수하게 합니까?'라는 것을 물었는데, 사리자여. 색은 색의 자성이 공한 까닭으로 색은 색에서 무소유이므로 얻을 수 없고, 색은 수·상·행·식에서 무소유이므로 얻을 수 없으며, 색은 수·상·행·식의 가운데에서도 역시 무소유이므로 얻을 수 없고, 수(受)는 수의 자성이 공한 까닭으로 수는 수에서 무소유이므로 얻을 수 없고, 수는 색·상·행·식에서 무소유이므로 얻을 수 없고, 수는 색·상·행·식의 가운데에서도 역시 무소유이므로 얻을 수 없고, 상(想)은 상의 자성이 공한 까닭으로 상은 상에서 무소유이므로 얻을 수 없으며, 상은 색·수·행·식에서 무소유이므로 얻을 수 없고, 상은 색·수·행·식의 가운데에서도 역시 무소유이므로 얻을 수 없으며, 행(行)은 행의 자성이 공한 까닭으로 행은 행에서 무소유이므로 얻을 수 없고, 행은 색·수·상·식에서 무소유이므로 얻을 수 없으며, 행은 색·수·상·식의 가운데에서도 역시 무소유이므로 얻을 수 없고, 식(識)은 식의 자성이 공한 까닭으로 식은 식에서 무소유이므로 얻을 수 없으며, 식은 색·수·상·행에서 무소유이므로 얻을 수 없고, 식은 색·수·상·행의 가운데에서도 역시 무소유이므로 얻을 수 없습니다.

사리자여. 안처(眼處)는 안처의 자성이 공한 까닭으로 안처는 안처에서 무소유이므로 얻을 수 없고, 안처는 이·비·설·신·의처에서 무소유이므로 얻을 수 없으며, 안처는 이·비·설·신·의처의 가운데에서도 역시 무소유이므로 얻을 수 없습니다. 이처(耳處)는 이처의 자성이 공한 까닭으로 이처는 이처에서 무소유이므로 얻을 수 없고, 이처는 안·비·설·신·의처에서 무소유이므로 얻을 수 없으며, 이처는 안·비·설·신·의처의 가운데에서도 역시 무소유이므로 얻을 수 없습니다.

비처(鼻處)는 비처의 자성이 공한 까닭으로 비처는 비처에서 무소유이므로 얻을 수 없고, 비처는 안·이·설·신·의처에서 무소유이므로 얻을 수 없으며, 비처는 안·이·설·신·의처의 가운데에서도 역시 무소유이므로 얻을 수 없습니다. 설처(舌處)는 설처의 자성이 공한 까닭으로 설처는 설처에서 무소유이므로 얻을 수 없고, 설처는 안·이·비·신·의처에서 무소유이므로 얻을 수 없으며, 설처는 안·이·비·신·의처의 가운데에서도 역시 무소유이므로 얻을 수 없습니다.

신처(身處)는 신처의 자성이 공한 까닭으로 신처는 신처에서 무소유이므로 얻을 수 없고, 신처는 안·이·비·설·의처에서 무소유이므로 얻을 수 없으며, 신처는 안·이·비·설·의처의 가운데에서도 역시 무소유이므로 얻을 수 없습니다. 의처(意處)는 의처의 자성이 공한 까닭으로 의처는 의처에서 무소유이므로 얻을 수 없고, 의처는 안·이·비·설·신처에서 무소유이므로 얻을 수 없으며, 의처는 안·이·비·설·신처의 가운데에서도 역시 무소유이므로 얻을 수 없습니다.

사리자여. 색처(色處)는 색처의 자성이 공한 까닭으로 색처는 색처에서 무소유이므로 얻을 수 없고, 색처는 성·향·미·촉·법처에서 무소유이므로 얻을 수 없으며, 색처는 성·향·미·촉·법처의 가운데에서도 역시 무소유이므로 얻을 수 없습니다. 성처(聲處)는 성처의 자성이 공한 까닭으로 성처는 성처에서 무소유이므로 얻을 수 없고, 성처는 색·향·미·촉·법처에서 무소유이므로 얻을 수 없으며, 성처는 색·향·미·촉·법처의 가운데에서도 역시 무소유이므로 얻을 수 없습니다.

향처(香處)는 향처의 자성이 공한 까닭으로 향처는 향처에서 무소유이므로 얻을 수 없고, 향처는 색·성·미·촉·법처에서 무소유이므로 얻을 수 없으며, 향처는 색·성·미·촉·법처의 가운데에서도 역시 무소유이므로 얻을 수 없습니다. 미처(味處)는 미처의 자성이 공한 까닭으로 미처는 미처에서 무소유이므로 얻을 수 없고, 미처는 색·성·향·촉·법처에서 무소유이므로 얻을 수 없으며, 미처는 색·성·향·촉·법처의 가운데에서도 역시 무소유이므로 얻을 수 없습니다.

촉처(觸處)는 촉처의 자성이 공한 까닭으로 촉처는 촉처에서 무소유이므로 얻을 수 없고, 촉처는 색·성·향·미·법처에서 무소유이므로 얻을 수 없으며, 촉처는 색·성·향·미·법처의 가운데에서도 역시 무소유이므로 얻을 수 없습니다. 법처(法處)는 법처의 자성이 공한 까닭으로 법처는 법처에서 무소유이므로 얻을 수 없고, 법처는 색·성·향·미·촉처에서 무소유이므로 얻을 수 없으며, 법처는 색·성·향·미·촉처의 가운데에서도 역시 무소유이므로 얻을 수 없습니다.

사리자여. 안계(眼界)는 안계의 자성이 공한 까닭으로 안계는 안계에서 무소유이므로 얻을 수 없고, 안계는 이·비·설·신·의계에서 무소유이므로 얻을 수 없으며, 안계는 이·비·설·신·의계의 가운데에서도 역시 무소유이므로 얻을 수 없습니다. 이계(耳界)는 이계의 자성이 공한 까닭으로 이계는 이계에서 무소유이므로 얻을 수 없고, 이계는 안·비·설·신·의계에서 무소유이므로 얻을 수 없으며, 이계는 안·비·설·신·의계의 가운데에서도 역시 무소유이므로 얻을 수 없습니다.

비계(鼻界)는 비계의 자성이 공한 까닭으로 비계는 비계에서 무소유이므로 얻을 수 없고, 비계는 안·이·설·신·의계에서 무소유이므로 얻을 수 없으며, 비계는 안·이·설·신·의계의 가운데에서도 역시 무소유이므로 얻을 수 없습니다. 설계(舌界)는 설계의 자성이 공한 까닭으로 설계는 설계에서 무소유이므로 얻을 수 없고, 설계는 안·이·비·신·의계에서 무소유이므로 얻을 수 없으며, 설계는 안·이·비·신·의계의 가운데에서도 역시 무소유이므로 얻을 수 없습니다.

신계(身界)는 신계의 자성이 공한 까닭으로 신계는 신계에서 무소유이므로 얻을 수 없고, 신계는 안·이·비·설·의계에서 무소유이므로 얻을 수 없으며, 신계는 안·이·비·설·의계의 가운데에서도 역시 무소유이므로 얻을 수 없습니다. 의계(意界)는 의계의 자성이 공한 까닭으로 의계는 의계에서 무소유이므로 얻을 수 없고, 의계는 안·이·비·설·신계에서 무소유이므로 얻을 수 없으며, 의계는 안·이·비·설·신계의 가운데에서도 역시 무소유이므로 얻을 수 없습니다.

사리자여. 색계(色界)는 색계의 자성이 공한 까닭으로 색계는 색계에서 무소유이므로 얻을 수 없고, 색계는 성·향·미·촉·법계에서 무소유이므로 얻을 수 없으며, 색계는 성·향·미·촉·법계의 가운데에서도 역시 무소유이므로 얻을 수 없습니다. 성계(聲界)는 성계의 자성이 공한 까닭으로 성계는 성계에서 무소유이므로 얻을 수 없고, 성계는 색·향·미·촉·법계에서 무소유이므로 얻을 수 없으며, 이계는 색·향·미·촉·법계의 가운데에서도 역시 무소유이므로 얻을 수 없습니다.

향계(香界)는 향계의 자성이 공한 까닭으로 향계는 향계에서 무소유이므로 얻을 수 없고, 향계는 색·성·미·촉·법계에서 무소유이므로 얻을 수 없으며, 향계는 색·성·미·촉·법계의 가운데에서도 역시 무소유이므로 얻을 수 없습니다. 미계(味界)는 미계의 자성이 공한 까닭으로 미계는 미계에서 무소유이므로 얻을 수 없고, 미계는 색·성·향·촉·법계에서 무소유이므로 얻을 수 없으며, 미계는 색·성·향·촉·법계의 가운데에서도 역시 무소유이므로 얻을 수 없습니다.

촉계(觸界)는 촉계의 자성이 공한 까닭으로 촉계는 촉계에서 무소유이므로 얻을 수 없고, 촉계는 색·성·향·미·법계에서 무소유이므로 얻을 수 없으며, 촉계는 색·성·향·미·법계의 가운데에서도 역시 무소유이므로 얻을 수 없습니다. 법계(法界)는 법계의 자성이 공한 까닭으로 법계는 법계에서 무소유이므로 얻을 수 없고, 법계는 색·성·향·미·촉계에서 무소유이므로 얻을 수 없으며, 법계는 색·성·향·미·촉계의 가운데에서도 역시 무소유이므로 얻을 수 없습니다.

사리자여. 안식계(眼識界)는 안식계의 자성이 공한 까닭으로 안식계는 안식계에서 무소유이므로 얻을 수 없고, 안식계는 이·비·설·신·의식계에서 무소유이므로 얻을 수 없으며, 안식계는 이·비·설·신·의식계의 가운데에서도 역시 무소유이므로 얻을 수 없습니다. 이식계(耳識界)는 이식계의 자성이 공한 까닭으로 이식계는 이식계에서 무소유이므로 얻을 수 없고, 이식계는 안·비·설·신·의식계에서 무소유이므로 얻을 수 없으며, 이식계는 안·비·설·신·의식계의 가운데에서도 역시 무소유이므로 얻을 수 없습니다.

비식계(鼻識界)는 비식계의 자성이 공한 까닭으로 비식계는 비식계에서 무소유이므로 얻을 수 없고, 비식계는 안·이·설·신·의식계에서 무소유이므로 얻을 수 없으며, 비식계는 안·이·설·신·의식계의 가운데에서도 역시 무소유이므로 얻을 수 없습니다. 설식계(舌識界)는 설식계의 자성이 공한 까닭으로 설식계는 설식계에서 무소유이므로 얻을 수 없고, 설식계는 안·이·비·신·의식계에서 무소유이므로 얻을 수 없으며, 설식계는 안·이·비·신·의식계의 가운데에서도 역시 무소유이므로 얻을 수 없습니다.

신식계(身識界)는 신식계의 자성이 공한 까닭으로 신식계는 신식계에서 무소유이므로 얻을 수 없고, 신식계는 안·이·비·설·의식계에서 무소유이므로 얻을 수 없으며, 신식계는 안·이·비·설·의식계의 가운데에서도 역시 무소유이므로 얻을 수 없습니다. 의식계(意識界)는 의식계의 자성이 공한 까닭으로 의식계는 의식계에서 무소유이므로 얻을 수 없고, 의식계는 안·이·비·설·신식계에서 무소유이므로 얻을 수 없으며, 의식계는 안·이·비·설·신식계의 가운데에서도 역시 무소유이므로 얻을 수 없습니다.

사리자여, 안촉(眼觸)은 안촉의 자성이 공한 까닭으로 안촉은 안촉에서 무소유이므로 얻을 수 없고, 안촉은 이·비·설·신·의촉에서 무소유이므로 얻을 수 없으며, 안촉은 이·비·설·신·의촉의 가운데에서도 역시 무소유이므로 얻을 수 없습니다. 이촉(耳觸)은 이촉의 자성이 공한 까닭으로 이촉은 이촉에서 무소유이므로 얻을 수 없고, 이촉은 안·비·설·신·의촉에서 무소유이므로 얻을 수 없으며, 이촉은 안·비·설·신·의촉의 가운데에서도 역시 무소유이므로 얻을 수 없습니다.

비촉(鼻觸)은 비촉의 자성이 공한 까닭으로 비촉은 비촉에서 무소유이므로 얻을 수 없고, 비촉은 안·이·설·신·의촉에서 무소유이므로 얻을 수 없으며, 비촉은 안·이·설·신·의촉의 가운데에서도 역시 무소유이므로 얻을 수 없습니다. 설촉(舌觸)은 설촉의 자성이 공한 까닭으로 설촉은 설촉에서 무소유이므로 얻을 수 없고, 설촉은 안·이·비·신·의촉에서 무소유이므로 얻을 수 없으며, 설촉은 안·이·비·신·의촉의 가운데에서도 역시 무소유이므로 얻을 수 없습니다.

신촉(身觸)은 신촉의 자성이 공한 까닭으로 신촉은 신촉에서 무소유이므로 얻을 수 없고, 신촉은 안·이·비·설·의촉에서 무소유이므로 얻을 수 없으며, 신촉은 안·이·비·설·의촉의 가운데에서도 역시 무소유이므로 얻을 수 없습니다. 의촉(意觸)은 의촉의 자성이 공한 까닭으로 의촉은 의촉에서 무소유이므로 얻을 수 없고, 의촉은 안·이·비·설·신촉에서 무소유이므로 얻을 수 없으며, 의촉은 안·이·비·설·신촉의 가운데에서도 역시 무소유이므로 얻을 수 없습니다.

사리자여. 안촉(眼觸)을 인연으로 생겨난 여러 수(受)는 안촉을 인연으로 생겨난 여러 수의 자성이 공한 까닭으로 안촉을 인연으로 생겨난 여러 수는 안촉을 인연으로 생겨난 여러 수에서 무소유이므로 얻을 수 없고, 안촉을 인연으로 생겨난 여러 수는 이·비·설·신·의촉을 인연으로 생겨난 여러 수에서 무소유이므로 얻을 수 없으며, 안촉을 인연으로 생겨난 여러 수는 이·비·설·신·의촉을 인연으로 생겨난 여러 수의 가운데에서도 역시 무소유이므로 얻을 수 없습니다. 이촉(耳觸)을 인연으로 생겨난 여러 수는 이촉을 인연으로 생겨난 여러 수의 자성이 공한 까닭으로 이촉은 이촉에서 무소유이므로 얻을 수 없고, 이촉을 인연으로 생겨난 여러 수는 안·비·설·신·의촉을 인연으로 생겨난 여러 수에서 무소유이므로 얻을 수 없으며, 이촉을 인연으로 생겨난 여러 수는 안·비·설·신·의촉을 인연으로 생겨난 여러 수의 가운데에서도 역시 무소유이므로 얻을 수 없습니다.

비촉(鼻觸)을 인연으로 생겨난 여러 수는 비촉을 인연으로 생겨난 여러 수의 자성이 공한 까닭으로 비촉을 인연으로 생겨난 여러 수는 비촉을 인연으로 생겨난 여러 수에서 무소유이므로 얻을 수 없고, 비촉을 인연으로 생겨난 여러 수는 안·이·설·신·의촉을 인연으로 생겨난 여러 수에서 무소유이므로 얻을 수 없으며, 비촉을 인연으로 생겨난 여러 수는 안·이·설·신·의촉을 인연으로 생겨난 여러 수의 가운데에서도 역시 무소유이므로 얻을 수 없습니다. 설촉(舌觸)을 인연으로 생겨난 여러 수는 설촉을 인연으로 생겨난 여러 수의 자성이 공한 까닭으로 설촉을 인연으로 생겨난 여러 수는 설촉을 인연으로 생겨난 여러 수에서 무소유이므로 얻을 수 없고, 설촉을 인연으로 생겨난 여러 수는 안·이·비·신·의촉을 인연으로 생겨난 여러 수에서 무소유이므로 얻을 수 없으며, 설촉을 인연으로 생겨난 여러 수는 안·이·비·신·의촉을 인연으로 생겨난 여러 수의 가운데에서도 역시 무소유이므로 얻을 수 없습니다.

신촉(身觸)을 인연으로 생겨난 여러 수는 신촉을 인연으로 생겨난 여러 수의 자성이 공한 까닭으로 신촉을 인연으로 생겨난 여러 수는 신촉을 인연으로 생겨난 여러 수에서 무소유이므로 얻을 수 없고, 신촉은 안·이·비·설·의촉에서 무소유이므로 얻을 수 없으며, 신촉을 인연으로 생겨난 여러 수는 안·이·비·설·의촉을 인연으로 생겨난 여러 수의 가운데에서도 역시 무소유이므로 얻을 수 없습니다. 의촉(意觸)을 인연으로 생겨난 여러 수는 의촉을 인연으로 생겨난 여러 수의 자성이 공한 까닭으로 의촉을 인연으로 생겨난 여러 수는 의촉을 인연으로 생겨난 여러 수에서 무소유이므로 얻을 수 없고, 의촉을 인연으로 생겨난 여러 수는 안·이·비·설·신촉을 인연으로 생겨난 여러 수에서 무소유이므로 얻을 수 없으며, 의촉을 인연으로 생겨난 여러 수는 안·이·비·설·신촉을 인연으로 생겨난 여러 수의 가운데에서도 역시 무소유이므로 얻을 수 없습니다."

마하반야바라밀다경 제422권

23. 무변제품(無邊際品)(3)

"사리자여. 보시바라밀다는 보시바라밀다의 자성이 공한 까닭으로 보시바라밀다는 보시바라밀다에서 무소유이므로 얻을 수 없고, 보시바라밀다는 정계·안인·정진·정려·반야바라밀다에서 무소유이므로 얻을 수 없으며, 보시바라밀다는 정계·안인·정진·정려·반야바라밀다의 가운데에서도 역시 무소유이므로 얻을 수 없습니다. 나아가 반야바라밀다는 반야바라밀다의 자성이 공한 까닭으로 반야바라밀다는 반야바라밀다에서 무소유이므로 얻을 수 없고, 반야바라밀다는 보시·정계·안인·정진·정려바라밀다에서 무소유이므로 얻을 수 없으며, 반야바라밀다는 보시·정계·안인·정진·정려바라밀다의 가운데에서도 역시 무소유이므로 얻을 수 없습니다.

사리자여. 내공은 내공의 자성이 공한 까닭으로 내공은 내공에서 무소유이므로 얻을 수 없고, 내공은 외공·내외공·공공·대공·승의공·유위공·무위공·필경공·무제공·산공·무변이공·본성공·자상공·공상공·일체법공·불가득공·무성공·자성공·무성자성공에서 무소유이므로 얻을 수 없으며, 내공은 외공, 나아가 무성자성공의 가운데에서도 역시 무소유이므로 얻을 수 없습니다. 나아가 무성자성공은 무성자성공의 자성이 공한 까닭으로 무성자성공은 무성자성공에서 무소유이므로 얻을 수 없고, 무성자성공은 내공, 나아가 자성공에서 무소유이므로 얻을 수 없으며, 무성자성공은 내공, 나아가 자성공의 가운데에서도 역시 무소유이므로 얻을 수 없습니다.

사리자여. 4념주는 4념주의 자성이 공한 까닭으로 4념주는 4념주에서 무소유이므로 얻을 수 없고, 4념주는 4정단·4신족·5근·5력·7등각지·8성도지에서 무소유이므로 얻을 수 없으며, 4념주는 4정단, 나아가 8성도지의 가운데에서도 역시 무소유이므로 얻을 수 없습니다. 나아가 8성도지는 8성도지의 자성이 공한 까닭으로 8성도지는 8성도지에서 무소유이므로 얻을 수 없고, 8성도지는 4념주, 나아가 7등각지에서 무소유이므로 얻을 수 없으며, 8성도지는 4념주, 나아가 7등각지의 가운데에서도 역시 무소유이므로 얻을 수 없습니다.

사리자여. 이와 같이 나아가, 여래의 10력은 여래의 10력의 자성이 공한 까닭으로 여래의 10력은 여래의 10력에서 무소유이므로 얻을 수 없고, 여래의 10력은 4무소외·4무애해·대자·대비·대희·대사·18불불공법에서 무소유이므로 얻을 수 없으며, 여래의 10력은 4무소외, 나아가 18불불공법의 가운데에서도 역시 무소유이므로 얻을 수 없습니다. 나아가 18불불공법은 18불불공법의 자성이 공한 까닭으로 18불불공법은 18불불공법에서 무소유이므로 얻을 수 없고, 18불불공법은 4무소외, 나아가 대사에서 무소유이므로 얻을 수 없으며, 18불불공법은 4무소외, 나아가 대사의 가운데에서도 역시 무소유이므로 얻을 수 없습니다.

사리자여. 일체의 삼마지문은 일체의 삼마지문의 자성이 공한 까닭으로 일체의 삼마지문은 일체의 삼마지문에서 무소유이므로 얻을 수 없고, 일체의 삼마지문은 일체의 다라니문에서 무소유이므로 얻을 수 없으며, 일체의 삼마지문은 일체의 다라니문의 가운데에서도 역시 무소유이므로 얻을 수 없습니다. 일체의 다라니문은 일체의 다라니문의 자성이 공한 까닭으로 일체의 다라니문은 일체의 다라니문에서 무소유이므로 얻을 수 없고, 일체의 다라니문은 일체의 삼마지문에서 무소유이므로 얻을 수 없으며, 일체의 다라니문은 일체의 삼마지문의 가운데에서도 역시 무소유이므로 얻을 수 없습니다.

사리자여. 종성법(種性法)은 종성법의 자성이 공한 까닭으로 종성법은 종성법에서 무소유이므로 얻을 수 없고, 종성법은 제8·예류·일래·불환·아라한·독각·보살·여래법에서 무소유이므로 얻을 수 없으며, 종성법은 제8, 나아가 여래법의 가운데에서도 역시 무소유이므로 얻을 수 없습니다. 나아가 여래법은 여래법의 자성이 공한 까닭으로 여래법은 여래법에서 무소유이므로 얻을 수 없고, 여래법은 종성법, 나아가 보살법에서 무소유이므로 얻을 수 없으며, 여래법은 종성법, 나아가 보살법의 가운데에서도 역시 무소유이므로 얻을 수 없습니다.

사리자여. 정관지(淨觀地)는 정관지의 자성이 공한 까닭으로 정관지는 정관지에서 무소유이므로 얻을 수 없고, 정관지는 종성지(種性地)·제8지(第八地)·구견지(具見地)·박지(薄地)·이욕지(離欲地)·이판지(已辦地)·독각지(獨覺地)·보살지(菩薩地)·여래지(如來地)에서 무소유이므로 얻을 수 없으며, 정관지는 종성지, 나아가 여래지의 가운데에서도 역시 무소유이므로 얻을 수 없습니다. 나아가 여래지는 여래지의 자성이 공한 까닭으로 여래지는 여래지에서 무소유이므로 얻을 수 없고, 여래지는 정관지, 나아가 보살지에서 무소유이므로 얻을 수 없으며, 여래지는 정관지, 나아가 보살지의 가운데에서도 역시 무소유이므로 얻을 수 없습니다.

사리자여. 극희지(極喜地)는 극희지의 자성이 공한 까닭으로 극희지는 극희지에서 무소유이므로 얻을 수 없고, 극희지는 이구지(離垢地)·발광지(發光地)·염혜지(焰慧地)·극난승지(極難勝地)·현전지(現前地)·원행지(遠行地)·부동지(不動地)·선혜지(善慧地)·법운지(法雲地)에서 무소유이므로 얻을 수 없으며, 극희지는 이구지, 나아가 법운지의 가운데에서도 역시 무소유이므로 얻을 수 없습니다. 나아가 법운지는 법운지의 자성이 공한 까닭으로 법운지는 법운지에서 무소유이므로 얻을 수 없고, 법운지는 극희지, 나아가 선혜지에서 무소유이므로 얻을 수 없으며, 법운지는 극희지, 나아가 선혜지의 가운데에서도 역시 무소유이므로 얻을 수 없습니다.

사리자여. 일체지는 일체지의 자성이 공한 까닭으로 일체지는 일체지에서 무소유이므로 얻을 수 없고, 일체지는 도상지·일체상지에서 무소유이므로 얻을 수 없으며, 일체지는 도상지·일체상지의 가운데에서도 역시 무소유이므로 얻을 수 없습니다. 도상지는 도상지의 자성이 공한 까닭으로 도상지는 도상지에서 무소유이므로 얻을 수 없고, 도상지는 일체지·일체상지에서 무소유이므로 얻을 수 없으며, 도상지는 일체지·일체상지의 가운데에서도 역시 무소유이므로 얻을 수 없습니다. 일체상지는 일체상지의 자성이 공한 까닭으로 일체상지는 일체상지에서 무소유이므로 얻을 수 없고, 일체상지는 일체지·도상지에서 무소유이므로 얻을 수 없으며, 일체상지는 일체지·도상지의 가운데에서도 역시 무소유이므로 얻을 수 없습니다.

사리자여. 예류는 예류의 자성이 공한 까닭으로 예류는 예류에서 무소유이므로 얻을 수 없고, 예류는 일래·불환·아라한·독각·보살·여래에서 무소유이므로 얻을 수 없으며, 예류는 일래, 나아가 여래의 가운데에서도 역시 무소유이므로 얻을 수 없습니다. 나아가 여래는 여래의 자성이 공한 까닭으로 여래는 여래에서 무소유이므로 얻을 수 없고, 여래는 예류, 나아가 보살에서 무소유이므로 얻을 수 없으며, 여래는 예류, 나아가 보살의 가운데에서도 역시 무소유이므로 얻을 수 없습니다.

사리자여. 보살마하살은 보살마하살의 자성이 공한 까닭으로 보살마하살은 보살마하살에서 무소유이므로 얻을 수 없고, 보살마하살은 반야바라밀다에서 교계하고 교수하더라도 무소유이므로 얻을 수 없으며, 보살마하살의 가운데에서도 반야바라밀다로 교계하고 교수하더라도 무소유이므로 얻을 수 없습니다. 반야바라밀다는 반야바라밀다의 자성이 공한 까닭으로 반야바라밀다는 반야바라밀다에서 무소유이므로 얻을 수 없고, 반야바라밀다는 보살마하살에서 교계하고 교수하더라도 무소유이므로 얻을 수 없으며, 반야바라밀다의 가운데에서도 보살마하살로 교계하고 교수하더라도 무소유이므로 얻을 수 없습니다.

교계하고 교수하는 것은 교계하고 교수하는 것의 자성이 공한 까닭이고, 교계하고 교수하는 것은 교계하고 교수하는 것에서 무소유이므로 얻을 수 없고, 교계하고 교수하는 것은 보살마하살·반야바라밀다에서 무소유이므로 얻을 수 없으며, 교계하고 교수하는 것은 보살마하살·반야바라밀다의 가운데에서도 무소유이므로 얻을 수 없습니다.
　사리자여. 나는 이것 등의 일체법에서 일체의 종류로써, 일체의 처소로써, 일체의 때로써, 제보살마하살을 구하더라도 모두 무소유이므로 얻을 수 없습니다. 왜 그러한가? 자성이 공한 까닭입니다. 사리자여. 오히려 이러한 인연으로 나는 '내가 이것 등의 일체법에서 일체의 종류로써, 일체의 처소로써, 일체의 때로써, 제보살마하살을 구하더라도 모두 무소유이므로 얻을 수 없는데, 어찌하여 나에게 반야바라밀다로써 제보살마하살을 교계하고 교수하겠는가?'라고 이렇게 말을 지었습니다."

"다시 다음으로 사리자여. 존자께서 '무슨 인연을 까닭으로 제보살마하살은 제보살마하살이라는 다만 가명(假名)이 있는 것이고, 모두 자성(自性)이 없다고 말합니까?'라는 것을 물었는데, 사리자여. 제보살마하살의 명자(名字)는 오직 객명(客名)에 섭수(攝受)되는 까닭입니다."
　이때 사리자가 선현에게 물어 말하였다.
　"무슨 인연을 까닭으로 제보살마하살로써 명자는 오직 객명에 섭수된다고 설합니까?"
　선현이 대답하여 말하였다.
　"사리자여. 색의 명자는 오직 객명에 포섭되는 것과 같이, 수·상·행·식의 명자도 역시 객명에 섭수됩니다. 그 까닭은 무엇인가? 색은 명자가 아니고 명자는 색이 아니며, 수·상·행·식은 명자가 아니고 명자는 수·상·행·식이 아닙니다. 색 등의 가운데에서는 명자가 없고 명자의 가운데에서는 색 등이 없으므로, 합쳐진 것도 아니고 흩어진 것도 아니며 다만 가립(假立)으로 시설하였습니다. 왜 그러한가? 색 등과 명자는 함께 자성이 공한 까닭이고, 자성이 공한 가운데서는 색 등과 명자가 모두 무소유이므로 얻을 수 없는 까닭입니다. 사리자여. 보살마하살의 명자도 역시 다시 이와 같아서 오직 객명에 섭수되나니, 오히려 이것을 까닭으로 제보살마하살은 다만 가명(假名)으로 있는 것이고, 모두 자성이 없다고 설하였습니다.

사리자여. 안처의 명자는 오직 객명에 포섭되는 것과 같이, 이·비·설·신·의처의 명자도 역시 객명에 섭수됩니다. 그 까닭은 무엇인가? 안처는 명자가 아니고 명자는 안처가 아니며, 이·비·설·신·의처는 명자가 아니고 명자는 이·비·설·신·의처가 아닙니다. 안처 등의 가운데에서는 명자가 없고 명자의 가운데에서는 안처 등이 없으므로, 합쳐진 것도 아니고 흩어진 것도 아니며 다만 가립으로 시설하였습니다. 왜 그러한가? 안처 등과 명자는 함께 자성이 공한 까닭이고, 자성이 공한 가운데서는 안처 등과 명자가 모두 무소유이므로 얻을 수 없는 까닭입니다. 사리자여. 보살마하살의 명자도 역시 다시 이와 같아서 오직 객명에 섭수되나니, 오히려 이것을 까닭으로 제보살마하살은 다만 가명으로 있는 것이고, 모두 자성이 없다고 설하였습니다.

 사리자여. 색처의 명자는 오직 객명에 포섭되는 것과 같이, 성·향·미·촉·법처의 명자도 역시 객명에 섭수됩니다. 그 까닭은 무엇인가? 색처는 명자가 아니고 명자는 색처가 아니며, 성·향·미·촉·법처는 명자가 아니고 명자는 성·향·미·촉·법처가 아닙니다. 색처 등의 가운데에서는 명자가 없고 명자의 가운데에서는 색처 등이 없으므로, 합쳐진 것도 아니고 흩어진 것도 아니며 다만 가립으로 시설하였습니다. 왜 그러한가? 색처 등과 명자는 함께 자성이 공한 까닭이고, 자성이 공한 가운데서는 색처 등과 명자가 모두 무소유이므로 얻을 수 없는 까닭입니다. 사리자여. 보살마하살의 명자도 역시 다시 이와 같아서 오직 객명에 섭수되나니, 오히려 이것을 까닭으로 제보살마하살은 다만 가명으로 있는 것이고, 모두 자성이 없다고 설하였습니다.

 사리자여. 안계의 명자는 오직 객명에 포섭되는 것과 같이, 이·비·설·신·의계의 명자도 역시 객명에 섭수됩니다. 그 까닭은 무엇인가? 안계는 명자가 아니고 명자는 안계가 아니며, 이·비·설·신·의계는 명자가 아니고 명자는 이·비·설·신·의계가 아닙니다. 안계 등의 가운데에서는 명자가 없고 명자의 가운데에서는 안계 등이 없으므로, 합쳐진 것도 아니고 흩어진 것도 아니며 다만 가립으로 시설하였습니다. 왜 그러한가? 안계 등과 명자는 함께 자성이 공한 까닭이고, 자성이 공한 가운데서는 안계 등과 명자가 모두 무소유이므로 얻을 수 없는 까닭입니다. 사리자여. 보살마하살의 명자도 역시 다시 이와 같아서 오직 객명에 섭수되나니, 오히려 이것을 까닭으로 제보살마하살은 다만 가명으로 있는 것이고, 모두 자성이 없다고 설하였습니다.

사리자여. 색계의 명자는 오직 객명에 포섭되는 것과 같이, 성·향·미·촉·법계의 명자도 역시 객명에 섭수됩니다. 그 까닭은 무엇인가? 색계는 명자가 아니고 명자는 색계가 아니며, 성·향·미·촉·법계는 명자가 아니고 명자는 성·향·미·촉·법계가 아닙니다. 색계 등의 가운데에서는 명자가 없고 명자의 가운데에서는 색계 등이 없으므로, 합쳐진 것도 아니고 흩어진 것도 아니며 다만 가립으로 시설하였습니다. 왜 그러한가? 색계 등과 명자는 함께 자성이 공한 까닭이고, 자성이 공한 가운데서는 색계 등과 명자가 모두 무소유이므로 얻을 수 없는 까닭입니다. 사리자여. 보살마하살의 명자도 역시 다시 이와 같아서 오직 객명에 섭수되나니, 오히려 이것을 까닭으로 제보살마하살은 다만 가명으로 있는 것이고, 모두 자성이 없다고 설하였습니다.

사리자여. 안식계의 명자는 오직 객명에 포섭되는 것과 같이, 이·비·설·신·의식계의 명자도 역시 객명에 섭수됩니다. 그 까닭은 무엇인가? 안식계는 명자가 아니고 명자는 안식계가 아니며, 이·비·설·신·의식계는 명자가 아니고 명자는 이·비·설·신·의식계가 아닙니다. 안식계 등의 가운데에서는 명자가 없고 명자의 가운데는 안식계 등이 없으므로, 합쳐진 것도 아니고 흩어진 것도 아니며 다만 가립으로 시설하였습니다. 왜 그러한가? 안식계 등과 명자는 함께 자성이 공한 까닭이고, 자성이 공한 가운데서는 안식계 등과 명자가 모두 무소유이므로 얻을 수 없는 까닭입니다. 사리자여. 보살마하살의 명자도 역시 다시 이와 같아서 오직 객명에 섭수되나니, 오히려 이것을 까닭으로 제보살마하살은 다만 가명으로 있는 것이고, 모두 자성이 없다고 설하였습니다.

사리자여. 안촉의 명자는 오직 객명에 포섭되는 것과 같이, 이·비·설·신

·의촉의 명자도 역시 객명에 섭수됩니다. 그 까닭은 무엇인가? 안촉은 명자가 아니고 명자는 안촉이 아니며, 이·비·설·신·의촉은 명자가 아니고 명자는 이·비·설·신·의촉이 아닙니다. 안촉 등의 가운데에서는 명자가 없고 명자의 가운데에서는 안촉 등이 없으므로, 합쳐진 것도 아니고 흩어진 것도 아니며 다만 가립으로 시설하였습니다. 왜 그러한가? 안촉 등과 명자는 함께 자성이 공한 까닭이고, 자성이 공한 가운데에서는 안촉 등과 명자가 모두 무소유이므로 얻을 수 없는 까닭입니다. 사리자여. 보살마하살의 명자도 역시 다시 이와 같아서 오직 객명에 섭수되나니, 오히려 이것을 까닭으로 제보살마하살은 다만 가명으로 있는 것이고, 모두 자성이 없다고 설하였습니다.

사리자여. 안촉을 인연으로 생겨난 여러 수의 명자는 오직 객명에 포섭되는 것과 같이, 이·비·설·신·의촉을 인연으로 생겨난 여러 수의 명자도 역시 객명에 섭수됩니다. 그 까닭은 무엇인가? 안촉을 인연으로 생겨난 여러 수는 명자가 아니고 명자는 안촉을 인연으로 생겨난 여러 수가 아니며, 이·비·설·신·의촉을 인연으로 생겨난 여러 수는 명자가 아니고 명자는 이·비·설·신·의촉을 인연으로 생겨난 여러 수가 아닙니다. 안촉을 인연으로 생겨난 여러 수 등의 가운데에서는 명자가 없고 명자의 가운데에서는 안촉을 인연으로 생겨난 여러 수 등이 없으므로, 합쳐진 것도 아니고 흩어진 것도 아니며 다만 가립으로 시설하였습니다. 왜 그러한가? 안촉을 인연으로 생겨난 여러 수 등과 명자는 함께 자성이 공한 까닭이고, 자성이 공한 가운데에서는 안촉을 인연으로 생겨난 여러 수 등과 명자가 모두 무소유이므로 얻을 수 없는 까닭입니다. 사리자여. 보살마하살의 명자도 역시 다시 이와 같아서 오직 객명에 섭수되나니, 오히려 이것을 까닭으로 제보살마하살은 다만 가명으로 있는 것이고, 모두 자성이 없다고 설하였습니다.

사리자여. 보시바라밀다의 명자는 오직 객명에 포섭되는 것과 같이, 정계·안인·정진·정려·반야바라밀다의 명자도 역시 객명에 섭수됩니다. 그 까닭은 무엇인가? 보시바라밀다는 명자가 아니고 명자는 보시바라밀다가 아니며, 정계·안인·정진·정려·반야바라밀다는 명자가 아니고 명자는 정계·안인·정진·정려·반야바라밀다가 아닙니다. 보시바라밀다 등의 가운데에서는 명자가 없고 명자의 가운데에서는 보시바라밀다 등이 없으므로, 합쳐진 것도 아니고 흩어진 것도 아니며 다만 가립으로 시설하였습니다. 왜 그러한가? 보시바라밀다 등과 명자는 함께 자성이 공한 까닭이고, 자성이 공한 가운데서는 보시바라밀다 등과 명자가 모두 무소유이므로 얻을 수 없는 까닭입니다. 사리자여. 보살마하살의 명자도 역시 다시 이와 같아서 오직 객명에 섭수되나니, 오히려 이것을 까닭으로 제보살마하살은 다만 가명으로 있는 것이고, 모두 자성이 없다고 설하였습니다.

　사리자여. 내공의 명자는 오직 객명에 포섭되는 것과 같이, 외공·내외공·공공·대공·승의공·유위공·무위공·필경공·무제공·산공·무변이공·본성공·자상공·공상공·일체법공·불가득공·무성공·자성공·무성자성공의 명자도 역시 객명에 섭수됩니다. 그 까닭은 무엇인가? 내공은 명자가 아니고 명자는 내공이 아니며, 외공, 나아가 무성자성공은 명자가 아니고 명자는 외공, 나아가 무성자성공이 아닙니다. 내공 등의 가운데에서는 명자가 없고 명자의 가운데에서는 내공 등이 없으므로, 합쳐진 것도 아니고 흩어진 것도 아니며 다만 가립으로 시설하였습니다. 왜 그러한가? 내공 등과 명자는 함께 자성이 공한 까닭이고, 자성이 공한 가운데서는 내공 등과 명자가 모두 무소유이므로 얻을 수 없는 까닭입니다. 사리자여. 보살마하살의 명자도 역시 다시 이와 같아서 오직 객명에 섭수되나니, 오히려 이것을 까닭으로 제보살마하살은 다만 가명으로 있는 것이고, 모두 자성이 없다고 설하였습니다.

　사리자여. 4념주의 명자는 오직 객명에 포섭되는 것과 같이, 4정단·4신족·5근·5력·7등각지·8성도지의 명자도 역시 객명에 섭수됩니다. 그 까닭은 무엇인가? 4념주는 명자가 아니고 명자는 4념주가 아니며, 4정단, 나아가 8성도지는 명자가 아니고 명자는 4정단, 나아가 8성도지가 아닙니다. 4념주 등의 가운데에서는 명자가 없고 명자의 가운데에서는 4념주 등이 없으므로, 합쳐진 것도 아니고 흩어진 것도 아니며 다만 가립으로 시설하였습니다. 왜 그러한가? 4념주 등과 명자는 함께 자성이 공한 까닭이고, 자성이 공한 가운데서는 4념주 등과 명자가 모두 무소유이므로 얻을 수 없는 까닭입니다. 사리자여. 보살마하살의 명자도 역시 다시 이와 같아서 오직 객명에 섭수되나니, 오히려 이것을 까닭으로 제보살마하살은 다만 가명으로 있는 것이고, 모두 자성이 없다고 설하였습니다.

사리자여. 이와 같이 나아가, 여래의 10력의 명자는 오직 객명에 포섭되는 것과 같이, 4무소외·4무애해·대자·대비·대희·대사·18불불공법의 명자도 역시 객명에 섭수됩니다. 그 까닭은 무엇인가? 여래의 10력은 명자가 아니고 명자는 여래의 10력이 아니며, 4무소외, 나아가 18불불공법은 명자가 아니고 명자는 4무소외, 나아가 18불불공법이 아닙니다. 여래의 10력 등의 가운데에서는 명자가 없고 명자의 가운데에서는 여래의 10력 등이 없으므로, 합쳐진 것도 아니고 흩어진 것도 아니며 다만 가립으로 시설하였습니다. 왜 그러한가? 여래의 10력 등과 명자는 함께 자성이 공한 까닭이고, 자성이 공한 가운데서는 여래의 10력 등과 명자가 모두 무소유이므로 얻을 수 없는 까닭입니다. 사리자여. 보살마하살의 명자도 역시 다시 이와 같아서 오직 객명에 섭수되나니, 오히려 이것을 까닭으로 제보살마하살은 다만 가명으로 있는 것이고, 모두 자성이 없다고 설하였습니다.

사리자여. 일체의 삼마지문의 명자는 오직 객명에 포섭되는 것과 같이, 일체의 다라니문의 명자도 역시 객명에 섭수됩니다. 그 까닭은 무엇인가? 일체의 삼마지문은 명자가 아니고 명자는 일체의 삼마지문이 아니며, 일체의 다라니문은 명자가 아니고 명자는 일체의 다라니문이 아닙니다. 일체의 삼마지문 등의 가운데에서는 명자가 없고 명자의 가운데에서는 일체의 삼마지문 등이 없으므로, 합쳐진 것도 아니고 흩어진 것도 아니며 다만 가립으로 시설하였습니다. 왜 그러한가? 일체의 삼마지문 등과 명자는 함께 자성이 공한 까닭이고, 자성이 공한 가운데서는 일체의 삼마지문 등과 명자가 모두 무소유이므로 얻을 수 없는 까닭입니다. 사리자여. 보살마하살의 명자도 역시 다시 이와 같아서 오직 객명에 섭수되나니, 오히려 이것을 까닭으로 제보살마하살은 다만 가명으로 있는 것이고, 모두 자성이 없다고 설하였습니다.

사리자여. 이와 같이 나아가, 일체지의 명자는 오직 객명에 포섭되는 것과 같이, 도상지·일체상지의 명자도 역시 객명에 섭수됩니다. 그 까닭은 무엇인가? 일체지는 명자가 아니고 명자는 일체지가 아니며, 도상지·일체상지는 명자가 아니고 명자는 도상지·일체상지가 아닙니다. 일체지 등의 가운데에서는 명자가 없고 명자의 가운데에서는 일체지 등이 없으므로, 합쳐진 것도 아니고 흩어진 것도 아니며 다만 가립으로 시설하였습니다. 왜 그러한가? 일체지 등과 명자는 함께 자성이 공한 까닭이고, 자성이 공한 가운데에서는 일체지 등과 명자가 모두 무소유이므로 얻을 수 없는 까닭입니다. 사리자여. 보살마하살의 명자도 역시 다시 이와 같아서 오직 객명에 섭수되나니, 오히려 이것을 까닭으로 제보살마하살은 다만 가명으로 있는 것이고, 모두 자성이 없다고 설하였습니다."

"다시 다음으로 사리자여. 존자께서 '무슨 인연을 까닭으로 아(我) 등은 반드시 결국에는 생겨나지 않아서 다만 가명이 있고 모두 자성이 없다고 말하는 것과 같다고 설하는가?'라는 것을 물었는데, 사리자여. 아는 반드시 결국에는 무소유이므로 얻을 수 없는데, 어찌하여 생겨남(生)이 있겠고, 나아가 견자(見者)도 반드시 결국에는 무소유이므로 얻을 수 없는데, 어찌하여 생겨남이 있겠습니까? 사리자여. 색은 반드시 결국에는 무소유이므로 얻을 수 없는데, 어찌하여 생겨남이 있겠고, 수·상·행·식도 반드시 결국에는 무소유이므로 얻을 수 없는데, 어찌하여 생겨남이 있겠습니까?

사리자여. 안처는 반드시 결국에는 무소유이므로 얻을 수 없는데, 어찌하여 생겨남이 있겠고, 이·비·설·신·의처도 반드시 결국에는 무소유이므로 얻을 수 없는데, 어찌하여 생겨남이 있겠습니까? 사리자여. 색처는 반드시 결국에는 무소유이므로 얻을 수 없는데, 어찌하여 생겨남이 있겠고, 성·향·미·촉·법처도 반드시 결국에는 무소유이므로 얻을 수 없는데,

어찌하여 생겨남이 있겠습니까? 사리자여. 안계는 반드시 결국에는 무소유이므로 얻을 수 없는데, 어찌하여 생겨남이 있겠고, 이·비·설·신·의계도 반드시 결국에는 무소유이므로 얻을 수 없는데, 어찌하여 생겨남이 있겠습니까?

사리자여. 색계는 반드시 결국에는 무소유이므로 얻을 수 없는데, 어찌하여 생겨남이 있겠고, 성·향·미·촉·법계도 반드시 결국에는 무소유이므로 얻을 수 없는데, 어찌하여 생겨남이 있겠습니까? 사리자여. 안식계는 반드시 결국에는 무소유이므로 얻을 수 없는데, 어찌하여 생겨남이 있겠고, 이·비·설·신·의식계도 반드시 결국에는 무소유이므로 얻을 수 없는데, 어찌하여 생겨남이 있겠습니까? 사리자여. 안촉은 반드시 결국에는 무소유이므로 얻을 수 없는데, 어찌하여 생겨남이 있겠고, 이·비·설·신·의촉도 반드시 결국에는 무소유이므로 얻을 수 없는데, 어찌하여 생겨남이 있겠습니까?

사리자여. 안촉을 인연으로 생겨난 여러 수는 반드시 결국에는 무소유이므로 얻을 수 없는데, 어찌하여 생겨남이 있겠고, 이·비·설·신·의촉을 인연으로 생겨난 여러 수도 반드시 결국에는 무소유이므로 얻을 수 없는데, 어찌하여 생겨남이 있겠습니까? 사리자여. 보시바라밀다는 반드시 결국에는 무소유이므로 얻을 수 없는데, 어찌하여 생겨남이 있겠고, 정계·안인·정진·정려·반야바라밀다도 반드시 결국에는 무소유이므로 얻을 수 없는데, 어찌하여 생겨남이 있겠습니까? 사리자여. 내공은 반드시 결국에는 무소유이므로 얻을 수 없는데, 어찌하여 생겨남이 있겠고, 외공, 나아가 무성자성공도 반드시 결국에는 무소유이므로 얻을 수 없는데, 어찌하여 생겨남이 있겠습니까?

사리자여. 4념주는 반드시 결국에는 무소유이므로 얻을 수 없는데, 어찌하여 생겨남이 있겠고, 4정단, 나아가 8성도지도 반드시 결국에는 무소유이므로 얻을 수 없는데, 어찌하여 생겨남이 있겠습니까? 사리자여. 이와 같이 나아가, 여래의 10력은 반드시 결국에는 무소유이므로 얻을 수 없는데, 어찌하여 생겨남이 있겠고, 4무소외, 나아가 18불불공법도 반드시 결국에는 무소유이므로 얻을 수 없는데, 어찌하여 생겨남이 있겠습니까? 사리자여. 일체의 삼마지문은 반드시 결국에는 무소유이므로 얻을 수 없는데, 어찌하여 생겨남이 있겠고, 일체의 다라니문도 반드시 결국에는 무소유이므로 얻을 수 없는데, 어찌하여 생겨남이 있겠습니까?

사리자여. 나아가 성문승은 반드시 결국에는 무소유이므로 얻을 수 없는데, 어찌하여 생겨남이 있겠고, 독각승·대승도 반드시 결국에는 무소유이므로 얻을 수 없는데, 어찌하여 생겨남이 있겠습니까? 사리자여. 오히려 이러한 인연으로 나는 '아 등을 반드시 결국에는 생겨나지 않아서 다만 가명이 있고 모두 자성이 없는 것과 같다고 말하였습니다.'라고 이렇게 말을 지었습니다.

다시 다음으로 사리자여. 존자께서 '무슨 인연을 까닭으로 제법도 역시 반드시 결국에는 생겨나지 않아서 다만 다만 가명이 있고 모두 자성이 없는 것과 같다고 말하는가?'라는 것을 물었는데, 사리자여. 제법은 모두 화합하는 자성이 없습니다. 왜 그러한가? 화합하는 법이 있더라도 자성은 공한 까닭입니다."

이때 사리자가 선현에게 물어 말하였다.
"무슨 법이 모두 화합하는 자성이 없습니까?"
선현이 대답하여 말하였다.
"사리자여. 색은 모두 화합하는 자성이 없고, 수·상·행·식도 모두 화합하는 자성이 없으며, 안처는 모두 화합하는 자성이 없고, 이·비·설·신·의처도 모두 화합하는 자성이 없으며, 색처는 모두 화합하는 자성이 없고, 성·향·미·촉·법처도 모두 화합하는 자성이 없으며, 안계는 모두 화합하는 자성이 없고, 이·비·설·신·의계도 모두 화합하는 자성이 없으며, 색계는 모두 화합하는 자성이 없고, 성·향·미·촉·법계도 모두 화합하는 자성이 없으며, 안식계는 모두 화합하는 자성이 없고, 이·비·설·신·의식계도 모두 화합하는 자성이 없으며, 안촉은 모두 화합하는 자성이 없고, 이·비·설·신·의촉도 모두 화합하는 자성이 없으며, 안촉을 인연으로 생겨난 여러 수는 모두 화합하는 자성이 없고, 이·비·설·신·의촉을 인연으로 생겨난 여러 수도 모두 화합하는 자성이 없으며,

보시바라밀다는 모두 화합하는 자성이 없고, 정계·안인·정진·정려·반야바라밀다도 모두 화합하는 자성이 없으며, 4념주는 모두 화합하는 자성이 없고, 4정단·4신족·5근·5력·7등각지·8성도지도 모두 화합하는 자성이 없으며, 나아가 여래의 10력은 모두 화합하는 자성이 없고, 4무소외·4무애해·대자·대비·대희·대사·18불불공법도 모두 화합하는 자성이 없으며, 나아가 성문승은 모두 화합하는 자성이 없고, 독각승·대승도 모두 화합하는 자성이 없습니다. 사리자여. 오히려 이러한 까닭으로 '제법도 그와 같아서 반드시 결국에는 생겨나지 않아서 다만 가명이 있고 모두 자성이 없는 것과 같다.'라고 이렇게 말을 지었습니다. 다시 다음으로 사리자여. 제법은 항상하지 않고 역시 떠나가는 것도 없습니다."

이때 사리자가 선현에게 물어 말하였다.

"무슨 법이 항상하지 않고 역시 떠나가는 것도 없습니까?"

선현이 대답하여 말하였다.

"사리자여. 색은 항상하지 않고 역시 떠나가는 것도 없고, 수·상·행·식도 항상하지 않고 역시 떠나가는 것도 없습니다. 왜 그러한가? 사리자여. 만약 법이 항상하지 않는다면 자성이 끝났던 까닭입니다. 사리자여. 오히려 이것을 까닭으로 만약 법이 항상하지 않는다면 역시 떠나가는 것도 없다고 설하였습니다. 사리자여. 유위법(有爲法)은 항상하지 않고 역시 떠나가는 것도 없고, 무위법(無爲法)도 항상하지 않고 역시 떠나가는 것도 없으며, 유루법(有漏法)은 항상하지 않고 역시 떠나가는 것도 없고, 무루법(無漏法)도 항상하지 않고 역시 떠나가는 것도 없으며, 선법(善法)은 항상하지 않고 역시 떠나가는 것도 없고, 선법이 아닌 것(非善法)도 항상하지 않고 역시 떠나가는 것도 없으며, 유기법(有記法)은 항상하지 않고 역시 떠나가는 것도 없고, 무기법(無記法)도 항상하지 않고 역시 떠나가는 것도 없습니다. 왜 그러한가? 사리자여. 만약 법이 항상하지 않는다면 자성이 끝났던 까닭입니다. 사리자여. 오히려 이것을 까닭으로 만약

법이 항상하지 않는다면 역시 떠나가는 것도 없다고 설하였습니다. 다시 다음으로 사리자여. 제법은 항상하지 않고 역시 소멸하고 파괴되는 것도 없습니다."

이때 사리자가 선현에게 물어 말하였다.

"무슨 법이 항상하지 않고 역시 소멸하고 파괴되는 것도 없습니까?"

선현이 대답하여 말하였다.

"사리자여. 색은 항상하지 않고 역시 소멸하고 파괴되는 것도 없고, 수·상·행·식도 항상하지 않고 역시 소멸하고 파괴되는 것도 없습니다. 왜 그러한가? 사리자여. 본성(本性)이 그와 같은 까닭입니다. 사리자여. 유위법은 항상하지 않고 역시 소멸하고 파괴되는 것도 없고, 무위법도 항상하지 않고 역시 소멸하고 파괴되는 것도 없으며, 유루법은 항상하지 않고 역시 소멸하고 파괴되는 것도 없고, 무루법도 항상하지 않고 역시 소멸하고 파괴되는 것도 없으며, 선법은 항상하지 않고 역시 소멸하고 파괴되는 것도 없고, 비선법도 항상하지 않고 역시 소멸하고 파괴되는 것도 없으며, 유기법은 항상하지 않고 역시 소멸하고 파괴되는 것도 없고, 무기법도 항상하지 않고 역시 소멸하고 파괴되는 것도 없습니다. 왜 그러한가? 사리자여. 본성(本性)이 그와 같은 까닭입니다. 사리자여. 오히려 이것을 까닭으로 나는 '제법도 그와 같아서 반드시 결국에는 생겨나지 않아서 다만 가명이 있고 모두 자성이 없다.'라고 이렇게 말을 지었습니다."

"다시 다음으로 사리자여. 존자께서 '무슨 인연을 까닭으로 무엇 등의 색이라도 반드시 결국에는 생겨나지 않고, 무엇 등의 수·상·행·식이라도 반드시 결국에는 생겨나지 않으며, 나아가 무엇 등의 성문승이라도 반드시 결국에는 생겨나지 않고, 무엇 등의 독각승·대승이라도 반드시 결국에는 생겨나지 않습니까?'라는 것을 물었는데, 사리자여. 일체의 색의 본성은 생겨나지 않고, 일체의 수·상·행·식도 본성이 생겨나지 않습니다. 왜 그러한가? 사리자여. 일체의 색, 나아가 식은 작자(作者)가 아니고 기자(起者)도 아닙니다. 그 까닭은 무엇인가? 일체의 색, 나아가 식으로써 작자와 기자를 얻을 수 없는 까닭입니다.

사리자여. 나아가 일체의 성문승의 본성은 생겨나지 않고, 일체의 독각승·대승의 본성도 생겨나지 않습니다. 왜 그러한가? 사리자여. 일체의 성문승과 독각승·대승은 작자가 아니고 기자도 아닙니다. 그 까닭은 무엇인가? 일체의 성문승과 독각승·대승으로써 작자와 기자를 얻을 수 없는 까닭입니다. 사리자여. 오히려 이러한 인연으로 나는 '무엇 등의 색이라도 반드시 결국에는 생겨나지 않고, 무엇 등의 수·상·행·식이라도 반드시 결국에는 생겨나지 않으며, 나아가 무엇 등의 성문승이라도 반드시 결국에는 생겨나지 않고, 무엇 등의 독각승·대승이라도 반드시 결국에는 생겨나지 않습니까?'라고 이렇게 말을 지었습니다.

다시 다음으로 사리자여. 존자께서 무슨 인연을 까닭으로 내가 '반드시 결국에는 생겨나지 않는다면, 곧 색이라고 이름하지 않고, 역시 수·상·행·식이라고 이름하지 않으며, 나아가 반드시 결국에는 생겨나지 않는다면, 곧 성문승이라고 이름하지 않고, 역시 독각승·대승이라 이름하지 않는가?'라는 것을 물었는데, 사리자여. 색은 본성이 공한 까닭이고, 만약 법의 본성이 공하다면, 곧 만약 태어나거나, 만약 소멸하거나, 만약 머무르거나, 만약 변한다면 시설(施設)할 수 없습니다. 오히려 이러한 인연으로 반드시 결국에는 생겨나지 않는다면, 색이라고 이름하지 않습니다. 왜 그러한가? 공은 색이 아닌 까닭입니다.

사리자여. 수·상·행·식은 본성이 공한 까닭이고, 만약 법의 본성이 공하다면, 곧 만약 태어나거나, 만약 소멸하거나, 만약 머무르거나, 만약 변한다면 시설할 수 없습니다. 오히려 이러한 인연으로 반드시 결국에는 생겨나지 않는다면, 수·상·행·식이라고 이름하지 않습니다. 왜 그러한가? 공은 수·상·행·식이 아닌 까닭입니다. 사리자여. 성문승은 본성이 공한 까닭이고, 만약 법의 본성이 공하다면, 곧 만약 태어나거나, 만약 소멸하거나, 만약 머무르거나, 만약 변한다면 시설할 수 없습니다. 오히려 이러한 인연으로 반드시 결국에는 생겨나지 않는다면, 성문승이라고 이름하지 않습니다. 왜 그러한가? 공은 색이 아닌 까닭입니다.
　사리자여. 독각승·대승은 본성이 공한 까닭이고, 만약 법의 본성이 공하다면, 곧 만약 태어나거나, 만약 소멸하거나, 만약 머무르거나, 만약 변한다면 시설할 수 없습니다. 오히려 이러한 인연으로 반드시 결국에는 생겨나지 않는다면, 독각승·대승이라고 이름하지 않습니다. 왜 그러한가? 공은 독각승·대승이 아닌 까닭입니다. 사리자여. 오히려 이러한 인연으로 나는 '반드시 결국에는 생겨나지 않는다면, 곧 색이라고 이름하지 않고, 역시 수·상·행·식이라고 이름하지 않으며, 나아가 반드시 결국에는 생겨나지 않는다면, 곧 성문승이라고 이름하지 않고, 역시 독각승·대승이라 이름하지 않는다.'라고 이렇게 말을 지었습니다.
　다시 다음으로 사리자여. 존자께서 무슨 인연을 까닭으로 내가 '어찌 결국에는 생겨나지 않는 반야바라밀다로써 반드시 결국에는 생겨나지 않는 제보살마하살을 능히 교계하고 교수하겠다고 말하겠습니까?'라는 것을 물었는데, 사리자여. 반드시 결국에는 생겨나지 않는 곧 이것이 반야바라밀다이고, 반야바라밀다는 곧 이것이 반드시 결국에는 생겨나지 않습니다. 왜 그러한가? 반드시 결국에는 생겨나지 않는 것과 반야바라밀다는 역시 무이(無二)이고, 무이처(無二處)인 까닭입니다. 사리자여. 반드시 결국에는 생겨나지 않는 것이 곧 이것이 보살마하살이고, 보살마하살은 곧 이것이 반드시 결국에는 생겨나지 않습니다. 왜 그러한가? 반드시 결국에는 생겨나지 않는 것과 보살마하살은 역시 무이이고, 무이처인 까닭입니다. 사리자여. 오히려 이러한 인연으로 나는 '결국에는 생겨나지 않는 반야바라밀다로써 반드시 결국에는 생겨나지 않는 제보살마하살을 능히 교계하고 교수하겠다고 말하겠습니까?'라고 이렇게 말을 지었습니다."

　"다시 다음으로 사리자여. 존자께서 무슨 인연을 까닭으로 내가 '반드시 결국에는 생겨나지 않는 것을 벗어난다면 보살마하살이 무상정등보리를 능히 수행할 수 있겠는가?'라는 것을 물었는데, 사리자여. 제보살마하살이 반야바라밀다를 행하는 때에 결국에는 생겨나지 않는 것을 벗어나서 반야바라밀다가 있다고 보지 않고, 결국에는 생겨나지 않는 것을 벗어나서 보살마하살도 있다고 보지 않습니다. 왜 그러한가? 만약 반야바라밀다이거나, 만약 보살마하살이라도 반드시 결국에는 생겨나지 않는데, 무이(無二)이고, 무이처(無二處)인 까닭입니다.

사리자여. 제보살마하살이 반야바라밀다를 수행하는 때라면, 반드시 결국에는 생겨나지 않는 것을 벗어나서 색이 있다고 보지 않고, 반드시 결국에는 생겨나지 않는 것을 벗어나서 수·상·행·식도 있다고 보지 않습니다. 왜 그러한가? 만약 색이거나, 만약 수·상·행·식이라도 반드시 결국에는 생겨나지 않는데, 무이이고, 무이처인 까닭입니다. 사리자여. 제보살마하살이 반야바라밀다를 수행하는 때라면, 반드시 결국에는 생겨나지 않는 것을 벗어나서 안처가 있다고 보지 않고, 반드시 결국에는 생겨나지 않는 것을 벗어나서 이·비·설·신·의처도 있다고 보지 않습니다. 왜 그러한가? 만약 안처이거나, 만약 이·비·설·신·의처라도 반드시 결국에는 생겨나지 않는데, 무이이고, 무이처인 까닭입니다.

사리자여. 제보살마하살이 반야바라밀다를 수행하는 때라면, 반드시 결국에는 생겨나지 않는 것을 벗어나서 색처가 있다고 보지 않고, 반드시 결국에는 생겨나지 않는 것을 벗어나서 성·향·미·촉·법처도 있다고 보지 않습니다. 왜 그러한가? 만약 색처이거나, 만약 성·향·미·촉·법처라도 반드시 결국에는 생겨나지 않는데, 무이이고, 무이처인 까닭입니다. 사리자여. 제보살마하살이 반야바라밀다를 수행하는 때라면, 반드시 결국에는 생겨나지 않는 것을 벗어나서 안계가 있다고 보지 않고, 반드시 결국에는 생겨나지 않는 것을 벗어나서 이·비·설·신·의계도 있다고 보지 않습니다. 왜 그러한가? 만약 안계이거나, 만약 이·비·설·신·의계라도 반드시 결국에는 생겨나지 않는데, 무이이고, 무이처인 까닭입니다.

사리자여. 제보살마하살이 반야바라밀다를 수행하는 때라면, 반드시 결국에는 생겨나지 않는 것을 벗어나서 색계가 있다고 보지 않고, 반드시 결국에는 생겨나지 않는 것을 벗어나서 성·향·미·촉·법계도 있다고 보지 않습니다. 왜 그러한가? 만약 색계이거나, 만약 성·향·미·촉·법계라도 반드시 결국에는 생겨나지 않는데, 무이이고, 무이처인 까닭입니다. 사리자여. 제보살마하살이 반야바라밀다를 수행하는 때라면, 반드시 결국에는 생겨나지 않는 것을 벗어나서 안식계가 있다고 보지 않고, 반드시 결국에는 생겨나지 않는 것을 벗어나서 이·비·설·신·의식계도 있다고 보지 않습니다. 왜 그러한가? 만약 안식계이거나, 만약 이·비·설·신·의식계라도 반드시 결국에는 생겨나지 않는데, 무이이고, 무이처인 까닭입니다.

사리자여. 제보살마하살이 반야바라밀다를 수행하는 때라면, 반드시 결국에는 생겨나지 않는 것을 벗어나서 안촉이 있다고 보지 않고, 반드시 결국에는 생겨나지 않는 것을 벗어나서 이·비·설·신·의촉도 있다고 보지 않습니다. 왜 그러한가? 만약 안촉이거나, 만약 이·비·설·신·의촉이라도 반드시 결국에는 생겨나지 않는데, 무이이고, 무이처인 까닭입니다. 사리자여. 제보살마하살이 반야바라밀다를 수행하는 때라면, 반드시 결국에는 생겨나지 않는 것을 벗어나서 안촉을 인연으로 생겨난 여러 수가 있다고 보지 않고, 반드시 결국에는 생겨나지 않는 것을 벗어나서 이·비·설·신·의촉을 인연으로 생겨난 여러 수도 있다고 보지 않습니다. 왜 그러한가? 만약 안촉을 인연으로 생겨난 여러 수이거나, 만약 이·비·설·신·의촉을 인연으로 생겨난 여러 수라도 반드시 결국에는 생겨나지 않는데, 무이이고, 무이처인 까닭입니다.

사리자여. 제보살마하살이 반야바라밀다를 수행하는 때라면, 반드시 결국에는 생겨나지 않는 것을 벗어나서 보시바라밀다가 있다고 보지 않고, 반드시 결국에는 생겨나지 않는 것을 벗어나서 정계·안인·정진·정려·반야바라밀다도 있다고 보지 않습니다. 왜 그러한가? 만약 보시바라밀다이거나, 만약 정계·안인·정진·정려·반야바라밀다라도 반드시 결국에는 생겨나지 않는데, 무이이고, 무이처인 까닭입니다. 사리자여. 제보살마하살이 반야바라밀다를 수행하는 때라면, 반드시 결국에는 생겨나지 않는 것을 벗어나서 4념주가 있다고 보지 않고, 반드시 결국에는 생겨나지 않는 것을 벗어나서 4정단·4신족·5근·5력·7등각지·8성도지도 있다고 보지 않습니다. 왜 그러한가? 만약 4념주이거나, 만약 4정단, 나아가 8성도지라도 반드시 결국에는 생겨나지 않는데, 무이이고, 무이처인 까닭입니다.

사리자여. 제보살마하살이 반야바라밀다를 수행하는 때라면, 반드시 결국에는 생겨나지 않는 것을 벗어나서 나아가 여래의 10력이 있다고 보지 않고, 반드시 결국에는 생겨나지 않는 것을 벗어나서 4무소외·4무애해·대자·대비·대희·대사·18불불공법도 있다고 보지 않습니다. 왜 그러한가? 만약 여래의 10력이거나, 만약 4무소외, 나아가 18불불공법이라도 반드시 결국에는 생겨나지 않는데, 무이이고, 무이처인 까닭입니다. 사리자여. 제보살마하살이 반야바라밀다를 수행하는 때라면, 반드시 결국에는 생겨나지 않는 것을 벗어나서 일체의 삼마지문이 있다고 보지 않고, 반드시 결국에는 생겨나지 않는 것을 벗어나서 일체의 다라니문도 있다고 보지 않습니다. 왜 그러한가? 만약 일체의 삼마지문이거나, 만약 일체의 다라니문이라도 반드시 결국에는 생겨나지 않는데, 무이이고, 무이처인 까닭입니다.

사리자여. 제보살마하살이 반야바라밀다를 수행하는 때라면, 반드시 결국에는 생겨나지 않는 것을 벗어나서 나아가 일체지가 있다고 보지 않고, 반드시 결국에는 생겨나지 않는 것을 벗어나서 도상지·일체상지도 있다고 보지 않습니다. 왜 그러한가? 만약 일체지이거나, 만약 도상지·일체상지라도 반드시 결국에는 생겨나지 않는데, 무이이고, 무이처인 까닭입니다. 사리자여. 제보살마하살이 반야바라밀다를 수행하는 때라면, 반드시 결국에는 생겨나지 않는 것을 벗어나서 성문승이 있다고 보지 않고, 반드시 결국에는 생겨나지 않는 것을 벗어나서 독각승·대승도 있다고 보지 않습니다. 왜 그러한가? 만약 일체의 성문승이거나, 만약 독각승·대승이라도 반드시 결국에는 생겨나지 않는데, 무이이고, 무이처인 까닭입니다.

사리자여. 오히려 이러한 인연으로 나는 '결국에는 생겨나지 않는 반야바라밀다를 벗어나서, 역시 보살마하살이 능히 무상정등보리를 수행하겠습니까?'라고 이렇게 말을 지었습니다.

　다시 다음으로 사리자여. 존자께서 무슨 인연을 까닭으로 '만약 보살마하살이 이와 같은 말을 듣고서 마음을 숨기고 침울하지 않으며, 역시 근심하고 후회하지 않으며, 그 마음이 놀라지 않고 두려워하지 않으며 겁내지 않는다면, 이것이 보살마하살은 능히 반야바라밀다를 수행한다고 마땅히 알아야 한다.'라고 말하였는데, 사리자여. 제보살마하살은 반야바라밀다를 수행하는 때에 제법이 진실한 작용(作用)이 있다고 보지 않고, 다만 제법이 꿈과 같고, 환영과 같으며, 메아리와 같고, 형상과 같으며, 아지랑이와 같고, 그림자와 같으며, 심향성과 같고, 변화한 일과 같아서 비록 있는 것과 비슷하게 나타날지라도, 진실한 작용이 없다고 보는 것이고, 제법의 본성이 모두 공하다는 말을 들을지라도 깊은 환희가 생겨나거나, 숨기고 침울한 것 등의 허물을 벗어나는 것입니다.

　사리자여. 오히려 이러한 인연으로 나는 '만약 보살마하살이 이와 같은 말을 듣고서 마음을 숨기고 침울하지 않으며, 역시 근심하고 후회하지 않으며, 그 마음이 놀라지 않고 두려워하지 않으며 겁내지 않는다면, 이것이 보살마하살은 능히 반야바라밀다를 수행한다고 마땅히 알아야 한다.'라고 이렇게 말을 지었습니다."

마하반야바라밀다경 제423권

23. 무변제품(無邊際品)(4)

그때 구수(具壽) 선현(善現)이 세존께 아뢰어 말하였다.
"세존이시여. 만약 때에 보살마하살이 반야바라밀다를 수행하면서 제법을 관찰한다면, 이때에 보살마하살은 색에서 받아들이지 않고(無受) 취하지 않으며(無取) 머무르지 않고(無住) 집착하지 않으며(無着), 역시 나(我)를 위하여 시설하지 않고, 수·상·행·식에서도 받아들이지 않고 취하지 않으며 머무르지 않고 집착하지 않으며, 역시 나를 위하여 시설하지 않습니다. 왜 그러한가? 세존이시여. 이 보살마하살은 마땅히 그때에 색, 나아가 식을 보지 않는 까닭입니다.

안처에서 받아들이지 않고 취하지 않으며 머무르지 않고 집착하지 않으며, 역시 나를 위하여 시설하지 않고, 이·비·설·신·의처에서도 받아들이지 않고 취하지 않으며 머무르지 않고 집착하지 않으며, 역시 나를 위하여 시설하지 않습니다. 왜 그러한가? 세존이시여. 이 보살마하살은 마땅히 그때에 안처, 나아가 의처를 보지 않는 까닭입니다.

색처에서 받아들이지 않고 취하지 않으며 머무르지 않고 집착하지 않으며, 역시 나를 위하여 시설하지 않고, 성·향·미·촉·법처에서도 받아들이지 않고 취하지 않으며 머무르지 않고 집착하지 않으며, 역시 나를 위하여 시설하지 않습니다. 왜 그러한가? 세존이시여. 이 보살마하살은 마땅히 그때에 색처, 나아가 법처를 보지 않는 까닭입니다.

안계에서 받아들이지 않고 취하지 않으며 머무르지 않고 집착하지 않으며, 역시 나를 위하여 시설하지 않고, 이·비·설·신·의계에서도 받아들이지 않고 취하지 않으며 머무르지 않고 집착하지 않으며, 역시 나를 위하여 시설하지 않습니다. 왜 그러한가? 세존이시여. 이 보살마하살은 마땅히 그때에 안계, 나아가 의계를 보지 않는 까닭입니다.

색계에서 받아들이지 않고 취하지 않으며 머무르지 않고 집착하지 않으며, 역시 나를 위하여 시설하지 않고, 성·향·미·촉·법계에서도 받아들이지 않고 취하지 않으며 머무르지 않고 집착하지 않으며, 역시 나를 위하여 시설하지 않습니다. 왜 그러한가? 세존이시여. 이 보살마하살은 마땅히 그때에 색계, 나아가 법계를 보지 않는 까닭입니다.

안식계에서 받아들이지 않고 취하지 않으며 머무르지 않고 집착하지 않으며, 역시 나를 위하여 시설하지 않고, 이·비·설·신·의식계에서도 받아들이지 않고 취하지 않으며 머무르지 않고 집착하지 않으며, 역시 나를 위하여 시설하지 않습니다. 왜 그러한가? 세존이시여. 이 보살마하살은 마땅히 그때에 안식계, 나아가 의식계를 보지 않는 까닭입니다.

안촉에서 받아들이지 않고 취하지 않으며 머무르지 않고 집착하지 않으며, 역시 나를 위하여 시설하지 않고, 이·비·설·신·의촉에서도 받아들이지 않고 취하지 않으며 머무르지 않고 집착하지 않으며, 역시 나를 위하여 시설하지 않습니다. 왜 그러한가? 세존이시여. 이 보살마하살은 마땅히 그때에 안촉, 나아가 의촉을 보지 않는 까닭입니다.

안촉을 인연으로 생겨난 여러 수에서 받아들이지 않고 취하지 않으며 머무르지 않고 집착하지 않으며, 역시 나를 위하여 시설하지 않고, 이·비·설·신·의촉을 인연으로 생겨난 여러 수에서도 받아들이지 않고 취하지 않으며 머무르지 않고 집착하지 않으며, 역시 나를 위하여 시설하지 않습니다. 왜 그러한가? 세존이시여. 이 보살마하살은 마땅히 그때에 안촉을 인연으로 생겨난 여러 수, 나아가 의촉을 인연으로 생겨난 여러 수를 보지 않는 까닭입니다.

보시바라밀다에서 받아들이지 않고 취하지 않으며 머무르지 않고 집착하지 않으며, 역시 나를 위하여 시설하지 않고, 정계·안인·정진·정려·반야바라밀다에서도 받아들이지 않고 취하지 않으며 머무르지 않고 집착하지 않으며, 역시 나를 위하여 시설하지 않습니다. 왜 그러한가? 세존이시여. 이 보살마하살은 마땅히 그때에 보시바라밀다, 나아가 반야바라밀다를 보지 않는 까닭입니다.

내공에서 받아들이지 않고 취하지 않으며 머무르지 않고 집착하지 않으며, 역시 나를 위하여 시설하지 않고, 외공·내외공·공공·대공·승의공·유위공·무위공·필경공·무제공·산무산공·본성공·자공상공·일체법공·불가득공·무성공·자성공·무성자성공에서도 받아들이지 않고 취하지 않으며 머무르지 않고 집착하지 않으며, 역시 나를 위하여 시설하지 않습니다. 왜 그러한가? 세존이시여. 이 보살마하살은 마땅히 그때에 내공, 나아가 무성자성공을 보지 않는 까닭입니다.

4념주에서 받아들이지 않고 취하지 않으며 머무르지 않고 집착하지 않으며, 역시 나를 위하여 시설하지 않고, 4정단·4신족·5근·5력·7등각지·8성도지에서도 받아들이지 않고 취하지 않으며 머무르지 않고 집착하지 않으며, 역시 나를 위하여 시설하지 않습니다. 왜 그러한가? 세존이시여. 이 보살마하살은 마땅히 그때에 4념주, 나아가 8성도지를 보지 않는 까닭입니다.

이와 같이 나아가, 여래의 10력에서 받아들이지 않고 취하지 않으며 머무르지 않고 집착하지 않으며, 역시 나를 위하여 시설하지 않고, 4무소외·4무애해·대자·대비·대희·대사·18불불공법에서도 받아들이지 않고 취하지 않으며 머무르지 않고 집착하지 않으며, 역시 나를 위하여 시설하지 않습니다. 왜 그러한가? 세존이시여. 이 보살마하살은 마땅히 그때에 여래의 10력, 나아가 18불불공법을 보지 않는 까닭입니다.

일체의 삼마지문에서 받아들이지 않고 취하지 않으며 머무르지 않고 집착하지 않으며, 역시 나를 위하여 시설하지 않고, 일체의 다라니문에서도 받아들이지 않고 취하지 않으며 머무르지 않고 집착하지 않으며, 역시 나를 위하여 시설하지 않습니다. 왜 그러한가? 세존이시여. 이 보살마하살은 마땅히 그때에 일체의 삼마지문과 일체의 다라니문을 보지 않는 까닭입니다.

나아가, 일체지에서 받아들이지 않고 취하지 않으며 머무르지 않고 집착하지 않으며, 역시 나를 위하여 시설하지 않고, 도상지·일체상지에서도 받아들이지 않고 취하지 않으며 머무르지 않고 집착하지 않으며, 역시 나를 위하여 시설하지 않습니다. 왜 그러한가? 세존이시여. 이 보살마하살은 마땅히 그때에 일체지·도상지·일체상지를 보지 않는 까닭입니다."

"세존이시여. 제보살마하살은 반야바라밀다를 수행하는 때에 색을 보지 않고, 역시 수·상·행·식도 보지 않습니다. 왜 그러한가? 색 등의 자성이 공(空)하므로 생겨남이 없고 소멸함이 없는 까닭입니다. 안처를 보지 않고, 역시 이·비·설·신·의처도 보지 않습니다. 왜 그러한가? 안처 등의 자성이 공하므로 생겨남이 없고 소멸함이 없는 까닭입니다. 색처를 보지 않고, 역시 성·향·미·촉·법처도 보지 않습니다. 왜 그러한가? 색처 등의 자성이 공하므로 생겨남이 없고 소멸함이 없는 까닭입니다.

안계를 보지 않고, 역시 이·비·설·신·의계도 보지 않습니다. 왜 그러한가? 안계 등의 자성이 공하므로 생겨남이 없고 소멸함이 없는 까닭입니다. 색계를 보지 않고, 역시 성·향·미·촉·법계도 보지 않습니다. 왜 그러한가? 색계 등의 자성이 공하므로 생겨남이 없고 소멸함이 없는 까닭입니다. 안식계를 보지 않고, 역시 이·비·설·신·의식계도 보지 않습니다. 왜 그러한가? 안식계 등의 자성이 공하므로 생겨남이 없고 소멸함이 없는 까닭입니다.

안촉을 보지 않고, 역시 이·비·설·신·의촉도 보지 않습니다. 왜 그러한가? 안촉 등의 자성이 공하므로 생겨남이 없고 소멸함이 없는 까닭입니다. 안촉을 인연으로 생겨난 여러 수를 보지 않고, 역시 이·비·설·신·의촉을 인연으로 생겨난 여러 수도 보지 않습니다. 왜 그러한가? 안촉을 인연으로 생겨난 여러 수 등의 자성이 공하므로 생겨남이 없고 소멸함이 없는 까닭입니다. 보시바라밀다를 보지 않고, 역시 정계·안인·정진·정려·반야바라밀다도 보지 않습니다. 왜 그러한가? 보시바라밀다 등의 자성이 공하므로 생겨남이 없고 소멸함이 없는 까닭입니다.

내공을 보지 않고, 역시 외공, 나아가 무성자성공도 보지 않습니다.

왜 그러한가? 내공 등의 자성이 공하므로 생겨남이 없고 소멸함이 없는 까닭입니다. 4념주를 보지 않고, 역시 4정단, 나아가 8성도지도 보지 않습니다. 왜 그러한가? 4념주 등의 자성이 공하므로 생겨남이 없고 소멸함이 없는 까닭입니다. 이와 같이 나아가, 여래의 10력을 보지 않고, 역시 4무소외, 나아가 18불불공법도 보지 않습니다. 왜 그러한가? 여래의 10력 등의 자성이 공하므로 생겨남이 없고 소멸함이 없는 까닭입니다.

일체의 삼마지문을 보지 않고, 역시 일체의 다라니문도 보지 않습니다. 왜 그러한가? 일체의 삼마지문 등의 자성이 공하므로 생겨남이 없고 소멸함이 없는 까닭입니다. 법계(法界)를 보지 않고, 역시 진여(眞如)·실제(實際)·부사의계(不思議界)·안은계(安隱界) 등도 보지 않습니다. 왜 그러한가? 법계 등의 자성이 공하므로 생겨남이 없고 소멸함이 없는 까닭입니다. 일체의 보살마하살의 행을 보지 않고, 역시 제불의 무상정등보리도 보지 않습니다. 왜 그러한가? 일체의 보살마하살의 행 등의 자성이 공하므로 생겨남이 없고 소멸함이 없는 까닭입니다.

일체지를 보지 않고, 역시 도상지·일체상지도 보지 않습니다. 왜 그러한가? 일체지 등의 자성이 공하므로 생겨남이 없고 소멸함이 없는 까닭입니다."

"세존이시여. 색이 생겨남이 없고 소멸함이 없다면 곧 색이 아니고, 수·상·행·식도 생겨남이 없고 소멸함이 없다면 역시 수·상·행·식이 아닙니다. 그 까닭은 무엇인가? 색 등으로써 함께 생겨남이 없고 소멸함이 없다면 무이(無二)이고 무이처(無二處)입니다. 왜 그러한가? 생겨남이 없고 소멸함이 없는 것으로써 법은 하나가 아니고, 둘이 아니며, 많은 것이 아니고, 별도인 것도 아닙니다. 이러한 까닭으로 색이 생겨남이 없고 소멸함이 없다면 곧 색이 아니고, 수·상·행·식도 생겨남이 없고 소멸함이 없다면 역시 수·상·행·식이 아닙니다.

세존이시여. 안처가 생겨남이 없고 소멸함이 없다면 곧 안처가 아니고, 이·비·설·신·의처도 생겨남이 없고 소멸함이 없다면 역시 이·비·설·신·의처가 아닙니다. 그 까닭은 무엇인가? 안처 등으로써 함께 생겨남이 없고 소멸함이 없다면 무이이고 무이처입니다. 왜 그러한가? 생겨남이 없고 소멸함이 없는 것으로써 법은 하나가 아니고, 둘이 아니며, 많은 것이 아니고, 별도인 것도 아닙니다. 이러한 까닭으로 안처가 생겨남이 없고 소멸함이 없다면 곧 안처가 아니고, 이·비·설·신·의처도 생겨남이 없고 소멸함이 없다면 역시 이·비·설·신·의처가 아닙니다.

세존이시여. 색처가 생겨남이 없고 소멸함이 없다면 곧 색처가 아니고, 성·향·미·촉·법처도 생겨남이 없고 소멸함이 없다면 역시 성·향·미·촉·법처가 아닙니다. 그 까닭은 무엇인가? 색처 등으로써 함께 생겨남이 없고 소멸함이 없다면 무이이고 무이처입니다. 왜 그러한가? 생겨남이 없고 소멸함이 없는 것으로써 법은 하나가 아니고, 둘이 아니며, 많은 것이 아니고, 별도인 것도 아닙니다. 이러한 까닭으로 색처가 생겨남이 없고 소멸함이 없다면 곧 색처가 아니고, 성·향·미·촉·법처도 생겨남이 없고 소멸함이 없다면 역시 성·향·미·촉·법처가 아닙니다.

세존이시여. 안계가 생겨남이 없고 소멸함이 없다면 곧 안계가 아니고, 이·비·설·신·의계도 생겨남이 없고 소멸함이 없다면 역시 이·비·설·신·의계가 아닙니다. 그 까닭은 무엇인가? 안계 등으로써 함께 생겨남이 없고 소멸함이 없다면 무이이고 무이처입니다. 왜 그러한가? 생겨남이 없고 소멸함이 없는 것으로써 법은 하나가 아니고, 둘이 아니며, 많은 것이 아니고, 별도인 것도 아닙니다. 이러한 까닭으로 안계가 생겨남이 없고 소멸함이 없다면 곧 안계가 아니고, 이·비·설·신·의계도 생겨남이 없고 소멸함이 없다면 역시 이·비·설·신·의계가 아닙니다.

세존이시여. 색계가 생겨남이 없고 소멸함이 없다면 곧 색계가 아니고, 성·향·미·촉·법계도 생겨남이 없고 소멸함이 없다면 역시 성·향·미·촉·법계가 아닙니다. 그 까닭은 무엇인가? 색계 등으로써 함께 생겨남이 없고 소멸함이 없다면 무이이고 무이처입니다. 왜 그러한가? 생겨남이 없고 소멸함이 없는 것으로써 법은 하나가 아니고, 둘이 아니며, 많은 것이 아니고, 별도인 것도 아닙니다. 이러한 까닭으로 색계가 생겨남이 없고 소멸함이 없다면 곧 색계가 아니고, 성·향·미·촉·법계도 생겨남이 없고 소멸함이 없다면 역시 성·향·미·촉·법계가 아닙니다.

세존이시여. 안식계가 생겨남이 없고 소멸함이 없다면 곧 안식계가 아니고, 이·비·설·신·의식계도 생겨남이 없고 소멸함이 없다면 역시 이·비·설·신·의식계가 아닙니다. 그 까닭은 무엇인가? 안식계 등으로써 함께 생겨남이 없고 소멸함이 없다면 무이이고 무이처입니다. 왜 그러한가? 생겨남이 없고 소멸함이 없는 것으로써 법은 하나가 아니고, 둘이 아니며, 많은 것이 아니고, 별도인 것도 아닙니다. 이러한 까닭으로 안식계가 생겨남이 없고 소멸함이 없다면 곧 안식계가 아니고, 이·비·설·신·의식계도 생겨남이 없고 소멸함이 없다면 역시 이·비·설·신·의식계가 아닙니다.

세존이시여. 안촉이 생겨남이 없고 소멸함이 없다면 곧 안촉이 아니고, 이·비·설·신·의촉도 생겨남이 없고 소멸함이 없다면 역시 이·비·설·신·의촉이 아닙니다. 그 까닭은 무엇인가? 안촉 등으로써 함께 생겨남이 없고 소멸함이 없다면 무이이고 무이처입니다. 왜 그러한가? 생겨남이 없고 소멸함이 없는 것으로써 법은 하나가 아니고, 둘이 아니며, 많은 것이 아니고, 별도인 것도 아닙니다. 이러한 까닭으로 안촉이 생겨남이 없고 소멸함이 없다면 곧 안촉이 아니고, 이·비·설·신·의촉도 생겨남이 없고 소멸함이 없다면 역시 이·비·설·신·의촉이 아닙니다.

세존이시여. 안촉을 인연으로 생겨난 여러 수가 생겨남이 없고 소멸함이 없다면 곧 안촉을 인연으로 생겨난 여러 수가 아니고, 이·비·설·신·의촉을 인연으로 생겨난 여러 수도 생겨남이 없고 소멸함이 없다면 역시 이·비·설·신·의촉을 인연으로 생겨난 여러 수가 아닙니다. 그 까닭은 무엇인가? 안촉을 인연으로 생겨난 여러 수 등으로써 함께 생겨남이 없고 소멸함이 없다면 무이이고 무이처입니다. 왜 그러한가? 생겨남이 없고 소멸함이 없는 것으로써 법은 하나가 아니고, 둘이 아니며, 많은 것이 아니고, 별도인 것도 아닙니다. 이러한 까닭으로 안촉을 인연으로 생겨난 여러 수가 생겨남이 없고 소멸함이 없다면 곧 안촉을 인연으로 생겨난 여러 수가 아니고, 이·비·설·신·의촉을 인연으로 생겨난 여러 수도 생겨남이 없고 소멸함이 없다면 역시 이·비·설·신·의촉을 인연으로 생겨난 여러 수가 아닙니다.

　세존이시여. 보시바라밀다가 생겨남이 없고 소멸함이 없다면 곧 보시바라밀다가 아니고, 정계·안인·정진·정려·반야바라밀다도 생겨남이 없고 소멸함이 없다면 역시 정계·안인·정진·정려·반야바라밀다가 아닙니다. 그 까닭은 무엇인가? 보시바라밀다 등으로써 함께 생겨남이 없고 소멸함이 없다면 무이이고 무이처입니다. 왜 그러한가? 생겨남이 없고 소멸함이 없는 것으로써 법은 하나가 아니고, 둘이 아니며, 많은 것이 아니고, 별도인 것도 아닙니다. 이러한 까닭으로 보시바라밀다가 생겨남이 없고 소멸함이 없다면 곧 보시바라밀다가 아니고, 정계·안인·정진·정려·반야바라밀다도 생겨남이 없고 소멸함이 없다면 역시 정계·안인·정진·정려·반야바라밀다가 아닙니다.

　세존이시여. 내공이 생겨남이 없고 소멸함이 없다면 곧 내공이 아니고, 외공, 나아가 무성자성공도 생겨남이 없고 소멸함이 없다면 역시 외공, 나아가 무성자성공이 아닙니다. 그 까닭은 무엇인가? 내공 등으로써 함께 생겨남이 없고 소멸함이 없다면 무이이고 무이처입니다. 왜 그러한가? 생겨남이 없고 소멸함이 없는 것으로써 법은 하나가 아니고, 둘이 아니며, 많은 것이 아니고, 별도인 것도 아닙니다. 이러한 까닭으로 내공이 생겨남이 없고 소멸함이 없다면 곧 내공이 아니고, 외공, 나아가 무성자성공도 생겨남이 없고 소멸함이 없다면 역시 외공, 나아가 무성자성공이 아닙니다.

　세존이시여. 4념주가 생겨남이 없고 소멸함이 없다면 곧 4념주가 아니고, 4정단, 나아가 8성도지도 생겨남이 없고 소멸함이 없다면 역시 4정단, 나아가 8성도지가 아닙니다. 그 까닭은 무엇인가? 4념주 등으로써 함께 생겨남이 없고 소멸함이 없다면 무이이고 무이처입니다. 왜 그러한가? 생겨남이 없고 소멸함이 없는 것으로써 법은 하나가 아니고, 둘이 아니며, 많은 것이 아니고, 별도인 것도 아닙니다. 이러한 까닭으로 4념주가 생겨남이 없고 소멸함이 없다면 곧 4념주가 아니고, 4정단, 나아가 8성도지도 생겨남이 없고 소멸함이 없다면 역시 4정단, 나아가 8성도지가 아닙니다.

　세존이시여. 이와 같이 나아가, 여래의 10력이 생겨남이 없고 소멸함이 없다면 곧 여래의 10력이 아니고, 4무소외, 나아가 18불불공법도 생겨남이 없고 소멸함이 없다면 역시 4무소외, 나아가 18불불공법이 아닙니다. 그 까닭은 무엇인가? 여래의 10력 등으로써 함께 생겨남이 없고 소멸함이 없다면 무이이고 무이처입니다. 왜 그러한가? 생겨남이 없고 소멸함이 없는 것으로써 법은 하나가 아니고, 둘이 아니며, 많은 것이 아니고, 별도인 것도 아닙니다. 이러한 까닭으로 여래의 10력이 생겨남이 없고 소멸함이 없다면 곧 여래의 10력이 아니고, 4무소외, 나아가 18불불공법도 생겨남이 없고 소멸함이 없다면 역시 4무소외, 나아가 18불불공법이 아닙니다.

세존이시여. 이와 같이 나아가, 일체의 삼마지문이 생겨남이 없고 소멸함이 없다면 곧 일체의 삼마지문이 아니고, 일체의 다라니문도 생겨남이 없고 소멸함이 없다면 역시 일체의 다라니문이 아닙니다. 그 까닭은 무엇인가? 일체의 삼마지문 등으로써 함께 생겨남이 없고 소멸함이 없다면 무이이고 무이처입니다. 왜 그러한가? 생겨남이 없고 소멸함이 없는 것으로써 법은 하나가 아니고, 둘이 아니며, 많은 것이 아니고, 별도인 것도 아닙니다. 이러한 까닭으로 일체의 삼마지문이 생겨남이 없고 소멸함이 없다면 곧 일체의 삼마지문이 아니고, 일체의 다라니문도 생겨남이 없고 소멸함이 없다면 역시 일체의 다라니문이 아닙니다.

세존이시여. 일체의 보살마하살의 행이 생겨남이 없고 소멸함이 없다면 곧 일체의 보살마하살의 행이 아니고, 제불의 무상정등보리도 생겨남이 없고 소멸함이 없다면 역시 제불의 무상정등보리가 아닙니다. 그 까닭은 무엇인가? 일체의 보살마하살의 행 등으로써 함께 생겨남이 없고 소멸함이 없다면 무이이고 무이처입니다. 왜 그러한가? 생겨남이 없고 소멸함이 없는 것으로써 법은 하나가 아니고, 둘이 아니며, 많은 것이 아니고, 별도인 것도 아닙니다. 이러한 까닭으로 일체의 보살마하살의 행이 생겨남이 없고 소멸함이 없다면 곧 일체의 보살마하살의 행이 아니고, 제불의 무상정등보리도 생겨남이 없고 소멸함이 없다면 역시 제불의 무상정등보리가 아닙니다.

세존이시여. 일체지가 생겨남이 없고 소멸함이 없다면 곧 일체지가 아니고, 도상지·일체상지도 생겨남이 없고 소멸함이 없다면 역시 도상지·일체상지가 아닙니다. 그 까닭은 무엇인가? 일체지 등으로써 함께 생겨남이 없고 소멸함이 없다면 무이이고 무이처입니다. 왜 그러한가? 생겨남이 없고 소멸함이 없는 것으로써 법은 하나가 아니고, 둘이 아니며, 많은 것이 아니고, 별도인 것도 아닙니다. 이러한 까닭으로 일체지가 생겨남이 없고 소멸함이 없다면 곧 일체지가 아니고, 도상지·일체상지도 생겨남이 없고 소멸함이 없다면 역시 도상지·일체상지가 아닙니다."

"세존이시여. 색이 둘이 아니라면(不二) 곧 색이 아니고, 수·상·행·식이 둘이 아니라면 역시 수·상·행·식이 아니며, 안처가 둘이 아니라면 곧 안처가 아니고, 이·비·설·신·의처가 둘이 아니라면 역시 이·비·설·신·의처가 아니며, 색처가 둘이 아니라면 곧 색처가 아니고, 성·향·미·촉·법처가 둘이 아니라면 역시 성·향·미·촉·법처가 아니며, 안계가 둘이 아니라면 곧 안계가 아니고, 이·비·설·신·의계가 둘이 아니라면 역시 이·비·설·신·의계가 아니며, 색계가 둘이 아니라면 곧 색계가 아니고, 성·향·미·촉·법계가 둘이 아니라면 역시 성·향·미·촉·법계가 아니며,

안식계가 둘이 아니라면 곧 안식계가 아니고, 이·비·설·신·의식계가 둘이 아니라면 역시 이·비·설·신·의식계가 아니며, 안촉이 둘이 아니라면 곧 안촉이 아니고, 이·비·설·신·의촉이 둘이 아니라면 역시 이·비·설·신·의촉이 아니며, 안촉을 인연으로 생겨난 여러 수가 둘이 아니라면 곧 안촉을 인연으로 생겨난 여러 수가 아니고, 이·비·설·신·의촉을 인연으로 생겨난 여러 수가 둘이 아니라면 역시 이·비·설·신·의촉을 인연으로 생겨난 여러 수가 아니며, 보시바라밀다가 둘이 아니라면 곧 보시바라밀다가 아니고, 정계·안인·정진·정려·반야바라밀다가 둘이 아니라면 역시 정계·안인·정진·정려·반야바라밀다가 아니며,

내공이 둘이 아니라면 곧 내공이 아니고, 외공, 나아가 무성자성공이 둘이 아니라면 역시 외공, 나아가 무성자성공이 아니며, 4념주가 둘이 아니라면 곧 4념주가 아니고, 4정단, 나아가 8성도지가 둘이 아니라면

역시 4정단, 나아가 8성도지가 아니며, 여래의 10력이 둘이 아니라면 곧 여래의 10력이 아니고, 4무소외, 나아가 18불불공법이 둘이 아니라면 역시 4무소외, 나아가 18불불공법이 아니며, 일체의 삼마지문이 둘이 아니라면 곧 일체의 삼마지문이 아니고, 일체의 다라니문이 둘이 아니라면 역시 일체의 다라니문이 아니며,

법계가 둘이 아니라면 곧 법계가 아니고, 진여·실제·부사의계·안은계 등이 둘이 아니라면 역시 진여·실제·부사의계·안은계 등이 아니며, 일체의 보살마하살의 행이 둘이 아니라면 곧 일체의 보살마하살의 행이 아니고, 제불의 무상정등보리가 둘이 아니라면 역시 제불의 무상정등보리가 아니며, 일체지가 둘이 아니라면 곧 일체지가 아니고, 도상지·일체상지가 둘이 아니라면 역시 도상지·일체상지가 아닙니다."

"색은 무이(無二)인 법수(法數)[1]에 들어가고, 수·상·행·식도 무이인 법수에 들어가며, 안처는 무이인 법수에 들어가고, 이·비·설·신·의처도 무이인 법수에 들어가며, 색처는 무이인 법수에 들어가고, 성·향·미·촉·법처도 무이인 법수에 들어가며, 안계는 무이인 법수에 들어가고, 이·비·설·신·의계도 무이인 법수에 들어가며, 색계는 무이인 법수에 들어가고, 성·향·미·촉·법계도 무이인 법수에 들어가며, 안식계는 무이인 법수에 들어가고, 이·비·설·신·의식계도 무이인 법수에 들어가며, 안촉은 무이인 법수에 들어가고, 이·비·설·신·의촉도 무이인 법수에 들어가며, 안촉을 인연으로 생겨난 여러 수는 무이인 법수에 들어가고, 이·비·설·신·의촉을 인연으로 생겨난 여러 수도 무이인 법수에 들어가며, 보시바라밀다는 무이인 법수에 들어가고, 정계·안인·정진·정려·반야바라밀다도 무이인 법수에 들어가며,

내공은 무이인 법수에 들어가고, 외공, 나아가 무성자성공도 무이인 법수에 들어가며, 4념주는 무이인 법수에 들어가고, 4정단, 나아가 8성도지도 무이인 법수에 들어가며, 여래의 10력은 무이인 법수에 들어가고,

---

[1] 법문(法門)의 숫자를 표시한 것이고 숫자별로 분류·정리한 것도 포함된다. 곧 3계(界)·5온(蘊)·75법(法)·100법(法)·4제(諦)·6도(度)·12인연(因緣) 등이 있다.

4무소외, 나아가 18불불공법도 무이인 법수에 들어가며, 일체의 삼마지문은 무이인 법수에 들어가고, 일체의 다라니문도 무이인 법수에 들어가며, 법계는 무이인 법수에 들어가고, 진여·실제·부사의계·안은계 등도 무이인 법수에 들어가며, 일체의 보살마하살의 행은 무이인 법수에 들어가고, 제불의 무상정등보리며, 일체지는 무이인 법수에 들어가고, 도상지·일체상지도 무이인 법수에 들어갑니다."

24. 원리품(遠離品)(1)

그때 구수 사리자가 선현에게 물어 말하였다.
"그대(仁者)가 설하였던 것과 같이, 만약 때에 보살마하살이 반야바라밀다를 수행하면서 제법을 관찰한다면, 무엇이 보살마하살이고, 무엇이 반야바라밀다이며, 무엇이 제법을 관찰하는 것입니까?"
그때 구수 선현이 대답하여 말하였다.
"존자께서는 '무엇이 보살마하살인가?'라는 것을 물었는데, 사리자여. 유정들의 이익과 안락을 위하는 까닭으로 정근하면서 무상정등보리를 구한다면 보살이라고 이름하고 여실(如實)하게 깨달음을 구족하고서 일체의 법상(法相)을 두루 여실하고 명료하게 알았더라도 집착함이 없는 까닭이라면 다시 마하살이라고 합니다."
그때 구수 사리자가 선현에게 물어 말하였다.
"어찌하여 보살마하살은 일체의 법상을 능히 두루 명료하게 알았더라도 집착하는 것이 없습니까?"
선현이 대답하여 말하였다.
"사리자여. 제보살마하살은 일체의 색(色)의 상(相)을 여실하고 명료하게 알았더라도 집착하는 것이 없고, 일체의 수(受)·상(想)·행(行)·식(識)의 상을 여실하고 명료하게 알았더라도 집착하는 것이 없으며, 일체의 안처(眼處)의 상을 여실하고 명료하게 알았더라도 집착하는 것이 없고, 일체의 이(耳)·비(鼻)·설(舌)·신(身)·의처(意處)의 상을 여실하고 명료하게 알았더라도 집착하는 것이 없으며, 일체의 색처(色處)의 상을 여실하고 명료하게 알았더라도 집착하는 것이 없고, 일체의 성(聲)·향(香)·미(味)·촉(觸)·법처(法處)의 상을 여실하고 명료하게 알았더라도 집착하는 것이 없으며, 일체의 안계(眼界)의 상을 여실하고 명료하게 알았더라도 집착하는 것이 없고, 일체의 이(耳)·비(鼻)·설(舌)·신(身)·의계(意界)의 상을 여실하고 명료하게 알았더라도 집착하는 것이 없으며,

일체의 색계(色界)의 상을 여실하고 명료하게 알았더라도 집착하는 것이 없고, 일체의 성(聲)·향(香)·미(味)·촉(觸)·법계(法界)의 상을 여실하고 명료하게 알았더라도 집착하는 것이 없으며, 일체의 안식계(眼識界)의 상을 여실하고 명료하게 알았더라도 집착하는 것이 없고, 일체의 이(耳)·비(鼻)·설(舌)·신(身)·의식계(意識界)의 상을 여실하고 명료하게 알았더라도 집착하는 것이 없으며, 일체의 안촉(眼觸)의 상을 여실하고 명료하게 알았더라도 집착하는 것이 없고, 일체의 이(耳)·비(鼻)·설(舌)·신(身)·의촉(意觸)의 상을 여실하고 명료하게 알았더라도 집착하는 것이 없으며, 일체의 안촉(眼觸)을 인연으로 생겨난 여러 수(受)의 상을 여실하고 명료하게 알았더라도 집착하는 것이 없고, 일체의 이(耳)·비(鼻)·설(舌)·신(身)·의촉(意觸)을 인연으로 생겨난 여러 수의 상을 여실하고 명료하게 알았더라도 집착하는 것이 없으며,

일체의 보시바라밀다(布施波羅蜜多)의 상을 여실하고 명료하게 알았더라도 집착하는 것이 없고, 일체의 정계(淨戒)·안인(安忍)·정진(精進)·정려(靜慮)·반야바라밀다(般若波羅蜜多)의 상을 여실하고 명료하게 알았더라도 집착하는 것이 없으며, 일체의 내공(內空)의 상을 여실하고 명료하게 알았더라도 집착하는 것이 없고, 일체의 외공(外空), 나아가 무성자성공(無性自性空)의 상을 여실하고 명료하게 알았더라도 집착하는 것이 없으며, 일체의 4념주(四念住)의 상을 여실하고 명료하게 알았더라도 집착하는

것이 없고, 일체의 4정단(四正斷), 나아가 8성도지(八聖道支)의 상을 여실하고 명료하게 알았더라도 집착하는 것이 없으며, 이와 같이 나아가, 일체의 여래(佛)의 10력(十力)의 상을 여실하고 명료하게 알았더라도 집착하는 것이 없고, 일체의 4무소외(四無所畏), 나아가 18불불공법(十八佛不共法)의 상을 여실하고 명료하게 알았더라도 집착하는 것이 없으며,

일체의 삼마지문(三摩地門)의 상을 여실하고 명료하게 알았더라도 집착하는 것이 없고, 일체의 다라니문(陀羅尼門)의 상을 여실하고 명료하게 알았더라도 집착하는 것이 없으며, 일체의 법계(法界)의 상을 여실하고 명료하게 알았더라도 집착하는 것이 없고, 일체의 진여(眞如)·실제(實際)·부사의계(不思議界)·안은계(安隱界) 등의 상을 여실하고 명료하게 알았더라도 집착하는 것이 없으며, 나아가 일체의 일체지(一切智)의 상을 여실하고 명료하게 알았더라도 집착하는 것이 없고, 일체의 도상지(道相智)·일체상지(一切相智)의 상을 여실하고 명료하게 알았더라도 집착하는 것이 없습니다."

그때 사리자가 선현에게 물어 말하였다.
"다시 무엇을 일체의 법상(法相)으로 삼는다고 이름합니까?"
선현이 대답하여 말하였다.
"사리자여. 만약 오히려 이와 같은 제행(諸行)·상(相)·형상(狀)이 제법의 이것은 색깔(色)이고 이것은 소리(聲)이며 이것은 냄새(香)이고 이것은 맛(味)이며 이것은 촉감(觸)이고 이것은 법(法)이며, 이것은 내신(內)이고 이것은 외신(外)이며 이것은 유루(有漏)이고 이것은 무루(無漏)이며 이것은 유위(有爲)이고 이것은 무위(無爲)를 표시한다고 알았다면, 이것 등을 일체의 법상으로 삼는다고 이름합니다. 다시 다음으로 사리자여. 존자께서 '무엇이 반야바라밀다인가?'라는 것을 물었는데, 사리자여. 수승하고 미묘한 지혜가 있다면, 있었던 처소에서 멀리 벗어나게 하는 까닭으로 반야바라밀다라고 이름합니다."

사리자가 말하였다.
"이것은 무슨 법에서 능히 멀리 벗어납니까?"

선현이 대답하여 말하였다.

"이것은 여러 온(諸蘊)·여러 의지처(諸處)·여러 경계(諸界)·여러 번뇌의 견해(諸煩惱見)와 6취(六趣) 등을 모두 능히 멀리 벗어나는 까닭으로 반야바라밀다라고 이름합니다. 또한 사리자여. 수승하고 미묘한 지혜가 있다면, 멀리 있는 처소에 이르게 하는 까닭으로 반야바라밀다라고 이름합니다."

사리자가 말하였다.

"이것은 무슨 법에서 능히 멀리 이르는 것입니까?"

선현이 대답하여 말하였다.

"이것은 보시바라밀다, 나아가 반야바라밀다에서 모두 능히 멀리 이르는 까닭으로 반야바라밀다라고 이름하고, 이것은 내공, 나아가 무성자성공에서 모두 능히 멀리 이르는 까닭으로 반야바라밀다라고 이름하며, 이것은 4념주, 나아가 8성도지에서 모두 능히 멀리 이르는 까닭으로 반야바라밀다라고 이름하고, 이와 같이 나아가, 이것은 여래의 10력, 나아가 18불불공법에서 모두 능히 멀리 이르는 까닭으로 반야바라밀다라고 이름하며, 나아가 이것은 일체지·도상지·일체상지에서 모두 능히 멀리 이르는 까닭으로 반야바라밀다라고 이름합니다. 사리자여. 오히려 이러한 인연으로 반야바라밀다라고 이름합니다."

"다시 다음으로 사리자여. 존자께서 '무엇으로 제법을 관찰하는가?'라는 것을 물었는데, 사리자여. 제보살마하살이 반야바라밀다를 수행하는 때에 색(色), 나아가 식(識)이 항상(常)하지 않고 무상(無常)하지도 않으며, 즐겁지 않고 괴롭지도 않으며, 내(我)가 아니고 무아(無我)도 아니며, 청정(淨)하지 않고 부정(不淨)하지도 않으며, 공(空)이 아니고 불공(不空)도 아니며, 유상(有相)이 아니고 무상(無相)도 아니며, 유원(有願)이 아니고 무원(無願)도 아니며, 적정(寂靜)함이 아니고 적정하지 않은 것도 아니며, 멀리 벗어난 것이 아니고 멀리 벗어나지 않은 것도 아니라고 관찰합니다.

안처(眼處), 나아가 의처(意處)가 항상하지 않고 무상하지도 않으며, 즐겁지 않고 괴롭지도 않으며, 내가 아니고 무아도 아니며, 청정하지 않고 부정하지도 않으며, 공이 아니고 불공도 아니며, 유상이 아니고 무상도 아니며, 유원이 아니고 무원도 아니며, 적정함이 아니고 적정하지 않은 것도 아니며, 멀리 벗어난 것도 아니고 멀리 벗어나지 않은 것도 아니라고 관찰합니다. 색처(色處), 나아가 법처(法處)가 항상하지 않고 무상하지도 않으며, 즐겁지 않고 괴롭지도 않으며, 내가 아니고 무아도 아니며, 청정하지 않고 부정하지도 않으며, 공이 아니고 불공도 아니며, 유상이 아니고 무상도 아니며, 유원이 아니고 무원도 아니며, 적정함이 아니고 적정하지 않은 것도 아니며, 멀리 벗어난 것도 아니고 멀리 벗어나지 않은 것도 아니라고 관찰합니다.

안계(安界), 나아가 의계(意界)가 항상하지 않고 무상하지도 않으며, 즐겁지 않고 괴롭지도 않으며, 내가 아니고 무아도 아니며, 청정하지 않고 부정하지도 않으며, 공이 아니고 불공도 아니며, 유상이 아니고 무상도 아니며, 유원이 아니고 무원도 아니며, 적정함이 아니고 적정하지 않은 것도 아니며, 멀리 벗어난 것도 아니고 멀리 벗어나지 않은 것도 아니라고 관찰합니다. 색계(色界), 나아가 법계(法界)가 항상하지 않고 무상하지도 않으며, 즐겁지 않고 괴롭지도 않으며, 내가 아니고 무아도 아니며, 청정하지 않고 부정하지도 않으며, 공이 아니고 불공도 아니며, 유상이 아니고 무상도 아니며, 유원이 아니고 무원도 아니며, 적정함이 아니고 적정하지 않은 것도 아니며, 멀리 벗어난 것도 아니고 멀리 벗어나지 않은 것도 아니라고 관찰합니다.

안식계(安識界), 나아가 의식계(意識界)가 항상하지 않고 무상하지도 않으며, 즐겁지 않고 괴롭지도 않으며, 내가 아니고 무아도 아니며, 청정하지 않고 부정하지도 않으며, 공이 아니고 불공도 아니며, 유상이 아니고 무상도 아니며, 유원이 아니고 무원도 아니며, 적정함이 아니고 적정하지 않은 것도 아니며, 멀리 벗어난 것도 아니고 멀리 벗어나지 않은 것도 아니라고 관찰합니다. 안촉(安觸), 나아가 의촉(意觸)이 항상하지 않고 무상하지도 않으며, 즐겁지 않고 괴롭지도 않으며, 내가 아니고 무아도 아니며, 청정하지 않고 부정하지도 않으며, 공이 아니고 불공도 아니며,

유상이 아니고 무상도 아니며, 유원이 아니고 무원도 아니며, 적정함이 아니고 적정하지 않은 것도 아니며, 멀리 벗어난 것도 아니고 멀리 벗어나지 않은 것도 아니라고 관찰합니다. 안촉(眼觸)을 인연으로 생겨난 여러 수(受), 나아가 의촉(意觸)을 인연으로 생겨난 여러 수가 항상하지 않고 무상하지도 않으며, 즐겁지 않고 괴롭지도 않으며, 내가 아니고 무아도 아니며, 청정하지 않고 부정하지도 않으며, 공이 아니고 불공도 아니며, 유상이 아니고 무상도 아니며, 유원이 아니고 무원도 아니며, 적정함이 아니고 적정하지 않은 것도 아니며, 멀리 벗어난 것도 아니고 멀리 벗어나지 않은 것도 아니라고 관찰합니다.

보시바라밀다(布施波羅蜜多), 나아가 반야바라밀다(般若波羅蜜多)가 항상하지 않고 무상하지도 않으며, 즐겁지 않고 괴롭지도 않으며, 내가 아니고 무아도 아니며, 청정하지 않고 부정하지도 않으며, 공이 아니고 불공도 아니며, 유상이 아니고 무상도 아니며, 유원이 아니고 무원도 아니며, 적정함이 아니고 적정하지 않은 것도 아니며, 멀리 벗어난 것도 아니고 멀리 벗어나지 않은 것도 아니라고 관찰합니다. 내공(內空), 나아가 무성자성공(無性自性空)이 항상하지 않고 무상하지도 않으며, 즐겁지 않고 괴롭지도 않으며, 내가 아니고 무아도 아니며, 청정하지 않고 부정하지도 않으며, 공이 아니고 불공도 아니며, 유상이 아니고 무상도 아니며, 유원이 아니고 무원도 아니며, 적정함이 아니고 적정하지 않은 것도 아니며, 멀리 벗어난 것도 아니고 멀리 벗어나지 않은 것도 아니라고 관찰합니다.

4념주(四念住), 나아가 8성도지(八聖道支)가 항상하지 않고 무상하지도 않으며, 즐겁지 않고 괴롭지도 않으며, 내가 아니고 무아도 아니며, 청정하지 않고 부정하지도 않으며, 공이 아니고 불공도 아니며, 유상이 아니고 무상도 아니며, 유원이 아니고 무원도 아니며, 적정함이 아니고 적정하지 않은 것도 아니며, 멀리 벗어난 것도 아니고 멀리 벗어나지 않은 것도 아니라고 관찰합니다. 이와 같이 나아가 여래(佛)의 10력(十力), 나아가 18불불공법(十八佛不共法)이 항상하지 않고 무상하지도 않으며, 즐겁지 않고 괴롭지도 않으며, 내가 아니고 무아도 아니며, 청정하지 않고 부정하지도 않으며, 공이 아니고 불공도 아니며, 유상이 아니고 무상도 아니며, 유원이 아니고 무원도 아니며, 적정함이 아니고 적정하지 않은 것도 아니며, 멀리 벗어난 것도 아니고 멀리 벗어나지 않은 것도 아니라고 관찰합니다.

일체(一切)의 삼마지문(三摩地門)과 일체의 다라니문(陀羅尼門)이 항상하지 않고 무상하지도 않으며, 즐겁지 않고 괴롭지도 않으며, 내가 아니고 무아도 아니며, 청정하지 않고 부정하지도 않으며, 공이 아니고 불공도 아니며, 유상이 아니고 무상도 아니며, 유원이 아니고 무원도 아니며, 적정함이 아니고 적정하지 않은 것도 아니며, 멀리 벗어난 것도 아니고 멀리 벗어나지 않은 것도 아니라고 관찰합니다. 이와 같이 나아가 일체지(一切智)·도상지(道相智)·일체상지(一切相智)가 항상하지 않고 무상하지도 않으며, 즐겁지 않고 괴롭지도 않으며, 내가 아니고 무아도 아니며, 청정하지 않고 부정하지도 않으며, 공이 아니고 불공도 아니며, 유상이 아니고 무상도 아니며, 유원이 아니고 무원도 아니며, 적정함이 아니고 적정하지 않은 것도 아니며, 멀리 벗어난 것도 아니고 멀리 벗어나지 않은 것도 아니라고 관찰합니다.

사리자여. 이것 등을 제법을 관찰하는 것으로 삼는다고 이름합니다. 사리자여. 제보살마하살은 반야바라밀다를 수행하는 때에 상응하여 이와 같이 제 법을 관찰해야 합니다."

그때 구수 사리자가 선현에게 물어 말하였다.

"그대는 무엇을 인연으로 '색이 생겨남이 없고 소멸함이 없다면 곧 색이 아니고, 수·상·행·식도 생겨남이 없고 소멸함이 없다면 역시 수·상·행·식이 아니며, 이와 같이 나아가, 일체지가 생겨남이 없고 소멸함이 없다면 곧 일체지가 아니고, 도상지와 일체상지가 생겨남이 없고 소멸함이 없다면 역시 도상지와 일체상지가 아닙니다.'라고 이와 같은 말을 지었습니까?"

선현이 대답하여 말하였다.

"사리자여. 색은 색의 자성이 공(空)하고, 수·상·행·식은 수·상·행·식의 자성이 공하므로, 이렇게 자성이 공한 가운데에서는 태어남도 없고,

소멸함도 없으며, 역시 색, 나아가 식도 없습니다. 오히려 이러한 까닭으로 '색이 생겨남이 없고 소멸함이 없다면 곧 색이 아니고, 수·상·행·식도 생겨남이 없고 소멸함이 없다면 역시 수·상·행·식이 아니다.'라고 설하였습니다. 사리자여. 이와 같이 나아가, 일체지는 일체지의 자성이 공하고, 도상지·일체상지는 도상지·일체상지의 자성이 공하므로, 이렇게 자성이 공한 가운데에서는 태어남도 없고, 소멸함도 없으며, 일체지·도상지·일체상지도 없습니다. 오히려 이러한 까닭으로 '일체지가 생겨남이 없고 소멸함이 없다면 곧 일체지가 아니고, 도상지·일체상지도 생겨남이 없고 소멸함이 없다면 역시 도상지·일체상지가 아니다.'라고 설하였습니다."

그때 구수 사리자가 선현에게 물어 말하였다.
"그대는 무엇을 인연으로 '색이 둘이 아니라면 곧 색이 아니고, 수·상·행·식이 둘이 아니라면 역시 수·상·행·식이 아니며, 이와 같이 나아가, 일체지가 둘이 아니라면 곧 일체지가 아니고, 도상지·일체상지가 둘이 아니라면 역시 도상지·일체상지가 아니다.'라고 이와 같은 말을 지었습니까?"
선현이 대답하여 말하였다.
"사리자여. 만약 색이거나, 만약 둘이 아니거나, 만약 수·상·행·식이거나, 만약 둘이 아니더라도, 이와 같은 일체는 모두가 상응(相應)하는 것이 아니고, 상응하지 않는 것도 아니며, 색깔도 없고, 볼 수 없으며, 마주(對)할 수 없는 하나의 상(一相)인 이를테면, 무상(無相)입니다. 오히려 이러한 까닭으로 '색이 둘이 아니라면 곧 색이 아니고, 수·상·행·식이 둘이 아니라면 역시 수·상·행·식이 아니다.'라고 설하였습니다. 사리자여. 이와 같이 나아가, 만약 일체지이거나, 만약 둘이 아니거나, 만약 도상지·일체상지이거나, 만약 둘이 아니더라도, 이와 같은 일체는 모두가 상응하는 것이 아니고, 상응하지 않는 것도 아니며, 색깔도 없고, 볼 수 없으며, 마주할 수 없는 하나의 상인 이를테면, 무상입니다. 오히려 이러한 까닭으로 '일체지가 둘이 아니라면 곧 일체지가 아니고, 도상지·일체상지가 둘이 아니라면 역시 도상지·일체상지가 아니다.'라고 설하였습니다."

그때 구수 사리자가 선현에게 물어 말하였다.

"그대는 무엇을 인연으로 '색이 무이(無二)인 법수에 들어가고, 수·상·행·식이 무이인 법수에 들어가며, 이와 같이 나아가, 일체지가 무이인 법수에 들어가고, 도상지·일체상지가 무이(無二)인 법수에 들어간다.'라고 이와 같은 말을 지었습니까?"

선현이 대답하여 말하였다.

"사리자여. 색은 생겨남이 없고 소멸함이 없는 것과 다르지 않고, 생겨남이 없고 소멸함이 없는 것은 색과 다르지 않으며, 색은 곧 이것이 생겨남이 없고 소멸함이 없는 것이고, 생겨남이 없고 소멸함이 없는 것이 곧 이것이 색이며, 수·상·행·식은 생겨남이 없고 소멸함이 없는 것과 다르지 않고, 생겨남이 없고 소멸함이 없는 것은 수·상·행·식과 다르지 않으며, 수·상·행·식은 곧 이것이 생겨남이 없고 소멸함이 없는 것이고, 생겨남이 없고 소멸함이 없는 것이 곧 이것이 수·상·행·식입니다. 오히려 이러한 까닭으로 '색이 무이인 법수에 들어가고, 오히려 이러한 까닭으로 수·상·행·식도 무이인 법수에 들어간다.'라고 설하였습니다.

사리자여. 이와 같이 나아가, 일체지는 생겨남이 없고 소멸함이 없는 것과 다르지 않고, 생겨남이 없고 소멸함이 없는 것은 일체지와 다르지 않으며, 일체지는 곧 이것이 생겨남이 없고 소멸함이 없는 것이고, 생겨남이 없고 소멸함이 없는 것이 곧 이것이 일체지이며, 도상지·일체상지는 생겨남이 없고 소멸함이 없는 것과 다르지 않고, 생겨남이 없고 소멸함이 없는 것은 도상지·일체상지와 다르지 않으며, 도상지·일체상지는 곧 이것이 생겨남이 없고 소멸함이 없는 것이고, 생겨남이 없고 소멸함이 없는 것이 곧 이것이 도상지·일체상지입니다. 오히려 이러한 까닭으로 '일체지가 무이인 법수에 들어가고, 오히려 이러한 까닭으로 도상지·일체상지도 무이인 법수에 들어간다.'라고 설하였습니다."

그때 구수 선현이 세존께 아뢰어 말하였다.

"세존이시여. 만약 때에 보살마하살이 반야바라밀다를 수행하면서 제법을 관찰한다면, 이때 보살마하살은 내(我)가 생겨나지 않는다고 보는 데, 반드시 결국에는 청정한 까닭이고, 나아가 견자(見者)도 생겨나지 않는다고 보는데, 반드시 결국에는 청정한 까닭이며, 색이 생겨나지 않는다고 보는데, 반드시 결국에는 청정한 까닭이고, 나아가 식도 생겨나지 않는다고 보는데, 반드시 결국에는 청정한 까닭이며, 안처가 생겨나지 않는다고 보는데, 반드시 결국에는 청정한 까닭이고, 나아가 의처도 생겨나지 않는다고 보는데, 반드시 결국에는 청정한 까닭이며, 색처가 생겨나지 않는다고 보는데, 반드시 결국에는 청정한 까닭이고, 나아가 법처도 생겨나지 않는다고 보는데, 반드시 결국에는 청정한 까닭이며,

안계가 생겨나지 않는다고 보는데, 반드시 결국에는 청정한 까닭이고, 나아가 의계도 생겨나지 않는다고 보는데, 반드시 결국에는 청정한 까닭이며, 색계가 생겨나지 않는다고 보는데, 반드시 결국에는 청정한 까닭이고, 나아가 법계도 생겨나지 않는다고 보는데, 반드시 결국에는 청정한 까닭이며, 안식계가 생겨나지 않는다고 보는데, 반드시 결국에는 청정한 까닭이고, 나아가 의식계도 생겨나지 않는다고 보는데, 반드시 결국에는 청정한 까닭이며, 안촉이 생겨나지 않는다고 보는데, 반드시 결국에는 청정한 까닭이고, 나아가 의촉도 생겨나지 않는다고 보는데, 반드시 결국에는 청정한 까닭이며, 안촉을 인연으로 생겨난 여러 수가 생겨나지 않는다고 보는데, 반드시 결국에는 청정한 까닭이고, 나아가 의촉을 인연으로 생겨난 여러 수도 생겨나지 않는다고 보는데, 반드시 결국에는 청정한 까닭이며,

보시바라밀다가 생겨나지 않는다고 보는데, 반드시 결국에는 청정한 까닭이고, 나아가 반야바라밀다도 생겨나지 않는다고 보는데, 반드시 결국에는 청정한 까닭이며, 내공이 생겨나지 않는다고 보는데, 반드시 결국에는 청정한 까닭이고, 나아가 무성자성공도 생겨나지 않는다고 보는데, 반드시 결국에는 청정한 까닭이며, 4념주가 생겨나지 않는다고 보는데, 반드시 결국에는 청정한 까닭이고, 나아가 8성도지도 생겨나지 않는다고 보는데, 반드시 결국에는 청정한 까닭이며, 이와 같이 나아가, 여래의 10력이 생겨나지 않는다고 보는데, 반드시 결국에는 청정한 까닭

이고, 나아가 18불불공법도 생겨나지 않는다고 보는데, 반드시 결국에는 청정한 까닭이며, 일체의 삼마지문이 생겨나지 않는다고 보는데, 반드시 결국에는 청정한 까닭이고, 나아가 일체의 다라니문도 생겨나지 않는다고 보는데, 반드시 결국에는 청정한 까닭이며,

이와 같이 나아가, 일체지가 생겨나지 않는다고 보는데, 반드시 결국에는 청정한 까닭이고, 나아가 도상지·일체상지도 생겨나지 않는다고 보는데, 반드시 결국에는 청정한 까닭이며, 이생법(異生法)이 생겨나지 않는다고 보는데, 반드시 결국에는 청정한 까닭이고, 나아가 이생도 생겨나지 않는다고 보는데, 반드시 결국에는 청정한 까닭이며, 예류법(預流法)이 생겨나지 않는다고 보는데, 반드시 결국에는 청정한 까닭이고, 나아가 예류도 생겨나지 않는다고 보는데, 반드시 결국에는 청정한 까닭이며, 일래법(一來法)이 생겨나지 않는다고 보는데, 반드시 결국에는 청정한 까닭이고, 나아가 일래도 생겨나지 않는다고 보는데, 반드시 결국에는 청정한 까닭이며,

불환법(不還法)이 생겨나지 않는다고 보는데, 반드시 결국에는 청정한 까닭이고, 나아가 불환도 생겨나지 않는다고 보는데, 반드시 결국에는 청정한 까닭이며, 아라한법(阿羅漢法)이 생겨나지 않는다고 보는데, 반드시 결국에는 청정한 까닭이고, 나아가 아라한도 생겨나지 않는다고 보는데, 반드시 결국에는 청정한 까닭이며, 독각법(獨覺法)이 생겨나지 않는다고 보는데, 반드시 결국에는 청정한 까닭이고, 나아가 독각도 생겨나지 않는다고 보는데, 반드시 결국에는 청정한 까닭이며, 일체의 보살법(菩薩法)이 생겨나지 않는다고 보는데, 반드시 결국에는 청정한 까닭이고, 나아가 일체의 보살도 생겨나지 않는다고 보는데, 반드시 결국에는 청정한 까닭이며, 제불법(諸佛法)이 생겨나지 않는다고 보는데, 반드시 결국에는 청정한 까닭이고, 나아가 제불도 생겨나지 않는다고 보는데, 반드시 결국에는 청정한 까닭이며, 일체의 유정법(有情法)이 생겨나지 않는다고 보는데, 반드시 결국에는 청정한 까닭이고, 나아가 일체의 유정도 생겨나지 않는다고 보는데, 반드시 결국에는 청정한 까닭입니다."

마하반야바라밀다경 제424권

24. 원리품(遠離品)(2)

　그때 구수(具壽) 사리자(舍利子)가 선현(善現)에게 알려 말하였다.
　"나는 그대가 설한 의취(義趣)를 '나(我), 나아가 견자(見者)가 반드시 결국에는 생겨나지 않고, 색, 나아가 식이 반드시 결국에는 생겨나지 않으며, 이와 같이 나아가, 제불법과 제불도 반드시 결국에는 생겨나지 않고, 일체의 유정법과 일체의 유정도 반드시 결국에는 생겨나지 않는다.'라는 것과 같다고 이해하였습니다.
　만약 이와 같다면 6취(六趣)는 차별이 없는 것에 상응하여 태어남을 받아야 하고, 예류(預流)는 예류과(預流果)를 상응하여 증득하지 못할 것이고, 일래(一來)는 일래과(一來果)를 상응하여 증득하지 못할 것이며, 불환(不還)은 불환과(不還果)를 상응하여 얻지 못할 것이고, 아라한(阿羅漢)은 아라한과(阿羅漢果)를 상응하여 증득하지 못할 것이며, 독각(獨覺)은 독각의 보리(獨覺菩提)를 상응하여 증득하지 못할 것이고, 보살은 일체상지(一切相智)를 상응하여 증득하지 못할 것이며, 보살마하살이 6취의 태어나고 죽는 것을 보고서 깊은 싫증과 근심이 생겨나므로, 그들을 발제(拔濟)하기 위한 까닭인 다섯 종류의 보리도 상응하여 증득하지 못할 것입니다.
　다시 다음으로 선현이여. 만약 일체법이 반드시 결국에는 생겨나지 않는다면, 어찌하여 예류는 예류과를 위하여 3결(三結)을 영원히 단절하는 도(道)를 정근하면서 수행하고, 어찌하여 일래는 일래과를 위하여 탐(貪)·진(瞋)·치(癡)를 두 배로 단절하는 도를 정근하면서 수행하며, 어찌하여 불환은 불환과를 위하여 5순하분결(五順下分結)을 영원히 단절하는 도를 정근하면서 수행하고, 어찌하여 아라한이 5순상분결(五順上分結)을 영원히 단절하는 도를 정근하면서 수행하며, 어찌하여 독각은 독각의 보리를 위하여 홀로 연기법(緣起法)을 깨닫는 도를 정근하면서 수행하고, 어찌하여 보살마하살이 무량(無量)하고 무변(無邊)한 유정을 헤아리기(度) 위하여 백천의 난행(難行)과 고행(苦行)을 수행하면서 무량하고 어려운 안인의 무거운 고통을 갖추어 받으며, 어찌하여 여래·응공·정등각께서는 무상정등보리를 증득하시는 것이며, 어찌하여 제불께서 무량한 유정의 고통을 헤아리기 위한 까닭으로 미묘한 법륜(法輪)을 굴리십니까?"

그때 구수 선현이 사리자에게 대답하여 말하였다.

"나는 그러한 무생법(無生法)의 가운데에서 6취(六趣)의 태어남을 받는 차별이 있다고 보지 않고, 나는 그러한 무생법의 가운데에서 능히 진리에 들어가면서 현관(現觀)하는 자가 있다고 보지 않으며, 나는 그러한 무생법의 가운데에서 예류가 예류과를 얻는 것이 있다고 보지 않고, 일래가 일래과를 얻는 것이 있다고 보지 않으며, 불환이 불환과를 얻는 것이 있다고 보지 않고, 아라한이 아라한과를 얻는 것이 있다고 보지 않으며, 독각이 독각의 보리를 얻는 것이 있다고 보지 않고, 보살이 일체상지를 얻는 것이 있다고 보지 않으며, 나는 그러한 무생법의 가운데에서 보살마하살이 생사(生死)를 싫어하고 걱정하여 다섯 가지의 보리를 얻는 자가 있다고 보지 않고, 나는 그러한 무생법의 가운데에서 성문들이 수행하여 번뇌의 도(結道)를 단절하는 자가 있다고 보지 않으며, 독각이 정근하면서 수행하여 혼자서 연기법의 도(緣起法道)를 깨닫는 자가 있다고 보지 않고, 나는 그러한 무생법의 가운데에서 보살마하살이 유정들을 헤아리기 위하여 많은 고행을 수행하여 여러 무거운 고통을 받는 자가 있다고 보지 않는데, 이러한 까닭으로 제보살마하살은 난행(難行)과 고행(苦行)이라는 생각을 일으키지 않습니다.

왜 그러한가? 사리자여. 만약 난행과 고행이라는 생각을 일으키는 자는 결국 무량(無量)하고 무수(無數)이며 무변(無邊)한 유정을 위하여 능히 크게 요익(饒益)되게 할 수 없습니다. 사리자여. 일체의 보살은 얻을 수 없는 것으로써 방편을 삼아서 제유정들에게 대비심(大悲心)을 일으켜서 부모·형제·처자와 자기의 몸과 같다는 생각에 머무르고, 그들을 헤아려서 해탈(度脫)시키기 위하여 무상정등각의 마음(無上正等覺心)을 일으킨다면 비로소 능히 그들을 위하여 큰 요익을 지을 수 있습니다.

사리자여. 일체의 보살마하살은 '나의 자성을 일체의 법에서, 일체의 종류로써, 일체의 처소로써, 일체의 때에서 구하더라도 얻을 수 없는 것과 같이, 내·외신(內外身)의 제법도 역시 다시 그와 같아서 모두 무소유이므로 얻을 수 없다.'라고 상응하여 이렇게 생각을 짓습니다. 만약 이러한 생각에 머무른다면, 곧 난행과 고행이 있다고 보지 않을 것이고, 오히려 이러한 까닭으로 능히 무량하고 무수이며 무변한 유정들을 위하여 많은 백천의 난행과 고행을 수행하여 큰 요익을 짓습니다. 왜 그러한가? 이 보살마하살은 일체의 법에서, 일체의 종류로써, 일체의 처소로써, 일체의 때에서 집착함이 없이 받는 까닭입니다.

사리자여. 나는 그러한 무생법의 가운데에서 여래·응공·정등각께서 무상정등보리를 증득하고서 미묘한 법륜을 굴리면서 무량한 유정을 헤아려서 해탈시킨다고 보지 않습니다. 왜 그러한가? 사리자여. 일체의 법으로써, 일체의 유정을 얻을 수 없는 까닭입니다."

이때 사리자가 선현에게 물어 말하였다.
"그대의 뜻은 어떻습니까? 생겨나는 법으로써 증득하는 것이 있다고 생각합니까? 생겨남이 없는 법으로써 증득하는 것이 있다고 생각합니까?"

선현이 대답하여 말하였다.
"나는 생겨나는 법으로써 증득하는 것이 있다고 생각하지 않고, 역시 생겨남이 없는 법으로써 증득하는 것이 있다고 생각하지 않습니다."

사리자가 말하였다.

"만약 이와 같은 것이라면, 어찌 모두가 증득(得)이 없겠고, 어찌 모두가 현관(現觀)이 없겠습니까?"

선현이 대답하여 말하였다.

"비록 증득이 있고 현관이 있더라도 진실로 오히려 두 가지의 법으로 증득하지 않습니다. 사리자여. 다만 세간의 말을 따라서 증득과 현관이 있다고 시설(施設)하여 설(說)하더라도, 승의제(勝義諦)의 가운데에서는 증득과 현관이 있지 않습니다. 사리자여. 다만 세간의 말을 따라서 예류가 있고 예류과가 있으며, 일래가 있고 일래과가 있으며, 불환이 있고 불환과가 있으며, 아라한이 있고 아라한과가 있으며, 독각이 있고 독각의 보리가 있으며, 보살마하살이 있고 보살마하살의 행이 있으며, 제불이 있고 제불의 무상정등보리가 있다고 시설하여 설할지라도 승의제의 가운데에서는 예류 등이 있지 않습니다."

사리자가 말하였다.

"만약 세간의 말을 따라서 증득과 현관과 더불어 예류 등이 있다고 시설하는 것은 승의제가 아니라면, 6취의 차별도 역시 세간의 말을 따라서 시설한 것이므로 승의제가 아닙니까?"

선현이 대답하여 말하였다.

"그와 같습니다. 그와 같습니다. 왜 그러한가? 사리자여. 승의제 가운데에서는 업과 이숙(異熟)과 더불어 염오와 청정함이 있지 않은 까닭입니다."

이때 사리자가 선현에게 물어 말하였다.

"그대의 뜻은 어떻습니까? 아직 생겨나지 않은 법으로 생겨나게 하고자 합니까? 이미 생겨난 법으로 생겨나게 하고자 합니까?"

선현이 대답하여 말하였다.

"나는 생겨나지 않은 법이 생겨나게 하고자 하지 않고, 이미 생겨난 법이 생겨나게 하고자 하지도 않습니다."

사리자가 말하였다.

"무엇 등이 아직 생겨나지 않은 법이고, 당신(仁者)은 그 법을 생겨나게 하고자 하지 않습니까?"

"사리자여. 색은 이것이 생겨나지 않은 법이고, 나는 생겨나게 하고자 하지도 않습니다. 왜 그러한가? 자성이 공한 까닭입니다. 수·상·행·식은 이것이 생겨나지 않은 법이고, 나는 생겨나게 하고자 하지도 않습니다. 왜 그러한가? 자성이 공한 까닭입니다. 나아가 제불의 무상정등보리는 이것이 생겨나지 않은 법이고, 나는 생겨나게 하고자 하지도 않습니다. 왜 그러한가? 자성이 공한 까닭입니다."
 이때 사리자가 선현에게 물어 말하였다.
 "그대의 뜻은 어떻습니까? 아직 생겨난 것을 생겨나게 하고자 합니까? 생겨나지 않은 것을 생겨나게 하고자 합니까?"
 선현이 대답하여 말하였다.
 "나는 생겨난 것을 생겨나게 하고자 하지 않고, 생겨나지 않은 것을 생겨나게 하고자 하지도 않습니다. 왜 그러한가? 사리자여. 생겨났던 것과 생겨나지 않은 이와 같은 두 가지의 법이 함께 상응하지 않고, 상응하지 않는 것도 아니며, 색깔도 없고 볼 수 없으며 마주할 수 없는 하나의 상(一相)인 이를테면, 무상(無相)인 까닭입니다. 오히려 이러한 인연으로 나는 생겨난 것을 생겨나게 하고자 하지 않으며, 생겨나지 않은 것을 생겨나게 하고자 하지도 않습니다."
 이때 사리자가 다시 선현에게 물어 말하였다.
 "당신께서 생겨남이 없는 법이라고 설한 것에서 생겨남이 없는 상을 즐겁게 말합니까?"
 선현이 대답하여 말하였다.
 "사리자여. 나는 생겨남이 없는 법이라고 설한 것에서 생겨남이 없는 상을 즐겁게 말하지 않습니다. 왜 그러한가? 사리자여. 만약 생겨남이 없는 법이거나, 만약 생겨남이 없는 상이거나, 만약 즐겁게 설하는 말일지라도, 이와 같은 일체는 모두가 함께 상응하지 않고, 상응하지 않는 것도 아니며, 색깔도 없고 볼 수 없으며 마주할 수 없는 하나의 상인 이를테면, 무상인 까닭입니다."
 "생겨나지 않는 법에서 생겨나지 않는다는 말을 일으키더라도, 역시 생겨나지 않는다는 말도 역시 생겨나지 않습니까?"
　선현이 대답하여 말하였다.
　"그와 같습니다. 그와 같습니다. 진실로 그대가 말한 것과 같이, 생겨나지 않는 법에서 생겨나지 않는다는 말을 일으킬지라도, 이러한 법과 말은 함께 생겨나는 의취(義趣)가 없습니다. 그 까닭은 무엇인가? 사리자여. 색은 생겨나지 않고 수·상·행·식도 역시 생겨나지 않습니다. 왜 그러한가? 본성(本性)이 공한 까닭입니다. 안처는 생겨나지 않고 이·비·설·신·의처도 역시 생겨나지 않습니다. 왜 그러한가? 본성이 공한 까닭입니다. 색처는 생겨나지 않고 성·향·미·촉·법처도 역시 생겨나지 않습니다. 왜 그러한가? 본성이 공한 까닭입니다.
　안계는 생겨나지 않고 이·비·설·신·의계도 역시 생겨나지 않습니다. 왜 그러한가? 본성이 공한 까닭입니다. 색계는 생겨나지 않고 성·향·미·촉·법계도 역시 생겨나지 않습니다. 왜 그러한가? 본성이 공한 까닭입니다. 안식계는 생겨나지 않고 이·비·설·신·의식계도 역시 생겨나지 않습니다. 왜 그러한가? 본성이 공한 까닭입니다. 안촉은 생겨나지 않고 이·비·설·신·의촉도 역시 생겨나지 않습니다. 왜 그러한가? 본성이 공한 까닭입니다. 안촉을 인연으로 생겨난 여러 수는 생겨나지 않고 이·비·설·신·의촉을 인연으로 생겨난 여러 수도 역시 생겨나지 않습니다. 왜 그러한가? 본성이 공한 까닭입니다.
　지계(地界)는 생겨나지 않고 수(水)·화(火)·풍(風)·공(空)·식계(識界)도 역시 생겨나지 않습니다. 왜 그러한가? 본성이 공한 까닭입니다. 신행(身行)은 생겨나지 않고 어행(語行)·의행(意行)도 역시 생겨나지 않습니다. 왜 그러한가? 본성이 공한 까닭입니다. 보시바라밀다는 생겨나지 않고, 나아가 일체상지도 역시 생겨나지 않습니다. 왜 그러한가? 본성이 공한 까닭입니다. 사리자여. 오히려 이러한 인연으로 생겨나지 않는 법에서 생겨나지 않는다는 말을 일으킬지라도, 이러한 법과 말이 함께 생겨나는 의취는 없습니다. 사리자여. 만약 설법이라는 것이거나 만약 능히 설하였던 말이거나, 설하는 자이거나, 듣는 자가 모두가 생겨나는 의취는 없습니다."

그때 구수 사리자는 선현을 칭찬하여 말하였다.

"설법(說法)하는 사람들의 가운데에서 그대가 제일이므로, 불·세존을 제외하고서 능히 미칠 자가 없습니다. 왜 그러한가? 묻고 힐난(詰難)하는 여러 종류의 법문(法門)이라는 것을 따라서 모두 능히 대답하여 말하면서 막힘과 장애가 없는 까닭입니다."

선현이 대답하여 말하였다.

"제불의 제자들은 일체법에서 의지함과 집착이 없는 자는 그와 같아서 묻고 힐난하는 여러 종류의 법문이라는 것을 따라서 모두 능히 대답하여 말하면서 스스로가 두려움이 없습니다. 왜 그러한가? 일체법으로써 의지하는 것이 없는 까닭입니다."

사리자가 말하였다.

"어찌하여 제법은 모두 의지하는 것이 없습니까?"

선현이 대답하여 말하였다.

"사리자여. 색은 본성이 공(空)한 까닭으로 내신(內身)에 의지하지 않고 외신(外身)에도 의지하지 않으며 내·외신(內身)의 틈새(間)에도 의지하지 않고, 수·상·행·식도 역시 본성이 공한 까닭으로 내신에 의지하지 않고 외신에도 의지하지 않으며 내·외신의 틈새에도 의지하지 않습니다. 사리자여. 안처는 본성이 공한 까닭으로 내신에 의지하지 않고 외신에도 의지하지 않으며 내·외신의 틈새에도 의지하지 않고, 이·비·설·신·의처도 역시 본성이 공한 까닭으로 내신에 의지하지 않고 외신에도 의지하지 않으며 내·외신의 틈새에도 의지하지 않습니다.

사리자여. 색처는 본성이 공한 까닭으로 내신에 의지하지 않고 외신에도 의지하지 않으며 내·외신의 틈새에도 의지하지 않고, 성·향·미·촉·법처도 역시 본성이 공한 까닭으로 내신에 의지하지 않고 외신에도 의지하지 않으며 내·외신의 틈새에도 의지하지 않습니다. 사리자여. 안계는 본성이 공한 까닭으로 내신에 의지하지 않고 외신에도 의지하지 않으며 내·외신의 틈새에도 의지하지 않고, 이·비·설·신·의계도 역시 본성이 공한 까닭으로 내신에 의지하지 않고 외신에도 의지하지 않으며 내·외신의 틈새에도 의지하지 않습니다.

사리자여. 색계는 본성이 공한 까닭으로 내신에 의지하지 않고 외신에도 의지하지 않으며 내·외신의 틈새에도 의지하지 않고, 성·향·미·촉·법계도 역시 본성이 공한 까닭으로 내신에 의지하지 않고 외신에도 의지하지 않으며 내·외신의 틈새에도 의지하지 않습니다. 사리자여. 안식계는 본성이 공한 까닭으로 내신에 의지하지 않고 외신에도 의지하지 않으며 내·외신의 틈새에도 의지하지 않고, 이·비·설·신·의식계도 역시 본성이 공한 까닭으로 내신에 의지하지 않고 외신에도 의지하지 않으며 내·외신의 틈새에도 의지하지 않습니다.

사리자여. 안촉은 본성이 공한 까닭으로 내신에 의지하지 않고 외신에도 의지하지 않으며 내·외신의 틈새에도 의지하지 않고, 이·비·설·신·의촉도 역시 본성이 공한 까닭으로 내신에 의지하지 않고 외신에도 의지하지 않으며 내·외신의 틈새에도 의지하지 않습니다. 사리자여. 안촉을 인연으로 생겨난 여러 수는 본성이 공한 까닭으로 내신에 의지하지 않고 외신에도 의지하지 않으며 내·외신의 틈새에도 의지하지 않고, 이·비·설·신·의촉을 인연으로 생겨난 여러 수도 역시 본성이 공한 까닭으로 내신에 의지하지 않고 외신에도 의지하지 않으며 내·외신의 틈새에도 의지하지 않습니다.

사리자여. 보시바라밀다는 본성이 공한 까닭으로 내신에 의지하지 않고 외신에도 의지하지 않으며 내·외신의 틈새에도 의지하지 않고, 나아가 반야바라밀다도 역시 본성이 공한 까닭으로 내신에 의지하지 않고 외신에도 의지하지 않으며 내·외신의 틈새에도 의지하지 않습니다. 사리자여. 내공은 본성이 공한 까닭으로 내신에 의지하지 않고 외신에도 의지하지 않으며 내·외신의 틈새에도 의지하지 않고, 나아가 무성자성공도 역시 본성이 공한 까닭으로 내신에 의지하지 않고 외신에도 의지하지 않으며 내·외신의 틈새에도 의지하지 않습니다.

사리자여. 4념주는 본성이 공한 까닭으로 내신에 의지하지 않고 외신에도 의지하지 않으며 내·외신의 틈새에도 의지하지 않고, 나아가 8성도지도 역시 본성이 공한 까닭으로 내신에 의지하지 않고 외신에도 의지하지 않으며 내·외신의 틈새에도 의지하지 않습니다. 사리자여. 나아가 여래의 10력은 본성이 공한 까닭으로 내신에 의지하지 않고 외신에도 의지하지 않으며 내·외신의 틈새에도 의지하지 않고, 나아가 18불불공법도 역시 본성이 공한 까닭으로 내신에 의지하지 않고 외신에도 의지하지 않으며 내·외신의 틈새에도 의지하지 않습니다.

사리자여. 나아가 일체지는 본성이 공한 까닭으로 내신에 의지하지 않고 외신에도 의지하지 않으며 내·외신의 틈새에도 의지하지 않고, 도상지·일체상지도 역시 본성이 공한 까닭으로 내신에 의지하지 않고 외신에도 의지하지 않으며 내·외신의 틈새에도 의지하지 않습니다. 사리자여. 오히려 이러한 인연으로 나는 '제법은 본성이 공한 까닭으로 모두 의지하는 것이 없다.'라고 설하였습니다."

"다시 다음으로 사리자여. 제보살마하살은 6반야바라밀다를 수행하는 때에, 상응(相應)하여 색, 나아가 의식을 청정하게 해야 하고, 상응하여 안처, 나아가 의처를 청정하게 해야 하며, 상응하여 색처, 나아가 법처를 청정하게 해야 하고, 상응하여 안계, 나아가 의계를 청정하게 해야 하며, 상응하여 색계, 나아가 법계를 청정하게 해야 하고, 상응하여 안식계, 나아가 의식계를 청정하게 해야 하며, 상응하여 안촉, 나아가 의촉을 청정하게 해야 하고, 상응하여 안촉을 인연으로 생겨난 여러 수, 나아가 의촉을 인연으로 생겨난 여러 수를 청정하게 해야 하며, 상응하여 보시바라밀다, 나아가 반야바라밀다를 청정하게 해야 하고, 상응하여 내공, 나아가 무성자성공을 청정하게 해야 하며, 상응하여 4념주, 나아가 8성도지를 청정하게 해야 하고, 이와 같이 나아가, 상응하여 여래의 10력, 나아가 18불불공법을 청정하게 해야 하며, 나아가 상응하여 일체지·도상지·일체상지를 청정하게 해야 하고, 상응하여 보리도(菩提道)를 청정하게 해야 합니다."

이때 사리자가 선현에게 물어 말하였다.

"무엇을 보살마하살이 6바라밀다를 수행하는 때에 청정한 보리도라고 말합니까?"

선현이 대답하여 말하였다.

"사리자여. 6바라밀다에 각각 두 가지가 있는데, 하나는 세간(世間)이고, 둘째는 출세간(出世間)입니다."

사리자가 물어 말하였다.

"무엇이 세간의 보시바라밀다이고, 무엇이 출세간의 보시바라밀다라고 말합니까?"

선현이 대답하여 말하였다.

"사리자여. 만약 보살마하살이 큰 시주(施主)가 되어서 능히 사문·바라문·가난하고 병들었으며 외롭고 벌거벗었으며 떠돌고 구걸하는 자에게 보시하면서 음식이 필요하면 음식을 주고 마실 것이 필요하면 마실 것을 주며 수레(乘)가 필요하면 수레를 주고 옷이 필요하면 옷을 주며 향과 꽃이 필요하면 향과 꽃을 주고 장엄구(莊嚴具)가 필요하면 장엄구를 주며 집이 필요하면 집을 주고 의약품이 필요하면 의약품을 주며 등불이 필요하면 등불을 주고 좌구(坐具)와 와구(臥具)가 필요하면 좌구와 와구를 주는 것입니다.

이와 같이 일체의 필요한 그것을 따라서 주는데 나머지의 생활용품(資生具)을 모두 보시하여 주나니, 만약 다시 누가 와서 남자를 구걸하면 남자를 주고 여자를 구걸하면 여자를 주며 처첩(妻妾)을 구걸하면 처첩을 주고 관질(官秩)[1]을 구걸하면 벼슬자리를 주고 나라와 성(城)을 구걸하면 나라와 성을 주며 왕위(王位)를 구걸하면 왕위를 주고 머리와 눈을 구걸하면 머리와 눈을 주며 귀와 코를 구걸하면 귀와 코를 주고 손과 발을 구걸하면 손과 발을 주며 팔과 다리를 구걸하면 팔과 다리를 주고 피와 살을 구걸하면 피와 살을 주며 뼈와 골수(髓)를 구걸하면 뼈와 골수를 주고 어린 노비(僮僕)를 구걸하면 어린 노비를 주며 살아있는 짐승(生類)들

---

1) '벼슬의 등급(等級)', 또는 '관리에게 주던 녹봉(祿俸)'을 가리킨다.

을 구걸하면 살아있는 짐승들을 주며, 이와 같이 일체의 필요한 그것을 따라서 주더라도, 안과 밖의 물건을 모두 베풀어 주는 것입니다.

비록 이렇게 보시를 짓더라도 의지하는 것이 있는데 이를테면, '나는 보시하였고 그들은 받았으니, 나는 시주가 되었으나 나는 간탐(慳貪)하지 않겠다. 나는 세존의 가르침을 따라서 일체를 능히 기부(捨)하겠고, 나는 보시바라밀다를 행하겠다.'라고 이렇게 생각을 짓습니다. 그들이 보시를 행하는 때에 얻을 수 있는 것으로써 방편을 삼아서 제유정들과 함께 평등(平等)하게 공유(共有)하면서 무상정등보리에 회향(迴向)합니다.

다시 '나는 이 복력을 지니고서 제유정들에게 보시하여 이 세간과 뒤의 세간에서 안락을 얻게 하겠고, 나아가 무여열반(無餘涅槃)을 증득하게 하겠다.'라고 이렇게 생각을 짓는다면, 그들은 삼륜(三輪)에 집착하여 보시를 행하는 것입니다. 무엇 등이 세 가지인가? 이를테면, 스스로라는 생각(自想)·다른 사람이라는 생각(他想)·보시한다는 생각(施想)입니다. 오히려 이러한 삼륜에 집착하여 보시를 행하는 까닭으로 세간의 보시바라밀다라고 이름합니다. 무엇을 인연으로 이러한 보시를 세간이 된다고 이름하는가? 세간과 같은 것으로써 함께 행하는 까닭으로 움직이지 않고, 세간의 법에 출리(出離)하지 않는 까닭입니다. 오히려 이것을 까닭으로 세간의 보시바라밀다라고 설합니다.

사리자여. 만약 보살마하살이 보시를 행하는 때에는 삼륜이 청정하나니, 무엇 등이 세 가지인가? 첫째는 내가 보시하는 자라고 집착하지 않고, 둘째는 그가 보시받는 자라고 집착하지 않으며, 셋째는 보시와 보시의 과보에 집착하지 않는 것입니다. 이 보살마하살이 보시를 행하는 때에는 삼륜이 청정합니다.

또한 사리자여. 만약 보살마하살이 대비(大悲)로써 상수(上首)를 삼아서 수행하면서 유정들에게 보시의 복을 널리 베풀었더라도, 제유정들에게 모두 얻는 것이 없고, 비록 유정들과 함께 평등하게 공유하며 무상정등보리에 회향할지라도 그 가운데서 적은 상(相)이라도 보지 않는다면, 오히려 모두 집착함이 없이 보시를 행하는 까닭으로 출세간의 보시바라밀다라고 이름합니다. 무슨 인연으로 이러한 보시를 출세간의 보시라고 이름하는가? 세간과 같이 행하지 않는 까닭으로 능히 움직이고, 세간의 법에서 출리하는 까닭입니다. 오히려 이것을 까닭으로 출세간의 보시바라밀다라고 설합니다."

사리자가 말하였다.

"무엇이 세간의 정계·안인·정진·정려·반야바라밀다이며, 어떤 것이 출세간의 정계·안인·정진·정려·반야바라밀다라고 말합니까?"

선현이 대답하여 말하였다.

"사리자여. 만약 보살마하살이 정계·안인·정진·정려·반야바라밀다를 수행하는 때에 의지하는 것이 있는 자는 삼륜에 집착하는 까닭으로 세간의 바라밀다라고 이름하는데, 세간과 같게 행하는 까닭이며, 세간의 법을 움직이지 못하고 벗어나지 못하는 까닭입니다. 만약 보살마하살이 정계·안인·정진·정려·반야바라밀다를 수행하는 때에 의지하는 것이 없는 자는 삼륜이 청정한 까닭으로 출세간의 바라밀다라고 이름하는데, 세간과 함께 행하지 않는 까닭으로 세간의 법을 움직이고 출리하는 까닭입니다. 사리자여. 이러한 보살마하살은 6바라밀다를 수행하는 때에 보리도(菩提道)를 청정하게 합니다."

그때 구수 사리자가 선현에게 물어 말하였다.

"무엇을 보살마하살의 보리도라고 말합니까?"

"사리자여. 보시바라밀다, 나아가 반야바라밀다의 이것이 보살마하살의 보리도이고, 4념주, 나아가 8성도지의 이것이 보살마하살의 보리도이며, 공해탈문·무상해탈문·무원해탈문의 이것이 보살마하살의 보리도이고, 내공, 나아가 무성자성공의 이것이 보살마하살의 보리도이며, 진여·법계·부사의계 등의 이것이 보살마하살의 보리도이고, 일체의 삼마지문·일체의 다라니문의 이것이 보살마하살의 보리도이며, 여래의 10력, 나아가 18불불공법의 이것이 보살마하살의 보리도입니다. 사리자여. 이와 같이 무량하고 무변한 큰 공덕취(功德聚)가 모두 이것이 보살마하살의 보리도입니다."

이때 사리자가 선현을 칭찬하여 말하였다.

"옳습니다. 옳습니다. 진실로 그대가 말한 것과 같습니다. 선현이여. 이와 같은 큰 공덕취는 오히려 무엇 등의 바라밀다의 세력으로 성취되게 됩니까?"

선현이 대답하여 말하였다.

"사리자여. 이와 같이 설하였던 것인 큰 공덕취는 모두가 오히려 반야바라밀다의 세력으로 성취되게 됩니다. 왜 그러한가? 사리자여. 이러한 반야바라밀다는 능히 일체의 선법(善法)에서 어머니가 되므로, 일체의 성문·독각·보살·제불들의 선법이 이것을 따라서 출생하는 까닭입니다. 사리자여. 이와 같은 반야바라밀다는 널리 능히 일체의 선법을 섭수하므로, 일체의 성문·독각·보살·제불들의 선법이 이것을 의지하여 머무르는 까닭입니다. 사리자여. 과거의 보살마하살이 반야바라밀다를 수행하여 지극하게 원만해졌던 까닭으로 무상정등보리를 증득하였고, 미래의 보살마하살들도 반야바라밀다를 수행하여 지극하게 원만해졌던 까닭으로 무상정등보리를 증득하실 것이며, 현재에 시방의 제불세계의 무량한 보살마하살들도 반야바라밀다를 수행하여 지극하게 원만해졌던 까닭으로 현재에 무상정등보리를 증득하는 것입니다.

다시 다음으로 사리자여. 만약 보살마하살이 반야바라밀다를 설하는 것을 듣고서 마음에 의혹이 없거나, 역시 미혹(迷悶)되지 않는다면, 이 보살마하살은 이와 같은 안주(安住)에 머무르면서 항상 벗어나지 않는데 이를테면, 얻을 수 없는 것으로써 방편을 삼는다고 마땅히 알아야 하고, 항상 일체의 유정을 정근(精勤)하면서 구제(救濟)한다고 마땅히 알아야 합니다. 이 보살마하살은 이와 같은 수승한 작의(作意)를 성취하는데 이를테면, 대비(大悲)와 상응(相應)하는 작의입니다."

그때 사리자가 선현에게 알려 말하였다.

"만약 보살마하살이 이와 같은 안주에 머무르면서 항상 버리고 벗어나지 않고, 대비와 상응하는 작의를 성취하는 자라면, 곧 일체의 유정들도 역시 상응하여 보살마하살로 성취시킬 것입니다. 그 까닭은 무엇인가? 일체의 유정들도 역시 이러한 안주에 머무르고, 이러한 작의를 항상 버리고 벗어나지 않는다면, 곧 제보살마하살과 일체의 유정에게 상응하여 차별이 없는 것입니다."

그때 사리자가 선현에게 알려 말하였다.

"옳습니다. 옳습니다. 진실로 그대가 말한 것과 같습니다. 능히 내가 설하였던 것의 뜻을 여실하게 알았고, 비록 나를 힐난한 것과 비슷할지라도, 나의 뜻을 성취하였습니다. 왜 그러한가? 사리자여. 유정이 있지 않은 까닭으로 이와 같은 안주와 작의도 역시 있지 않다고 마땅히 알 수 있고, 유정이 진실로 없는 까닭으로 이와 같은 안주와 작의도 역시 있지 않다고 마땅히 알 수 있으며, 유정의 자성이 없는 까닭으로 이와 같은 안주와 작의도 역시 있지 않다고 마땅히 알 수 있고, 유정이 공(空)한 까닭으로 이와 같은 안주와 작의도 역시 있지 않다고 마땅히 알 수 있으며, 유정이 멀리 벗어난 까닭으로 이와 같은 안주와 작의도 역시 있지 않다고 마땅히 알 수 있고, 유정이 적정한 까닭으로 이와 같은 안주와 작의도 역시 있지 않다고 마땅히 알 수 있으며, 유정이 각지(覺知)가 없는 까닭으로 이와 같은 안주와 작의도 역시 있지 않다고 마땅히 알 수 있습니다.

사리자여. 색, 나아가 식이 있지 않은 까닭으로 이와 같은 안주와 작의도 역시 있지 않다고 마땅히 알 수 있고, 색, 나아가 식이 진실로 있지 않는 까닭으로 이와 같은 안주와 작의도 역시 있지 않다고 마땅히 알 수 있으며, 색, 나아가 식의 자성이 없는 까닭으로 이와 같은 안주와 작의도 역시 있지 않다고 마땅히 알 수 있고, 색, 나아가 식이 공한 까닭으로 이와 같은 안주와 작의도 역시 있지 않다고 마땅히 알 수 있으며, 색, 나아가 식이 멀리 벗어난 까닭으로 이와 같은 안주와 작의도 역시 있지 않다고 마땅히 알 수 있고, 색, 나아가 식이 적정한 까닭으로 이와 같은 안주와 작의도 역시 있지 않다고 마땅히 알 수 있으며, 색, 나아가 식이 깨달아서 아는 것이 없는 까닭으로 이와 같은 안주와 작의도 역시 있지 않다고 마땅히 알 수 있습니다.

사리자여. 안처, 나아가 의처가 있지 않은 까닭으로 이와 같은 안주와 작의도 역시 있지 않다고 마땅히 알 수 있고, 안처, 나아가 의처가 진실로 있지 않는 까닭으로 이와 같은 안주와 작의도 역시 있지 않다고 마땅히 알 수 있으며, 안처, 나아가 의처의 자성이 없는 까닭으로 이와 같은 안주와 작의도 역시 있지 않다고 마땅히 알 수 있고, 안처, 나아가 의처가 공한 까닭으로 이와 같은 안주와 작의도 역시 있지 않다고 마땅히 알 수 있으며, 안처, 나아가 의처가 멀리 벗어난 까닭으로 이와 같은 안주와 작의도 역시 있지 않다고 마땅히 알 수 있고, 안처, 나아가 의처가 적정한 까닭으로 이와 같은 안주와 작의도 역시 있지 않다고 마땅히 알 수 있으며, 안처, 나아가 의처가 깨달아서 아는 것이 없는 까닭으로 이와 같은 안주와 작의도 역시 있지 않다고 마땅히 알 수 있습니다.

사리자여. 색처, 나아가 법처가 있지 않은 까닭으로 이와 같은 안주와 작의도 역시 있지 않다고 마땅히 알 수 있고, 색처, 나아가 법처가 진실로 있지 않는 까닭으로 이와 같은 안주와 작의도 역시 있지 않다고 마땅히 알 수 있으며, 색처, 나아가 법처의 자성이 없는 까닭으로 이와 같은 안주와 작의도 역시 있지 않다고 마땅히 알 수 있고, 색처, 나아가 법처가 공한 까닭으로 이와 같은 안주와 작의도 역시 있지 않다고 마땅히 알 수 있으며, 색처, 나아가 법처가 멀리 벗어난 까닭으로 이와 같은 안주와 작의도 역시 있지 않다고 마땅히 알 수 있고, 색처, 나아가 법처가 적정한 까닭으로 이와 같은 안주와 작의도 역시 있지 않다고 마땅히 알 수 있으며, 색처, 나아가 법처가 깨달아서 아는 것이 없는 까닭으로 이와 같은 안주와 작의도 역시 있지 않다고 마땅히 알 수 있습니다.

사리자여. 안계, 나아가 의계가 있지 않은 까닭으로 이와 같은 안주와 작의도 역시 있지 않다고 마땅히 알 수 있고, 안계, 나아가 의계가 진실로 있지 않는 까닭으로 이와 같은 안주와 작의도 역시 있지 않다고 마땅히 알 수 있으며, 안계, 나아가 의계의 자성이 없는 까닭으로 이와 같은 안주와 작의도 역시 있지 않다고 마땅히 알 수 있고, 안계, 나아가 의계가 공한 까닭으로 이와 같은 안주와 작의도 역시 있지 않다고 마땅히 알 수 있으며, 안계, 나아가 의계가 멀리 벗어난 까닭으로 이와 같은 안주와 작의도 역시 있지 않다고 마땅히 알 수 있고, 안계, 나아가 의계가 적정한 까닭으로 이와 같은 안주와 작의도 역시 있지 않다고 마땅히 알 수 있으며, 안계, 나아가 의계가 깨달아서 아는 것이 없는 까닭으로 이와 같은 안주와 작의도 역시 있지 않다고 마땅히 알 수 있습니다.

사리자여. 색계, 나아가 법계가 있지 않은 까닭으로 이와 같은 안주와 작의도 역시 있지 않다고 마땅히 알 수 있고, 색계, 나아가 법계가 진실로 있지 않는 까닭으로 이와 같은 안주와 작의도 역시 있지 않다고 마땅히 알 수 있으며, 색계, 나아가 법계의 자성이 없는 까닭으로 이와 같은 안주와 작의도 역시 있지 않다고 마땅히 알 수 있고, 색계, 나아가 법계가 공한 까닭으로 이와 같은 안주와 작의도 역시 있지 않다고 마땅히 알 수 있으며, 색계, 나아가 법계가 멀리 벗어난 까닭으로 이와 같은 안주와 작의도 역시 있지 않다고 마땅히 알 수 있고, 색계, 나아가 법계가 적정한 까닭으로 이와 같은 안주와 작의도 역시 있지 않다고 마땅히 알 수 있으며, 색계, 나아가 법계가 깨달아서 아는 것이 없는 까닭으로 이와 같은 안주와 작의도 역시 있지 않다고 마땅히 알 수 있습니다.

사리자여. 안식계, 나아가 의식계가 있지 않은 까닭으로 이와 같은 안주와 작의도 역시 있지 않다고 마땅히 알 수 있고, 안식계, 나아가 의식계가 진실로 없는 까닭으로 이와 같은 안주와 작의도 역시 있지 않다고 마땅히 알 수 있으며, 안식계, 나아가 의식계의 자성이 없는 까닭으로 이와 같은 안주와 작의도 역시 있지 않다고 마땅히 알 수 있고, 안식계, 나아가 의식계가 공한 까닭으로 이와 같은 안주와 작의도 역시 있지 않다고 마땅히 알 수 있으며, 안식계, 나아가 의식계가 멀리 벗어난 까닭으로 이와 같은 안주와 작의도 역시 있지 않다고 마땅히 알 수 있고, 안식계, 나아가 의식계가 적정한 까닭으로 이와 같은 안주와 작의도 역시 있지 않다고 마땅히 알 수 있으며, 안식계, 나아가 의식계가 깨달아서 아는 것이 없는 까닭으로 이와 같은 안주와 작의도 역시 있지 않다고 마땅히 알 수 있습니다.

사리자여. 안촉, 나아가 의촉이 있지 않은 까닭으로 이와 같은 안주와 작의도 역시 있지 않다고 마땅히 알 수 있고, 안촉, 나아가 의촉이 진실로 있지 않는 까닭으로 이와 같은 안주와 작의도 역시 있지 않다고 마땅히 알 수 있으며, 안촉, 나아가 의촉의 자성이 없는 까닭으로 이와 같은 안주와 작의도 역시 있지 않다고 마땅히 알 수 있고, 안촉, 나아가 의촉이 공한 까닭으로 이와 같은 안주와 작의도 역시 있지 않다고 마땅히 알 수 있으며, 안촉, 나아가 의촉이 멀리 벗어난 까닭으로 이와 같은 안주와 작의도 역시 있지 않다고 마땅히 알 수 있고, 안촉, 나아가 의촉이 적정한 까닭으로 이와 같은 안주와 작의도 역시 있지 않다고 마땅히 알 수 있으며, 안촉, 나아가 의촉이 깨달아서 아는 것이 없는 까닭으로 이와 같은 안주와 작의도 역시 있지 않다고 마땅히 알 수 있습니다.

사리자여. 안촉을 인연으로 생겨난 여러 수, 나아가 의촉을 인연으로 생겨난 여러 수가 있지 않은 까닭으로 이와 같은 안주와 작의도 역시 있지 않다고 마땅히 알 수 있고, 안촉을 인연으로 생겨난 여러 수, 나아가 의촉을 인연으로 생겨난 여러 수가 진실로 있지 않는 까닭으로 이와 같은 안주와 작의도 역시 있지 않다고 마땅히 알 수 있으며, 안촉을 인연으로 생겨난 여러 수, 나아가 의촉을 인연으로 생겨난 여러 수의 자성이 없는 까닭으로 이와 같은 안주와 작의도 역시 있지 않다고 마땅히 알 수 있고, 안촉을 인연으로 생겨난 여러 수, 나아가 의촉을 인연으로 생겨난 여러 수가 공한 까닭으로 이와 같은 안주와 작의도 역시 있지 않다고 마땅히 알 수 있으며, 안촉을 인연으로 생겨난 여러 수, 나아가 의촉을 인연으로 생겨난 여러 수가 멀리 벗어난 까닭으로 이와 같은 안주와 작의도 역시 있지 않다고 마땅히 알 수 있고, 안촉을 인연으로 생겨난 여러 수, 나아가 의촉을 인연으로 생겨난 여러 수가 적정한 까닭으로 이와 같은 안주와 작의도 역시 있지 않다고 마땅히 알 수 있으며, 안촉을 인연으로 생겨난 여러 수, 나아가 의촉을 인연으로 생겨난 여러 수가 깨달아서 아는 것이 없는 까닭으로 이와 같은 안주와 작의도 역시 있지 않다고 마땅히 알 수 있습니다.

사리자여. 지계, 나아가 식계가 있지 않은 까닭으로 이와 같은 안주와 작의도 역시 있지 않다고 마땅히 알 수 있고, 지계, 나아가 식계가 진실로 있지 않는 까닭으로 이와 같은 안주와 작의도 역시 있지 않다고 마땅히 알 수 있으며, 지계, 나아가 식계의 자성이 없는 까닭으로 이와 같은 안주와 작의도 역시 있지 않다고 마땅히 알 수 있고, 지계, 나아가 식계가 공한 까닭으로 이와 같은 안주와 작의도 역시 있지 않다고 마땅히 알 수 있으며, 지계, 나아가 식계가 멀리 벗어난 까닭으로 이와 같은 안주와 작의도 역시 있지 않다고 마땅히 알 수 있고, 지계, 나아가 식계가 적정한 까닭으로 이와 같은 안주와 작의도 역시 있지 않다고 마땅히 알 수 있으며, 지계, 나아가 식계가 깨달아서 아는 것이 없는 까닭으로 이와 같은 안주와 작의도 역시 있지 않다고 마땅히 알 수 있습니다.

사리자여. 보시바라밀다, 나아가 반야바라밀다가 있지 않은 까닭으로 이와 같은 안주와 작의도 역시 있지 않다고 마땅히 알 수 있고, 보시바라밀다, 나아가 반야바라밀다가 진실로 있지 않는 까닭으로 이와 같은 안주와 작의도 역시 있지 않다고 마땅히 알 수 있으며, 보시바라밀다, 나아가 반야바라밀다의 자성이 없는 까닭으로 이와 같은 안주와 작의도 역시 있지 않다고 마땅히 알 수 있고, 보시바라밀다, 나아가 반야바라밀다가 공한 까닭으로 이와 같은 안주와 작의도 역시 있지 않다고 마땅히 알 수 있으며, 보시바라밀다, 나아가 반야바라밀다가 멀리 벗어난 까닭으로 이와 같은 안주와 작의도 역시 있지 않다고 마땅히 알 수 있고, 보시바라밀다, 나아가 반야바라밀다가 적정한 까닭으로 이와 같은 안주와 작의도 역시 있지 않다고 마땅히 알 수 있으며, 보시바라밀다, 나아가 반야바라밀다가 깨달아서 아는 것이 없는 까닭으로 이와 같은 안주와 작의도 역시 있지 않다고 마땅히 알 수 있습니다.

사리자여. 내공, 나아가 무성자성공이 있지 않은 까닭으로 이와 같은 안주와 작의도 역시 있지 않다고 마땅히 알 수 있고, 내공, 나아가 무성자성공이 진실로 있지 않는 까닭으로 이와 같은 안주와 작의도 역시 있지 않다고 마땅히 알 수 있으며, 내공, 나아가 무성자성공의 자성이 없는 까닭으로 이와 같은 안주와 작의도 역시 있지 않다고 마땅히 알 수 있고,

내공, 나아가 무성자성공이 공한 까닭으로 이와 같은 안주와 작의도 역시 있지 않다고 마땅히 알 수 있으며, 내공, 나아가 무성자성공이 멀리 벗어난 까닭으로 이와 같은 안주와 작의도 역시 있지 않다고 마땅히 알 수 있고, 내공, 나아가 무성자성공이 적정한 까닭으로 이와 같은 안주와 작의도 역시 있지 않다고 마땅히 알 수 있으며, 내공, 나아가 무성자성공이 깨달아서 아는 것이 없는 까닭으로 이와 같은 안주와 작의도 역시 있지 않다고 마땅히 알 수 있습니다.

사리자여. 4념주, 나아가 8성도지가 있지 않은 까닭으로 이와 같은 안주와 작의도 역시 있지 않다고 마땅히 알 수 있고, 4념주, 나아가 8성도지가 진실로 있지 않는 까닭으로 이와 같은 안주와 작의도 역시 있지 않다고 마땅히 알 수 있으며, 4념주, 나아가 8성도지의 자성이 없는 까닭으로 이와 같은 안주와 작의도 역시 있지 않다고 마땅히 알 수 있고, 4념주, 나아가 8성도지가 공한 까닭으로 이와 같은 안주와 작의도 역시 있지 않다고 마땅히 알 수 있으며, 4념주, 나아가 8성도지가 멀리 벗어난 까닭으로 이와 같은 안주와 작의도 역시 있지 않다고 마땅히 알 수 있고, 4념주, 나아가 8성도지가 적정한 까닭으로 이와 같은 안주와 작의도 역시 있지 않다고 마땅히 알 수 있으며, 4념주, 나아가 8성도지가 깨달아서 아는 것이 없는 까닭으로 이와 같은 안주와 작의도 역시 있지 않다고 마땅히 알 수 있습니다.

사리자여. 이와 같이 나아가, 여래의 10력, 나아가 18불불공법이 있지 않은 까닭으로 이와 같은 안주와 작의도 역시 있지 않다고 마땅히 알 수 있고, 여래의 10력, 나아가 18불불공법이 진실로 있지 않는 까닭으로 이와 같은 안주와 작의도 역시 있지 않다고 마땅히 알 수 있으며, 여래의 10력, 나아가 18불불공법의 자성이 없는 까닭으로 이와 같은 안주와 작의도 역시 있지 않다고 마땅히 알 수 있고, 여래의 10력, 나아가 18불불공법이 공한 까닭으로 이와 같은 안주와 작의도 역시 있지 않다고 마땅히 알 수 있으며, 여래의 10력, 나아가 18불불공법이 멀리 벗어난 까닭으로 이와 같은 안주와 작의도 역시 있지 않다고 마땅히 알 수 있고, 여래의

10력, 나아가 18불불공법이 적정한 까닭으로 이와 같은 안주와 작의도 역시 있지 않다고 마땅히 알 수 있으며, 여래의 10력, 나아가 18불불공법이 깨달아서 아는 것이 없는 까닭으로 이와 같은 안주와 작의도 역시 있지 않다고 마땅히 알 수 있습니다.

　사리자여. 일체의 삼마지문과 일체의 다라니문이 있지 않은 까닭으로 이와 같은 안주와 작의도 역시 있지 않다고 마땅히 알 수 있고, 일체의 삼마지문과 일체의 다라니문이 진실로 있지 않는 까닭으로 이와 같은 안주와 작의도 역시 있지 않다고 마땅히 알 수 있으며, 일체의 삼마지문과 일체의 다라니문의 자성이 없는 까닭으로 이와 같은 안주와 작의도 역시 있지 않다고 마땅히 알 수 있고, 일체의 삼마지문과 일체의 다라니문이 공한 까닭으로 이와 같은 안주와 작의도 역시 있지 않다고 마땅히 알 수 있으며, 일체의 삼마지문과 일체의 다라니문이 멀리 벗어난 까닭으로 이와 같은 안주와 작의도 역시 있지 않다고 마땅히 알 수 있고, 일체의 삼마지문과 일체의 다라니문이 적정한 까닭으로 이와 같은 안주와 작의도 역시 있지 않다고 마땅히 알 수 있으며, 일체의 삼마지문과 일체의 다라니문이 깨달아서 아는 것이 없는 까닭으로 이와 같은 안주와 작의도 역시 있지 않다고 마땅히 알 수 있습니다.

　사리자여. 일체지·도상지·일체상지가 있지 않은 까닭으로 이와 같은 안주와 작의도 역시 있지 않다고 마땅히 알 수 있고, 일체지·도상지·일체상지가 진실로 있지 않는 까닭으로 이와 같은 안주와 작의도 역시 있지 않다고 마땅히 알 수 있으며, 일체지·도상지·일체상지의 자성이 없는 까닭으로 이와 같은 안주와 작의도 역시 있지 않다고 마땅히 알 수 있고, 일체지·도상지·일체상지가 공한 까닭으로 이와 같은 안주와 작의도 역시 있지 않다고 마땅히 알 수 있으며, 일체지·도상지·일체상지가 멀리 벗어난 까닭으로 이와 같은 안주와 작의도 역시 있지 않다고 마땅히 알 수 있고, 일체지·도상지·일체상지가 적정한 까닭으로 이와 같은 안주와 작의도 역시 있지 않다고 마땅히 알 수 있으며, 일체지·도상지·일체상지가 깨달아서 아는 것이 없는 까닭으로 이와 같은 안주와 작의도 역시 있지 않다고 마땅히 알 수 있습니다.

사리자여. 성문의 보리(聲門菩提)·독각의 보리(獨覺菩提)·무상보리(無上菩提)가 있지 않은 까닭으로 이와 같은 안주와 작의도 역시 있지 않다고 마땅히 알 수 있고, 성문의 보리·독각의 보리·무상보리가 진실로 있지 않는 까닭으로 이와 같은 안주와 작의도 역시 있지 않다고 마땅히 알 수 있으며, 성문의 보리·독각의 보리·무상보리의 자성이 없는 까닭으로 이와 같은 안주와 작의도 역시 있지 않다고 마땅히 알 수 있고, 성문의 보리·독각의 보리·무상보리가 공한 까닭으로 이와 같은 안주와 작의도 역시 있지 않다고 마땅히 알 수 있으며, 성문의 보리·독각의 보리·무상보리가 멀리 벗어난 까닭으로 이와 같은 안주와 작의도 역시 있지 않다고 마땅히 알 수 있고, 성문의 보리·독각의 보리·무상보리가 적정한 까닭으로 이와 같은 안주와 작의도 역시 있지 않다고 마땅히 알 수 있으며, 성문의 보리·독각의 보리·무상보리가 깨달아서 아는 것이 없는 까닭으로 이와 같은 안주와 작의도 역시 있지 않다고 마땅히 알 수 있습니다.

사리자여. 오히려 이러한 인연으로 제보살마하살은 이와 같은 안주와 작의에서 항상 버리고 벗어나지 않으며, 제유정들과 함께 역시 차별도 없는데, 일체법으로써 차별이 없는 까닭입니다."

그때 세존께서 선현을 칭찬하여 말씀하셨다.

"옳도다. 옳도다. 선현이여. 그대는 제보살마하살을 위하여 반야바라밀다를 널리 설하였는데, 이것은 모두가 여래의 위신력이니라. 만약 누가 제보살마하살을 위하여 반야바라밀다를 널리 설하고자 한다면 모두가 그대가 설한 것 같이 상응하여 설해야 하고, 만약 보살마하살이 반야바라밀다를 수학하고자 한다면 모두가 그대가 설한 것과 같이 상응하여 수학해야 하며, 만약 보살마하살이 그대가 설한 것을 따라서 반야바라밀다를 수학하고자 한다면, 이 보살마하살은 빠르게 무상정등보리를 증득하여 미묘한 법륜을 굴리면서 무량한 대중들을 헤아려서 해탈시킬 것이니라."

구수 선현이 제보살마하살에게 이와 같은 매우 깊은 반야바라밀다를 설하는 때에 이 삼천대천세계가 여섯 종류로 변동(六種變動)시키셨는데 이를테면, 동극동등극동(動極動等極動)2), 용극용등극용(踊極踊等極踊)3), 진극진등극진(震極震等極震)4), 격극격등극격(擊極擊等極擊)5), 후극후등극후(吼極吼等極吼)6), 폭극폭등극폭(爆極爆等極爆)7)의 그것이었다. 또한 이 삼천대천세계가 동쪽에서 솟구쳐서 서쪽으로 가라앉고, 서쪽에서 솟구쳐서 동쪽으로 가라앉으며, 남쪽에서 솟구쳐서 북쪽으로 가라앉으며, 북쪽에서 솟구쳐서 남쪽으로 가라앉으며, 중앙에서 솟구쳐서 변두리에 가라앉으며, 변두리에서 솟구쳐서 중앙으로 가라앉았다.

그때 세존께서는 나아가 곧 미소를 지으셨고, 구수 선현은 곧 세존께 아뢰어 말하였다.

"무슨 인연으로 이러한 미소를 나타내셨습니까?"

세존께서 선현에게 알리셨다.

"내가 지금 이러한 삼천대천세계(三千大千世界)에서 제보살마하살들을 위하여 반야바라밀다를 널리 설하는 것과 같이, 지금 동방의 무량(無量)하고 무수(無數)이며 무변(無邊)한 세계에서도 역시 각각 여래(如來)·응공(應)·정등각(正等覺)께서 보살마하살들에게 반야바라밀다를 널리 설하고 있으며, 남방·서방·북방·사유와 상·하방의 무량하고 무수이며 무변한 세계에서도 역시 각각 여래·응공·정등각께서 보살마하살들에게 반야바라밀다를 널리 설하고 있느니라. 내가 지금 이 삼천대천세계에서 반야바라밀다를 널리 설하는 까닭으로 12나유타(那庾多)의 천상·인간·아소락 등이 무생법인(無生法忍)을 얻는 것과 같이, 지금 시방의 무량하고 무수이며 무변한 세계에서도 역시 각각 여래·응공·정등각께서 반야바라밀다를 널리 설하시는 까닭으로, 각각 무량하고 무수이며 무변한 유정들이 모두 무상정등각(無上正等覺)의 마음을 일으켜서 큰 이익과 안락을 획득하느니라."

---

2) 이 변동은 첫째 미동(微動)이고, 둘째 극동(極動)이고, 셋째 등극동(等極動)이다.
3) 이 변동은 첫째 미용(微涌)이고, 둘째 극용(極涌)이고, 셋째 등극용(等極涌)이다.
4) 이 변동은 첫째 미진(微震)이고, 둘째 극진(極震)이고, 셋째 등극진(等極震)이다.
5) 이 변동은 첫째 미격(微擊)이고, 둘째 극격(極擊)이고, 셋째 등극격(等極擊)이다.
6) 이 변동은 첫째 미후(微吼)이고, 둘째 극후(極吼)이고, 셋째 등극후(等極吼)이다.
7) 이 변동은 첫째 미폭(微爆)이고, 둘째 극폭(極爆)이고, 셋째 등극폭(等極爆)이다.

마하반야바라밀다경 제425권

25. 제석품(帝釋品)(1)

그때 이 삼천대천(三千大千)의 감인세계(堪忍世界)에서 소유(所有)한 사대천왕(四大天王)의 대중들이 각각 무량한 백천 구지(俱胝)의 사대왕중천(四大王衆天)[1]의 여러 천자(天子)인 대중들과 함께 집회(集會)에 왔고, 소유한 천제석(天帝釋)의 대중들도 각각 무량한 백천 구지의 삼십삼천(三十三天)[2]의 여러 천자인 대중들과 함께 집회에 왔으며, 소유한 소야마천왕(蘇夜摩天王)의 대중들도 각각 무량한 백천 구지의 야마천(夜摩天)[3]의 여러 천자인 대중들과 함께 집회에 왔고, 소유한 산도사다천왕(珊覩史多天王)의 대중들도 각각 무량한 백천 구지의 도사다천(覩史多天)[4]의 여러 천자인 대중들과 함께 집회에 왔으며, 소유한 묘변화천왕(妙變化天王)의 대중들도 각각 무량한 백천 구지의 묘변화천(妙變化天)[5]의 여러 천자인 대중들과 함께 집회에 왔고,

소유한 자재천왕(自在天王)의 대중들도 각각 무량한 백천 구지의 타화자재천(他化自在天)[6]인 대중들과 여러 천자인 대중들과 함께 집회에 왔으

---

1) 산스크리트어 cātur-mahārāja-kāyikā devāḥ의 번역이고, 욕계6천(欲界六天)의 첫 번째의 천상이다.
2) 산스크리트어 Trāyastriṃśa의 번역이고, 욕계6천의 두 번째의 천상이다.
3) 산스크리트어 Yāmādevāḥ의 번역이고, 욕계6천의 세 번째의 천상이다.
4) 산스크리트어 Tuṣita의 번역이고, 욕계6천의 네 번째의 천상이다.
5) 산스크리트어 Nirmāṇaratideva의 번역이고, 욕계6천의 다섯 번째의 천상이다.
6) 산스크리트어 Para-nirmita-vaśa-vartino devāḥ의 번역이고, 욕계6천의 여섯 번째

며, 소유한 대범천왕(大梵天王)의 대중들도 각각 무량한 백천 구지의 범천(梵天)7)의 여러 천자인 대중들과 함께 집회에 왔고, 소유한 극광정천(極光淨天)의 대중들도 각각 무량한 백천 구지의 제2정려천(第二靜慮天)8)인 대중들과 여러 천자인 대중들과 함께 집회에 왔으며, 소유한 변정천(遍淨天)의 대중들도 각각 무량한 백천 구지의 제3정려천(第三靜慮天)9)인 대중들과 여러 천자인 대중들과 함께 집회에 왔으며, 소유한 광과천(廣果天)의 대중들도 각각 무량한 백천 구지의 제4정려천(第四靜慮天)10)의 여러 천자인 대중들과 함께 집회에 왔고, 소유한 색구경천(色究竟天)의 대중들도 각각 무량한 백천 구지의 정거천(淨居天)인 대중들과 여러 천자인 대중들과 함께 집회에 왔다.

이 사대천왕의 대중, 정거천의 대중들이 소유한 청정한 업의 이숙(異熟)이었던 몸의 광명은 비유한다면, 여래의 색신(色身)에서 나타나는 항상한 광명(常光)인 것과 같을지라도 백 분의 일에도 미치지 못하였고, 천 분의 일에도 미치지 못하였으며, 백천 분의 일에도 미치지 못하였고, 구지 분의 일에도 미치지 못하였으며, 백 구지 분의 일에도 미치지 못하였고, 천 구지 분의 일에도 미치지 못하였으며, 백천 구지 분의 일에도 미치지 못하였고, 이와 같이 나아가, 수분(數分)·산분(算分)·계분(計分)·유분(喩分) 나아가 오파니살담분(鄔波尼殺曇分)의 일에도 미치지 못하였다.

왜 그러한가? 여래의 색신(色身)에서 나타나는 항상한 광명(常光)인 것은 치연(熾然)하게 빛나고 아름다웠으므로 여러 광명의 가운데에서

의 천상이다.
7) 산스크리트어 Brahmā의 번역이고, 색계(色界) 초선천(初禪天)의 왕이다.
8) 색계의 제2선천(第二禪天)이고, 소광천(少光天)·무량광천(無量光天)·극광정천(極光淨天) 등이 있다.
9) 색계의 제3선천(第三禪天)이고, 소정천(少淨天)·무량정천(無量淨天)·변정천(遍淨天) 등이 있다.
10) 색계의 제4선천(第三禪天)이고, 무운천(無雲天)·복생천(福生天)·광과천(廣果天)·무번천(無繁天)·무열천(無熱天)·선현천(善現天)·선견천(善見天)·색구경천(色究竟天) 등이 있다.

최고로 존귀하고 최고로 수승하며 최고로 높고 최고로 미묘하여서 비교할 수 없고 무등(無等)이며 무상(無上)한 제일(第一)이었다. 여러 천인들(諸天)의 광명을 덮어서 모두 나타나지 못하게 하였으므로 오히려 등잔의 심지(燋炷)를 남섬부주의 금(金)에 비교하는 것과 같았다.

그때 천제석(天帝釋)이 구수(具壽) 선현(善現)에게 아뢰어(白) 말하였다.

"이 삼천대천세계에서 소유한 사대왕중천의 대중, 정거천의 대중들이 모두 집회에 왔고 존자(尊者)께서 널리 설하시는 반야바라밀다를 듣고자 합니다. 오직 바라건대 존자께서는 때를 아시고 설하여 주십시오. 존자시여. 무엇을 보살마하살의 반야바라밀다라고 말하고, 무엇을 보살마하살이 반야바라밀다에 상응하여 안주하는 것이라고 말하며, 무엇을 보살마하살이 반야바라밀다에 상응하여 수학하는 것이라고 말합니까?"

이때 구수 선현이 천제석에게 알려 말하였다.

"교시가(憍尸迦)여. 그대들 천상의 대중들은 자세하게 들으십시오. 자세하게 듣고 그것을 잘 사념(思念)하십시오. 내가 마땅히 세존(佛)의 위신력을 받들고 여래(如來)의 뜻에 수순(隨順)하며 제보살마하살들을 위하여 반야바라밀다를 널리 설하겠나니, 보살마하살들과 같이 그 가운데에서 상응(相應)하여 그와 같이 안주(安住)해야 하고, 상응하여 그와 같이 수학해야 합니다. 교시가여. 그대들 천상의 대중들이 무상보리심(無上菩提心)을 일으키지 않은 자는 지금에 모두 상응하여 일으켜야 합니다. 교시가여. 이미 여러 성문이거나 독각의 정성이생(正性離生)에 들어간 자가 있다면. 다시 능히 대보리심(大菩提心)을 일으키지 못합니다. 왜 그러한가? 교시가여. 그들은 이미 생사(生死)의 결계(結界)인 까닭입니다. 이 가운데에서 만약 무상정등보리의 마음을 일으켜서 나아가는 자라면, 나도 따라서 환희할 것입니다. 왜 그러한가? 교시가여. 여러 수승한 사람이 있다면 수승한 법을 상응하여 구할 것이고, 나는 결국 다른 사람의 수승한 선품(善品)을 장애하지 않습니다.

교시가여. 그대가 '무엇을 보살마하살의 반야바라밀다라고 말하는가?'라는 것을 물었는데, 그대들은 자세히 들으십시오. 내가 마땅히 설하겠습니다. 교시가여. 만약 보살마하살이 일체지지(一切智智)와 상응하는 마음을 일으켜서 얻을 수 없는 것으로써 방편을 삼아서 색, 나아가 식이 만약 무상(無常)하거나, 만약 괴롭거나, 만약 무아(無我)이거나, 만약 공(空)하거나, 만약 병든 것과 같거나, 만약 종기(癰)와 같거나, 만약 화살과 같거나, 만약 피부병(瘡)과 같거나, 만약 열뇌(熱惱)이었거나, 만약 핍박받아서 절박하였거나, 만약 패배하고 파괴되었거나, 만약 쇠퇴하고 낡았거나, 만약 변동(變動)하였거나, 만약 빠르게 소멸하였거나, 만약 두렵거나, 만약 싫증이 있거나, 만약 재난(災難)이 있거나, 만약 횡액(橫厄)이 있거나, 만약 역병(疫病)이 있거나, 만약 문둥병(癘)이 있거나, 만약 안은(安隱)하지 않거나, 만약 믿을 수 없다고 사유(思惟)하였으며, 안처, 나아가 의처를 사유하였고, 색처, 나아가 법처를 사유하였으며, 안계, 나아가 의계를 사유하였고, 색계, 나아가 법계를 사유하였으며, 안식계, 나아가 의식계를 사유하였고, 안촉, 나아가 의촉을 사유하였으며, 안촉을 인연으로 생겨난 여러 수, 나아가 의촉을 인연으로 생겨난 여러 수를 사유하였고, 지계, 나아가 공계를 사유하였더라도, 역시 다시 이와 같았다면, 교시가여. 이것을 보살마하살의 반야바라밀다라고 말합니다.

다시 다음으로 교시가여. 만약 보살마하살이 일체지지와 상응하는 마음을 일으켜서 얻을 수 없는 것으로써 방편을 삼아서 색, 나아가 식이 만약 적정(寂靜)하거나, 만약 멀리 벗어났거나(遠離), 만약 태어남이 없거나(無生), 만약 소멸함이 없거나(無滅), 만약 염오가 없거나(無染), 만약 청정함이 없거나(無淨), 만약 무작(無作)이거나, 만약 무위(無爲)라고 사유하였으며, 안계, 나아가 의계를 사유하였고, 색계, 나아가 법계를 사유하였으며, 안식계, 나아가 의식계를 사유하였고, 안촉, 나아가 의촉을 사유하였으며, 안촉을 인연으로 생겨난 여러 수, 나아가 의촉을 인연으로 생겨난 여러 수를 사유하였고, 지계, 나아가 공계를 사유하였더라도, 역시 다시 이와 같았다면, 교시가여. 이것을 보살마하살의 반야바라밀다라고 말합니다.

다시 다음으로 교시가여. 만약 보살마하살이 일체지지와 상응하는 마음을 일으켜서 얻을 수 없는 것으로써 방편을 삼아서 무명(無明)이 행(行)의 연(緣)이고 행이 식(識)의 연이며 식이 명색(名色)의 연이고 명색이 육처(六處)의 연이며 육처가 촉(觸)의 연이고 촉이 수(受)의 연이며 수가 애(愛)의 연이고 애가 유(有)의 연이며 유가 생(生)의 연이고 생이 노사(老死)의 연이며, 나아가 순수하고 큰 고온집(苦蘊集)의 연이라고 사유하고, 얻을 수 없는 것으로써 방편을 삼아서 무명이 소멸하는 까닭으로 행이 소멸하고 행이 소멸하는 까닭으로 식이 소멸하며 식이 소멸하는 까닭으로 명색이 소멸하고 명색이 소멸하는 까닭으로 육처가 소멸하며 육처가 소멸하는 까닭으로 촉이 소멸하고 촉이 소멸하는 까닭으로 수가 소멸하며 수가 소멸하는 까닭으로 애가 소멸하고 애가 소멸하는 까닭으로 유가 소멸하며 유가 소멸하는 까닭으로 생이 소멸하고 생이 소멸하는 까닭으로 노사가 소멸하며, 나아가 순수하고 큰 고온집이 소멸한다고 사유한다면, 교시가여. 이것을 보살마하살의 반야바라밀다라고 말합니다.

다시 다음으로 교시가여. 만약 보살마하살이 일체지지와 상응하는 마음을 일으켜서 얻을 수 없는 것으로써 방편을 삼아서 내공, 나아가 무성자성공에 안주하고, 진여·법계·실제·부사의계·안은계 등에 안주한다면, 교시가여. 이것을 보살마하살의 반야바라밀다라고 말합니다. 다시 다음으로 교시가여. 만약 보살마하살이 일체지지와 상응하는 마음을 일으켜서 얻을 수 없는 것으로써 방편을 삼아서 4념주, 나아가 8성도지를 수행하고, 공해탈문·무상해탈문·무원해탈문을 수행하며, 여래의 10력, 나아가 18불불공법을 수행하고, 일체의 삼마지문·다라니문을 수행하며, 일체지·도상지·일체상지를 수행한다면, 교시가여. 이것을 보살마하살의 반야바라밀다라고 말합니다. 다시 다음으로 교시가여. 만약 보살마하살이 일체지지와 상응하는 마음을 일으켜서 얻을 수 없는 것으로써 방편을 삼아서 보시·정계·안인·정진·정려·반야바라밀다를 수행한다면, 교시가여. 이것을 보살마하살의 반야바라밀다라고 말합니다.

다시 다음으로 교시가여. 만약 보살마하살이 반야바라밀다를 수행하는 때에 '오직 제법이 있더라도 서로서로를 화합시키고[11]), 서로서로를 증장 (增長)시키며, 서로서로를 원만하게 할지라도, 아(我)·아소(我所)가 없다고 헤아려서 살피고 사유해야 한다.'라고 이와 같이 관찰하거나, 다시 '제보살마하살들의 회향심(迴向心)이 보리심(菩提心)과 화합하지 않고, 보리심도 역시 회향심과 화합하지 않는데 이를테면, 보살마하살의 회향심은 보리심의 가운데에서 무소유이므로 얻을 수 없고, 보리심도 회향심의 가운데에서 무소유이므로 얻을 수 없으며, 제보살마하살이 비록 제법을 여실(如實)하게 관찰하더라도 제법에는 모두 볼 수 없다.'라고 이와 같이 관찰한다면, 교시가여. 이것을 보살마하살의 반야바라밀다라고 말합니다."

그때 천제석이 선현에게 물어 말하였다.
"무엇을 보살마하살의 회향심이 보리심과 화합하지 않고, 보리심도 역시 회향심과 화합하지 않는다고 말합니까? 무엇을 보살마하살의 회향심이 보리심의 가운데에서 무소유이므로 얻을 수 없고, 보리심도 회향심의 가운데에서 무소유이므로 얻을 수 없다고 말합니까?"

선현이 대답하여 말하였다.
"교시가여. 제보살마하살들의 회향심은 곧 마음(心)이 아니고, 보리심도 역시 마음이 아니며, 마음 아닌 것으로 마음 아닌 것에 회향하더라도 상응하지 않고, 마음도 역시 마음 아닌 것에 회향하더라도 상응하지 않으며, 마음 아닌 것으로 마음에 회향하더라도 상응하지 않고, 마음으로 마음에 회향하더라도 상응하지 않습니다. 왜 그러한가? 교시가여. 마음이 아닌 것은 곧 이것이 불가사의(不可思議)이고, 불가사의는 곧 이것이 마음이 아니므로, 이와 같은 두 종류는 모두가 무소유이며, 무소유의 가운데에서는 회향하는 의취(義趣)가 없습니다. 교시가여. 마음은 자성(自性)이 없고, 마음은 자성이 없는 까닭으로 심소(心所)도 없으며, 심(心)·심소(心所)가 이미 자성이 없는 까닭으로 마음에는 역시 회향심의 의취도

---

11) 원문은 자윤(滋潤)이라는 어휘이고, 번역한다면 '젖어 있다.' '촉촉하다.' '촉촉하게 하다.' '적시다.'의 뜻이므로 본 문장에서는 '화합한다.'고 번역하였다.

없습니다. 교시가여. 만약 이와 같이 관찰을 짓는다면, 이것을 보살마하살의 반야바라밀다라고 말합니다."

그때 세존께서 선현을 칭찬하여 말씀하셨다.
"옳도다. 옳도다. 선현이여. 그대는 능히 제보살마하살들을 위하여 반야바라밀다를 널리 설하였고, 역시 제보살마하살에게 환희(歡喜)가 생겨나게 권유하고 격려하였으며, 반야바라밀다를 정근하면서 수행하게 권유하고 격려하였느니라."
구수 선현이 아뢰어 말하였다.
"세존이시여. 저는 이미 은혜를 알았으나, 상응하여 보답하지 않을 수 없습니다. 왜 그러한가? 과거 여래·응공·정등각과 여러 제자들이 제보살마하살들을 위하여 6바라밀다를 널리 설하면서 보여주었고 교계하여 인도하였으며 찬탄하였고 권유하였으며 축하하였고 환희하시면서 안은하게 어루만지시면서 건립(建立)시켜서 구경(究竟)을 증득하게 하셨습니다. 세존께서는 그때 역시 그 가운데에서 머무르면서 수학하셨고 지금 무상정등보리를 증득하셨으며, 미묘한 법륜을 굴리시면서 저희 등을 이익되고 안락하게 하셨습니다. 그러므로 저도 지금 세존의 교계를 따르고 상응하면서 제보살마하살을 위하여 6바라밀다를 널리 설하면서 보여주었고 교계하여 인도하였으며 찬탄하였고 권유하였으며 축하하였고 환희하시면서 안은하게 어루만지면서 건립시켜서 구경을 증득하게 하겠으며, 빠르게 무상정등보리를 증득한다면, 이것을 곧 그 은덕(恩德)을 보답하는 것이라고 이름할 수 있습니다."
그때 구수 선현이 천제석천에게 알려 말하였다.
"교시가여. 그대는 '무엇이 보살마하살이 반야바라밀다에 상응하여 안주한다고 말하는가?'라는 것을 물었는데, 그대들은 자세히 들으십시오. 내가 마땅히 설하겠습니다. 제보살마하살이 반야바라밀다에 상응하여 안주하는 것과 같다면, 상(相)에 상응하여 안주하지 않아야 합니다. 교시가여. 색(色)은 색이 공하고 수(受)·상(想)·행(行)·식(識)은 수·상·행·식이 공하며, 보살은 보살이 공합니다. 만약 색이 공하거나, 수·상·행·식이 공하거나, 만약 보살이 공하더라도, 이와 같은 일체는 모두가 무이(無二)이고, 무이처(無二處)입니다. 교시가여. 제보살마하살들은 반야바라밀다에서 상응하여 이와 같이 안주해야 합니다.

교시가여. 안처(眼處)는 안처가 공하고, 나아가 의처(意處)는 의처가 공하며, 보살은 보살이 공합니다. 만약 안처가 공하거나, 나아가 만약 의처가 공하거나, 만약 보살이 공하더라도, 이와 같은 일체는 모두가 무이이고, 무이처입니다. 교시가여. 제보살마하살들은 반야바라밀다에서 상응하여 이와 같이 안주해야 합니다. 교시가여. 색처(色處)는 색처가 공하고 나아가 법처(法處)는 법처가 공하며, 보살은 보살이 공합니다. 만약 색처가 공하거나, 나아가 만약 법처가 공하거나, 만약 보살이 공하더라도, 이와 같은 일체는 모두가 무이이고, 무이처입니다. 교시가여. 제보살마하살들은 반야바라밀다에 상응하여 이와 같이 안주해야 합니다.

교시가여. 안계(眼界)는 안계가 공하고 나아가 의계(意界)는 의계가 공하며, 보살은 보살이 공합니다. 만약 안계가 공하거나, 나아가 만약 의계가 공하거나, 만약 보살이 공하더라도, 이와 같은 일체는 모두가 무이이고, 무이처입니다. 교시가여. 제보살마하살들은 반야바라밀다에 상응하여 이와 같이 안주해야 합니다. 교시가여. 색계(色界)는 색계가 공하고, 나아가 법계(法界)는 법계가 공하며, 보살은 보살이 공합니다. 만약 색계가 공하거나, 나아가 만약 법계가 공하거나, 만약 보살이 공하더라도, 이와 같은 일체는 모두가 무이이고, 무이처입니다. 교시가여. 제보살마하살들은 반야바라밀다에 상응하여 이와 같이 안주해야 합니다.

교시가여. 안식계(眼識界)는 안식계가 공하고 나아가 의식계(意識界)는 의식계가 공하며, 보살은 보살이 공합니다. 만약 안식계가 공하거나, 나아가 만약 의식계가 공하거나, 만약 보살이 공하더라도, 이와 같은 일체는 모두가 무이이고, 무이처입니다. 교시가여. 제보살마하살들은 반야바라밀다에 상응하여 이와 같이 안주해야 합니다. 교시가여. 안촉(眼觸)은 안촉이 공하고, 나아가 의촉(意觸)은 의촉이 공하며, 보살은 보살이 공합니다. 만약 안촉이 공하거나, 나아가 만약 의촉이 공하거나, 만약 보살이 공하더라도, 이와 같은 일체는 모두가 무이이고, 무이처입니다. 교시가여. 제보살마하살들은 반야바라밀다에 상응하여 이와 같이 안주해야 합니다.

교시가여. 안촉(眼觸)을 인연으로 생겨난 여러 수(受)는 안촉을 인연으로 생겨난 여러 수가 공하고, 나아가 의촉(意觸)을 인연으로 생겨난 여러 수는 의촉을 인연으로 생겨난 여러 수가 공하며, 보살은 보살이 공합니다. 만약 안촉을 인연으로 생겨난 여러 수가 공하거나, 나아가 만약 의촉을 인연으로 생겨난 여러 수가 공하거나, 만약 보살이 공하더라도, 이와 같은 일체는 모두가 무이이고, 무이처입니다. 교시가여. 제보살마하살들은 반야바라밀다에 상응하여 이와 같이 안주해야 합니다. 교시가여. 지계(地界)는 지계가 공하고, 나아가 식계(識界)는 식계가 공하며, 보살은 보살이 공합니다. 만약 지계가 공하거나, 나아가 만약 식계가 공하거나, 만약 보살이 공하더라도, 이와 같은 일체는 모두가 무이이고, 무이처입니다. 교시가여. 제보살마하살들은 반야바라밀다에 상응하여 이와 같이 안주해야 합니다.

교시가여. 무명(無明)은 무명이 공하고, 나아가 노사(老死)는 노사가 공하며, 보살은 보살이 공합니다. 만약 무명이 공하거나, 나아가 만약 노사가 공하거나, 만약 보살이 공하더라도, 이와 같은 일체는 모두가 무이이고, 무이처입니다. 교시가여. 제보살마하살들은 반야바라밀다에 상응하여 이와 같이 안주해야 합니다. 교시가여. 무명(無明)의 소멸은 무명의 소멸이 공하고, 나아가 노사(老死)의 소멸은 노사의 소멸이 공하며, 보살은 보살이 공합니다. 만약 무명의 소멸이 공하거나, 나아가 만약 노사의 소멸이 공하거나, 만약 보살이 공하더라도, 이와 같은 일체는 모두가 무이이고, 무이처입니다. 교시가여. 제보살마하살들은 반야바라밀다에 상응하여 이와 같이 안주해야 합니다.

교시가여. 보시바라밀다(布施波羅蜜多)는 보시바라밀다가 공하고, 나아가 반야바라밀다(般若波羅蜜多)는 반야바라밀다가 공하며, 보살은 보살이 공합니다. 만약 보시바라밀다가 공하거나, 나아가 만약 반야바라밀다가 공하거나, 만약 보살이 공하더라도, 이와 같은 일체는 모두가 무이이고, 무이처입니다. 교시가여. 제보살마하살들은 반야바라밀다에 상응하여 이와 같이 안주해야 합니다. 교시가여. 내공(內空)은 내공이 공하고, 나아가 무성자성공(無性自性空)은 무성자성공이 공하며, 보살은 보살이 공합니다. 만약 내공이 공하거나, 나아가 만약 무성자성공이 공하거나, 만약 보살이 공하더라도, 이와 같은 일체는 모두가 무이이고, 무이처입니다. 교시가여. 제보살마하살들은 반야바라밀다에 상응하여 이와 같이 안주해야 합니다.

    교시가여. 4념주(四念住)는 4념주가 공하고, 나아가 8성도지(八聖道支)는 8성도지가 공하며, 보살은 보살이 공합니다. 만약 4념주가 공하거나, 나아가 만약 8성도지가 공하거나, 만약 보살이 공하더라도, 이와 같은 일체는 모두가 무이이고, 무이처입니다. 교시가여. 제보살마하살들은 반야바라밀다에 상응하여 이와 같이 안주해야 합니다. 교시가여. 일체의 삼마지문(三摩地門)은 일체의 삼마지문이 공하고 일체의 다라니문은 일체의 다라니문이 공하며, 보살은 보살이 공합니다. 만약 일체의 삼마지문이 공하거나, 일체의 다라니문이 공하거나, 만약 보살이 공하더라도, 이와 같은 일체는 모두가 무이이고, 무이처입니다. 교시가여. 제보살마하살들은 반야바라밀다에 상응하여 이와 같이 안주해야 합니다.

    교시가여. 성문승(聲聞乘)은 성문승이 공하고 독각승(獨覺乘)·무상승(無上乘)은 독각승·무상승이 공하며, 보살은 보살이 공합니다. 만약 성문승이 공하거나, 나아가 만약 독각승·무상승이 공하거나, 만약 보살이 공하더라도, 이와 같은 일체는 모두가 무이이고, 무이처입니다. 교시가여. 제보살마하살들은 반야바라밀다에 상응하여 이와 같이 안주해야 합니다. 교시가여. 예류(預流)는 예류가 공하고, 나아가 여래(如來)는 여래가 공하며, 보살은 보살이 공합니다. 만약 예류가 공하거나, 나아가 여래가 공하거나, 만약 보살이 공하더라도, 이와 같은 일체는 모두가 무이이고, 무이처입니다. 교시가여. 제보살마하살들은 반야바라밀다에 상응하여 이와 같이 안주해야 합니다.
 교시가여. 일체지(一切智)는 일체지가 공하고, 도상지(道相智)·일체상지(一切相智)는 도상지·일체상지가 공하며, 보살은 보살이 공합니다. 만약 일체지가 공하거나, 도상지·일체상지가 공하거나, 만약 보살이 공하더라도, 이와 같은 일체는 모두가 무이이고, 무이처입니다. 교시가여. 제보살마하살들은 반야바라밀다에서 상응하여 이와 같이 안주해야 합니다. 교시가여. 제보살마하살들은 반야바라밀다에서 상응하여 이와 같이 안주해야 합니다."

 그때 천제석이 선현에게 물어 말하였다.
 "무엇이 보살마하살이 반야바라밀다를 수행하는 때에 상응하여 안주하지 않을 것입니까?"
 선현이 대답하여 말하였다.
 "교시가여. 제보살마하살이 반야바라밀다를 수행하는 때에 색에 상응하여 안주하지 않아야 하고, 수·상·행·식에 상응하여 안주하지 않아야 하며, 안처에 상응하여 안주하지 않아야 하고, 나아가 의처에 상응하여 안주하지 않아야 하며, 색처에 상응하여 안주하지 않아야 하고, 나아가 법처에 상응하여 안주하지 않아야 하며, 안계에 상응하여 안주하지 않아야 하고, 나아가 의계에 상응하여 안주하지 않아야 하며, 색계에 상응하여 안주하지 않아야 하고, 나아가 법계에 상응하여 안주하지 않아야 하며, 안식계에 상응하여 안주하지 않아야 하고, 나아가 의식계에 상응하여 안주하지 않아야 하며, 안촉에 상응하여 안주하지 않아야 하고, 나아가 의촉에 상응하여 안주하지 않아야 하며, 안촉을 인연으로 생겨난 여러 수에 상응하여 안주하지 않아야 하고, 나아가 의촉을 인연으로 생겨난 여러 수에 상응하여 안주하지 않아야 하며,
 지계에 상응하여 안주하지 않아야 하고, 나아가 식계에 상응하여 안주하지 않아야 하며, 무명에 상응하여 안주하지 않아야 하고, 나아가 노사의 소멸에 상응하여 안주하지 않아야 하며, 보시바라밀다에 상응하여 안주하

지 않아야 하고, 나아가 반야바라밀다에 상응하여 안주하지 않아야 하며, 내공에 상응하여 안주하지 않아야 하고, 나아가 무성자성공에 상응하여 안주하지 않아야 하며, 4념주에 상응하여 안주하지 않아야 하고, 나아가 18불불공법에 상응하여 안주하지 않아야 하며, 일체의 삼마지문에 상응하여 안주하지 않아야 하고, 일체의 다라니문에 상응하여 안주하지 않아야 하며, 성문승에 상응하여 안주하지 않아야 하고, 독각승·무상승에 상응하여 안주하지 않아야 하며, 예류에 상응하여 안주하지 않아야 하고, 나아가 여래에 상응하여 안주하지 않아야 하며, 일체지에 상응하여 안주하지 않아야 하고, 도상지·일체상지에 상응하여 안주하지 않아야 합니다. 왜 그러한가? 교시가여. 이와 같이 안주하는 자는 얻는 것이 있는 까닭입니다.

다시 다음으로 교시가여. 제보살마하살이 반야바라밀다를 수행하는 때에 이것이 색이고, 나아가 이것이 식이라고 상응하여 안주하지 않아야 하며, 이것이 안처이고, 나아가 이것이 의처라고 상응하여 안주하지 않아야 하며, 이것이 색처이고, 나아가 이것이 법처라고 상응하여 안주하지 않아야 하며, 이것이 안계이고, 나아가 이것이 의계라고 상응하여 안주하지 않아야 하며, 이것이 색계이고, 나아가 이것이 법계라고 상응하여 안주하지 않아야 하며, 이것이 안식계이고, 나아가 이것이 의식계라고 상응하여 안주하지 않아야 하며, 이것이 안촉이고, 나아가 이것이 의촉이라고 상응하여 안주하지 않아야 하며, 이것이 안촉을 인연으로 생겨난 여러 수이고, 나아가 의촉을 인연으로 생겨난 여러 수라고 상응하여 안주하지 않아야 하며,

이것이 지계이고, 나아가 이것이 식계라고 상응하여 안주하지 않아야 하며, 이것이 무명이고, 나아가 노사의 소멸이라고 상응하여 안주하지 않아야 하며, 이것이 보시바라밀다이고, 나아가 이것이 반야바라밀다라고 상응하여 안주하지 않아야 하며, 이것이 내공이고, 나아가 이것이 무성자성공이라고 상응하여 안주하지 않아야 하며, 이것이 4념주이고, 나아가 이것이 18불불공법이라고 상응하여 안주하지 않아야 하며, 이것이

일체의 삼마지문이고, 이것이 일체의 다라니문이라고 상응하여 안주하지 않아야 하며, 이것이 성문승이고, 이것이 독각승·무상승이라고 상응하여 안주하지 않아야 하며, 이것이 예류이고, 나아가 이것이 여래라고 상응하여 안주하지 않아야 하며, 이것이 일체지이고, 이것이 도상지·일체상지라고 상응하여 안주하지 않아야 합니다. 왜 그러한가? 교시가여. 이와 같이 안주하는 자는 얻는 것이 있는 까닭입니다.

다시 다음으로 교시가여. 제보살마하살이 반야바라밀다를 수행하는 때에 색, 나아가 식이 만약 항상하거나 만약 무상하거나, 만약 즐겁거나 만약 괴롭거나, 만약 나(我)이거나 만약 무아(無我)이거나, 만약 청정(淨)하거나 만약 부정(不淨)하거나, 만약 공(空)하거나 만약 공하지 않거나, 만약 적정(寂靜)하거나 만약 적정하지 않거나, 만약 멀리 벗어났거나 만약 멀리 벗어나지 않았다고 상응하여 안주하지 않아야 하며, 안처, 나아가 의처가 만약 항상하거나 만약 무상하거나, 만약 즐겁거나 만약 괴롭거나, 만약 나이거나 만약 무아이거나, 만약 청정하거나 만약 부정하거나, 만약 공하거나 만약 공하지 않거나, 만약 적정하거나 만약 적정하지 않거나, 만약 멀리 벗어났거나 만약 멀리 벗어나지 않았다고 상응하여 안주하지 않아야 하며,

색처, 나아가 법처가 만약 항상하거나 만약 무상하거나, 만약 즐겁거나 만약 괴롭거나, 만약 나이거나 만약 무아이거나, 만약 청정하거나 만약 부정하거나, 만약 공하거나 만약 공하지 않거나, 만약 적정하거나 만약 적정하지 않거나, 만약 멀리 벗어났거나 만약 멀리 벗어나지 않았다고 상응하여 안주하지 않아야 하며, 안계, 나아가 의계가 만약 항상하거나 만약 무상하거나, 만약 즐겁거나 만약 괴롭거나, 만약 나이거나 만약 무아이거나, 만약 청정하거나 만약 부정하거나, 만약 공하거나 만약 공하지 않거나, 만약 적정하거나 만약 적정하지 않거나, 만약 멀리 벗어났거나 만약 멀리 벗어나지 않았다고 상응하여 안주하지 않아야 하며,

색계, 나아가 법계가 만약 항상하거나 만약 무상하거나, 만약 즐겁거나 만약 괴롭거나, 만약 나이거나 만약 무아이거나, 만약 청정하거나 만약

부정하거나, 만약 공하거나 만약 공하지 않거나, 만약 적정하거나 만약 적정하지 않거나, 만약 멀리 벗어났거나 만약 멀리 벗어나지 않았다고 상응하여 안주하지 않아야 하며, 안식계, 나아가 의식계가 만약 항상하거나 만약 무상하거나, 만약 즐겁거나 만약 괴롭거나, 만약 나이거나 만약 무아이거나, 만약 청정하거나 만약 부정하거나, 만약 공하거나 만약 공하지 않거나, 만약 적정하거나 만약 적정하지 않거나, 만약 멀리 벗어났거나 만약 멀리 벗어나지 않았다고 상응하여 안주하지 않아야 하며,

　안촉, 나아가 의촉이 만약 항상하거나 만약 무상하거나, 만약 즐겁거나 만약 괴롭거나, 만약 나이거나 만약 무아이거나, 만약 청정하거나 만약 부정하거나, 만약 공하거나 만약 공하지 않거나, 만약 적정하거나 만약 적정하지 않거나, 만약 멀리 벗어났거나 만약 멀리 벗어나지 않았다고 상응하여 안주하지 않아야 하며, 안촉을 인연으로 생겨난 여러 수, 나아가 의촉을 인연으로 생겨난 여러 수가 만약 항상하거나 만약 무상하거나, 만약 즐겁거나 만약 괴롭거나, 만약 나이거나 만약 무아이거나, 만약 청정하거나 만약 부정하거나, 만약 공하거나 만약 공하지 않거나, 만약 적정하거나 만약 적정하지 않거나, 만약 멀리 벗어났거나 만약 멀리 벗어나지 않았다고 상응하여 안주하지 않아야 하며,

　지계, 나아가 식계가 만약 항상하거나 만약 무상하거나, 만약 즐겁거나 만약 괴롭거나, 만약 나이거나 만약 무아이거나, 만약 청정하거나 만약 부정하거나, 만약 공하거나 만약 공하지 않거나, 만약 적정하거나 만약 적정하지 않거나, 만약 멀리 벗어났거나 만약 멀리 벗어나지 않았다고 상응하여 안주하지 않아야 하며, 무명, 나아가 노사의 소멸이 만약 항상하거나 만약 무상하거나, 만약 즐겁거나 만약 괴롭거나, 만약 나이거나 만약 무아이거나, 만약 청정하거나 만약 부정하거나, 만약 공하거나 만약 공하지 않거나, 만약 적정하거나 만약 적정하지 않거나, 만약 멀리 벗어났거나 만약 멀리 벗어나지 않았다고 상응하여 안주하지 않아야 하며,

　보시바라밀다, 나아가 반야바라밀다가 만약 항상하거나 만약 무상하거나, 만약 즐겁거나 만약 괴롭거나, 만약 나이거나 만약 무아이거나, 만약

청정하거나 만약 부정하거나, 만약 공하거나 만약 공하지 않거나, 만약 적정하거나 만약 적정하지 않거나, 만약 멀리 벗어났거나 만약 멀리 벗어나지 않았다고 상응하여 안주하지 않아야 하며, 내공, 나아가 무성자성공이 만약 항상하거나 만약 무상하거나, 만약 즐겁거나 만약 괴롭거나, 만약 나이거나 만약 무아이거나, 만약 청정하거나 만약 부정하거나, 만약 공하거나 만약 공하지 않거나, 만약 적정하거나 만약 적정하지 않거나, 만약 멀리 벗어났거나 만약 멀리 벗어나지 않았다고 상응하여 안주하지 않아야 하며,

4념주, 나아가 18불불공법이 만약 항상하거나 만약 무상하거나, 만약 즐겁거나 만약 괴롭거나, 만약 나이거나 만약 무아이거나, 만약 청정하거나 만약 부정하거나, 만약 공하거나 만약 공하지 않거나, 만약 적정하거나 만약 적정하지 않거나, 만약 멀리 벗어났거나 만약 멀리 벗어나지 않았다고 상응하여 안주하지 않아야 하며, 일체의 삼마지문·일체의 다라니문이 만약 항상하거나 만약 무상하거나, 만약 즐겁거나 만약 괴롭거나, 만약 나이거나 만약 무아이거나, 만약 청정하거나 만약 부정하거나, 만약 공하거나 만약 공하지 않거나, 만약 적정하거나 만약 적정하지 않거나, 만약 멀리 벗어났거나 만약 멀리 벗어나지 않았다고 상응하여 안주하지 않아야 하며,

성문승·독각승·무상승이 만약 항상하거나 만약 무상하거나, 만약 즐겁거나 만약 괴롭거나, 만약 나이거나 만약 무아이거나, 만약 청정하거나 만약 부정하거나, 만약 공하거나 만약 공하지 않거나, 만약 적정하거나 만약 적정하지 않거나, 만약 멀리 벗어났거나 만약 멀리 벗어나지 않았다고 상응하여 안주하지 않아야 하며, 예류, 나아가 여래가 만약 항상하거나 만약 무상하거나, 만약 즐겁거나 만약 괴롭거나, 만약 나이거나 만약 무아이거나, 만약 청정하거나 만약 부정하거나, 만약 공하거나 만약 공하지 않거나, 만약 적정하거나 만약 적정하지 않거나, 만약 멀리 벗어났거나 만약 멀리 벗어나지 않았다고 상응하여 안주하지 않아야 하며,

일체지·도상지·일체상지가 만약 항상하거나 만약 무상하거나, 만약

즐겁거나 만약 괴롭거나, 만약 나이거나 만약 무아이거나, 만약 청정하거나 만약 부정하거나, 만약 공하거나 만약 공하지 않거나, 만약 적정하거나 만약 적정하지 않거나, 만약 멀리 벗어났거나 만약 멀리 벗어나지 않았다고 상응하여 안주하지 않아야 합니다. 왜 그러한가? 교시가여. 이와 같이 안주하는 자는 얻는 것이 있는 까닭입니다."

"다시 다음으로 교시가여. 제보살마하살은 반야바라밀다를 수행하는 때에 예류과(預流果)가 '만약 유위(有爲)로 나타나는 것인가? 만약 무위(無爲)로 나타나는 것인가?'라는 것에 상응하여 안주하지 않아야 하고, 일래·불환·아라한과·독각의 보리·제불의 무상정등보리가 '만약 유위로 나타나는 것인가? 만약 무위로 나타나는 것인가?'라는 것에 상응하여 안주하지 않아야 합니다. 왜 그러한가? 교시가여. 이와 같이 안주하는 자는 얻는 것이 있는 까닭입니다.

다시 다음으로 교시가여. 제보살마하살은 반야바라밀다를 수행하는 때에 예류의 '이것은 복전(福田)인가?'라는 것에 상응하여 안주하지 않아야 하고, 일래·불환·아라한과·독각의 보리·제불의 무상정등보리의 '이것은 복전인가?'라는 것에 상응하여 안주하지 않아야 합니다. 왜 그러한가? 교시가여. 이와 같이 안주하는 자는 얻는 것이 있는 까닭입니다. 다시 다음으로 교시가여. 제보살마하살은 반야바라밀다를 수행하는 때에 초지(初地)에 상응하여 안주하지 않아야 하고, 나아가 제10지(第十地)에 상응하여 안주하지 않아야 합니다. 왜 그러한가? 교시가여. 이와 같이 안주하는 자는 얻는 것이 있는 까닭입니다.

다시 다음으로 교시가여. 제보살마하살은 반야바라밀다를 수행하는 때에 초발심을 이미 일으켰다면, '나는 보시바라밀다, 나아가 반야바라밀다를 마땅히 원만하게 하겠다.'라고 곧 이렇게 생각을 짓는 것에 상응하여 안주하지 않아야 하고, 초발심을 이미 일으켰다면, '나는 4념주, 나아가 8성도지를 마땅히 수행하겠다.'라고 곧 이렇게 생각을 짓는 것에 상응하여 안주하지 않아야 하며, 초발심을 이미 일으켰다면, '나는 공·무상·무원해탈문, 나아가 18불불공법을 마땅히 수행하겠다.'라고 곧 이렇게 생각을 짓는 것에 상응하여 안주하지 않아야 하고, '나는 가행(加行)을 수행하여 이미 원만해졌다면 마땅히 보살의 정성이생에 들어가겠다.'라고 곧 이렇게 생각을 짓는 것에 상응하여 안주하지 않아야 하며, '나는 가행을 수행하여 이미 원만해졌다면 마땅히 보살의 정성이생에 들어가겠다.'라고 곧 이렇게 생각을 짓는 것에서 상응하여 안주하지 않아야 하며, '나는 이미 정성이생을 얻고서 들어갔으니, 마땅히 보살의 불퇴전지(不退轉地)에 안주하겠다.'라고 곧 이렇게 생각을 짓는 것에 상응하여 안주하지 않아야 하고, '나는 마땅히 보살의 5신통을 원만하게 하겠다.'라고 곧 이렇게 생각을 짓는 것에 상응하여 안주하지 않아야 하며, '나는 보살의 5신통에 원만하게 안주하였으니, 항상 무량하고 무수인 불국토에 유행하면서 제불·세존들을 우러러보면서 예경하고 공양하며 받들어 섬기고 정법을 듣고서 이치에 맞게 사유하며 다른 사람을 위하여 널리 설하겠다.'라고 곧 이렇게 생각을 짓는 것에 상응하여 안주하지 않아야 합니다. 왜 그러한가? 교시가여. 이와 같이 안주하는 자는 얻는 것이 있는 까닭입니다.

다시 다음으로 교시가여. 제보살마하살은 반야바라밀다를 수행하는 때에 '나는 시방의 제불께서 기거하시는 처소를 정토(淨土)와 같이 마땅히 청정하게 장엄하겠다.'라고 곧 이렇게 생각을 짓는 것에 상응하여 안주하지 않아야 하고, '나는 시방의 제불께서 기거하시는 처소를 정토와 같이 마땅히 변화시켜서 짓겠다.'라고 곧 이렇게 생각을 짓는 것에 상응하여 안주하지 않아야 하며, '나는 제유정의 부류들을 성숙시켜서 마땅히 무상정등보리를 증득하게 하거나, 혹은 열반을 증득하게 하거나, 혹은 인간과 천상의 즐거움을 증득하게 하겠다.'라고 곧 이렇게 생각을 짓는 것에 상응하여 안주하지 않아야 하고, '나는 무량하고 무수인 불국토에 가서 나아가겠으며 제불·세존들을 공양하고 존중하고 찬탄하겠으며, 무변한 꽃·향·영락·보배의 당기·번기·일산·의복·와구·음식·등불과 백천 구지·나유타의 많은 숫자인 천상의 음악과 무량한 종류의 상묘(上妙)하고 진기한 재물로써 마땅히 공양하겠다.'라고 곧 이렇게 생각을 짓는 것에 상응하여 안주하지 않아야 하고, '나는 무량하고 무수이며 무변한 유정들을 안립(安立)시키고, 무상정등보리에서 불퇴전지를 증득하게 하겠다.'라고 곧 이렇게 생각을 짓는 것에 상응하여 안주하지 않아야 합니다. 왜 그러한 가? 교시가여. 이와 같이 안주하는 자는 얻는 것이 있는 까닭입니다."

"다시 다음으로 교시가여. 제보살마하살은 반야바라밀다를 수행하는 때에 '나는 청정한 육안(肉眼)·천안(天眼)·혜안(慧眼)·법안(法眼)·불안(佛眼)을 마땅히 성취하겠다.'라고 곧 이렇게 생각을 짓는 것에 상응하여 안주하지 않아야 하고, '나는 마땅히 여러 등지문(等持門)을 성취하겠고, 여러 등지문에서 자재(自在)하게 유희(遊戱)하겠다.'라고 곧 이렇게 생각을 짓는 것에 상응하여 안주하지 않아야 하며, '나는 마땅히 여러 총지문(總持門)을 성취하겠고, 여러 등지문에서 모두 자재함을 증득하겠다.'라고 곧 이렇게 생각을 짓는 것에 상응하여 안주하지 않아야 하며, '나는 마땅히 여래의 10력·4무소외·4무애해·대자·대비·대희·대사·18불불공법을 성취하겠다.'라고 곧 이렇게 생각을 짓는 것에 상응하여 안주하지 않아야 하고, 나는 마땅히 32상(三十二相)·80수호(八十隨好)를 장엄되었던 몸이라는 것을 성취하여 제유정의 보는 자가 환희하고 싫어하지 않으며, 오히려 이것으로 이익과 안락을 증득하게 하겠다.'라고 곧 이렇게 생각을 짓는 것에 상응하여 안주하지 않아야 합니다. 왜 그러한가? 교시가여. 이와 같이 안주하는 자는 얻는 것이 있는 까닭입니다.

다시 다음으로 교시가여. 제보살마하살은 반야바라밀다를 수행하는 때에 '이것은 제8의 보특가라(補特伽羅)이다. 이것은 수신행(隨信行)이다. 이것은 수법행(隨法行)이다.'라는 이것에 상응하여 안주하지 않아야 하고, '이것은 예류의 칠반유(七返有)[12]이다. 이것은 가가성자(家家聖者)[13]이

---

12) 예류과(預流果)의 성자(聖者)는 이제부터 아무리 많더라도 욕계의 인간과 천상의 가운데에서 일곱 번을 왕래하면서 생(生)을 받으면 아라한의 깨달음을 얻고서 제8생을 얻는 것을 말한다.
13) 산스크리트어 kulajkula의 번역이고, 성문사과(聲聞四果)에서, 일래과(一來果)를

다. 이것은 한 순간(一間)이다.'라는 이것에 상응하여 안주하지 않아야 하며, '이것은 으뜸가는 보특가라이고, 나아가 목숨을 끝마친다면 번뇌를 비로소 끝낼 것이다.'라는 이것에 상응하여 안주하지 않아야 하고, '이것은 예류이고 결정적으로 떨어지지 않는 법이다, 이것은 일래이고 이 세간에 와서 고통의 끝자락을 마치는 것이다.'라는 이것에 상응하여 안주하지 않아야 하며, '이것은 불환향(不還向)이다. 이것은 불환과이고 저곳에 이른다면 비로소 반열반을 증득하는 것이다.'라는 이것에 상응하여 안주하지 않아야 하느니라.

'이것은 아라한이고 영원히 후유(後有)를 끝마쳤으므로, 현재에서 반드시 무여열반(無餘涅槃)에 들어갈 것이다.'라는 이것에 상응하여 안주하지 않아야 하고, '이것은 독각이다.'라는 이것에 상응하여 안주하지 않아야 하며, '이것은 여래·응공·정등각이다.'라는 이것에 상응하여 안주하지 않아야 하고, '나는 성문(聲聞)·독각지(獨覺地)를 초월하여 이미 보살지(菩薩地)에 안주하고 있다.'라고 이렇게 생각을 짓고서 상응하여 안주하지 않아야 하며, '나는 마땅히 일체지·도상지·일체상지를 구족하고 일체법(一切法)과 일체상(一切相)을 깨닫고서 일체의 번뇌(煩惱)·전결(纏結)·습기(習氣)의 상속(相續)을 영원히 단절하겠다.'라고 이렇게 생각을 짓고서 상응하여 안주하지 않아야 하고, '나는 마땅히 구하였던 것인 무상정등보리를 증득하고서 여래·응공·정등각을 성취하여 미묘한 법륜을 굴리면서 여러 불사(佛事)를 짓겠고, 무량하고 무수인 유정을 헤아려서 해탈시키고 열반을 증득하게 하겠으며 반드시 결국에는 안락을 얻게 하겠다.'라고 이렇게 생각을 짓고서 상응하여 안주하지 않아야 합니다.

'나는 마땅히 4신족(四神足)을 잘 수행하여 이와 같은 수승한 등지(等持)에 안주하고, 오히려 이러한 등지에 증상(增上)하는 세력(勢力)으로 나의 수명(壽命)을 긍가사(殑伽沙)와 같은 대겁(大劫)에 머무르게 하겠다.'라고 이렇게 생각을 짓고서 상응하여 안주하지 않아야 하고, '나는 마땅히

얻기 위하여 수행(修行)하는 성자를 가리킨다.

무변한 수명(壽量)을 획득(獲得)하겠다.'라고 이렇게 생각을 짓고서 상응하여 안주하지 않아야 하며, '나는 마땅히 32상을 성취하고서 이 하나·하나의 모습을 백 가지의 복덕으로 장엄하겠다.'라고 이렇게 생각을 짓고서 상응하여 안주하지 않아야 하고, '나는 마땅히 80수호를 성취하고서 이 하나·하나의 모습을 백 가지의 복덕으로 장엄하겠다.'라고 이렇게 생각을 짓고서 상응하여 안주하지 않아야 하며, '내가 마땅히 청정하게 장엄한 하나의 불국토에 안주한다면 그 국토의 시방(十方)에 면적이 긍가사와 같은 세계의 분량과 같게 하겠다.'라고 이렇게 생각을 짓고서 상응하여 안주하지 않아야 하고, '이 하나·하나의 모습을 백 가지의 복덕으로 장엄하겠다.'라고 이렇게 생각을 짓고서 상응하여 안주하지 않아야 합니다.

'내가 마땅히 하나의 금강좌(金剛座)에 안좌(安坐)한다면 그 자리는 넓고 커서 부피가 삼천대천세계와 같게 하겠다.'라고 이렇게 생각을 짓고서 상응하여 안주하지 않아야 하고, '내가 마땅히 큰 보리수에 기거(居止)한다면 그 나무가 높고 넓으며 여러 보배로 장엄되고, 그것에서 흘러나오는 미묘한 향기를 유정들이 맡는다면 탐욕·진에·우치 등의 마음의 병이 모두 없어지고, 무량하고 무변한 몸의 병도 역시 치유되며, 이 보리수의 향기를 맡는 제유정들은 여러 성문·독각의 작의(作意)를 벗어나고 반드시 무상정등보리를 증득하게 하겠다.'라고 이렇게 생각을 짓고서 상응하여 안주하지 않아야 합니다.

'원하건대 내가 청정하게 장엄된 불국토를 얻는다면 그 국토는 청정하여 색온(色蘊)의 명자(名)와 소리(聲)가 없고 수온(受蘊)·상온(想蘊)·행온(行蘊)·식온(識蘊)의 명자와 소리가 없으며, 안처(眼處)의 명자와 소리가 없고 이(耳)·비(鼻)·설(舌)·신(身)·의처(意處)의 명자와 소리가 없으며, 색처(色處)의 명자와 소리가 없고 성(聲)·향(香)·미(味)·촉(觸)·법처(法處)의 명자와 소리가 없으며, 안계(眼界)의 명자와 소리가 없고 이(耳)·비(鼻)·설(舌)·신(身)·의계(意界)의 명자와 소리가 없으며, 색계(色界)의 명자와 소리가 없고 성(聲)·향(香)·미(味)·촉(觸)·법계(法界)의 명자와 소리가 없으며, 안식계(眼識界)의 명자와 소리가 없고 이(耳)·비(鼻)·설(舌)·신(身)·

의식계(意識界)의 명자와 소리가 없으며,

안촉(眼觸)의 명자와 소리가 없고 이(耳)·비(鼻)·설(舌)·신(身)·의촉(意觸)의 명자와 소리가 없으며, 안촉(眼觸)을 인연으로 생겨난 여러 수(受)의 명자와 소리가 없고 이(耳)·비(鼻)·설(舌)·신(身)·의촉(意觸)을 인연으로 생겨난 여러 수의 명자와 소리가 없으며, 지계(地界)의 명자와 소리가 없고 수(水)·화(火)·풍(風)·공(空)·식계(識界)의 명자와 소리가 없으며, 무명(無明)의 명자와 소리가 없고 행(行)·식(識)·명색(名色)·육처(六處)·촉(觸)·수(受)·애(愛)·취(取)·유(有)·생(生)·노사(老死)의 명자와 소리가 없으며,

오직 보시바라밀다(布施波羅蜜多)의 명자와 소리가 있고, 나아가 오직 반야바라밀다(般若波羅蜜多)의 명자와 소리가 있으며, 오직 내공(內空)의 명자와 소리가 있고, 나아가 오직 무성자성공(無性自性空)의 명자와 소리가 있으며, 오직 진여(眞如)의 명자와 소리가 있고, 나아가 오직 부사의계(不思議界)의 명자와 소리가 있으며, 오직 4념주(四念住)의 명자와 소리가 있고, [자세한 내용은 생략한다.] 나아가, 오직 18불불공법(十八佛不共法)의 명자와 소리가 있으며, 그 가운데에서는 모두 예류·일래·불환·아라한·독각·이생 등의 명자와 소리가 없게 하겠고, 오직 보살마하살과 여래·응공·정등각 등의 명자와 소리만 있게 하겠다.'라고 이렇게 생각을 짓고서 상응하여 안주하지 않아야 합니다. 왜 그러한가? 교시가여. 이와 같이 안주하는 자는 얻는 것이 있는 까닭입니다.

그 까닭은 무엇인가? 일체의 여래·응공·정등각께서는 무상정등보리를 증득하시는 때에도 일체법이 모두 무소유라고 깨달으셨고, 제보살마하살들이 불퇴전지(不退轉地)에 안주하는 때에도 역시 제법이 모두 무소유라고 보셨습니다. 교시가여. 이것이 보살마하살이 반야바라밀다에서 상응하는 것에 안주하고 상(相)에 상응하여 안주하지 않는 것과 같습니다. 교시가여. 제보살마하살은 매우 깊은 반야바라밀다에서 상응하는 것을 따라서 안주하고, 상에 상응하여 안주하지 않아야 하며, 얻을 수 없는 것으로써 방편을 삼아서 이와 같이 상응하여 수학해야 합니다."

그때 사리자가 이렇게 생각을 짓고서 말하였다.

"만약 보살마하살이 반야바라밀다를 수행하는 때에 일체법에서 상응하여 안주하지 않는 자는 어찌하여 반야바라밀다에 상응하여 안주하는가?"

구수 선현은 사리자가 마음으로 생각하는 것을 알고서 곧 알려 말하였다.

"그대의 뜻은 어떻습니까? 제여래의 마음은 어느 처소에 안주하십니까?"

사리자가 말하였다.

"제여래의 마음은 모두 안주하는 처소가 없습니다. 그 까닭은 무엇인가? 선현이여. 여래의 마음은 색에 안주하지 않고 수·상·행·식에 안주하지 않으며, 안처에 안주하지 않고 이·비·설·신·의처에 안주하지 않으며, 색처에 안주하지 않고 성·향·미·촉·법처에 안주하지 않으며, 안계에 안주하지 않고 이·비·설·신·의계에 안주하지 않으며, 색계에 안주하지 않고 성·향·미·촉·법처에 안주하지 않으며, 안식계에 안주하지 않고 이·비·설·신·의식계에 안주하지 않으며, 안촉에 안주하지 않고 이·비·설·신·의촉에 안주하지 않으며, 안촉을 인연으로 생겨난 여러 수에 안주하지 않고 이·비·설·신·의촉을 인연으로 생겨난 여러 수에 안주하지 않으며, 유위계(有爲界)에 안주하지 않고 무위계(無爲界)에 안주하지 않으며, 4념주에 안주하지 않고, 나아가 18불불공법에 안주하지 않으며, 일체지에 안주하지 않고, 도상지·일체상지에 안주하지 않습니다. 왜 그러한가? 교시가여. 일체법으로써 얻을 수 없는 까닭입니다. 이와 같이 선현이여. 여래의 마음은 일체법에서 모두 안주하지 않고, 안주하지 않는 것도 아닙니다."

이때 구수 선현이 사리자에게 알려 말하였다.

"제보살마하살이 반야바라밀다를 수행하는 때에도 이와 같아서 비록 반야바라밀다에 안주할지라도, 여래와 같이 일체법에서 모두 안주하지 않고, 안주하지 않는 것도 아닙니다. 그 까닭은 무엇인가? 사리자여. 제보살마하살이 반야바라밀다를 수행하는 때에 비록 반야바라밀다에 안주할지라도 색에 안주하지 않고, 안주하지 않는 것도 아니며, 나아가 일체상지에도 안주하지 않고, 안주하지 않는 것도 아닌 까닭입니다. 왜 그러한가? 사리자여. 색 등의 법은 무이(無二)의 상(相)인 까닭입니다. 사리자여. 제보살마하살이 깊은 반야바라밀다에서 이러한 안주하지 않고 안주하지 않는 것도 아닌 상을 따라서 얻을 수 없는 것으로써 방편을 삼아서 이와 같이 상응하여 수학해야 합니다."

그때 회중(會中)에 있던 여러 천자들이 살며시 이렇게 생각을 지었다.
'여러 약차(藥叉)들의 언사(言詞)와 주문의 구절(呪句)이 비록 다시 은밀(隱密)하였더라도 우리들은 오히려 명료하게 알 수 있었으나, 존자 선현께서 이 반야바라밀다에서 비록 여러 종류의 언사로써 나타내어 보여주었어도 우리들은 결국 능히 이해할 수 없구나.'
구수 선현은 여러 천자들이 마음으로 생각하는 것을 알았고 곧 그들에게 알려 말하였다.
"그대들 여러 천자들은 내가 설하였던 것에서 능히 이해하지 못하였습니까?"
여러 천자들이 말하였다.
"그렇습니다. 그렇습니다."
구수 선현이 다시 그들에게 알려 말하였다.
"나는 일찍이 이 매우 깊은 반야바라밀다와 상응하는 뜻의 가운데에서 한 글자도 설하지 않았고, 그대들도 역시 듣지 않았는데 마땅히 무엇을 이해하겠습니까? 왜 그러한가? 여러 천자들이여. 매우 깊은 반야바라밀다와 상응하는 뜻의 가운데에서는 문자(文字)와 언설(言說)을 모두 멀리 벗어난 까닭입니다. 오히려 이것의 가운데에서는 설하는 자와 듣는 자와 더불어 이해하는 자를 모두 얻을 수 없는데, 일체의 여래·응공·정등각께서 증득하신 것인 무상정등보리의 미묘하고 매우 깊은 것도 역시 이와 같습니다. 여러 천자들이여. 만약 제여래·응공·정등각께서 화신(化身)을 변화시켜 지으셨고 이와 같은 화신으로 사부대중을 변화시켜 지으셨으며, 함께 왔고 집회(集會)하면서 설법하게 하였다면 그대들의 뜻은 어떻습니까? 이 가운데에서 진실로 능히 설하는 자·능히 듣는 자·능히 이해하는 자가 있겠습니까?"

여러 천자들이 말하였다.

"아닙니다. 대덕(大德)이시여."

선현이 알려 말하였다.

"그와 같습니다. 여러 천자들이여. 일체법은 모두가 변화와 같은 까닭으로 지금 이러한 매우 깊은 반야바라밀다와 상응하는 의취의 가운데서도 설하는 자와 듣는 자와 더불어 이해하는 자를 모두 얻을 수 없습니다. 여러 천자들이여. 사람이 꿈속에서 어느 세존께서 여러 대중들을 위하여 정법을 설하시는 것을 보았다면 그대들의 뜻은 어떻습니까? 능히 설하는 자·능히 듣는 자·능히 이해하는 자가 있겠습니까?"

여러 천자들이 말하였다.

"아닙니다. 대덕이시여."

선현이 알려 말하였다.

"그와 같습니다. 여러 천자들이여. 일체법은 모두가 꿈과 같은 까닭으로 지금 이러한 매우 깊은 반야바라밀다와 상응하는 의취의 가운데서도 설하는 자와 듣는 자와 더불어 이해하는 자를 모두 얻을 수 없습니다. 여러 천자들이여. 두 사람의 처소가 한 골짜기에 있었고 각자 한쪽에 머무르면서 불(佛)·법(法)·승(僧)을 찬탄하면서 같은 때에 소리를 일으켰다면 그대들의 뜻은 어떻습니까? 이러한 두 소리를 능히 서로가 듣고서 서로를 이해할 수 있겠습니까?"

여러 천자들이 말하였다.

"아닙니다. 대덕이시여."

선현이 알려 말하였다.

"그와 같습니다. 여러 천자들이여. 일체법은 모두가 메아리와 같은 까닭으로 지금 이러한 매우 깊은 반야바라밀다와 상응하는 의취의 가운데서도 설하는 자와 듣는 자와 더불어 이해하는 자를 모두 얻을 수 없습니다.

여러 천자들이여. 공교(工巧)로운 마술사(幻師)이거나, 그의 제자들이 네거리의 도로에서 사부대중과 한 분의 여래·응공·정등각을 환영(幻影)으로 지었고, 이 환영인 여래·응공·정등각이 환영의 사부대중을 위하여 정법을 널리 설하였다면, 그대들의 뜻은 어떻습니까? 이 가운데에서 진실로 능히 설하는 자·능히 듣는 자·능히 이해하는 자가 있겠습니까?"

여러 천자들이 말하였다.

"아닙니다. 대덕이시여."

선현이 알려 말하였다.

"그와 같습니다. 여러 천자들이여. 일체법은 모두가 환영과 같은 까닭으로 지금 이러한 매우 깊은 반야바라밀다와 상응하는 의취의 가운데서도 설하는 자와 듣는 자와 더불어 이해하는 자를 모두 얻을 수 없습니다. 여러 천자들이여. 오히려 이러한 인연으로 나는 일찍이 이러한 매우 깊은 반야바라밀다와 상응하는 의취의 가운데에서 한 글자도 설하지 않았고 그대들도 역시 듣지 않았는데, 마땅히 무엇을 이해하겠습니까?"

마하반야바라밀다경 제426권

25. 제석품(帝釋品)(2)

그때 여러 천자들은 다시 이렇게 생각을 지었다.

'존자 선현은 이러한 반야바라밀다에서 비록 여러 종류의 방편으로 곧 나타내고 설하면서 쉽게 이해시키고자 하는데, 그렇지만 그 의취(義趣)는 전전(展轉)하면서 깊어지고 전전하면서 미묘해지므로 측량(測量)하기 어렵구나.'

구수 선현은 여러 천자들이 마음으로 생각하는 것을 알고서 곧 그들에게 알려 말하였다.

"여러 천자들이여. 색, 나아가 식은 깊지 않고 미묘하지도 않으며, 색의 자성(自性), 나아가 식의 자성도 깊지 않고 미묘하지도 않으며, 안처, 나아가 의처는 깊지 않고 미묘하지도 않으며, 안처의 자성, 나아가 의처의 자성도 깊지 않고 미묘하지도 않으며, 색처, 나아가 법처는 깊지 않고 미묘하지도 않으며, 색처의 자성, 나아가 법처의 자성도 깊지 않고 미묘하지도 않으며, 안계, 나아가 의계는 깊지 않고 미묘하지도 않으며, 안계의 자성, 나아가 의계의 자성도 깊지 않고 미묘하지도 않으며, 색계, 나아가 법계는 깊지 않고 미묘하지도 않으며, 색계의 자성, 나아가 법계의 자성도 깊지 않고 미묘하지도 않으며,

안식계, 나아가 의식계는 깊지 않고 미묘하지도 않으며, 안식계의 자성, 나아가 의식계의 자성도 깊지 않고 미묘하지도 않으며, 안촉, 나아가 의촉은 깊지 않고 미묘하지도 않으며, 안촉의 자성, 나아가 의촉의 자성도

깊지 않고 미묘하지도 않으며, 안촉을 인연으로 생겨난 여러 수, 나아가 의촉을 인연으로 생겨난 여러 수도 깊지 않고 미묘하지도 않으며, 안촉을 인연으로 생겨난 여러 수의 자성, 나아가 의촉을 인연으로 생겨난 여러 수의 자성도 깊지 않고 미묘하지도 않으며, 보시바라밀다, 나아가 반야바라밀다도 깊지 않고 미묘하지도 않으며, 보시바라밀다의 자성, 나아가 반야바라밀다의 자성도 깊지 않고 미묘하지도 않으며,

내공, 나아가 무성자성공은 깊지 않고 미묘하지도 않으며, 내공의 자성, 나아가 무성자성공의 자성도 깊지 않고 미묘하지도 않으며, 4념주, 나아가 18불불공법은 깊지 않고 미묘하지도 않으며, 4념주의 자성, 나아가 18불불공법의 자성도 깊지 않고 미묘하지도 않으며, 일체의 삼마지문·일체의 다라니문은 깊지 않고 미묘하지도 않으며, 일체의 삼마지문의 자성·일체의 다라니문의 자성은 깊지 않고 미묘하지도 않으며, 나아가 일체지·도상지·일체상지는 깊지 않고 미묘하지도 않으며, 일체지·도상지·일체상지의 자성도 깊지 않고 미묘하지도 않습니다."

그때 여러 천자들은 다시 이렇게 생각을 지었다.

'존자 선현이 설하였던 것인 법의 가운데서는 색, 나아가 식을 시설(施設)하지 않았고, 안처, 나아가 의처를 시설하지 않았으며, 색처, 나아가 법처를 시설하지 않았고, 안계, 나아가 의계를 시설하지 않았으며, 색계, 나아가 법계를 시설하지 않았고, 안식계, 나아가 의식계를 시설하지 않았으며, 안촉, 나아가 의촉을 시설하지 않았고, 안촉을 인연으로 생겨난 여러 수, 나아가 의촉을 인연으로 생겨난 여러 수를 시설하지 않았으며, 보시바라밀다, 나아가 반야바라밀다를 시설하지 않았고, 내공, 나아가 무성자성공을 시설하지 않았으며, 4념주, 나아가 18불불공법을 시설하지 않았고, 일체의 삼마지문·일체의 다라니문을 시설하지 않았으며, 일체지·도상지·일체상지를 시설하지 않았고, 예류(預流)·예류과(預流果)를 시설하지 않았으며, 나아가 아라한(阿羅漢)·아라한과(阿羅漢果)를 시설하지 않았고, 독각(獨覺)·독각의 보리(獨覺菩提)를 시설하지 않았으며, 보살(菩薩)·보살지(菩薩地)를 시설하지 않았고, 삼먁삼불타(三藐三佛陀)·삼먁삼보리

(三藐三菩提)를 시설하지 않았으며, 역시 문자와 말을 시설하지 않았구나!'
 구수 선현은 여러 천자들이 마음으로 생각하는 것을 알고서 곧 그들에게 알려 말하였다.
 "그와 같습니다. 그와 같습니다. 그대들이 생각한 것과 같습니다. 색 등의 제법, 나아가 무상정등보리는 모두가 문자를 벗어난다면 함께 설할 수 없는 까닭으로, 반야바라밀다에서 설할 수 없고 들을 수 없으며, 역시 이해할 수 없습니다. 이러한 까닭으로 그대 등은 제법의 가운데에서 설하였던 것에 상응하여 따르면서 깊고 굳은 지혜(忍)를 수행해야 합니다. 제유정들이 예류·일래·불환·아라한과를 증득하고 안주하고자 한다면, 역시 이러한 지혜를 인연으로 비로소 능히 증득하여 안주하는 것이고, 제유정들이 독각의 보리를 증득하고 안주하고자 하더라도, 역시 이러한 지혜를 인연으로 비로소 능히 증득하여 안주하는 것이며, 제유정들이 무상정등보리를 증득하고서 안주하고자 하더라도, 반드시 이러한 지혜를 인연하여 비로소 능히 증득하고 안주하는 것입니다. 이와 같이 여러 천자들이여. 제보살마하살이 초발심부터 무상정등보리에 이르기까지 설할 수 없고 들을 수 없으며 이해할 수 없는 매우 깊은 반야바라밀다에 상응하여 안주하고 항상 정근하면서 수학해야 합니다."

26. 신수품(信受品)

그때 여러 천자들은 다시 이렇게 생각을 지었다.
 '존자 선현은 지금 무엇 등의 유정을 위하여 무슨 법을 즐겁게 설하는가?'
 구수 선현은 여러 천자들이 마음으로 생각하는 것을 알고서 곧 그들에게 알려 말하였다.
 "여러 천자들이여. 나는 지금 환영(幻)과 같고 변화(化)와 같으며 꿈(夢)

과 같은 유정들을 위하여 환영과 같고 변화와 같으며 꿈과 같은 법을
즐겁게 설하고자 합니다. 왜 그러한가? 여러 천자들이여. 이와 같이
듣는 자들은 설하였던 가운데에서 듣는 것이 없고 이해하는 것도 없으며
증득하는 것도 없는 까닭입니다."

이때 여러 천자들은 생각하고서 곧 다시 물어 말하였다.

"능히 설하는 자와 능히 듣는 자와 더불어 설하였던 법이 모두가 환영과
같고 변화와 같으며 꿈과 같습니까?"

선현이 대답하여 말하였다.

"그와 같습니다. 그와 같습니다. 그대들이 말하였던 것과 같습니다.
환영과 같은 유정이 환영과 같은 자를 위하여 환영과 같은 법을 설하였고,
변화와 같은 유정이 변화와 같은 자를 위하여 변화와 같은 법을 설하였으
며, 꿈과 같은 유정이 꿈과 같은 자를 위하여 꿈과 같은 법을 설하였습니다.
여러 천자들이여. 나(我), 나아가 견자(見者)가 환영과 같고 변화와 같으며
꿈과 같은 것이라고 보는 것이고, 색(色), 나아가 식(識)이 환영과 같고
변화와 같으며 꿈과 같은 것이라고 보는 것이며, 안처(眼處), 나아가
의처(意處)가 환영과 같고 변화와 같으며 꿈과 같은 것이라고 보는 것이고,
색처(色處), 나아가 법처(法處)가 환영과 같고 변화와 같으며 꿈과 같은
것이라고 보는 것이며, 안식계(眼識界), 나아가 의식계(意識界)가 환영과
같고 변화와 같으며 꿈과 같은 것이라고 보는 것이고, 안촉(眼觸), 나아가
의촉(意觸)이 환영과 같고 변화와 같으며 꿈과 같은 것이라고 보는 것이며,
안촉으로 생겨난 수(受), 나아가 의촉으로 생겨난 수가 환영과 같고 변화와
같으며 꿈과 같은 것이라고 보는 것이고, 보시바라밀, 나아가 반야바라
밀다가 환영과 같고 변화와 같으며 꿈과 같은 것이라고 보는 것이며,
내공, 나아가 무성자성공이 환영과 같고 변화와 같으며 꿈과 같은 것이라
고 보는 것이고, 4념주, 나아가 18불불공법이 환영과 같고 변화와 같으며
꿈과 같은 것이라고 보는 것이며, 이와 같이 나아가 예류과, 나아가
아라한과가 환영과 같고 변화와 같으며 꿈과 같은 것이라고 보는 것이고,
독각의 보리, 나아가 무상정등보리가 환영과 같고 변화와 같으며 꿈과

같은 것이라고 보는 것입니다."

그때 여러 천자들이 선현에게 물어 말하였다.

"지금 존자께서는 다만 나 등과, 물질 등과, 나아가 무상정등보리가 환영과 같고 변화와 같으며 꿈과 같은 것이라고 보는 것이라고 설하시는 것입니까? 역시 열반도 환영과 같고 변화와 같으며 꿈과 같은 것이라고 보는 것이라고 설하시는 것입니까?"

선현이 대답하여 말하였다.

"여러 천자들이여. 다만 나 등과, 물질 등과, 나아가 무상정등보리가 환영과 같고 변화와 같으며 꿈과 같은 것이라고 보는 것이라고 설하는 것이 아니고, 역시 열반까지도 환영과 같고 변화와 같으며 꿈과 같은 것이라고 보는 것이라고 설하시는 것입니다. 여러 천자들이여. 설사 다시 열반보다 수승한 법인 것이 있을지라도, 나는 역시 환영과 같고 변화와 같으며 꿈과 같은 것이라고 보는 것이라고 설합니다. 왜 그러한가? 여러 천자들이여. 환영과 변화와 꿈인 일들은 일체법, 나아가 열반과 함께 모두가 무이(無二)이고, 무이처(無二處)인 까닭입니다."

그때 사리자(舍利子)[1]·대목련(大目連)[2]·집대장(執大藏)[3]·만자자(滿慈子)[4]·대가다연나(大迦多衍那)[5]·대가섭파(大迦葉波)[6] 등의 대성문과 무

---

1) 산스크리트어 Śāriputra의 음사이고, '사리불타(舍利弗多)', '사리불(舍利弗)' 등으로 한역한다.
2) 산스크리트어 Maudgalyāyana의 음사이고, '대목건련(大目犍連)', '목건련(目犍蓮)' 등으로 한역한다.
3) 산스크리트어 Mahā-kauṣṭhila의 번역이고, 사리불의 외삼촌이다. '마하구치라(摩訶拘絺羅)', '대구치라(大拘絺羅)', '대슬(大膝)', '대승(大勝)' 등으로 한역한다.
4) 산스크리트어 Purna Maitrayani-putra의 번역이고, 설법제일로 알려진 부루나존자를 가리킨다. 부루나미다라니자(富樓那彌多羅尼子)로 번역하는데, Purna는 '만족'을 의미하고, Maitrī에서 파생된 Maitra는 어머니의 성씨인데 인도의 일반적인 브라만 성씨의 하나이며, Putra는 '아들'을 뜻한다.
5) 산스크리트어 Kātyāyana의 음사이고, '가전연(迦鱣延)', '선승(扇繩)', '호견(好肩)' 등으로 한역한다.

량한 백천의 보살마하살이 구수 선현에게 물어 말하였다.

"설하였던 것인 반야바라밀다는 이와 같이 매우 깊고 이와 같이 보기 어려우며 이와 같이 깨닫기 어렵고 이와 같이 적정(寂靜)하며 이와 같이 미세(微細)하고 이와 같이 비밀(秘密)스러우며 이와 같이 수승하고 미묘하나니, 누가 능히 믿고 수지(受持)하겠습니까?"

이때 아난다(阿難陀)는 그들의 말을 듣고서 대성문들과 제보살마하살들께 아뢰어(白) 말하였다.

"불퇴전(不退轉)인 제보살마하살이 있다면, 이것에서 설하였던 것인 매우 깊고 보기 어려우며 깨닫기 어렵고 적정하며 미세하고 비밀스러우며 수승하고 미묘한 반야바라밀다를 능히 믿고 수지할 것입니다. 다시 무량한 성제(聖諦)를 이미 보았고, 여러 깊은 법에서 능히 근원의 밑바닥을 마쳤으며, 여러 아라한의 소원을 이미 충족한 자가 있다면, 이것에서 설하였던 것인 매우 깊고 보기 어려우며 깨닫기 어렵고 적정하며 미세하고 비밀스러우며 수승하고 미묘한 반야바라밀다를 능히 믿고 수지할 것입니다.

다시 무량한 보살마하살이 이미 과거에서 많은 구지(俱胝)의 여래(佛)께 친근(親近)하고 공양(供養)하며 큰 서원(誓願)을 일으켰고 여러 공덕의 근본(德本)을 심은 자가 있다면, 이것에서 설하였던 것인 매우 깊고 보기 어려우며 깨닫기 어렵고 적정하며 미세하고 비밀스러우며 수승하고 미묘한 반야바라밀다를 능히 믿고 수지할 것입니다. 다시 무량한 여러 선남자와 선여인 등이 이미 과거의 무수한 여래의 처소에서 큰 서원을 일으켰고 여러 종류의 선근(善根)을 심었으며 총명하고 지혜로우며 날카로운 근기의 선한 벗(善友)에게 섭수(攝受)되었던 자가 있다면, 이것에서 설하였던 것인 매우 깊고 보기 어려우며 깨닫기 어렵고 적정하며 미세하고 비밀스러우며 수승하고 미묘한 반야바라밀다를 능히 믿고 수지할 것입니다.

그 까닭은 무엇인가? 이러한 사람들은 공(空)·무상(無相)·무원(無願)·무생(無生)·무멸(無滅)·적정(寂靜)·멀리 벗어남(遠離)으로써 색, 나아가

---

6) 산스크리트어 Mahākāśyapa의 음사이고, '대음광(大飮光)', '대구씨(大龜氏)' 등으로 한역한다.

식을 분별하지 않고, 역시 색, 나아가 식으로써 공·무상·무원·무생·무멸·적정·멀리 벗어남을 분별하지도 않습니다. 이와 같이 공·무상·무원·무생·무멸·적정·멀리 벗어남으로써, 색, 나아가 법과, 안식, 나아가 의식과, 안촉, 나아가 의촉과, 안촉을 인연으로 생겨난 수, 나아가 의촉을 인연으로 생겨난 수와, 보시바라밀다, 나아가 반야바라밀다와, 내공, 나아가 무성자성공과, 4념주, 나아가 18불불공법과, 일체의 삼마지문·일체의 다라니문과, 예류과, 나아가 아라한과와, 독각의 보리·일체의 보살마하살의 행·제불의 무상정등보리와, 일체지·도상지·일체상지와, 유위계(有爲界)와 무위계(無爲界)를 분별하지 않으며, 역시 안, 나아가 무위계로써 공·무상·무원·무생·무멸·적정·멀리 벗어남을 분별하지도 않나니, 오히려 이러한 인연으로 이와 같은 사람 등인 것에서 설하였던 것인 매우 깊고 보기 어려우며 깨닫기 어렵고 적정하며 미세하고 비밀스러우며 수승하고 미묘한 반야바라밀다를 능히 믿고 수지할 것입니다."

그때 구수 선현이 여러 천자들에게 알려 말하였다.

"이와 같이 설하였던 것인 매우 깊고 보기 어려우며 깨닫기 어렵고 적정하며 미세하고 비밀스러우며 수승하고 미묘한 반야바라밀다는 심사(尋思)라는 것이 아니고, 심사의 경계를 초월하므로, 그 가운데에서 진실로 능히 믿고 수지할 자는 없습니다. 왜 그러한가? 여러 천자들이여. 이 가운데에서는 드러내어 보여주는 법이 없고, 이미 진실로 드러내어 보여주는 법이 없는 까닭으로 진실로 능히 믿고 수지할 자는 없습니다."

그때 구수 사리자가 선현에게 물어 말하였다.

"어찌 이것에서 설하였던 것인 반야바라밀다의 매우 깊은 교계의 가운데에서 삼승(三乘)과 상응하는 법(法)인 이를테면, 성문승·독각승·무상승을 섭수(攝受)하여 널리 설하는 것이 아니겠으며, 제보살마하살이 초발심부터 10지에 이르기까지 섭수하였던 여러 보살도(菩薩道)인 이를테면, 보시바라밀다, 나아가 반야바라밀다와, 4념주, 나아가 18불불공법과, 일체의 삼마지문·일체의 다라니문을 섭수하여 널리 설하는 것이 아니겠습니까?

 제보살마하살들의 신통의 일인 이를테면, 보살마하살이 이 반야바라밀다에서 정근하면서 수행하는 까닭으로 태어나는 처소를 따라서 항상 화생(化生)을 받아서 신통에서 퇴전(退轉)하지 않고 자재(自在)하게 유희하고, 무량한 법문(法門)을 능히 잘 통달하여 한 불국토에서 다른 한 불국토에 이르면서 제불·세존께 공양하고 공경하며 존중하고 찬탄하며, 소원하는 것을 따라서 여러 종류의 선근을 능히 수행하면서 집적(集積)하여 빠르게 원만하게 하며, 제불의 처소에서 정법을 듣고, 나아가 무상정등보리를 항상 잊어버리지 않고, 항상 수승한 정려(精慮)에 기거(寄居)하여 산란한 마음을 벗어나는데, 오히려 이것을 인연으로 삼아서 장애가 없는 변재(無礙辯)·단절이 없는 변재(無斷盡辯)·상응하는 변재(應辯)·빠른 변재(迅辯)·거침과 오류가 없는 변재(無疏謬辯)의 여러 연설(演說)하는 것에서 의미(意味)가 풍부한 변재와 일체의 세간에서 가장 수승하고 미묘한 변재를 얻는다고 말하는 것이 아니겠습니까?"

 선현이 대답하여 말하였다.

 "그와 같습니다. 그와 같습니다. 그대가 말하였던 것과 같습니다. 이 반야바라밀다의 매우 깊은 교계의 가운데에서 얻을 수 없는 것으로써 방편을 삼아서 삼승과 상응하는 법을 널리 설하며, 나아가 제보살마하살의 신통의 일을 섭수하면서 널리 설하고, 나아가 일체 세간의 가장 수승하고 미묘한 변재를 얻게 합니다.

 얻을 수 없음으로써 방편을 삼는 것은 이것이 무슨 법에서 얻을 수 없는 것으로써 방편을 삼는 것인가? 이를테면, 나, 나아가 견자에서 얻을 수 없는 것으로써 방편을 삼고, 색, 나아가 식에서 얻을 수 없는 것으로써 방편을 삼으며, 안처(眼處), 나아가 의처(意處)에서 얻을 수 없는 것으로써 방편을 삼고, 색처(色處), 나아가 법처(法處)에서 얻을 수 없는 것으로써 방편을 삼으며, 안식계(眼識界), 나아가 의식계(意識界)에서 얻을 수 없는 것으로써 방편을 삼고, 안촉(眼觸), 나아가 의촉(意觸)에서 얻을 수 없는 것으로써 방편을 삼으며, 안촉으로 생겨난 수(受), 나아가 의촉으로 생겨난 수에서 얻을 수 없는 것으로써 방편을 삼고, 보시바라밀다, 나아가 반야바라밀다에서 얻을 수 없는 것으로써 방편을 삼으며, 내공, 나아가 무성자성공에서 얻을 수 없는 것으로써 방편을 삼고, 4념주, 나아가 18불불공법에서 얻을 수 없는 것으로써 방편을 삼으며, 이와 같이 나아가, 일체지·도상지·일체상지에서 얻을 수 없는 것으로써 방편을 삼습니다."

이때 사리자가 다시 선현에게 물어 말하였다.

"무슨 인연을 까닭으로 이 반야바라밀다의 매우 깊은 교계의 가운데에서 얻을 수 없는 것으로써 방편을 삼아서 삼승과 상응하는 법을 널리 설합니까? 무슨 인연을 까닭으로 이 반야바라밀다의 매우 깊은 교계의 가운데에서 얻을 수 없는 것으로써 방편을 삼아서, 나아가 제보살마하살들을 섭수하는 신통의 일, 나아가 일체 세간의 가장 수승하고 미묘한 변재를 얻게 한다고 널리 설합니까?"

선현이 대답하여 말하였다.

"사리자여. 오히려 내공, 나아가 무성자성공인 까닭으로 이 반야바라밀다의 매우 깊은 교계의 가운데에서 얻을 수 없는 것으로써 방편을 삼아서 삼승과 상응하는 법을 널리 설합니다. 사리자여. 오히려 내공, 나아가 무성자성공인 까닭으로 이 반야바라밀다의 매우 깊은 교계의 가운데에서 얻을 수 없는 것으로써 방편을 삼아서, 나아가 제보살마하살들을 섭수하는 신통의 일, 나아가 일체 세간의 가장 수승하고 미묘한 변재를 얻게 한다고 널리 설합니다."

27. 산화품(散花品)(1)

그때 천제석(天帝釋)과 삼천대천세계의 사대왕중천(四大王衆天)들, 나아가 색구경천(色究竟天)들이 함께 이렇게 생각을 지었다.
 '지금 존자 선현께서는 세존의 위신력을 받들어 일체의 유정들을 위하여 큰 법우(法雨)를 내리시므로, 우리들은 지금 각자가 마땅히 천상의 미묘한 음악과 꽃을 변화시켜서 석가여래와 제보살마하살들, 아울러 비구승가와 존자 선현에게 공손하게 뿌려서 공양하겠고, 역시 매우 깊은 반야바라밀다에 뿌려서 공양한다면 어찌 좋지 않겠는가?'
 그때 천제석과 여러 천상의 대중들이 이렇게 생각을 짓고서 곧 각자 천사의 미묘한 꽃과 음악을 변화시켜서 석가여래와 제보살마하살들, 아울러 비구승가·존자 선현·매우 깊은 반야바라밀다에 공손하게 뿌려서 공양하였다. 이때 이 삼천대천세계에 여래(佛)의 세계는 꽃이 모두 가득하였고, 여래의 위신력으로써 허공의 가운데에서 화대(花臺)를 합성(合成)하였는데, 수승하고 미묘하게 장엄되었으며 분량이 삼천대천세계와 동등하였다. 그때 선현이 이 일을 보고서 이렇게 생각을 지으면서 말하였다.
 "지금 뿌려졌던 꽃들은 여러 천상의 처소에서 일찍이 보지 못하였던 것이 있다. 이 꽃의 미묘함은 결정적으로 풀과 나무와 물과 땅에서 생겨나는 것이 아니고, 상응하여 이것은 여러 천인(天人)들이 공양하기 위한 까닭으로, 마음을 쫓아서 변화시켜서 나타낸 것이다."
 이때 천제석은 선현이 마음으로 이미 생각하는 것을 알았으므로, 선현에게 알려 말하였다.
 "지금 뿌려진 꽃들은 진실로 풀과 나무와 물과 땅에서 생겨난 것이 아니고, 역시 마음을 쫓아서 진실로 능히 변화시켜서 나타낸 것도 아니며, 다만 이것은 변화로 나타났습니다."
 그때 선현이 천제석에게 알려 말하였다.
 "교시가여. 그대는 '이 꽃이 풀과 나무와 물과 땅에서 생겨난 것이 아니고, 역시 마음을 쫓아서 진실로 능히 변화시켜서 나타낸 것도 아니다.' 라고 말하였는데, 이미 생겨난 법이 아니라면, 곧 꽃이라고 이름하지 않습니다."
 이때 교시가가 선현에게 물어 말하였다.

"대덕(大德)이여. 다만 이러한 꽃이 생겨나지 않습니까? 나머지의 법도 그와 같습니까?"

선현이 대답하여 말하였다.

"다만 이 꽃이 생겨나지 않는 것이 아니고, 나머지의 법도 역시 생겨나는 의취가 없습니다. 왜 그러한가? 교시가여. 색(色)은 생겨나지 않는데, 이것이 이미 생겨나지 않았다면 색이 아니고, 수(受)·상(想)·행(行)·식(識)도 역시 생겨나지 않는데, 이것이 이미 생겨나지 않았다면 수·상·행·식이 아니며, 안처(眼處), 나아가 의처(意處)와, 색처(色處), 나아가 법처(法處)와, 안식계(眼識界), 나아가 의식계(意識界)와, 안촉(眼觸), 나아가 의촉(意觸)과, 안촉을 인연으로 생겨난 여러 수(受), 나아가 의촉을 인연으로 생겨난 여러 수도 역시 그와 같습니다.

교시가여. 보시바라밀다(布施波羅蜜多)는 생겨나지 않는데, 이것이 이미 생겨나지 않았다면 보시바라밀다가 아니고, 정계(淨戒)·안인(安忍)·정진(精進)·정려(靜慮)·반야바라밀다(般若波羅蜜多)도 생겨나지 않는데, 이것이 이미 생겨나지 않았다면 정계·안인·정진·정려·반야바라밀다가 아니며, 내공(內空), 나아가 무성자성공(無性自性空)과, 4념주(四念住), [자세한 내용은 생략한다.] 나아가 18불불공법(十八佛不共法)과, 이와 같이 나아가, 일체지(一切智)·도상지(道相智)·일체상지(一切相智)도 역시 그와 같습니다."

이때 천제석이 살며시 이렇게 생각을 지었다.

'존자 선현께서는 지혜가 매우 깊으므로, 가명(假名)에 어긋나지 않고 법성(法性)을 설하는구나!'

세존께서는 그의 생각을 아시고서 곧 그에게 알려 말씀하셨다.

"교시가가 마음으로 생각하는 것과 같으니라. 구수 선현은 지혜가 매우 깊으므로, 가명에 어긋나지 않고 법성을 설하였느니라."

그때 천제석이 곧 세존께 아뢰어 말하였다.

"존자 선현은 무슨 법 등에서 가명에 어긋나지 않고 법성을 설하였습니까?"

세존께서 말씀하셨다.

"교시가여. 색은 다만 이것이 가명이므로 구수 선현은 색의 가명에서 어긋나지 않고 색의 법성을 설하는 것이고, 수·상·행·식은 다만 이것이 가명이므로 구수 선현은 수·상·행·식의 가명에서 어긋나지 않고 수·상·행·식의 법성을 설하는 것이니라. 그 까닭은 무엇인가? 색 등의 법성은 어긋나고 수순함이 없는 까닭으로 선현이 설하는 것도 역시 어긋나고 수순함이 없느니라. 안, 나아가 의와, 색, 나아가 법과, 안식, 나아가 의식과, 안촉, 나아가 의촉과, 안촉을 인연으로 생겨난 여러 수, 나아가 의촉을 인연으로 생겨난 여러 수도 역시 이와 같습니다.

교시가여. 보시바라밀다는 다만 이것이 가명이므로 구수 선현은 보시바라밀다의 가명에서 어긋나지 않고 보시바라밀다의 법성을 설하고, 정계·안인·정진·정려·반야바라밀다는 다만 이것이 가명이므로 구수 선현은 정계·안인·정진·정려·반야바라밀다의 가명에서 어긋나지 않고 정계·안인·정진·정려·반야바라밀다의 법성을 설하느니라. 그 까닭은 무엇인가? 보시바라밀다 등의 법성은 어긋나거나 수순함이 없는 까닭으로 선현이 설하는 것도 역시 어긋나거나 수순함이 없느니라.

내공, 나아가 무성자성공과, 4념주, 나아가 18불불공법과, 이와 같이 나아가, 예류과, 나아가 아라한과와, 독각의 보리, 나아가 무상정등보리와, 일체지·도상지·일체상지와 예류, 나아가 아라한·독각·보살·여래도 모두 역시 이와 같으니라. 교시가여. 구수 선현은 이와 같은 법에서 가명에 어긋나지 않고 법성을 설하느니라."

그때 구수 선현이 천제석에게 알려 말하였다.

"교시가여. 그와 같습니다. 그와 같습니다. 세존께서 말씀하신 것과 같습니다. 여러 소유한 법은 가명이 아닌 것이 없습니다. 교시가여. 제보살마하살은 일체법이 다만 가명이라고 알았다면 상응하여 반야바라밀다를 수학해야 합니다. 교시가여. 제보살마하살이 이와 같이 수학하는 때에 색에서 수학하지 않아야 하고 수·상·행·식에서 수학하지 않아야 합니다. 왜 그러한가? 교시가여. 이 보살마하살은 색의 가운데에서 수학할 것이 있다고 보지 않고, 수·상·행·식의 가운데에서 수학할 것이 있다고 보지 않는 까닭입니다. 안, 나아가 의와, 색, 나아가 법과, 안식, 나아가 의식과, 안촉, 나아가 의촉과, 안촉을 인연으로 생겨난 여러 수, 나아가 의촉을 인연으로 생겨난 여러 수도 역시 이와 같습니다.

교시가여. 제보살마하살이 이와 같이 수학하는 때에 보시바라밀다에서 수학하지 않아야 하고 정계·안인·정진·정려·반야바라밀다에서 수학하지 않아야 합니다. 왜 그러한가? 교시가여. 이 보살마하살은 보시바라밀다의 가운데에서 수학할 것이 있다고 보지 않고, 정계·안인·정진·정려·반야바라밀다의 가운데에서 수학할 것이 있다고 보지 않는 까닭입니다. 내공, 나아가 무성자성공과, 4념주, 나아가 18불불공법과, 이와 같이 나아가, 예류과, 나아가 아라한과와, 독각의 보리, 나아가 무상정등보리와, 일체지·도상지·일체상지와 예류, 나아가 아라한·독각·보살·여래도 모두 역시 이와 같습니다."

그때 천제석이 선현에게 물어 말하였다.

"제보살마하살은 무슨 인연을 까닭으로 물질을 보지 않고, 나아가 일체상지를 보지 않습니까?"

선현이 대답하여 말하였다.

"교시가여. 색은 색이 공하고, 나아가 일체상지는 일체상지가 공합니다. 교시가여. 제보살마하살은 오히려 이것을 인연으로 색을 보지 않고, 나아가 일체상지를 보지 않습니다. 교시가여. 제보살마하살은 색을 보지 않는 까닭으로 색에서 수학하지 않으며, 나아가 일체상지를 보지 않는 까닭으로 일체상지에서 수학하지 않습니다. 왜 그러한가? 교시가여. 색의 공에서 색의 공을 볼 수 없고, 나아가 일체상지의 공에서 일체상지의 공을 볼 수 없으며, 역시 색의 공에서 색의 공을 수학할 수 없고, 나아가 일체상지의 공에서 일체상지의 공을 수학할 수 없는 까닭입니다. 교시가여. 만약 보살마하살이 공에서 수학하지 않는다면 이 보살마하살은 공에서 수학하는 것입니다. 왜 그러한가? 무이(無二)인 까닭이니라.

교시가여. 제보살마하살이 색의 공에서 수학하지 않는다면 색의 공에서 수학하는 것이니, 무이인 까닭이고, 나아가 일체상지의 공에서 수학하지 않는다면 일체상지의 공에서 수학하는 것이니, 무이인 까닭이니라. 교시가여. 만약 보살마하살이 무이로써 방편으로 삼아서 색의 공에서 수학하고, 나아가 무이로써 방편으로 삼아서 일체상지의 공에서 수학한다면 이 보살마하살은 능히 무이로써 방편으로 삼아서 보시바라밀다, 나아가 반야바라밀다를 수학하는 것이며, 능히 무이로써 방편으로 삼아서 내공, 나아가 무성자성공을 수학하는 것이고, 능히 무이로써 방편으로 삼아서 4념주, 나아가 18불불공법을 수학하는 것이며, 이와 같이 나아가 무이로써 방편으로 삼아서 예류과, 나아가 아라한과를 수학하는 것이고, 능히 무이로써 방편으로 삼아서 독각의 보리, 무상정등보리를 수학하는 것이며, 능히 무이로써 방편으로 삼아서 일체지·도상지·일체상지를 수학하는 것이니라.

교시가여. 만약 보살마하살이 능히 무이로써 방편으로 삼아서 보시바라밀다, 나아가 일체상지를 수학한다면 이 보살마하살은 능히 무이로써 방편으로 삼아서 무량(無量)하고 무수(無數)이며 무변(無邊)한 청정한 불법을 수학하는 것입니다. 교시가여. 만약 보살마하살이 능히 무량하고 무수이며 무변한 청정한 불법을 수학한다면 이 보살마하살은 색의 증장(增)을 위한 까닭으로 수학하지 않고, 역시 색의 감소(減)를 위한 까닭으로 수학하지 않으며, 나아가 일체상지의 증장을 위한 까닭으로 수학하지 않고, 역시 일체상지의 감소를 위하여도 수학하지 않습니다. 교시가여. 만약 보살마하살이 색의 증장을 위한 까닭으로 수학하지 않고 색의 감소를 위한 까닭으로 수학하지 않으며, 나아가 일체상지의 증장을 위한 까닭으로 수학하지 않고 일체상지의 감소를 위한 까닭으로 수학하지 않는다면 이 보살마하살은 색을 섭수(攝受)하기 위한 까닭으로 수학하지 않는 것이고, 역시 색을 파괴하여 소멸시키(壞滅)기 위한 까닭으로 수학하지도 않는 것이며, 나아가 일체상지를 섭수하기 위한 까닭으로 수학하지 않는 것이고, 역시 일체상지를 파괴하여 소멸시키기 위한 까닭으로 수학하지도 않는 것입니다."

그때 구수 사리자가 선현에게 물어 말하였다.

"제보살마하살이 이와 같이 수학하는 때에 색을 섭수하기 위한 까닭으로 수학하지 않는 것이고, 역시 색을 파괴하여 소멸시키기 위한 까닭으로 수학하지도 않으며, 나아가 일체상지를 섭수하기 위한 까닭으로 수학하지 않는 것이고, 역시 일체상지를 파괴하여 소멸시키기 위한 까닭으로 수학하지도 않습니까?"

선현이 대답하여 말하였다.

"그와 같습니다. 그와 같습니다. 사리자여. 보살마하살이 이와 같이 수학하는 때에 색을 섭수하기 위한 까닭으로 수학하지 않는 것이고, 역시 색을 파괴하여 소멸시키기 위한 까닭으로 수학하지도 않으며, 나아가 일체상지를 섭수하기 위한 까닭으로 수학하지 않는 것이고, 역시 일체상지를 파괴하여 소멸시키기 위한 까닭으로 수학하지도 않습니다."

그때 사리자가 다시 선현에게 물어 말하였다.

"무슨 인연을 까닭으로 보살마하살이 이와 같이 수학하는 때에 색을 섭수하기 위한 까닭으로 수학하지 않는 것이고, 역시 색을 파괴하여 소멸시키기 위한 까닭으로 수학하지도 않으며, 나아가 일체상지를 섭수하기 위한 까닭으로 수학하지 않는 것이고, 역시 일체상지를 파괴하여 소멸시키기 위한 까닭으로 수학하지도 않습니까?"

선현이 대답하여 말하였다.

"제보살마하살은 색을 섭수할 수 있다고 보지 않고 더불어 파괴하여 소멸시킬 수 있다고 보지 않으며, 역시 능히 색을 섭수하는 자와 파괴하여 소멸시킬 수 있는 자가 있다고 보지 않으며, 나아가 일체상지를 섭수할 수 있다고 보지 않고 더불어 파괴하여 소멸시킬 수 있다고 보지 않으며, 역시 능히 일체상지를 섭수하는 자와 파괴하여 소멸시킬 수 있는 자가 있다고 보지 않습니다. 왜 그러한가? 사리자여. 색 등 법은 만약 능(能)이거나, 만약 소(所)이거나, 만약 내신(內身)이거나, 만약 외신(外身)이더라도 공(空)인 까닭입니다. 사리자여. 만약 보살마하살이 일체법에서 이것은 섭수할 것이고 더불어 파괴하여 소멸시킬 것이라고 보지 않고, 역시 능히 섭수하는 자와 더불어 파괴하여 소멸시키는 자가 있다고 보지 않으면서 반야바라밀다를 수학한다면 이 보살마하살은 능히 일체지지를 성취할 것입니다."

이때 사리자가 선현에게 물어 말하였다.

"제보살마하살이 이와 같이 반야바라밀다를 수학한다면 능히 일체지지를 성취합니까?"

선현이 대답하여 말하였다.

"사리자여. 제보살마하살이 이와 같이 반야바라밀다를 수학한다면 능히 일체지지를 성취하는데, 일체법에서 섭수하지 않고 파괴하여 소멸시키지 않는 것을 방편으로 삼는 까닭입니다."

사리자가 말하였다.

"보살마하살이 일체법에서 섭수하지 않고 파괴하여 소멸시키지 않는 것을 방편으로 삼았는데, 어찌하여 일체지지를 능히 성취합니까?"

선현이 대답하여 말하였다.

"사리자여. 이 보살마하살이 반야바라밀다를 수행하는 때에 색이 만약 생겨나거나, 만약 소멸하거나, 만약 취하거나, 만약 버리거나, 만약 염오이거나, 만약 청정하거나, 만약 증장하거나, 만약 감소한다고 보지 않고, 나아가 일체상지가 만약 생겨나거나, 만약 소멸하거나, 만약 취하거나, 만약 버리거나, 만약 염오이거나, 만약 청정하거나, 만약 증장하거나, 만약 감소한다고 보지 않습니다. 왜 그러한가? 색, 나아가 일체상지는 모두가 자성이 무소유이고 얻을 수 없는 까닭입니다. 사리자여. 이와 같아서 만약 보살마하살이 반야바라밀다를 수행하는 때에 일체법에서 만약 생겨나거나, 만약 소멸하거나, 만약 취하거나, 만약 버리거나, 만약 염오이거나, 만약 청정하거나, 만약 증장하거나, 만약 감소한다고 보지 않고, 수학하는 것이 없는 것으로써, 성취하는 것이 없는 것으로써, 방편을 삼는 까닭으로 반야바라밀다를 수학한다면 능히 일체지지를 성취합니다."

그때 천제석이 사리자에게 물어 말하였다.

"대덕이여. 제보살마하살이 수학하는 것인 반야바라밀다는 마땅히 어디에서 구합니까?"

사리자가 말하였다.

"교시가여. 제보살마하살이 수학하는 것인 반야바라밀다는 마땅히 선현이 설하는 것의 가운데에서 구해야 합니다."

이때 천제석이 선현에게 알려 말하였다.

"대덕의 위신력에 의지하고 수지(依持)하였던 까닭으로 사리자께서 이렇게 말을 지으셨습니까?"

선현이 알려 말하였다.

"교시가여. 나의 위신력에 의지하고 수지하였던 까닭으로 사리자께서 이렇게 말을 짓지 않았습니다."

천제석이 물어 말하였다.

"이것은 누구의 위신력을 의지하고 수지하신 것입니까?"

선현이 대답하여 말하였다.

"이것은 세존의 위신력에 의지하여 수지한 것입니다."

천제석이 말하였다.

"대덕이여. 제법은 모두 의지하여 수지하지 않는데, 어찌하여 세존의 위신력을 의지하여 수지한 것이라고 말합니까?"

선현이 대답하여 말하였다.

"교시가여. 그와 같습니다. 그와 같습니다. 그대가 말하였던 것과 같습니다. 일체법은 의지하여 수지하지 않습니다. 이러한 까닭으로 여래는 의지하여 수지하는 것이 아니고, 역시 의지하여 수지하는 것도 없으나, 다만 세속의 시설(施設)을 수순(隨順)하는 까닭으로 의지하고 수지한다고 말합니다. 교시가여. 의지하고 수지함이 없는 것을 벗어나지 않았다면 여래를 얻을 수 없고, 의지하고 수지하는 진여(眞如)가 없는 것을 벗어나지 않았다면 여래를 얻을 수 없으며, 의지하고 수지하는 법성(法性)이 없는 것을 벗어나지 않았다면 여래를 얻을 수 없고, 의지하고 수지하는 여래가 없는 것을 벗어나지 않았다면 진여를 얻을 수 없으며, 의지하고 수지하는 여래가 없는 것을 벗어나지 않았다면 법성을 얻을 수 없으며, 의지하고 수지하는 진여와 여래가 없는 것을 벗어나지 않았다면 진여를 얻을 수 없고, 의지하고 수지하는 진여와 여래가 없는 것을 벗어나지 않았다면 법성을 얻을 수 없습니다.

교시가여. 의지하고 수지함이 없는 가운데에서 여래를 얻을 수 없고 여래 가운데에서 의지하고 수지함이 없는 것을 얻을 수 없으며, 의지하고 수지함이 없는 진여의 가운데에서 여래를 얻을 수 없고 여래의 가운데에서 의지하고 수지함이 없는 진여를 얻을 수 없으며, 의지함이 없는 법성의 가운데에서 여래를 얻을 수 없고 여래의 가운데에서 의지하고 수지함이 없는 법성을 얻을 수 없으며, 의지하고 수지함이 없는 가운데서 여래의 진여를 얻을 수 없고 여래의 진여의 가운데에서 의지하고 수지함이 없음을 얻을 수 없습니다.

의지하고 수지함이 없는 가운데에서 여래의 법성을 얻을 수 없고 여래의 법성의 가운데에서 의지하고 수지함이 없음을 얻을 수 없으며, 의지하고 수지함이 없는 진여의 가운데에서 여래와 진여를 얻을 수 없고 여래의 진여의 가운데에서 의지하고 수지함이 없는 진여를 얻을 수 없으며, 의지하고 수지함이 없는 법성의 가운데에서 여래의 법성을 얻을 수 없고 여래의 법성의 가운데에서 의지하고 수지함이 없는 법성을 얻을 수 없습니다.

교시가여. 색을 벗어나서 여래를 얻을 수 없고 수·상·행·식을 벗어나서 여래를 얻을 수 없으며, 색의 진여를 벗어나서 여래를 얻을 수 없고 수·상·행·식의 진여를 벗어나서 여래를 얻을 수 없으며, 색의 법성을 벗어나서 여래를 얻을 수 없고 수·상·행·식의 법성을 벗어나서 여래를 얻을 수 없으며, 색의 여래를 벗어나서 진여를 얻을 수 없고 수·상·행·식의 여래를 벗어나서 진여를 얻을 수 없으며, 색의 여래를 벗어나서 법성을 얻을 수 없고 수·상·행·식의 여래를 벗어나서 법성을 얻을 수 없으며, 색의 진여와 여래를 벗어나서 진여를 얻을 수 없고 수·상·행·식의 진여와 여래를 벗어나서 진여를 얻을 수 없으며, 색의 법성과 여래를 벗어나서 법성을 얻을 수 없고 수·상·행·식의 법성과 여래를 벗어나서 법성을 얻을 수 없습니다.

교시가여. 색의 가운데에서 여래를 얻을 수 없고 여래의 가운데에서 색을 얻을 수 없으며, 수·상·행·식의 가운데에서 여래를 얻을 수 없고 여래의 가운데에서 수·상·행·식을 얻을 수 없으며, 색의 진여의 가운데에서 여래를 얻을 수 없고 여래의 가운데에서 색의 진여를 얻을 수 없으며, 수·상·행·식의 진여의 가운데에서 여래를 얻을 수 없고 여래의 가운데에서 수·상·행·식의 진여를 얻을 수 없으며, 색의 법성의 가운데에서 여래를 얻을 수 없고 여래의 가운데에서 색의 법성을 얻을 수 없으며, 수·상·행·식의 법성의 가운데에서 여래를 얻을 수 없고 여래의 가운데에서 수·상·행·식의 법성을 얻을 수 없습니다.

색의 가운데에서 여래와 진여를 얻을 수 없고 여래와 진여의 가운데에서 색을 얻을 수 없으며, 수·상·행·식의 가운데에서 여래와 진여를 얻을 수 없고 여래와 진여의 가운데에서 수·상·행·식을 얻을 수 없으며, 색의 가운데에서 여래와 법성을 얻을 수 없고 여래와 법성의 가운데에서 색을 얻을 수 없으며, 수·상·행·식의 가운데에서 여래와 법성을 얻을 수 없고 여래와 법성의 가운데에서 수·상·행·식을 얻을 수 없습니다.

색의 진여의 가운데에서 여래와 진여를 얻을 수 없고 여래와 진여의 가운데에서 색의 진여를 얻을 수 없으며, 수·상·행·식의 진여의 가운데에서 여래와 진여를 얻을 수 없고 여래와 진여의 가운데에서 수·상·행·식의 진여를 얻을 수 없으며, 색의 법성의 가운데에서 여래와 법성을 얻을 수 없고 여래와 법성의 가운데에서 색의 법성을 얻을 수 없으며, 수·상·행·식의 법성의 가운데에서 여래와 법성을 얻을 수 없고 여래와 법성의 가운데에서 수·상·행·식의 법성을 얻을 수 없습니다.

교시가여. 나아가 일체지를 벗어나서 여래를 얻을 수 없고 도상지·일체상지를 벗어나서 여래를 얻을 수 없으며, 일체지의 진여를 벗어나서 여래를 얻을 수 없고 도상지·일체상지의 진여를 벗어나서 여래를 얻을 수 없으며, 일체지의 법성을 벗어나서 여래를 얻을 수 없고 도상지·일체상지의 법성을 벗어나서 여래를 얻을 수 없으며, 일체지의 여래를 벗어나서 진여를 얻을 수 없고 도상지·일체상지의 여래를 벗어나서 진여를 얻을 수 없습니다.

일체지의 여래를 벗어나서 법성을 얻을 수 없고 도상지·일체상지의 여래를 벗어나서 법성을 얻을 수 없으며, 일체지의 진여와 여래를 벗어나서 진여를 얻을 수 없고 도상지·일체상지의 진여와 여래를 벗어나서 진여를 얻을 수 없으며, 일체지의 법성과 여래를 벗어나서 법성을 얻을 수 없고 도상지·일체상지의 법성과 여래를 벗어나서 법성을 얻을 수 없습니다.

교시가여. 일체지의 가운데에서 여래를 얻을 수 없고 여래의 가운데에서 일체지를 얻을 수 없으며, 도상지·일체상지의 가운데에서 여래를 얻을 수 없고 여래의 가운데에서 도상지·일체상지를 얻을 수 없으며, 일체지의 진여의 가운데에서 여래를 얻을 수 없고 여래의 가운데에서 일체지의 진여를 얻을 수 없으며, 도상지·일체상지의 진여의 가운데에서 여래를 얻을 수 없고 여래의 가운데에서 도상지·일체상지의 진여를 얻을 수 없습니다.

일체지의 법성의 가운데에서 여래를 얻을 수 없고 여래의 가운데에서 일체지의 법성을 얻을 수 없으며, 도상지·일체상지의 법성의 가운데에서 여래를 얻을 수 없고 여래의 가운데에서 도상지·일체상지의 법성을 얻을 수 없으며, 일체지의 가운데에서 여래와 진여를 얻을 수 없고 여래와 진여의 가운데에서 일체지를 얻을 수 없으며, 도상지·일체상지의 가운데에서 여래와 진여를 얻을 수 없고 여래와 진여의 가운데에서 도상지·일체상지를 얻을 수 없으며, 일체지의 가운데에서 여래와 법성을 얻을 수 없고 여래와 법성의 가운데에서 일체지를 얻을 수 없으며, 도상지·일체상지의 가운데에서 여래와 법성을 얻을 수 없고 여래와 법성의 가운데에서 도상지·일체상지를 얻을 수 없습니다.

일체지의 진여의 가운데에서 여래와 진여를 얻을 수 없고 여래와 진여의 가운데에서 일체지의 진여를 얻을 수 없으며, 도상지·일체상지의 진여의 가운데에서 여래와 진여를 얻을 수 없고 여래와 진여의 가운데에서 도상지·일체상지의 진여를 얻을 수 없으며, 일체지의 법성의 가운데에서 여래와 법성을 얻을 수 없고 여래와 법성의 가운데에서 일체지의 법성을 얻을 수 없으며, 도상지·일체상지의 법성의 가운데에서 여래와 법성을 얻을 수 없고 여래와 법성의 가운데에서 도상지·일체상지의 법성을 얻을 수 없습니다."

"교시가여. 여래는 색에 상응하는 것이 아니고 상응하지 않는 것도 아니며, 수·상·행·식에 역시 상응하는 것도 아니고 상응하지 않는 것도 아니며, 여래는 색의 진여에 상응하는 것이 아니고 상응하지 않는 것도 아니며, 수·상·행·식의 진여에 역시 상응하는 것도 아니고 상응하지 않는 것도 아니며, 여래는 색의 법성에 상응하는 것이 아니고 상응하지 않는 것도 아니며, 수·상·행·식의 법성에 역시 상응하는 것도 아니고 상응하지 않는 것도 아닙니다.
　여래와 진여는 색에 상응하는 것이 아니고 상응하지 않는 것도 아니며, 수·상·행·식에 역시 상응하는 것도 아니고 상응하지 않는 것도 아니며, 여래와 진여는 색의 진여에 상응하는 것이 아니고 상응하지 않는 것도 아니며, 수·상·행·식의 진여에 역시 상응하는 것도 아니고 상응하지 않는 것도 아니며, 여래와 진여는 색의 법성에 상응하는 것이 아니고 상응하지 않는 것도 아니며, 수·상·행·식의 법성에 역시 상응하는 것도 아니고 상응하지 않는 것도 아닙니다.
　여래와 법성은 색에 상응하는 것이 아니고 상응하지 않는 것도 아니며, 수·상·행·식에 역시 상응하는 것도 아니고 상응하지 않는 것도 아니며, 여래와 법성은 색의 진여에 상응하는 것이 아니고 상응하지 않는 것도 아니며, 수·상·행·식의 진여에 역시 상응하는 것도 아니고 상응하지 않는 것도 아니며, 여래와 법성은 색의 법성에 상응하는 것이 아니고 상응하지 않는 것도 아니며, 수·상·행·식의 법성에 역시 상응하는 것도 아니고 상응하지 않는 것도 아닙니다.

　교시가여. 여래는 색을 벗어난 것에 상응하는 것이 아니고 상응하지 않는 것도 아니며, 수·상·행·식을 벗어난 것에 역시 상응하는 것도 아니고 상응하지 않는 것도 아니며, 여래는 색의 진여를 벗어난 것에 상응하는 것이 아니고 상응하지 않는 것도 아니며, 수·상·행·식의 진여를 벗어난 것에 역시 상응하는 것도 아니고 상응하지 않는 것도 아니며, 여래는 색의 법성을 벗어난 것에 상응하는 것이 아니고 상응하지 않는 것도 아니며, 수·상·행·식의 법성을 벗어난 것에 역시 상응하는 것도 아니고 상응하지 않는 것도 아닙니다.

　여래와 진여는 색을 벗어난 것에 상응하는 것이 아니고 상응하지 않는 것도 아니며, 수·상·행·식을 벗어난 것에 역시 상응하는 것도 아니고 상응하지 않는 것도 아니며, 여래와 진여는 색의 진여를 벗어난 것에 상응하는 것이 아니고 상응하지 않는 것도 아니며, 수·상·행·식의 진여를 벗어난 것에 역시 상응하는 것도 아니고 상응하지 않는 것도 아니며, 여래와 진여는 색의 법성을 벗어난 것에 상응하는 것이 아니고 상응하지 않는 것도 아니며, 수·상·행·식의 법성을 벗어난 것에 역시 상응하는 것도 아니고 상응하지 않는 것도 아닙니다.

　여래와 법성은 색을 벗어난 것에 상응하는 것이 아니고 상응하지 않는 것도 아니며, 수·상·행·식을 벗어난 것에 역시 상응하는 것도 아니고 상응하지 않는 것도 아니며, 여래와 법성은 색의 진여를 벗어난 것에 상응하는 것이 아니고 상응하지 않는 것도 아니며, 수·상·행·식의 진여를 벗어난 것에 역시 상응하는 것도 아니고 상응하지 않는 것도 아니며, 여래와 법성은 색의 법성을 벗어난 것에 상응하는 것이 아니고 상응하지 않는 것도 아니며, 수·상·행·식의 법성을 벗어난 것에 역시 상응하는 것도 아니고 상응하지 않는 것도 아닙니다.

　교시가여. 이와 같이 나아가, 여래는 일체지에 상응하는 것이 아니고 상응하지 않는 것도 아니며, 도상지·일체상지에 역시 상응하는 것도 아니고 상응하지 않는 것도 아니며, 여래는 일체지의 진여에 상응하는 것이 아니고 상응하지 않는 것도 아니며, 도상지·일체상지의 진여에 역시 상응하는 것도 아니고 상응하지 않는 것도 아니며, 여래는 일체지의 법성에 상응하는 것이 아니고 상응하지 않는 것도 아니며, 도상지·일체상지의 법성에 역시 상응하는 것도 아니고 상응하지 않는 것도 아닙니다.

여래와 진여는 일체지에 상응하는 것이 아니고 상응하지 않는 것도 아니며, 도상지·일체상지에 역시 상응하는 것도 아니고 상응하지 않는 것도 아니며, 여래와 진여는 일체지의 진여에 상응하는 것이 아니고 상응하지 않는 것도 아니며, 도상지·일체상지의 진여에 역시 상응하는 것도 아니고 상응하지 않는 것도 아니며, 여래와 진여는 일체지의 법성에 상응하는 것이 아니고 상응하지 않는 것도 아니며, 도상지·일체상지의 법성에 역시 상응하는 것도 아니고 상응하지 않는 것도 아닙니다.

여래와 법성은 일체지에 상응하는 것이 아니고 상응하지 않는 것도 아니며, 도상지·일체상지에 역시 상응하는 것도 아니고 상응하지 않는 것도 아니며, 여래와 법성은 일체지의 진여에 상응하는 것이 아니고 상응하지 않는 것도 아니며, 도상지·일체상지의 진여에 역시 상응하는 것도 아니고 상응하지 않는 것도 아니며, 여래와 법성은 일체지의 법성에 상응하는 것이 아니고 상응하지 않는 것도 아니며, 도상지·일체상지의 법성에 역시 상응하는 것도 아니고 상응하지 않는 것도 아닙니다.

교시가여. 여래는 일체지를 벗어난 것에 상응하는 것이 아니고 상응하지 않는 것도 아니며, 도상지·일체상지를 벗어난 것에 역시 상응하는 것도 아니고 상응하지 않는 것도 아니며, 여래는 일체지의 진여를 벗어난 것에 상응하는 것이 아니고 상응하지 않는 것도 아니며, 도상지·일체상지의 진여를 벗어난 것에 역시 상응하는 것도 아니고 상응하지 않는 것도 아니며, 여래는 일체지의 법성을 벗어난 것에 상응하는 것이 아니고 상응하지 않는 것도 아니며, 도상지·일체상지의 법성을 벗어난 것에 역시 상응하는 것도 아니고 상응하지 않는 것도 아닙니다.

여래와 진여는 일체지를 벗어난 것에 상응하는 것이 아니고 상응하지 않는 것도 아니며, 도상지·일체상지를 벗어난 것에 역시 상응하는 것도 아니고 상응하지 않는 것도 아니며, 여래와 진여는 일체지의 진여를 벗어난 것에 상응하는 것이 아니고 상응하지 않는 것도 아니며, 도상지·일체상지의 진여를 벗어난 것에 역시 상응하는 것도 아니고 상응하지 않는 것도 아니며, 여래와 진여는 일체지의 법성을 벗어난 것에 상응하는 것이 아니고 상응하지 않는 것도 아니며, 도상지·일체상지의 법성을 벗어난 것에 역시 상응하는 것도 아니고 상응하지 않는 것도 아닙니다.

여래와 법성은 일체지를 벗어난 것에 상응하는 것이 아니고 상응하지 않는 것도 아니며, 도상지·일체상지를 벗어난 것에 역시 상응하는 것도 아니고 상응하지 않는 것도 아니며, 여래와 법성은 일체지의 진여를 벗어난 것에 상응하는 것이 아니고 상응하지 않는 것도 아니며, 도상지·일체상지의 진여를 벗어난 것에 역시 상응하는 것도 아니고 상응하지 않는 것도 아니며, 여래와 법성은 일체지의 법성을 벗어난 것에 상응하는 것이 아니고 상응하지 않는 것도 아니며, 도상지·일체상지의 법성을 벗어난 것에 역시 상응하는 것도 아니고 상응하지 않는 것도 아닙니다.

교시가여. 사리자가 설한 것은 이것이 일체법에 나아가지(卽)도 않고 벗어나지도 않으며, 상응하지 않고 상응하지 않는 것도 아니며, 여래의 위신력으로 의지하고 수지하지 않는 것으로써, 의지하고 수지함을 삼는 까닭입니다."

마하반야바라밀다경 제427권

27. 산화품(散花品)(2)

"다시 다음으로 교시가여. 그대가 이전에 '제보살마하살이 수학하는 것인 반야바라밀다는 마땅히 어디에서 구해야 합니까?'라고 물었던 것에서, 교시가여. 제보살마하살이 수학하는 반야바라밀다는 마땅히 색에서 상응하여 구하지 않아야 하고 색을 벗어나서 상응하여 구하지 않아야 하며, 수·상·행·식에서 상응하여 구하지 않아야 하고 수·상·행·식을 벗어나서 상응하여 구하지 않아야 하며, 이와 같이 나아가 마땅히 일체지에서 상응하여 구하지 않아야 하고 일체지를 벗어나서 상응하여 구하지 않아야 하며, 도상지·일체상지에서 상응하여 구하지 않아야 하고 도상지·일체상지를 벗어나서 상응하여 구하지 않아야 합니다.

왜 그러한가? 교시가여. 만약 반야바라밀다이거나, 만약 구하는 것이거나, 만약 색이거나, [자세한 설명은 생략한다.] 나아가 만약 일체상지의 이와 같은 일체는 모두가 상응하는 것도 아니고, 상응하지 않는 것도 아니며, 색깔이 없고 볼 수 없으며 마주할 수 없는 하나의 상(一相)인 이를테면, 무상(無相)입니다.

그 까닭은 무엇인가? 제보살마하살이 수학하는 것인 반야바라밀다는 색이 아니고 색을 벗어난 것도 아니며, 수·상·행·식이 아니고 수·상·행·식을 벗어난 것도 아니며, 이와 같이 나아가 일체지가 아니고 일체지를 벗어난 것도 아니며, 도상지·일체상지가 아니고 도상지·일체상지를 벗어난 것도 아니며, 색의 진여가 아니고 색의 진여를 벗어난 것도 아니며,

수·상·행·식의 진여가 아니고 수·상·행·식의 진여를 벗어난 것도 아니며, 이와 같이 나아가 일체지의 진여가 아니고 일체지의 진여를 벗어난 것도 아니며, 도상지·일체상지의 진여가 아니고 도상지·일체상지의 진여를 벗어난 것도 아니며, 색의 법성이 아니고 색의 법성을 벗어난 것도 아니며, 수·상·행·식의 법성이 아니고 수·상·행·식의 법성을 벗어난 것도 아니며, 이와 같이 나아가 일체지의 법성이 아니고 일체지의 법성을 벗어난 것도 아니며, 도상지·일체상지의 법성이 아니고 도상지·일체상지의 법성을 벗어난 것도 아닙니다.

왜 그러한가? 교시가여. 이와 같은 제법은 모두가 무소유이므로 모두 얻을 수 없습니다. 오히려 무소유이고 얻을 수 없는 까닭으로 제보살마하살이 수학하는 것인 반야바라밀다는 색이 아니고 색을 벗어난 것도 아니며, [자세한 설명은 생략한다.] 나아가 일체지가 아니고 일체지를 벗어난 것도 아니며, 도상지·일체상지가 아니고 도상지·일체상지를 벗어난 것도 아니며, 색의 진여가 아니고 색의 진여를 벗어난 것도 아니며, [자세한 설명은 생략한다.] 나아가 일체지의 진여를 벗어난 것도 아니며, 도상지·일체상지의 진여가 아니고 도상지·일체상지의 진여를 벗어난 것도 아니며, 색의 법성이 아니고 색의 법성을 벗어난 것도 아니며, [자세한 설명은 생략한다.] 나아가 도상지·일체상지의 법성이 아니고 도상지·일체상지의 법성을 벗어난 것도 아닙니다."

그때 천제석이 선현에게 말하였다.

"대덕(大德)이여. 제보살마하살이 수학하는 것인 반야바라밀다는 이것은 대바라밀다(大波羅蜜多)이고, 이것은 무량한 바라밀다(無量波羅蜜多)이며 이것은 무변한 바라밀다(無邊波羅蜜多)이므로, 여러 예류자(預流者)들이 이 가운데에서 수학한다면 예류과를 증득할 것이고, 여러 일래자(一來者)들이 이 가운데에서 수학한다면 예류과를 증득할 것이며, 여러 불환자(不還者)들이 이 가운데에서 수학한다면 예류과를 증득할 것이고, 여러 아라한(阿羅漢)들이 이 가운데에서 수학한다면 예류과를 증득할 것이며, 여러 독각(獨覺)들이 이 가운데에서 수학한다면 독각의 보리를 증득할 것이고, 여러 보살마하살(菩薩摩訶薩)들이 이 가운데에서 수학한다면 무량한 백천 구지(俱胝)·나유타(那庾多)의 유정들을 성숙시키고, 그들에게 상응하는 것을 따라서 삼승도(三乘道)에 안치(安置)시킬 것이며, 더불어 여러 종류의 불국토를 청정하게 장엄하고, 무상정등보리를 증득할 것입니다."

선현이 알려 말하였다.

"교시가여. 그와 같습니다. 그와 같습니다. 그대가 말하였던 것과 같습니다. 교시가여. 색이 큰 까닭으로 제보살마하살이 수학하는 것인 반야바라밀다도 역시 큰 것이고, 수·상·행·식이 큰 까닭으로 제보살마하살이 수학하는 것인 반야바라밀다도 역시 큰 것이며, 이와 같이 나아가 일체지가 큰 까닭으로 제보살마하살이 수학하는 것인 반야바라밀다도 역시 큰 것이고, 도상지·일체상지가 큰 까닭으로 제보살마하살이 수학하는 것인 반야바라밀다도 역시 큰 것입니다.

왜 그러한가? 교시가여. 색, 나아가 일체상지로써 전제(前際)·후제(後際)·중제(中際)를 모두 얻을 수 없는 까닭으로 크다고 말하는 것이고, 오히려 그것이 큰 까닭으로 제보살마하살이 수학하는 것인 반야바라밀다를 대바라밀다라고 설합니다. 오히려 이것을 인연으로 제보살마하살이 수학하는 것인 반야바라밀다에 상응하여 대바라밀다로 삼는다고 설합니다.

교시가여. 색이 무량한 까닭으로 제보살마하살이 수학하는 것인 반야바라밀다도 역시 무량한 것이고, 수·상·행·식이 무량한 까닭으로 제보살마하살이 수학하는 것인 반야바라밀다도 역시 무량한 것이며, 이와 같이 나아가 일체지가 무량한 까닭으로 제보살마하살이 수학하는 것인 반야바라밀다도 역시 무량한 것이고, 도상지·일체상지가 무량한 까닭으로 제보살마하살이 수학하는 것인 반야바라밀다도 역시 무량한 것입니다.

왜 그러한가? 교시가여. 색, 나아가 일체상지를 분량으로써 얻을 수 없습니다. 비유한다면 허공의 분량을 얻을 수 없고 색 등도 역시 그와 같습니다. 교시가여. 허공이 분량이 없는 까닭으로 색 등도 분량이 없으며, 색 등이 분량이 없는 까닭으로 제보살마하살이 수학하는 것인 반야바라밀다도 역시 무량합니다. 오히려 이것을 인연으로 제보살마하살이 수학하는 것인 반야바라밀다를 상응하여 무량한 바라밀다로 삼는다고 설합니다.
 교시가여. 색이 무변한 까닭으로 제보살마하살이 수학하는 것인 반야바라밀다도 역시 무변한 것이고, 수·상·행·식이 무변한 까닭으로 제보살마하살이 수학하는 것인 반야바라밀다도 역시 무변한 것이며, 이와 같이 나아가 일체지가 무변한 까닭으로 제보살마하살이 수학하는 것인 반야바라밀다도 역시 무변한 것이고, 도상지·일체상지가 무변한 까닭으로 제보살마하살이 수학하는 것인 반야바라밀다도 역시 무변한 것입니다.
 왜 그러한가? 교시가여. 색, 나아가 일체상지의 변제(邊際)를 얻을 수 없습니다. 비유한다면 허공의 변제를 얻을 수 없고 색 등도 역시 그와 같은 까닭으로 무변하다고 설합니다. 교시가여. 허공이 무변한 까닭으로 색 등도 역시 무변하며, 색 등이 무변한 까닭으로 제보살마하살이 수학하는 것인 반야바라밀다도 역시 무변합니다. 다시 다음으로 교시가여. 인연하였던 것이 무변한 까닭으로 제보살마하살이 수학하는 것인 반야바라밀다도 역시 무변합니다."
 천제석이 말하였다.
 "무엇을 인연하는 것이 무변한 까닭으로 제보살마하살이 수학하는 것인 반야바라밀다도 역시 무변하다고 말합니까?"
 선현이 대답하여 말하였다.
 "일체지지(一切智智)가 인연하는 것이 무변한 까닭으로 제보살마하살이 수학하는 것인 반야바라밀다도 역시 무변합니다. 다시 다음으로 교시가여. 법계(法界)가 인연하였던 것이 무변한 까닭으로 제보살마하살이 수학하는 것인 반야바라밀다도 역시 무변합니다."
 천제석이 말하였다.
 "무엇을 법계가 인연하였던 것이 무변한 까닭으로 제보살마하살이 수학하는 것인 반야바라밀다도 역시 무변하다고 말합니까?"
 선현이 대답하여 말하였다.
 "법계가 무변한 까닭으로 인연하였던 것도 역시 무변하고, 인연하였던 것이 무변한 까닭으로 법계도 역시 무변합니다. 법계가 인연하였던 것이 무변한 까닭으로 제보살마하살이 수학하는 것인 반야바라밀다도 역시 무변합니다. 다시 다음으로 교시가여. 진여(眞如)가 인연하는 것이 무변한 까닭으로 제보살마하살이 수학하는 것인 반야바라밀다도 역시 무변합니다."

천제석이 말하였다.

"무엇을 진여가 인연하였던 것이 무변한 까닭으로 제보살마하살이 수학하는 것인 반야바라밀다도 역시 무변하다고 말합니까?"

선현이 대답하여 말하였다.

"진여가 무변한 까닭으로 인연하였던 것도 역시 무변하고, 인연하였던 것이 무변한 까닭으로 진여도 역시 무변합니다. 진여가 인연하였던 것이 무변한 까닭으로 제보살마하살이 수학하는 것인 반야바라밀다도 역시 무변합니다. 다시 다음으로 교시가여. 유정(有情)이 인연하는 것이 무변한 까닭으로 제보살마하살이 수학하는 것인 반야바라밀다도 역시 무변합니다."

천제석이 말하였다.

"무엇을 유정을 인연하였던 것이 무변한 까닭으로 제보살마하살이 수학하는 것인 반야바라밀다도 역시 무변하다고 말합니까?"

선현이 대답하여 말하였다.

"그대의 뜻은 어떻습니까? 유정이라 말하였는데, 유정이라는 것은 무슨 법의 증어(增語)입니까?"

천제석이 대답하여 말하였다.

"유정이라고 말하였더라도, 유정이라는 것은 법의 증어가 아니고, 역시 비법(非法)의 증어가 아니며, 다만 가립(假立)한 객명(客名)으로 섭수(攝受)되는 것이고, 일이 없는(無事) 객명으로 섭수되는 것이며, 인연이 없는(無緣) 객명으로 섭수되는 것입니다."

선현이 다시 말하였다.

"그대의 뜻은 어떻습니까? 이 반야바라밀다의 매우 깊은 경전의 가운데에서, 역시 진실로 유정을 나타내어 보여줄 수 있다고 설하였습니까?"

천제석이 대답하여 말하였다.

"아닙니다. 대덕이여."

선현이 알려 말하였다.

"이 반야바라밀다의 매우 깊은 경전의 가운데에서, 이미 진실로 유정이 있다고 나타내어 보여줄 수 없는 까닭으로 무변하다고 설하는데, 그 가운데(中)와 끝자락(邊)을 얻을 수 없는 까닭입니다. 교시가여. 그대의 뜻은 어떻습니까? 만약 제여래·응공·정등각께서 긍가사(殑伽沙) 등의 겁을 머무시면서 여러 유정들의 명자(名字)를 말한다면, 그 가운데에서 대체로 유정들에게 생겨나고 소멸함이 있겠습니까?"

천제석이 대답하여 말하였다.

"아닙니다. 대덕이여. 왜 그러한가? 여러 유정들의 본성이 청정한 까닭이고, 그들은 본래부터 무소유인 까닭입니다."

선현이 알려 말하였다.

"오히려 이것으로 나는 '유정이 무변한 까닭으로 제보살마하살이 수학하는 것인 반야바라밀다도 무변하다.'라고 설하였습니다. 교시가여. 오히려 이것을 인연으로 제보살마하살이 수학하는 것인 반야바라밀다도 무변하다고 상응하여 설하였습니다."

28. 수기품(授記品)

그때 대중의 가운데에서 천제석 등의 욕계(欲界)의 여러 천인(天人)들과, 범천왕(梵天王) 등의 색계(色界)의 여러 천인(天人)들과, 이사나(伊舍那)[1]의 신선(神仙)들과, 천녀(天女)들이 구수 선현이 설한 것을 동시에 세 번을 찬탄하였는데 이를테면, "존자(尊者) 선현은 세존의 위신력으로써 의지하고 수지하는 것을 삼아서 우리 등을 위하여 매우 깊은 반야바라밀다

---

1) 산스크리트어 Īśāna의 음사이고, 색구경천(色究竟天)의 천주(天主)인 대자재천(大自在天)을 가리킨다.

를 잘 분별하고 열어서 보여주었는데, 세존께서 세상에 출현하신 인연이고 무상(無上)인 법요(法要)이다. 만약 보살마하살이 능히 이와 같은 매우 깊은 반야바라밀다에서 설하신 것과 같게 수행하고서 멀리 벗어나지 않는다면, 우리들이 그를 세존과 같이 공경하고 섬기겠다.

그 까닭은 무엇인가? 이 반야바라밀다의 매우 깊은 경전 가운데에서는 얻을 법이 없는데 이를테면, 이 가운데에서는 색을 얻을 수 없고, 수·상·행·식도 얻을 수 없으며, 이와 같이 나아가 일체지를 얻을 수 없고, 도상지와 일체상지를 얻을 수 없다. 비록 이와 같은 제법을 얻을 수 없으나, 3승의 성스러운 가르침(聖敎)인 이를테면, 성문승(聲聞乘)·독각승(獨覺乘)·무상승(無上乘)은 시설(施設)하였던 것이 있다."라고 이렇게 말을 지었다.

그때 세존께서 여러 천인(諸天) 등에게 알려 말씀하셨다.

"그와 같으니라. 그와 같으니라. 그대들이 말한 것과 같으니라. 이 반야바라밀다의 매우 깊은 경전의 가운데에서는 비록 색 등의 제법을 얻을 수 없으나, 3승의 성스러운 가르침을 시설한 것이 있느니라. 만약 보살마하살이 이 반야바라밀다에서 얻을 수 없는 것으로써 방편을 삼아서 능히 설한 것과 같게 수행하여 멀리 벗어나지 않는 자라면, 그대들 여러 천인들이 항상 상응하여 공경하고 섬기면서 제여래·응공·정등각과 같아야 하느니라.

왜 그러한가? 여러 천인 등이여. 이 반야바라밀다의 매우 깊은 경전의 가운데에서는 비록 3승의 성스러운 가르침이 있다고 널리 설하였으나, 보시바라밀다에 나아가서(卽) 여래를 얻을 수 없고 보시바라밀다를 벗어나서도 여래를 얻을 수 없으며, 나아가 반야바라밀다에 나아가서 여래를 얻을 수 없고 반야바라밀다를 벗어나서도 여래를 얻을 수 없으며, 내공(內空)에 나아가서 여래를 얻을 수 없고 내공을 벗어나서도 여래를 얻을 수 없으며, 나아가 무성자성공(無性自性空)에 나아가서 여래를 얻을 수 없고 무성자성공을 벗어나서도 여래를 얻을 수 없으며, 4념주에 나아가서 여래를 얻을 수 없고 4념주를 벗어나서도 여래를 얻을 수도 없으며, 나아가 18불불공법에 나아가서 여래를 얻을 수 없고 18불불공법을 벗어나서도 여래를 얻을 수 없으며, 이와 같이 나아가 일체지에 나아가서 여래를 얻을 수 없고 일체지를 벗어나서도 여래를 얻을 수 없으며, 도상지·일체상지에 나아가서 여래를 얻을 수 없고 도상지·일체상지를 벗어나서도 여래를 얻을 수 없느니라.

여러 천인 등이여. 만약 보살마하살이 일체법에서 얻을 수 없는 것으로써 방편을 삼아서 이러한 보시바라밀다를 정근(精勤)하면서 수학(修學)하였고, [자세한 설명은 생략한다.] 나아가 일체상지를 정근하면서 수학한다면, 이 보살마하살은 이 반야바라밀다에서 능히 바르게 수행하고 항상 멀리 벗어나지 않느니라. 이러한 까닭으로 그대들은 상응하여 마땅하게 항상 그러한 보살마하살을 제여래·응공·정등각과 같게 공경하고 섬겨야 하느니라.

여러 천인 등이여. 마땅히 알라. 내가 지나간 옛날의 연등불(燃燈佛)의 때에 중화왕(衆華王)의 수도(首都)인 네거리의 입구에서 연등불을 보고서 다섯 송이의 연꽃을 드렸고, 머리카락을 펼쳐서 진흙을 덮고서 상묘(上妙)한 법을 들었어도, 얻을 수 없는 것으로써 방편을 삼았던 까닭으로 곧 보시바라밀다, 나아가 반야바라밀다를 벗어나지 않았고, 내공, 나아가 무성자성공을 벗어나지 않았으며, 4념주, 나아가 8성도지를 벗어나지 않았고, 4정려·4무량·4무색정을 벗어나지 않았으며, 일체의 삼마지문·일체의 다라니문을 벗어나지 않았고, 여래의 10력·4무소외·4무애해·대자·대비·대희·대사·18불불공법을 벗어나지 않았으며, 여러 나머지의 무량(無量)하고 무수(無數)이며 무변(無邊)한 불법(佛法)을 모두 벗어나지 않았느니라. 그때 연등불께서는 나아가 곧 나에게 무상정등보리의 수기(授記)를 주시면서 '선남자여. 그대는 미래의 세상에 무수인 겁을 지난다면, 곧 이 세계의 현겁(賢劫)의 가운데에서 마땅히 작불(作佛)을 증득할 것이고, 석가모니 여래·응공·정등각이라고 명호(名號)할 것이며, 반야바라밀다를 널리 설하여 무량한 중생들을 헤아려서 해탈(度脫)시킬 것이다.'라고 이렇게 말씀을 지으셨느니라."

이때 여러 천인 등이 함께 세존께 아뢰어 말하였다.

"희유(希有)합니다. 세존이시여. 희유합니다. 선서(善逝)시여. 이와 같은 반야바라밀다는 매우 희유한 것이므로, 제보살마하살 대중들에게 빠르고 능히 일체지지를 섭수하게 할지라도, 얻을 수 없는 것으로써 방편을 삼아서 일체의 색에서 취하지 않고 버리지도 않으며, 수·상·행·식에서 취하지 않고 버리지도 않으며, 나아가 일체지에서 취하지 않고 버리지도 않으며, 도상지·일체상지에서 취하지 않고 버리지도 않게 합니다."

그때 세존께서는 사부대중의 화합을 관찰하셨는데 이를테면, 비구(苾芻)·비구니(苾芻尼)·우바색가(鄔波索迦)·우바사가(鄔波斯迦)와 더불어 제보살마하살 대중과 아울러 사대왕중천(四大王衆天), 나아가 색구경천(色究竟天)들이 모두 와서 집회(集會)하면서 같이 증명(明證)하였다. 이때 천제석을 돌아보시면서 말씀하셨다.

"교시가여. 만약 보살마하살이거나, 만약 비구·비구니·우바색가·우바사가이거나, 만약 여러 천자(天子)·천녀(天女)이거나, 만약 여러 선남자·선여인 등일지라도, 만약 일체지지를 벗어나지 않고 얻을 수 없는 것으로써 방편을 삼아서 이러한 반야바라밀다에서 공경히 듣고서 수지(受持)하고 독송(讀誦)하며 정근(精勤)하면서 수학(修學)하고 이치에 맞게 사유(思惟)하며 다른 사람을 위하여 널리 설하고 널리 유포(流布)시킨다면, 이러한 부류들은 일체의 악마(惡魔)와 더불어 악마의 군대가 능히 번뇌시키거나 해치지 못한다고 마땅히 알아야 하느니라.

왜 그러한가? 교시가여. 이 선남자와 선여인 등은 색의 공(空)·무상(無相)·무원(無願)에 잘 안주하였고, 수·상·행·식의 공·무상·무원에 잘 안주하였으며, 이와 같이 나아가 일체지의 공·무상·무원에 잘 안주하였고, 도상지·일체상지의 공·무상·무원에 잘 안주하였나니, 공으로써 공에서 번뇌시키거나 해칠 수 없고, 무상으로써 무상을 요란시키거나 해칠 수 없으며, 무원으로써 무원을 요란시키거나 해칠 수 없느니라. 그 까닭은 무엇인가? 이와 같은 제법은 모두가 무자성(無自性)이므로 능히 번뇌시키거나 해치는 자와 번뇌와 해침을 당하는 자를 함께 얻을 수 없느니라.

다시 다음으로 교시가여. 이 선남자와 선여인 등은 인비인(人非人)들이 능히 요란시키거나 해치지 못하느니라. 왜 그러한가? 교시가여. 이 선남자와 선여인 등은 얻을 수 없는 것으로써 방편을 삼아서 제유정들에게 자(慈)·비(悲)·희(喜)·사심(捨心)을 잘 수행하는 까닭이니라. 다시 다음으로 교시가여. 이 선남자와 선여인 등은 결국 번뇌시키거나 해치는 것의 여러 험악한 인연에서 횡사(橫死)하지도 않느니라. 왜 그러한가? 교시가여. 이 선남자와 선여인 등은 보시바라밀다를 수행하면서 제유정을 바르고 평안하게 양육하는 까닭이니라.

다시 다음으로 교시가여. 이 삼천대천세계에 있는 사대왕중천들, 나아가 광과천(廣果天)들이 이미 무상보리의 마음을 일으켰던 자가 이 반야바라밀다에서 만약 아직 듣지 않았거나, 수지하지 않았거나, 독송하지 않았거나, 정근하면서 수학하지 않았거나, 이치에 맞게 사유하지 않았다면, 지금부터 상응하여 일체지지의 마음을 벗어나지 않고 얻을 수 없는 것으로써 방편을 삼아서 이 반야바라밀다에서 지극한 마음으로 듣고 수지하며, 독송하며 정근하면서 수학하고 이치에 맞게 사유해야 하느니라.

다시 다음으로 교시가여. 만약 여러 선남자와 선여인 등이 일체지지의 마음을 벗어나지 않고 얻을 수 없는 것으로써 방편을 삼아서 이 반야바라밀다에서 지극한 마음으로 듣고서 수지하고 독송하며 정근하면서 수학하고 이치에 맞게 사유하였다면, 이 선남자와 선여인 등이 만약 빈 집에 있었거나, 만약 광야(曠野)에 있었거나, 만약 험난한 도로와 위험한 처소에 있었더라도 결국 겁내지 않고 두려워하지 않으며 놀라서 털이 곤두서지 않느니라. 왜 그러한가? 교시가여. 이 선남자와 선여인 등은 일체지지의 마음을 벗어나지 않고, 얻을 수 없는 것으로써 방편을 삼아서 내공, 나아가 무성자성공을 잘 수행하였던 까닭이니라."

그때 이 삼천대천(三千大千)의 감인세계(堪忍世界)에서 소유한 사대왕중천의 대중, 나아가 색구경천 등이 공경스럽게 합장하고 함께 세존께 아뢰어 말하였다.

"세존이시여. 만약 여러 선남자와 선여인 등이 일체지지의 마음을 벗어나지 않고 얻을 수 없는 것으로써 방편을 삼아서 이 반야바라밀다에서 지극한 마음으로 듣고서 수지하고 독송하며 정근하면서 수학하고 이치에 맞게 사유하며 서사(書寫)하고 해설(解說)하며 널리 유포한다면, 우리 여러 천인들은 항상 따르면서 옹호(擁護)하고 일체의 재앙(災橫)이 침범하여 번뇌하지 않게 하겠습니다. 왜 그러한가? 세존이시여. 이 선남자와 선여인 등은 곧 이것이 보살마하살인 까닭입니다.

세존이시여. 오히려 이러한 보살마하살을 까닭으로 제유정들에게 지옥(地獄)·방생(傍生)·귀계(鬼界)·아소락(阿素洛) 등의 여러 험악한 세계를 영원히 단절(斷切)될 것입니다. 세존이시여. 오히려 이러한 보살마하살을 까닭으로 여러 천인·인간·약차(藥叉)·용(龍) 등이 일체의 재앙·질병·빈궁(貧窮)·기갈(飢渴)·추위·더위 등의 고통을 영원히 벗어나게 될 것입니다. 세존이시여. 오히려 이러한 보살마하살을 까닭으로 여러 천상·인간·아소락 등이 여러 종류의 뜻과 같지 않은 일들을 영원히 벗어나고 머무르는 처소는 전쟁을 영원히 멈추어서 일체의 유정들이 자애로운 마음으로 서로를 향할 것입니다.

세존이시여. 오히려 이러한 보살마하살을 까닭으로 세간에는 곧 10선업도(十善業道)가 있거나, 만약 4정려·4무량·4무색정이거나, 만약 보시바라밀다, 나아가 반야바라밀다이거나, 만약 내공, 나아가 무성자성공이거나, 만약 4념주, [자세한 설명은 생략한다.] 나아가 18불불공법이거나, 나아가 만약 일체지·도상지·일체상지가 있을 것입니다. 세존이시여. 오히려 이러한 보살마하살을 까닭으로 세간에는 찰제리(刹帝利)의 대종족(大族)·바라문의 대종족·장자(長者)의 대종족·거사(居士)의 대종족, 여러 작은 나라의 국왕·전륜성왕(轉輪聖王)·대신(輔臣)·신하(僚佐) 등이 있을 것입니다. 세존이시여. 오히려 이러한 보살마하살을 까닭으로 세간에는 사대왕중천들, 나아가 타화자재천(他化自在天)과, 범중천(梵衆天), 나아가 구경천(色究竟天)과, 공무변처천(空無邊處天)과, 나아가 비상비비상처천(非想非非想處天)이 있을 것입니다.

세존이시여. 오히려 이러한 보살마하살을 까닭으로 세간에는 예류(預流)와 예류과(預流果)가 있고, 나아가 아라한(阿羅漢)과 아라한과(阿羅漢

果)가 있으며, 독각(獨覺)과 독각의 보리(獨覺菩提)가 있을 것입니다. 세존이시여. 오히려 이러한 보살마하살을 까닭으로 세간에는 제보살마하살이 유정들을 성숙시키고 불국토를 청정하게 장엄하며 무상정등보리를 증득하고서 미묘한 법륜을 굴리면서 무량한 대중을 헤아려서 해탈시킬 것입니다. 세존이시여. 오히려 이러한 보살마하살을 까닭으로 세간에는 불보(佛寶)·법보(法寶)·비구승보(苾芻僧寶)가 있고 일체의 유정들을 이익되고 안락하게 할 것입니다.

세존이시여. 오히려 이러한 인연으로 우리들 천인들의 대중과 아소락·여러 용들·약차(藥叉)들과 아울러 큰 세력의 인비인(人非人) 등이 항상 상응하게 따르면서 이 보살마하살들을 공경하고 수호(守護)하여 일체의 재앙이 침범하여 번뇌시키지 못하게 하고, 반야바라밀다에서 수지하고 독송하며 정근하면서 수학하고 이치에 맞게 사유하며 서사하는 일들을 잠시도 멈추지 않게 하겠습니다."

그때 세존께서는 천제석과 더불어 나머지의 천상·용·아소락 등에게 알려 말씀하셨다.

"그와 같으니라. 그와 같으니라. 그대들이 말한 것과 같으니라. 오히려 이러한 보살마하살을 까닭으로 제유정들의 악한 세계가 영원히 단절시키고, 나아가 3보(三寶)가 세간에 나타나서 제유정들과 함께 큰 요익(饒益)을 짓느니라. 이러한 까닭으로 그대들 천인·용·귀신과 더불어 큰 세력의 인비인들은 이 보살마하살을 항상 상응하게 따르면서 공양하고 공경하며 존중하고 찬탄하며 정근하면서 더욱 수호하면서 일체의 재앙이 침범하여 번뇌시키지 못하게 하라. 그대들이 만약 이 제보살마하살을 공양하고 공경하며 존중하고 찬탄하며 정근하면서 더욱 수호한다면, 곧 나와 시방의 일체의 여래·응공·정등각을 공양하고 공경하며 존중하고 찬탄하며 정근하면서 더욱 수호하는 것이라고 마땅히 알아야 하느니라. 이러한 까닭으로 그대들은 항상 이 보살마하살을 항상 상응하게 따르면서 공양하고 공경하며 존중하고 찬탄하며 정근하면서 더욱 수호하면서 잠시도 버려두지 않아야 하느니라.

천인들이여. 가사 삼천대천의 불세계를 성문과 연각들이 가득 채웠으므로 비유한다면 감자(甘蔗)·갈대·대나무 숲·벼·삼베(麻)·수풀 등이 빈틈이 없는 것과 같았더라도, 여러 선남자와 선여인 등이 있어서 그 복전(福田)에서 무량한 종류의 상묘한 악기(樂具)로써 그들이 목숨을 끝마치도록 공양하고 공경하며 존중하고 찬탄하였더라도, 만약 다시 사람이 있어서 한 번의 초발심을 일으켜서 6바라밀다를 벗어나지 않는 보살마하살에게 잠깐 동안을 지내면서 공양하고 공경하며 존중하고 찬탄하였다면, 앞의 공덕으로써 이 복취(福聚)와 비교한다면, 백 분의 일에도 미치지 못하고, 천 분의 일에도 미치지 못하며, 나아가 오파니살담(鄔波尼殺曇) 분의 일에도 미치지 못하느니라.

왜 그러한가? 오히려 성문·독각을 까닭으로 보살마하살과 더불어 여래·응공·정등각이 세간에 출현하여 있는 것이 아니고, 다만 오히려 보살마하살을 까닭으로 세간에는 성문·독각과 더불어 제여래·응공·정등각이 있느니라. 이러한 까닭으로 그대들 천인·용·아소락·인비인 등은 이 보살마하살을 항상 상응하게 수호하고 공양하고 공경하며 존중하고 찬탄하며 정근하면서 일체의 재앙이 침범하여 번뇌시키지 못하게 해야 하느니라. 그대 등이 오히려 이것으로 획득하였던 복취로 인간과 천상의 가운데에서 항상 안락을 얻을 것이고, 나아가 무상정등보리를 증득할 것이며, 이렇게 획득한 복취는 항상 끝자락이 없느니라."

29. 섭수품(攝受品)(1)

그때 천제석이 세존께 아뢰어 말하였다.

"세존이시여. 제보살마하살은 매우 기이하고 희유합니다! 이 반야바라밀다에서 지극한 마음으로 듣고서 수지하고 독송하며 정근하면서 수학하고 이치에 맞게 사유하며 서사하고 해설하며 널리 유포합니다. 이와 같이 희유(希有)한 현법(現法)의 공덕과 수승한 이익을 섭수하여 유정들을 성숙시키고 불국토를 청정하게 장엄하며, 한 불국토에서 다른 한 불국토에 이르면서 제불·세존께 친근하고 받들어 섬기고, 여러 선근에서 기쁘고 즐거운 것을 따라서 제불께 공양하고 공경하며 존중하고 찬탄하는 것으로써 곧 능히 생장(生長)하고 빠르게 원만하게 하며, 제불의 처소에서 정법을 듣고서 무상정등보리에 이르기까지 그 중간에서 일찍이 잊어버리지 않고, 빠르게 능히 섭수하므로 종성(種姓)이 원만해지고 출생시키는 어머니가 원만해지며 태어날 몸이 원만해지고 권속이 원만해지며 상호(相好)가 원만해지고 광명(光明)이 원만해지며 수승한 눈이 원만해지고 수승한 귀가 원만해지며 음성이 원만해지고 등지(等持)가 원만해지며 총지(摠持)가 원만해집니다.

다시 방편선교의 힘으로써 스스로가 그의 몸을 교화하므로 세존의 형상과 같게 되고 한 세계에서 다른 한 세계로 나아가면서 여래가 없는 국토에 이르렀다면 보시바라밀다, 나아가 반야바라밀다를 찬탄하여 설하며, 내공, 나아가 무성자성공을 찬탄하여 설하고, 4정려·4무량·4무색정을 찬탄하여 설하며, 4념주, [자세한 설명은 생략한다.] 나아가 18불불공법을 찬탄하여 설합니다. 다시 방편선교의 힘으로써 제유정을 위하여 법요(法要)를 널리 설하여 마땅함을 따라서 3승법의 가운데에 안치(安置)시키고, 영원히 생(生)·노(老)·병(病)·사(死)를 해탈시켜서 무여의반열반계(無餘依般涅槃界)를 증득하게 하며, 혹은 다시 여러 악취(惡趣)의 고통을 발제(拔濟)하여 천상과 인간의 가운데에서 여러 미묘한 안락을 받게 합니다."

그때 천제석이 다시 세존께 아뢰어 말하였다.

"이와 같이 반야바라밀다는 매우 기이하고 희유하므로, 만약 이와 같은 반야바라밀다를 섭수하였다면, 곧 6바라밀다를 섭수하면서 구족하게 되는 것이고, 나아가 18불불공법을 섭수하면서 구족하게 되는 것이며, 역시 예류·일래·불환·아라한과와, 독각의 보리·일체의 보살마하살의 행·제불의 무상정등보리와, 일체지·도상지·일체상지를 섭수하면서 구족하게 되는 것입니다."

그때 세존께서 천제석에게 알려 말씀하셨다.

"그와 같으니라. 그와 같으니라. 그대가 말한 것과 같으니라. 만약 이와 같은 반야바라밀다를 만약 능히 섭수하였다면, 곧 6바라밀다를 섭수하여 구족하게 되는 것이고, 나아가 일체상지를 섭수하면서 구족하게 되는 것이니라. 다시 다음으로 교시가여. 만약 여러 선남자와 선여인 등이 능히 반야바라밀다에서 지극한 마음으로 듣고서 수지하고 독송하며 정근하면서 수학하고 이치에 맞게 사유하며 서사하고 해설하며 널리 유포한다면, 이 선남자와 선여인 등은 현법과 미래에 여러 종류의 공덕과 수승한 이익을 섭수하는 것이니, 그대들은 자세하게 듣고서 지극히 선(善)하게 작의(作意)해야 하느니라. 내가 마땅히 그대들을 위해 분별하여 해설하겠노라."

천제석이 말하였다.

"오직 그렇습니다. 대성(大聖)이시여. 원하였던 때가 되었으니 설하여 주십시오. 저희 등은 즐겁게 듣겠습니다."

세존께서 말씀하셨다.

"교시가여. 만약 여러 종류인 외도의 종족과 부류들이 있었거나, 만약 여러 욕계의 자재천(自在天)[2]의 악마와 더불어 그 권속이었거나, 만약 나머지의 폭악(暴惡)하고 증상만(增上慢)인 자들이 이와 같은 여러 선남자와 선여인 등에게 여러 종류의 요익(饒益)하지 않은 일을 일으켜서 반야바라밀다를 멀리 벗어나게 하고 어긋나게 하고 해치며 싫어하고 비난하게 하며 훼방(毁謗)하고자 할지라도 그들이 마음을 일으킨다면 빠르게 재앙(殃禍)을 만나서 스스로가 마땅히 죽거나 소멸하여 소원을 이루지 못하느니라.

왜 그러한가? 교시가여. 이 보살마하살은 장야(長夜)에 보시·정계·안인·정진·정려·반야바라밀다를 수행하였으므로, 만약 제유정들은 간탐(慳

---

2) 산스크리트어 Mahesvara의 번역이고, 마혜수라(摩醯首羅)라고 음사한다. 욕계(欲界) 위에 있는 색계(色界)의 초선천(初禪天)을 가리키는데, 여기에는 범중천(梵衆天)·범보천(梵輔天)·대범천(大梵天) 등이 있다.

貪)이 있었던 까닭으로 장야(長夜)에 투쟁(鬪諍)하였더라도, 이 보살마하살은 내·외법(內外法)에서 일체를 모두 버리고서 방편으로 그들을 보시바라밀다에 안주하게 하였고, 만약 제유정들이 장야에 계율을 파괴하였더라도 이 보살마하살은 내(內)·외법(外法)에서 일체를 모두 버리고서 방편으로 그들을 정계바라밀다에 안주하게 하였으며, 만약 제유정들이 장야에 성내고 분노하였더라도 이 보살마하살은 내·외법에서 일체를 모두 버리고서 방편으로 그들을 안인바라밀다에 안주하게 하였고, 만약 제유정들이 장야에 해태(懈怠)하였더라도 이 보살마하살은 내·외법에서 일체를 모두 버리고서 방편으로 그들을 정진바라밀다에 안주하게 하였으며, 만약 제유정들이 장야에 산란(散亂)하였더라도 이 보살마하살은 내·외법에서 일체를 모두 버리고서 방편으로 그들을 정려바라밀다에 안주하게 하였고, 만약 제유정들이 장야에 우치(愚癡)하였더라도 이 보살마하살은 내·외법에서 일체를 모두 버리고서 방편으로 그들을 반야바라밀다에 안주하게 하였느니라.

만약 제유정들이 생사에 유전하면서 장야에 항상 탐(貪)·진(瞋)·치(癡) 등과 수면(睡眠)·전(纏)[3]·구(垢)[4]에 그 마음이 요란(擾亂)되었고, 여러 종류의 요익하지 않은 일을 조작(造作)하였더라도 이 보살마하살은 방편선교로써 그들이 탐·진·치 등과 수면·전·구를 단절하게 하고, 4정려·4무량·4무색정에 안주하게 하며, 혹은 4념주, 나아가 8성도지에 안주하게 하고, 혹은 공·무상·무원해탈문에 안주하게 하며, 혹은 예류과, 나아가 아라한과에 안주하게 하고, 혹은 독각의 보리에 안주하게 하며, 혹은 보살의 10지에 안주하게 하고, 혹은 제불의 무상정등보리에 안주하게 하느니라.

교시가여. 이와 같다면 반야바라밀다에서 지극한 마음으로 듣고서 수지하고 독송하며 정근하면서 수학하고 이치에 맞게 사유하며 서사하고

---

3) 산스크리트어 paryavasthāna의 번역이고, 속박(束縛) 또는 구속(拘束)의 뜻이며, 번뇌의 다른 이름이다.
4) 번뇌의 다른 이름으로 마음의 번뇌를 비유적으로 가리킨다.

해설하며 널리 유포하면서 현법에 여러 종류의 공덕과 수승한 이익을 섭수하는 것이니라. 교시가여. 이 보살마하살은 오히려 이러한 인연으로 미래에 빠르게 무상정등보리를 증득하고서 미묘한 법륜을 굴리면서 무량한 대중을 교화하고, 본래의 소원을 따라서 방편으로 안립시켜서 삼승(三乘)에서 구경을 수학하게 하고, 나아가 무여열반을 증득하게 하느니라. 교시가여. 이와 같다면 반야바라밀다에서 지극한 마음으로 듣고서 수지하고 독송하며 정근하면서 수학하고 이치에 맞게 사유하며 서사하고 해설하며 널리 유포하는 제보살마하살이 미래의 공덕과 수승한 이익을 섭수하는 것이니라.

다시 다음으로 교시가여. 만약 여러 선남자와 선여인 등이 이러한 반야바라밀다에서 지극한 마음으로 듣고서 수지하고 독송하며 정근하면서 수학하고 이치에 맞게 사유하며 서사하고 해설하며 널리 유포한다면, 그 지방의 처소에 만약 악마와 악마의 권속이 있었거나, 만약 여러 종류의 외도의 종족과 부류들이 있었거나, 만약 나머지의 폭악(暴惡)하고 증상만인 자들이 있어서, 반야바라밀다를 증오하고 질투하면서 장애(障礙)하고 파괴(破壞)하며 은몰(隱沒)시키고자 방편으로 비난하고 꾸짖으며 업신여기고 어긋나게 거부하였고, 비록 이러한 소원이 있었더라도 결국 성취되지 않으며, 그들은 잠시 반야의 소리를 들었던 까닭으로 여러 폭악이 점차 소멸되고 공덕이 점차 생겨나며, 뒤에 3승에 의지하여 고제(苦際)의 끝자락을 얻으므로, 혹은 악취(惡趣)를 벗어나서 천상과 인간의 가운데에 태어나느니라.

교시가여. 미묘한 약이 있어서 막기(莫耆)[5]라고 이름하는데, 이 약의 위세(威勢)는 능히 여러 독(毒)을 소멸시키는데, 이와 같은 미묘한 약이 있는 처소를 따라서 여러 독충(毒蟲)의 부류들이 능히 가까이서 핍박하지 못하느니라. 큰 독사(毒蛇)가 굶주려서 먹을 것을 구하려고 다니면서 살아있는 생물(生類)을 만나서 독을 쏘아서 잡아먹으려고 하였고 그 생물

---

5) 산스크리트어 Mahilā의 음사이고, 마기(摩蚔), 마혜(摩醯), 마타(摩蛇) 등으로 번역한다.

이 죽는다는 두려움이 생겨나서 달아나다가 이 미묘한 약으로 나아간다면 독사는 약의 냄새를 맡고서 곧바로 물러나서 도망치느니라.

왜 그러한가? 교시가여. 이와 같은 미묘한 약은 큰 위세를 갖추었으며, 능히 몸과 생명을 요익되게 하고, 여러 독을 굴복시키고 소멸시키느니라. 반야바라밀다가 큰 위세를 갖추었던 것도 역시 다시 이와 같으니, 만약 여러 선남자와 선여인 등이 지극한 마음으로 듣고서 수지하고 독송하며 정근하면서 수학하고 이치에 맞게 사유하며 서사하고 해설하며 널리 유포한다면, 여러 악마들이 보살마하살의 처소에서 악한 일을 하고자 하였더라도 오히려, 이러한 반야바라밀다의 위신력(威神力)을 까닭으로 그 악한 일들이 그 방위(方所)에서 스스로가 사라지고 소멸하므로, 능히 할 것 없다고 마땅히 알아야 하느니라. 왜 그러한가? 교시가여. 오히려 이 반야바라밀다는 대위력(大威力)을 갖추었으므로, 능히 여러 악한 일을 절복시키고 선법(善法)을 증장시키는 까닭이니라.

교시가여. 무엇이 반야바라밀다가 능히 여러 악한 일을 절복시키고, 여러 선법을 증장하게 하는 것이겠는가? 교시가여. 이와 같은 반야바라밀다는 능히 탐욕(貪欲)·진에(瞋恚)·우치(愚癡)와, 무명, 나아가 순수하고 큰 고온(苦蘊)·장애의 덮개(障蓋)·수면(隨眠)·전구(纏垢)·결박(結縛)이거나, 만약 아견(我見)·유정견(有情見)·보특가라견(補特伽羅見)·단견(斷見)·상견(常見)·유견(有見)·무견(無見), 나아가 여러 종류의 제악(諸惡)의 견취(見趣)·간탐(慳貪)·파계(破戒)·분노와 성냄(忿恚)·해태(懈怠)·산란(散亂)·우치(愚癡)·항상하다는 생각(常想)·즐겁다는 생각(樂想)·나라는 생각(我想)·청정하다는 생각(淨想)과, 더불어 나머지의 일체의 탐(貪)·진(瞋)·치(癡)·만(慢)·의(疑) 등의 견해와 행 등을 능히 소멸시키느니라.

교시가여. 이와 같은 반야바라밀다는 능히 색의 집착, 나아가 식의 집착을 소멸시키고, 안의 집착, 나아가 의의 집착을 소멸시키며, 빛깔의 집착, 나아가 법의 집착을 소멸시키고, 안식의 집착, 나아가 의식의 집착을 소멸시키며, 안촉의 집착, 나아가 의촉의 집착을 소멸시키고, 안촉을 인연으로 생겨난 여러 수의 집착, 나아가 의촉을 인연으로 생겨난 여러 수의 집착을 소멸시키며, 보시바라밀다, 나아가 반야바라밀다의 집착을 소멸시키고, 내공의 집착, 나아가 무성자성공의 집착을 소멸시키며, 4념주의 집착, [자세한 설명은 생략한다.] 나아가 18불불공법의 집착을 소멸시키고, 일체지·도상지·일체상지의 집착을 소멸시키며, 보리와 열반의 집착을 소멸시키느니라. 교시가여. 이와 같은 반야바라밀다는 능히 이것 등의 일체의 악법을 소멸시키고, 더불어 능히 그것의 여러 대치(對治)들을 증장시키느니라. 이러한 까닭으로 반야바라밀다는 대위력을 갖추었으므로, 최고로 존귀(尊貴)하고 최고로 수승(殊勝)하느니라.

다시 다음으로 교시가여. 만약 여러 선남자와 선여인 등이 이러한 반야바라밀다에서 지극한 마음으로 듣고서 수지하고 독송하며 정근하면서 수학하고 이치에 맞게 사유하며 서사하고 해설하며 널리 유포한다면, 이 선남자들과 선여인 등은 항상 삼천대천세계의 사대천왕과 천제석 및 감인세계(堪忍世界)의 천주(天主)인 대범천왕(大梵天王)과 정거천(淨居天) 등과 천인·용·약차·아소락 등과 아울러 나머지의 선신(善神) 등이 모두 와서 옹호하고 일체의 재앙이 침범하여 번뇌시키지 못하게 하므로, 여법(如法)하게 구하는 것이 불만족이 없으며, 동·서·남·북·사유·상·하의 긍가사 등의 제불세계에서 일체의 여래·응공·정등각들께서도 항상 이 선남자와 선여인 등을 호념(護念)하시니, 악한 일은 점차 소멸하고 선법은 점차 증장하느니라.
이를테면, 보시바라밀다, 나아가 반야바라밀다가 증장하는데, 얻을 수 없는 것으로써 방편을 삼는 까닭이고, 내공의 관찰, 나아가 무성자성공의 관찰도 증장하는데, 얻을 수 없는 것으로써 방편을 삼는 까닭이며, 4념주, [자세한 설명은 생략한다.] 나아가 18불불공법도 증장하는데, 얻을 수 없는 것으로써 방편을 삼는 까닭이고, 일체의 삼마지문·일체의 다라니문도 증장하는데, 얻을 수 없는 것으로써 방편을 삼는 까닭이며, 또는 일체지·도상지·일체상지를 증장하는데, 얻을 수 없는 것으로써 방편을 삼는 까닭이니라.

교시가여. 이 선남자와 선여인 등은 오히려 이러한 인연으로 언사(言詞)가 엄숙하여 들었던 모두가 공경스럽게 받아들이고, 헤아리며 담설(談說)하는 말에서 오류와 산란함이 없으며, 은혜에 보답하는 것을 잘 알고, 선한 벗을 견고하게 섬기면서 간탐(慳)·질투(嫉)·분노하고 한탄함(忿恨)·덮음(覆)·번뇌(惱)·아첨(諂)·속임(誑)·꾸밈(矯) 등에서 은폐(隱蔽)되지 않느니라.

교시가여. 이 선남자와 선여인 등은 스스로가 생명을 끊는 것을 능히 벗어나고, 역시 다른 사람에게 권유하여 생명을 끊는 것을 능히 벗어나게 하며, 전도가 없이 생명을 끊는 것을 벗어나는 법을 칭찬(稱揚)하고, 생명을 끊는 것을 벗어난 자를 환희하면서 찬탄하며, 나아가 스스로가 삿된 견해를 벗어나고, 역시 다른 사람에게 권유하여 삿된 견해를 벗어나게 하며, 전도가 없이 삿된 견해를 벗어나는 법을 칭찬하고, 삿된 견해를 벗어나는 자를 환희하면서 찬탄하느니라.

스스로가 보시바라밀다를 행하고, 역시 다른 사람에게 권유하여 보시바라밀다를 행하게 하며, 전도가 없이 보시바라밀다를 행하는 법을 칭찬하고, 보시바라밀다를 행하는 자를 환희하면서 찬탄하며, 나아가 스스로가 반야바라밀다를 행하고, 역시 다른 사람에게 권유하여 반야바라밀다를 행하게 하며, 전도가 없이 반야바라밀다를 행하는 법을 칭찬하고, 반야바라밀다를 행하는 자를 환희하면서 찬탄하느니라.

스스로가 내공을 행하고, 역시 다른 사람에게 권유하여 내공을 행하게 하며, 전도가 없이 내공을 행하는 법을 칭찬하고, 내공을 행하는 자를 환희하면서 찬탄하며, 나아가 스스로가 무성자성공을 행하고, 역시 다른 사람에게 권유하여 무성자성공을 행하게 하며, 전도가 없이 무성자성공을 행하는 법을 칭찬하며, 무성자성공을 행하는 자를 환희하면서 찬탄하느니라.

스스로가 일체의 삼마지문을 수행하고, 역시 다른 사람에게 권유하여 일체의 삼마지문을 수행하게 하며, 전도가 없이 일체의 삼마지문을 수행하는 법을 칭찬하고, 일체의 삼마지문을 수행하는 자를 환희하면서 찬탄하며, 나아가 스스로가 일체의 다라니문을 수행하고, 역시 다른 사람에게 권유하여 일체의 다라니문을 수행하게 하며, 전도가 없이 일체의 다라니문을 수행하는 법을 칭찬하고, 일체의 다라니문을 수행하는 자를 환희하면서 찬탄하느니라.

스스로가 4정려를 수행하고, 역시 다른 사람에게 권유하여 4정려를 수행하게 하며, 전도가 없이 4정려를 수행하는 법을 칭찬하고, 일체의 4정려를 수행하는 자를 환희하면서 찬탄하며, 나아가 스스로가 4무량을 수행하고, 역시 다른 사람에게 권유하여 4무량을 수행하게 하며, 전도가 없이 4무량을 수행하는 법을 칭찬하고, 4무량을 수행하는 자를 환희하면서 찬탄하며, 나아가 스스로가 4무색정을 수행하고, 역시 다른 사람에게 권유하여 4무색정을 수행하게 하며, 전도가 없이 4무색정을 수행하는 법을 칭찬하고, 4무색정을 수행하는 자를 환희하면서 찬탄하느니라.

스스로가 4념주를 수행하고, 역시 다른 사람에게 권유하여 4념주를 수행하게 하며, 전도가 없이 4념주를 수행하는 법을 칭찬하고, 4념주를 수행하는 자를 환희하면서 찬탄하며, 나아가 스스로가 8성도지를 수행하고, 역시 다른 사람에게 권유하여 8성도지를 수행하게 하며, 전도가 없이 8성도지를 수행하는 법을 칭찬하고, 8성도지를 수행하는 자를 환희하면서 찬탄하느니라.

스스로가 3해탈문을 수행하고, 역시 다른 사람에게 권유하여 3해탈문을 수행하게 하며, 전도가 없이 3해탈문을 수행하는 법을 칭찬하고, 3해탈문을 수행하는 자를 환희하면서 찬탄하며, 나아가 스스로가 8해탈문(八解脫門)[6]을 수행하고, 역시 다른 사람에게 권유하여 8해탈문을 수행하

---

6) 산스크리트어 aṣṭā-vimokṣa의 번역이고, 8가지 선정의 힘을 의지하여 색(色)과 무색(無色)에 대한 탐욕 또는 속박을 버리는 것을 뜻한다. 첫째는 내유색상관외색해탈(內有色想觀外色解脫)이고, 둘째는 내무색상관외색해탈(內無色想觀外色解脫)이며, 셋째는 정해탈신작증구족주(淨解脫身證具足住)이고, 넷째는 공무변처해탈(空無邊處解脫)이며, 다섯째는 식무변처해탈(識無邊處解脫)이고, 여섯째는 무소유처해탈(無所有處解脫)이며, 일곱째는 비상비비상처해탈(非想非非想處解脫)이고, 여덟째는 멸수상정해탈(滅受想定解脫)이다. 8해탈은 유루의 해탈이므로, 처음의

게 하며, 전도가 없이 8해탈문을 수행하는 법을 칭찬하고, 8해탈문을 수행하는 자를 환희하면서 찬탄하며, 스스로가 9차제정을 수순(隨順)하거나 역순(逆順)하게 하고, 역시 다른 사람에게 권유하여 9차제정을 수순하거나 역순하게 하며, 전도가 없이 9차제정을 수순하거나 역순하는 법을 칭찬하고, 9차제정을 수순하고 역순하는 자를 환희하면서 찬탄하느니라.

스스로가 여래의 10력을 수행하고, 역시 다른 사람에게 권유하여 여래의 10력을 수행하게 하며, 전도가 없이 여래의 10력을 수행하는 법을 칭찬하고, 여래의 10력을 수행하는 자를 환희하면서 찬탄하며, 나아가 스스로가 18불불공법을 수행하고, 역시 다른 사람에게 권유하여 18불불공법을 수행하게 하며, 전도가 없이 18불불공법을 수행하는 법을 칭찬하고, 18불불공법을 수행하는 자를 환희하면서 찬탄하느니라.

스스로가 무망실법(無忘失法)·항주사성(恒住捨性)을 수행하고, 역시 다른 사람에게 권유하여 무망실법·항주사성을 수행하게 하며, 전도가 없이 무망실법·항주사성을 수행하는 법을 칭찬하고, 무망실법·항주사성을 수행하는 자를 환희하면서 찬탄하며, 스스로가 일체지·도상지·일체상지를 수행하고, 역시 다른 사람에게 권유하여 일체지·도상지·일체상지를 수행하게 하며, 전도가 없이 일체지·도상지·일체상지를 수행하는 법을 칭찬하고, 일체지·도상지·일체상지를 수행하는 자를 환희하면서 찬탄하느니라.

교시가여. 이 선남자와 선여인 등은 보시바라밀다, 나아가 반야바라밀다를 수행하면서 얻을 수 없는 것으로써 방편을 삼고서 제유정들과 함께 평등하게 공유(共有)하면서 무상정등보리를 회향하느니라."

"교시가여. 이 선남자와 선여인 등은 항상 '내가 만약 보시바라밀다를 행하지 않았다면 마땅히 빈천(貧賤)한 집안에 태어나서 오히려 세력도

―――――――
세 가지는 유루의 색계 정려인 4선에 해당하고, 다음의 네 가지는 유루의 무색계 정려인 4무색정에 해당하여, 마지막 한 가지는 유루의 가장 뛰어난 정려인 멸진정에 해당한다.

없었을 것인데, 어찌 능히 일체의 유정들을 성숙시키고, 불국토를 청정하게 장엄하겠는가? 하물며 마땅히 일체지지를 능히 증득하였겠는가? 내가 만약 정계바라밀다를 호지(護持)하지 않았다면, 마땅히 여러 악취(惡趣)에 태어나서 오히려 하천한 인간의 몸도 얻지 못하였을 것인데, 어찌 능히 일체의 유정들을 성숙시키고, 불국토를 청정하게 장엄하겠는가? 하물며 마땅히 일체지지를 능히 증득하였겠는가?

내가 만약 안인바라밀다를 수행하지 않았다면 마땅히 여러 근(諸根)이 완전하지 않아서 형체와 얼굴이 추루(醜陋)하였을 것이다. 만약 보살이 색신(色身)의 원만함을 얻고 보살행을 행한다면 유정들의 보는 자가 깊은 환희가 생겨나서 설하는 것을 믿고 수지하며, 반드시 무상정등보리를 획득할 것이나, 만약 이러한 색신의 원만함을 얻지 못하였다면, 어찌 능히 일체의 유정들을 성숙시키고, 불국토를 청정하게 장엄하겠는가? 하물며 마땅히 일체지지를 능히 증득하였겠는가? 내가 만약 해태하여 정진바라밀다를 일으키지 않았다면 오히려 보살의 수승한 도를 능히 증득하지 못하였을 것인데, 어찌 능히 일체의 유정들을 성숙시키고, 불국토를 청정하게 장엄하겠는가? 하물며 마땅히 일체지지를 능히 증득하였겠는가?

내가 만약 마음이 산란하여 정려바라밀다에 들어가지 않았다면 오히려 보살의 수승한 정려도 증득하지 못하였을 것인데, 어찌 능히 일체의 유정들을 성숙시키고, 불국토를 청정하게 장엄하겠는가? 하물며 마땅히 일체지지를 능히 증득하였겠는가? 내가 만약 지혜가 없어 반야바라밀다를 수학하지 않았다면 오히려 방편선교로써 2승의 지위도 초월하지 못하였을 것인데, 어찌 능히 일체의 유정들을 성숙시키고, 불국토를 청정하게 장엄하겠는가? 하물며 마땅히 일체지지를 능히 증득하였겠는가?'라고 항상 이렇게 생각을 짓느니라.

교시가여. 이 선남자와 선여인 등은 '나는 간탐하는 세력을 상응하여 따르지 않겠나니, 만약 그러한 세력을 따른다면, 곧 나의 보시바라밀다는 원만함을 얻지 못할 것이다. 나는 계행(戒行)을 파괴하는 세력을 상응하여 따르지 않겠나니, 만약 그러한 세력을 따른다면, 곧 나의 정계바라밀다는 원만함을 얻지 못할 것이다. 나는 분노하고 성내는 세력을 상응하여 따르지 않겠나니, 만약 그러한 세력을 따른다면, 곧 나의 안인바라밀다는 원만함을 얻지 못할 것이다. 나는 해태(懈怠)하는 세력을 상응하여 따르지 않겠나니, 만약 그러한 세력을 따른다면 곧 나의 정진바라밀다는 원만함을 얻지 못할 것이다. 나는 마음이 산란한 세력을 상응하여 따르지 않겠나니, 만약 그러한 세력을 따른다면, 곧 나의 정려바라밀다는 원만함을 얻지 못할 것이다. 나는 악한 지혜의 세력을 상응하여 따르지 않겠나니, 만약 그러한 세력을 따른다면 곧 나의 반야바라밀다는 원만함을 얻지 못할 것이다. 만약 내가 수행하는 것인 보시·정계·안인·정진·정려·반야바라밀다가 원만하지 못하는 자는 결국 일체지지를 증득하지 못한다.'라고 항상 이렇게 생각을 짓느니라.

 교시가여. 이 선남자와 선여인 등이 일체지지의 마음을 벗어나지 않고 얻을 수 없는 것으로써 방편을 삼아서 반야바라밀다를 지극한 마음으로 듣고서 수지하고 독송하며 정근하면서 수학하고 이치에 맞게 사유하며 서사하고 해설하며 널리 유포한다면, 반드시 이와 같은 현법과 미래에서 공덕과 수승한 이익을 획득하느니라."

마하반야바라밀다경 제428권

29. 섭수품(攝受品)(2)

그때 천제석이 세존께 아뢰어 말하였다.

"세존이시여. 이와 같은 반야바라밀다는 매우 희유(希有)하게 되므로, 보살마하살들을 조복시켜서 마음이 교만해지지 않게 하고, 능히 일체지지에 회향(迴向)하게 합니다."

그때 세존께서는 천제석에게 알려 말씀하셨다.

"교시가(憍尸迦)여. 어찌하여 반야바라밀다는 보살마하살들을 조복시켜서 마음이 교만해지지 않게 하고, 능히 일체지지에 회향하게 하는 것인가?"

이때 천제석이 아뢰어 말하였다.

"세존이시여. 제보살마하살이 세간에 보시바라밀다를 행하는 때에, 만약 세존의 처소에서 보시를 행하고서 곧 '내가 세존께 보시하였다.'라고 이렇게 생각을 지었거나, 만약 보살·독각·성문·외롭고 빈궁한 자·늙고 병든 자·도로를 다니는 자, 구걸하는 자에게 보시를 행하고서 곧 '내가 보살, 나아가 구걸하는 자에게 보시하였다.'라고 이렇게 생각을 지었다면 이 보살마하살은 방편선교가 없는 까닭으로 비록 보시를 행하였더라도 교만한 마음을 일으키므로 일체지지에 회향하지 못합니다.

세존이시여. 제보살마하살이 세간의 정계·안인·정진·정려·반야바라밀다를 행하는 때에 곧 '내가 능히 정계·안인·정진·정려·반야바라밀다를 행한다.'라고 이렇게 생각을 지었거나, 역시 '내가 능히 정계·안인·정진·정려·반야바라밀다를 원만하게 하였다.'라고 이렇게 생각을 지었다면, 이 보살마하살은 방편선교가 없는 까닭으로 비록 정계, 나아가 반야바라밀다를 행하였더라도 교만한 마음을 일으키므로 일체지지에 회향하지 못합니다.

세존이시여. 제보살마하살이 세간의 4념주를 수행하는 때에 곧 '내가 능히 4념주를 수행한다.'라고 이렇게 생각을 지었거나, 역시 '내가 능히 4념주를 원만하게 하였다.'라고 이렇게 생각을 지었다면 이 보살마하살은 방편선교가 없는 까닭으로 비록 4념주를 수행하였더라도 교만한 마음을 일으키므로 일체지지에 회향하지 못합니다.

세존이시여. 제보살마하살이 4정단·4신족·5근·5력·7등각지·8성도지를 수행하는 때에 곧 '내가 능히 4정단, 나아가 8성도지를 수행한다.'라고 이렇게 생각을 지었거나, 혹은 '내가 능히 4정단, 나아가 8성도지를 원만하게 하였다.'라고 이렇게 생각을 지었다면 이 보살마하살은 방편선교가 없는 까닭으로 비록 4정단, 나아가 8성도지를 수행하였더라도 교만한 마음을 일으키므로 일체지지에 회향하지 못합니다.

세존이시여. 제보살마하살이 공·무상·무원해탈문을 수행하는 때에 곧 '내가 능히 공·무상·무원해탈문을 수행한다.'라고 이렇게 생각을 지었거나, 혹은 '내가 능히 공·무상·무원해탈문을 원만하게 하였다.'라고 이렇게 생각을 지었다면 이 보살마하살은 방편선교가 없는 까닭으로 비록 공·무상·무원해탈문을 수행하였더라도 교만한 마음을 일으키므로 일체지지에 회향하지 못합니다.

세존이시여. 제보살마하살이 일체의 삼마지문·다라니문을 수행하는 때에 곧 '내가 능히 일체의 삼마지문·다라니문을 수행한다.'라고 이렇게 생각을 지었거나, 혹은 '내가 능히 일체의 삼마지문·다라니문을 원만하게 하였다.'라고 이렇게 생각을 지었다면 이 보살마하살은 방편선교가 없는 까닭으로 비록 일체의 삼마지문·다라니문을 수행하였더라도 교만한 마음을 일으키므로 일체지지에 회향하지 못합니다.

세존이시여. 제보살마하살이 여래(佛)의 10력(十力), 4무소외(四無所畏)·4무애해(四無礙解)·대자(大慈)·대비(大悲)·대희(大喜)·대사(大捨)·18

불불공법(十八佛不共法)을 수행하는 때에 곧 '내가 능히 여래의 10력, 나아가 18불불공법을 수행한다.'라고 이렇게 생각을 지었거나, 혹은 '내가 능히 여래의 10력, 나아가 18불불공법을 원만하게 하였다.'라고 이렇게 생각을 지었다면 이 보살마하살은 방편선교가 없는 까닭으로 비록 여래의 10력, 나아가 18불불공법을 수행하였더라도 교만한 마음을 일으키므로 일체지지에 회향하지 못합니다.

세존이시여. 제보살마하살이 일체지(一切智)·도상지(道相智)·일체상지(一切相智)를 수행하는 때에 곧 '내가 능히 일체지·도상지·일체상지를 수행한다.'라고 이렇게 생각을 지었거나, 혹은 '내가 능히 일체지·도상지·일체상지를 원만하게 하였다.'라고 이렇게 생각을 지었다면 이 보살마하살은 방편선교가 없는 까닭으로 비록 일체지·도상지·일체상지를 수행하였더라도 교만한 마음을 일으키므로 일체지지에 회향하지 못합니다.

세존이시여. 제보살마하살이 유정을 성숙시키고 불국토를 청정하게 장엄하는 때에 곧 '내가 능히 유정을 성숙시키고 불국토를 청정하게 장엄하는데, 나머지의 유정들은 능히 이것을 할 수 없다.'라고 이렇게 생각을 지었다면 이 보살마하살은 방편선교가 없는 까닭으로 비록 일체지·도상지·일체상지를 수행하였더라도 교만한 마음을 일으키므로 일체지지에 회향하지 못합니다.

세존이시여. 이러한 보살마하살들은 세간의 마음에 의지하여 여러 선법을 수행하면서 방편선교가 없는 까닭으로, 아(我)·아소(我所)에 집착하여 마음이 요란(擾亂)한 까닭으로, 비록 반야바라밀다를 수행하더라도 증득하지 못하는 까닭으로, 교만한 마음을 여실(如實)하게 조복시키지 못하고, 역시 여실하게 일체지지에 회향하지도 못합니다.

세존이시여. 만약 보살마하살이 출세간의 보시바라밀다를 행하는 때에 반야바라밀다를 잘 수행하는 까닭으로 보시하는 자(施者)·보시받는 자(受者)·보시하는 물건(施物)을 얻지 않았다면, 이 보살마하살은 반야바라밀다를 의지하여 보시를 행하는 까닭으로 교만한 마음을 여실하게 조복시키고, 역시 여실하게 일체지지에 회향합니다.

세존이시여. 만약 보살마하살이 출세간의 정계·안인·정진·정려·반야바라밀다를 행하는 때에 반야바라밀다를 잘 수행하는 까닭으로, 정계·안인·정진·정려·반야바라밀다와 더불어 일체법을 얻지 않았다면, 이 보살마하살은 반야바라밀다를 의지하여 정계·안인·정진·정려·반야바라밀다를 까닭으로 교만한 마음을 여실하게 조복시키고, 역시 여실하게 일체지지에 회향합니다.

세존이시여. 만약 보살마하살이 출세간의 4념주, [자세한 설명은 생략한다.] 나아가 일체상지를 수행하는 때에 반야바라밀다를 잘 수행하는 까닭으로, 4념주, [자세한 설명은 생략한다.] 나아가 일체상지와 더불어 일체법을 얻지 않았다면, 이 보살마하살은 반야바라밀다를 의지하여 4념주, [자세한 설명은 생략한다.] 나아가 일체상지를 까닭으로 교만한 마음을 여실하게 조복시키고, 역시 여실하게 일체지지에 회향합니다.

세존이시여. 만약 보살마하살이 유정을 성숙시키고 불국토를 청정하게 장엄하는 때에 반야바라밀다를 잘 수행하는 까닭으로, 유정을 성숙시키고 불국토를 청정하게 장엄하는 것과 더불어 일체법을 얻지 않았다면, 이 보살마하살은 반야바라밀다를 의지하여 유정을 성숙시키고 불국토를 청정하게 장엄하는 교만한 마음을 여실하게 조복시키고, 역시 여실하게 일체지지에 회향합니다.

세존이시여. 오히려 이러한 인연으로 '이와 같은 반야바라밀다는 매우 희유하게 되므로, 보살마하살들을 조복시켜서 마음이 교만하지 않게 하고, 일체지지에 회향하게 합니다.'라고 나는 이렇게 설하였습니다."

30. 솔도파품(窣堵波品)

그때 세존께서 천제석에게 말씀하셨다.

"교시가여. 보살마하살이 반야바라밀다의 매우 깊은 경전을 지극한 마음으로 듣고서 수지(受持)하고 독송(讀誦)하며 친근(親近)하게 공양(供養)하고 이치에 맞게 사유(如理思惟)하며 서사(書寫)하고 해설(解說)하며 널리 유포(流布)한다면, 이 선남자와 선여인 등은 몸이 항상 안은(安隱)하고, 마음이 항상 기쁘고 즐거울 것이며, 일체의 재앙이 침범하여 번뇌시키지 못하느니라.

다시 다음으로 교시가여. 만약 여러 선남자와 선여인 등이 이 반야바라밀다의 매우 깊은 경전을 지극한 마음으로 듣고서 수지하고 독송하며 친근하게 공양하고 이치에 맞게 사유하며 서사하고 해설하며 널리 유포하였다면, 이 선남자와 선여인 등이 만약 군대(軍旅)들이 진지를 마주하고서 전쟁하는 때에 있었더라도 지극한 마음으로 이와 같은 반야바라밀다를 염송(念誦)하면서 제유정을 자비한 마음으로 옹호(擁護)한다면, 칼이나 몽둥이에 다치거나 죽지 않게 될 것이고, 마주하였던 원적(怨敵)은 모두가 자비한 마음을 일으키게 될 것이며, 설사 악한 마음을 일으켰더라도 스스로가 자연(自然)스럽게 패배하여 물러날 것이니라.

이 선남자와 선여인 등이 만약 군대에 있었더라도 칼이나 화살로 다치거나 목숨을 잃는 이러한 처소는 없느니라. 왜 그러한가? 교시가여. 이 선남자와 선여인 등은 얻을 수 없는 것으로써 방편을 삼아서 장야(長夜)에 보시·정계·안인·정진·정려·반야바라밀다를 수습(修習)하면서 스스로가 능히 탐욕(貪欲)의 무기(刀仗)를 항복시키고, 역시 다른 사람의 탐욕의 무기를 없애주며, 스스로가 능히 진에(瞋恚)의 무기를 항복시키고, 역시 다른 사람의 진에의 무기를 없애주며, 스스로가 능히 우치(愚癡)의 무기를 항복시키고, 역시 다른 사람의 우치의 무기를 없애주며, 스스로가 능히 교만(憍慢)의 무기를 항복시키고, 역시 다른 사람의 교만의 무기를 없애주며, 스스로가 능히 악한 견해(惡見)의 무기를 항복시키고, 역시 다른 사람의 악한 견해의 무기를 없애주며, 스스로가 능히 수면(隨眠)의 무기를 항복시키고, 역시 다른 사람의 수면의 무기를 없애주며, 스스로가 능히 번뇌(纏垢)[1]의 무기를 항복시키고, 역시 다른 사람의 번뇌의 무기를 없애주며, 스스로가 능히 악업(惡業)의 무기를 항복시키고, 역시 다른 사람의 악업의 무기를 없애주느니라.

교시가여. 오히려 이러한 인연으로 이 선남자와 선여인 등은 설사 군진(軍陣)에 들어갈지라도, 칼이나 몽둥이에 다치거나 죽지 않게 될 것이고, 마주하였던 원적은 모두가 자비한 마음을 일으키게 될 것이며, 설사 악한 마음을 일으켰더라도 스스로가 자연스럽게 패배하여 물러날 것이니라. 이 선남자와 선여인 등은 지극한 마음으로 매우 깊은 반야바라밀다를 염송하였던 위신력을 까닭으로 설사 군진에 있었더라도 칼이나 화살로 다치거나 목숨을 잃는 이러한 처소는 없느니라.

다시 다음으로 교시가여. 만약 여러 선남자와 선여인 등이 일체지지의 마음을 벗어나지 않고 얻을 수 없는 것으로써 방편을 삼아서 항상 이와 같은 매우 깊은 반야바라밀다를 지극한 마음으로 듣고서 수지하고 독송하며 정근하면서 수학하고 이치에 맞게 사유하며 공양하고 공경하며 존중하고 찬탄하며 서사하고 해설하며 널리 유포한다면, 이 선남자와 선여인 등은 일체의 독약(毒藥)·구도(蠱道)2)·귀신(鬼)·도깨비(魅)·염도(厭禱)3)·주술(呪術) 등이 모두 해치지 못하고, 물에 빠지지 않으며, 불이 태우지 못하고, 칼·몽둥이·악한 짐승·원적(怨賊)·악한 귀신·물속의 도깨비(魍魎)들이 능히 손해(損害)를 끼치지 못하느니라.

왜 그러한가? 교시가여. 이와 같은 반야바라밀다는 이것이 대신주(大神呪)이고, 이와 같은 반야바라밀다는 이것이 대명주(大明呪)이며, 이와 같은 반야바라밀다는 이것이 무상주(無上呪)이고, 이와 같은 반야바라밀다는 이것이 무등등주(無等等呪)이며, 이와 같은 반야바라밀다는 이것이 일체의 주문의 왕(呪王)이므로 최상(最上)이고 최고로 미묘하여 능히 미칠 자가 없고, 큰 위력을 갖추어서 능히 일체를 조복시키며, 일체의 것에

---

1) '전(纏)'과 '구(垢)'는 모두 번뇌를 다르게 부르는 말이다.
2) 고대 중국에서 사용되었던 곤충이나 독을 이용하여 사람을 해치는 주술을 가리키고, 일반적으로 사람의 건강을 해치거나 심리적으로 압박하는 것을 뜻한다.
3) 주술로 다른 사람을 해치고자 저주하는 것이다.

항복(降伏)하지 않느니라. 이 선남자와 선여인 등이 이와 같은 주문의 왕을 정근하면서 수학한다면 스스로를 해치지 않고 다른 사람을 해치지 않으며 함께 해치지 않느니라. 왜 그러한가? 교시가여. 이 선남자와 선여인 등이 이 반야바라밀다를 수학한다면 나와 다른 사람을 함께 얻을 수 없다고 명료하게 깨닫느니라.

교시가여. 이 선남자와 선여인 등이 이 반야바라밀다의 큰 주문의 왕(大呪王)을 수학하는 때라면, 나(我)를 얻지 못하며 유정(有情)을 얻지 못하고 지자(知者)·견자(見者)를 얻지 못하며, 색을 얻지 못하고 수·상·행·식을 얻지 못하며, 나아가 일체지를 얻지 못하고 도상지·일체상지를 얻지 못하느니라. 이것들을 얻지 못하는 까닭으로써 스스로를 해치지 않고 다른 사람을 해치지 않으며 함께 해치지 않느니라.

교시가여. 이 선남자와 선여인 등이 이 반야바라밀다의 큰 주문의 왕을 수학하는 때라면, 나와 법에서 비록 얻는 것이 없을지라도 무상정등보리를 증득하고, 제유정들의 심행(心行)의 차별을 관찰하고서 마땅함을 따라서 무상법륜(無上法輪)을 굴리고, 말과 같이 행이 모두 이익과 안락을 얻게 하느니라. 왜 그러한가? 교시가여. 과거의 제보살마하살도 이 반야바라밀다에서 대신주왕(大神呪王)을 정근하면서 수학하였으므로 이미 무상정등보리를 증득하셨고 미묘한 법륜을 굴리면서 무량한 대중을 헤아려서 해탈시키셨으며, 미래의 보살마하살들도 이 반야바라밀다에서 대신주왕을 정근하면서 수학하시어 마땅히 무상정등보리를 증득하시고 미묘한 법륜을 굴리면서 무량한 대중을 헤아려서 해탈시키실 것이고, 현재 시방의 무변한 세계에 있는 보살마하살들도 이 반야바라밀다에서 대신주왕을 정근하면서 수학하시어 무상정등보리를 증득하시고서 미묘한 법륜을 굴리면서 무량한 대중을 헤아려서 해탈시키느니라."

"다시 다음으로 교시가여. 만약 여러 선남자와 선여인 등이 이 반야바라밀다를 지극한 마음으로 듣고서 수지하고 독송하며 정근하면서 수학하고 이치에 맞게 사유하며 서사하고 해설하며 널리 유포한다면, 이 선남자와 선여인 등이 머물러서 기거하는 처소는 나라와 성읍(城邑)의 인비인(人非人) 등에게 일체의 재앙과 질병이라는 것에 상해(傷害)되지 않느니라. 왜 그러한가? 교시가여. 이 선남자와 선여인 등이 주처(住處)라는 것을 따라서 이 삼천대천세계와 더불어 시방의 무변한 세계에서 소유한 사대왕중천(四大王衆天), 나아가 색구경천(色究竟天)과 아울러 여러 용·귀신·아소락 등이 항상 와서 수호(守護)하고 공양하며 공경하고 존중하며 찬탄하는데, 반야바라밀다에서 유난(留難)4)이 없게 하려는 까닭이니라.

다시 다음으로 교시가여. 만약 여러 선남자와 선여인 등이 이 반야바라밀다의 대신주왕(大神呪王)을 서사(書寫)하여 청정한 처소에 안치하고서, 공양하고 존중하며 찬탄한다면, 비록 듣고서 수지하고 독송하며 정근하면서 수학하고 이치에 맞게 사유하며 서사하고 해설하지 않았으며, 역시 다른 사람을 위하여 보여주고 분별하지 않았더라도, 이러한 주처(住處)인 국토·성읍·수도(首都)는 인비인 등에게 일체의 재난과 질병의 상해를 입지 않느니라.

왜 그러한가? 교시가여. 이와 같은 반야바라밀다의 대신주왕의 주처를 따르는 것에서 이 삼천대천세계와 더불어 나머지의 시방으로 무변한 세계가 소유한 사대왕중천, 나아가 색구경천과 아울러 여러 용·귀신·아소락 등이 항상 와서 수호하고 공양하며 공경하고 존중하며 찬탄하는데, 반야바라밀다의 대신주왕에서 액난(留難)이 없게 하려는 까닭이니라.

교시가여. 이 선남자와 선여인 등이 반야바라밀다의 대신주왕을 서사하여 안치하고서, 공양하고 존중하며 찬탄한다면, 오히려 이와 같은 현재에 이익을 획득하는데, 하물며 듣고서 수지하고 독송하며 정근하면서 수학하고 이치에 맞게 사유하며 서사하고 해설하며, 역시 다른 사람을 위하여 보여주고 분별하는 일이겠는가? 이러한 부류의 공덕은 무변하고 빠르게 깨달음을 증득하여 일체의 부류를 이익되고 안락하게 한다고 마땅히 알아야 하느니라.

---

4) '(고의로) 트집을 잡다.' 또는 '난처하게 만들다.'는 뜻이다.

다시 다음으로 교시가여. 만약 여러 선남자와 선여인 등이 원수(怨家)·악한 짐승(惡獸)·재난(災橫)·염도(厭禱)[5]·질병(疾疫)·독약(毒藥)·주문(呪) 등이 두렵다면 마땅히 반야바라밀다의 대신주왕을 상응하게 서사하고 많고 적음을 따라서 향기로운 주머니에 가득 담아서 보배통(寶筒)의 가운데에 넣어두고서, 항상 몸에 지니고 공양하고 공경하며 존중하고 찬탄한다면 여러 두려운 일이 모두 스스로가 사라지고 없어지는데, 천인·용·귀신들이 항상 수호하는 까닭이니라. 교시가여. 비유한다면 사람이거나, 혹은 방생(傍生)의 부류들이 보리수원(菩提樹院)에 들어가거나, 혹은 그 사원(寺院)의 주변에 이른다면 인비인 등이 능히 상해(傷害)하지 못하는 것과 같으니라.

왜 그러한가? 교시가여. 과거·미래·현재의 제불께서 모두 이 처소에 앉아서 무상정등보리를 증득하셨고, 이미 무상정등보리를 증득하셨으므로 제유정들에게 두려움이 없게 하시고 놀람이 없게 하시며 원망이 없게 하시고 해침이 없게 하시며, 몸과 마음에 안락함을 베푸셨고, 무량하고 무수인 유정을 안립(安立)시켜서 인간과 천상의 존귀하고 미묘한 행에 안주하게 하셨으며, 무량하고 무수인 유정을 안립시켜서 3승의 안락하고 미묘한 행에 안주하게 하셨고, 무량하고 무수인 유정을 안립시켜서 현재에   예류과(預流果)·일래과(一來果)·불환과(不還果)·아라한과(阿羅漢果)를 안주하게 하셨으며, 무량하고 무수인 유정을 안립시켜서 독각의 보리를 안주하게 하셨으며, 혹은 무상정등보리에 안주하게 하셨느니라.

이와 같이 수승한 일은 모두가 반야바라밀다의 위신력(威神力)에 의지하느니라. 이와 같은 까닭으로 이 처소는 일체의 천인·용·아소락들이 모두 공유하여 수호하고 공양하며 공경하고 존중하며 찬탄하느니라. 반야바라밀다의 매우 깊은 경전이 머무르는 처소를 따르는 것도 역시 그와 같아서 일체의 천인·용·아소락들이 항상 와서 수호하고 공양하며 공경하고 존중하며 찬탄하는데, 반야바라밀다에 액난이 없게 하려는

---

5) 귀신을 청하여 일을 알리고 복을 기도하는 것이다.

까닭이라고 마땅히 알아야 하느니라.
　교시가여. 이와 같은 반야바라밀다의 매우 깊은 경전이 머무르는 처소는 이 처소가 곧 진실한 제다(制多)6)라고 마땅히 알아야 하고, 일체의 유정은 모두 상응하게 공경하고 예배해야 하며, 마땅히 여러 종류의 상묘한 높고 화만(花鬘)·바르는 향(塗香)·뿌리는 향(散香)·의복(衣服)·영락(瓔珞)·보배의 당기(寶幢)·번기(寶幡)·일산(蓋) 등과 일체의 미묘하고 진귀하며 기이한 음악(伎樂)과 등불(燈明)로써 마땅히 공양해야 하느니라."

　그때 천제석이 세존께 아뢰어 말하였다.
　"세존이시여. 만약 여러 선남자와 선여인 등이 이 반야바라밀다의 매우 깊은 경전을 서사하여 여러 종류로 장엄하고서 공양하고 공경하며 존중하고 찬탄하였고, 다시 여러 종류의 상묘한 화만(花鬘)·바르는 향·뿌리는 향·의복·영락·보배의 당기·번기와 여러 미묘하고 진기(珍奇)한 음악·등불로 공양하였거나, 여러 선남자와 선여인 등이 있어서 세존께서 열반하신 뒤에 솔도파(窣堵波)7)를 일으키고 7보(七寶)로 엄숙하게 장식한 보배 상자(寶函)에 세존의 설리라(設利羅)8)를 가득 채워서 그 가운데에 안치하고서 공양하고 공경하며 존중하고 찬탄하였거나, 다시 여러 종류의 상묘한 화만·바르는 향·뿌리는 향·의복·영락·보배의 당기·번기와 여러 미묘하고 진기한 음악·등불로 공양하였다면, 두 처소에서 생겨나는 복덕은 어떤 것이 많게 됩니까?"
　세존께서 말씀하셨다.
　"교시가여. 내가 도리어 그대에게 묻겠나니, 마땅히 뜻을 따라서 대답하라. 그대의 뜻은 어떠한가? 여래께서 얻었던 것인 일체상지와 상호(相好)의 색신은 무엇 등의 법을 의지하여 수학하고 증득해야 하는가?"
　천제석이 말하였다.

---

6) 산스크리트어 cetiya의 음사이고, 탑을 가리킨다.
7) 산스크리트어 stūpa의 음사이고, 사리탑(舍利塔)을 가리킨다.
8) 산스크리트어 śarīra의 음사이고, 사리(舍利)를 가리킨다.

"세존이시여. 여래께서 증득하셨던 것인 일체상지와 상호의 색신은 이러한 반야바라밀다의 매우 깊은 경전을 의지하여 수학하고 증득합니다."
세존께서 말씀하셨다.
"교시가여. 그와 같으니라. 그와 같으니라. 그대가 말한 것과 같으니라. 나는 반야바라밀다의 매우 깊은 경전에 의지하여 수학하였던 까닭으로 일체상지와 상호의 색신을 얻었느니라. 왜 그러한가? 교시가여. 반야바라밀다의 매우 깊은 경전을 수학하지 않고 무상정등보리를 증득하는 이러한 처소는 있지 않느니라. 교시가여. 다만 상호의 색신을 증득하였던 까닭으로 여래·응공·정등각이라 이름하는 것이 아니고, 반드시 오히려 일체상지를 증득해야 여래·응공·정등각이라고 이름하느니라. 교시가여. 여래가 증득한 일체상지는 반드시 오히려 반야바라밀다를 인연으로 삼아서 일어나는 것이고 세존의 상호의 색신은 다만 의지처가 되는데, 만약 세존의 상호의 색신을 의지하지 않는다면 일체상지가 오히려 일어날 수 없느니라.
이러한 까닭으로 반야바라밀다를 바른 인연으로 삼는다면 일체지지를 일으킬 수 있고, 이러한 일체지지가 현전(現前)하고 상속(相續)하려는 까닭으로 다시 세존의 상호의 색신을 집적(集積)하느니라. 이러한 상호의 색신이 만약 변지(遍智)9)의 의지처가 되지 않는다면, 일체의 천인·용·인비인 등이 상응하여 경건하게 공양하고 공경하지 않으나, 상호의 색신과 세존께서 변지의 의지처가 되는 까닭으로 여러 천인·용·인비인 등이 상응하여 경건하게 공양하고 공경하는 것이니라. 오히려 이러한 인연을 까닭으로 내가 열반한 뒤에 여러 천인·용·인비인 등이 나의 설리라에 공양하고 공경할 것이니라.
교시가여. 만약 여러 선남자와 선여인 등이 다만 반야바라밀다의 매우 깊은 경전을 공양하고 공경하며 존중하고 찬탄한다면, 곧 일체상지와 세존의 상호의 색신과 아울러 열반하신 뒤에 세존의 설리라에 공양하는 것이니라. 왜 그러한가? 교시가여. 일체상지와 상호의 색신과 아울러

---

9) 산스크리트어 parijñā이고, 일체법(一切法)을 지혜로 두루 아는 것이다.

설리라는 모두가 반야바라밀다로써 근본을 삼는 까닭이니라. 교시가여. 여러 선남자와 선여인 등이 다만 세존의 색신과 설리라에 공양하고 공경하며 존중하고 찬탄한다면, 일체상지와 이 반야바라밀다에 공양하는 것은 아니니라. 왜 그러한가? 교시가여. 세존의 색신으로 남겨두신 신체는 이것이 반야바라밀다와 일체상지의 근본이 아닌 까닭이니라.

교시가여. 오히려 이러한 인연으로 만약 여러 선남자와 선여인 등이 세존의 만약 몸이거나, 만약 마음이거나, 나머지의 공덕에 공양하고자 한다면, 먼저 이와 같은 반야바라밀다의 매우 깊은 경전을 마땅히 듣고서 수지하고 독송하며 정근하면서 수학하고 이치에 맞게 사유하며 서사하고 해설하며, 다시 여러 종류의 상묘한 공양구로 그것에 공양해야 하느니라.

이러한 까닭으로써 교시가여. 만약 여러 선남자와 선여인 등이 이 반야바라밀다의 매우 깊은 경전을 서사하여 여러 종류로 장엄하고 공양하고 공경하며 존중하고 찬탄하며, 다시 여러 종류의 상묘한 화만·바르는 향·뿌리는 향·의복·영락·보배의 당기·번기와 여러 미묘하고 진기한 음악·등불로 공양하였거나, 여러 선남자와 선여인 등이 있어서 세존께서 열반하신 뒤에 솔도파를 일으키고 7보로 엄숙하게 장식한 보배 상자에 세존의 설리라를 가득 채워서 그 가운데에 안치하고서 공양하고 공경하며 존중하고 찬탄하며, 다시 여러 종류의 상묘한 화만·바르는 향·뿌리는 향·의복·영락·보배의 당기·번기와 여러 미묘하고 진기한 음악·등불로 공양한다면, 두 가지에서 생겨나는 복덕은 앞의 것이 무량한 배수(倍數)로 많게 되느니라.

왜 그러한가? 교시가여. 이와 같은 반야바라밀다의 매우 깊은 경전은 능히 보시바라밀다, 나아가 반야바라밀다가 능히 생겨나게 하는 까닭이고, 능히 내공, 나아가 무성자성공을 현전하게 하는 까닭이며, 능히 4념주, [자세한 설명은 생략한다.] 나아가 18불불공법을 현전시키는 까닭이고, 능히 일체의 삼마지문·다라니문을 현전시키는 까닭이며, 능히 유정을 성숙시키고 불국토를 청정하게 장엄하는 것을 성취시키는 까닭이고, 능히 보살마하살의 족성(族姓)의 원만함·색신과 신력의 원만함·재물과 보배의 원만함·권속의 원만함을 성취시키는 까닭이며, 능히 일체의 대자·대비·대희·대사를 성취시키는 까닭이니라.

능히 세간의 찰제리(刹帝利)의 대족성(大族姓)·바라문(婆羅門)의 대족성·장자(長者)의 대족성·거사(居士)의 대족성·사대왕중천(四大王衆天), 나아가 색구경천(色究竟天)을 성취시키는 까닭이고, 능히 공무변처천(空無邊處天), 나아가 비상비비상처천(非想非非想處天)을 성취시키는 까닭이며, 능히 예류·일래·불환·아라한과와 독각의 보리를 성취시키는 까닭이고, 능히 보살마하살의 행과 제불의 무상정등보리를 성취시키는 까닭이며, 능히 최상(最上)이고 최고로 수승하며 무등(無等)인 일체의 여래·응공·정등각의 일체상지를 성취시키는 까닭이니라."

그때 천제석이 세존께 아뢰어 말하였다.
"세존이시여. 남섬부주(南贍部洲)의 인간들이 이 반야바라밀다의 매우 깊은 경전에서 공양하고 공경하며 존중하고 찬탄하지 않는 자일지라도, 그들이 어찌 매우 깊은 반야바라밀다에 공양하고 공경하며 존중하고 찬탄한다면 이와 같은 공덕과 수승한 이익을 획득한다고 알지 못하겠습니까?"

세존께서 교시가에게 알리셨다.
"교시가여. 내가 도리어 그대에게 묻겠나니, 마땅히 뜻을 따라서 대답하라. 그대의 뜻은 어떠한가? 남섬부주의 가운데에서 몇 사람에게 불증정(成佛證淨)10)을 성취하고 법증정(成法證淨)11)을 성취하며 승증정(成僧證淨)12)을 성취하는 것이 허락되어 있었겠는가? 몇 사람에게 불무의(佛無疑)13)·법무의(法無疑)·승무의(僧無疑)가 허락되어 있었겠는가? 몇 사람

---

10) 증정은 무루지(無漏智)로써 사성제(四聖諦)를 여실하게 깨달아서 생겨나는 불(佛)·법(法)·승(僧)·계율에 대한 견고하고 청정한 믿음을 가리킨다. 산스크리트어 buddhāvetya-prasāda의 번역이다.
11) 산스크리트어 dharmā-prasāda의 번역이다.
12) 산스크리트어 savghā-prasāda의 번역이다.
13) 무의(無疑)는 법을 듣고 믿으면서 의혹(疑惑)이 없는 것이다.

에게 불구경(佛究竟)14)·법구경(法究竟)·승구경(僧究竟)이 허락되어 있었 겠는가? 몇 사람에게 37보리분법(三十七菩提分法)의 증득이 허락되어 있었겠는가? 몇 사람에게 3해탈문(三解脫門)의 증득이 허락되어 있었겠는 가? 몇 사람에게 9차제정(九次第定)의 증득이 허락되었겠는가? 몇 사람에 게 6신통(六神通)의 증득이 허락되어 있었겠는가? 몇 사람에게 4무애해(四無礙解)의 증득이 허락되어 있었겠는가?

몇 사람에게 3결(三結)15)을 영원히 끊는 예류과(預流果)의 증득이 허락 되어 있었겠는가? 몇 사람에게 탐(貪)·진(瞋)·치(癡)가 엷어지는 예류과의 증득이 허락되었겠는가? 몇 사람에게 5순하분결(五順下分結)16)을 끊는 불환과(不還果)의 증득이 허락되어 있었겠는가? 몇 사람에게 5순상분결 (五順上分結)17)을 끊는 아라한과(阿羅漢果)의 증득이 허락되어 있었겠는 가? 몇 사람에게 독각의 보리(獨覺菩提)에 결정적으로 나아가는 발심(發心)이 허락되어 있었겠는가? 몇 사람에게 제불(諸佛)의 무상정등보리(無上正等菩提)에 결정적으로 나아가는 발심이 허락되어 있었겠는가?"

천제석이 말하였다.

"세존이시여. 남섬부주의 가운데에서는 사람들에게 불증정을 성취하 고 법증정을 성취하며 승증정을 성취하는 것이 적게 허락되어 있었고, 나아가 적은 사람들에게 제불의 무상정등보리에 결정적으로 나아가는 발심이 적게 허락되어 있었습니다."

---

14) 산스크리트어 uttara의 번역이고, '지극히 높고 무상(無上)한 경계(境界)'라는 뜻이다.
15) 산스크리트어 trīni saṁyojanāni의 번역이고, 수다원(須陁洹)이 견도위(見道位)에서 끊는 세 가지의 번뇌(煩惱)를 가리키는데, 유신삼결(有身三結·계금취결(戒禁取結)·의결(疑結)이다.
16) 산스크리트어 pañca-āvarabhāgīya-saṁyojanāni의 번역이고, 아나함이 욕계 수혹의 9품 중 제9품을 끊는 세 가지의 번뇌(煩惱)를 가리키는데, 유신견결(有身見結)·계금취견결(戒禁取見結)·의결(疑結)·욕탐결(欲貪結)·진에결(瞋恚結) 등이다.
17) 산스크리트어 pañca-ūrdhvabhāgīya-saṁyojanāni의 번역이고, 유정을 색계·무색 계에 결박(結縛)시키는 5가지 번뇌인 색탐결(色貪結)·무색탐결(無色貪結)·도거결 (掉擧結)·만결(慢結)·무명결(無明結) 등이다.

그때 세존께서 천제석에게 말씀하셨다.
"그와 같으니라. 그와 같으니라. 그대가 말한 것과 같으니라. 교시가여. 남섬부주의 가운데에서는 지극히 적은 사람들이 불증정을 성취하고 법증정을 성취하며 승증정을 성취하고, 전전하면서 적은 사람들이 불무의·법무의·승무의이며, 나아가 더욱 적은 사람들이 제불의 무상정등보리로 결정적으로 나아가는 발심이 있고, 전전하면서 적은 사람들이 이미 발심을 일으켰다면 보리행에 나아가면서 정근하면서 수습(修習)하며, 전전하면서 적은 사람들이 보리행을 정근하면서 수습하여 무상정등보리를 증득하느니라.

왜 그러한가? 교시가여. 제유정의 부류들은 생사에 유전하면서 무량한 내세(來世)에도 여래를 보지 않을 것이고, 정법을 듣지 않을 것이며, 승가를 친근하지 않을 것이고, 보시를 행하지 않을 것이며, 정계를 수지하지 않을 것이고, 안인을 수행하지 않을 것이며, 정진하지 않을 것이고, 정려를 수습하지 않을 것이며, 반야를 수학하지 않을 것이고, 내공을 듣지 않을 것이며, 내공을 수행하지 않을 것이고, 나아가 무성자성공을 듣지 않을 것이며, 무성자성공을 수행하지 않을 것이고, 4념주를 듣지 않을 것이며, 4념주를 수행하지 않을 것이며, [자세한 설명은 생략한다.] 나아가 18불불공법을 듣지 않을 것이고 18불불공법을 수행하지 않을 것이며, 일체의 삼마지문을 듣지 않을 것이고, 일체의 삼마지문을 수행하지 않을 것이며, 일체의 다라니문을 듣지 않을 것이고, 일체의 다라니문을 수행하지 않을 것이며, 일체지를 듣지 않을 것이고, 일체지를 수행하지 않을 것이며, 도상지·일체상지를 듣지 않을 것이고, 도상지·일체상지를 수행하지 않을 것이니라.

교시가여. 오히려 이러한 인연으로 이 남섬부주에는 지극히 적은 사람들이 불증정을 성취하고 법증정을 성취하며 승증정을 성취하고, 전전하면서 적은 사람들이 불무의·법무의·승무의이며, 나아가 더욱 적은 사람들이 제불의 무상정등보리에 결정적으로 나아가는 발심이 있고, 전전하면서 적은 사람들이 이미 발심을 일으켰다면 보리행에 나아가면서 정근하면서 수습하며, 전전하면서 적은 사람들이 보리행을 정근하면서 수습하여 무상정등보리를 증득하느니라."

"다시 다음으로 교시가여. 내가 지금 그대에게 묻겠나니, 마땅히 뜻을 따라서 대답하라. 그대의 뜻은 어떠한가? 남섬부주에서 소유한 인간의 부류들은 제쳐두고서 이 삼천대천세계에서 몇 명의 유정들에게 부모·스승·존장(尊長)들을 공양하고 공경하는 것이 허락되겠는가? 몇 명의 유정들에게 사문·바라문을 공양하고 공경하는 것이 허락되겠는가? 몇 명의 유정들에게 보시하고 지계하며 재계(齋戒)를 받고 복덕을 수행하는 것이 허락되겠는가? 몇 명의 유정들에게 여러 욕망의 가운데에서 머물더라도 염환상(厭患想)·무상상(無常想)·고상(苦想)·무아상(無我想)·부정상(不淨想)·염식상(厭食想)·일체세간불가락상(一切世間不可樂想)이 허락되겠는가?

몇 명의 유정들에게 4정려·4무량·4무색정을 수행하는 것이 허락되겠는가? 몇 명의 유정들에게 나아가 제불의 무상정등보리에 결정적으로 나아가는 결정적으로 발심이 허락되겠는가? 몇 명의 유정들에게 이미 발심을 일으켰다면 보리행에 나아가면서 정근하면서 수습하는 것이 허락되겠는가? 몇 명의 유정들에게 보리심으로 나아가면서 연마(練磨)하고 장양(長養)하는 것이 허락되겠는가? 몇 명의 유정들에게 방편선교로써 반야바라밀다를 수행하는 것이 허락되겠는가? 몇 명의 유정들에게 보살의 불퇴전지를 증득하여 안주(安住)하는 것이 허락되겠는가? 몇 명의 유정들에게 빠르게 무상정등보리를 증득하는 것이 허락되겠는가?"

천제석이 말하였다.

"세존이시여. 이 삼천대천세계에는 적은 유정들에게 부모·스승·존장들을 공양하고 공경하며, 나아가 적은 유정들에게 빠르게 무상정등보리를 증득하는 것이 허락됩니다."

세존께서 말씀하셨다.

"교시가여. 그와 같으니라. 그와 같으니라. 그대가 말한 것과 같으니라.

교시가여. 이 삼천대천세계에는 지극히 적은 유정들이 부모·스승·존장들을 공양하고 공경하고, 전전하면서 적은 사람들이 사문·바라문들을 공양하고 공경하며, 나아가 전전하면서 적은 유정들이 보살의 불퇴전지를 증득하여 안주하고, 전전하면서 적은 유정들이 빠르게 무상정등보리를 증득하느니라."

"다시 다음으로 교시가여. 내가 청정하고 무상(無上)한 불안(佛眼)으로써 시방의 일체세계를 두루 관찰하였는데, 비록 무량(無量)하고 무수(無數)이며 무변(無邊)한 유정들이 발심하여 결정적으로 무상정등보리에 나아가고, 보리행에 나아가면서 정근하여 수행하였으나, 오히려 매우 깊은 반야바라밀다의 방편선교를 멀리 벗어난 까닭으로 만약 하나이거나, 만약 둘이거나, 만약 셋의 유정이 보살의 불퇴전지를 증득하여 안주하고, 많은 부류들은 성문과 독각의 하열(下劣)한 지위 가운데에 퇴전하여 떨어지느니라.

왜 그러한가? 교시가여. 제불의 무상정등보리를 매우 얻기 어려우므로, 악한 지혜·해태(懈怠)·하열한 정진·하열한 승해(勝解)18)·하열한 유정은 능히 증득하지 못하는 까닭이니라. 교시가여. 오히려 이러한 인연으로 만약 여러 선남자와 선여인 등이 발심하여 무상정등보리에 결정적으로 나아가고, 보리행에 나아가면서 정근하여 수행하며, 보살의 불퇴전지에 안주하고, 무상정등보리를 빠르게 증득하면서 액난(厄難)을 없애려는 자는 상응하여 이와 같은 매우 깊은 반야바라밀다에서 자주자주 듣고서 수지(受持)하고 독송(讀誦)하며 정근하면서 수습하고 이치에 맞게 사유하며 스승을 청(請)하여 묻기를 좋아해야 하고 다른 사람을 위하여 즐겁게 설해야 하느니라. 이러한 일을 지었다면 다시 상응하게 서사하고 여러 종류의 보물(寶物)을 이용하여 장엄하며 공양하고 공경하며 존중하고 찬탄해야 하며, 다시 여러 종류의 상묘한 화만·바르는 향·뿌리는 향·의복·

---

18) 산스크리트어 adhimokṣa의 번역이고, '뛰어난 이해', 또는 '확실한 이해'라는 뜻이다.

영락·보배의 당기·번기와 여러 미묘하고 진기한 음악·등불로 공양해야 하느니라.

교시가여. 이 선남자와 선여인 등이 나머지의 매우 깊은 반야바라밀다에 섭수되어 들어가는 여러 수승한 선법도 역시 상응하게 듣고서 수지하고 독송하며 정근하면서 수습하고 이치에 맞게 사유하며 스승을 청하여 묻기를 좋아하고 다른 사람을 위하여 즐겁게 설해야 하느니라.

무엇을 매우 깊은 반야바라밀다에 섭수되어 들어가는 나머지의 수승한 선법이라고 말하는가? 이를테면, 보시, 나아가 정려바라밀다이거나, 만약 내공, 나아가 무성자성공이거나, 만약 일체의 삼마지문·다라니문이거나, 만약 4념주, [자세한 설명은 생략한다.] 나아가 18불불공법이거나, 만약 대자·대비·대희·대사이거나, 만약 나머지의 무량하고 무변한 불법이니라. 이것을 매우 깊은 반야바라밀다에 섭수되어 들어가는 나머지의 수승한 선법이라고 말하느니라.

교시가여. 이 선남자와 선여인 등은 나머지의 매우 깊은 반야바라밀다의 온(蘊)·처(處)·계(界) 등의 무량한 법문(法文)에서도 수순(隨順)해야 하고, 역시 상응하게 듣고서 수지하고 독송하며 이치에 맞게 사유할 것이며, 상은하여 비방하여서 무상정등보리에서 장애를 짓지 않아야 하느니라.

왜 그러한가? 교시가여. 이 선남자와 선여인 등이 '여래께서 지나간 옛날에 보살위(菩薩位)에서 안주하시던 때에, 항상 수순하는 보리법(菩提法)을 정근하여 수학(修學)하셨는데, 이를테면, 반야바라밀다, 나아가 보시바라밀다이거나, 만약 내공, 나아가 무성자성공이거나, 만약 일체의 삼마지문과 다라니문이거나, 만약 4념주, [자세한 설명은 생략한다.] 나아가 18불불공법이거나, 만약 대자·대비·대희·대사이거나, 만약 나머지의 무량하고 무변한 불법이며, 만약 나머지의 매우 깊은 반야바라밀다의 온·처·계 등에 수순하는 무량한 법문이었고. 오히려 이것에서 구하셨던 것인 무상정등보리를 증득하셨으니, 우리들도 지금 무상정등보리를 구하고자 한다면 역시 상응하여 따라서 수학해야 한다.

이와 같은 반야바라밀다 등의 법은 결정적으로 우리 등의 대사(大師)이니, 우리들이 그것을 따라서 수학한다면 소원하는 것이 마땅히 원만해질 것이다. 이와 같은 반야바라밀다의 법은 결정적으로 제불의 법인(法印)이므로, 일체의 여래·응공·정등각께서 그것을 따라서 수학하였던 까닭으로 무상정등보리를 이미 증득하셨고 지금도 증득하시며 마땅히 증득하실 것이다. 이와 같은 반야바라밀다 등의 법은 역시 일체 성문과 독각의 법인이므로, 일체의 예류·일래·불환·아라한·독각들도 그것을 따라서 수학하였던 까닭으로 열반의 피안(彼岸)에 이미 이르렀고, 지금 이르고 있으며, 마땅히 이를 것이다.'라고 상응하여 이렇게 생각을 지어야 하느니라.

이러한 까닭으로써 교시가여. 여러 선남자와 선여인 등은 만약 세존께서 세간에 머무르시거나, 만약 열반하신 뒤에도 상응하여 반야바라밀다, 나아가 일체상지에 의지하여 항상 정근하면서 수학해야 하느니라. 왜 그러한가? 교시가여. 이러한 반야바라밀다, 나아가 일체상지는 제성문·독각·보살과 더불어 천인·인간·아소락 등이 의지하면서 나아가는 처소인 까닭이니라."

"다시 다음으로 교시가여. 여러 선남자와 선여인 등이 있어서 제여래(諸如來)께서 반열반하신 뒤에 여래의 설리라에 공양하기 위하여 상묘한 7보로써 솔도파를 일으키고 여러 종류의 진기한 것으로써 틈새에 섞어서 장엄하였는데, 그 크기가 높고 커서 1유선나(踰繕那)에 너비가 모자라고 높이는 절반(半)이었으며, 다시 여러 종류인 천상(天上)의 화만·바르는 향·뿌리는 향·의복·영락·보배의 당기·번기와 여러 미묘하고 진기한 음악·등불로써 그들의 수명을 끝마치도록 공양하고 공경하며 존중하고 찬탄한다면 그대의 뜻은 어떠한가? 이 선남자와 선여인 등이 오히려 이러한 인연으로 얻는 복덕은 많겠는가?"

천제석이 말하였다.

"매우 많습니다. 세존이시여. 매우 많습니다. 선서(善逝)시여."

세존께서 말씀하셨다.

"교시가여. 만약 여러 선남자와 선여인 등이 일체지지의 마음을 벗어나지 않고 얻을 수 없는 것으로써 방편을 삼아서 이 반야바라밀다에서 지극한 마음으로 수지하고 독송하며 정근하면서 수습하고 이치에 맞게 사유하며 유정들을 위하여 널리 설하고 널리 설하면서 유포시키거나, 혹은 서사하여 여러 종류로 장엄하고서 공양하고 공경하며 존중하고 찬탄하며, 다시 여러 종류의 상묘한 화만, 나아가 등불로써 공양한다면 이 선남자와 선여인 등이 오히려 이것으로 생겨나는 복취(福聚)는 그것보다 무량하고 무변하게 매우 많으니라.

다시 다음으로 교시가여. 이 한 가지 일은 제쳐두고서 여러 선남자와 선여인 등이 있어서 제여래께서 반열반하신 뒤에 여래의 설리라에 공양하기 위하여 상묘한 7보로써 솔도파를 일으키고 여러 종류의 진기한 것으로써 틈새에 섞어서 장엄하였는데, 그 크기가 높고 커서 1유선나에 너비가 모자라고 높이는 절반이었으며, 이와 같이 하나의 남섬부주(南贍部洲)를 가득 채웠거나, 혹은 4대주(四大洲)이거나, 혹은 소천세계(小千世界)이거나, 혹은 중천세계(中千世界)이거나, 혹은 삼천대천세계(三千大千世界)를 가득 채웠으며, 다시 여러 종류의 천상의 화만·바르는 향·뿌리는 향·의복·영락·보배의 당기·번기와 여러 미묘하고 진기한 음악·등불로써 그들의 수명을 끝마치도록 공양하고 공경하며 존중하고 찬탄한다면 그대의 뜻은 어떠한가? 이 선남자와 선여인 등이 오히려 이러한 인연으로 얻는 복취(福聚)는 많겠는가?"

천제석이 말하였다.

"매우 많습니다. 세존이시여. 매우 많습니다. 선서시여."

세존께서 말씀하셨다.

"교시가여. 만약 여러 선남자와 선여인 등이 일체지지의 마음을 벗어나지 않고 얻을 수 없는 것으로써 방편을 삼아서 이 반야바라밀다에서 지극한 마음으로 수지하고 독송하며 정근하면서 수습하고 이치에 맞게 사유하며 유정들을 위하여 널리 설하고 널리 설하면서 유포시키거나, 혹은 서사하여 여러 종류로 장엄하고서 공양하고 공경하며 존중하고 찬탄하며, 다시 여러 종류의 상묘한 화만, 나아가 등불로써 공양한다면 이 선남자와 선여인 등이 오히려 이것으로 생겨나는 복취는 그것보다 무량하고 무변하게 매우 많으니라.

다시 다음으로 교시가여. 하나의 삼천대천세계는 제쳐두고서 가사(假使), 삼천대천세계의 제유정들이 각각의 여래께서 반열반하신 뒤에 여래의 설리라에 공양하기 위하여 상묘한 7보로써 솔도파를 일으키고 여러 종류의 진기한 것으로써 틈새에 섞어서 장엄하였는데, 그 크기가 높고 커서 1유선나에 너비가 모자라고 높이는 절반이었으며, 각각 삼천대천세계의 가운데에 가득 채워서 빈 틈새가 없게 하였고, 다시 여러 종류의 천상의 화만·바르는 향·뿌리는 향·의복·영락·보배의 당기·번기와 여러 미묘하고 진기한 음악·등불로써 그들의 수명을 끝마치도록 공양하고 공경하며 존중하고 찬탄한다면 그대의 뜻은 어떠한가? 이 선남자와 선여인 등이 오히려 이러한 인연으로 얻는 복덕은 많겠는가?"

천제석이 말하였다.

"매우 많습니다. 세존이시여. 매우 많습니다. 선서시여."

세존께서 말씀하셨다.

"교시가여. 만약 여러 선남자와 선여인 등이 일체지지의 마음을 벗어나지 않고 얻을 수 없는 것으로써 방편을 삼아서 이 반야바라밀다에서 지극한 마음으로 수지하고 독송하며 정근하면서 수습하고 이치에 맞게 사유하며 유정들을 위하여 널리 설하고 널리 설하면서 유포시키거나, 혹은 서사하여 여러 종류로 장엄하고서 공양하고 공경하며 존중하고 찬탄하며, 다시 여러 종류의 상묘한 화만, 나아가 등불로써 공양한다면 이 선남자와 선여인 등이 오히려 이것으로 생겨나는 복취는 그것보다 무량하고 무변하게 매우 많으니라."

그때 천제석이 곧 세존께 아뢰어 말하였다.

"그와 같습니다. 세존이시여. 그와 같습니다. 선서시여. 만약 여러 선남자와 선여인 등이 이와 같은 반야바라밀다에 공양하고 공경하며 존중하고 찬탄한다면, 과거·미래·현재의 제불·세존께 공양하고 공경하며 존중하고 찬탄하는 것이라고 마땅히 알아야 합니다. 가사, 시방으로 각각 긍가사 등과 같은 세계의 일체의 유정이 각자 여래(如來)께서 열반하신 뒤에 여래의 설리라에 공양하기 위하여 상묘한 7보로써 솔도파를 일으키고 여러 종류의 진기한 것으로써 틈새에 섞어서 장엄하였는데, 그 크기가 높고 커서 1유선나에 너비가 모자라고 높이는 절반이었으며, 각각 삼천대천세계의 가운데에 가득 채워서 빈 틈새가 없게 하였고, 다시 여러 종류의 천상의 화만·바르는 향·뿌리는 향·의복·영락·보배의 당기·번기와 여러 미묘하고 진기한 음악·등불로써 그들의 수명을 끝마치도록 공양하고 공경하며 존중하고 찬탄한다면 세존이시여. 이 제유정들이 이것을 인연으로 얻는 복취가 많지 않겠습니까?"

세존께서 말씀하셨다.

"그들의 복취는 무량하고 무변하느니라."

천제석이 말하였다.

"만약 여러 선남자와 선여인 등이 일체지지의 마음을 벗어나지 않고 얻을 수 없는 것으로써 방편을 삼아서 이 반야바라밀다에서 지극한 마음으로 수지하고 독송하며 정근하면서 수습하고 이치에 맞게 사유하며 유정들을 위하여 널리 설하고 널리 설하면서 유포시키거나, 혹은 서사하여 여러 종류로 장엄하고서 공양하고 공경하며 존중하고 찬탄하며, 다시 여러 종류의 상묘한 화만, 나아가 등불로써 공양한다면 이 선남자와 선여인 등이 오히려 이것을 인연으로 얻는 복취는 그것보다 무량하고 무변하며 불가사의(不可思議)하고 헤아려서 말할 수 없습니다.

왜 그러한가? 세존이시여. 이 반야바라밀다는 능히 일체의 선법을 능히 모두 섭수하여 저장하는데 이를테면, 10선업도이거나, 만약 4정려·4무량·4무색정이거나, 만약 4성제관(四聖諦觀)19)이거나, 만약 37보리분법이거나, 만약 3해탈문이거나, 만약 6신통이거나, 만약 8해탈과 9차제정이거나, 만약 보시바라밀, 나아가 반야바라밀다이거나, 만약 내공, 나아가

---

19) 사성제를 관찰하는 선법(禪法)을 말한다.

무성자성공이거나, 만약 일체의 삼마지문·다라니문이거나, 만약 여래의 10력·4무소외·4무애해와 대자·대비·대희·대사·18불불공법이거나, 만약 일체지·도상지·일체상지이거나, 만약 나머지의 무량하고 무변한 불법이 모두 이러한 매우 깊은 반야바라밀다에 섭수되어 들어갑니다.

 세존이시여. 이와 같은 반야바라밀다는 이것이 제여래·응공·정등각의 진실한 법인(法印)이며, 역시 일체의 성문·독각의 진실한 법인입니다. 세존이시여. 일체의 여래·응공·정등각께서는 모두가 이와 같은 매우 깊은 반야바라밀다에서 항상 정근하면서 수학하였던 까닭으로 이미 증득하셨고, 지금 증득하시며, 마땅히 증득하실 것이고, 마땅히 무상정등보리를 증득하실 것입니다. 일체의 성문과 여러 독각들도, 역시 이와 같은 매우 깊은 반야바라밀다를 항상 정근하면서 수학하였던 까닭으로 열반의 피안에 이미 이르렀고, 지금도 이르고 있으며, 마땅히 이를 것입니다.

 만약 여러 선남자와 선여인 등이 일체지지의 마음을 벗어나지 않고 얻을 수 없는 것으로써 방편을 삼아서 이 반야바라밀다에서 지극한 마음으로 수지하고 독송하며 정근하면서 수습하고 이치에 맞게 사유하며 유정들을 위하여 널리 설하고 널리 설하면서 유포시키거나, 혹은 서사하여 여러 종류로 장엄하고서 나아가 등불로써 공양한다면, 이 선남자와 선여인 등이 오히려 이것을 인연으로 생겨나는 복취는 무량하고 무변하며 불가사의하고 헤아려서 말할 수 없습니다."

마하반야바라밀다경 제429권

31. 복생품(福生品)

그때 세존께서 천제석(天帝釋)에게 알려 말씀하셨다.
"그와 같으니라. 그와 같으니라. 그대가 말한 것과 같으니라. 교시가(憍尸迦)여. 만약 여러 선남자와 선여인 등이 일체지지의 마음을 벗어나지 않고 얻을 수 없는 것으로써 방편을 삼아서 이 반야바라밀다에서 지극한 마음으로 수지하고 독송하며 정근하면서 수습하고 이치에 맞게 사유하며 유정들을 위하여 널리 설하고 널리 설하면서 유포시키거나, 혹은 서사하여 여러 종류로 장엄하고서 공양하고 공경하며 존중하고 찬탄하거나, 다시 여러 종류의 상묘한 화만·바르는 향·뿌리는 향·의복·영락·보배의 당기·번기와 여러 미묘하고 진기한 음악·등불로써 공양한다면 생겨나는 복취는 무량하고 무변하며 불가사의하고 헤아려서 말할 수 없느니라.
왜 그러한가? 교시가여. 이 반야바라밀다로써 여래·응공·정등각의 일체지(一切智)·도상지(道相智)·일체상지(一切相智)를 능히 성취(成辦)시키고, 역시 보시바라밀다(布施波羅密多), 나아가 반야바라밀다(般若波羅密多)를 능히 성취시키며, 역시 내공(內空), 나아가 무성자성공(無性自性空)을 능히 성취시키고, 역시 4념주(四念住), [자세한 설명은 생략한다.] 나아가 18불불공법(十八佛不共法)을 능히 성취시키며, 역시 5안(五眼)·6신통(六神通)을 능히 성취시키고, 역시 일체의 삼마지문(三摩地門)·다라니문(陀羅尼門)을 능히 성취시키며, 역시 능히 일체의 유정을 성숙시키고 불국토를 청정하게 장엄시키며, 역시 능히 일체의 성문승(聲聞乘)·독각승

(獨覺乘)·무상승(無上乘)을 성취시키고, 역시 능히 여래·응공·정등각께서 증득하시는 무상정등보리를 성취시키느니라.

이러한 까닭으로써 교시가여. 만약 여러 선남자와 선여인 등이 일체지지의 마음을 벗어나지 않고 얻을 수 없는 것으로써 방편을 삼아서 이 반야바라밀다에서 지극한 마음으로 수지하고 독송하며 정근하면서 수습하고 이치에 맞게 사유하며 유정들을 위하여 널리 설하고 널리 설하면서 유포시키거나, 혹은 서사하여 여러 종류로 장엄하고서 나아가 등불로써 공양하였다면, 이전에 솔도파를 조성하였던 복취로써 이러한 복취와 비교하더라도 백 분의 일에도 미치지 못하고, 천 분의 일에도 미치지 못하며, 백천 분의 일에도 미치지 못하고, 나아가 오파니살담분(鄔波尼殺曇分)의 일에도 미치지 못하느니라.

왜 그러한가? 교시가여. 만약 이러한 반야바라밀다의 매우 깊은 경전이 인간세상에 유포된다면, 곧 이 세간에는 불보(佛寶)·법보(法寶)·비구승보(苾芻僧寶)가 결국 은몰(隱沒)하지 않을 것이고, 만약 이러한 반야바라밀다의 매우 깊은 경전이 인간세상에 머무른다면 세간에는 항상 10선업도이거나, 만약 4정려·4무량·4무색정이거나, 만약 보시바라밀다, 나아가 반야바라밀다이거나, 만약 내공, 나아가 무성자성공이거나, 만약 4념주, 나아가 18불불공법이거나, 만약 일체의 삼마지문·일체의 다라니문이거나, 만약 일체지·도상지·일체상지이거나, 만약 찰제리(利帝利)의 대족성·바라문의 대족성·장자의 대족성·거사의 대족성이거나, 만약 사대왕중천(四大王衆天), 나아가 비상비비상처천(非想非非想處天)이거나, 만약 성문승(聲聞乘)·독각승(獨覺乘)·무상승(無上乘)이거나, 만약 예류(預流)·일래(一來)·불환(不還)·아라한(阿羅漢)·독각(獨覺)이거나, 만약 보살마하살이 유정을 성취시키고 불국토를 청정하게 장엄하는 것이거나, 만약 제여래·응공·정등각께서 무상정등보리를 증득하시고서 미묘한 법륜(法輪)을 굴리면서 무량한 대중을 제도하시는 것이거나, 만약 이와 같은 수승한 일들이 결국 사라지지 않느니라."

32. 공덕품(功德品)

그때 삼천대천세계에서 소유한 사대왕중천들, 나아가 색구경천(色究竟天)이 같은 소리로 함께 천제석에게 아뢰어 말하였다.

"대선(大仙)이여. 이러한 반야바라밀다는 상응하여 듣고서 수지하고 독송하며 정근하면서 수습하고 이치에 맞게 사유하며 상응하여 공양하고 공경하며 존중하고 찬탄해야 합니다. 왜 그러한가? 대선이여. 만약 이와 같은 반야바라밀다를 수지하고 독송하며 정근하면서 수습하고 이치에 맞게 사유하며 상응하여 공양하고 공경하며 존중하고 찬탄한다면, 일체의 악법은 손감(損減)되고, 선법은 증장(增長)하며, 역시 일체의 천상의 대중들은 증익(增益)시키고 여러 아소락들의 붕당(朋黨)을 손감시키며, 역시 불안(佛眼)·법안(法眼)·승안(僧眼)이 소멸하지 않게 하고, 역시 일체의 불종(佛種)·법종(法種)·승종(僧種)도 단절(斷絕)되지 않게 합니다.

대선이여. 오히려 3보(三寶)의 종자가 단절되지 않는 까닭으로 세간에는 보시바라밀다, 나아가 반야바라밀다가 있고, 역시 내공, 나아가 무성자성공이 있으며, 역시 4념주, [자세한 설명은 생략한다.] 나아가 18불불공법이 있고, 역시 일체의 삼마지문·다라니문이 있으며, 역시 일체지·도상지·일체상지가 있으며, 역시 예류과, 나아가 아라한과가 있고, 역시 독각의 보리가 있으며, 역시 보살마하살의 행이 있고, 역시 무상정등보리가 있습니다. 이러한 까닭으로 대선이여. 이 반야바라밀다를 상응하게 수지하고 독송하며 정근하면서 수습하고 이치에 맞게 사유하며 공양하고 공경하며 존중하고 찬탄해야 한다고 마땅히 알아야 합니다."

그때 세존께서 천제석에게 말씀하셨다.

"교시가여. 그대들은 상응하여 이러한 매우 깊은 반야바라밀다에서 수지하고 독송하며 정근하면서 수습하고 이치에 맞게 사유하며 공양하고 공경하며 존중하고 찬탄해야 하느니라. 왜 그러한가? 교시가여. 만약 아소락들과 악한 붕당들이 '우리들은 마땅히 천제석과 교진(交陣)하면서 전쟁(戰諍)하겠다.'라고 이와 같이 생각하였다면, 그때 그대들 여러 천상의 권속들은 상응하게 각자 이와 같은 매우 깊은 반야바라밀다를 지성(至誠)으로 염송(誦念)하고 공양하며 공경하고 존중하며 찬탄한다면, 그때 아소락들과 악한 붕당들이 일으켰던 악한 마음은 곧 모두가 멈추어지고 소멸하느니라.

교시가여. 만약 여러 천자(天子)이거나, 혹은 천녀(天女)가 다섯 가지의 쇠퇴하는 모습[1]이 나타나므로 그 마음이 악한 세계에 떨어지는 것에 놀라고 당황하며 두려워하였다면, 그때 그대들 여러 천상의 권속들은 상응하여 그의 앞으로 가서 지극한 마음으로 이와 같은 매우 깊은 반야바라밀다를 지성으로 염송해야 하느니라. 이때 그 천자이거나, 혹은 천녀들은 이러한 반야바라밀다를 들었던 선근의 힘을 까닭으로, 이 반야바라밀다에서 청정한 믿음이 생겨난 까닭으로, 다섯 가지의 쇠퇴하는 모습이 사라지고 몸과 마음이 태연(泰然)해질 것이며, 설사 목숨을 끝마치는 것이 있더라도 본래의 처소에 다시 태어나서 천상의 부귀와 안락을 받는데, 이전보다 두 배나 수승하느니라. 왜 그러한가? 교시가여. 반야바라밀다를 듣고서 믿는 공덕(功德)과 위력(威力)은 매우 광대(廣大)한 까닭이니라.

교시가여. 만약 여러 선남자와 선여인 등이거나, 혹은 여러 천자이거나 천녀들이 매우 깊은 반야바라밀다가 한 번이라도 귀에 스쳤다면 선근의 힘을 까닭으로 결정적으로 점차 무상정등보리를 증득하느니라. 왜 그러한가? 교시가여. 과거·현재·미래의 제불과 더불어 여러 제자들도 일체가 모두 이와 같은 매우 깊은 반야바라밀다를 수학하여 무상정등보리를 증득하시고, 무여의반열반계(無餘依般涅槃界)에 들어가느니라. 왜 그러한가? 교시가여. 이와 같은 반야바라밀다는 널리 일체의 보리분법(菩提分法)을 섭수하는데, 만약 제불의 법이거나, 만약 보살의 법이거나, 만약 독각의 법이거

---

1) 천인들이 죽음에 이르렀을 때에 나타나는 모습으로 첫째는 머리에 화관(花冠)이 시드는 것이고, 둘째는 옷에 먼지가 묻는 것이며, 셋째는 몸의 체취에 불쾌한 냄새가 있는 것이고, 넷째는 겨드랑이에서 땀이 흐르는 것이며, 다섯째는 스스로의 자리가 즐겁지 않은 것이다.

나, 만약 성문의 법을 모두 구족하고서 섭수하는 까닭이니라."

그때 천제석이 세존께 아뢰어 말하였다.
"세존이시여. 이와 같은 반야바라밀다는 이것이 대신주(大神呪)이고, 이것이 대명주(大明呪)이며, 이것이 무상주(無上呪)이고, 무등등주(無等等呪)이며, 이것이 일체의 주문의 왕이므로 최고로 존귀하고, 최고로 수승하며, 최고로 높고, 최고로 미묘하며, 능히 일체를 조복시키고, 일체에 항복되지 않습니다. 왜 그러한가? 세존이시여. 이와 같은 반야바라밀다는 능히 일체의 악한 불선법(不善法)을 없애고, 일체의 선하고 수승한 선법을 능히 섭수합니다."

그때 세존께서 천제석에게 말씀하셨다.
"그와 같으니라. 그와 같으니라. 그대가 말한 것과 같으니라. 왜 그러한가? 교시가여. 과거·현재·미래의 제불께서 모두 이와 같은 매우 깊은 반야바라밀다의 대신주왕(大神呪王)을 인연하여 무상정등보리를 증득하시고 미묘한 법륜을 굴리면서 무량한 대중을 헤아려서 해탈시키느니라. 왜 그러한가? 이와 같은 매우 깊은 반야바라밀다의 대신주를 인연하여 세간에는 곧 10선업도가 있고, 만약 4정려·4무량·4무색정이거나, 만약 보시바라밀다, 나아가 반야바라밀다이거나, 만약 내공, 나아가 무성자성공이거나, 만약 4념주, [자세한 설명은 생략한다.] 나아가 18불불공법이거나, 만약 진여(眞如)·법계(法界)·법성(法性)·실제(實際)·불허망성(不虛妄性)·불변이성(不變異性)·법정(法定)·법주(法住)·부사의계(不思議界)이거나, 만약 4성제(四聖諦)이거나, 만약 5안(五眼)·6신통(六神通)이거나, 만약 예류과, 나아가 아라한과이거나, 만약 독각의 보리이거나, 만약 제보살마하살의 행이거나, 만약 제불의 무상정등보리이거나, 만약 일체지·도상지·일체상지가 있느니라.

다시 다음으로 교시가여. 보살마하살을 의지하는 까닭으로 세간에는 10선업도, [자세한 설명은 생략한다.] 나아가 일체상지가 있나니, 비유한다면 보름달을 의지하는 까닭으로 여러 별 등이 모두 광명을 증장시키는 것과 같이, 이와 같은 제보살을 의지하는 까닭으로 10선업도, [자세한 설명은 생략한다.] 나아가 일체상지가 모두 명료하게 나타나느니라. 만약 제여래·응공·정등각께서 세간에 출현하시지 않은 때라도 오직 보살이 여러 종류의 방편선교를 구족하고 있으면서 제유정들을 위하여 일체의 세간·출세간법을 전도(顚倒)가 없이 널리 설하는데, 보살들이 소유한 방편선교는 모두가 이와 같은 매우 깊은 반야바라밀다를 따라서 생장(生長)을 얻느니라.

제보살마하살이 방편선교의 힘을 성취한 까닭으로 능히 보시바라밀다, 나아가 반야바라밀다를 행하며, 능히 내공, 나아가 무성자성공을 행하며, 능히 4념주, [자세한 설명은 생략한다.] 나아가 18불불공법을 행하며, 성문·독각지를 증득하지 않고, 유정을 성숙시키고, 불국토를 청정하게 장엄하며, 수명의 원만함·불국토의 원만함·권속의 원만함·대중의 원만함·색신의 힘의 원만함을 섭수하고 취(取)하면서 구족하고, 나아가 일체상지를 증득하는 것도 모두가 오히려 반야바라밀다로 성취하여 얻느니라.

다시 다음으로 교시가여. 만약 여러 선남자와 선여인 등이 이 반야바라밀다를 지극한 마음으로 듣고서 수지하고 독송하며 정근하면서 수습하고 이치에 맞게 사유하며 서사하고 해설하며 널리 유포시킨다면, 마땅히 현재와 미래의 수승한 공덕을 성취하여 얻느니라."

그때 천제석이 곧 세존께 아뢰어 말하였다.
"이 선남자와 선여인 등이 어찌하여 현재와 미래의 수승한 공덕을 성취합니까?"

세존께서 말씀하셨다.
"교시가여. 만약 여러 선남자와 선여인 등이 반야바라밀다를 지극한 마음으로 듣고서 수지하고 독송하며 정근하면서 수습하고 이치에 맞게 사유하며 서사하고 해설하며 널리 유포시킨다면, 이 선남자와 선여인 등은 현재에 독약의 피해를 당하지 않고, 무기와 병사(刀兵)들에게 상해를 당하지 않으며, 불에 태워지지 않고, 물에 빠지지 않으며, 나아가 404가지의 질병으로 요절(夭殃)하지는 않으나 다만 이전에 결정된 업을 현재의 세상에서 상응하여 받는 것은 제외하느니라.

교시가여. 이 선남자와 선여인 등이 만약 관청의 일을 만났거나, 도둑들에게 핍박받았으므로 지극한 마음으로 이와 같은 반야바라밀다를 염송한다면 그것에 이를지라도 결국 그들의 형벌(刑罰)과 가해(加害)를 받지 않느니라. 왜 그러한가? 교시가여. 이러한 반야바라밀다의 위덕과 세력의 법이 그러한 까닭이니라. 교시가여. 이 선남자와 선여인 등이 만약 왕이거나, 왕자이거나, 대신(大臣) 등의 처소에 가고자 하면서 지극한 마음으로 이와 같은 반야바라밀다를 염송한다면 반드시 국왕 등에게 환희하며 문신(問訊)하게 되고, 공양·공경·존중·찬탄을 받게 되느니라. 왜 그러한가? 교시가여. 이 선남자와 선여인 등은 항상 유정들에게 자(慈)·비(悲)·희(喜)·사(捨)의 마음을 일으켰던 까닭이니라. 교시가여. 이 선남자와 선여인 등이 항상 이와 같은 등의 부류인 현재의 공덕들을 성취할 수 있느니라.

교시가여. 만약 여러 선남자와 선여인 등이 이 반야바라밀다를 지극한 마음으로 듣고서 수지하고 독송하며 정근하면서 수습하고 이치에 맞게 사유하며 서사하고 해설하며 널리 유포시킨다면, 이 선남자와 선여인 등은 태어나는 처소라는 것을 따라서 항상 10선업도이거나, 만약 4정려·4무량·4무색정이거나, 만약 보시바라밀다, 나아가 반야바라밀다이거나, 만약 내공, 나아가 무성자성공이거나, 만약 4념주, [자세한 설명은 생략한다.] 나아가 18불불공법이거나, 만약 일체의 삼마지문·다라니문이거나, 만약 일체지·도상지·일체상지를 멀리 벗어나지 않으며, 지옥·방생·귀계에 떨어지지 않으나 오직 그곳에 가서 유정을 성숙시키고자 소원하는 자는 제외되느니라.

태어나는 처소라는 것을 따라서 항상 제근(諸根)과 지체(支體)를 구족하였으므로 결함이 없고, 영원히 빈궁하거나, 하천하거나, 기술자(工師)이거나, 잡스러운 부류인 도회(屠膾)[2]·사냥꾼(漁獵)·도적(盜賊)·옥리(獄吏)[3]

---

2) 사형을 집행하는 관리이거나, 축생을 도축하는 백정을 가리킨다.
3) 감옥에서 근무하는 하급 관리를 가리킨다.

와 더불어 보갈사(補羯娑)와 전다라(旃茶羅)의 집안이거나, 술달라(戌達羅)[4]의 무역(貿易)하는 낮은 종족과 같은 집안에 태어나지 않느니라. 태어나는 처소라는 것을 따라서 32대사상과 80종호를 구족하고서 원만하게 장엄되므로 일체의 유정들이 보는 자라면 환희하고, 세존께서 머무시는 청정하게 장엄된 국토의 가운데인 연화세계(蓮華世界)에 화생(化生)으로 많이 태어나서 여러 악을 짓지 않으며, 항상 보살의 신통을 멀리 벗어나지 않고, 마음을 따라서 소원하는 제불의 국토에 유행하면서 한 국토에서 다른 한 국토에 이르면서 제불께 친근하고 공양하며, 유정들을 성숙시키고, 불국토를 청정하게 장엄하며, 정법을 듣고서 설하는 것과 같이 수행하여 점차로 일체지지를 증득하느니라. 교시가여. 이 선남자와 선여인 등은 마땅히 이와 같은 등의 부류인 미래의 공덕을 성취하여 얻느니라.

이러한 까닭으로써 교시가여. 만약 여러 선남자와 선여인 등이 이와 같은 현재이거나 미래의 수승한 공덕, 나아가 무상정등보리를 증득하고자 한다면, 상응하여 일체지지의 마음을 항상 벗어나지 않고, 얻을 수 없는 것으로써 방편을 삼아서 이러한 반야바라밀다의 매우 깊은 경전을 지극한 마음으로 듣고서 수지하고 독송하며 정근하면서 수습하고 이치에 맞게 사유하며 서사하고 해설하며 널리 유포시키며, 다시 여러 종류의 상묘한 화만·바르는 향·뿌리는 향·의복·영락·보배의 당기·번기·일산과 여러 미묘하고 진기한 음악과 등불로써 공양해야 하느니라."

33. 외도품(外道品)

이때 여러 많은 외도(外道)인 범지(梵志)[5]들이 세존(佛)의 허물을 구하

---

4) 산스크리트어 Śūdra의 음사이고, 힌두교의 카스트제도에서 네 번째의 계급이며, 전 인구의 약 50%를 차지하고 있다.

기 위하여 세존의 처소로 와서 나아갔다. 이때 천제석은 보고 생각하면서 말하였다.

"지금 이렇게 여러 많은 외도인 범지들이 법회(法會)에 와서 나아갔고, 세존의 단점을 엿보면서 구하므로 장차 반야(般若)에 장애(留難)의 일은 아니겠는가? 나는 마땅히 세존께 수지(受持)하였던 매우 깊은 반야바라밀다를 염송하여 그 삿된 무리들이 물러나서 본래의 처소로 되돌아가게 하겠다."

생각하고서 곧 매우 깊은 반야바라밀다를 속으로 염송하였고, 이곳에서 많은 외도인 범지들은 멀리서 공경하는 모습을 나타내고 세존을 오른쪽으로 돌고서 따라서 왔던 문에서 길을 되돌아서 다시 물러갔다. 이때 사리자(舍利子)가 이 일을 보고서 생각하면서 말하였다.

"그들은 무슨 인연이 있어서 곧 왔다가 다시 돌아가는가?"

그때 세존께서 사리자에게 알려 말씀하셨다.

"그 외도들은 나의 허물을 구하고자 왔으나, 천제석이 반야바라밀다를 염송하였던 까닭으로 그들은 다시 떠나갔느니라. 사리자여. 나는 그 외도인 범지들에게 적은 백법(白法)6)이라도 있다고 보지 않는데, 오직 악한 마음을 품고서 나의 허물을 구하기 위해서 나의 처소에 와서 이르렀느니라. 사리자여. 나는 일체의 세간에 천인·악마·범천(梵天)이거나, 만약 여러 사문과 바라문 등의 유정의 부류들이 반야를 설하는 때에 악한 마음을 품고 와서 구하더라도 곧 얻는 것을 모두 보지 못하였느니라.

왜 그러한가? 사리자여. 이 삼천대천세계에서 소유한 사대왕중천, 나아가 색구경천이거나, 만약 여러 성문·독각·보살·여래와 더불어 일체의 큰 위력을 갖춘 용·귀신·약차·인비인 등이 모두 함께 이와 같은 반야바라밀다를 수호하면서 여러 악한 장애를 짓지 못하게 하느니라. 왜 그러한

---

5) 산스크리트어 brāhmana의 번역이고, 브라만의 삶의 주기인 4기(期)의 기간의 가운데에서 제1기에 해당한다. 이 시기는 8세에서 16세까지, 혹은 11세에서 22세까지 온갖 고행을 실천하는 자이다.
6) 청정(淸淨)한 법을 다르게 부르는 말이다.

가? 사리자여. 이 여러 천인(諸天) 등은 모두가 반야바라밀다의 위력에 의지하여 생겨난 까닭이니라.

다시 다음으로 사리자여. 시방으로 각각 긍가사와 같은 세계에 일체의 여래·응공·정등각과 성문·독각·보살·여러 천인·용·귀신·약차·인비인 등이 모두 함께 이와 같은 반야바라밀다를 수호하면서 여러 악한 장애를 짓지 못하게 하느니라. 왜 그러한가? 사리자여. 그 제불 등은 모두가 반야바라밀다의 위력에 의지하여 생겨난 까닭이니라."

그때 악마들이 살며시 이렇게 생각하였다.

'지금 여래·응공·정등각께서는 사부대중에게 위요(圍繞)되셨고, 욕계(欲界)·색계(色界)의 여러 천인들과 인간 등이 모두 함께 집회하면서, 반야바라밀다를 널리 설하시는데, 이 가운데에서 결정적으로 보살마하살로 무상정등보리의 수기(授記)를 받을 자가 있을 것이다. 우리들이 마땅히 가서 그들의 눈을 파괴해야겠다.'

이렇게 생각하고서 곧 네 가지의 군사로 변화하였고 위세와 용맹함을 떨치면서 빠르게 세존의 처소로 왔다. 이때 천제석이 보고 생각하면서 말하였다.

'장차 악마가 이러한 일을 변화로 짓고 와서 세존을 번뇌시키고, 아울러 반야바라밀다에 장애를 지으려는 것은 아닌가? 왜 그러한가? 이와 같은 네 가지 군사는 장엄하게 꾸며서 수승하였고 아름다웠으며 겉모습이 견고하였고 수승한 군사였으므로, 석가의 왕족이거나, 율첩비(栗呫毘)[7]의 종족이거나, 역사(力士)의 종족들이 소유한 네 가지 군사로도 모두 미치지 못하나니, 오히려 이것으로 악마들이 변화시켜서 지은 것이라고 알겠구나. 악마들은 장야(長夜)에 세존의 단점을 엿보면서 구하였고, 여러 유정들이 수행하였던 것인 수승한 일을 파괴하였으니, 나는 마땅히 세존의 처소에서 수지한 매우 깊은 반야바라밀다를 염송하여 이 악마들을

---

7) 산스크리트어 Licchavī의 음사이고, '이차(利車)', '율창(栗唱)', '여창(黎昌)', '리차비(梨車毘)', '율첩바(栗呫)' 등으로 음사한다. 비사리성(毘舍離城)의 찰제리(利帝利) 종족의 이름이고, '박피(薄皮)'라고 번역한다.

다시 길로 떠나보내겠다.'

이렇게 생각하고서 곧 매우 깊은 반야바라밀다를 염송하였고, 이 악마들이 다시 길로 떠나갔는데, 매우 깊은 반야바라밀다의 위력에 핍박받았던 까닭이었다. 이때 여러 회중(會中)에서 소유하였던 사대왕중천, 나아가 색구경천 등이 각각 여러 종류의 천화(天花)와 더불어 향과 화만 등의 여러 미묘한 공양구를 변화로 짓고서 몸을 공중으로 솟구쳐서 세존의 위에 뿌리면서 합장하고 공경스럽게 같이 세존께 아뢰어 말하였다.

"원하옵건대 이 반야바라밀다가 남섬부주(南贍部洲)에 인간들의 가운데에서 오래 머무르게 하십시오. 왜 그러한가? 세존이시여. 나아가 이와 같은 매우 깊은 반야바라밀다가 남섬부주의 인간들 가운데에서 유포된다면, 이 처소에는 불보·법보·비구 승보가 오래도록 머무르면서 소멸되지 않는다고 마땅히 알아야 하고, 이 삼천대천세계, 나아가 시방의 무량하고 무수이며 무변한 세계도 역시 다시 그와 같으며, 오히려 이것으로 보살마하살들과 수승한 행도 역시 명료하게 알 수 있습니다. 세존이시여. 여러 지방과 지역을 따라서 여러 선남자와 선여인 등이 청정한 신심(信心)으로써 이와 같은 매우 깊은 반야바라밀다를 서사하여 수지하고서 공양하고 공경하며 존중하고 찬탄한다면, 이 처소에는 미묘한 광명이 있어서 어둠을 없애고 소멸시키므로 여러 수승한 이익이 생겨난다고 마땅히 알아야 합니다."

그때 세존께서 천제석 등의 여러 천인의 대중들에게 말씀하셨다.
"그와 같으니라. 그와 같으니라. 그대들이 말한 것과 같으니라. 나아가 이와 같은 매우 깊은 반야바라밀다가 남섬부주의 인간들 가운데에서 유포된다면, 이 처소에는 불보·법보·비구승보가 오래도록 머무르면서 소멸되지 않는다고 마땅히 알아야 하고, 이 삼천대천세계, 나아가 시방의 무량하고 무수이며 무변한 세계도 역시 다시 그와 같으며, 오히려 이것으로 보살마하살들과 수승한 행도 역시 명료하게 알 수 있느니라. 여러 지방과 지역을 따라서 여러 선남자와 선여인 등이 청정한 신심으로써 이와 같은 매우 깊은 반야바라밀다를 서사하여 수지하고서 공양하고 공경하며 존중하고 찬탄한다면, 이 처소에는 미묘한 광명이 있어서 어둠을 없애고 소멸시키므로 여러 수승한 이익이 생겨난다고 마땅히 알아야 하느니라."

그때 여러 천인의 대중들이 각자 여러 종류의 천화와 더불어 향과 화만 등의 여러 미묘한 공양구를 변화로 짓고서 세존의 위에 뿌리면서 거듭하여 세존께 아뢰어 말하였다.

"만약 여러 선남자와 선여인 등이 이러한 반야바라밀다의 매우 깊은 경전을 지극한 마음으로 듣고서 수지하고 독송하며 정근하면서 수습하고 이치에 맞게 사유하며 서사하고 해설하며 널리 유포시킨다면, 이 선남자와 선여인 등은 악마와 악마의 군사들이 능히 틈새를 얻지 못할 것이고, 우리 천상의 대중들도 항상 따르면서 정근하여 더욱 옹호(擁護)하여 번뇌가 없게 하겠습니다. 왜 그러한가? 세존이시여. 이 선남자와 선여인 등은 우리 여러 천인들이 세존과 같이 공경스럽게 섬기겠는데, 혹은 세존의 존귀하고 소중하신 법과 같거나 비슷한 까닭입니다."

그때 천제석이 다시 세존께 아뢰어 말하였다.

"이 선남자와 선여인 등이 적은 선근(善根)으로는 능히 이러한 일을 성취하지 못하는 것이니, 반드시 이전의 세상에 무량한 여래(佛)의 많은 선근을 집적하였거나, 많은 바른 서원을 일으켰거나, 많이 여래께 공양하였거나, 많은 선한 벗을 많이 섬겼으므로, 비로소 능히 이러한 매우 깊은 반야바라밀다를 지극한 마음으로 수지하고 독송하며 정근하면서 수습하고 이치에 맞게 사유하며 유정들을 위하여 널리 설하고 널리 설하면서 유포시키는 것입니다. 세존이시여. 만약 여러 선남자와 선여인 등이 제불(諸佛)의 일체상지(一切相智)를 구하고자 한다면 마땅히 반야바라밀다를 구해야 하고, 반야바라밀다를 구하고자 한다면 반드시 제불의 일체상지를 구해야 합니다.

왜 그러한가? 제불의 일체상지를 증득하는 것은 모두가 반야바라밀다를 따라서 생겨남을 얻는 까닭이고, 일체의 반야바라밀다는 모두가 제불의 일체상지를 따라서 생겨남을 얻는 까닭입니다. 그 까닭은 무엇인가? 제불께서 증득하신 일체상지는 반야바라밀다와 다르지 않고, 일체의 반야바라밀다는 제불의 일체상지와 다르지 않으며, 제불의 일체상지와 이 반야바라밀다는 무이(無二)이고 두 처소(二處)가 없다고 마땅히 알아야 합니다."

그때 세존께서 천제석에게 알려 말씀하셨다.

"그와 같으니라. 그와 같으니라. 그대가 말한 것과 같으니라. 이러한 까닭으로 반야바라밀다의 공덕과 위신력이 가장 존귀하고 가장 수승하느니라."

34. 천래품(天來品)(1)

그때 구수(具壽) 경희(慶喜)가 세존께 아뢰어 말하였다.

"세존이시여. 무슨 인연으로 여래·응공·정등각께서는 보시 등의 5바라밀다, 나아가 18불불공법을 널리 칭찬(稱讚)하시지 않고, 다만 여섯째의 반야바라밀다를 칭찬하십니까?"

세존께서 경희에게 알리셨다.

"여섯째의 반야바라밀다는 능히 앞의 5바라밀다, 나아가 18불불공법의 가운데에서 가장 존귀하며 인도(引導)가 되는 까닭으로, 내가 다만 반야바라밀다를 널리 칭찬하는 것이니라. 다시 다음으로 경희여. 그대의 생각은 어떠한가? 만약 일체상지에 회향(廻向)하지 않고서 보시바라밀다, 나아가 18불불공법을 수행한다면 보시바라밀다, 나아가 18불불공법을 진실하게 수행한다고 이름할 수 있겠는가?"

경희가 대답하여 말하였다.

"아닙니다. 세존이시여. 아닙니다. 선서시여."

세존께서 말씀하셨다.

"경희여. 반드시 일체상지에 회향하면서 보시, 나아가 18불불공법을 수행해야 보시바라밀다, 나아가 18불불공법을 진실하게 수행한다고 이름할 수 있느니라. 이러한 까닭으로 반야바라밀다는 능히 앞의 5바라밀다, 나아가 18불불공법의 가운데에서 가장 존귀하며 인도가 되는 까닭으로, 내가 다만 반야바라밀다를 널리 칭찬하는 것이니라."

구수 경희가 다시 세존께 아뢰어 말하였다.

"어찌하여 일체상지에 회향하면서 보시바라밀다, 나아가 18불불공법을 수행해야 진실하게 수행한다고 이름합니까?"

세존께서 말씀하셨다.

"경희여. 무이(無二)로써 방편을 삼고, 생겨남이 없음(無生)으로써 방편을 삼으며, 얻을 수 없는 것(無所得)으로써 방편을 삼고서 일체상지에 회향하면서, 보시, 나아가 18불불공법을 수행해야 하나니, 이와 같이 일체상지에 회향하면서 보시바라밀다, 나아가 18불불공법을 수행해야 비로소 보시바라밀다, 나아가 18불불공법을 진실하게 수행한다고 이름할 수 있느니라."

구수 경희가 다시 세존께 아뢰어 말하였다.

"어찌 무이로써 방편을 삼고, 생겨남이 없음으로써 방편을 삼으며, 얻을 수 없는 것으로써 방편을 삼고 일체상지에 회향하면서 보시, 나아가 18불불공법을 수행해야 비로소 보시바라밀다, 나아가 18불불공법을 진실하게 수행한다고 이름할 수 있습니까?"

세존께서 말씀하셨다.

"경희여. 색(色)·수(受)·상(想)·행(行)·식(識), 나아가 무상정등보리(無上正等菩提)는 무이로써 방편을 삼고, 생겨남이 없는 것으로써 방편을 삼으며, 얻을 수 없는 것으로써 방편을 삼아서 일체상지에 회향하면서 보시, 나아가 18불불공법을 수행해야 비로소 보시바라밀다, 나아가 18불불공법을 진실하게 수행한다고 이름할 수 있느니라."

구수 경희가 아뢰어 말하였다.

"세존이시여. 어찌하여 색·수·상·행·식, 나아가 무상정등보리는 무이로써 방편을 삼고, 생겨남이 없는 것으로써 방편을 삼으며, 얻을 수 없는 것으로써 방편을 삼아서 일체상지에 회향하면서 보시, 나아가 18불불공법을 수행해야 비로소 보시바라밀다, 나아가 18불불공법을 진실하게 수행한다고 이름합니까?"

세존께서 말씀하셨다.

"경희여. 색·수·상·행·식은 색·수·상·행·식의 자성이 공하고, 나아가 무상정등보리는 무상정등보리의 자성이 공하느니라. 왜 그러한가? 색·수·상·행·식, 나아가 무상정등보리의 자성이 공한 것으로써 보시바라밀다, 나아가 18불불공법과 함께 모두 무이(無二)이고 두 처소(二處)가 없는 까닭이니라.

경희여. 오히려 반야바라밀다를 까닭으로 능히 일체상지에 회향하는 것이고, 오히려 일체상지에 회향하는 까닭으로 능히 보시바라밀다, 나아가 18불불공법에 회향하면 구경(究竟)에 이르는 것을 얻느니라. 이러한 까닭으로 반야바라밀다는 앞의 5바라밀다, 나아가 18불불공법에서 가장 존귀하고 인도가 되는 까닭으로 나는 다만 반야바라밀다를 널리 칭찬하느니라.

경희여. 비유한다면 대지(大地)에 종자로써 흩뿌리는 가운데에서 여러 인연이 화합한다면 곧 생장(生長)함을 얻는데, 대지가 종자를 함께 생장시키고 의지하는 것이 되어 주며 능히 건립(建立)함이 된다고 마땅히 알아야 하느니라. 이와 같이 반야바라밀다와 일체상지에 회향하는 것은 앞의 5바라밀다, 나아가 18불불공법의 의지하는 것이 되어 주며 능히 건립함이 되어 주고 생장을 얻게 하는 까닭으로, 이 반야바라밀다가 앞의 5바라밀다, 나아가 18불불공법에서 가장 존귀하고 인도가 되는 까닭으로 나는 다만 반야바라밀다를 널리 칭찬하고 보시바라밀다 등은 칭찬하지 않느니라."

그때 천제석이 세존께 아뢰어 말하였다.

"세존이시여. 지금 여래·응공·정등각께서는 이 반야바라밀다에서 일체의 공덕을 오히려 모두 설하지 않으셨습니다. 그 까닭은 무엇인가? 제가 세존의 처소에서 수지하였던 반야바라밀다의 공덕은 깊고 넓으며 무량하고 무변하나니, 여러 선남자와 선여인 등이 이 반야바라밀다에서 지극한 마음으로 수지하고 독송하며 정근하면서 수습하고 이치에 맞게 사유하며 유정들을 위하여 널리 설하고 널리 설하면서 유포시킨다면, 획득하였던 것의 공덕도 역시 무변합니다. 만약 이와 같은 반야바라밀다의 매우 깊은 경전을 서사하여 여러 종류로 엄숙하게 장식하고 다시 무량한 상묘한 화만·바르는 향·뿌리는 향·의복·영락·보배의 당기·번기·일산·여러 미묘하고 진기한 음악·등불 등으로써 공양한다면, 획득하였던 것의 공덕도 역시 변제(邊際)가 없습니다.

세존이시여. 만약 여러 선남자와 선여인 등이 이 반야바라밀다의 매우 깊은 경전을 지극한 마음으로 수지하고 독송하며 정근하면서 수습하고 이치에 맞게 사유하며 유정들을 위하여 널리 설하고 널리 설하면서 유포시킨다면, 오히려 이러한 인연으로 세간에는 곧 10선업도가 있고, 만약 4정려·4무량·4무색정이거나, 만약 보시바라밀다, 나아가 반야바라밀다이거나, 만약 내공, 나아가 무성자성공이거나, 만약 4념주, [자세한 설명은 생략한다.] 나아가 18불불공법이거나, 만약 예류과, 나아가 아라한과이거나, 만약 독각의 보리이거나, 만약 제보살마하살의 행이거나, 만약 제불의 무상정등보리이거나, 만약 일체의 세간이 소유한 수승한 일이 나타나지 않는 것이 없습니다."

그때 세존께서 천제석에게 알려 말씀하셨다.

"교시가여. 나는 이러한 매우 깊은 반야바라밀다에서 다만 앞에서 설한 것과 같은 공덕이 있다고 말하지 않느니라. 왜 그러한가? 교시가여. 매우 깊은 반야바라밀다는 무변하고 수승한 공덕을 구족한 까닭이니라. 교시가여. 나는 역시 이 반야바라밀다의 매우 깊은 경전에서 지극한 마음으로 수지하고 독송하며 정근하면서 수습하고 이치에 맞게 사유하며 유정들을 위하여 널리 설하고 널리 설하면서 유포시키거나, 더불어 능히 서사하여 여러 종류로 엄숙하게 장식하고, 다시 무량한 상묘한 화만·바르는 향·뿌리는 향·의복·영락·보배의 당기·번기·일산·여러 미묘하고 진기한 음악·등불 등으로써 공양한다면, 여러 선남자와 선여인 등이 다만 앞에서 설한 것과 같은 공덕이 있다고 말하지 않느니라.

왜 그러한가? 교시가여. 만약 여러 선남자와 선여인 등이 일체지지의 마음을 벗어나지 않고, 얻을 수 없는 것으로써 방편을 삼아서 이 반야바라밀다에서 매우 깊은 경전을 지극한 마음으로 수지하고 독송하며 정근하면서 수습하고 이치에 맞게 사유하며 유정들을 위하여 널리 설하고 널리 설하면서 유포시키거나, 더불어 능히 서사하여 여러 종류로 엄숙하게 장식하고, 다시 무량한 상묘한 화만, 나아가 등불 등으로써 공양한다면, 이 선남자와 선여인 등은 무량하고 수승한 계온(戒蘊)·정온(定蘊)·혜온(慧蘊)·해탈온(解脫蘊)·해탈지견온(解脫智見蘊)을 성취하느니라.

교시가여. 이 선남자와 선여인 등을 마땅히 여래(佛)와 같다고 알아야 하느니라. 왜 그러한가? 과거·미래·현재의 일체의 여래·응공·정등각의 무상도(無上道)를 수지(受持)한 까닭이고, 결정적으로 여래의 보리로 나아가는 까닭이며, 일체의 유정을 이익되고 안락하면서 무궁(無窮)하고 무진(無盡)한 까닭이며, 성문(聲聞)·독각지(獨覺地)를 초월(超過)하는 까닭이니라.

교시가여. 성문·독각이 소유한 계온·정온·혜온·해탈온·해탈지견온은 이 선남자와 선여인 등이 소유한 계온·정온·혜온·해탈온·해탈지견온과 비교한다면, 백 분의 일에도 미치지 못하고 천분의 일에도 미치지 못하며, 나아가 오파니살담분의 일에도 미치지 못하느니라. 왜 그러한가? 교시가여. 이 선남자와 선여인 등은 일체의 성문·독각의 하열한 마음과 생각을 초월하고, 여러 성문승과 독각승의 법을 결국 칭찬하지 않으며, 일체법에서 알지 못하는 것이 없는데 이를테면, 무소유(無所有)를 바르게 아는 까닭이니라.

교시가여. 만약 여러 선남자와 선여인 등이 일체지지의 마음을 벗어나지 않고, 얻을 수 없는 것으로써 방편을 삼아서 이 반야바라밀다에서 매우 깊은 경전을 지극한 마음으로 수지하고 독송하며 정근하면서 수습하고 이치에 맞게 사유하며 유정들을 위하여 널리 설하고 널리 설하면서 유포시키거나, 더불어 능히 서사하여 여러 종류로 엄숙하게 장식하고, 다시 무량한 상묘한 화만, 나아가 등불 등으로써 공양한다면, 나는 그들이 현재와 미래에 무량하고 무변한 공덕과 수승한 이익을 획득한다고 설하느니라."

그때 천제석이 세존께 곧 아뢰어 말하였다.
"우리들 여러 천인들은 항상 이 선남자와 선여인 등을 따르면서 호위(衛護)하여 일체의 인비인(人非人) 등의 여러 종류의 악한 인연들이 번뇌시키거나 침해하지 못하게 하겠습니다."
그때 세존께서 천제석에게 알려 말씀하셨다.
"교시가여. 만약 여러 선남자와 선여인 등이 일체지지(一切智智)에 상응하는 마음으로써 얻을 수 없는 것을 방편으로 삼아서 이 반야바라밀다에서 매우 깊은 경전을 수지하고 독송한다면, 그때 무량한 백천의 천자(天子)들이 법을 듣기 위한 까닭으로 모두 와서 집회하고, 환희(歡喜)하고 용약(踊躍)하면서 이와 같은 매우 깊은 반야바라밀다를 공경스럽게 수지하느니라.
교시가여. 만약 여러 선남자와 선여인 등이 일체지지에 상응하는 마음으로써 얻을 수 없는 것을 방편으로 삼아서 이와 같은 매우 깊은 반야바라밀다에 상응하는 법을 널리 설한다면, 그때 무량한 백천의 천자들이 모두 와서 집회하고, 천상의 위력으로써 설하는 법사의 변재(辯才)를 증익(增益)시켜서 선양(宣暢)을 끝자락이 없게 하느니라.
교시가여. 만약 여러 선남자와 선여인 등이 일체지지에 상응하는 마음으로써 얻을 수 없는 것을 방편으로 삼아서 이와 같은 매우 깊은 반야바라밀다를 널리 설한다면, 그때 무량한 백천의 천자들이 있어서 법을 공경하고 존중하는 까닭으로 모두 와서 집회하고, 천상의 위력으로써 설하는 법사의 변재가 막히지 않게 하므로, 설사 장애와 어려움이 있더라도 능히 차단(遮斷)하지 못하느니라.

교시가여. 여러 선남자와 선여인 등이 일체지지에 상응하는 마음으로써 얻을 수 없는 것을 방편으로 삼아서 이 반야바라밀다에서 매우 깊은 경전을 지극한 마음으로 수지하고 독송하며 정근하면서 수습하고 이치에 맞게 사유하며 유정들을 위하여 널리 설하고 널리 설하면서 유포시키거나, 더불어 능히 서사하여 여러 종류로 엄숙하게 장식하고, 다시 무량한 상묘한 화만, 나아가 등불 등으로써 공양한다면, 현재의 세상에서 마땅히 무변한 공덕과 수승한 이익을 획득하고, 악마와 악마의 군사들이 능히 요란(擾亂)시키지 못하느니라.

다시 다음으로 교시가여. 만약 여러 선남자와 선여인 등이 사부대중의 가운데에서 이와 같은 매우 깊은 반야바라밀다를 설한다면 마음에 두려움이 없고, 일체 논란(論難)에도 굴복하지 않느니라. 왜 그러한가? 교시가여. 그들은 오히려 이와 같은 매우 깊은 반야바라밀다에 가피(加祐)되는 까닭이니라. 또한 이 반야바라밀다의 비밀장(祕密藏)의 가운데서는 일체법을 넓게 구족하고 분별하는 까닭인데 이를테면, 선법(善法)·비선법(非善法)·유기법(有記法)·무기법(無記法)·유루법(有漏法)·무루법(無漏法)·세간법(世間法)·출세간법(出世間法)·유위법(有爲法)·무위법(無爲法)·성문법(聲聞法)·독각법(獨覺法)·보살법(菩薩法)·여래법(如來法) 등이고, 여러 이와 같은 등의 무량한 백천의 차별된 법문이 모두 이것에 섭수되느니라.

또한 이러한 선남자와 선여인 등은 내공, 나아가 무성자성공에 잘 안주하는 까닭으로 능히 논란하는 자가 있음을 모두 보지 않고, 역시 논란이 되는 자가 있다고 보지 않으며, 역시 설하였던 반야바라밀다가 있다고 보지 않느니라. 이러한 까닭으로써 교시가여. 이 선남자와 선여인 등은 오히려 이러한 반야바라밀다의 큰 위신력에 호지(護持)되는 까닭으로, 일체의 이학(異學)의 논란과 더불어 여러 원수(怨敵)들에게 굴복되지 않느니라.

다시 다음으로 교시가여. 만약 여러 선남자와 선여인 등이 이 반야바라밀다의 매우 깊은 경전을 지극한 마음으로 수지하고 독송하며 정근하면서 수습하고 이치에 맞게 사유하며 유정들을 위하여 널리 설하고 널리 설하면서 유포시킨다면, 이 선남자와 선여인 등은 마음이 항상 놀라지 않고 두렵지 않으며 겁나지 않고 마음이 숨기고 침울하지 않으며 역시 근심하지 않고 후회하지 않느니라. 왜 그러한가? 교시가여. 이 선남자와 선여인 등은 놀라거나, 두려워하거나, 겁내거나, 숨기고 침울하거나, 근심하거나, 후회하는 일을 보지 않는 까닭이니라.

교시가여. 만약 여러 선남자와 선여인의 부류들이 이것 등에서 현재에 무변한 공덕과 수승한 이익을 얻고자 한다면, 마땅히 이와 같은 매우 깊은 반야바라밀다를 지극한 마음으로 수지하고 독송하며 정근하면서 수습하고 이치에 맞게 사유하며 유정들을 위하여 널리 설하고 널리 설하면서 유포시키며, 공양하고 공경하며 존중하고 찬탄하면서 잠시도 버려두지 않아야 하느니라.

다시 다음으로 교시가여. 만약 여러 선남자와 선여인 등이 일체지지에 상응하는 마음으로써 얻을 수 없는 것을 방편으로 삼아서 이 반야바라밀다에서 매우 깊은 경전을 지극한 마음으로 수지하고 독송하며 정근하면서 수습하고 이치에 맞게 사유하며 유정들을 위하여 널리 설하고 널리 설하면서 유포시키거나, 공양하고 공경하며 존중하고 찬탄한다면, 이 선남자와 선여인 등은 항상 부모·스승·장로·친한 벗·국왕·대신과 더불어 여러 사문·바라문들을 사랑하고 공경할 것이며, 역시 시방의 무변한 세계에 일체의 여래·응공·정등각과, 보살마하살·독각·아라한·불환·일래·예류 등에게 사랑받고 기억될 것이며, 다시 세간의 여러 천상·악마·범천(梵天)·인비인(人非人)·아소락 등이 애락(愛樂)하면서 수호(守護)하느니라.

이 선남자와 선여인 등은 최고로 수승하고 단절이 없는 변재를 성취하며, 일체의 때에서 보시바라밀다, 나아가 반야바라밀다를 수행하며, 내공, 나아가 무성자성공에 머무르며, 4념주, [자세한 설명은 생략한다.] 나아가 18불불공법을 수행하며, 일체의 삼마지문·다라니문을 수행하며, 유정을 성숙시키고 불국토를 청정하게 장엄하며, 일체지·도상지·일체상지를 수행하면서 해태와 멈춤이 없나니, 이 선남자와 선여인 등은 일체의 외도의 이론(異論)과 여러 원수들에게 굴복되지 않고, 능히 외도의 이론과 여러 원수들을 굴복시키느니라.

교시가여. 만약 여러 선남자와 선여인 등이 이와 같은 현재와 미래의 단절이 없고, 끝자락이 없는 공덕과 수승한 이익을 획득하고자 한다면, 마땅히 이와 같은 매우 깊은 반야바라밀다를 일체지지에 상응하는 마음으로써 얻을 수 없는 것을 방편으로 삼아서 이 반야바라밀다에서 매우 깊은 경전을 지극한 마음으로 수지하고 독송하며 정근하면서 수습하고 이치에 맞게 사유하며 유정들을 위하여 널리 설하고 널리 설하면서 유포시키거나, 공양하고 공경하며 존중하고 찬탄해야 하느니라.

다시 다음으로 교시가여. 만약 여러 선남자와 선여인 등이 이와 같은 매우 깊은 반야바라밀다를 서사하여 여러 종류로 장엄하여 청정한 처소에 안치하고 공양하고 공경하며 존중하고 찬탄한다면, 이때 이 삼천대천세계와 나머지 시방의 무변한 세계에서 소유한 사대왕중천, 나아가 광과천(廣果天)들이 이미 무상보리심(無上菩提心)을 일으킨 자에게 항상 이 처소로 와서 이와 같이 반야바라밀다를 독송하는 것을 보고서 예배하고 공양하며 공경하고 존중하며 찬탄하고, 오른쪽으로 돌면서 예배하고 합장하고 떠나가느니라. 정거천(淨居天)이 소유한 이를테면, 무번천(無繁天)·무열천(無熱天)·선현천(善現天)·선견천(善見天)·색구경천(色究竟天)들도 역시 항상 이 처소로 와서 이와 같이 반야바라밀다를 독송하는 것을 보고서 예배하고 공양하며 공경하고 존중하며 찬탄하고, 오른쪽으로 돌면서 예배하고 합장하고 떠나가느니라. 이때 삼천대천세계와 나머지 시방의 무변한 세계에서 소유한 큰 위덕(威德)이 있는 여러 용(龍)·약차(藥叉)·건달박(健達縛)·아소락(阿素洛)·갈로다(揭路茶)·긴나락(緊捺落)·마호락가(莫呼洛伽)·인비인(人非人) 등도 역시 항상 이 처소로 와서 이와 같이 반야바라밀다를 독송하는 것을 보고서 예배하고 공양하며 공경하고 존중하며 찬탄하고, 오른쪽으로 돌면서 예배하고 합장하고 떠나가느니라.

교시가여. 이 선남자와 선여인 등은 '지금 이 삼천대천세계와 나머지 시방의 무변한 세계에서 소유한 사대왕중천, 나아가 색구경천과 아울러 나머지의 무량한 대위덕이 있는 용·약차·건달박·아소락·갈로다·긴나락·마호락가·인비인들이 항상 이 처소로 와서 이와 같이 반야바라밀다를 독송하는 것을 보고서 예배하고 공양하며 공경하고 존중하며 찬탄하고, 오른쪽으로 돌면서 예배하고 합장하고 떠나갔으니, 이것은 내가 곧 이미 법보시를 베풀었던 것이다.'라고 상응하여 이렇게 생각을 지을 것이고, 이와 같이 생각을 짓고서 환희하고 용약한다면 획득하는 복취는 두 배로 다시 증장(增長)하느니라.

교시가여. 이 선남자와 선여인 등은 삼천대천세계와 나머지 시방의 무변한 세계에서 소유한 사대왕중천, 나아가 색구경천과 아울러 나머지의 무량한 대위덕이 있는 용·약차·건달박·아소락·갈로다·긴나락·마호락가·인비인들이 항상 이 처소로 와서 따르면서 옹호하므로, 일체의 인비인들을 번뇌시키고 해칠 수 없으나, 오직 전생에 결정된 악업의 인연으로 현재에 상응하게 이숙되었던 것은 제외되고, 혹은 무거운 업은 전전하면서 현재의 세상에서 가볍게 받느니라.

교시가여. 이 선남자와 선여인 등은 오히려 이러한 반야바라밀다의 매우 깊은 경전의 큰 위신력으로 이와 같은 등의 현세(現世)의 여러 종류 공덕과 수승한 이익을 얻는데 이를테면, 여러 천인 등은 이미 무상보리심을 일으킨 자이거나, 혹은 불법에 의지하여 수승한 이익과 안락의 일을 획득한 자들을 공경하고 존중하는 까닭으로, 항상 이 처소로 와서 따르면서 옹호하므로 그의 세력이 증장하게 하느니라.

왜 그러한가? 교시가여. 이 선남자와 선여인 등은 이미 무상정등보리의 마음을 일으켰으므로 항상 제유정을 구제(救拔)하는 까닭이고, 항상 제유정을 성숙시키는 까닭이며, 항상 제유정들을 버리지 않는 까닭이고, 항상 제유정의 이익과 안락을 위하는 까닭이며, 그 여러 천인 등도 역시 다시 이와 같나니, 오히려 이러한 인연으로 항상 와서 이 선남자와 선여인 등을 옹호하여 번뇌와 해침을 없게 하느니라."

마하반야바라밀다경 제430권

34. 천래품(天來品)(2)

그때 천제석(天帝釋)이 세존께 아뢰어 말하였다.

"세존이시여. 여러 선남자와 선여인 등이 어떻게 이 삼천대천세계(三千大千世界)와 나머지 시방(十方)의 무변한 세계가 소유한 사천왕(四天王), 나아가 색구경천(色究竟天)과 아울러 나머지의 무량한 큰 위덕(威德)이 있는 여러 용(龍)·약차(藥叉)·건달박(健達縛)·아소락(阿素洛)·갈로다(揭路荼)·긴나락(緊捺落)·마호락가(莫呼洛伽)·인비인(人非人) 등이 와서 그 처소에 이르렀으며, 매우 깊은 반야바라밀다를 서사하고 독송하는 그것을 보고서 예배하고 공양하며 공경하고 존중하며 찬탄하고 합장하고서 오른쪽으로 돌면서 환희하며 호념(護念)한다고 깨달아서 알겠습니까?"

그때 세존께서 천제석에게 말씀하셨다.

"교시가(憍尸迦)여. 이 선남자와 선여인 등이 만약 이와 같은 매우 깊은 반야바라밀다가 있었던 처소에 미묘한 광명(光明)이 있는 것을 보았거나, 혹은 그 처소에서 기이한 향기를 맡았거나, 만약 천상의 음악을 들었다면, 그때 큰 위신력이 있는 치성(熾盛)한 여러 천인들(諸天)과 용 등이 와서 그 처소에 이르러서, 매우 깊은 반야바라밀다를 서사하고 독송하는 그것을 보고서 예배하고 공양하며 공경하고 존중하며 찬탄하고 합장하고서 오른쪽으로 돌면서 환희하며 호념한다고 마땅히 알아야 하느니라.

다시 다음으로 교시가여. 이 선남자와 선여인 등이 순수하고 청정한 행을 수행하며 그 처소를 엄숙하게 장식하고서, 지극한 마음으로 이와 같은 반야바라밀다의 매우 깊은 경전에 공양(供養)한다면, 그때 큰 위신력이 있는 치성한 여러 천인들과 용 등이 와서 그 처소에 이르러서, 매우 깊은 반야바라밀다를 서사하고 독송하는 그것을 보고서 예배하고 공양하며 공경하고 존중하며 찬탄하고 합장하고서 오른쪽으로 돌면서 환희하며 호념한다고 마땅히 알아야 하느니라.

교시가여. 이와 같이 큰 위신력을 갖추고 위덕이 치성한 여러 천인들과 용 등이 와서 그 처소에 이른다면, 이 가운데에서 소유한 삿된 귀신과 악귀(惡鬼)들이 놀라고 두려워서 달아나고 흩어지며 감히 머무르는 것이 없느니라. 오히려 이러한 인연으로 이 선남자와 선여인 등은 마음이 넓어져서 청정하고 수승한 지혜를 일으키며, 수행하였던 것인 선업(善業)은 두 배로 증장하고, 여러 소유하였던 것이 있었다면 모두 장애가 없느니라.

이러한 까닭으로써 교시가여. 만약 이러한 반야바라밀다의 매우 깊은 경전이 있었던 처소를 따라서 상응하여 마땅히 두루두루 더러운 물건을 없애고서 쓸고 닦으며 바르고 다듬어야 하며, 향수(香水)를 흩어서 뿌리고 보배 자리를 펼쳐서 그것을 안치하며, 향을 피우고 꽃을 뿌리며 휘장과 일산을 설치하며, 보배의 당기·번기·방울 등으로 사이의 가운데를 꾸미고, 여러 미묘하고 진기(珍奇)한 의복(衣服)·영락(瓔珞)·금·은·보배 그릇(寶器)·기악(伎樂)·등불과 여러 종류의 비단으로 그 처소를 장엄해야 하느니라. 만약 이와 같이 반야바라밀다에 공양한다면 곧 무량한 큰 위신력을 갖추고 위덕이 치성한 여러 천인들과 용 등이 와서 그 처소에 이르러서, 매우 깊은 반야바라밀다를 서사하고 독송하는 그것을 보고서 예배하고 공양하며 공경하고 존중하며 찬탄하고 합장하고서 오른쪽으로 돌면서 환희하며 호념한다고 마땅히 알아야 하느니라.

다시 다음으로 교시가여. 이 선남자와 선여인 등이 만약 능히 이와 같이 매우 깊은 반야바라밀다에 공양하고 공경하며 존중하고 찬탄한다면 결정적으로 마땅히 몸과 마음에 게으름이 없음을 얻고, 몸과 마음에 즐거움을 얻으며, 몸과 마음에 가벼움을 얻고, 몸과 마음에 조화와 유연함을 얻으며, 몸과 마음에 안은(安隱)함을 얻느니라.

반야바라밀다에 생각을 계박한다면 밤에 잠자면서 쉬는 때에 여러 악몽(惡夢)이 없고 오직 선몽(善夢)이 있는데 이를테면, 여래(如來)·응공(應供)·정등각(正等覺)의 색신이 진금색(眞金色)이고 32대장부상(三十二大丈夫相)과 80수호(八十隨好)를 구족하여 원만하게 장엄되었으며, 큰 광명을 펼치셔서 일체를 두루 비추셨고, 성문(聲聞)과 보살(菩薩)들에게 둘러싸이고 몸이 대중들의 가운데에 있는 것을 보고, 세존께서 설하시는 보시(布施)·정계(淨戒)·안인(安忍)·정진(精進)·정려(靜慮)·반야바라밀다(般若波羅密多)에 상응(相應)하는 법을 듣느니라.

다시 내공(內空), 나아가 무성자성공(無性自性空)과 4념주(念住), 나아가 [자세한 설명은 생략한다.] 18불불공법(佛不共法)과 상응하는 법을 듣고, 다시 보시·정계·안인·정진·정려·반야바라밀다와 상응하는 의취를 분별(分別)하여 듣고, 다시 내공, 나아가 무성자성공과 상응하는 의취를 분별하여 들으며, 또한 꿈속에서 보리수(菩提樹)를 보았는데 그 크기가 높고 넓으며 여러 보배로 장엄하였으며, 대보살이 있어서 보리수에 나아가서 가부좌(跏趺座)를 맺고서 악마와 원수들을 항복받고 무상정등보리를 증득하며 미묘한 법륜(法輪)을 굴리면서 무량한 대중들을 헤아려서 해탈시키는 것을 보느니라.

다시 무량한 백천 구지(俱胝)·나유타(那庾多)의 보살마하살이 여러 종류의 법의 의취(義趣)를 논의(論議)하고 결택(決擇)하는데 이를테면, 상응하여 이와 같이 유정(有情)들을 성숙시키고 불국토(佛國土)를 청정하게 장엄하며, 보살행(菩薩行)을 수행하여 마군을 항복받고 영원히 장애하는 습기를 단절하며 무상정등보리를 증득하면서 나아가느니라. 또한 다시 꿈에서 시방의 다시 무량한 백천 구지·나유타의 여래를 보고, 역시 여래의 소리를 듣는데 이를테면, 어느 세계에 어느 여래·응공·정등각께서 약간(若干)의 백천 구지·나유타의 보살마하살들과 약간의 백천 구지·나유타의 성문(聲聞)들에게 공경스럽게 위요되어서 설법하시는 것이니라.

또한 다시 꿈에서 시방의 다시 무량한 백천 구지·나유타의 여래(佛)께서 열반에 들어가시는 것을 보며, 그 한 분·한 분의 여래께서 열반에 들어가신 뒤에는 각각의 시주들이 있어서 여래의 설리라(設利羅)에 공양하기 위한 까닭으로 7보로써 각자 무량한 백천 구지·나유타의 숫자인 솔도파(窣堵波)를 일으키고, 다시 하나·하나의 솔도파에서 각자 무량하게 상묘한 화만·바르거나 뿌리는 등의 향·의복·영락·보배의 당기·번기·일산·여러 미묘하고 진기한 음악·등불로써 무량한 겁이 지나도록 공양하고 공경하며 존중하고 찬탄하는 것을 보느니라.

교시가여. 이 선남자와 선여인 등이 이와 같은 부류의 여러 선몽(善夢)의 상(相)을 본다면, 만약 잠자거나, 만약 깨어있더라도 몸과 마음이 안락(安樂)하고, 여러 천신(天神) 등이 그의 정기(精氣)를 증익시키므로, 그들에게 스스로가 신체(身體)가 편안(輕安)함을 깨닫게 하느니라. 오히려 이러한 인연으로 음식·의약(醫藥)·의복·와구(臥具) 등을 탐착하지 않고 염오되지 않아서 네 가지의 공양에서 그 마음이 가벼워지므로, 유가사(瑜伽師)들이 수승하고 미묘한 정려에 들어간다면, 오히려 그 정려(靜慮)의 힘으로 몸과 마음이 점차 윤택해지므로, 이미 정려에서 나와서 비록 좋은 음식을 만났더라도 마음이 가벼워지는 것과 같이, 이것도 역시 그와 같으니라.

왜 그러한가? 교시가여. 이 선남자와 선여인 등은 오히려 이 삼천대천세계와 나머지의 시방에 일체의 여래·응공·정등각과 성문·보살·천인·용·약차·건달박·아소락·갈로다·긴나락·마호락가·인비인 등의 큰 위신력과 위덕을 갖춘 자들이 자비롭게 옹호하고, 미묘한 정기(精氣)를 몰래 그 몸에 주입시켜서 그의 뜻이 용맹하게 하고 몸을 충만(充滿)하게 하는 까닭이니라.

교시가여. 만약 여러 선남자와 선여인 등이 이와 같이 소유한 현재의 공덕과 수승한 이익을 얻고자 한다면 상응하여 일체지지의 마음을 일으키고, 얻을 수 없는 것으로써 방편을 삼아서 이 반야바라밀다의 매우 깊은 경전에서 지극한 마음으로 듣고서 수지하고 독송하며 정근하면서 수행하고 이치에 맞게 사유하며 서사하고 해설하며 널리 유포해야 하느니라.

교시가여. 만약 여러 선남자와 선여인 등이 비록 반야바라밀다의 매우 깊은 경전에서 능히 듣고서 수지하고 독송하며 정근하면서 수행하고 이치에 맞게 사유하며 서사하고 해설하며 널리 유포하지 못할지라도, 다만 서사하고 여러 종류의 보배로 엄숙하게 장엄하며, 다시 여러 종류의 상묘한 화만·바르는 향·뿌리는 등의 향·의복·영락·보배의 당기·번기·일산·여러 미묘하고 진기한 음악·등불로써 공양하고 공경하며 존중하고 찬탄하더라도, 역시 앞에서 설한 것과 같은 공덕과 이익을 얻느니라. 왜 그러한가? 교시가여. 이 선남자와 선여인 등은 능히 무량하고 무변한 제유정들을 널리 이익되고 안락하게 하는 까닭이니라.

다시 다음으로 교시가여. 여러 선남자와 선여인 등이 일체지지에 상응하는 마음으로써 얻을 수 없는 것을 방편으로 삼아서 수용하며, 이 반야바라밀다의 매우 깊은 경전에서 지극한 마음으로 듣고서 수지하고 독송하며 정근하면서 수행하고 이치에 맞게 사유하며 서사하고 해설하며 널리 유포하거나, 혹은 서사하고 여러 종류의 보배로 엄숙하게 장엄하거나, 다시 여러 종류의 상묘한 화만·바르는 향·뿌리는 등의 향·의복·영락·보배의 당기·번기·일산·여러 미묘하고 진기한 음악·등불로써 공양한다면, 획득하는 것인 복취(福聚)는 무량하고 무변하며, 나머지의 유정들이 그의 수명(形壽)을 끝마치도록 무량한 종류의 상묘한 음식·의복·와구·약품 등의 자량(資糧)의 인연이 시방세계에 일체의 여래·응공·정등각들과 그 제자들에게 공양하고 공경하며 존중하고 찬탄하는 것보다 수승하느니라.

역시 시방의 제불과 그 제자들이 반열반(般涅槃)하신 뒤에 설리라(設利羅)에 공양하기 위하여 7보로써 높고 넓으며 엄숙하게 아름다운 솔도파를 일으키고, 다시 무량한 천상의 미묘한 화만, 나아가 등불로써 그의 목숨을 끝마치도록 공양하고 공경하며 존중하고 찬탄하는 것보다 수승하느니라. 왜 그러한가? 교시가여. 시방의 제불과 그 제자들이 모두가 이와 같은 매우 깊은 반야바라밀다를 인연하여 출생하는 까닭이니라."

35. 설리라품(設利羅品)

"다시 다음으로 교시가여. 가사(假使) 이 남섬부주(南贍部洲)에 충만(充滿)한 여래의 설리라로써 한 부분(一分)을 삼고, 이와 같은 매우 깊은 반야바라밀다를 서사(書寫)한 것으로 다시 한 부분을 삼는다면 이 두 부분의 가운데에서 그대는 무엇을 취하겠는가?"

천제석이 아뢰어 말하였다.

"세존이시여. 이 두 부분에서 저의 뜻은 오히려 매우 깊은 반야바라밀다를 취하겠습니다. 그 까닭은 무엇인가? 제가 제불의 설리라에서 믿고 수지하지 않는 것도 아니고, 기쁘게 즐거워하면서 공양하고 공경하며 존중하고 찬탄하지 않는 것도 아닙니다. 그렇지만 제불의 색신과 설리라는 모두 이와 같은 매우 깊은 반야바라밀다로 인연하여 출생하는 까닭이고, 모두가 오히려 이와 같아서 매우 깊은 반야바라밀다의 공덕(功德)과 세력(勢力)으로 훈습(熏習)되어 수행하여야 비로소 일체의 세간의 천인·인간·아소락 등이 무량한 종류의 상묘한 화만, 나아가 등불로써 공양하고 공경하며 존중하고 찬탄하는 것입니다."

그때 사리자(舍利子)가 천제석에게 말하였다.

"교시가여. 매우 깊은 반야바라밀다는 색깔도 없고(無色) 볼 수 없으며(無見) 상대할 수 없는(無對) 하나의 상(一相)인데, 이를테면 무상(無相)이니, 무상의 법은 이미 취할 수 없는데, 그대는 어찌하여 취하려고 하는가? 왜 그러한가? 교시가여. 매우 깊은 반야바라밀다는 취하는 것도 없고 버리는 것도 없으며, 증장도 없고 소멸도 없으며, 적취(積聚)도 없고 흩어짐도 없으며, 이익도 없고 손해도 없으며 염오도 없고 청정함도 없으므로, 제불의 법과 상응하지 않고 독각(獨覺)의 법과 상응하지 않으며 아라한(阿羅漢)의 법과 함께하지 않고 유학(有學)의 법과 함께하지 않으며 이생(異生)의 법을 버리지 않고 유위계와 함께하지 않으며, 무위계를 버리지 않고, 내공(內空), 나아가 무성자성공(無性自性空)과 함께하지 않으며, 4념주(四念住), [자세한 설명은 생략한다.] 나아가 일체상지(一切相智)와 함께하지 않으며, 잡염(雜染)의 법을 버리지도 않습니다."
　그때 천제석이 곧 구수(具壽) 사리자에게 알려 말하였다.
　"그렇습니다. 그렇습니다. 진실로 대덕(大德)께서 말한 것과 같습니다. 만약 매우 깊은 반야바라밀다를 취할 수 없고 버릴 수 없으며, 나아가 일체상지와 함께하지 않고, 잡염을 버리지도 않는다고 여실하게 안다면, 이것이 매우 깊은 반야바라밀다를 진실하게 취하는 것이고, 역시 매우 깊은 반야바라밀다를 진실하게 수행하는 것입니다. 그렇지만 이 반야바라밀다는 두 가지의 행(行)을 따르지 않고 두 가지 상이 없는 까닭이며, 이와 같아서 정려(靜慮), 나아가 보시바라밀다(布施波羅密多)도 역시 두 가지의 행을 따르지 않고 두 가지의 상이 없는 까닭입니다."
　그때 세존께서 천제석을 칭찬하면서 말씀하셨다.
　"옳도다(善哉). 옳도다. 그대가 말한 것과 같으니라. 매우 깊은 반야바라밀다, 나아가 보시바라밀다는 모두 두 가지의 행을 따르지 않느니라. 왜 그러한가? 교시가여. 이와 같은 6바라밀다는 모두가 두 가지의 상이 없는 까닭이니라. 교시가여. 매우 깊은 반야바라밀다, 나아가 보시바라밀다에 두 가지의 상이 있는 것은 곧 법계(法界)·진여(眞如)·법성(法性)·실제(實際)·부사의계(不思議界)들도 역시 두 가지의 상이 있는 것이니라. 왜 그러한가? 교시가여. 매우 깊은 반야바라밀다, 나아가 보시바라밀다는 모두가 함께 법계, 나아가 부사의계에 이르기까지 두 가지가 없고 두 처소가 없는 까닭이니라."
　그때 천제석이 다시 세존께 아뢰어 말하였다.
　"세존이시여. 매우 깊은 반야바라밀다는 세간의 천인·인간·아소락 등이 모두 상응하게 지성(至誠)으로 예배하고 오른쪽으로 돌면서 공양하고 공경하며 존중하고 찬탄할 것입니다. 그 까닭은 무엇인가? 일체의 보살마하살들이 모두 반야바라밀다에 의지하여 정근하면서 수행하여 무상정등보리를 증득합니다.
　세존이시여. 제가 삼십삼천(三十三天)의 선법전(善法殿)의 가운데에

있는 천제석의 자리 위에 앉아서 여러 천인들의 대중들을 위하여 정법을
널리 설하는 때에, 무량한 천자(天子) 등이 있어서 왔고 저의 처소에
이르러 공양하고 공경하며 존중하고 찬탄하며 오른쪽으로 돌면서 예배하
고 합장하며 물러가는 것과 같습니다. 제가 만약 그 자리에 있지 않는
때에도 여러 천자들은 역시 그 처소에 오는데, 비록 저를 보지 못하였더라
도 제가 있는 때와 같이 공양하고 공경하면서 모두가 '이 처소는 천제석께
서 여러 천인 등을 위하여 설법하시던 자리이니, 우리들은 모두 상응하게
천주(天主)께서 있는 것과 같이 공양하고 오른쪽으로 돌면서 예배하고
떠나가야 합니다.'라고 말하는 것과 같습니다.

　세존이시여. 이와 같은 반야바라밀다를 만약 누가 서사하고 독송하며
널리 유정들에게 널리 설하면서 유포한다면, 이 처소에는 항상 이 국토와
나머지의 시방에 무변(無邊)하고 무수(無數)인 세계의 무변하고 무수인
천인·용·약차·건달박·아소락·갈로다·긴나락·마호락가·인비인 등이 모
두 와서 집회(集會)할 것이며, 설사 설법하는 자가 없을지라도 법을 존중하
는 까닭으로 역시 이 처소에서 공양하고 공경하며 존중하고 찬탄하며
오른쪽으로 돌면서 예배하고 합장하며 떠나갈 것입니다.

　왜 그러한가? 일체의 여래·응공·정등각과 더불어 제보살마하살들·독
각·성문·일체 유정들이 소유한 악기(樂具)가 모두 반야바라밀다에 의지
하는 까닭이고, 여래의 설리라도 역시 오히려 반야바라밀다의 공덕을
훈습(熏習)하여 수행하므로 공양을 받는 까닭입니다.

　세존이시여. 매우 깊은 반야바라밀다와 제보살마하살의 행과 더불어
증득하였던 일체상지는 인(因)이 되고 연(緣)이 되며, 의지라는 것이 되고,
능히 이끌어 일으키는 것이 됩니다. 이것을 까닭으로 저는 '설사 이
남섬부주에 충만한 여래의 설리라로써 한 부분을 삼았고, 이와 같은
매우 깊은 반야바라밀다를 서사한 것으로 다시 한 부분으로 삼았다면,
이 두 부분의 가운데에서 저의 뜻은 오히려 이와 같은 반야바라밀다를
취하겠습니다.'라고 말하였습니다.

　세존이시여. 제가 만약 매우 깊은 반야바라밀다를 수지하고 독송하며

바르게 기억하는 때라면, 마음이 법에 계합(契合)하는 까닭으로 모두 여러 무섭고 두려운 모습이 있다고 보지 않습니다. 왜 그러한가? 세존이시여. 매우 깊은 반야바라밀다는 상(相)이 없고 형상(狀)도 없으며, 말(言)도 없고 설명(說)도 없나니, 이 반야바라밀다가 상이 없고 형상도 없으며, 말도 없고 설명도 없으므로, 정려(靜慮)·정진(精進)·안인(安忍)·정계(淨戒)·보시바라밀다(布施波羅密多), 나아가 일체상지도 모양이 없고 형상이 없으며, 말이 없고 설명이 없습니다.

세존이시여. 만약 이 반야바라밀다에 상이 있고 형상도 있으며, 말도 있고 설명도 있으며, 상이 없고 형상도 없으며, 말도 없고 설명도 없는 것이 아니라면, 상응하여 여래·응공·정등각은 일체법에 상이 없고 형상도 없으며, 말도 없고 설명도 없다고 통달하셨으므로 무상정등보리를 증득하시고 여러 제자들을 위하여 일체법에 상이 없고 형상도 없으며, 말도 없고 설명도 없다고 설하시지 못하셨을 것입니다.

세존이시여. 이 반야바라밀다는 상이 없고 형상도 없으며, 상이 있고 형상도 있으며, 말도 있고 설명도 있지 않습니다. 이러한 까닭으로 여래·응공·정등각께서는 일체법이 상이 없고 형상도 없으며, 말도 없고 설명도 없다고 통달하셨으므로 무상정등보리를 증득하시고 여러 제자들을 위하여 일체법에 상이 없고 형상도 없으며, 말도 없고 설명도 없다고 설하셨습니다. 세존이시여. 이러한 까닭으로 반야바라밀다는 천인·사람·아소락 등의 무량한 종류의 화만, 나아가 등불로써 공양하고 공경하며 존중하고 찬탄하는 것을 수용하더라도 감당할 수 있습니다.

세존이시여. 만약 누가 이러한 매우 깊은 반야바라밀다를 지극한 마음으로 듣고서 수지하고 독송하며 정근하면서 수행하고 이치에 맞게 사유하며 서사하고 해설하며 널리 유포하거나, 혹은 서사하고 여러 종류의 보배로 엄숙하게 장엄하고서 공양하고 공경하며 존중하고 찬탄한다면, 결정적으로 지옥(地獄)·방생(畜生)·귀계(鬼) 등과 변두리의 비천(卑賤)한 달서(達絮)이거나, 멸려차(蔑戾車)의 가운데에 다시 떨어지지 않을 것이고, 성문·독각지에 떨어지지 않을 것이며, 반드시 무상정등보리에 나아가면서 항상 제불을 보고 항상 정법을 들으며, 선한 벗을 벗어나지 않고 불국토(佛國土)를 청정하게 장엄하며, 유정들을 성숙(成熟)시키고 한 국토에서 다른 한 국토에 이르면서 제불·세존과 보살마하살들께 공양하고 공경하며 존중하고 찬탄할 것입니다.

다시 다음으로 세존이시여. 가사 이 삼천대천세계에 충만한 세존의 설리라(設利羅)로써 한 부분을 삼고 이와 같은 매우 깊은 반야바라밀다를 서사하는 것으로 다시 한 부분을 삼는다면, 이 두 부분의 가운데에서 저의 뜻은 오히려 매우 깊은 반야바라밀다를 취하겠습니다. 왜 그러한가? 세존이시여. 일체의 여래·응공·정등각과 삼천대천세계에 여래의 설리라는 모두가 반야바라밀다를 따라서 출생하는 까닭입니다.

또한 삼천대천세계에 여래의 설리라는 모두가 오히려 반야바라밀다의 공덕의 세력에 훈습된 까닭이고, 여러 천인·인간·아소락 등의 공양·공경·존중·찬탄을 획득하는 것입니다. 오히려 이러한 인연으로 여러 선남자와 선여인 등이 여래의 설리라에 공양하고 공경하며 존중하고 찬탄한다면, 결정적으로 3악취(三惡趣)의 가운데에 떨어지지 않고 항상 천상이거나, 인간으로 태어나서 부귀(富貴)와 쾌락(快樂)을 받으며, 마음의 소원을 따라서 3승법(三乘法)을 타고서 열반에 나아갈 것입니다.

세존이시여. 만약 여래·응공·정등각을 보았거나, 만약 서사되었던 매우 깊은 반야바라밀다를 보았다면, 이 두 가지 공덕은 평등하여서 차이가 없습니다. 왜 그러한가? 매우 깊은 반야바라밀다는 제여래·응공·정등각과 평등하므로 무이(無二)이고, 두 처소(二處)가 없는 까닭입니다.

세존이시여. 만약 여래·응공·정등각께서 3시도(三示導)[1]에 머무시면

---

1) 불·보살이 중생을 고통에서 구제하는 때에 나타내어 보여주는 세 가지의 행이다. 첫째는 몸으로 불가사의한 변화를 나타내어 중생을 구제하는 신변시도(神變示導)이고, 둘째는 고통받고 있는 중생을 항상 잊지 않고 가르침을 설하여 구제하는 기설시도(記說示導)이며, 셋째는 자비심으로 교법을 설하고 교계하여 중생을 구제하는 교계시도(教誡示導)이다.

서 제유정들을 위하여 널리 정법을 설하시는데 이를테면, 계경(契經), 나아가 논의(論議) 등이었고, 만약 여러 선남자와 선여인 등이 이 반야바라밀다를 수지하고 독송하며 널리 다른 사람에게 설한다면, 이 두 가지 공덕은 평등하여 차이가 없습니다. 왜 그러한가? 그 여래·응공·정등각께서 만약 3시도이거나, 만약 널리 설하신 12분교(十二分敎)는 모두가 반야바라밀다에 의지하여 출생하는 까닭입니다.

세존이시여. 만약 시방세계의 긍가사(殑伽沙)와 같은 제여래·응공·정등각께서 3시도에 머무시면서 제유정들을 위하여 널리 정법을 설하시는데 이를테면, 계경, 나아가 논의 등이었고, 만약 여러 선남자와 선여인 등이 이 반야바라밀다를 수지하고 독송하며 널리 다른 사람에게 설한다면, 이 두 가지 공덕은 평등하여 차이가 없습니다. 왜 그러한가? 만약 시방세계의 긍가사와 같은 제여래·응공·정등각께서 만약 3시도이거나, 만약 널리 설하신 12분교는 모두가 반야바라밀다에 의지하여 출생하는 까닭입니다.

세존이시여. 만약 어떤 선남자와 선여인 등이 무량하고 상묘한 화만, 나아가 등불로써 시방세계의 긍가사와 같은 제여래·응공·정등각들께 공양하고 공경하며 존중하고 찬탄하거나, 여러 선남자와 선여인 등이 있어서 반야바라밀다를 서사하고서, 역시 무량하고 상묘한 공양구(供具)로써 공양하고 공경하며 존중하고 찬탄한다면, 이 두 가지 공덕은 평등하여 차이가 없습니다. 왜 그러한가? 그 제여래·응공·정등각께서는 모두가 반야바라밀다에 의지하여 출생하는 까닭입니다.

세존이시여. 만약 여러 선남자와 선여인 등이 이 반야바라밀다를 지극한 마음으로 듣고서 수지하고 독송하며 정근하면서 수행하고 이치에 맞게 사유하며 서사하고 해설하며 널리 유포한다면, 그는 마땅히 미래의 세상에서 지옥·방생·귀계에 떨어지지 않고, 성문·독각지에도 떨어지지 않을 것입니다. 왜 그러한가? 이 선남자와 선여인 등은 결정적으로 마땅히 불퇴전지(不退轉地)에 안주(安住)하여 일체의 재난(災橫)·질병(疾疫)·고뇌하는 일 등을 멀리 벗어나는 까닭입니다.

세존이시여. 만약 여러 선남자와 선여인 등이 이 반야바라밀다를 지극한 마음으로 듣고서 수지하고 독송하며 정근하면서 수행하고 이치에 맞게 사유하며 서사하고 해설하며 널리 유포하거나, 무량하고 상묘한 공양구로써 공양하고 공경하며 존중하고 찬탄한다면, 그는 결정적으로 일체의 공포와 두려움을 영원히 단절하나니, 채무자(負債人)가 채권자(債主)를 두려워하면서 나아가 곧 국왕에게 친근하면서 봉사(奉事)한다면, 국왕이 세력에 의지하여 공포와 두려움을 벗어나는 것과 같습니다. 세존이시여. 왕은 반야바라밀다에 비유한 것이고 채무자는 여러 선남자와 선여인 등이 반야바라밀다를 믿는다면 공포와 두려움을 벗어나는 것에 비유하였습니다.

세존이시여. 비유한다면 사람이 있어서 왕을 의지하면서 부탁하는 까닭으로, 왕이 섭수(攝受)하는 까닭으로 여러 세간의 사람들이 공양하고 공경하며 존중하고 찬탄하는 것과 같이 여래의 설리라(設利羅)도 역시 다시 그와 같습니다. 오히려 이러한 반야바라밀다의 훈습을 수행하였던 까닭으로 여러 천상·인간·아소락 등의 공양·공경·존중·찬탄을 받습니다. 세존이시여. 왕은 반야바라밀다에 비유한 것이고, 여래의 설리라는 왕에게 의지하는 자를 비유하였습니다.

세존이시여. 제여래께서 증득하신 일체상지(一切相智)도 역시 반야바라밀다에 의지하여 성취를 얻습니다. 이러한 까닭으로 저는 '가사 삼천대천세계에 충만한 여래의 설리라로써 한 부분을 삼았고, 이와 같은 매우 깊은 반야바라밀다를 서사한 것으로 다시 한 부분을 삼았다면, 이 두 부분의 가운데에서 저의 뜻은 오히려 이와 같은 반야바라밀다를 취하겠습니다.'라고 말하였나이다.

왜 그러한가? 세존이시여. 여래의 설리라는 비유한다면 금강(金剛)보다 견고하고 여러 종류의 색깔과 32대장부상(三十二大丈夫相)·80수호(八十隨好)로 장엄한 색신을 구족하였을지라도, 여래(佛)의 10력(十力)·4무소외(四無所畏)·4무애해(四無礙解)·대자(大慈)·대비(大悲)·대희(大喜)·대사(大捨)·18불불공법(十八佛不共法), 나아가 여래(如來)의 일체상지(一切相智)는 모두가 오히려 반야바라밀다로 성취되는 까닭입니다.

세존이시여. 오히려 이러한 반야바라밀다의 위신력를 까닭으로 보시 등의 다섯 가지도, 역시 바라밀다라는 이름을 얻었습니다. 왜 그러한가? 세존이시여. 만약 반야바라밀다가 없다면 보시 등은 능히 피안(彼岸)에 이르지 못하는 까닭입니다."

"다시 다음으로 세존이시여. 만약 이 삼천대천세계이거나, 혹은 나머지의 세계에서 소유한 왕도(王都)·성읍(城邑)·취락(聚落)의 그 가운데에서 만약 누가 이와 같은 매우 깊은 반야바라밀다를 수지하고 독송하며 서사하고 설명하며 공양하고 공경하며 존중하고 찬탄한다면, 이 처소의 유정들은 일체의 인비인 등이 번뇌시키고 해칠 수 없으나 오직 전생에 결정된 악업을 상응하게 받는 것은 제외되고, 이 가운데에서 유정들은 3승의 정행(淨行)을 점차로 수행하고 그 소원을 따른다면, 나아가 빠르게 3승의 열반을 증득할 것입니다. 세존이시여. 이와 같은 반야바라밀다는 이 삼천대천세계에서 큰 요익(饒益)을 짓습니다.

세존이시여. 이와 같은 반야바라밀다는 큰 위신력을 갖추었으므로 있는 처소라는 것을 따라서 곧 여래께서 안주하시는 것이고 여러 불사(佛事)를 짓는데 이를테면, 일체의 유정들이 이익되고 안락한 것입니다. 세존이시여. 비유한다면 값비싼 큰 보배의 신주(神珠)가 무량하고 여러 수승하고 미묘한 위덕(威德)을 갖추었으므로, 머무르는 처소라는 것을 따라서 이 신주가 있다면 인비인들이 번뇌시키고 해치지 못합니다. 설사 남자가 있거나, 혹은 다시 여인이 있어서 귀신에게 붙잡혀서 몸과 마음이 고통스럽고 번민하였으므로, 만약 이 신주를 지니고서 그에게 보여준다면 오히려 신주의 위력으로 귀신들은 곧 버리고 달아날 것이며, 여러 열병(熱病)이 있었거나, 혹은 풍병(風病)이 있었거나, 혹은 담병(淡病)이 있었거나, 혹은 열·풍·담이 합쳐지고 쌓여서 병이 되었는데 만약 이 신주를 꿰어서 몸에 지닌다면 이와 같은 여러 병은 낫지 않는 것이 없고, 이 신주가 어두운 곳에 있다면 능히 조명(照明)을 지으며, 더운 때에는 능히 시원하게 하고, 추운 때에는 능히 따뜻하게 하며, 지방(地方)을 따라서 이 신주를 소유한다면 시절(時節)이 조화(調和)되어 춥지도 않고 덥지도 않으며, 만약 지방이 이 신주가 있다면 뱀(蛇)과 전갈(蝎)의 독이 감히 가로막지 못하고, 설사 남자가 있거나, 혹은 다시 여인이 있어서 독의 가운데에서 매우 고통받아서 기절(迷悶)하였더라도 만약 이 신주를 가지고 그들에게 보여준다면 신주의 위세(威勢)를 까닭으로 독은 곧 소멸됩니다.

만약 제유정들이 몸에 문둥병(嬰癩疾)·악성 종기(惡瘡)·작은 종기(腫皰)·어지럼증(目眩)·백태(翳) 등의 눈의 병(眼病)·귀의 병(耳病)·코의 병(鼻病)·혀의 병(舌病)·목구멍의 병(喉病)·몸의 병(身病)과 여러 지절(支節)의 병에 걸렸더라도 이 신주를 꿰어서 몸에 지닌다면 이와 같은 여러 병은 모두 낫게 되고, 만약 연못(池)·늪지(沼)·샘물(泉)·우물(井) 등의 가운데에서 그 물이 흐리고 더럽거나, 혹은 장차 마르려고 하였으므로 이 신주로써 물에 던지면 물이 곧 채워지고 향기로우며 맑고 청정하여 8공덕(八功德)을 구족(具足)할 것이며, 만약 청(靑)·황(黃)·적(赤)·백(白)·홍(紅)·자(紫)·벽(碧)·녹(綠) 등이 섞인 비단과 여러 종류의 색깔의 옷으로 이 구슬을 감싸서 물에 넣는다면 물은 곧 옷과 비단의 색깔을 따라서 그 색깔과 같아지나니, 이와 같은 값비싼 큰 보배 신주의 위덕은 무변하므로 찬탄하더라도 끝이 없습니다. 만약 상자에 넣더라도 역시 그 그릇도 무변한 위덕을 성취하여 구족할 것이며, 설사 빈 상자일지라도 오히려 일찍이 신주를 넣었으므로 그 그릇까지도 거듭하여 많은 사람들이 사랑하고 소중하게 생각합니다."

그때 경희(慶喜)가 천제석에게 물어 말하였다.
"이와 같은 신주는 천상(天上)에서 홀로 소유합니까? 인간도 역시 소유합니까?"
천제석이 말하였다.
"인간의 가운데이거나, 천상에 함께 이 신주가 있습니다. 만약 인간의 가운데에 있다면 형상이 작고 무거우며, 만약 천상에 있다면 형상이 크고 가볍습니다. 또한 인간의 가운데에 있는 신주는 모양을 구족하지 못하였고, 천상에 있는 것은 그 모양이 두루 원만합니다. 천상의 신주는 위덕이 수승하므로 인간이 소유한 것보다 무량한 배수(倍數)를 초월합니다."
그때 천제석이 다시 세존께 아뢰어 말하였다.

"세존이시여. 매우 깊은 반야바라밀다도 역시 다시 이와 같아서 여러 공덕의 근본이 되고 능히 무량하고 악한 불선법(不善法)을 소멸시키며, 있었던 처소를 따라서 제유정들의 몸과 마음의 고통과 번뇌를 모두 제거하여 소멸시키고, 인비인(人非人) 등이 능히 해치지 못하게 합니다. 세존이시여. 설하였던 것의 값비싼 큰 보배 신주는 다만 매우 깊은 반야바라밀다를 비유한 것이 아니고 역시 여래의 일체상지에 비유한 것이며, 역시 정려바라밀다, 나아가 보시바라밀다를 비유한 것이고, 역시 내공(內空)과 나아가 무성자성공(無性自性空)에 비유한 것이며, 역시 4념주, [자세한 설명은 생략한다.] 나아가 18불불공법에 비유한 것이며, 역시 법성(法性)·법주(法住)·법정(法定)·진여(眞如)·실제(實際)·부사의계에 비유한 것입니다.

왜 그러한가? 세존이시여. 이와 같은 공덕은 모두가 오히려 반야바라밀다의 큰 위신력(威神力)이라는 것에 이끌려서 나타나므로, 공덕이 깊고 넓으며 무량하고 무변하며, 여래의 설리라도 오히려 여러 공덕으로 훈습되어 수행하였던 까닭으로, 세존께서 열반(涅槃)하신 뒤에는 일체 세간의 천인·인간·아소락 등의 공양·공경·존중·찬탄을 받더라도 감당할 수 있습니다.

다시 다음으로 세존이시여. 여래의 설리라는 이것이 지극히 원만하고 최고로 수승하고 청정한 반야바라밀다, 나아가 보시바라밀다와, 내공, 나아가 무성자성공과 4념주, [자세한 설명은 생략한다.] 나아가 18불불공법과 일체지(一切智)·도상지(道相智)·일체상지(一切相智)·대자(大慈)·무망실법(無忘失法)·항주사성(恒住捨性)·여러 번뇌와 습기의 상속을 영원히 단절하는 것과 나머지의 무량하고 무변한 불법이 의지하는 그릇(器)인 까닭으로, 세존께서 열반하신 뒤에는 일체 세간의 천인·인간·아소락 등의 공양·공경·존중·찬탄을 받더라도 감당할 수 있습니다.

세존이시여. 여래의 설리라는 이것이 지극히 원만하고 최고로 수승하고 청정한 반야바라밀다가 의지하는 그릇인 까닭으로, 세존께서 열반하신 뒤에는 일체 세간의 천인·인간·아소락 등의 공양·공경·존중·찬탄을 받더라도 감당할 수 있습니다.

　세존이시여. 여래의 설리라는 지극히 원만하고 최고로 수승하며 청정하므로, 염오가 없고 청정함도 없으며, 생겨남이 없고 소멸함도 없으며, 들어감(入)이 없고 나오는 것(出)도 없으며, 증장이 없고 감소도 없으며, 오는 것이 없고 가는 것도 없으며, 움직임이 없고 멈춤도 없으며, 이것이 없고 저것이 없는 바라밀다가 의지하는 그릇인 까닭으로, 세존께서 열반하신 뒤에는 일체 세간의 천인·인간·아소락 등의 공양·공경·존중·찬탄을 받더라도 감당할 수 있습니다.

　세존이시여. 여래의 설리라는 지극히 원만하고 최고로 수승하며 청정하므로, 제법의 진실한 성품인 바라밀다가 의지하는 그릇인 까닭으로, 세존께서 열반하신 뒤에는 일체 세간의 천인·인간·아소락 등의 공양·공경·존중·찬탄을 받더라도 감당할 수 있습니다.

　다시 다음으로 세존이시여. 가사(假使) 삼천대천세계에 여래의 설리라는 제쳐두고 시방에 각각 긍가사와 같은 세계에 충만한 여래의 설리라로써 한 부분을 삼고, 이와 같은 매우 깊은 반야바라밀다를 서사하여 다시 한 부분을 삼았다면, 이 두 부분의 가운데에서 저는 오히려 이 반야바라밀다를 취하겠습니다. 왜 그러한가? 세존이시여. 일체의 여래·응공·정등각의 여러 설리라는 모두가 이와 같은 매우 깊은 반야바라밀다의 인연으로 출생을 얻는 까닭이고, 모두가 이와 같은 매우 깊은 반야바라밀다에 훈습되어 수행하였던 까닭이며, 모두가 이와 같은 매우 깊은 반야바라밀다의 의지하는 그릇인 까닭으로, 세존께서 열반하신 뒤에는 일체 천상·용·약차·건달박·아소락·갈로다·긴나락·마호락가·인비인 등의 공양·공경·존중·찬탄을 받더라도 감당할 수 있습니다.

　세존이시여. 만약 여러 선남자와 선여인 등이 여래의 설리라(設利羅)를 공양하고 공경하며 존중하고 찬탄한다면, 천상이거나 인간의 가운데에서 여러 부귀와 쾌락을 받으면서 끝마침이 없는데, 인간의 가운데에서는 이를테면, 찰제리(刹帝利)·바라문(婆羅門)·장자(長者)·거사(居士)의 대종족(大族)에 태어나고, 천상에서는 이를테면, 4천왕의 대중들에 태어나며,

나아가 타화자재천(他化自在天)에 태어날 것입니다. 나아가 오히려 이와 같이 수승한 선근(善根)으로 최후신(最後身)에 이른다면 고제(苦際)의 끝마침을 획득합니다.

세존이시여. 만약 여러 선남자와 선여인 등이 이 반야바라밀다를 지극한 마음으로 듣고서 수지하고 독송하며 정근하면서 수행하고 이치에 맞게 사유한다면, 오히려 이러한 반야바라밀다가 빠르게 원만하게 되고, 이와 같이 반야바라밀다가 원만해진 까닭으로 다시 정려바라밀다, 나아가 보시바라밀다와, 4념처, [자세한 설명은 생략한다.] 나아가 18불불공법도 역시 원만함을 얻습니다. 오히려 이것으로 다시 성문·독각지를 능히 초월하여 보살의 정성이생(正性離生)을 증득하고 들어가서 보살의 수승한 신통을 획득하며, 이러한 신통을 타고서 제불국토를 유희하는데, 한 불국토에서 다른 한 불국토에 이르면서 제불·세존께 공양하고 공경하며 존중하고 찬탄하며, 유정들을 성숙시키고 불국토를 청정하게 장엄하며, 수승한 사유(思惟)와 서원(誓願)을 일으키면서 여러 종류의 몸을 받더라도 제유정들의 요익을 위한 까닭으로, 혹은 전륜왕(轉輪王)으로 짓거나, 혹은 나머지의 소왕(小王)으로 짓거나, 혹은 찰제리(刹帝利)를 짓거나, 혹은 바라문을 짓거나, 혹은 비사문(毘沙門)을 짓거나, 혹은 천제석을 짓거나, 혹은 범왕(梵王)을 짓거나, 혹은 나머지의 부류를 지어서 무량한 유정들을 이익되고 안락하게 합니다.

이러한 까닭으로 세존이시여. 제가 제불의 설리라의 처소에서 믿고 받들지 않는 것이 아니고, 기뻐하고 공양하고 공경하며 존중하고 찬탄하지 않는 것도 아닐지라도, 그렇지만 이와 같은 매우 깊은 반야바라밀다에 공양하고 공경하며 존중하고 찬탄하면서 획득하는 공덕이 그것보다 매우 많으므로, 오히려 이것을 인연으로 저는 뜻으로 차라리 매우 깊은 반야바라밀다를 취하고자 합니다.

세존이시여. 만약 여러 선남자와 선여인 등이 이와 같은 반야바라밀다를 공양하고 공경하며 존중하고 찬탄한다면, 곧 일체의 불법(佛法)을 증장시키는 것이고, 역시 세간(世間)과 출세간(出世間)의 부귀·안락·자재함을 섭수하게 되는 것이며, 이와 같다면 이미 여래의 설리라에 공양하고 공경하며 존중하고 찬탄한 것입니다.

다시 다음으로 세존이시여. 만약 누가 시방의 무량(無量)하고 무수(無數)이며 무변(無邊)한 세계의 일체의 여래·응공·정등각의 색신(色身)과 법신(法身)을 항상 보고자 한다면, 마땅히 이와 같은 매우 깊은 반야바라밀다를 지극한 마음으로 듣고서 수지하고 독송하며 정근하면서 수행하고 이치에 맞게 사유하며 서사하고 해설하며 널리 유포해야 합니다. 그들이 시방의 무량하고 무수이며 무변한 세계의 일체의 여래·응공·정등각의 두 가지 몸을 보았던 까닭이라면 점차로 반야바라밀다를 수행하여 빠르게 원만해질 것입니다. 이때 상응하여 법성(法性)으로써 불수념(佛隨念)을 관찰하면서 수습(修習)해야 합니다.

세존이시여. 법성(法性)은 두 가지가 있나니, 첫째는 유위(有爲)이고, 둘째는 무위(無爲)입니다. 이 가운데에서 무엇을 유위의 법성이라고 말하는가? 이를테면, 내공(內空)의 지혜, 나아가 무성자성공(無性自性空)의 지혜이고, 4념주(四念住)의 지혜, 나아가 8성도지(八聖道支)의 지혜이며, 3해탈문(三解脫門)의 지혜이고, 여래의 10력(十力)의 지혜, 나아가 18불불공법(十八佛不共法)의 지혜이며, 선법(善法)과 비선법(非善法)의 지혜이고, 유기법(有記法)과 무기법(無記法)의 지혜이며, 유루법(有漏法)과 무루법(無漏法)의 지혜이고, 유위법(有爲法)과 무위법(無爲法)의 지혜이며, 세간법(世間法)과 출세간법(出世間法)의 지혜이고, 잡염법(雜染法)과 청정법(淸淨法)의 지혜 등의 여러 이와 같은 무량문(無量門)의 지혜를 모두 유위의 법성이라고 이름하여 설합니다.

이 가운데에서 무엇을 무위의 법성이라고 말하는가? 이를테면, 일체법의 생겨남이 없고 소멸함이 없으며, 안주(安住)가 없고 변이(變異)가 없으며, 잡염이 없고 청정함이 없으며, 증장이 없고 감소가 없으며, 무상(無相)이고 무위(無爲)인 제법의 자성(自性)입니다. 무엇을 제법의 자성이라고 이름하는가? 이를테면, 일체법의 무성(無性)이 자성이나니, 이와 같다면 무위의 법성이라고 이름하여 설합니다."

그때 세존께서 천제석에게 말씀하셨다.

"그와 같으니라. 그와 같으니라. 그대가 말한 것과 같으니라. 교시가여. 과거·미래·현재의 제불이 모두 반야바라밀다를 의지하여 무상정등보리를 이미 증득하셨고, 마땅히 증득하실 것이며, 현재 증득하시느니라. 과거·미래·현재의 제불의 성문(聲聞) 제자들도 모두 반야바라밀다를 의지하여 예류(預流)·일래(一來)·불환(不還)·아라한과(阿羅漢果)를 이미 증득하였고, 마땅히 증득할 것이며, 현재도 증득하느니라. 과거·미래·현재의 독각(獨覺)들도 모두 반야바라밀다를 의지하여 독각의 보리를 이미 증득하였고, 마땅히 증득할 것이며 현재도 증득하느니라. 왜 그러한가? 교시가여. 이와 같은 반야바라밀다의 비밀장(祕密藏)의 가운데에서는 3승(三乘)에 상응하는 법을 널리 설하는 까닭이니라.

그렇지만 이것에서 설하셨던 것은 얻을 수 없는 것으로써 방편(方便)을 삼는 까닭이고, 무성(無性)과 무상(無相)으로써 방편을 삼는 까닭이며, 생겨남이 없고 소멸함이 없는 것으로써 방편을 삼는 까닭이고, 염오가 없고 청정함이 없는 것으로써 방편을 삼는 까닭이며, 건립(建)이 없고 지음(作)이 없는 것으로써 방편을 삼는 까닭이고, 들어감(入)이 없고 나오는 것(出)이 없는 것으로써 방편을 삼는 까닭이며, 증장이 없고 감소가 없는 것으로써 방편을 삼는 까닭이고, 취(取)함이 없고 버림(捨)이 없는 것으로써 방편을 삼는 까닭일지라도, 이와 같이 설하는 것은 모두가 오히려 세속제(世俗諦)이고, 승의제(勝義諦)는 아니니라.

그 까닭은 무엇인가? 이와 같은 반야바라밀다는 이 차안(此岸)이 아니고 피안(彼岸)도 아니며, 육지(陸地)도 아니고 물속(中流)도 아니며, 높지도 않고 낮지도 않으며, 평등(平等)하지 않고 평등하지 않지도 않으며, 유상(有相)이 아니고 무상(無相)도 아니며, 세간도 아니고 출세간도 아니며, 유루도 아니고 무루도 아니며, 유위도 아니고 무위도 아니며, 선한 것도 아니고 선하지 않은 것도 아니며, 유기(有記)도 아니고, 무기(無記)도 아니며, 과거도 아니고 미래도 아니며 현재도 아니니라.

교시가여. 이와 같은 반야바라밀다는 불법(佛法)과 함께하지 않고 보살마하살법(菩薩摩訶薩法)과 함께하지 않으며, 독각법(獨覺法)과 함께하지 않고 성문법(聲聞法)과 함께하지 않으나, 역시 이생법(異生法)을 버리지도 않느니라."

그때 천제석이 다시 세존께 아뢰어 말하였다.

"세존이시여. 이와 같은 반야바라밀다의 이것은 대바라밀다(大波羅蜜多)이고, 이것은 무상바라밀다(無上波羅蜜多)이며, 이것은 무등등바라밀다(無等等波羅蜜多)입니다. 제보살마하살이 이와 같은 반야바라밀다를 수행하는 때에 비록 일체의 유정(有情)들의 마음이 행(行)하는 경계의 차별을 알았더라도, 나(我)를 얻지 못하고 유정(有情)을 얻지 못하며, 나아가 지자(智者)·견자(見者)를 얻지 못하고, 색(色), 나아가 식(識)을 얻지 못하며, 안처(眼處), 나아가 의처(意處)를 얻지 못하고, 색처(色處), 나아가 법처(法處)를 얻지 못하며, 안식계(眼識界), 나아가 의식계(意識界)를 얻지 못하고, 안촉(眼觸), 나아가 의촉(意觸)을 얻지 못하며, 안촉을 인연으로 생겨난 여러 수(受), 나아가 의촉을 인연으로 생겨난 여러 수를 얻지 못하고, 보시바라밀다, 나아가 반야바라밀다를 얻지 못하며, 내공, 나아가 무성자성공을 얻지 못하고, 4념주, [자세한 설명은 생략한다.] 나아가 18불공법을 얻지 못하며, 보리(菩提)를 얻지 못하고 열반(涅槃)을 얻지 못하며, 제불과 제불법(諸佛法)을 얻지 못합니다.

왜 그러한가? 세존이시여. 이 반야바라밀다는 일체법에서 의지하여 얻을 것이 있는 것이 출현(出現)하는 것이 아닌 까닭입니다. 그 까닭이 무엇인가? 매우 깊은 반야바라밀다는 모두 자성(自性)이 없고, 역시 무소유(無所有)이며, 얻을 수 없습니다. 능히 증득하거나, 증득되었던 것과 두 가지가 의지하는 처소도 그 성상(性相)이 모두 공(空)하여 얻을 수 없는 까닭입니다."

그때 세존께서 천제석에게 알려 말씀하셨다.

"그와 같으니라. 그와 같으니라. 그대가 말한 것과 같으니라. 교시가여. 제보살마하살이 장야(長夜)에 매우 깊은 반야바라밀다를 수학하더라도 오히려 보리를 증득하지 못하는데, 하물며 보살법을 증득하겠는가?"

그때 천제석이 세존께 아뢰어 말하였다.

"세존이시여. 제보살마하살은 다만 반야바라밀다를 행합니까? 역시 나머지의 5바라밀다도 행합니까?"

세존께서 말씀하셨다.

"교시가여. 제보살마하살은 얻을 수 없는 것으로써 방편을 삼아서 6바라밀다를 함께 행해야 하는데 이를테면, 제보살마하살은 보시바라밀다를 행하는 때에 보시바라밀다(布施波羅密多)를 얻지 않고 보시하는 자와 보시받는 자를 얻지 않으며, 정계바라밀다(淨戒波羅密多)를 수행하는 때에 정계바라밀다를 얻지 않고 지계자(持戒者)와 범계자(犯戒者)를 얻지 않으며, 나아가 반야바라밀다를 수행하는 때에 반야바라밀다를 얻지 않고 미묘한 지혜를 구족한 자와 악한 지혜를 갖춘 자를 얻지 않느니라.

다시 다음으로 교시가여. 제보살마하살은 매우 깊은 반야바라밀다로 존귀(尊貴)함을 삼고 인도자로 삼아서, 일체의 바라밀다를 수행하여 빠르게 원만하게 하는데, 이 보살마하살이 보시를 수행하는 때에 매우 깊은 반야바라밀다로써 존귀함을 삼고 인도자로 삼는다면, 수행하였던 보시바라밀다라는 것이 집착하는 것이 없어서 빠르게 원만함을 얻게 하며, 나아가 반야바라밀다를 수행하는 때에 매우 깊은 반야바라밀다로써 수행하는 반야바라밀다가 집착하는 것이 없어서 빠르게 원만함을 얻게 하느니라.

다시 다음으로 교시가여. 이 보살마하살이 일체법에서 얻을 수 없는 것으로써 방편을 삼아서 반야바라밀다를 수행하는 까닭으로 집착이 없어지고, 수행하는 것이 빠르게 원만함을 얻게 하는데 이를테면, 색에서 얻을 수 없는 것으로써 방편을 삼고, 나아가 일체상지에서 얻을 수 없는 것으로써 방편을 삼느니라. 교시가여. 비유하면 남섬부주(南贍部洲)에 있는 나무의 가지·줄기·꽃·잎·열매들이 비록 여러 종류 형태와 색깔이 있어서 같지 않을지라도 그 그늘은 조금도 차별이 없는 것과 같이, 이와 같이 앞의 5바라밀다는 비록 각자 차이가 있으나, 오히려 반야바라밀다가 섭수되어 일체상지에 회향(迴向)하는 것이고, 얻을 수 없는 것으로써 방편을 삼는 까닭으로 여러 차별된 모습을 모두 얻을 수 없느니라."

그때 천제석이 다시 세존께 아뢰어 말하였다.
"세존이시여. 이와 같이 반야바라밀다는 광대(廣大)하고 수승(殊勝)한 공덕을 성취하고, 일체의 수승한 공덕을 성취하며, 원만하고 수승한 공덕을 성취하고, 무량하고 수승한 공덕을 성취하며, 무수이고 수승한 공덕을 성취하고, 무변하고 수승한 공덕을 성취하며, 무등(無等)의 수승한 공덕을 성취합니다. 세존이시여. 만약 여러 선남자와 선여인 등이 이와 같은 매우 깊은 반야바라밀다를 서사하여 수지하고 여러 보배로 장식하고 무량한 종류의 상묘한 공양구로써 공양하고 공경하며 존중하고 찬탄하며, 이 경전에 설하는 것을 의지하여 이치에 맞게 사유하였고, 여러 선남자와 선여인 등이 있어서 이와 같은 매우 깊은 반야바라밀다를 서사하여 다른 사람에게 보시하여 수지(受持)하게 하면서 널리 유포하게 하였다면, 이 두 가지의 복취(福聚)는 어느 것이 많게 됩니까?"
세존께서 말씀하셨다.
"교시가여. 내가 도리어 그대에게 묻겠나니 마땅히 뜻을 따라서 대답하라. 만약 여러 선남자와 선여인 등이 다른 사람에게 여래의 설리라를 청하여 얻었고, 보배 상자로써 담아서 높고 좋은 곳에 안치하고서, 다시 무량하고 상묘한 화만, 나아가 등불로써 공양하고 공경하며 존중하고 찬탄하였으며, 여러 선남자와 선여인 등이 있어서 다른 사람에게 청하여 얻은 여래의 설리라를 다른 사람에게 겨자와 같게 나누어주고서 그에게 공경스럽게 받아서 여법(如法)하게 안치(安置)하게 하였으며, 다시 여러 종류의 상묘한 화만, 나아가 등불로써 공양하고 공경하며 존중하고 찬탄하게 하였다면 그대의 뜻은 어떠한가? 이 두 가지의 복취는 어느 것이 많게 되겠는가?"
천제석이 대답하여 말하였다.
"제가 세존께서 설하신 것의 의취를 이해하는 것과 같다면, 이 두 가지의 복에서 뒤의 것이 수승하게 됩니다. 왜 그러한가? 제여래·응공·정등각께서 유정의 부류들을 상응하게 관찰하신다면 제불의 설리라의 처소에서 공양하고 공경하는 것으로써 헤아려서 해탈(度脫)을 얻을 자에게는 장차 열반하시는 때에 금강유삼마지(金剛喩三摩地)의 힘으로 금강의 몸을 부수어 겨자와 같게 하시고, 다시 매우 넓고 크신 대비(大悲)의 신통력으로 이와 같은 여래의 설리라를 기피(加持)하십니다. 여래께서 열반하신 뒤에 누가 겨자와 같은 한 개의 사리라를 얻어서 공양하고 공경한다면, 획득하는 복취는 무변하고 천상과 인간의 가운데에서 많은 부귀와 안락을 받고, 나아가 최후에는 고제의 끝마침을 얻게 하십니다. 이러한 까닭으로 다른 사람에게 베푸는 자의 그 복취가 수승하게 되는 것입니다."

그때 세존께서 제석을 칭찬하여 말씀하셨다.

"그와 같으니라. 그와 같으니라. 그대가 말한 것과 같으니라. 교시가여. 이 반야바라밀다도 역시 다시 그와 같으니라. 만약 스스로가 수지하거나, 다른 사람에게 보시하여 유포시킨다면 이 두 가지에서 뒤의 복취가 많게 되느니라. 왜 그러한가? 오히려 다른 사람에게 보시하는 자는 능히 무량하고 무변한 많은 유정들에게 법의 환희(法喜)를 얻게 하는 까닭이니라.

다시 다음으로 교시가여. 만약 누가 이러한 매우 깊은 반야바라밀다에서 설하신 의취(義趣)를 여실(如實)하게 다른 사람을 위하여 분별하고 해설(解說)하여 바른 이해를 얻게 하였다면, 획득되는 복취는 다른 사람에게 보시하여 유포시키는 공덕보다 백천 배나 수승하느니라.

교시가여. 이 법사(法師)를 공경하면서 마땅히 여래와 같이 공경할 것이고, 역시 여래와 비슷하게 존중한다면 큰 지혜의 범행자(梵行者)와 같으니라. 왜 그러한가? 교시가여. 마땅히 반야바라밀다는 곧 이것이 제불이라고 마땅히 알아야 하고, 제불이 곧 이것이 반야바라밀다라고 마땅히 알아야 하며, 반야바라밀다는 제불과 다르지 않다고 마땅히 알아야 하고, 제불은 반야바라밀다와 다르지 않다고 마땅히 알아야 하느니라.

그 까닭은 무엇인가? 삼세의 제불이 모두 반야바라밀다를 의지하여 정근(精勤)하면서 수학하여 무상정등보리를 증득하셨고, 만약 여러 성문·독각의 종성(種性)으로서 범행을 수행하는 자도 역시 반야바라밀다를 의지하여 정근하면서 수학하여 성문과(聲聞果)와 독각의 보리(獨覺菩提)를 증득하였으며, 보살의 종성인 보특가라(補特迦羅)도 반야바라밀다를 의지하여 정근하면서 수학하여 성문(聲聞)과 독각지(獨覺地)를 초월하여 보살의 정성이생(正性離生)에 들어가서 점차로 여러 보살행을 수행하여 보살의 불퇴전지(不退轉地)에 안주함을 얻느니라.

이러한 까닭으로써 교시가여. 만약 여러 선남자와 선여인 등이 현전(現前)에서 제불·세존을 공양하고 공경하며 존중하고 찬탄하고자 하였다면, 마땅히 이와 같은 매우 깊은 반야바라밀다를 서사하여 공양하고 공경하며 존중하고 찬탄해야 하느니라.

교시가여. 나는 이러한 의취를 관찰하였고 처음으로 성불(成佛)하였던 때에 '나는 무엇을 의지하여 안주해야 하는가? 누가 나의 공양과 공경을 받아서 감당할 수 있는가?'라고 이렇게 사유를 지었느니라. 이렇게 생각하는 때에 여러 천상·악마·범천(梵)과 나머지의 세간의 인간과 인비인(人非人) 등이 나와 동등하게 보지 못하였는데, 하물며 마땅히 수승한 자가 있었겠는가? 다시 스스로가 '나는 이 법을 의지하여 이미 무상정등보리를 증득하였으니 이 법은 매우 깊고 미묘하고 적정(寂靜)하다. 나는 마땅히 도리어 이 법을 의지하여 안주하고 공양하고 공경하겠는데 이를테면, 반야바라밀다이다.'라고 사유하였느니라.

교시가여. 내가 이미 성불(成佛)하였어도 오히려 반야바라밀다를 의지하고 공양하며 공경하는데, 하물며 여러 선남자와 선여인 등이 무상정등보리를 구하고자 하면서 이러한 매우 깊은 반야바라밀다를 의지하여 정근하면서 수학하고 공양하며 공경하고 존중하고 찬탄하지 않을 수 있겠는가? 왜 그러한가? 교시가여. 매우 깊은 반야바라밀다는 능히 보살마하살들을 출생시키고, 이 보살마하살을 쫓아서 제여래·응공·정등각께서 출생하시며, 제여래·응공·정등각을 의지하여 성문과 독각들이 출생하는 까닭이니라.

이러한 까닭으로 교시가여. 만약 보살승(菩薩乘)이거나, 만약 독각승(獨角乘)이거나, 만약 성문승(聲聞乘)이거나. 여러 선남자와 선여인 등은 모두 반야바라밀다에서 상응하게 정근하면서 수학하고, 무량한 종류의 미묘한 화만, 나아가 등불로써 공양하고 공경하며 존중하고 찬탄해야 하느니라."

마하반야바라밀다경 제431권

36. 경문품(經文品)(1)

그때 세존께서 천제석[天帝釋]에게 말씀하셨다.
"교시가(憍尸迦)여. 만약 여러 선남자와 선여인 등이 남섬부주(南贍部洲)에서 유정의 부류들을 교계(敎誡)하여 모두 10선업도(十善業道)에 안주시켰다면 그대의 뜻은 어떠한가? 이 선남자와 선여인 등이 오히려 이러한 인연으로 얻는 복취는 많겠는가?"
천제석이 말하였다.
"매우 많습니다. 세존이시여. 매우 많습니다. 선서(善逝)시여."
세존께서 말씀하셨다.
"교시가여. 만약 여러 선남자와 선여인 등이 이와 같은 매우 깊은 반야바라밀다를 서사하고서 다른 사람에게 보시하여 독송하게 하였고, 만약 전전(展轉)하면서 서사하고 널리 유포시킨다면, 이 선남자와 선여인 등이 획득하는 복취는 앞의 것보다 매우 많으니라.
왜 그러한가? 교시가여. 이와 같은 반야바라밀다의 비밀장의 가운데에는 일체의 무루법(無漏法)을 널리 설하였으므로 여러 선남자와 선여인 등이 그 가운데에서 이미 수학하였거나, 지금도 수학하거나 마땅히 수행한다면 혹은 누가 성문승(聲聞乘)의 법의 정성이생(正性離生)에 이미 들어갔거나 지금도 들어가고 있거나 마땅히 들어갈 것이며, 점차로 나아가서 아라한과(阿羅漢果)를 이미 얻었거나 지금도 얻고 있거나 마땅히 얻을 것이며, 혹은 누가 독각승(獨覺乘)의 법의 정성이생에 이미 들어갔거나 지금도 들어가고 있거나 마땅히 들어갈 것이며, 점차로 나아가서 독각의 보리(菩提)를 이미 얻었거나 지금도 얻고 있거나 마땅히 얻을 것이며, 혹은 누가 보살승(菩薩乘)의 법의 정성이생에 이미 들어갔거나 지금도 들어가고 있거나 마땅히 들어갈 것이며, 점차로 나아가서 보살행을 수행하여 무상정등보리(無上正等菩提)를 이미 증득하였거나 지금도 증득하고 있거나 마땅히 증득할 것이니라.

교시가여. 무엇을 무루법이라 이름하는가? 이를테면, 4념주(四念住), 나아가 8성도지(八聖道支)와, 4성제(四聖諦)의 지혜와, 3해탈문(三解脫門)과, 내공(內空), 나아가 무성자성공(無性自性空)과, 여래(佛)의 10력(力)·4무소외(四無所畏)·4무애해(四無碍解)·대자(大慈)·대희(大喜)·대사(大捨)·18불불공법(十八佛不共法)과 나머지의 무량하고 무변한 불법이 모두 이 가운데에서 설하였던 것인 일체의 무루법이니라.

교시가여. 만약 여러 선남자와 선여인 등이 한 유정을 교계(敎誡)하여 예류과(預流果)에 안주시켰더라도, 획득하는 복취는 한 남섬부주에서 제유정의 부류들을 교화(敎化)하여 모두를 10선업도에 안주하게 하는 것보다 오히려 수승하느니라. 왜 그러한가? 교시가여. 10선업도에 안주하는 제유정들은 지옥·방생(傍生)·귀계(鬼界)를 벗어나지 못하지만, 예류과에 안주하는 자는 곧 영원히 3악취에서 해탈을 얻는 까닭이니라. 하물며 교계하여 일래(一來)·불환(不還)·아라한과(阿羅漢果)와 독각의 보리에 안주하게 하는 자가 획득하는 복취는 그것보다 수승하지 않겠는가?

교시가여. 만약 여러 선남자와 선여인 등이 한 유정을 교계하여 예류·일래·불환·아라한과와 독각의 보리에 안주시켰더라도, 획득하는 복취는 사람이 있어서 한 유정을 교계하여 무상정등보리로 나아가게 하는 것과 같지 않으니라. 왜 그러한가? 교시가여. 유정들을 교계하여 무상정등보리에 나아가게 한다면 곧 세간의 불안(佛眼)이 단절되지 않게 하느니라. 그 까닭은 무엇인가? 오히려 보살마하살이 있는 까닭으로 예류·일래·불환·아라한과와 독각의 보리가 있고, 오히려 보살마하살이 있는 까닭으로 곧 여래·응공·정등각께서 미묘한 법륜(法輪)을 굴리어 무량한 유정을 헤아려서 해탈시키는 것이 있으며, 제보살마하살은 모두가 반야바라밀다에 의지하여 성취를 얻느니라.

이러한 까닭으로써 교시가여. 여러 선남자와 선여인 등이 이와 같은 매우 깊은 반야바라밀다를 서사하고서 다른 사람에게 보시하여 독송하게 하고 만약 전전하면서 서사하고 널리 유포시킨다면, 이 선남자와 선여인 등이 획득하는 복취는 무량하고 무변하느니라. 왜 그러한가? 교시가여. 이와 같은 반야바라밀다의 비밀장의 가운데에는 일체의 세간과 출세간의 수승하고 미묘한 선법을 널리 설하셨느니라. 이 선법에 의지하여 세간에는 찰제리(利帝利)의 대족성·바라문의 대족성·장자의 대족성·거사의 대족성이 있고, 사대왕중천(四大王衆天), 나아가 비상비비상처천(非想非非想處天)이 있으며, 역시 4념주(四念住), 나아가 일체상지(一切相智)라는 시설(施設)을 얻을 수 있으며, 역시 예류·일래·불환·아라한·독각·보살마하살·제불이라는 시설을 얻을 수 있느니라.

다시 다음으로 교시가여. 남섬부주에 제유정의 부류들은 제쳐두고, 만약 여러 선남자와 선여인 등이 4대주(四大洲)의 제유정들을 교계하여 모두 10선업도에 안주하게 하였다면 그대의 뜻은 어떠한가? 이 선남자와 선여인 등이 오히려 이러한 인연으로 얻는 복취는 많겠는가?"

천제석이 말하였다.

"매우 많습니다. 세존이시여. 매우 많습니다. 선서시여."

세존께서 말씀하셨다.

"교시가여. 만약 여러 선남자와 선여인 등이 이와 같은 매우 깊은 반야바라밀다를 서사하고서 다른 사람에게 보시하여 독송하게 하였고, 만약 전전하면서 서사하고 널리 유포시킨다면, 이 선남자와 선여인 등이 획득하는 복취는 앞의 것보다 매우 많으며, 나머지는 앞에서 설한 것과 같으니라. 다시 다음으로 교시가여. 남섬부주에 제유정의 부류들은 제쳐두고, 만약 여러 선남자와 선여인 등이 소천세계(小千世界)의 제유정들을 교계하여 모두 10선업도에 안주하게 하였다면 그대의 뜻은 어떠한가? 이 선남자와 선여인 등이 오히려 이러한 인연으로 얻는 복취는 많겠는가?"

천제석이 말하였다.

"매우 많습니다. 세존이시여. 매우 많습니다. 선서시여."

세존께서 말씀하셨다.

"교시가여. 만약 여러 선남자와 선여인 등이 이와 같은 매우 깊은 반야바라밀다를 서사하고서 다른 사람에게 보시하여 독송하게 하였고, 만약 전전하면서 서사하고 널리 유포시킨다면, 이 선남자와 선여인 등이 획득하는 복취는 앞의 것보다 매우 많으며, 나머지는 앞에서 설한 것과 같으니라. 다시 다음으로 교시가여. 소천세계에 제유정의 부류들은 제쳐두고, 만약 여러 선남자와 선여인 등이 중천세계(中千界)의 제유정들을 교계하여 모두 10선업도에 안주하게 하였다면 그대의 뜻은 어떠한가? 이 선남자와 선여인 등이 오히려 이러한 인연으로 얻는 복취는 많겠는가?"

천제석이 말하였다.

"매우 많습니다. 세존이시여. 매우 많습니다. 선서시여."

세존께서 말씀하셨다.

"교시가여. 만약 여러 선남자와 선여인 등이 이와 같은 매우 깊은 반야바라밀다를 서사하고서 다른 사람에게 보시하여 독송하게 하였고, 만약 전전하면서 서사하고 널리 유포시킨다면, 이 선남자와 선여인 등이 획득하는 복취는 앞의 것보다 매우 많으며, 나머지는 앞에서 설한 것과 같으니라. 다시 다음으로 교시가여. 중천세계에 제유정의 부류들은 제쳐두고, 만약 여러 선남자와 선여인 등이 삼천대천세계(三千大千界)의 제유정들을 교계하여 모두 10선업도에 안주하게 하였다면 그대의 뜻은 어떠한가? 이 선남자와 선여인 등이 오히려 이러한 인연으로 얻는 복취는 많겠는가?"

천제석이 말하였다.

"매우 많습니다. 세존이시여. 매우 많습니다. 선서시여."

세존께서 말씀하셨다.

"교시가여. 만약 여러 선남자와 선여인 등이 이와 같은 매우 깊은 반야바라밀다를 서사하고서 다른 사람에게 보시하여 독송하게 하였고,

만약 전전하면서 서사하고 널리 유포시킨다면, 이 선남자와 선여인 등이 획득하는 복취는 앞의 것보다 매우 많으며, 나머지는 앞에서 설한 것과 같으니라. 다시 다음으로 교시가여. 삼천대천세계에 제유정의 부류들은 제쳐두고, 만약 여러 선남자와 선여인 등이 시방으로 각각 긍가사(殑伽沙)와 같은 세계의 제유정들을 교계하여 모두 10선업도에 안주하게 하였다면 그대의 뜻은 어떠한가? 이 선남자와 선여인 등이 오히려 이러한 인연으로 얻는 복취는 많겠는가?"

천제석이 말하였다.

"매우 많습니다. 세존이시여. 매우 많습니다. 선서시여."

세존께서 말씀하셨다.

"교시가여. 만약 여러 선남자와 선여인 등이 이와 같은 매우 깊은 반야바라밀다를 서사하고서 다른 사람에게 보시하여 독송하게 하였고, 만약 전전하면서 서사하고 널리 유포시킨다면, 이 선남자와 선여인 등이 획득하는 복취는 앞의 것보다 매우 많으며, 나머지는 앞에서 설한 것과 같으니라. 다시 다음으로 교시가여. 시방으로 각각 긍가사와 같은 세계의 제유정의 부류들은 제쳐두고, 만약 여러 선남자와 선여인 등이 시방의 일체 세계의 제유정들을 교계하여 모두 10선업도에 안주하게 하였다면 그대의 뜻은 어떠한가? 이 선남자와 선여인 등이 오히려 이러한 인연으로 얻는 복취는 많겠는가?"

천제석이 말하였다.

"매우 많습니다. 세존이시여. 매우 많습니다. 선서시여."

세존께서 말씀하셨다.

"교시가여. 만약 여러 선남자와 선여인 등이 이와 같은 매우 깊은 반야바라밀다를 서사하고서 다른 사람에게 보시하여 독송하게 하였고, 만약 전전하면서 서사하여 널리 유포시킨다면, 이 선남자와 선여인 등이 획득하는 복취는 앞의 것보다 매우 많으며, 나머지는 앞에서 설한 것과 같으니라."

"다시 다음으로 교시가여. 만약 여러 선남자와 선여인 등이 남섬부주의 제유정을 교계하여 모두를 4정려(四靜慮)·4무량(四無量)·4무색정(四無色定)·5신통(五神通)에 안주하게 하였다면 그대의 뜻은 어떠한가? 이 선남자와 선여인 등이 오히려 이러한 인연으로 얻는 복취는 많겠는가?"

천제석이 말하였다.

"매우 많습니다. 세존이시여. 매우 많습니다. 선서시여."

세존께서 말씀하셨다.

"교시가여. 만약 여러 선남자와 선여인 등이 이와 같은 매우 깊은 반야바라밀다를 서사하고서 다른 사람에게 보시하여 독송하게 하였고, 만약 전전하면서 서사하여 널리 유포시킨다면, 이 선남자와 선여인 등이 획득하는 복취는 앞의 것보다 매우 많으며, 나머지는 앞에서 설한 것과 같으니라. 다시 다음으로 교시가여. 남섬부주에 제유정의 부류들은 제쳐두고, 만약 여러 선남자와 선여인 등이 4대주의 제유정을 교계하여 모두를 4정려·4무량·4무색정·5신통에 안주하게 하였다면 그대의 뜻은 어떠한가? 이 선남자와 선여인 등이 오히려 이러한 인연으로 얻는 복취는 많겠는가?"

천제석이 말하였다.

"매우 많습니다. 세존이시여. 매우 많습니다. 선서시여."

세존께서 말씀하셨다.

"교시가여. 만약 여러 선남자와 선여인 등이 이와 같은 매우 깊은 반야바라밀다를 서사하고서 다른 사람에게 보시하여 독송하게 하였고, 만약 전전하면서 서사하여 널리 유포시킨다면, 이 선남자와 선여인 등이 획득하는 복취는 앞의 것보다 매우 많으며, 나머지는 앞에서 설한 것과 같으니라. 다시 다음으로 교시가여. 4대주의 제유정의 부류들은 제쳐두고, 만약 여러 선남자와 선여인 등이 소천세계의 제유정을 교계하여 모두를 4정려·4무량·4무색정·5신통에 안주하게 하였다면 그대의 뜻은 어떠한가? 이 선남자와 선여인 등이 오히려 이러한 인연으로 얻는 복취는 많겠는가?"

천제석이 말하였다.

"매우 많습니다. 세존이시여. 매우 많습니다. 선서시여."

세존께서 말씀하셨다.

"교시가여. 만약 여러 선남자와 선여인 등이 이와 같은 매우 깊은 반야바라밀다를 서사하고서 다른 사람에게 보시하여 독송하게 하였고, 만약 전전하면서 서사하여 널리 유포시킨다면, 이 선남자와 선여인 등이 획득하는 복취는 앞의 것보다 매우 많으며, 나머지는 앞에서 설한 것과 같으니라. 다시 다음으로 교시가여. 소천세계에 제유정의 부류들은 제쳐두고, 만약 여러 선남자와 선여인 등이 중천세계의 제유정을 교계하여 모두를 4정려·4무량·4무색정·5신통에 안주하게 하였다면 그대의 뜻은 어떠한가? 이 선남자와 선여인 등이 오히려 이러한 인연으로 얻는 복취는 많겠는가?"

천제석이 말하였다.

"매우 많습니다. 세존이시여. 매우 많습니다. 선서시여."

세존께서 말씀하셨다.

"교시가여. 만약 여러 선남자와 선여인 등이 이와 같은 매우 깊은 반야바라밀다를 서사하고서 다른 사람에게 보시하여 독송하게 하였고, 만약 전전하면서 서사하여 널리 유포시킨다면, 이 선남자와 선여인 등이 획득하는 복취는 앞의 것보다 매우 많으며, 나머지는 앞에서 설한 것과 같으니라. 다시 다음으로 교시가여. 중천세계에 제유정의 부류들은 제쳐두고, 만약 여러 선남자와 선여인 등이 삼천대천세계의 제유정을 교계하여 모두를 4정려·4무량·4무색정·5신통에 안주하게 하였다면 그대의 뜻은 어떠한가? 이 선남자와 선여인 등이 오히려 이러한 인연으로 얻는 복취는 많겠는가?"

천제석이 말하였다.

"매우 많습니다. 세존이시여. 매우 많습니다. 선서시여."

세존께서 말씀하셨다.

"교시가여. 만약 여러 선남자와 선여인 등이 이와 같은 매우 깊은 반야바라밀다를 서사하고서 다른 사람에게 보시하여 독송하게 하였고, 만약 전전하면서 서사하여 널리 유포시킨다면, 이 선남자와 선여인 등이 획득하는 복취는 앞의 것보다 매우 많으며, 나머지는 앞에서 설한 것과 같으니라. 다시 다음으로 교시가여. 삼천대천세계에 제유정의 부류들은 제쳐두고, 만약 여러 선남자와 선여인 등이 시방으로 각각 긍가사와 같은 세계의 제유정을 교계하여 모두를 4정려·4무량·4무색정·5신통에 안주하게 하였다면 그대의 뜻은 어떠한가? 이 선남자와 선여인 등이 오히려 이러한 인연으로 얻는 복취는 많겠는가?"

천제석이 말하였다.

"매우 많습니다. 세존이시여. 매우 많습니다. 선서시여."

세존께서 말씀하셨다.

"교시가여. 만약 여러 선남자와 선여인 등이 이와 같은 매우 깊은 반야바라밀다를 서사하고서 다른 사람에게 보시하여 독송하게 하였고, 만약 전전하면서 서사하여 널리 유포시킨다면, 이 선남자와 선여인 등이 획득하는 복취는 앞의 것보다 매우 많으며, 나머지는 앞에서 설한 것과 같으니라. 다시 다음으로 교시가여. 시방으로 각각 긍가사와 같은 세계의 제유정의 부류들은 제쳐두고, 만약 여러 선남자와 선여인 등이 시방의 일체 세계의 제유정을 교계하여 모두를 4정려·4무량·4무색정·5신통에 안주하게 하였다면 그대의 뜻은 어떠한가? 이 선남자와 선여인 등이 오히려 이러한 인연으로 얻는 복취는 많겠는가?"

천제석이 말하였다.

"매우 많습니다. 세존이시여. 매우 많습니다. 선서시여."

세존께서 말씀하셨다.

"교시가여. 만약 여러 선남자와 선여인 등이 이와 같은 매우 깊은 반야바라밀다를 서사하고서 다른 사람에게 보시하여 독송하게 하였고, 만약 전전하면서 서사하여 널리 유포시킨다면, 이 선남자와 선여인 등이 획득하는 복취는 앞의 것보다 매우 많으며, 나머지는 앞에서 설한 것과 같으니라."

"다시 다음으로 교시가여. 만약 여러 선남자와 선여인 등이 이 반야바라밀다에서 지극한 마음으로 듣고서 수지하고 독송하며 정근하면서 수행하고 이치에 맞게 사유하였다면, 이 선남자와 선여인 등이 획득하는 복취는 하나의 남섬부주의 제유정의 부류들을 교계하여 모두를 10선업도·4정려·4무량·4무색정·5신통에 안주하게 하는 것보다 수승하고, 역시 소천세계의 제유정의 부류들을 교계하여 모두를 10선업도·4정려·4무량·4무색정·5신통에 안주하게 하는 것보다 수승하며, 중천세계의 제유정의 부류들을 교계하여 모두를 10선업도·4정려·4무량·4무색정·5신통에 안주하게 하는 것보다 수승하고, 역시 삼천대천세계의 제유정의 부류들을 교계하여 모두를 10선업도·4정려·4무량·4무색정·5신통에 안주하게 하는 것보다 수승하며, 시방의 각각 긍가사와 같은 세계의 제유정의 부류들을 교계하여 모두를 10선업도·4정려·4무량·4무색정·5신통에 안주하게 하는 것보다 수승하고, 시방의 일체 세계의 제유정의 부류들을 교계하여 모두를 10선업도·4정려·4무량·4무색정·5신통에 안주하게 하는 것보다 수승하느니라.

교시가여. 이 가운데에서 이치에 맞게 생각한다는 것은 이를테면, 둘이 아니고 둘이 아닌 것도 아닌 행으로써 무상정등보리를 구하기 위하여 반야바라밀다, 나아가 보시바라밀다를 사유(思惟)하는 것이고, 만약 둘이 아니고 둘이 아닌 것도 아닌 행으로써 무상정등보리를 구하기 위하여 내공, 나아가 무성자성공을 사유하는 것이며, 만약 둘이 아니고 둘이 아닌 것도 아닌 행으로써 무상정등보리를 구하기 위하여 4념주, 나아가 일체상지를 사유하는 것이니라.

다시 다음으로 교시가여. 만약 여러 선남자와 선여인 등이 이 반야바라밀다에서 무량한 법문으로써 다른 사람을 위하여 널리 설하면서 널리 열어서 보여주고 연설하며 드러내고 명료하게 해설하며 의취(義趣)를 분별하여 그들이 쉽게 이해하게 하였다면, 획득하는 복취는 스스로가 이와 같은 반야바라밀다를 듣고서 수지하고 독송하며 정근하면서 수학하고 이치에 맞게 사유하면서 획득하는 복취는 무량한 배수(倍數)보다 수승하느니라.

　교시가여. 이 가운데에서 반야바라밀다의 의취(義趣)라는 것은 이를테면, 이 반야바라밀다가 소유한 의취를 상응하여 두 상(相)으로써 관찰하지 않을 것이고, 역시 상응하여 둘이 아닌 상으로써 관찰하지 않을 것이니, 유상(有相)이 아니고 무상(無相)도 아니며, 들어가는 것도 아니고 나오는 것도 아니며, 증장하지 않고 감소하지도 않으며, 염오가 아니고 청정함도 아니며, 태어남도 아니고 소멸함도 아니며, 취하는 것이 아니고 버리는 것도 아니며, 집착하지 않고 집착하지 않는 것도 아니며, 머무르지 않고 머무르지 않는 것도 아니며, 진실하지 않고 진실하지 않은 것도 아니며, 상응(相應)하지 않고 상응하지 않는 것도 아니며, 화합(和合)하지 않고 흩어지지도 않으며, 인연이 아니고 인연이 아닌 것도 아니며, 비법(非法)이고 비법도 아니며, 진여(眞如)가 아니고 진여가 아닌 것도 아니며, 실제(實際)가 아니고 실제가 아닌 것도 아닌데, 이와 같은 의취는 무량문(無量門)이 있느니라.

　다시 다음으로 교시가여. 만약 여러 선남자와 선여인 등이 스스로가 반야바라밀다를 지극한 마음으로 듣고서 수지하고 독송하며 정근하면서 수행하고 이치에 맞게 사유하며 무량문으로써 다른 사람을 위하여 널리 설하면서 널리 열어서 보여주고 연설하며 드러내고 명료하게 해석(解釋)하며 의취(義趣)를 분별하여 그들이 쉽게 이해하게 하였다면, 이 선남자와 선여인 등이 얻는 복취는 앞의 복취를 무량하고 무변하게 초월하느니라."

　그때 천제석이 세존께 아뢰어 말하였다.
　"세존이시여. 여러 선남자와 선여인 등은 상응하여 여러 종류의 교묘(巧妙)한 문구와 의취로써 다른 사람을 위하여 매우 깊은 반야바라밀다를 연설(演說)해야 합니까?"
　세존께서 말씀하셨다.
　"교시가여. 그와 같으니라. 그와 같으니라. 그대가 말한 것과 같으니라. 여러 선남자와 선여인 등은 상응하여 여러 종류의 교묘한 문구와 의취로써 다른 사람을 위하여 매우 깊은 반야바라밀다를 연설해야 하느니라. 교시가여. 만약 여러 선남자와 선여인 등이 능히 여러 종류의 교묘한 문구와 의취로써 다른 사람을 위하여 매우 깊은 반야바라밀다를 연설한다면, 이 선남자와 선여인 등은 무량하고 무수이며 무변하고 불가사의한 큰 공덕취(功德聚)를 성취하느니라.

교시가여. 만약 여러 선남자와 선여인 등이 그의 목숨을 끝마치도록 무량한 종류의 상묘한 악기(樂具)·의복·음식·병을 인연한 약품으로써 시방의 각각 긍가사와 같은 세계의 무량하고 무수이며 무변한 여래·응공·정등각들을 공경하고 존중하며 찬탄하였고, 지극한 마음으로 듣고서 수지하고 독송하며 정근하면서 수행하고 이치에 맞게 사유하며 무량문으로써 다른 사람을 위하여 널리 설하면서 널리 열어서 보여주고 연설하며 드러내고 명료하게 해설하며 의취를 분별하여 그들이 쉽게 이해하게 하였다면, 이 선남자와 선여인 등이 획득하는 복취는 앞의 것보다 매우 많으니라. 왜 그러한가? 교시가여. 시방으로 각각 긍가사와 같은 세계의 무량하고 무수이며 무변한 여래·응공·정등각들께서 모두가 반야바라밀다에 의지하여 정근하면서 무상정등보리를 증득하느니라.

다시 다음으로 교시가여. 만약 여러 선남자와 선여인 등이 무량하고 무수이며 무변한 대겁(大劫)에 얻을 수 있는 것으로써 방편을 삼아서 보시바라밀다, 나아가 반야바라밀다를 수행하였고, 여러 선남자와 선여인 등이 있어서 이 반야바라밀다에서 얻을 수 없는 것으로써 방편을 삼아서 지극한 마음으로 듣고서 수지하고 독송하며 정근하면서 수행하고 이치에 맞게 사유하며, 다시 여러 종류의 교묘한 문장과 의취로써 다른 사람을 위하여 잠깐의 시간을 지내면서 널리 열어서 보여주고 연설하며 드러내고 명료하게 해석하며 의취를 분별하여 그들이 쉽게 이해하게 하였다면, 획득하는 복취는 앞의 것보다 매우 많으니라.

교시가여. 얻을 수 있다는 것은 이를테면, 여러 선남자와 선여인 등이 보시를 수행하는 때에, '나는 능히 은혜롭게 보시하고, 그는 이것을 받는 자이며, 이것은 보시하였던 과보이고 보시와 더불어 보시하는 물건이다.'

라고 이와 같이 생각을 지었다면, 그가 보시를 수행하는 때에, 보시에 안주한다고 이름하고 보시바라밀다라고 이름하지 않느니라. 정계를 수행하는 때에, '내가 능히 지계한다면 그를 보호하게 되고, 이것은 정계의 과보이고 더불어 지계가 된다.'라고 이와 같이 생각을 지었다면, 그가 정계를 수행하는 때에, 정계에 안주한다고 이름하고 정계바라밀다라고 말하지 않느니라.

안인을 수행하는 때에, '내가 능히 안인한다면 그를 보호하게 되는 까닭이고, 이것은 안인의 과보이고 더불어 안인의 자성(自性)이다.'라고 이와 같이 생각을 지었다면, 그가 안인을 수행하는 때에, 안인에 안주한다고 이름하고 안인바라밀다라고 이름하지 않느니라. 정진을 수행하는 때에, '내가 능히 정진한다면 그에게 단절을 수행하게 하고, 이것은 정진의 과보이고 정진의 자성이다.'라고 이와 같이 생각을 지었다면, 그가 정진을 수행하는 때에, 정진에 안주한다고 이름하고 정계바라밀다라고 말하지 않느니라.

정려를 수행하는 때에, '내가 능히 정려를 수행한다면 그에게 이것은 정려의 경계이므로, 이것은 정려의 과보이고 더불어 정려의 자성이다.'라고 이와 같이 생각을 지었다면, 그가 정려를 수행하는 때에, 정려에 안주한다고 이름하고 정려바라밀다라고 이름하지 않느니라. 지혜를 수행하는 때에, '내가 능히 반야를 수행한다면 그에게 이것은 지혜의 경계이므로, 이것은 지혜의 과보이고 더불어 지혜의 자성이다."라고 이와 같이 생각을 지었다면, 그가 지혜를 수행하는 때에, 지혜에 안주한다고 이름하고 반야바라밀다라고 말하지 않느니라.

교시가여. 이 선남자와 선여인 등은 얻을 수 있는 것으로써 방편을 삼는 까닭으로 보시·정계·안인·정진·정려·반야바라밀다를 능히 원만하게 하지 못하느니라."

그때 천제석이 세존께 아뢰어 말하였다.

"세존이시여. 제보살마하살은 무엇을 수행하여야 보시·정계·안인·정진·정려·반야바라밀다를 능히 원만하게 합니까?"

세존께서 말씀하셨다.

"교시가여. 보살마하살이 보시를 수행하는 때에 보시하는 자·보시받는 자·보시하는 과보·보시와 더불어 보시하는 물건을 얻지 않는다면 얻을 수 없는 것으로써 방편을 삼는 까닭으로 보시바라밀다를 능히 원만하게 하는 것이고, 정계를 수행하는 때에 지계자·호계(護戒)로 획득하였던 것의 과보와 더불어 지계를 얻지 않는다면 얻을 수 없는 것으로써 방편을 삼는 까닭으로 보시바라밀다를 능히 원만하게 하는 것이며, 안인을 수행하는 때에 능히 안인하는 자·안인을 호지(護持)하였던 것의 과보와 더불어 안인의 자성을 얻지 않는다면 얻을 수 없는 것으로써 방편을 삼는 까닭으로 안인바라밀다를 능히 원만하게 하는 것이고,

정진을 수행하는 때에 정근하는 자·정근하였던 것의 과보와 더불어 정근의 자성을 얻지 않는다면 얻을 수 없는 것으로써 방편을 삼는 까닭으로 정진바라밀다를 능히 원만하게 하는 것이며, 정려를 수행하는 때에 정려하는 자·정려의 경계·정려하였던 것의 과보와 더불어 정려의 자성을 얻지 않는다면 얻을 수 없는 것으로써 방편을 삼는 까닭으로 정려바라밀다를 능히 원만하게 하는 것이며, 반야를 수행하는 때에 능히 지혜로운 자·지혜의 경계·지혜의 과보와 더불어 정려의 자성을 얻지 않는다면 얻을 수 없는 것으로써 방편을 삼는 까닭으로 반야바라밀다를 능히 원만하게 하는 것이니라.

교시가여. 제보살마하살은 상응하여 이와 같이 얻을 수 없는 지혜와 여러 종류의 교묘한 문구와 의취로써 반야, 나아가 보시바라밀다를 널리 설해야 하느니라. 왜 그러한가? 교시가여. 마땅히 미래의 세상에 여러 선남자와 선여인 등이 있어서 다른 사람을 위하여 서로 비슷한 반야, 나아가 보시바라밀다를 설한다면, 처음으로 무상보리(無上菩提)의 마음을 일으킨 자는 그가 설하는 비슷한 반야, 나아가 보시바라밀다를 듣고서 마음이 미혹(迷謬)되어 중도(中道)에서 퇴실(退失)하느니라. 이러한 까닭으로 상응하여 얻을 수 없는 지혜와 여러 종류의 교묘한 문구와 의취로써 무상보리의 마음을 일으킨 자를 위하여 반야, 나아가 보시바라밀다를

널리 설해야 하느니라."

그때 천제석이 세존께 아뢰어 말하였다.
"세존이시여. 무엇을 서로가 비슷한 반야·정려·정진·안인·정계·보시바라밀다를 널리 말한다고 이름하게 됩니까?"
세존께서 말씀하셨다.
"교시가여. 만약 여러 선남자와 선여인 등이 얻을 수 있는 반야바라밀다, 나아가 보시바라밀다를 설하였고, 이와 같다면 서로가 비슷한 반야·정려·정진·안인·정계·보시바라밀다를 말한다고 이름하느니라."
그때 천제석이 다시 세존께 아뢰어 말하였다.
"세존이시여. 무엇을 여러 선남자와 선여인 등이 얻을 수 있는 반야, 나아가 보시바라밀다를 설한다면 서로가 비슷한 반야·정려·정진·안인·정계·보시바라밀다를 말한다고 이름합니까?"
세존께서 말씀하셨다.
"교시가여. 만약 여러 선남자와 선여인 등이 무상보리의 마음을 일으켜서 6바라밀다를 수행하는 자를 위하여 색(色), 나아가 식(識)이 무상(無常)하고, 괴로우며 무아(無我)라고 말하거나, 안처(眼處), 나아가 의처(意處)가 무상하고, 괴로우며 무아라고 말하거나, 색처(色處), 나아가 법처(法處)가 무상하고, 괴로우며 무아라고 말하거나, 안계(眼界), 나아가 의계(意界)가 무상하고, 괴로우며 무아라고 말하거나, 색계(色界), 나아가 법계(法界)가 무상하고, 괴로우며 무아라고 말하거나, 안식계(眼識界), 나아가 의식계(意識界)가 무상하고, 괴로우며 무아라고 말하거나, 안촉(眼觸), 나아가 의촉(意觸)이 무상하고, 괴로우며 무아라고 말하거나, 안촉(眼觸)을 인연으로 생겨난 여러 수(受), 나아가 의촉(意觸)을 인연으로 생겨난 여러 수가 무상하고, 괴로우며 무아라고 말하거나,

4정려(四靜慮)·4무량(四無量)·4무색정(四無色定)이 무상하고, 괴로우며 무아라고 말하거나, 4념주(四念住), 나아가 일체상지(一切相智)가 무상하고, 괴로우며 무아라고 말하였거나, '만약 능히 이와 같은 등의 법에

의지하여 반야, 나아가 보시바라밀다를 수행하는 것이 있다면 이것이 반야, 나아가 보시바라밀다를 수행하는 것이다.'라고 이와 같이 말을 지었거나, 다시 '반야, 나아가 보시바라밀다를 수행하는 자는 상응하여 색, 나아가 일체상지의 무상하고 괴로우며 무아라는 것을 구해야 하나니, 만약 이와 같은 등의 법을 구하면서 반야, 나아가 보시바라밀다를 수행한다면 이것이 반야, 나아가 보시바라밀다를 수행하는 것이다.'라고 이와 같이 말을 짓는 것이니라.

교시가여. 만약 이와 같이 색, 나아가 일체상지의 무상하고 괴로우며 무아라는 것을 구하였고, 이것 등의 법에 의지하여 반야, 나아가 보시바라밀다를 수행하는 자를 나는 얻을 수 있다는 서로가 비슷한 반야, 나아가 보시바라밀다를 수행하는 자라고 이름하고 말하느니라. 교시가여. 만약 앞에서 말한 것과 같다면, 모두가 이것이 얻을 수 있다는 서로가 비슷한 반야, 나아가 보시바라밀다를 말하는 것이라고 마땅히 알아야 하느니라.

다시 다음으로 교시가여. 만약 여러 선남자와 선여인 등이 무상보리의 마음을 일으키는 자를 위하여 반야, 나아가 보시바라밀다를 널리 말하면서 '오십시오. 선남자들이여. 내가 마땅히 그대들에게 반야, 나아가 보시바라밀다를 수학(修學)하게 교계(教誡)하겠나니, 만약 나의 교계에 의지하여 수학하는 자는 마땅히 보살의 초지(初地), 나아가 10지(十地)에 빠르게 안주할 것입니다.'라고 이와 같이 말을 지었다면 교시가여. 그들은 유상(有相)과 얻을 수 있는 것으로써 방편을 삼아서 화합하고 집적하려는 생각으로 반야, 나아가 보시바라밀다를 가르치는 것이니, 이것은 이를테면, 서로가 비슷한 반야, 나아가 보시바라밀다를 널리 말하는 것이니라.

다시 다음으로 교시가여. 만약 여러 선남자와 선여인 등이 무상보리의 마음을 일으키는 자를 위하여 반야, 나아가 보시바라밀다를 널리 말하면서 '오십시오. 선남자들이여. 내가 마땅히 그대들에게 반야, 나아가 보시바라밀다를 수학하도록 교계하겠나니, 만약 나의 교계에 의지하여 수학하는 자는 마땅히 성문지(聲聞地)와 독각지(獨覺地)를 빠르게 초월할 것입니다.'라고 이와 같이 말을 지었다면 교시가여. 그들은 유상과 얻을 수 있는 것으로써 방편을 삼아서 화합하고 집적하려는 생각으로 반야, 나아가 보시바라밀다를 가르치는 것이니, 이것은 이를테면, 서로가 비슷한 반야, 나아가 보시바라밀다를 널리 말하는 것이니라.

다시 다음으로 교시가여. 만약 여러 선남자와 선여인 등이 무상보리의 마음을 일으키는 자를 위하여 반야, 나아가 보시바라밀다를 널리 설하면서 '오십시오. 선남자들이여. 내가 마땅히 그대들에게 반야, 나아가 보시바라밀다를 수학하도록 교계하겠나니, 만약 나의 교계에 의지하여 수학하는 자는 보살의 정성이생에 빠르게 들어갈 것이고, 이미 보살의 정성이생에 들어갔다면 곧 보살의 무생법인(無生法忍)을 얻을 것이며, 이미 보살의 무생법인을 얻었다면 곧 보살의 수승한 신통을 얻을 것이고, 이미 보살의 수승한 신통을 얻었다면 능히 시방의 일체의 불국토에 유희(遊戲)하면서 한 불국토에서 다른 한 불국토에 이르면서 일체의 여래·응공·정등각들께 공양하고 공경하며 존중하고 찬탄할 것이며, 오히려 이것으로 무상정등보리를 빠르게 증득할 것입니다.'라고 이와 같이 말을 지었다면 교시가여. 그들은 유상과 얻을 수 있는 것으로써 방편을 삼아서 화합하고 집적하려는 생각으로 반야, 나아가 보시바라밀다를 가르치는 것이니, 이것은 이를테면, 서로가 비슷한 반야, 나아가 보시바라밀다를 널리 말하는 것이니라.

다시 다음으로 교시가여. 만약 여러 선남자와 선여인 등이 보살승(菩薩乘)의 종성(種姓)인 자들에게 '만약 반야바라밀다에서 지극한 마음으로 듣고서 수지하고 독송하며 정근하면서 수학하고 이치에 맞게 사유한다면 결정적으로 무량하고 무수이며 무변한 공덕을 얻을 것입니다.'라고 알려서 말하였다면 교시가여. 그들은 유상과 얻을 수 있는 것으로써 방편을 삼아서 이와 같이 말을 짓는 것이니, 이것은 이를테면, 서로가 비슷한 반야, 나아가 보시바라밀다를 널리 말하는 것이니라.

다시 다음으로 교시가여. 만약 여러 선남자와 선여인 등이 보살승의 종성인 자들에게 '그대들은 과거·미래·현재의 일체의 여래·응공·정등각들께서 초발심(初發心)부터 무상정등보리에 이르기까지 소유하셨던 선근(善根)을 모두가 상응하여 따라서 환희하고 일체를 화합하고 집적하고서 제유정을 위하여 무상정등보리에 회향(迴向)해야 합니다.'라고 알려서 말하였다면 교시가여. 그들은 유상과 얻을 수 있는 것으로써 방편을 삼아서 이와 같이 말을 짓는 것이니, 이것은 이를테면, 서로가 비슷한 반야, 나아가 보시바라밀다를 널리 말하는 것이니라."

그때 천제석이 세존께 아뢰어 말하였다.
"세존이시여. 무엇을 진정(眞正)한 반야·정려·정진·안인·정계·보시바라밀다를 널리 설한다고 이름하게 됩니까?"
세존께서 말씀하셨다.
"교시가여. 만약 여러 선남자와 선여인 등이 얻을 수 없는 반야바라밀다, 나아가 보시바라밀다를 설하였고, 이와 같다면 진정한 반야·정려·정진·안인·정계·보시바라밀다를 설한다고 이름하느니라."
그때 천제석이 다시 세존께 아뢰어 말하였다.
"세존이시여. 무엇을 여러 선남자와 선여인 등이 얻을 수 없는 반야, 나아가 보시바라밀다를 설한다면, 진정한 반야·정려·정진·안인·정계·보시바라밀다를 설한다고 이름합니까?"
세존께서 말씀하셨다.
"교시가여. 만약 여러 선남자와 선여인 등이 무상보리의 마음을 일으켜서 반야, 나아가 보시바라밀다를 널리 설하면서 '오십시오. 선남자들이여. 상응하여 반야, 나아가 보시바라밀다를 수행해야 하나니, 그대들은 바르게 수행하는 때에 상응하여 색(色)이 만약 항상(常)하거나 만약 무상(無常)하거나 만약 즐겁거나 만약 괴롭거나 만약 나(我)이거나, 만약 무아(無我)라고 관찰하지 않아야 하고, 상응하여 수(受)·상(想)·행(行)·식(識)이 만약 항상하거나 만약 무상하거나 만약 즐겁거나 만약 괴롭거나 만약 나이거나, 만약 무아라고 관찰하지 않아야 하며, 이와 같이 안처(眼處), 나아가 의처(意處)와, 색처(色處), 나아가 법처(法處)와, 안계(眼界), 나아가 의계(意界)와, 색계(色界), 나아가 법계(法界)와, 안식계(眼識界), 나아가 의식계(意識界)와, 안촉(眼觸), 나아가 의촉(意觸)과, 안촉(眼觸)을 인연으로 생겨난 여러 수(受), 나아가 의촉(意觸)을 인연으로 생겨난 여러 수와, 4정려(四靜慮)·4무량(四無量)·4무색정(四無色定)과, 4념주(四念住), 나아가 일체상지(一切相智)가 만약 항상하거나 만약 무상하거나 만약 즐겁거나 만약 괴롭거나 만약 나이거나, 만약 무아라고 관찰하지 않아야 하고, 상응하여 수·상·행·식이 만약 항상하거나 만약 무상하거나 만약 즐겁거나 만약 괴롭거나 만약 나이거나, 만약 무아라고 관찰하지 않아야 합니다.

왜 그러한가? 선남자들이여. 색은 색의 자성(自性)이 공(空)하고, 나아가 일체상지는 일체상지의 자성이 공하며, 이 색의 자성은 곧 자성이 아니고, 나아가 일체상지의 자성은 곧 자성이 아니니라. 만약 자성이 아닌 이것이 곧 반야, 나아가 보시바라밀다라면 이 반야, 나아가 보시바라밀다에서 색을 얻을 수 없고, 그것의 항상함과 무상함·즐거움과 괴로움·나와 무아도 얻을 수 없으며, 나아가 일체상지를 얻을 수 없고, 그것의 항상함과 무상함·즐거움과 괴로움·나와 무아도 얻을 수 없느니라. 그 까닭은 무엇인가? 이 가운데에서는 오히려 색 등도 얻을 수 없는데, 하물며 그것의 항상함과 무상함·즐거움과 괴로움·나와 무아를 얻을 수 있겠는가? 선남자들이여. 그대가 이와 같이 반야, 나아가 보시바라밀다를 능히 수행한다면, 이것이 반야, 나아가 보시바라밀다를 수행하는 것입니다.'

교시가여. 이 선남자와 선여인들이 이것 등으로 설하여 지었다면, 이것이 이를테면, 진정한 반야, 나아가 보시바라밀다를 설하는 것이니라.

다시 다음으로 교시가여. 만약 여러 선남자와 선여인 등이 무상보리의 마음을 일으키는 자를 위하여 반야, 나아가 보시바라밀다를 널리 말하면서 '오십시오. 선남자들이여. 내가 마땅히 그대들에게 반야, 나아가 보시바라밀다를 수학하게 교계하겠나니, 그대들이 수학하는 때에 제법에 조금이라도 안주할 수 있거나, 초월할 수 있거나, 들어갈 수 있거나, 얻을 수 있거나, 증득할 수 있거나, 들을 수 있는 것 등과 공덕과 더불어 따라서 환희하고 회향할 보리를 획득할 수 있다고 관찰하지 말아야 합니다.

왜 그러한가? 선남자들이여. 이 반야, 나아가 보시바라밀다는 반드시 결국에는 적은 법이라도 안주할 수 있거나, 초월할 수 있거나, 들어갈 수 있거나, 얻을 수 있거나, 증득할 수 있거나, 들을 수 있는 것 등과 공덕과 더불어 따라서 환희하고 회향할 보리를 획득할 수 없습니다. 그 까닭은 무엇인가? 일체법의 자성은 모두가 공한 까닭이고, 만약 자성이 공하면 곧 무소유이고, 만약 무소유라면 곧 이것이 반야, 나아가 보시바라밀다입니다. 이 반야, 나아가 보시바라밀다에는 결국 적은 법이라도 들어가는 것이 없고 나오는 것도 없으며, 생겨남이 없고 소멸함도 없으며 단절도 없고 항상함도 없으며 한 가지가 없고 다른 것도 없으며 오는 것도 없고 가는 것도 없는 것입니다.'

교시가여. 이 선남자와 선여인 등이 이것 등을 설하여 지었다면, 최상의 흑업(黑品)과 일체의 상(相)을 벗어났으므로, 이것이 진정한 반야·정계·정진·안인·정려·보시바라밀다를 설하는 것이니라.

이러한 까닭으로 교시가여. 여러 선남자와 선여인 등은 상응하여 반야바라밀다에서 얻을 수 없는 것으로써 방편을 삼아서 지극한 마음으로 듣고서 수지하고 독송하며 정근하면서 수행하고 이치에 맞게 사유하며, 마땅히 여러 종류의 교묘한 문장과 의취로써 다른 사람을 위하여 널리 열어서 보여주고 연설하며 드러내고 명료하게 해석하며 의취를 분별하여 그들이 쉽게 이해하게 해야 하느니라.

교시가여. 오히려 이러한 인연을 까닭으로 '만약 여러 선남자와 선여인 등이 이 반야바라밀다에서 얻을 수 없는 것으로써 방편을 삼아서 지극한 마음으로 듣고서 수지하고 독송하며 정근하면서 수행하고 이치에 맞게 사유하며, 마땅히 여러 종류의 교묘한 문구와 의취로써 다른 사람을 위하여 잠깐이라도 널리 열어서 보여주고 연설하며 드러내고 명료하게 해석하며 의취를 분별하여 그들이 쉽게 이해하게 하였다면 얻는 복취는 앞의 것보다 매우 많다.'라고 이렇게 설하느니라."

"다시 다음으로 교시가여. 만약 여러 선남자와 선여인 등이 남섬부주의 제유정의 부류들을 교화하여 모두를 예류과에 안주하게 하였다면 그대의 뜻은 어떠한가? 이 선남자와 선여인 등이 오히려 이러한 인연으로 얻는 복취는 많겠는가?"

천제석이 아뢰어 말하였다.

"매우 많습니다. 세존이시여. 매우 많습니다. 선서시여."

세존께서 말씀하셨다.

"교시가여. 만약 여러 선남자와 선여인 등이 이 반야바라밀다에서 무량문으로써 교묘한 문구와 의취로써 다른 사람을 위하여 널리 설하거나, 널리 보여주고 열어서 연설하거나, 드러내어 명료하게 해석하거나 의취를 분별하여 그에게 쉽게 이해시키거나, 다시 '오십시오. 선남자들이여. 그대들은 마땅히 이 매우 깊은 반야바라밀다에서 지극한 마음으로 듣고서 수지하고 독송하며 예리하게 잘 통달하고 이치에 맞게 사유하며, 이 법문(法門)을 따라서 상응하게 정근하면서 수학하십시오.'라고 이렇게 말을 지었다면, 이 선남자와 선여인 등이 얻는 공덕은 앞의 것보다 매우 많으니라. 왜 그러한가? 교시가여. 일체의 예류와 예류과는 모두 이 반야바라밀다에서 유출(流出)되는 까닭이니라.

다시 다음으로 교시가여. 만약 여러 선남자와 선여인 등이 남섬부주의 유정들은 제쳐두고 만약 여러 선남자와 선여인 등이 4대주의 일체의 유정이거나, 만약 소천세계의 일체의 유정이거나, 만약 중천세계의 일체의 유정이거나, 만약 삼천대천세계의 일체의 유정이거나, 만약 시방으로 각각 긍가사와 같은 세계의 일체의 유정이거나, 만약 시방의 무변한 세계의 일체의 유정들을 교화하여 모두를 예류과에 안주하게 하였다면 그대의 뜻은 어떠한가? 이 선남자와 선여인 등이 오히려 이러한 인연으로 얻는 복취는 많겠는가?"

천제석이 아뢰어 말하였다.

"매우 많습니다. 세존이시여. 매우 많습니다. 선서시여."

세존께서 말씀하셨다.

"교시가여. 만약 여러 선남자와 선여인 등이 이 반야바라밀다에서 무량문으로써 교묘한 문구와 의취로써 다른 사람을 위하여 널리 설하거나, 널리 보여주고 열어서 연설하거나, 드러내어 명료하게 해석하거나 의취를 분별하여 그에게 쉽게 이해시키거나, 다시 '오십시오. 선남자들이여. 그대들은 마땅히 이 매우 깊은 반야바라밀다에서 지극한 마음으로 듣고서 수지하고 독송하며 예리하게 잘 통달하고 이치에 맞게 사유하며, 이 법문을 따라서 상응하게 정근하면서 수학하십시오.'라고 이렇게 말을 지었다면, 이 선남자와 선여인 등이 얻는 공덕은 앞의 것보다 매우 많으니라. 왜 그러한가? 교시가여. 일체의 예류와 예류과는 모두 이 반야바라밀다에서 유출되는 까닭이니라.

다시 다음으로 교시가여. 만약 여러 선남자와 선여인 등이 남섬부주의 제유정의 부류들을 교화하여 모두를 일래·불환·아라한과에 안주하게 하였다면 그대의 뜻은 어떠한가? 이 선남자와 선여인 등이 오히려 이러한 인연으로 얻는 복취는 많겠는가?"

천제석이 아뢰어 말하였다.

"매우 많습니다. 세존이시여. 매우 많습니다. 선서시여."

세존께서 말씀하셨다.

"교시가여. 만약 여러 선남자와 선여인 등이 이 반야바라밀다에서 무량문으로써 교묘한 문구와 의취로써 다른 사람을 위하여 널리 설하거나, 널리 보여주고 열어서 연설하거나, 드러내어 명료하게 해석하거나 의취를 분별하여 그에게 쉽게 이해시키거나, 다시 '오십시오. 선남자들이여. 그대들은 마땅히 이 매우 깊은 반야바라밀다에서 지극한 마음으로 듣고서 수지하고 독송하며 예리하게 잘 통달하고 이치에 맞게 사유하며, 이 법문을 따라서 상응하게 정근하면서 수학하십시오.'라고 이렇게 말을 지었다면, 이 선남자와 선여인 등이 얻는 공덕은 앞의 것보다 매우 많으니라. 왜 그러한가? 교시가여. 일체의 일래와 일래과, 나아가 아라한과 아라한과는 모두 이 반야바라밀다에서 유출(流出)되는 까닭이니라.

다시 다음으로 교시가여. 만약 여러 선남자와 선여인 등이 남섬부주의 유정들은 제쳐두고 만약 여러 선남자와 선여인 등이 4대주의 일체의 유정이거나, 만약 소천세계의 일체의 유정이거나, 만약 중천세계의 일체의 유정이거나, 만약 삼천대천세계의 일체의 유정이거나, 만약 시방으로 각각 긍가사와 같은 세계의 일체의 유정이거나, 만약 시방의 무변한 세계의 일체의 유정들을 교화하여 모두를 일래·불환·아라한과에 안주하게 하였다면 그대의 뜻은 어떠한가? 이 선남자와 선여인 등이 오히려 이러한 인연으로 얻는 복취는 많겠는가?"

천제석이 아뢰어 말하였다.

"매우 많습니다. 세존이시여. 매우 많습니다. 선서시여."

세존께서 말씀하셨다.

"교시가여. 만약 여러 선남자와 선여인 등이 이 반야바라밀다에서 무량문으로써 교묘한 문구와 의취로써 다른 사람을 위하여 널리 설하거나, 널리 보여주고 열어서 연설하거나, 드러내어 명료하게 해석하거나 의취를 분별하여 그에게 쉽게 이해시키거나, 다시 '오십시오. 선남자들이여. 그대들은 마땅히 이 매우 깊은 반야바라밀다에서 지극한 마음으로 듣고서 수지하고 독송하며 예리하게 잘 통달하고 이치에 맞게 사유하며, 이 법문을 따라서 상응하게 정근하면서 수학하십시오.'라고 이렇게 말을 지었다면, 이 선남자와 선여인 등이 얻는 공덕은 앞의 것보다 매우 많으니라. 왜 그러한가? 교시가여. 일체의 일래와 일래과, 나아가 아라한과 아라한과는 모두 이 반야바라밀다에서 유출되는 까닭이니라.

다시 다음으로 교시가여. 만약 여러 선남자와 선여인 등이 남섬부주의 제유정의 부류들을 교화하여 모두를 독각의 보리에 안주하게 하였다면 그대의 뜻은 어떠한가? 이 선남자와 선여인 등이 오히려 이러한 인연으로 얻는 복취는 많겠는가?"

천제석이 아뢰어 말하였다.

"매우 많습니다. 세존이시여. 매우 많습니다. 선서시여."

세존께서 말씀하셨다.

"교시가여. 만약 여러 선남자와 선여인 등이 이 반야바라밀다에서 무량문으로써 교묘한 문구와 의취로써 다른 사람을 위하여 널리 설하거나, 널리 보여주고 열어서 연설하거나, 드러내어 명료하게 해석하거나 의취를 분별하여 그에게 쉽게 이해시키거나, 다시 '오십시오. 선남자들이여.

그대들은 마땅히 이 매우 깊은 반야바라밀다에서 지극한 마음으로 듣고서 수지하고 독송하며 예리하게 잘 통달하고 이치에 맞게 사유하며, 이 법문을 따라서 상응하게 정근하면서 수학하십시오.'라고 이렇게 말을 지었다면, 이 선남자와 선여인 등이 얻는 공덕은 앞의 것보다 매우 많으니라. 왜 그러한가? 교시가여. 일체의 독각과 독각의 보리는 모두 이 반야바라밀다에서 유출되는 까닭이니라.

다시 다음으로 교시가여. 만약 여러 선남자와 선여인 등이 남섬부주의 유정들은 제쳐두고 만약 여러 선남자와 선여인 등이 4대주의 일체의 유정이거나, 만약 소천세계의 일체의 유정이거나, 만약 중천세계의 일체의 유정이거나, 만약 삼천대천세계의 일체의 유정이거나, 만약 시방으로 각각 긍가사와 같은 세계의 일체의 유정이거나, 만약 시방의 무변한 세계의 일체의 유정들을 교화하여 모두를 독각의 보리에 안주하게 하였다면 그대의 뜻은 어떠한가? 이 선남자와 선여인 등이 오히려 이러한 인연으로 얻는 복취는 많겠는가?"

천제석이 아뢰어 말하였다.

"매우 많습니다. 세존이시여. 매우 많습니다. 선서시여."

세존께서 말씀하셨다.

"교시가여. 만약 여러 선남자와 선여인 등이 이 반야바라밀다에서 무량문으로써 교묘한 문구와 의취로써 다른 사람을 위하여 널리 설하거나, 널리 보여주고 열어서 연설하거나, 드러내어 명료하게 해석하거나 의취를 분별하여 그에게 쉽게 이해시키거나, 다시 '오십시오. 선남자들이여. 그대들은 마땅히 이 매우 깊은 반야바라밀다에서 지극한 마음으로 듣고서 수지하고 독송하며 예리하게 잘 통달하고 이치에 맞게 사유하며, 이 법문을 따라서 상응하게 정근하면서 수학하십시오.'라고 이렇게 말을 지었다면, 이 선남자와 선여인 등이 얻는 공덕은 앞의 것보다 매우 많으니라. 왜 그러한가? 교시가여. 일체의 독각과 독각의 보리는 모두 이 반야바라밀다에서 유출되는 까닭이니라."

마하반야바라밀다경 제432권

36. 경문품(經文品)(2)

 "다시 다음으로 교시가여. 만약 여러 선남자와 선여인 등이 남섬부주에 제유정의 부류들을 교화하여 모두에게 무상정등각(無上正等覺)의 마음을 일으켰다면 그대의 뜻은 어떠한가? 이 선남자와 선여인 등이 오히려 이러한 인연으로 얻는 복취는 많겠는가?"
 천제석이 아뢰어 말하였다.
 "매우 많습니다. 세존이시여. 매우 많습니다. 선서시여."
 세존께서 말씀하셨다.
 "교시가여. 만약 선남자와 선여인 등이 이 반야바라밀다에서 무량문으로써 교묘한 문구와 의취로써 다른 사람을 위하여 널리 설하거나, 널리 보여주고 열어서 연설하거나, 드러내어 명료하게 해석하거나 의취를 분별하여 그에게 쉽게 이해시키거나, 다시 '오십시오. 선남자들이여. 그대들은 마땅히 이 매우 깊은 반야바라밀다에서 지극한 마음으로 듣고서 수지하고 독송하며 예리하게 잘 통달하고 이치에 맞게 사유하며, 이 법문을 따라서 상응하게 정근하면서 수학하십시오.'라고 이렇게 말을 지었다면, 이 선남자와 선여인 등이 얻는 공덕은 앞의 것보다 매우 많으니라. 왜 그러한가? 교시가여. 일체의 처음으로 무상정등각의 마음을 일으켰던 보살마하살, 나아가 10지에 안주하는 보살마하살들은 모두 이 반야바라밀다에서 유출되는 까닭이니라.
 다시 다음으로 교시가여. 만약 여러 선남자와 선여인 등이 남섬부주의 유정들은 제쳐두고 만약 여러 선남자와 선여인 등이 4대주의 일체의 유정이거나, 만약 소천세계의 일체의 유정이거나, 만약 중천세계의 일체의 유정이거나, 만약 삼천대천세계의 일체의 유정이거나, 만약 시방으로 각각 긍가사와 같은 세계의 일체의 유정이거나, 만약 시방의 무변한 세계의 일체의 유정들을 교화하여 모두를 무상정등각의 마음을 일으켰다면 그대의 뜻은 어떠한가? 이 선남자와 선여인 등이 오히려 이러한 인연으로 얻는 복취는 많겠는가?"

천제석이 아뢰어 말하였다.

"매우 많습니다. 세존이시여. 매우 많습니다. 선서시여."

세존께서 말씀하셨다.

"교시가여. 만약 여러 선남자와 선여인 등이 이 반야바라밀다에서 무량문으로써 교묘한 문구와 의취로써 다른 사람을 위하여 널리 설하거나, 널리 보여주고 열어서 연설하거나, 드러내어 명료하게 해석하거나 의취를 분별하여 그에게 쉽게 이해시키거나, 다시 '오십시오. 선남자들이여. 그대들은 마땅히 이 매우 깊은 반야바라밀다에서 지극한 마음으로 듣고서 수지하고 독송하며 예리하게 잘 통달하고 이치에 맞게 사유하며, 이 법문을 따라서 상응하게 정근하면서 수학하십시오.'라고 이렇게 말을 지었다면, 이 선남자와 선여인 등이 얻는 공덕은 앞의 것보다 매우 많으니라. 왜 그러한가? 교시가여. 일체의 처음으로 무상정등각의 마음을 일으켰던 보살마하살, 나아가 10지에 안주하는 보살마하살들은 모두 이 반야바라밀다에서 유출되는 까닭이니라."

"다시 다음으로 교시가여. 만약 여러 선남자와 선여인 등이 남섬부주의 제유정의 부류들을 교화하여 모두에게 보살의 불퇴전지(不退轉地)에 머무르게 하였다면 그대의 뜻은 어떠한가? 이 선남자와 선여인 등이 오히려 이러한 인연으로 얻는 복취는 많겠는가?"

천제석이 아뢰어 말하였다.

"매우 많습니다. 세존이시여. 매우 많습니다. 선서시여."

세존께서 말씀하셨다.

"교시가여. 만약 여러 선남자와 선여인 등이 이 반야바라밀다에서 무량문으로써 교묘한 문구와 의취로써 다른 사람을 위하여 널리 설하거나, 널리 보여주고 열어서 연설하거나, 드러내어 명료하게 해석하거나 의취를 분별하여 그에게 쉽게 이해시키거나, 다시 '오십시오. 선남자들이여. 그대들은 마땅히 이 매우 깊은 반야바라밀다에서 지극한 마음으로 듣고서 수지하고 독송하며 예리하게 잘 통달하고 이치에 맞게 사유하며, 이 법문을 따라서 상응하게 정근하면서 수학하십시오.'라고 이렇게 말을 지었다면, 이 선남자와 선여인 등이 얻는 공덕은 앞의 것보다 매우 많으니라. 왜 그러한가? 교시가여. 일체의 불퇴전지의 보살마하살, 나아가 무상정등보리(無上正等菩提)는 모두 이 반야바라밀다에서 유출되는 까닭이니라.

다시 다음으로 교시가여. 만약 여러 선남자와 선여인 등이 남섬부주의 유정들은 제쳐두고 만약 여러 선남자와 선여인 등이 4대주의 일체의 유정이거나, 만약 소천세계의 일체의 유정이거나, 만약 중천세계의 일체의 유정이거나, 만약 삼천대천세계의 일체의 유정이거나, 만약 시방으로 각각 긍가사와 같은 세계의 일체의 유정이거나, 만약 시방의 무변한 세계의 일체의 유정들을 교화하여 보살의 불퇴전지에 머무르게 하였다면 그대의 뜻은 어떠한가? 이 선남자와 선여인 등이 오히려 이러한 인연으로 얻는 복취는 많겠는가?"

천제석이 아뢰어 말하였다.

"매우 많습니다. 세존이시여. 매우 많습니다. 선서시여."

세존께서 말씀하셨다.

"교시가여. 만약 여러 선남자와 선여인 등이 이 반야바라밀다에서 무량문으로써 교묘한 문구와 의취로써 다른 사람을 위하여 널리 설하거나, 널리 보여주고 열어서 연설하거나, 드러내어 명료하게 해석하거나 의취를 분별하여 그에게 쉽게 이해시키거나, 다시 '오십시오. 선남자들이여. 그대들은 마땅히 이 매우 깊은 반야바라밀다에서 지극한 마음으로 듣고서 수지하고 독송하며 예리하게 잘 통달하고 이치에 맞게 사유하며, 이 법문을 따라서 상응하게 정근하면서 수학하십시오.'라고 이렇게 말을 지었다면, 이 선남자와 선여인 등이 얻는 공덕은 앞의 것보다 매우 많으니라. 왜 그러한가? 교시가여. 일체의 불퇴전지의 보살마하살, 나아가 무상정등보리는 모두 이 반야바라밀다에서 유출되는 까닭이니라."

"다시 다음으로 교시가여. 만약 남섬부주의 제유정의 부류들이 모두 무상정등보리에 나아갈지라도 여러 선남자와 선여인 등이 있어서 이 반야바라밀다에서 무량문으로써 교묘한 문구와 의취로써 다른 사람을 위하여 널리 설하거나, 널리 보여주고 열어서 연설하거나, 드러내어 명료하게 해석하거나 의취를 분별하여 그에게 쉽게 이해시키거나, 다시 '오십시오. 선남자들이여. 그대들은 마땅히 이 매우 깊은 반야바라밀다에서 지극한 마음으로 듣고서 수지하고 독송하며 예리하게 잘 통달하고 이치에 맞게 사유하며, 이 반야바라밀다에서 설하였던 것의 법문을 따라서 상응하여 바르게 신해(信解)해야 합니다. 만약 바르게 신해한다면 능히 이와 같은 반야바라밀다를 수학하는 것이고, 만약 능히 이와 같은 반야바라밀다를 수학한다면 곧 능히 일체지의 법을 증득할 것이며, 만약 능히 일체지의 법을 증득한다면 곧 반야바라밀다를 수학하여 원만함이 많이 증익할 것이고, 만약 반야바라밀다를 수학하여 원만함이 많이 증익한다면 곧 무상정등보리를 증득할 것입니다.'라고 이렇게 말을 지었다면, 이 선남자와 선여인 등이 얻는 공덕은 앞의 것보다 매우 많으니라.

다시 다음으로 교시가여. 만약 여러 선남자와 선여인 등이 남섬부주의 유정들은 제쳐두고 만약 선남자와 선여인 등이 4대주의 일체의 유정이거나, 만약 소천세계의 일체의 유정이거나, 만약 중천세계의 일체의 유정이거나, 만약 삼천대천세계의 일체의 유정이거나, 만약 시방으로 각각 긍가사와 같은 세계의 일체의 유정이거나, 만약 시방의 무변한 세계의 일체의 유정들이 모두 무상정등보리에 나아갈지라도 여러 선남자와 선여인 등이 있어서 이 반야바라밀다에서 무량문으로써 교묘한 문구와 의취로써 다른 사람을 위하여 널리 설하거나, 널리 보여주고 열어서 연설하거나, 드러내어 명료하게 해석하거나 의취를 분별하여 그에게 쉽게 이해시키거나, 다시 '오십시오. 선남자들이여. 그대들은 마땅히 이 매우 깊은 반야바라밀다에서 지극한 마음으로 듣고서 수지하고 독송하며 예리하게 잘 통달하고 이치에 맞게 사유하며, 이 반야바라밀다에서 설하였던 것의 법문을 따라서 상응하여 바르게 신해해야 합니다. 만약 바르게 신해한다면 능히 이와 같은 반야바라밀다를 수학하는 것이고, 만약 능히 이와 같은 반야바라밀다를 수학한다면 곧 능히 일체지의 법을 증득할 것이며, 만약 능히 일체지의 법을 증득한다면 곧 반야바라밀다를 수학하여 원만함이 많이 증익할 것이고, 만약 반야바라밀다를 수학하여 원만함이 많이 증익한다면 곧 무상정등보리를 증득할 것입니다.'라고 이렇게 말을 지었다면, 이 선남자와 선여인 등이 얻는 공덕은 앞의 것보다 매우 많으니라."

"다시 다음으로 교시가여. 만약 남섬부주의 제유정의 부류들이 모두 무상정등보리에서 불퇴전을 얻었을지라도 여러 선남자와 선여인 등이 있어서 이 반야바라밀다에서 무량문으로써 교묘한 문구와 의취로써 다른 사람을 위하여 널리 설하거나, 널리 보여주고 열어서 연설하거나, 드러내어 명료하게 해석하거나 의취를 분별하여 그에게 쉽게 이해시키거나, 다시 '오십시오. 선남자들이여. 그대들은 마땅히 이 매우 깊은 반야바라밀다에서 지극한 마음으로 듣고서 수지하고 독송하며 예리하게 잘 통달하고 이치에 맞게 사유하며, 이 반야바라밀다에서 설하였던 것의 법문을 따라서 상응하여 바르게 신해해야 합니다. 만약 바르게 신해한다면 능히 이와 같은 반야바라밀다를 수학하는 것이고, 만약 능히 이와 같은 반야바라밀다를 수학한다면 곧 능히 일체지의 법을 증득할 것이며, 만약 능히 일체지의 법을 증득한다면 곧 반야바라밀다를 수학하여 원만함이 많이 증익될 것이고, 만약 반야바라밀다를 수학하여 원만함이 많이 증익된다면 곧 무상정등보리를 증득할 것입니다.'라고 이렇게 말을 지었다면, 이 선남자와 선여인 등이 얻는 공덕은 앞의 것보다 매우 많으니라.

다시 다음으로 교시가여. 만약 여러 선남자와 선여인 등이 남섬부주의 유정들은 제쳐두고 만약 여러 선남자와 선여인 등이 4대주의 일체의 유정이거나, 만약 소천세계의 일체의 유정이거나, 만약 중천세계의 일체의 유정이거나, 만약 삼천대천세계의 일체의 유정이거나, 만약 시방으로 각각 긍가사와 같은 세계의 일체의 유정이거나, 만약 시방의 무변한 세계의 일체의 유정들이 모두 무상정등보리에서 불퇴전을 얻었을지라도 여러 선남자와 선여인 등이 있어서 이 반야바라밀다에서 무량문으로써 교묘한 문구와 의취로써 다른 사람을 위하여 널리 설하거나, 널리 보여주고 열어서 연설하거나, 드러내어 명료하게 해석하거나 의취를 분별하여 그에게 쉽게 이해시키거나, 다시 '오십시오. 선남자들이여. 그대들은 마땅히 이 매우 깊은 반야바라밀다에서 지극한 마음으로 듣고서 수지하고 독송하며 예리하게 잘 통달하고 이치에 맞게 사유하며, 이 반야바라밀다에서 설하였던 것의 법문을 따라서 상응하여 바르게 신해해야 합니다.

만약 바르게 신해한다면 능히 이와 같은 반야바라밀다를 수학하는 것이고, 만약 능히 이와 같은 반야바라밀다를 수학한다면 곧 능히 일체지의 법을 증득할 것이며, 만약 능히 일체지의 법을 증득한다면 곧 반야바라밀다를 수학하여 원만함이 많이 증익할 것이고, 만약 반야바라밀다를 수학하여 원만함이 많이 증익한다면 곧 무상정등보리를 증득할 것입니다.'라고 이렇게 말을 지었다면, 이 선남자와 선여인 등이 얻는 공덕은 앞의 것보다 매우 많으니라."

"다시 다음으로 교시가여. 만약 여러 선남자와 선여인 등이 남섬부주의 제유정의 부류들을 교화하여 모두 무상정등보리에서 불퇴전을 얻게 하였고, 다시 반야바라밀다에서 무량문으로써 교묘한 문구와 의취로써 다른 사람을 위하여 널리 설하거나, 널리 보여주고 열어서 연설하거나, 드러내어 명료하게 해석하거나 의취를 분별하여 그에게 쉽게 이해시켰을지라도, 여러 선남자와 선여인 등이 있어서 한 유정을 교계하여 무상정등보리에서 불퇴전을 얻게 하였고 다시 반야바라밀다에서 무량문으로써 교묘한 문구와 의취로써 다른 사람을 위하여 널리 설하거나, 널리 보여주고 열어서 연설하거나, 드러내어 명료하게 해석하거나 의취를 분별하여 그에게 쉽게 이해시켰다면, 교시가여. 이 선남자와 선여인 등이 얻는 공덕은 앞의 것보다 매우 많으니라.

다시 다음으로 교시가여. 만약 여러 선남자와 선여인 등이 남섬부주의 유정들은 제쳐두고 만약 여러 선남자와 선여인 등이 4대주의 일체의 유정이거나, 만약 소천세계의 일체의 유정이거나, 만약 중천세계의 일체의 유정이거나, 만약 삼천대천세계의 일체의 유정이거나, 만약 시방으로 각각 긍가사와 같은 세계의 일체의 유정이거나, 만약 시방의 무변한 세계의 일체의 유정들을 교화하여 모두 무상정등보리에 나아가게 하였고, 다시 반야바라밀다에서 무량문으로써 교묘한 문구와 의취로 다른 사람을 위하여 널리 설하거나, 널리 보여주고 열어서 연설하거나, 드러내어 명료하게 해석하거나 의취를 분별하여 그에게 쉽게 이해시켰을지라도, 여러 선남자와 선여인 등이 있어서 한 유정을 교계하여 무상정등보리에서 불퇴전을 얻게 하였고 다시 반야바라밀다에서 무량문으로써 교묘한 문구와 의취로써 다른 사람을 위하여 널리 설하거나, 널리 보여주고 열어서 연설하거나, 드러내어 명료하게 해석하거나 의취를 분별하여 그에게 쉽게 이해시켰다면, 교시가여. 이 선남자와 선여인 등이 얻는 공덕은 앞의 것보다 매우 많으니라."

"다시 다음으로 교시가여. 만약 여러 선남자와 선여인 등이 남섬부주의 제유정의 부류들을 교화하여 모두 무상정등보리에서 불퇴전을 얻게 하였고, 다시 반야바라밀다에서 무량문으로써 교묘한 문구와 의취로써 다른 사람을 위하여 널리 설하거나, 널리 보여주고 열어서 연설하거나, 드러내어 명료하게 해석하거나 의취를 분별하여 그에게 쉽게 이해시켰을지라도, 만약 한 유정이 '나는 지금 빠르게 무상정등보리를 증득하고서 유정들의 여러 악취(惡趣)의 고통을 발제(拔濟)하기를 기뻐하고 즐거워한다.'라고 이와 같이 말을 지었으며, 여러 선남자와 선여인 등이 있었고 그 일을 성취하기 위하여 무량문으로써 교묘한 문구와 의취로써 다른 사람을 위하여 널리 설하거나, 널리 보여주고 열어서 연설하거나, 드러내어 명료하게 해석하거나 의취를 분별하여 그에게 쉽게 이해시켰다면, 교시가여. 이 선남자와 선여인 등이 얻는 공덕은 앞의 것보다 매우 많으니라.

다시 다음으로 교시가여. 만약 여러 선남자와 선여인 등이 남섬부주의 유정들은 제쳐두고 만약 여러 선남자와 선여인 등이 4대주의 일체의 유정이거나, 만약 소천세계의 일체의 유정이거나, 만약 중천세계의 일체의 유정이거나, 만약 삼천대천세계의 일체의 유정이거나, 만약 시방으로 각각 긍가사와 같은 세계의 일체의 유정이거나, 만약 시방의 무변한 세계의 일체의 유정들을 교화하여 모두 무상정등보리에서 불퇴전을 얻게 하였고, 다시 반야바라밀다에서 무량문으로써 교묘한 문구와 의취로써 다른 사람을 위하여 널리 설하거나, 널리 보여주고 열어서 연설하거나, 드러내어 명료하게 해석하거나 의취를 분별하여 그에게 쉽게 이해시켰을 지라도, 만약 한 유정이 '나는 지금 빠르게 무상정등보리를 증득하고서 유정들의 여러 악취의 고통을 발제하기를 기뻐하고 즐거워한다.'라고 이와 같이 말을 지었으며, 여러 선남자와 선여인 등이 있었고 그 일을 성취하기 위하여 무량문으로써 교묘한 문구와 의취로써 다른 사람을 위하여 널리 설하거나, 널리 보여주고 열어서 연설하거나, 드러내어 명료하게 해석하거나 의취를 분별하여 그에게 쉽게 이해시켰다면, 교시가여. 이 선남자와 선여인 등이 얻는 공덕은 앞의 것보다 매우 많으니라.

왜 그러한가? 교시가여. 불퇴전지에 안주하는 보살마하살은 설하신 법을 깊이 의지하지 않는 까닭이고, 대보리(大菩提)에서 결정적으로 향하여 나아가는 까닭이며, 반드시 무상정등보리에서 불퇴전인 까닭이고, 대보리를 빠르게 증득하고서 기뻐하고 즐거워하는 자는 반드시 설하신 법을 많이 의지하는 까닭이며, 무상각(無上覺)에서 구하면서 빠르게 증득하는 까닭이고, 생사에 고통받는 일체의 유정을 관찰하고서 대비(大悲)의 마음을 운용하여 극심한 고통을 단절시키는 까닭이니라."

그때 천제석이 세존께 아뢰어 말하였다.

"세존이시여. 이와 같은 보살마하살은 전전하면서 무상정등보리에 가까워지므로, 이와 같고 이와 같다면 상응하여 보시바라밀다, 나아가 반야바라밀다로써 교계(教誡)하고 교수(教授)해야 하고, 상응하여 내공(內空), 나아가 무성자성공(無性自性空)으로써 교계하고 교수해야 하며, 상응하여 4념주(四念住), 나아가 8성도지(八聖道支)로써 교계하고 교수해야 하고, 이와 같이 나아가, 여래(佛)의 10력(十力), 나아가 18불불공법(十八佛不共法)으로써 교계하고 교수해야 하며, 상응하여 상묘한 의복·음식·와구·의약품 등의 그들이 필요한 것인 여러 종류의 자구(資具)로써 공양하고 섭수해야 합니다.

세존이시여. 만약 여러 선남자와 선여인 등이 능히 이와 같은 법시(法施)와 재시(財施)로써 그 보살마하살을 교계하고 교수하며 공양하고 섭수한다면 이 선남자와 선여인 등이 얻는 공덕은 앞의 것보다 매우 많습니다. 왜 그러한가? 세존이시여. 그 보살마하살은 오히려 이와 같은 법시와 재시로써 교계하고 교수하며 공양하고 섭수하므로 빠르게 무상정등보리를 증득합니다."

그때 구수(具壽) 선현(善現)이 천제석에게 말하였다.
"옳습니다. 옳습니다. 교시가여. 그대는 능히 그 보살마하살을 권유하고 격려하였으며, 다시 능히 보살마하살을 섭수하였고, 역시 보살마하살을 가호(加護)하고 도왔으므로, 그대는 지금 세존의 성스러운 제자들이 상응하여 지어야 할 일이라는 것을 이미 지었습니다. 왜 그러한가? 교시가여. 일체 여래의 여러 성스러운 제자들은 여러 유정들의 이익과 안락을 위하여 방편으로 그 보살마하살들을 권유하고 격려하여 빠르게 무상정등보리를 증득하게 하였고, 법시와 재시로써 그 보살마하살들을 교계하고 교수하며 공양하고 섭수하며 가호하고 도우면서 빠르게 무상정등보리를 증득하게 하였습니다. 그 까닭은 무엇인가? 일체의 여래·성문·독각 등의 세간의 수승한 일은 오히려 그 보살마하살을 까닭으로 출현하게 됩니다.

왜 그러한가? 교시가여. 만약 보살마하살이 무상정등보리의 마음을 일으킨 것이 없다면, 곧 보살마하살이 6바라밀다, 나아가 18불불공법을 능히 수학하지 못할 것이고, 만약 보살마하살이 6바라밀다, 나아가 18불불공법을 수학하지 못한다면, 곧 보살마하살이 무상정등보리를 증득하지 못할 것이며, 만약 보살마하살이 무상정등보리를 증득하지 못한다면 곧 여래·성문·독각 등의 세간의 수승한 일은 없습니다.

교시가여. 오히려 보살마하살이 무상정등보리의 마음을 일으키는 것이 있으므로 곧 보살마하살이 6바라밀다, 나아가 18불불공법을 수학하는 것이 있고, 오히려 보살마하살이 6바라밀다, 나아가 18불불공법을 수학하는 것이 있으므로 곧 보살마하살이 무상정등보리를 증득할 수 있으며, 오히려 보살마하살이 무상정등보리를 증득하는 것이 있으므로 미묘한 법륜을 굴리면서 지옥·방생·귀계를 단절하고, 역시 아소락(阿素洛)의 붕당(朋黨)을 손감(損減)시키고 천상과 인간들을 증장시키며, 곧 찰제리(刹帝利)의 대종족·바라문의 대종족·장자의 대종족·거사의 대종족이 세간에 출현하여 있고, 역시 4대왕중천(四大王衆天), 나아가 비상비비상처천(非想非非想處天)이 세간에 출현하여 있으며, 다시 보시바라밀다, 나아가 반야바라밀다와, 내공, 나아가 무성자성공과, 4념주, [자세한 설명은 생략한다.] 나아가 18불불공법이 세간에 출현하여 있고, 다시 성문승(聲聞乘)·독각승(獨覺乘)·정등각승(正等覺乘)이 세간에 출현하여 있습니다."

37. 수희회향품(隨喜廻向品)(1)

그때 자씨보살마하살(慈氏菩薩摩訶薩)이 구수 선현에게 알려 말하였다.
"대덕(大德)이여. 만약 보살마하살이 얻을 수 없는 것으로써 방편을 삼아서 제유정들이 소유한 공덕을 따라서 기뻐하면서 여러 복업사(福業事)를 함께 행하였고, 만약 보살마하살이 얻을 수 없는 것으로써 방편을 삼아서 이것을 지니고서 따라서 기뻐하면서 여러 복업사를 함께 행하면서 일체의 유정들과 함께 공유(共有)하면서 무상정등보리에 회향하였거나, 만약 나머지의 유정들이 따라서 기뻐하면서 여러 복업사를 함께 회향하였거나, 만약 여러 이생(異生)·성문·독각의 여러 복업사인 이를테면, 보시의 성품·계율의 성품·수행의 성품 등의 세 가지의 복업사이거나, 만약 4념주, [자세한 설명은 생략한다.] 나아가 8성도지이거나, 만약 3해탈문·8해탈·9차제정·4무애해·6신통 등의 여러 복업사 등을 이 보살마하살이 소유하고 따라서 기뻐하면서 회향한 공덕은 그 이생·성문·독각들의 여러 복업사보다 최고(最)가 되고 수승(勝)하게 되며, 존귀(尊)하게 되고 높(高)게 되며, 묘(妙)하게 되고 미묘(微妙)하게 되며, 위(上)가 되고 무상(無上)이 되며, 무등(無等)이고 무등등(無等等)입니다. 왜 그러한가? 대덕이여. 여러 이생으로써의 복업사는 다만 자재함과 안락을 위한 것이고, 성문과 독각을 닦는 복된 일은 다만 스스로의 조복을 위한 것이고 스스로의 적정을 위한 것이며 스스로의 열반을 위한 것이지만, 제보살마하살이 소유한 따라서 기뻐하면서 회향하는 공덕은 널리 일체의 유정들의 조복·적정·열반을 위한 까닭입니다."

그때 구수 선현이 자씨보살마하살에게 물어 말하였다.

"대사(大士)여. 이 보살마하살이 따라서 기뻐하면서 회향하는 마음은 널리 시방의 무수(無數)이고 무량(無量)하며 무변(無邊)한 세계에 하나·하나 세계의 무수이고 무량하며 무변한 제불께서 이미 열반하신 자이거나, 초발심부터 나아가 무상정등보리를 증득하셨고 이와 같이 전전(展轉)하면서 무여의열반계에 들어갔으며 뒤에 나아가 법이 소멸하기까지 그 중간에서 소유한 6바라밀다에 상응하는 선근(善根)을 널리 인연하였거나, 더불어 성문·독각·보살의 일체의 유정들과 만약 공유하였거나 공유하지 않는 무수이고 무량하며 무변한 불법에 상응하는 선근을 널리 인연하였거나, 만약 그 이생의 제자들이 소유한 보시의 성품·계율의 성품·수행의 성품 등의 세 가지의 복업사를 널리 인연하였거나, 만약 그 성문의 제자들이 소유한 유학(有學)과 무학(無學)의 무루(無漏)의 선근을 널리 인연하였거나, 만약 제여래·응공·정등각께서 성취하신 것인 계온(戒蘊)·정온(定蘊)·혜온(慧蘊)·해탈온(解脫蘊)·해탈지견온(解脫知見蘊)과 더불어 일체의 유정들을 이익과 안락을 위한 대자(大慈)·대비(大悲)·대희(大喜)·대사(大捨) 등의 무수이고 무량하며 무변한 불법과 더불어 그 제불께서 설하신 정법을 널리 인연하였거나, 만약 그 법에 의지하여 정근하면서 증득하는 예류과(預流果)와 일래(一來)·불환(不還)·아라한과(阿羅漢果)이거나, 독각의 보리(獨覺菩提)이거나, 보살이 증득하여 들어가는 정성이생(正性離生)을 널리 인연하였거나, 나머지의 보살마하살의 행을 널리 인연하였던 것입니다.

이와 같이 소유한 일체의 선근과 더불어 나머지의 유정들이 제여래·응공·정등각과 성문·보살 등과 여러 제자들이 만약 현재에 머무르는 세상이거나, 만약 열반한 뒤에 심었던 것의 선근이거나, 이러한 일체의 선근을 모두 합치고 집적하여 현전(現前)에서 이미 따라서 기뻐하였고, 다시 이와 같이 따라서 기뻐한 것으로써 함께 여러 복업사를 행하였으며, 일체의 유정들과 함께 공유하면서 무상정등보리에 회향하면서 '나는 이 선근으로써 일체의 유정들과 함께 공유하면서 무상정등보리에 회향하겠다.'라고 발원하였다면, 이와 같이 따라서 기뻐하면서 일으켰던 회향이라는 것은 나머지가 일으켰던 여러 복업사보다 최고가 되고 수승하게 되며, 존귀하게 되고 높게 되며, 묘하게 되고 미묘하게 되며, 위가 되고 무상이 되며, 무등이고 무등등입니다. 그대의 뜻은 어떠십니까? 자씨대사시여. 그 보살마하살이 이와 같은 일을 인연하여 따라서 기뻐하면서 회향하는 마음을 일으켰다면, 이와 같은 일의 인연이 있었더라도 그 보살마하살이 상(相)을 취하는 것입니까?"

그때 자씨보살마하살이 구수 선현에게 대답하여 말하였다.

"대덕이여. 그 보살마하살이 이와 같은 일을 인연하여 따라서 기뻐하면서 회향하는 마음을 일으켰다면, 진실로 이와 같은 일의 인연이 있었더라도 그 보살마하살이 상을 취하는 것이 없습니다."

그때 구수 선현이 자씨보살마하살에게 말하였다.

"대사여. 만약 이와 같은 일을 인연하여 취하는 상과 같은 것이 없다면, 그 보살마하살이 따라서 기뻐하면서 회향하는 마음은 취하는 상으로써 방편을 삼아서 널리 시방의 무수이고 무량하며 무변한 세계를 인연하여 하나 하나 세계의 무수이고 무량하며 무변한 제불께서 이미 열반하신 자이거나, 초발심부터 나아가 법이 소멸하기까지 그 중간에서 소유한 6바라밀다에 상응하는 선근을 널리 인연하여 모두 합치고 집적하여 현전에서 이미 따라서 기뻐하면서 무상정등보리에 회향하였다면, 이와 같이 따라서 기뻐하면서 회향을 일으켰던 것이 장차 전도(顚倒)가 아니겠습니까?

무상(無常)함에서 항상(常)함을 말하는 것과 같거나, 괴로움에서 즐거움을 말하는 것과 같거나, 무아(無我)에서 나(我)를 말하는 것과 같거나, 부정(不淨)에서 청정(淨)을 말하는 것과 같습니다. 이것은 생각(想)의 전도이고, 마음(心)의 전도이며, 견해(見)의 전도이니, 이것은 무상(無相)에서 그 상(相)을 취하는 것이고, 역시 상응하더라도 그와 같습니다.

대사여. 인연하는 일이라는 것이 진실로 무소유(無所有)와 같다면, 따라서 기뻐하면서 회향하는 마음도 역시 그와 같고, 여러 선근 등도 역시 그와 같으며, 무상보리도 역시 그와 같고, 보시·정계·안인·정진·정려·반야바라밀다도 역시 그와 같으며, [자세한 설명은 생략한다.] 나아가 18불불공법도 역시 그와 같습니다.

대사시여. 만약 인연하는 일이라는 것이 진실로 무소유(無所有)와 같다면, 따라서 기뻐하면서 회향하는 마음도 역시 그와 같고, 여러 선근 등도 역시 그와 같으며, 무상보리도 역시 그와 같고, 6바라밀다도 그와 같으며, [자세한 설명은 생략한다.] 나아가 18불불공법도 그와 같다면 무엇 등이 이러한 인연하는 것입니까? 무엇 등이 이러한 일입니까? 무엇 등이 이러한 따라서 기뻐하면서 회향하는 마음입니까? 무엇 등이 이러한 여러 선근 등입니까? 무엇 등이 이러한 무상보리입니까? 무엇 등이 이러한 여러 선근 등입니까? 무엇 등이 이러한 6바라밀다, 나아가 18불불공법이고, 그 보살마하살이 이와 같이 인연하는 일에서 따라서 기뻐하는 마음을 일으켜서 무상정등보리에 회향하는 것입니까?"

그때 자씨보살마하살이 구수 선현에게 대답하여 말하였다.

"대덕이여. 만약 보살마하살이 오랫동안 6바라밀다를 수학하였거나, 일찍이 무량한 제불께 공양하였거나, 과거에 선근을 심었고 오랫동안 대원(大願)을 일으켰거나, 여러 선한 벗들에게 섭수되었거나, 제법의 자상공(自相空)의 의취를 잘 수학하였다면, 이 보살마하살은 능히 인연하는 일이라는 것에서 따라서 기뻐하면서 회향하는 마음·여러 선근 등과 무상보리(無上菩提)와 제불·세존과 일체법에서 모두 상을 취하지 않고, 능히 따라서 기뻐하는 마음을 일으켜서 무상정등보리에 회향할 것입니다. 이와 같은 것에서 따라서 기뻐하면서 회향함을 일으킨다면, 둘이 아니고 둘이 아님도 아닌 것으로써 방편을 삼고, 유상(有相)이 아니고 무상(無相)도 아닌 것으로써 방편을 삼으며, 얻을 수 있는 것(有所得)이 아니고 얻을 수 없는 것(無所得)도 아닌 것으로써 방편을 삼고, 염오가 아니고 청정함도 아닌 것으로써 방편을 삼으며, 생겨남이 아니고 소멸함도 아닌 것으로써 방편을 삼고서 인연하는 일이라는 것에서, 나아가 무상정등보리에서 능히 상을 취하지 않고 상을 취하지 않는 까닭으로 전도되어 섭수되지 않습니다.

만약 오랫동안 6바라밀다를 수학하지 못하였거나, 일찍이 무량한 제불께 오랫동안 6바라밀다를 수학하였거나, 일찍이 무량한 제불께 공양하였거나, 과거에 선근을 심지 않았고 오랫동안 대원을 일으키지 않았거나, 여러 선한 벗들에게 섭수되지 않았거나, 제법의 자상공의 의취를 잘 수학하지 못하였다면, 이 보살마하살은 능히 인연하는 일이라는 것에서 따라서 기뻐하면서 회향하는 마음·여러 선근 등과 무상보리와 제불·세존과 일체법에서 오히려 그 상을 취하고, 능히 따라서 기뻐하는 마음을 일으켜서 무상정등보리에 회향할 것입니다. 이와 같은 것에서 따라서 기뻐하면서 회향함을 일으킨다면, 상을 취하는 까닭으로써 오히려 전도되어 섭수되는 것이니, 진실로 따라서 기뻐하면서 무상정등보리에 회향하는 것이 아닙니다.

다시 다음으로 대덕이여. 상응하여 그 새롭게 대승을 수학하는 여러 보살 등을 위하여 마주하고서 그의 앞에서 반야바라밀다, 나아가 보시바라밀다와, 내공, 나아가 무성자성공과, 4념주, [자세한 설명은 생략한다.] 나아가 18불불공법과, 더불어 일체 법의 자상공의 의취를 널리 설하지 않아야 합니다.

왜 그러한가? 대덕이여. 새롭게 수학하는 대승의 보살들은 이와 같은 법에서 비록 적은 부분의 믿음과 공경과 애락(愛樂)이 있더라도 그들은 듣고서 모두를 잊어버리며 놀라고 두려워하며 의혹(疑惑)하고 훼방(毁謗)이 생겨나는 까닭입니다. 만약 불퇴전의 제보살마하살이거나, 혹은 일찍이 제불께 공양하였던 자이거나, 과거에 선근을 심었거나, 오랫동안 대원을 일으켰거나, 여러 선한 벗에게 섭수되었던 자라면, 상응하게 마주하고서 그 앞에서 그를 위하여 일체의 반야바라밀다, 나아가 보시바라밀다와, 내공, 나아가 무성자성공과, 4념주, [자세한 설명은 생략한다.] 나아가 18불불공법과 일체법의 자상공의 의취를 널리 설해야 합니다.

왜 그러한가? 대덕이여. 불퇴전의 제보살마하살이거나, 혹은 일찍이 제불께 공양하였던 자이거나, 과거에 선근을 심었거나, 오랫동안 대원을 일으켰거나, 여러 선한 벗에게 섭수되었던 자 등이 만약 이러한 법을 듣는다면 모두가 능히 수지하고 결국에 잊어버리지 않으며, 역시 놀라고 두려워하지 않고 의혹하지 않으며 훼방하지 않습니다. 대덕이여. 제보살마하살은 상응하여 이와 같이 따라서 기뻐하면서 함께 행하는 여러 복업사로써 무상정등보리에 회향해야 합니다."

그때 구수 선현이 자씨보살마하살에게 말하였다.

"대사시여. 제보살마하살은 상응하여 이와 같이 따라서 기뻐하면서 함께 행하는 여러 복업사로써 무상정등보리에 회향해야 하는데 이를테면, 작용하는 마음이라는 것에서 따라서 기뻐하면서 회향해야 합니다. 이 작용하는 마음이 모두 소멸하여 벗어나고 변한다면 이러한 인연하는 일과 여러 선근이라는 것도 역시 모두 마음과 같이 소멸하여 벗어나고 변할 것인데, 이 가운데에서 무엇 등이 작용하는 마음입니까? 다시 무엇 등으로써 인연하는 일과 여러 선근이라는 것으로써 따라서 기뻐하면서 무상정등보리에로 회향한다고 설하겠습니까? 이 마음은 마음의 이치에 상응하여 따라서 기뻐하면서 회향함이 있지 않는데, 무이(無二) 마음으로써 같은 때에 일어나는 까닭이고, 마음도 역시 따라서 기뻐하면서 회향하지 못하는 것이 마음의 자성인 까닭입니다.

만약 보살마하살이 반야바라밀다를 수행하는 때에 능히 이와 같이 일체의 반야바라밀다가 무소유이고, 나아가 보시바라밀다도 무소유이며, 색(色)은 무소유이고 수(受)·상(想)·행(行)·식(識)도 무소유이며, 나아가 무상정등보리도 역시 무소유라고 알았다면, 이 보살마하살은 일체법이 모두 무소유라고 알 것이고, 다시 능히 따라서 기뻐하면서 함께 행한 여러 복업사(福業事)로써 무상정등보리에 회향할 것입니다. 이와 같이 따라서 기뻐하면서 회향하는 마음은 전도되어 섭수되지 않는데, 얻을 수 없는 것으로써 방편을 삼았던 까닭입니다."

그때 천제석이 구수 선현에게 아뢰어 말하였다.
"대덕이시여. 새롭게 대승을 수학하는 보살마하살들이 이와 같은 법을 듣는다면 그 마음에 장차 놀람과 두려움과 의혹이 없습니까? 대덕이시여. 새롭게 대승을 수학하는 보살마하살들은 어찌하여 능히 수행한 선근으로써 무상정등보리에 회향합니까? 대덕이시여. 새롭게 대승을 수학하는 보살마하살들은 어찌하여 따라서 기뻐하면서 함께 행하는 여러 복업사를 섭수하여 무상정등보리에 회향합니까?"

구수 선현이 자씨보살마하살의 위신력의 가피(加被)를 받들어 천제석에게 말하였다.
"교시가여. 새롭게 대승을 수학하는 보살마하살들이 반야, 나아가 보시바라밀다를 수행하되 얻을 수 없는 것으로써 방편을 삼고서, 무상(無相)으로써 방편을 삼아서 반야, 나아가 보시바라밀다를 섭수한다면, 이 보살마하살은 오히려 이것을 인연으로 내공, 나아가 무성자성공을 많이 신해(信解)하고, 4념주, [자세한 설명은 생략한다.] 나아가 18불불공법을 많이 신해하므로 항상 선한 벗들에게 섭수됩니다. 이와 같이 선한 벗은 무량문(無量門)의 교묘한 문구과 의취로써 그들을 위하여 반야·정려·정진·안인·정계·보시바라밀다에 상응하는 법을 널리 설합니다.

이와 같은 법으로써 교계하고 교수하여 그들에 나아가 보살의 정성이생에 들어가게 하고, 보살의 정성이생에 들지 못하였더라도 역시 수행하였던 반야바라밀다, 나아가 보시바라밀다와, 내공, 나아가 무성자성공과,

4념주, [자세한 설명은 생략한다.] 나아가 18불불공법에서 항상 벗어나지 않게 합니다. 역시 여러 종류의 마사(魔事)를 널리 설하여 그들에게 듣게 하고, 일체의 마사에서 마음의 증장과 감소가 없게 합니다. 왜 그러한가? 여러 악마의 사업(事業)은 성품이 무소유이고 얻을 수 없는 까닭입니다.

역시 이 법으로써 교계하고 교수하여 그들에 나아가 보살의 정성이생에 들어가게 하고, 항상 여래(佛)를 벗어나지 않게 하며, 제불의 처소에서 여러 종류의 선근을 심게 하고, 다시 오히려 선근에 섭수되는 까닭으로 항상 보살의 집안에 태어나고 나아가 무상정등보리에 이르도록 여러 선근을 항상 멀리 벗어나지 않게 합니다. 교시가여. 새롭게 대승을 수학하는 보살마하살이 능히 이와 같이 얻을 수 없는 것으로써 방편을 삼고 무상으로써 방편을 삼아서 여러 공덕을 섭수하고, 여러 공덕에서 많이 깊이 신해한다면 항상 선한 벗들에게 섭수되므로, 이와 같은 법을 들었더라도 마음에 놀람이 없고 두려움도 없으며 역시 의혹하지도 않습니다.

다시 다음으로 교시가여. 새롭게 대승을 수학하는 보살마하살은 보시바라밀다, 나아가 반야바라밀다를 수행하여 집적하였던 것을 따르거나, 내공, 나아가 무성자성공에 안주하였던 것을 따르거나, 4념주, [자세한 설명은 생략한다.] 나아가 18불불공법과 더불어 나머지의 무량하고 무변한 불법을 수행하여 집적하였던 것을 따르더라도, 모두 얻을 수 없는 것으로써 방편을 삼고, 무상으로써 방편을 삼아서 제유정과 평등하게 공유하면서 무상정등보리에 회향해야 합니다.

다시 다음으로 교시가여. 새롭게 대승을 수학하는 보살마하살은 널리 시방의 무수이고 무량하며 무변한 세계의 일체의 여래·응공·정등각들께서 제유정의 길(路)을 단절(斷絕)하고, 희론의 도(道)를 단절하며, 여러 무거운 짐을 버리고, 모이고 쌓였던 가시밭을 꺾어버리며, 여러 유결(有結)[1]을 끝마쳐서 정지(正智)를 구족하고, 마음을 잘 해탈시켜서 공교롭게 설법하시는 자와 더불어 그 여래·응공·정등각의 제자들이 성취하신 계온

---

1) 유정을 미혹에 얽매이게 하는 번뇌(煩惱)이다. 유(有)는 생사(生死)의 과보(果報)이고, 결(結)은 결박(結縛)한다는 뜻이다.

·정온·혜온·해탈온·해탈지견온과 더불어 나머지의 지었던 것인 여러 종류의 공덕과 아울러 이 처소에서 심었던 선근인 이를테면, 찰제리의 대종족·바라문의 대종족·장자의 대종족·거사의 대종족 등의 처소에서 심었던 선근이거나, 만약 4천왕, 나아가 타화자재천(他化自在天)이 심는 선근이거나, 만약 범중천(梵衆天), 나아가 색구경천(色究竟天)들이 심는 선근 등의 이와 같은 일체를 합치고 집적하고서 칭찬하고 현전에서 일으키며 나머지의 선근과 비교한다면, 최고가 되고 수승하게 되며, 존귀하게 되고 높게 되며, 묘하게 되고 미묘하게 되며, 위가 되고 무상이 되며, 무등이고 무등등의 마음이 되는데, 다시 이와 같은 따라서 기뻐하면서 함께 행하는 여러 복업사로써 제유정들과 함께 평등하게 공유하면서 무상정등보리에 회향해야 합니다."

그때 자씨보살마하살이 구수 선현에게 물어 말하였다.
"대덕이여. 새롭게 대승을 수학하는 보살마하살들이 만약 제불과 제자들이 소유한 공덕과 아울러 인간과 천인 등의 처소에서 심었던 선근을 생각하였고, 이와 같은 일체를 합치고 집적하고서 칭찬하고 현전에서 일으키며 나머지의 선근과 비교한다면, 최고가 되고 수승하게 되며, 존귀하게 되고 높게 되며, 묘하게 되고 미묘하게 되며, 위가 되고 무상이 되며, 무등이고 무등등의 마음이 되는데, 다시 이와 같은 따라서 기뻐하면서 함께 행하는 여러 복업사로써 제유정들과 함께 평등하게 공유하면서 무상정등보리에 회향하였다면, 이 보살마하살이 어찌하여 생각(想)의 전도·마음(心)의 전도·견해(見)의 전도에 떨어지지 않겠습니까?"

이때 구수 선현이 자씨보살마하살에게 대답하여 말하였다.
"대사시여. 만약 보살마하살이 제불과 제자들의 소유한 공덕을 생각하는 것에서 제불과 제자들의 공덕이라는 생각을 일으키지 않고, 인간과 천인 등의 처소에서 심었던 선근을 그것은 인간과 천상등의 선근이라는 생각을 일으키지 않으며, 일으켰던 것을 따라서 기뻐하면서 대보리심에 회향하였고, 역시 다시 따라서 기뻐하면서 대보리심에 회향하였던 마음이라는 생각을 일으키지 않는다면, 이 보살마하살이 일으킨 것을 따라서 기뻐하면서 회향하는 마음은 생각에 전도가 없고, 마음에 전도가 없으며, 견해에 전도가 없습니다.

만약 보살마하살이 제불과 제자들의 소유한 공덕을 생각하는 것에서 제불과 제자들의 공덕이라는 생각을 일으켰고, 인간과 천인 등의 처소에서 심었던 선근을 그것은 인간과 천상 등의 선근이라는 생각을 일으켰으며, 일으킨 것에서 따라서 기뻐하면서 대보리심에 회향하였고, 역시 다시 따라서 기뻐하면서 대보리심에 회향하였던 마음이라는 생각을 일으켰다면, 이 보살마하살이 일으킨 것을 따라서 기뻐하면서 회향하는 마음은 생각에 전도가 있고, 마음에 전도가 있으며, 견해에 전도가 있습니다.

다시 다음으로 대사시여. 만약 보살마하살이 이와 같이 따라서 기뻐하는 마음으로써 일체의 여래와 제자들의 공덕과 선근을 생각한다면, 이러한 마음은 모두 소멸되고 벗어나며 변하므로 능히 따라서 기뻐할 것이 아니라고 바르게 알아야 하고, 그 법의 그 성품도 역시 그와 같으므로 따라서 기뻐할 것이 아니라고 바르게 알아야 하며, 또한 능히 회향하는 마음의 법성(法性)도 역시 그와 같으므로 능히 회향하는 마음의 법성이 아니라고 바르고 명료하게 통달해야 하고, 더불어 회향하는 법의 그 성품도 역시 그와 같으므로 회향하는 법의 그 성품이 아니라고 바르고 명료하게 통달해야 합니다. 만약 이와 같이 설하는 것에 의지하여 따라서 기뻐하면서 회향함이 있다면, 이것은 바른 것이고 삿된 것이 아니므로, 제보살마하살은 모두 상응하여 이와 같이 따라서 기뻐하면서 회향해야 합니다.

다시 다음으로 대사시여. 만약 보살마하살이 널리 과거·미래·현재의 일체 여래·응공·정등각께서 초발심부터 무상정등보리의 증득에 이르셨으며, 나아가 법이 소멸하는 그 중간에서 소유한 공덕이거나, 만약 여래의 제자들과 제독각들이 그 불법에 의지하여 일으켰던 선근이거나, 만약 여러 이생(異生)들이 그 설법의 처소에서 듣고서 심었던 선근이거나, 만약 용·약차·건달박·아소락·갈로다·긴나락·마호락가·인비인 등이 그 설법의 처소에서 듣고서 심었던 선근이거나, 만약 찰제리의 대종족·바라문의 대종족·장자의 대종족·거사의 대종족 등이 그 설법의 처소에서 듣고서 심었던 선근이거나, 만약 4천왕, 나아가 색구경천들이 그 설법의 처소에서 듣고서 심었던 선근이거나, 만약 여러 선남자와 선여인 등이 그 설법을 듣고서 무상정등보리의 마음을 일으키고 나아가서 여러 종류의 보살행을 정근하면서 수행하였던 등의 이와 같은 일체를 합치고 집적하고서 칭찬하고 현전에서 일으키며 나머지의 선근에 비교한다면, 최고가 되고 수승하게 되며, 존귀하게 되고 높게 되며, 묘하게 되고 미묘하게 되며, 위가 되고 무상이 되며, 무등이고 무등등의 마음입니다.

다시 이와 같이 따라서 기뻐하는 선근으로써 제유정들과 함께 평등하게 공유하면서 무상정등보리에 회향합니다. 이와 같은 때에 만약 여러 능히 같이 따라서 기뻐하면서 회향하는 법은 모두 소멸되고 벗어나며 변한다고 곧 명료하게 이해하였고, 여러 따라서 기뻐하면서 회향하는 법의 자성도 모두가 공하다고 곧 명료하게 이해하였다면, 비록 이와 같이 알았더라도 능히 따라서 기뻐하면서 무상정등보리에 회향합니다. 다시 이때에 만약 모든 법이 없다고 곧 명료하게 이해하였다면 능히 따라서 기뻐하면서 법에서 회향합니다.

그 까닭은 무엇인가? 일체법으로써 자성은 모두가 공(空)하고, 공한 가운데에서는 능히 따라서 기뻐하면서 회향하는 법이 모두 없는 까닭입니다. 비록 이와 같이 알았더라도 능히 따라서 기뻐하면서 무상정등보리에 회향할 것입니다. 이 보살마하살이 만약 능히 이와 같이 따라서 기뻐하면서 회향하고 반야, 나아가 보시바라밀다를 수행한다면, 생각에 전도가 없고, 마음에 전도가 없으며, 견해에 전도가 없습니다.

왜 그러한가? 이 보살마하살은 따라서 기뻐하는 마음에서 집착이 생겨나지 않고, 따라서 기뻐하는 것의 공덕과 선근에도 역시 집착하지 않으며, 회향하는 마음에서 집착하지 않고, 회향하는 것의 무상정등보리에도 역시 집착하지 않는데, 오히려 집착이 없으므로 전도에 떨어지지 않습니다. 이와 같이 보살이 따라서 기뻐하면서 회향하는 마음을 일으켰던 것이라면, 무상(無上)으로 일체의 망상(妄想)과 분별을 멀리 벗어나게 된다고 이름합니다."

마하반야바라밀다경 제433권

37. 수희회향품(隨喜廻向品)(2)

 "다시 다음으로 대사(大士)시여. 보살마하살이 수행하여 조작(造作)하였던 것의 여러 복업사(福業事)에서 온(蘊)·처(處)·계(界)를 벗어났고, 역시 반야바라밀다, 나아가 보시바라밀다도 벗어났으며, 내공(內空), 나아가 무성자성공(無性自性空)도 벗어났고, 4념주(念住), 나아가 18불불공법(佛不共法)도 벗어났다고 여실(如實)하고 명료하게 알았다면, 이 보살마하살이 수행하여 조작하였던 것의 여러 복업사에서 여실하고 명료하게 알았으므로, 깊은 마음으로 따라서 기뻐하면서 무상정등보리에 회향합니다.
 다시 다음으로 대사시여. 만약 보살마하살이 따라서 기뻐하면서 함께 행하였던 여러 복업사는 이와 같이 따라서 기뻐하면서 함께 행하였던 여러 복업사의 자성이 멀리 벗어났다고 여실하고 명료하게 알았고, 제불·세존은 이와 같은 제불·세존의 자성이 멀리 벗어났다고 여실하고 명료하게 알았으며, 공덕과 선근은 이와 같은 공덕과 선근의 자성이 멀리 벗어났다고 여실하고 명료하게 알았고, 성문·독각과 여러 이생(異生)들은 이와 같은 성문·독각과 여러 이생들의 자성이 멀리 벗어났다고 여실하고 명료하게 알았으며, 따라서 기뻐하면서 회향하는 대보리심(大菩提心)은 이와 같은 따라서 기뻐하면서 회향하는 대보리심의 자성이 멀리 벗어났다고 여실하고 명료하게 알았고, 보살마하살은 이와 같은 보살마하살의 자성이 멀리 벗어났다고 여실하고 명료하게 알았으며,
 반야바라밀다는 반야바라밀다의 자성이 멀리 벗어났다고 여실하고

명료하게 알았고, 나아가 보시바라밀다는 보시바라밀다의 자성이 멀리 벗어났다고 여실하고 명료하게 알았으며, 내공은 내공의 자성이 멀리 벗어났다고 여실하고 명료하게 알았고, 무성자성공은 무성자성공의 자성이 멀리 벗어났다고 여실하고 명료하게 알았으며, 4념주는 4념주의 자성이 멀리 벗어났다고 여실하고 명료하게 알았고, [자세한 설명은 생략한다.] 나아가 18불불공법은 18불불공법의 자성이 멀리 벗어났다고 여실하고 명료하게 알았으며, 보살마하살의 행은 보살마하살의 행의 자성이 멀리 벗어났다고 여실하고 명료하게 알았고, 제불의 무상정등보리는 제불의 무상정등보리의 자성이 멀리 벗어났다고 여실하고 명료하게 알았다면, 이 보살마하살은 이와 같이 제법의 자성을 벗어나는 매우 깊은 반야바라밀다를 수행하고, 능히 바르게 따라서 기뻐하면서 무상정등보리에 회향합니다.

다시 다음으로 대사시여. 제보살마하살이 이미 멸도(滅度)하신 일체의 여래·응공·정등각들과 여러 제자들의 공덕과 선근에서 만약 따라서 기뻐하면서 무상정등보리에 회향하는 마음을 일으키고자 하는 자라면, 상응하여 이와 같이 따라서 기뻐하면서 회향을 짓고서 이를테면, '제여래·응공·정등각과 여러 제자들은 모두가 이미 멸도하셨으므로 자성이 있지 않고, 공덕과 선근도 역시 다시 그와 같으며, 내가 따라서 기뻐하면서 무상정등보리에 회향하는 마음과 회향하는 처소인 무상정등보리를 일으킨 것도 그 자성이 역시 그와 같다.'라고 이렇게 생각을 짓습니다. 이와 같이 알았고 따라서 기뻐하면서 일으켰던 여러 선근을 무상정등보리에 회향한다면, 생각에 전도가 없고, 마음에 전도가 없으며, 견해에 전도가 없습니다.

만약 보살마하살이 상을 취하는 것으로써 방편을 삼아서 반야바라밀다를 수행하면서 이미 멸도하신 일체의 여래·응공·정등각과 여러 제자들의 공덕과 선근에서 상을 취하고 따라서 기뻐하면서 무상정등보리로 회향한다면, 이것은 선하게 따라서 기뻐하면서 무상정등보리에 회향하는 것이 아닙니다. 과거의 제불과 제자들의 공덕과 선근으로써 상(相)과 무상(無相)의 경계를 취하지 않는데, 이 보살마하살은 상을 취하는 생각으로써 따라서 기뻐하면서 무상정등보리에 회향하는 마음을 일으켰고, 이러한 까닭으로 선하게 따라서 기뻐하면서 회향하는 것이 아닙니다.

오히려 이러한 인연으로 생각에 전도가 있고, 마음에 전도가 있으며, 견해에 전도가 있습니다. 만약 보살마하살이 상을 취하지 않는 것으로써 방편을 삼아서 반야바라밀다를 수행하고, 그 일체의 여래와 제자들의 공덕과 선근에서 상을 벗어나고 따라서 기뻐하면서 무상정등보리에 회향한다면 이것을 선하게 따라서 기뻐하면서 회향한다고 이름합니다. 오히려 이러한 인연으로 생각에 전도가 없고, 마음에 전도가 없으며, 견해에 전도가 없습니다."

그때 자씨보살마하살이 구수 선현에게 물어 말하였다.

"대덕(大德)이여. 어찌하여 보살마하살이 제여래·응공·정등각과 여러 제자들의 공덕과 선근을 따라서 기뻐하면서 함께 행하는 복업사에서 모두 상을 취하지 않고 능히 따라서 기뻐하면서 무상정등보리에 회향합니까?"

선현이 대답하여 말하였다.

"대사시여. 제보살마하살이 수학하였던 것의 반야바라밀다는 이와 같은 등의 방편선교(方便善巧)가 있으므로 비록 상을 취하지 않아도 지었던 것이 성취되는 것이니, 반야바라밀다를 벗어난다면 능히 바르게 따라서 기뻐하면서 함께 행하는 여러 복업사를 일으켜서 무상정등보리에 회향할 수 없습니다. 이러한 까닭으로 보살마하살이 지었던 것을 성취하고자 한다면 상응하여 반야바라밀다를 수학해야 한다고 마땅히 알아야 합니다."

자씨보살마하살이 말하였다.

"대덕이신 선현이여. 이러한 말을 짓지 마십시오. 그 까닭은 무엇인가? 반야바라밀다로써 제불·세존과 제자들, 아울러 성취하였던 것인 공덕과 선근은 모두가 무소유이고 얻을 수 없으며, 따라서 기뻐하면서 지었던 여러 복업사도 모두가 무소유이고 얻을 수 없으며, 마음을 일으켜서 무상정등보리에 회향한 것도 무소유이고 얻을 수 없는 까닭입니다.

　이 가운데에서 보살마하살이 반야바라밀다를 수행하는 때에, '과거의 제불과 제자들의 공덕과 선근의 성품은 모두가 이미 소멸하였고 따라 기뻐하면서 지었던 여러 복업사인 것에 마음을 일으켜서 무상정등보리에 회향하였던 성품도 모두가 적멸하므로, 내가 만약 그 일체의 여래·응공·정등각과 제자들의 공덕과 선근에서 상을 취하여 분별하거나, 따라서 기뻐하면서 함께 행하는 여러 복업사인 것에 마음을 일으켜서 무상정등보리에 회향하였던 상을 취하여 분별하고서 이 상을 취하여 분별하는 방편으로써 따라서 기뻐하면서 무상정등보리에 회향함을 일으킨다면 제불·세존께서 모두 허락하지 않는 것이고, 역시 따라서 기뻐하시지도 않을 것입니다. 왜 그러한가? 이미 멸도하신 제불과 제자 등이 상을 취하는 분별로 따라서 기뻐하면서 무상정등보리에 회향한다면 이것은 크게 얻을 수 있는 것이라고 설하여 이름하셨다.'라고 상응하여 이와 같이 관찰해야 합니다.

　이러한 까닭으로 보살마하살이 제불과 제자들의 공덕과 선근에서 바르게 따라서 기뻐하면서 무상정등보리에 회향하고자 한다면, 상응하여 가운데에서 얻을 수 있다고 일으켜서 상을 취하고 분별하면서 따라서 기뻐하면서 회향하지 않아야 합니다. 만약 그 가운데에서 얻을 수 있다고 일으켜서 상을 취하고 분별하면서 따라서 기뻐하면서 회향한다면 세존께서는 그에게 큰 의취와 이익이 있다고 설하시지 않을 것입니다. 왜 그러한가? 이와 같이 따라서 기뻐하면서 회향하는 마음은 허망한 분별이므로 잡스러운 독약이라고 이름합니다.

　비유한다면 음식이 있어 비록 상묘한 색깔과 향기와 맛을 갖추었더라도 독약이 섞였는데, 어리석은 사람이 지식이 얕아서 탐내고 취하여 그것을 먹었다면, 비록 처음에는 뜻에 알맞아서 환희(歡喜)하고 쾌락(快樂)하였더라도, 뒤에 음식이 소화되면 여러 고통을 받거나, 혹은 죽음에 이르거나, 만약 죽음에 가까워질 것입니다.

　이와 같아서 한 부류의 보특가라(補特伽羅)가 매우 깊은 반야바라밀다의 문구(文句)와 의취(義趣)와 이치(理)를 잘 수지(受持)하지 않고 잘 관찰(觀察)하지 않으며, 매우 의취를 잘 독송(讀誦)하지 않고 잘 통달(通達)하지도 않고서 대승의 종성(種姓)인 자에게 '오십시오. 선남자들이여. 그대들은 과거·미래·현재의 일체의 여래·응공·정등각께서 초발심부터 나아가 무상정등보리를 증득하시고 미묘한 법륜을 굴리면서 무량한 대중을 헤아려서 해탈시키시고 무여의반열반계(無餘依般涅槃界)에 들어가셨으며, 나아가 법이 소멸하는 그 중간에서 만약 반야바라밀다, 나아가 보시바라밀다를 수행하여 이미 집적하였거나, 미래에 집적하거나 현재에 집적하는 선근과, 만약 내공, 나아가 무성자성공에 안주하여 이미 집적하였거나, 미래에 집적하거나 현재에 집적하는 선근과, 만약 4정려(四靜慮)·4무량(四無量)·4무색정(四無色定)을 수행하여 이미 집적하였거나, 미래에 집적하거나 현재에 집적하는 선근과, 만약 4념주(四念住), 나아가 8성도지(八聖道支)를 수행하여 이미 집적하였거나, 미래에 집적하거나 현재에 집적하는 선근과,

이와 같이 나아가, 만약 여래(佛)의 10력(力), 나아가 18불불공법(十八佛不共法)을 수행하여 이미 집적하였거나, 미래에 집적하거나 현재에 집적하는 선근과, 만약 불국토를 청정하게 장엄하고 유정들을 성숙시키면서 이미 집적하였거나, 미래에 집적하거나 현재에 집적하는 선근과, 만약 제여래·응공·정등각의 계온(戒蘊)·정온(定蘊)·혜온(慧蘊)·해탈온(解脫蘊)·해탈지견온(解脫知見蘊)과, 만약 무망실법(無忘失法)·항주사성(恒住捨性)과, 더불어 나머지의 무수이고 무량하며 무변한 공덕과, 만약 여래의 제자들의 일체의 유루(有漏)·무루(無漏)의 선근과, 제여래·응공·정등각께서 과거·현재·미래에 수기(授記)하신 여러 천인들·인간 등·독각의 보리의 공덕과, 만약 여러 천인들·용·약차·건달박·아소락·갈로다·긴나락·마호락가·인비인 등이 이미 집적하였거나, 미래에 집적하거나 현재에 집적하는 선근과, 만약 여러 선남자와 선여인 등이 여러 공덕에서 일으키고 따라서 기뻐하면서 회향하는 선근 등의 이와 같은 일체를 합치고 집적하고서 칭찬하고 현전에서 일으키며 따라서 기뻐하면서 제유정들과 함께

평등하게 공유하면서 무상정등보리에 회향해야 합니다.'라고 알려서 말하였고, 이와 같이 말한 것에서 따라서 기뻐하면서 회향한다면, 얻을 수 있고 상을 취하는 분별로써 방편을 삼는 것이니, 섞은 독약을 먹은 것과 같아서 처음은 이익이라도 뒤에는 손해되는 까닭으로 이것은 바르게 따라서 기뻐하면서 회향하는 것이 아닙니다.

그 까닭은 무엇인가? 얻을 수 있고 상을 취하는 분별로써 방편을 삼아서 따라서 기뻐하면서 회향하는 마음을 일으키면 인(因)이 있고 연(緣)이 있으며 작의(作意)가 있고 희론(戱論)이 있으며 방해(妨)와 장애(礙)가 있고 허물(過失)이 있어서 반야바라밀다와 상응하지 않습니다. 그것은 독약이 섞였던 까닭으로 곧 여래를 비방하는 것이고, 여래의 교계를 따르지 않는 것이며, 법을 따라서 설하지 않는 것이고, 이치를 따라서 설하지 않는 것이니, 보살의 종성인 보특가라는 상응하여 그렇게 설하는 것에 따라서 수학하지 않아야 합니다.

이러한 까닭으로 대덕이여. '어찌하여 보살승(菩薩乘)에 안주하는 여러 선남자와 선여인 등은 상응하여 과거·미래·현재의 일체의 여래·응공·정등각들과 제자들의 공덕과 선근에서 따라서 기뻐하면서 회향해야 하는가? 이를테면, 그 제불께서 보살승에 안주하는 여러 선남자와 선여인 등은 어찌하여 그 공덕과 선근에서 따라서 기뻐하면서 무상정등보리에 회향하는 것인가?'라고 상응하여 설해야 합니다."

구수 선현이 말하였다.

"대사시여. 보살승에 안주하는 여러 선남자와 선여인 등이 반야바라밀다를 수행하면서 만약 제불·세존을 비방하지 않고 따라서 기뻐하면서 회향하는 마음을 일으키고자 하였던 자라면, '제여래·응공·정등각께서는 무상(無上)의 불지(佛智)를 명료하게 통달하셨으므로 공덕의 선근에는 이러한 성품이 있다고 두루 아실 것이고, 이와 같은 상이 있고 이와 같은 법이 있으므로 따라서 기뻐할 수 있나니, 나도 지금 역시 상응하여 이와 같이 따라서 기뻐할 것이다. 제여래·응공·정등각께서는 무상의 불지를 명료하게 통달하셨으므로, 상응하여 이와 같은 여러 복업사로써 무상정등보리에 회향한다고 두루 아실 것이니, 나도 지금 역시 상응하여 이와 같이 회향하겠다.'라고 상응하여 이렇게 생각을 지어야 합니다.

 보살승에 안주하는 여러 선남자와 선여인 등은 제여래·응공·정등각들과 제자들의 공덕과 선근에 상응하여 이와 같이 따라서 기뻐하면서 회향을 지어야 합니다. 만약 이와 같이 따라서 기뻐하면서 회향한다면 곧 여래를 비방하지 않는 것이며, 여래의 교계를 따르는 것이며, 법을 따라서 설하는 것이고, 이치를 따라서 설하는 것입니다. 이 보살마하살이 이와 같이 따라서 기뻐하면서 회향하는 마음이라면 독약이 섞이지 않았으므로 결국 감로(甘露)의 대반열반(大般涅槃)에 이를 것입니다."

 "다시 다음으로 대사시여. 보살승에 안주하는 여러 선남자와 선여인 등이 반야바라밀다를 수행하는 때에, 제여래·응공·정등각들과 제자들의 공덕과 선근에 상응하여 이와 같이 따라서 기뻐하면서 회향한다면, 색(色), 나아가 식(識)이 욕계(欲界)·색계(色界)·무색계(無色界)에 떨어지지 않는 것과 같나니, 만약 삼계(三界)에 떨어지지 않는다면 곧 과거·미래·현재가 아니고, 안처(眼處), 나아가 의처(意處)가 욕계·색계·무색계에 떨어지지 않는 것과 같나니, 만약 삼계에 떨어지지 않는다면 곧 과거·미래·현재가 아니며, 색처(色處), 나아가 법처(法處)가 욕계·색계·무색계에 떨어지지 않는 것과 같나니, 만약 삼계에 떨어지지 않는다면 곧 과거·미래·현재가 아니고, 안계(眼界), 나아가 의계(意界)가 욕계·색계·무색계에 떨어지지 않는 것과 같나니, 만약 삼계에 떨어지지 않는다면 곧 과거·미래·현재가 아니며,

 색계(色界), 나아가 법계(法界)가 욕계·색계·무색계에 떨어지지 않는 것과 같나니, 만약 삼계에 떨어지지 않는다면 곧 과거·미래·현재가 아니고, 안식계(眼識界), 나아가 의식계(意識界)가 욕계·색계·무색계에 떨어지지 않는 것과 같나니, 만약 삼계에 떨어지지 않는다면 곧 과거·미래·현재가 아니며, 안촉(眼觸), 나아가 의촉(意觸)이 욕계·색계·무색계에 떨어지

지 않는 것과 같나니, 만약 삼계에 떨어지지 않는다면 곧 과거·미래·현재가 아니고, 안촉을 인연으로 생겨난 여러 수(受), 나아가 의촉을 인연으로 생겨난 여러 수가 욕계·색계·무색계에 떨어지지 않는 것과 같나니, 만약 삼계에 떨어지지 않는다면 곧 과거·미래·현재가 아니며, 반야바라밀다, 나아가 보시바라밀다가 욕계·색계·무색계에 떨어지지 않는 것과 같나니, 만약 삼계에 떨어지지 않는다면 곧 과거·미래·현재가 아니고,

내공, 나아가 무성자성공이 욕계·색계·무색계에 떨어지지 않는 것과 같나니, 만약 삼계에 떨어지지 않는다면 곧 과거·미래·현재가 아니며, 4념주, 나아가 8성도지가 욕계·색계·무색계에 떨어지지 않는 것과 같나니, 만약 삼계에 떨어지지 않는다면 곧 과거·미래·현재가 아니고, 이와 같이 나아가 여래의 10력, 나아가 18불불공법이 욕계·색계·무색계에 떨어지지 않는 것과 같나니, 만약 삼계에 떨어지지 않는다면 곧 과거·미래·현재가 아니며, 진여(眞如)·법계(法界)·법성(法性)·실제(實際)·법정(法定)·법주(法住)·부사의계(不思議界)가 욕계·색계·무색계에 떨어지지 않는 것과 같나니, 만약 삼계에 떨어지지 않는다면 곧 과거·미래·현재가 아니고,

계온·정온·혜온·해탈온·해탈지견온이 욕계·색계·무색계에 떨어지지 않는 것과 같나니, 만약 삼계에 떨어지지 않는다면 곧 과거·미래·현재가 아니며, 일체지·도상지·일체상지가 욕계·색계·무색계에 떨어지지 않는 것과 같나니, 만약 삼계에 떨어지지 않는다면 곧 과거·미래·현재가 아니고, 무망실법·항주사성이 욕계·색계·무색계에 떨어지지 않는 것과 같나니, 만약 삼계에 떨어지지 않는다면 곧 과거·미래·현재가 아니며, 따라서 기뻐하면서 회향하면서 역시 상응하여 이와 같습니다.

그 까닭은 무엇인가? 그 제법은 자성이 공한 까닭으로 삼계에 떨어지지 않고 삼세(三世)에 섭수되지 않는데, 따라서 기뻐하면서 회향하면서 역시 상응하여 이와 같은 까닭입니다. 이를테면, 제여래·응공·정등각의 자성이 공한 까닭으로 삼계에 떨어지지 않고 삼계에 섭수되지 않으며, 제불의 공덕이 자성이 공한 까닭으로 삼계에 떨어지지 않고 삼계에 섭수되지

않으며, 성문·독각과 인간·천상 등의 자성이 공한 까닭으로 삼계에 떨어지지 않고 삼계에 섭수되지 않으며, 그 여러 선근의 자성이 공한 까닭으로 삼계에 떨어지지 않고 삼계에 섭수되지 않으며, 그 따라서 기뻐하는 자성이 공한 까닭으로 삼계에 떨어지지 않고 삼계에 섭수되지 않으며, 회향하는 법이라는 것도 자성이 공한 까닭으로 삼계에 떨어지지 않고 삼계에 섭수되지 않으며, 능히 회향하는 자의 자성이 공한 까닭으로 삼계에 떨어지지 않고 삼계에 섭수되지 않습니다.

만약 보살마하살이 반야바라밀다를 수행하는 때에 색, 나아가 식이 삼계에 떨어지지 않고 삼세에 섭수되지 않는다고 여실하게 알아야 하는데, 만약 삼계에 떨어지지 않고 삼세에 섭수되지 않는다면, 곧 유상(有相)으로서 방편을 삼거나, 얻을 수 있는 것으로써 방편을 삼아서 따라서 기뻐하면서 무상정등보리에 회향하는 마음을 발생(發生)시킬 수 없을 것입니다. 왜 그러한가? 색 등의 법은 자성이 생겨나지 않는 것이니, 만약 법이 생겨나지 않는다면 곧 무소유(無所有)이고, 그 무소유인 법으로써 따라서 기뻐하면서 회향하지 못하나니, 무소유인 까닭입니다.

안처, 나아가 의처도 역시 이와 같다고 여실히 알아야 하고, 색처, 나아가 법처도 역시 이와 같다고 여실히 알아야 하며, 안계, 나아가 의계도 역시 이와 같다고 여실히 알아야 하고, 색계, 나아가 법계도 역시 이와 같다고 여실히 알아야 하며, 안식계, 나아가 의식계도 역시 이와 같다고 여실히 알아야 하고, 안촉, 나아가 의촉도 역시 이와 같다고 여실히 알아야 하며, 안촉을 인연으로 생겨난 여러 수, 나아가 의촉을 인연으로 생겨난 여러 수도 역시 이와 같다고 여실히 알아야 하고, 반야바라밀다, 나아가 보시바라밀다도 역시 이와 같다고 여실히 알아야 하며, 내공, 나아가 무성자성공도 역시 이와 같다고 여실히 알아야 하고, 4념주, 나아가 8성도지도 역시 이와 같다고 여실히 알아야 하며,

여래의 10력, 나아가 18불불공법도 역시 이와 같다고 여실히 알아야 하고, 진여·법계·법성·실제·법정·법주·부사의계도 역시 이와 같다고 여실히 알아야 하며, 계온·정온·혜온·해탈온·해탈지견온도 역시 이와 같다

고 여실히 알아야 하고, 일체지·도상지·일체상지도 역시 이와 같다고
여실히 알아야 하며, 무망실법·항주사성도 역시 이와 같다고 여실히
알아야 하고, 일체지·도상지·일체상지도 역시 이와 같다고 여실히 알아야
하나니, 만약 삼계에 떨어지지 않고 삼세에 섭수되지 않는다면 곧 유상으
로서 방편을 삼거나, 얻을 수 있는 것으로써 방편을 삼아서 따라서 기뻐하
면서 무상정등보리에 회향하는 마음을 발생시킬 수 없을 것입니다.
  왜 그러한가? 무망실법과 항주사성으로써 자성이 생겨나지 않고 만약
법이 생겨나지 않는다면 곧 무소유이고, 그 무소유인 법으로써 따라서
기뻐하면서 회향하지 못하나니, 무소유인 까닭입니다. 이 보살마하살이
이와 같이 따라서 기뻐하면서 무상정등보리에 회향한다면 독약에 섞이지
않고 결국 감로의 대반열반에 이를 것입니다.
  보살승에 안주하는 여러 선남자와 선여인 등이 만약 유상으로써 방편을
삼거나, 혹은 얻을 수 있는 것으로써 방편을 삼아서 제여래·응공·정등각들
과 제자들의 공덕이나 선근에서 따라서 기뻐하면서 회향하는 마음을
발생시킨다면 이것은 삿된 것을 따라서 기뻐하면서 회향하는 것이라고
마땅히 알아야 합니다. 이러한 삿된 것을 따라서 기뻐하면서 회향하는
마음은 제불·세존께서 칭찬하지 않는 것이니, 이와 같이 따라서 기뻐하면
서 회향하는 마음이 제불·세존께서 칭찬하지 않는 까닭이라면 보시·정계
·안인·정진·정려·반야바라밀다를 능히 원만하게 하지 못하고,
  역시 내공, 나아가 무성자성공도 능히 원만하게 하지 못하며, 역시
4념주, 나아가 8성도지를 능히 원만하게 하지 못하고, 이와 같이 나아가,
역시 여래의 10력, 나아가 18불불공법도 능히 원만하게 하지 못하며,
역시 일체지·도상지·일체상지도 능히 원만하게 하지 못하고, 무망실법·
항주사성도 능히 원만하게 하지 못하며, 오히려 여러 공덕을 원만하게
하지 못한 까닭으로 불국토를 능히 청정하게 장엄하지 못하고, 더불어
유정들을 능히 성숙시키지 못하며, 오히려 불국토를 능히 청정하게 장엄
하지 못하고, 더불어 유정들을 능히 성숙시키지 못하는 까닭으로 아뇩다
라삼먁삼보리(阿耨多羅三藐三菩提)를 능히 증득하지 못할 것입니다.

왜 그러한가? 오히려 그들이 일으켰던 따라서 기뻐하면서 회향하였던 것이 유상이고 얻을 수 있으므로 독약이 섞인 까닭입니다.

다시 다음으로 대사시여. 제보살마하살이 반야바라밀다를 수행하는 때에, '시방세계에 일체의 여래·응공·정등각은 공덕과 선근에 이와 같은 법이 있다고 여실하게 통달하셨고, 이러한 법에 의지하여 전도가 없이 따라서 기뻐하면서 회향을 발생시키셨으니, 나도 지금 이와 같은 법에 의지하여 따라서 기뻐하면서 무상정등보리에 회향하는 마음을 발생시키겠다.'라고 상응하여 이렇게 생각을 지어야 합니다. 이것이 따라서 기뻐하면서 회향하는 마음을 바르게 일으키는 것이니, 오히려 이것이 결정적으로 무상정등보리를 증득하게 합니다."

그때 세존께서 구수 선현을 칭찬하셨다.
"옳도다. 옳도다. 선현이여. 그대는 지금 이미 일체의 보살마하살들을 위하여 여래께서 지어야 할 것을 지었는데 이를테면, 보살마하살들을 위하여 전도가 없이 따라서 기뻐하면서 회향하는 것을 잘 설하였느니라. 이와 같이 따라서 기뻐하면서 회향한다고 설하는 것은 무상(無相)으로써 방편을 삼고 얻을 수 없는 것으로써 방편을 삼으며, 태어남이 없고 소멸함이 없는 것으로써 방편을 삼고 염오가 없고 청정함이 없는 것으로써 방편을 삼으며, 무성(無性)인 자성(自性)으로써 방편을 삼고 자상공(自相空)으로써 방편을 삼으며, 자성공(自性空)으로써 방편을 삼고 법계(法界)로써 방편을 삼으며, 진여로써 방편을 삼고 법성(法性)으로써 방편을 삼으며, 불허망성(不虛妄性)으로써 방편을 삼고 실제(實際)로써 방편을 삼으며, 부사의계(不思議界)로써 방편을 삼는 까닭이니라.
선현이여. 가사 삼천대천세계에 일체의 유정들이 모두가 10선업도(善業道)·4정려·4무량·4무색정·5신통을 성취한다면 그대의 뜻은 어떠한가? 이 제유정들의 공덕이 많겠는가?"

선현이 대답하여 말하였다.
"매우 많습니다. 세존이시여. 매우 많습니다. 선서시여."

세존께서 말씀하셨다.

"선현이여. 만약 여러 선남자와 선여인 등이 제여래·응공·정등각들과 그의 제자들이 선근과 공덕에서 염오와 집착이 없이 따라서 기뻐하면서 회향하는 마음을 일으킨다면 획득하는 공덕이 앞의 것보다 매우 많아서 헤아려서 계산할 수 없느니라. 선현이여. 이 선남자와 선여인 등이 일으켰던 이와 같이 따라서 기뻐하면서 회향하는 것은 나머지의 선근과 비교한다면, 최고가 되고 수승하게 되며, 존귀하게 되고 높게 되며, 묘하게 되고 미묘하게 되며, 위가 되고 무상이 되며, 무등(無等)이고 무등등(無等等)이니라.

다시 다음으로 선현이여. 가사 삼천대천세계의 일체의 유정들이 모두가 예류(預流)·일래(一來)·불환(不還)·아라한과(阿羅漢果)와 독각의 보리(菩提)를 증득하였고, 여러 선남자와 선여인 등이 있어서 그 예류, 나아가 독각들께 그 수명을 끝마치도록 무량한 종류의 의복·음식·와구(臥具)·의약품(醫藥)과 나머지의 자구(資具)로써 공양하고 공경하며 존중하고 찬탄한다면 그대의 뜻은 어떠한가? 이 선남자와 선여인 등이 오히려 이러한 인연으로 얻는 복취는 많겠는가?"

선현이 대답하여 말하였다.

"매우 많습니다. 세존이시여. 매우 많습니다. 선서시여."

세존께서 말씀하셨다.

"선현이여. 만약 여러 선남자와 선여인 등이 제여래·응공·정등각들과 그의 제자들이 선근과 공덕에서 염오와 집착이 없이 따라서 기뻐하면서 회향하는 마음을 일으킨다면 획득하는 공덕이 앞의 것보다 매우 많아서 헤아려서 계산할 수 없느니라. 선현이여. 이 선남자와 선여인 등이 일으켰던 이와 같이 따라서 기뻐하면서 회향하는 것은 나머지의 선근과 비교한다면, 최고가 되고 수승하게 되며, 존귀하게 되고 높게 되며, 묘하게 되고 미묘하게 되며, 위가 되고 무상이 되며, 무등이고 무등등이니라.

다시 다음으로 선현이여. 가사 삼천대천세계에 일체의 유정들이 모두 무상정등보리에 나아가고, 설사 다시 시방으로 각각 긍가사와 같은 세계의 일체의 유정들이 각자 그 무상정등보리에 나아가는 한 명·한 명의 보살마하살께 무량한 종류의 의복·음식·와구(臥具)·의약품(醫藥)과 나머지의 자구(資具)로써 공양하고 공경하며 존중하고 찬탄한다면 그대의 뜻은 어떠한가? 이 선남자와 선여인 등이 오히려 이러한 인연으로 얻는 복취는 많겠는가?"

선현이 대답하여 말하였다.

"매우 많습니다. 세존이시여. 매우 많습니다. 선서시여. 이와 같은 복덕은 무수이고 무량하며 무변하며 무한(無限)하여서 산수(算數)와 비유로써 측량(測量)하는 것이 어렵습니다. 세존이시여. 만약 이 복취가 형상과 색깔이 있는 것이라면 시방으로 각각 긍가사(殑伽沙)와 같은 세계에 수용되지는 못할 것입니다."

세존께서 말씀하셨다.

"선현이여. 옳도다. 옳도다. 그 복덕(福德)의 분량은 그대가 말한 것과 같으니라. 선현이여. 만약 여러 선남자와 선여인 등이 제여래·응공·정등각들과 그의 제자들이 선근과 공덕에서 염오와 집착이 없이 따라서 기뻐하면서 회향하는 마음을 일으킨다면 획득하는 공덕이 앞의 것보다 매우 많아서 헤아려서 계산할 수 없느니라. 선현이여. 이 선남자와 선여인 등이 일으켰던 이와 같이 따라서 기뻐하면서 회향하는 것은 나머지의 선근과 비교한다면, 최고가 되고 수승하게 되며, 존귀하게 되고 높게 되며, 묘하게 되고 미묘하게 되며, 위가 되고 무상이 되며, 무등이고 무등등이니라.

선현이여. 만약 앞의 복취를 이 복취와 비교한다면 백분의 일에도 미치지 못하고 천 분의 일에도 미치지 못하며 나아가 오파니살담분의 일에도 미치지 못하느니라. 왜 그러한가? 그 제유정들의 10선업도·4정려·4무량·4무색정·5신통은 모두가 유상과 얻을 수 있다는 생각으로써 방편을 삼는 까닭이고, 그 선남자와 선여인 등이 무량한 종류의 의복·음식·와구·의약품과 나머지의 자구로써 예류·일래·불환·아라한과(阿羅漢果)와 여러 독각들께 그 수명을 끝마치도록 공양하고 공경하며 존중하고 찬탄하여 획득한 복취는 모두가 유상과 얻을 수 있다는 생각으로써 방편을 삼는 까닭이며, 그 제유정이 무량한 종류의 의복·음식·와구·의약품과 나머지의 자구와 상묘한 악기로써 무상등보리에 나아가는 여러 보살들께 받들어 보시하면서 긍가사 등과 같은 대겁을 지나도록 공양하고 공경하며 존중하고 찬탄하여 획득한 복취는 모두가 유상과 얻을 수 있다는 생각으로써 방편을 삼는 까닭이니라."

그때 사대왕천이 각각 권속인 2만 명의 천자(天子)와 함께 세존의 발에 머리 숙여 예경하고 합장하며 세존께 아뢰어 말하였다.
"세존이시여. 그 제보살마하살은 다만 능히 이와 같이 광대(廣大)하게 따라서 기뻐하면서 회향을 일으키셨는데 이를테면, 그 보살마하살들은 방편선교(方便善巧)로 무상으로써 방편을 삼았고 얻을 수 없는 것으로써 방편을 삼았으며, 염오와 집착이 없는 것으로써 방편을 삼았고 지었던 생각이 없는 것으로써 방편을 삼아서 제여래·응공·정등각들과 제자들의 공덕과 선근에서 따라서 기뻐하면서 무상정등보리에 회향하는 마음을 바르게 일으키셨습니다. 이와 같이 일으킨 따라서 기뻐하면서 회향하는 것은 두 가지의 법에 떨어지지 않으며, 둘이 아닌 법의 가운데에서도 염오가 없고 집착이 없습니다."

그때 천제석(天帝釋)도 무량한 백천 명의 천자와 함께 각자 여러 종류의 천상의 미묘한 화만(花鬘)·바르는 향·뿌리는 향·의복·영락(瓔珞)·보배의 당기(幢)·번기(幡)·일산(蓋) 등을 지니고, 여러 미묘하고 진기한 천상의 음악을 연주하는 것으로써 세존께 공양하고 두 발에 머리 숙여 예경하였으며 합장하고 아뢰어 말하였다.
"세존이시여. 그 제보살마하살은 다만 능히 이와 같이 광대(廣大)한 따라서 기뻐하면서 회향을 일으키셨는데 이를테면, 그 보살마하살들은 방편선교(方便善巧)로 무상으로써 방편을 삼았고 얻을 수 없는 것으로써 방편을 삼았으며, 염오와 집착이 없는 것으로써 방편을 삼았고 생각을 짓는 것이 없는 것으로써 방편을 삼아서 제여래·응공·정등각들과 제자들의 공덕과 선근에서 따라서 기뻐하면서 무상정등보리에 회향하는 마음을 바르게 일으키셨습니다. 이와 같이 일으킨 따라서 기뻐하면서 회향하는 것은 두 가지의 법에 떨어지지 않으며, 둘이 아닌 법의 가운데에서도 염오가 없고 집착이 없습니다."

그때 소야마천자(蘇夜摩天子)·산도사다천자(珊覩史多天子)·선변화천자(善變化天子)·최자재천자(最自在天子)들이 각자 그의 권속인 천 명의 천자와 함께 모두 여러 종류인 천상의 미묘한 화만·바르는 향·뿌리는 향·의복·영락·보배의 당기·번기·일산 등을 지니고, 여러 미묘하고 진기한 천상의 음악을 연주하는 것으로써 세존께 공양하고 두 발에 머리 숙여 예경하였으며 합장하고 아뢰어 말하였다.

"세존이시여. 그 제보살마하살은 다만 능히 이와 같이 광대한 따라서 기뻐하면서 회향을 일으키셨는데 이를테면, 그 보살마하살들은 방편선교로 무상으로써 방편을 삼았고 얻을 수 없는 것으로써 방편을 삼았으며, 염오와 집착이 없는 것으로써 방편을 삼았고 지었던 생각이 있는 것으로써 방편을 삼아서 제여래·응공·정등각들과 제자들의 공덕과 선근에서 따라서 기뻐하면서 무상정등보리에 회향하는 마음을 바르게 일으키셨습니다. 이와 같이 일으킨 따라서 기뻐하면서 회향하는 것은 두 가지의 법에 떨어지지 않으며, 둘이 아닌 법의 가운데에서도 염오가 없고 집착이 없습니다."

그때 대범천왕(大梵天王)이 무량한 백천 구지(俱胝)·나유타(那庾多)의 범천(梵天)들과 함께 세존의 처소에 앞으로 나아가서 두 발에 머리 숙여 예경하였고 합장하며 공경하였고 함께 소리를 일으켜서 말하였다.

"희유(希有)하십니다. 세존이시여. 그 제보살마하살은 반야바라밀다의 방편선교에 섭수되었던 까닭으로, 이전에 방편선교가 없어서 유상이고 얻을 수 있는 여러 선남자와 선여인 등이 수행하였던 것의 선근을 수승하게 초월하셨습니다."

그때 극광정천(極光淨天), 나아가 색구경천(色究竟天)이 각자 무량한 백천 구지·나유타의 스스로의 부류인 천상의 대중들과 함께 세존의 처소에 앞으로 나아가서 두 발에 머리 숙여 예경하였고 합장하며 공경하였고 함께 소리를 일으켜서 말하였다.

"희유하십니다. 세존이시여. 그 제보살마하살은 반야바라밀다의 방편선교에 섭수되었던 까닭으로, 이전에 방편선교가 없어서 유상이고 얻을 수 있는 여러 선남자와 선여인 등이 수행하였던 것의 선근을 수승하게 초월하셨습니다."

그때 세존께서는 사대왕중천들, 나아가 색구경천들에게 알려 말씀하셨다.

"가사 삼천대천세계의 일체의 유정들이 모두 무상정등각(無上正等覺)의 마음을 일으킨다면, 널리 과거·미래·현재의 시방세계에 머무시는 일체의 여래·응공·정등각께서 초발심부터 나아가 무상정등보리를 증득하시고서 미묘한 법륜을 굴리면서 무량한 대중을 헤아려서 해탈시키시고 무여의반열반에 들어가셨으며, 나아가 법이 소멸하는 그 중간에서 수행하셨던 것인 보시바라밀다, 나아가 반야바라밀다에 상응하는 선근이거나, 만약 내공, 나아가 무성자성공에 안주하였던 것에 상응하는 선근이거나, 만약 4념주, [자세한 설명은 생략한다.] 나아가 18불불공법을 안주하였던 것에 상응하는 선근이거나, 만약 무량하고 무변한 불법을 수행하였던 것에 상응하는 선근이거나, 만약 여러 제자들이 소유하였던 것의 선근이거나, 만약 제여래·응공·정등각이 소유하였던 것의 계온·정온·혜온·해탈온·해탈지견온과 나머지의 무량하고 무변한 불법이거나,

만약 제여래께서 설하셨던 것의 정법이거나, 만약 그 법에 의지하여 수습(修習)하는 보시의 성품·계율의 성품·수행의 성품인 세 가지의 복업 사이거나, 만약 그 법에 의지하여 정근하여 수학하였던 예류·일래·불환·아라한과와 독각의 보리와 보살의 정성이생(正性離生)에 들어가는 것이거나, 만약 제유정이 보시·정계·정진·안인·정려·반야 등을 수행하여서 이끌었던 선근이었던 것의 이와 같은 일체를 합치고 집적하여 칭찬하면서 유상으로써 방편을 삼았고 얻을 수 있는 것으로써 방편을 삼았으며, 염오와 집착이 있는 것으로써 방편을 삼았고 지었던 생각이 있는 것으로써

방편을 삼았으며, 유이(有二)이고 둘이 아닌 것으로써 방편을 삼아서 현전에서 따라서 기뻐하고 이미 따라서 기뻐하였다면 무상정등보리에 회향하였거나,

여러 선남자와 선여인 등이 있어서 무상정등보리를 일으켜서 나아가면서 널리 과거·미래·현재의 시방세계에 머무시는 일체의 여래·응공·정등각께서 초발심부터 나아가 무상정등보리를 증득하시고 미묘한 법륜을 굴리면서 무량한 대중을 헤아려서 해탈시키시고 무여의반열반계에 들어가셨으며, 나아가 법이 소멸하는 그 중간에서 수행하셨던 보시, 나아가 반야바라밀다에 상응하는 선근이거나, 만약 제유정들이 보시·정계·정진·안인·정려·반야 등을 수행하여서 이끌었던 선근이었던 것의 이와 같은 일체를 합치고 집적하여 칭찬하고 헤아리면서, 무상으로써 방편을 삼았고 얻을 수 없는 것으로써 방편을 삼았으며, 염오와 집착이 없는 것으로써 방편을 삼았고 지었던 생각이 없는 것으로써 방편을 삼았으며, 무이(無二)와 불이(不二)로써 방편을 삼아서 현전에서 따라서 기뻐하고 이미 따라서 기뻐하였다면 무상정등보리에 회향하였으므로, 이 선남자와 선여인 등이 따라서 기뻐하면서 회향한 것을 나머지의 선근보다 최고가 되고 수승하게 되며, 존귀하게 되고 높게 되며, 묘하게 되고 미묘하게 되며, 위가 되고 무상이 되며, 무등이고 무등등이며, 이전에 유정들이 따라서 기뻐하면서 회향하였던 것보다 백 배(倍)가 수승하게 되고, 천 배가 수승하게 되며, 나아가 오파니살담 배가 역시 최고로 수승하게 되느니라.”

그때 구수 선현이 세존께 아뢰어 말하였다.

“세존이시여. 세존께서 말씀하신 것과 같이 이러한 선남자와 선여인 등이 따라서 기뻐하면서 회향한다면, 나머지의 선근보다 최고가 되고 수승하게 되며, 존귀하게 되고 높게 되며, 묘하게 되고 미묘하게 되며, 위가 되고 무상이 되며, 무등이고 무등등이 됩니다. 세존이시여. 무엇과 같다면 이렇게 따라서 기뻐하면서 회향하더라도 나머지의 선근보다 최고가 되고 수승하게 되며, 존귀하게 되고 높게 되며, 묘하게 되고 미묘하게 되며, 위가 되고 무상이 되며, 무등이고 무등등이 됩니까?”

세존께서 말씀하셨다.

"선현이여. 이 선남자와 선여인 등이 멀리 과거·미래·현재의 시방세계에 일체의 여래·응공·정등각과 성문·독각·보살들과 일체의 유정들의 선근에서 취하지 않고 버리지 않으며 자랑하지 않고, 멸시하지 않으며, 얻은 것이 없고 얻지 않은 것도 없으며, 일체법이 생겨남이 없고 소멸함이 없으며, 염오가 없고 청정함이 없으며, 증장이 없고 감소가 없으며, 떠나감이 없고 돌아옴도 없으며, 집적이 없고 흩어짐도 없으며, 들어감이 없고 나오는 것도 없다고 통달하였다면, '그 과거·미래·현재의 제법에 진여·법계·법성·불허망성·법정·법주와 같이 나도 역시 이와 같다.'라고 이와 같이 생각을 지어야 하고, 여러 선법(善法)에서 얻을 수 없는 것으로써 방편을 삼아서 바르게 따라서 기뻐함을 일으켜야 하며, 이미 따라서 기뻐하였다면 이 선근을 지니고 제유정들과 함께 평등하게 공유하면서 무상정등보리에 회향해야 하느니라.

선현이여. 이 보살마하살이 따라서 기뻐하면서 회향을 일으킨 것과 같다면, 나는 나머지의 선근보다 최고가 되고 수승하게 되며, 존귀하게 되고 높게 되며, 묘하게 되고 미묘하게 되며, 위가 되고 무상이 되며, 무등이고 무등등이 된다고 설하느니라. 선현이여. 이와 같이 따라서 기뻐하면서 회향한다면, 따라서 기뻐하면서 회향하는 것보다 백 배·천 배, 나아가 오파니살담 배보다 수승하느니라. 이러한 까닭으로 나는 이와 같이 따라서 기뻐하면서 회향을 일으킨 것이 나머지의 선근보다 최고가 되고 수승하게 되며, 존귀하게 되고 높게 되며, 묘하게 되고 미묘하게 되며, 위가 되고 무상이 되며, 무등이고 무등등이 된다고 설하느니라.

다시 다음으로 선현이여. 보살승에 안주하는 여러 선남자와 선여인 등이 과거·미래·현재의 시방세계에 머무시는 일체의 여래·응공·정등각께서 초발심부터 나아가 무상정등보리를 증득하시고 미묘한 법륜을 굴리면서 무량한 대중을 헤아려서 해탈시키시고 무여의반열반계에 들어가셨으며, 나아가 법이 소멸하는 그 중간에서 수행하셨던 보시, 나아가 반야바라밀다에 상응하는 선근이거나, 만약 제성문·연각·보살들의 공덕인 선근이이거나, 만약 나머지의 유정들이 소유한 보시의 성품·계율의 성품·수행의 성품 등의 세 가지의 복업사와 나머지의 선근과 이와 같은 일체를 합치고 집적하여 칭찬하고 헤아리면서 현전에서 전도가 없고,

따라서 기뻐하면서 회향하는 마음을 일으키려는 자는 '색, 나아가 식이 해탈과 동등하고, 안처, 나아가 의처가 해탈과 동등하며, 색처, 나아가 법처가 해탈과 동등하고, 안계, 나아가 의계가 해탈과 동등하며, 색계, 나아가 법계가 해탈과 동등하고, 안식계, 나아가 의식계가 해탈과 동등하며, 안촉, 나아가 의촉이 해탈과 동등하고, 안촉을 인연으로 생겨난 여러 수, 나아가 의촉을 인연으로 생겨난 여러 수가 해탈과 동등하며, 보시바라밀다, 나아가 반야바라밀다가 해탈과 동등하고, 내공, 나아가 무성자성공이 해탈과 동등하며, 4념주, 나아가 8성도지가 해탈과 동등하고, 이와 같이 나아가, 여래의 10력, 나아가 18불불공법이 해탈과 동등하며, 계온, 나아가 해탈지견온이 해탈과 동등하고, 일체법에서 일어난 수승한 지혜가 해탈과 동등하며,

과거·미래·현재의 제불이 해탈과 동등하고, 과거·미래·현재의 제법이 해탈과 동등하며, 일체의 따라서 기뻐하는 것이 해탈과 동등하고, 일체의 회향하는 것이 해탈과 동등하며, 제불·세존과 여러 제자들의 여러 근(諸根)이 성숙되고 변이하는 것이 해탈과 동등하고, 일체의 독각들의 여러 근이 성숙되고 변이하는 것이 해탈과 동등하며, 일체의 독각들이 열반을 증득하는 것이 해탈과 동등하고, 제불·세존과 성문·독각들의 제법과 법성이 해탈과 동등하며, 과거·미래·현재의 제불이 해탈과 동등하고, 일체의 유정들과 일체법과 아울러 그 법성이 해탈과 동등하나니,

여러 법성은 계박이 없고 해탈이 없으며, 염오가 없고 청정함이 없으며, 일어남이 없고 소멸함도 없으며, 생겨남이 없고 소멸함이 없으며, 취함이 없고 버림도 없는 것과 같이, 나도 이와 같은 공덕과 선근을 현전에서 따라서 기뻐하면서 이 선근을 지니고 제유정들과 평등하게 공유하면서 무상정등보리에 회향해야겠다.'라고 생각을 지어야 하느니라. 이와 같이

따라서 기뻐하는 것은 능히 따라서 기뻐하는 것이 아니고, 따라서 기뻐할 것도 아닌 까닭이며, 이와 같이 회향하는 것은 능히 회향하는 것이 아니고 회향할 것도 아닌 까닭이며, 이와 같이 따라서 기뻐하면서 회향하는 것은 전전(展轉)하는 것이 아니고 멈추는 것도 아니며, 생겨나고 소멸함도 없는 까닭이니라.

선현이여. 이 보살마하살의 따라서 기뻐하면서 회향하는 것은 나머지가 따라서 기뻐하면서 회향하는 것보다 존귀하게 되고 높게 되며, 묘하게 되고 미묘하게 되며, 위가 되고 무상이 되며, 무등이고 무등등이 되느니라. 선현이여. 만약 보살마하살이 이와 같이 따라서 기뻐하면서 회향을 성취한다면, 빠르게 무상정등보리를 증득하느니라."

"다시 다음으로 선현이여. 만약 대승에 나아가는 여러 선남자와 선여인 등은 가사 능히 시방의 현재에 각자 긍가사와 같은 세계의 일체의 여래·응공·정등각들과 제자들에게 유상으로써 방편을 삼고 얻을 수 있는 것으로써 그 수명을 끝마치도록 무량한 종류의 의복·음식·와구·의약품과 나머지의 자구(資具)로써 공양하고 공경하며 존중하고 찬탄한다면, 그 제여래·응공·정등각들과 제자들이 반열반하신 뒤에 설리라(設利羅)를 취하여 7배로써 높고 넓은 여러 솔도파(窣堵波)를 조성하여 세우고서 밤낮으로 정근하면서 예경하고서 오른쪽으로 돌고, 다시 여러 종류의 상묘한 화만·바르는 향·뿌리는 향·의복·영락·보배의 당기·번기·일산 등을 지니고, 여러 미묘하고 진기한 기악(伎樂)·등불(燈明)로써 공양하고 공경하며 존중하고 찬탄하느니라.

다시 유상과 얻을 수 있는 것으로써 방편을 삼아서 보시·정계·안인·정진·정려·반야와 나머지의 선근을 정근하면서 수습하였거나, 여러 선남자와 선여인 등은 대승을 일으키고 나아가면서 능히 무상과 얻을 수 없는 것으로써 방편을 삼아서 보시·정계·안인·정진·정려·반야와 나머지의 선근을 정근하면서 수습하였거나, 방편선교로 나머지의 일체의 공덕과 선근에서 따라서 기뻐함을 바르게 일으키고, 이 선근을 지니고 제유정들에게 평등하게 공유하면서 무상정등보리에 회향해야 하느니라. 이 선남자와 선여인 등은 오히려 반야바라밀다의 방편선교에 의지하여 따라서 기뻐하면서 회향한다면, 이전에서 설한 대승을 일으켜서 나아가는 여러 선남자와 선여인 등이 지었던 공덕보다 백 배·천 배 내지 오파니살담배가 수승하느니라. 그러므로 이와 같이 따라서 기뻐하면서 회향한다면, 나머지의 선근보다 존귀하게 되고 높게 되며, 묘하게 되고 미묘하게 되며, 위가 되고 무상이 되며, 무등이고 무등등이 되느니라.

　이러한 까닭으로 선현이여. 대승을 일으켜서 나아가는 제보살마하살은 상응하여 무상과 얻을 수 없는 것으로써 방편을 삼아서 보시·정계·안인·정진·정려·반야와 상응하는 선근을 정근하면서 수학해야 하고, 더불어 반야바라밀다의 방편선교에 의지하여 제여래·응공·정등각과 제자들의 공덕과 선근에서 따라서 따라서 기뻐함을 바르게 일으키고, 이 선근을 지니고 제유정들에게 평등하게 공유하면서 무상정등보리에 회향해야 하느니라.

　선현이여. 만약 보살마하살이 능히 무상과 얻을 수 없는 것으로써 방편을 삼아서 이와 같이 따라서 기뻐하면서 회향을 일으킨다면, 이 보살마하살은 빠르게 무상정등보리를 증득하고 미묘한 법륜을 굴리면서 일체를 이익되고 안락하게 하느니라."

마하반야바라밀다경 제434권

38. 대사품(大師品)

그때 구수(具壽) 사리자(舍利子)가 세존께 아뢰어 말하였다.

"세존이시여. 이와 같은 반야바라밀다는 능히 조명(照明)을 짓는데 반드시 결국에는 청정한 까닭이고, 이와 같은 반야바라밀다는 모두가 상응하여 공경하고 예배하는데 여러 천인과 인간들이 흠모(欽慕)하고 받들어야 하는 까닭이며, 이와 같은 반야바라밀다는 염오와 집착이라는 것이 없는데 세간의 법이 능히 염오시키지 못하는 까닭이며, 이와 같은 반야바라밀다는 일체의 삼계의 어지러움(醫眩)을 멀리 벗어나게 하는데 능히 번뇌와 여러 견해의 어두움을 없애주는 까닭이고, 이와 같은 반야바라밀다는 최고로 상수(上首)가 되는데 일체 종류의 보리분법(菩提分法)보다 매우 존중받고 수승한 까닭이며,

이와 같은 반야바라밀다는 능히 안은(安隱)함을 짓는데 영원히 일체의 놀람·두려움·핍박(逼迫)·재난(橫災) 등의 일을 단절하는 까닭이고, 이와 같은 반야바라밀다는 능히 광명(光明)을 베풀어 주는데 제유정들을 섭수하여 5안(五眼)을 얻게 하는 까닭이며, 이와 같은 반야바라밀다는 능히 중도(中道)를 보여주는데 길을 잃은 자에게 2변(二邊)¹⁾을 벗어나게 하는 까닭이고, 이 반야바라밀다는 일체상지를 잘 발생시키는데 일체 번뇌의 상속(相續)과 습기(習氣)의 상속을 영원히 단절하는 까닭이며, 이와 같은

---

1) 중도(中道)의 정도(正道)를 벗어난 두 견해를 가리키는데, 유변(有邊)과 무변(無邊), 또는 단변(斷邊)과 상변(常邊) 등이다.

반야바라밀다는 제보살마하살의 어머니인데 보살들이 수행하였던 일체의 불법이 이것에서 생겨나는 까닭이고, 이와 같은 반야바라밀다는 생겨나지 않고 소멸하지 않는데 자상(自相)이 공한 까닭이며,

이와 같은 반야바라밀다는 일체의 생사를 벗어나는데 항상하지 않고 무너지지 않는 까닭이고, 이와 같은 반야바라밀다는 능히 의지할 처소가 되는데 제유정들에게 바른 법보(法寶)를 베푸는 까닭이며, 이와 같은 반야바라밀다는 능히 여래의 원만한 10력(十力)을 성취하는데 일체의 다른 논리를 능히 절복시키는 까닭이고, 이와 같은 반야바라밀다는 삼전십이행상(三轉十二行相)²⁾인 무상법륜(無上法輪)을 굴리는데 일체법이 전전하면서 돌아오는 것이 없다고 통달한 까닭이며, 이와 같은 반야바라밀다는 능히 제법이 전도가 없는 자성(自性)이라고 보여주는데 무성(無性)의 자성을 명료하게 드러내는 까닭입니다.

세존이시여. 만약 제보살이 보살승(菩薩乘)에 나아가는 자이거나, 만약 제성문이 성문승(聲聞乘)에 나아가는 자이거나, 만약 제독각이 독각승(獨覺乘)에 나아가는 자라면, 이 반야바라밀다에 상응하여 어떻게 안주해야 합니까?"

세존께서 말씀하셨다.

"사리자여. 이 제유정들이 이 반야바라밀다에 안주한다면 상응하여 대사(大師)와 같이 공양하고 예경해야 하고, 이와 같이 반야바라밀다도 상응하여 대사를 공경하고 예경하는 것과 같아야 하느니라. 왜 그러한가? 사리자여. 대사가 반야바라밀다와 다르지 않고 반야바라밀다가 대사와 다르지 않으며, 대사가 곧 이것이 반야바라밀다이고 반야바라밀다가 곧 이것이 대사이니라.

사리자여. 일체의 여래·응공·정등각들은 모두가 오히려 반야바라밀다에서 출현하는 것이니라. 사리자여. 일체의 보살마하살·독각·아라한,

---

2) 사성제(四聖諦)를 시전(示轉)·권전(勸轉)·증전(證轉)의 세 부분으로 분류하고, 다시 시전·권전·증전의 사성제의 각각에 안(眼)·지(智)·명(明)·각(覺)의 네 단계를 설정하여, 사제(四諦) 각각을 열두 가지의 모습으로 설한 것이다.

나아가 예류가 모두 오히려 반야바라밀다에서 출현하는 것이니라. 사리자여. 일체의 세간의 10선업도가 모두 오히려 반야바라밀다에서 출현하는 것이니라. 사리자여. 일체의 4정려·4무량·4무색정·5신통이 모두 오히려 반야바라밀다에서 출현하는 것이니라. 사리자여. 일체의 보시바라밀다, 나아가 반야바라밀다가 모두 오히려 반야바라밀다에서 출현하는 것이니라. 사리자여. 일체의 내공, 나아가 무성자성공과, 4념주, 나아가 8성도지와, 이와 같이 나아가, 여래의 10력, 나아가 18불불공법과, 나아가 일체상지가 모두 오히려 반야바라밀다에서 출현하는 것이니라."

이때 천제석은 이렇게 생각을 지으면서 말하였다.
"지금 사리자께서는 무슨 까닭을 인연으로 세존께 이러한 일을 묻는가?"
생각하고서 곧 사리자에게 알려 말하였다.
"대덕(大德)이여. 지금 무슨 인연이 있어서 이와 같이 물으셨습니까?"
이때 사리자가 천제석에게 알려 말하였다.
"교시가(憍尸迦)여. 제보살마하살은 오히려 이 반야바라밀다에 섭수되는 까닭으로 방편선교(方便善巧)로 능히 과거·미래·현재의 시방세계에 머무시는 일체의 여래·응공·정등각께서 초발심부터 나아가 무상정등보리를 증득하시고 미묘한 법륜을 굴리면서 무량한 대중을 헤아려서 해탈시키시고 무여의반열반계에 들어가셨으며, 나아가 법이 소멸하는 그 중간에서 소유하였던 일체의 공덕과 선근(善根)이거나, 만약 여러 성문·독각·보살과 나머지 유정들의 공덕과 선근이거나, 이와 같은 일체를 능히 무상과 얻을 수 없는 것으로써 방편을 삼아서 합치고 집적하며 칭찬(稱量)하고 현전에서 따라서 기뻐하며, 이미 따라서 기뻐하였다면 제유정들과 함께 평등하게 공유하면서 무상정등보리에 회향하게 하나니, 오히려 이 인연을 까닭으로 이 일을 물었습니다.
다시 다음으로 교시가여. 제보살마하살이 수학하였던 반야바라밀다는 보시·정계·안인·정진·정려·반야바라밀다를 수승하게 초월하므로 무량한 배수(倍數)입니다. 교시가여. 비유한다면 장님(生盲)이 만약 백 명이거

나. 만약 천 명이거나, 만약 백천 명이 있더라도 청정한 눈이 있는 자로써 길잡이(前導)를 삼지 않으면 오히려 바른 길에 능히 가깝게 가지도 못하는데, 하물며 편안하고 풍족하고 즐거운 먼 나라의 성읍이나 왕도에 능히 이를 수 있겠습니까? 이와 같아서 보시·정계·안인·정진·정려·반야바라밀다 등의 여러 장님들에게 만약 반야바라밀다의 청정한 눈이 있는 자인 길잡이가 없다면, 오히려 보살의 바른 길에도 능히 나아가지 못하는데, 하물며 능히 멀리 일체지의 성(一切智城)을 통달할 수 있겠습니까?

다시 다음으로 교시가여. 보시 등의 5바라밀다는 요컨대 오히려 반야바라밀다에 섭수되어 수지(受持)되는 까닭으로 눈이 있는 자라고 이름할 수 있습니다. 다시 오히려 반야바라밀다에 섭수되는 까닭으로 이 5바라밀다는 비로소 도피안(到彼岸)이라는 이름을 얻습니다."

그때 천제석이 곧 구수 사리자에게 알려 말하였다.

"대덕께서 설하신 것과 같이 보시 등의 5바라밀다는 요컨대 오히려 반야바라밀다에 섭수되어 수지되는 까닭으로, 나아가 도피안이라는 이름을 얻는다면, 어찌 요컨대 오히려 보시, 나아가 정려바라밀다에 섭수되어 수지되는 까닭으로, 나머지의 바라밀다가 비로소 도피안이라는 이름을 얻는다고 상응하여 설하지 않습니까? 만약 그와 같다면 무슨 인연으로 반야바라밀다를 찬탄하십니까?"

사리자가 대답하여 말하였다.

"그와 같습니다. 그와 같습니다. 그대가 말한 것과 같습니다. 보시 등의 6바라밀다는 서로서로를 섭수하고 수지해야 능히 피안에 이릅니다. 그렇지만 반야바라밀다에 안주한다면 큰 세력을 갖추고 방편선교로 수행하는 보시·정계·안인·정진·정려·반야바라밀다를 빠르게 원만하게 하는데, 앞의 5바라밀다에 안주한다면 능히 이러한 일을 성취할 수 없습니다. 이러한 까닭으로 반야바라밀다는 앞의 5바라밀다보다 존귀하게 되고 높게 되며, 묘하게 되고 미묘하게 되며, 위가 되고 무상이 되며, 무등이고 무등등이 됩니다. 오히려 이러한 인연으로 반야바라밀다가 나머지의 바라밀다보다 수승하게 초월한다고 찬탄하는 것입니다."

그때 사리자가 세존께 아뢰어 말하였다.
"세존이시여. 제보살마하살은 어찌하여 반야바라밀다를 상응하게 이끌어 일으켜야 합니까?"
세존께서 말씀하셨다.
"사리자여. 제보살마하살이 색, 나아가 식을 이끌어 일으키지 않게 하려는 까닭으로 반야바라밀다를 상응하게 이끌어 일으켜야 하고, 안처, 나아가 의처를 이끌어 일으키지 않게 하려는 까닭으로 반야바라밀다를 상응하게 이끌어 일으켜야 하며, 색처, 나아가 법처를 이끌어 일으키지 않게 하려는 까닭으로 반야바라밀다를 상응하게 이끌어 일으켜야 하고, 안계, 나아가 의계를 이끌어 일으키지 않게 하려는 까닭으로 반야바라밀다를 상응하게 이끌어 일으켜야 하며, 색계, 나아가 법계를 이끌어 일으키지 않게 하려는 까닭으로 반야바라밀다를 상응하게 이끌어 일으켜야 하고, 안식계, 나아가 의식계를 이끌어 일으키지 않게 하려는 까닭으로 반야바라밀다를 상응하게 이끌어 일으켜야 하며, 안촉, 나아가 의촉을 이끌어 일으키지 않게 하려는 까닭으로 반야바라밀다를 상응하게 이끌어 일으켜야 하고,

안촉을 인연으로 생겨난 여러 수, 나아가 의촉을 인연으로 생겨난 여러 수를 이끌어 일으키지 않게 하려는 까닭으로 반야바라밀다를 상응하게 이끌어 일으켜야 하며, 보시바라밀다, 나아가 반야바라밀다를 이끌어 일으키지 않게 하려는 까닭으로 반야바라밀다를 상응하게 이끌어 일으켜야 하고, 내공, 나아가 무성자성공을 이끌어 일으키지 않게 하려는 까닭으로 반야바라밀다를 상응하게 이끌어 일으켜야 하며, 4념주, 나아가 8성도지를 이끌어 일으키지 않게 하려는 까닭으로 반야바라밀다를 상응하게 이끌어 일으켜야 하고, 이와 같이 나아가, 여래의 10력, 나아가 18불불공법을 이끌어 일으키지 않게 하려는 까닭으로 반야바라밀다를 상응하게 이끌어 일으켜야 하며, 일체지·도상지·일체상지를 이끌어 일으키지 않게 하려는 까닭으로 반야바라밀다를 상응하게 이끌어 일으켜야 하고, 일체법을 이끌어 일으키지 않게 하려는 까닭으로 반야바라밀다를 상응하게

이끌어 일으켜야 하느니라."

사리자가 세존께 아뢰어 말하였다.

"세존이시여. 제보살마하살은 어찌하여 색, 나아가 일체법을 이끌어 일으키게 하지 않으려는 까닭으로 반야바라밀다를 이끌어 일으켜야 합니까?"

세존께서 말씀하셨다.

"사리자여. 색, 나아가 일체법은 짓는 것이 없고 생겨남도 없으며 얻는 것도 없고 무너짐이 없으며 자성이 없는 까닭이고, 제보살마하살은 색, 나아가 일체법을 이끌어 일으키지 않기 위하여, 나아가 반야바라밀다를 상응하게 이끌어 일으켜야 하느니라."

사리자가 다시 세존께 아뢰어 말하였다.

"세존이시여. 제보살마하살이 이와 같이 이끌어서 일으킨 반야바라밀다는 무슨 법과 함께 합쳐집니까?"

세존께서 말씀하셨다.

"사리자여. 제보살마하살이 이와 같이 이끌어서 일으킨 반야바라밀다는 일체법과 함께 합쳐지지 않나니, 합하지 않는 까닭으로써 반야바라밀다라는 이름을 얻느니라."

사리자가 아뢰어 말하였다.

"이와 같은 반야바라밀다는 무엇 등의 일체법과 함께 합쳐지지 않습니까?"

세존께서 말씀하셨다.

"이와 같은 반야바라밀다는 선법(善法)과 함께 합쳐지지 않고 선하지 않은 법과 함께 합쳐지지 않으며, 세간법과 함께 합쳐지지 않고 출세간법과 함께 합쳐지지 않으며, 유루법(有漏法)과 함께 합쳐지지 않고 무루법(無漏法)과 함께 합쳐지지 않느니라. 왜 그러한가? 사리자여. 이와 같은 반야바라밀다는 일체법에서 얻을 수 없는 까닭으로 이와 같은 법과 함께 합쳐진다고 말할 수 없느니라."

그때 천제석이 세존께 아뢰어 말하였다.

"세존이시여. 이와 같은 반야바라밀다는 역시 일체상지와 함께 합쳐지지 않습니까?"

세존께서 말씀하셨다.

"교시가여. 그와 같으니라. 그와 같으니라. 그대가 말한 것과 같으니라. 역시 일체상지와 함께 합쳐지지 않나니, 오히려 이것에서 그것을 얻을 수 없는 까닭이니라."

"세존이시여. 어찌하여 반야바라밀다가 일체상지에서 합쳐지지 않고 얻는 것도 없습니까?"

"교시가여. 반야바라밀다는 일체상지에서 명자(名字)와 같지 않고 상(相)과 같지 않으며 지을 수 있는 것과 같지 않고 합쳐지는 것이 있지 않으며 얻을 것도 있지 않느니라."

"세존이시여. 어떻게 하면 반야바라밀다가 일체상지에서 역시 합쳐지는 것이 없고 얻을 것이 있다고 설할 수 있습니까?"

"교시가여. 오히려 반야바라밀다가 일체상지에서 명자와 상 등과 같아서 받는 것이 없고 취하는 것이 없으며 머무름이 없고 단절이 없으며 집착이 없고 버림도 없는 까닭으로, 이와 같이 합쳐지고 얻더라도, 그러나 합쳐짐이 없고 얻는 것도 없느니라. 교시가여. 이와 같은 반야바라밀다는 일체법에서 명자와 상 등과 같아서 받는 것이 없고 취하는 것이 없으며 머무름이 없고 단절이 없으며 집착이 없고 버림도 없는 까닭으로, 이와 같이 합쳐지고 얻더라도, 그러나 합쳐지는 것이 없고 얻는 것도 없느니라."

그때 천제석이 세존께 아뢰어 말하였다.

"희유하옵니다. 세존이시여. 이 반야바라밀다는 일체법에서 생겨남이 없고 소멸함이 없으며 짓는 것이 없고 성취도 없으며 얻는 것이 없고 무너짐도 없으며 자성(自性)이 없는 까닭이고, 눈앞에 현전하여 있으며 비록 합쳐지는 것이 있고 얻는 것도 있을지라도, 그렇지만 합쳐지는 것이 없고 얻는 것도 없나니, 이러한 이취(理趣)는 불가사의(不可思議)합니다."

그때 구수 선현이 세존께 아뢰어 말하였다.

"세존이시여. 보살마하살이 반야바라밀다를 수행하는 때에 '이 반야바라밀다는 제법과 함께 합쳐진다, 혹은 제법과 함께 합쳐지지 않는다.'라고 이와 같이 생각을 일으킨다면 이 보살마하살은 반야바라밀다를 함께 버리는 것이며, 반야바라밀다를 함께 멀리 벗어나는 것입니다."

세존께서 말씀하셨다.

"선현이여. 제보살마하살이 반야바라밀다를 버리거나 멀리 벗어나는 인연이 있는데 이를테면, 보살마하살이 반야바라밀다를 수행하는 때에 '이 반야바라밀다는 무소유이므로 진실하지 않고 견고하지 않으며, 자재(自在)하지 않는다.'라고 이와 같이 생각을 일으킨다면 이 보살마하살은 반야바라밀다를 함께 버리는 것이며, 반야바라밀다를 함께 멀리 벗어나는 것이니라."

구수 선현이 다시 세존께 아뢰어 말하였다.

"세존이시여. 만약 보살마하살이 반야바라밀다를 신행(信行)하는 때라면, 무슨 법을 신행하지 않아야 합니까?"

세존께서 말씀하셨다.

"선현이여. 보살마하살이 반야바라밀다를 신행하는 때라면, 곧 색(色)을 믿지 않아야 하고 수(受)·상(想)·행(行)·식(識)도 신행하지 않아야 하며, 안처(眼處)를 신행하지 않아야 하고 이(耳)·비(鼻)·설(舌)·신(身)·의처(意處)도 신행하지 않아야 하며, 색처(色處)를 신행하지 않아야 하고 성(聲)·향(香)·미(味)·촉(觸)·법처(法處)도 신행하지 않아야 하며, 안계(眼界)를 신행하지 않아야 하고 이(耳)·비(鼻)·설(舌)·신(身)·의계(意界)도 신행하지 않아야 하며, 색계(色界)를 신행하지 않아야 하고 성(聲)·향(香)·미(味)·촉(觸)·법계(法界)도 신행하지 않아야 하며, 안식계(眼識界)를 신행하지 않아야 하고 이(耳)·비(鼻)·설(舌)·신(身)·의식계(意識界)도 신행하지 않아야 하며, 안촉(眼觸)을 신행하지 않아야 하고 이(耳)·비(鼻)·설(舌)·신(身)·의촉(意觸)도 신행하지 않아야 하며,

안촉(眼觸)을 인연으로 생겨난 여러 수를 신행하지 않아야 하고 이(耳)·비(鼻)·설(舌)·신(身)·의촉(意觸)을 인연으로 생겨난 여러 수도 신행하지 않아야 하며, 보시바라밀다(布施波羅蜜多)를 신행하지 않아야 하고 정계(淨戒)·안인(安忍)·정진(精進)·정려(靜慮)·반야바라밀다(般若波羅蜜多)

도 신행하지 않아야 하며, 내공(內空)을 신행하지 않아야 하고 외공(外空)·내외공(內外空)·공공(空空)·대공(大空)·승의공(勝義空)·유위공(有爲空)·무위공(無爲空)·필경공(畢竟空)·무제공(無際空)·산공(散空)·무변이공(無變異空)·본성공(本性空)·자상공(自相空)·공상공(共相空)·일체법공(一切法空)·불가득공(不可得空)·무성공(無性空)·자성공(自性空)·무성자성공(無性自性空)도 신행하지 않아야 하며,

4념주(四念住)를 신행하지 않아야 하고 4정단(四正斷)·4신족(四神足)·5근(五根)·5력(五力)·7등각지(七等覺支)·8성도지(八聖道支)도 신행하지 않아야 하며, 이와 같이 나아가, 여래(佛)의 10력(十力)을 신행하지 않아야 하고 4무소외(無所畏)·4무애해(無礙解)·대자(大慈)·대비(大悲)·대희(大喜)·대사(大捨)·18불불공법(十八佛不共法)도 신행하지 않아야 하며, 예류과(預流果)를 믿지 않아야 하고 일래(一來)·불환(不還)·아라한과(阿羅漢果)도 신행하지 않아야 하며, 독각(獨覺)의 보리(菩提)를 신행하지 않아야 하고 일체의 보살마하살(菩薩摩訶薩)의 행(行)도 믿지 않아야 하며, 제불(諸佛)의 무상정등보리(無上正等菩提)를 신행하지 않아야 하고 일체지(一切智)·도상지(道相智)·일체상지(一切相智)도 신행하지 않아야 하느니라.”

이때 구수 선현이 다시 세존께 아뢰어 말하였다.

"세존이시여. 어찌하여 제보살마하살이 반야바라밀다를 신행하는 때라면, 곧 색을 신행하지 않아야 하고, [자세한 설명은 생략한다.] 나아가 일체상지를 신행하지 않아야 합니까?"

세존께서 말씀하셨다.

"선현이여. 제보살마하살이 반야바라밀다를 수행하는 때에 일체의 색을 얻을 수 없다고 관찰하는 까닭으로 비록 반야바라밀다를 신행하였더라도, 색을 신행하지 않는 것이며, [자세한 설명은 생략한다.] 나아가 일체상지를 얻을 수 없다고 관찰하는 까닭으로 비록 반야바라밀다를 신행하였더라도, 일체상지를 신행하지 않는 것이니라. 이러한 까닭으로 선현이여. 제보살마하살이 반야바라밀다를 신행하는 때라면, 곧 색을 신행하지 않는 것이고, [자세한 설명은 생략한다.] 나아가 일체상지를

신행하지 않는 것이니라."

그때 구수 선현이 세존께 아뢰어 말하였다.

"세존이시여. 이와 같은 반야바라밀다는 이것이 대바라밀다(大波羅蜜多)입니다."

세존께서 말씀하셨다.

"선현이여. 그대는 무슨 뜻을 인연하여 이와 같은 반야바라밀다는 이것이 대바라밀다라고 설하는가?"

선현이 대답하여 말하였다.

"세존이시여. 오히려 이러한 반야바라밀다는 색, 나아가 식에서 크게 짓지 않고 작게 짓지도 않으며, 안처, 나아가 의처에서 크게 짓지 않고 작게 짓지도 않으며, 색처, 나아가 법처에서 크게 짓지 않고 작게 짓지도 않으며, 안계, 나아가 의계에서 크게 짓지 않고 작게 짓지도 않으며, 색계, 나아가 법계에서 크게 짓지 않고 작게 짓지도 않으며, 안식계, 나아가 의식계에서 크게 짓지 않고 작게 짓지도 않으며, 안촉, 나아가 의촉에서 크게 짓지 않고 작게 짓지도 않으며, 안촉을 인연으로 생겨난 여러 수, 나아가 의촉을 인연으로 생겨난 여러 수에서 크게 짓지 않고 작게 짓지도 않으며,

보시바라밀다, 나아가 반야바라밀다에서 크게 짓지 않고 작게 짓지도 않으며, 내공, 나아가 무성자성공에서 크게 짓지 않고 작게 짓지도 않으며, 4념주, 나아가 8성도지에서 크게 짓지 않고 작게 짓지도 않으며, 이와 같이 나아가, 여래의 10력, 나아가 18불불공법에서 크게 짓지 않고 작게 짓지도 않으며, 여래(佛)의 무상정등보리(無上正等菩提)에서 크게 짓지 않고 작게 짓지도 않으며, 제여래·응공·정등각에서 크게 짓지 않고 작게 짓지도 않습니다. 세존이시여. 저는 이러한 뜻을 인연하는 까닭으로 반야바라밀다를 대바라밀다라고 설하였습니다.

다시 다음으로 세존이시여. 오히려 이러한 인연으로 반야바라밀다는 색에서 집적하면서 짓지 않고 흩뜨리면서 짓지 않으며, 수·상·행·식에도 역시 집적하면서 짓지 않고 흩뜨리면서 짓지 않으며, 이와 같이 나아가,

제불의 무상정등보리에서 집적하면서 짓지 않고 흩뜨리면서 짓지 않으며, 제여래·응공·정등각에서 집적하면서 짓지 않고 흩뜨리면서 짓지 않습니다. 세존이시여. 저는 이러한 뜻을 인연하는 까닭으로 반야바라밀다를 대바라밀다라고 설하였습니다.

다시 다음으로 세존이시여. 오히려 이러한 인연으로 반야바라밀다는 색에서 헤아리면서(量) 짓지 않고 헤아리지 않으면서 짓지 않으며, 수·상·행·식에서도 역시 헤아리면서 짓지 않고 헤아리지 않으면서 짓지 않으며, 이와 같이 나아가, 제불의 무상정등보리에서 헤아리면서 짓지 않고 헤아리지 않으면서 짓지 않으며, 제여래·응공·정등각에서 헤아리면서 짓지 않고 헤아리지 않으면서 짓지 않습니다. 세존이시여. 저는 이러한 뜻을 인연하는 까닭으로 반야바라밀다를 대바라밀다라고 설하였습니다.

다시 다음으로 세존이시여. 오히려 이러한 인연으로 반야바라밀다는 색에서 넓게(廣) 짓지 않고 좁게(狹) 짓지 않으며, 수·상·행·식에서도 역시 넓게 짓지 않고 좁게 짓지 않으며, 이와 같이 나아가, 제불의 무상정등보리에서 넓게 짓지 않고 좁게 짓지 않으며, 제여래·응공·정등각에서 넓게 짓지 않고 좁게 짓지 않습니다. 세존이시여. 저는 이러한 뜻을 인연하는 까닭으로 반야바라밀다를 대바라밀다라고 설하였습니다.

다시 다음으로 세존이시여. 오히려 이러한 인연으로 반야바라밀다는 색에서 강(强)하게 짓지 않고 약(弱)하게 짓지 않으며, 수·상·행·식에서도 역시 강하게 짓지 않고 약하게 짓지 않으며, 이와 같이 나아가, 제불의 무상정등보리에서 강하게 짓지 않고 약하게 짓지 않으며, 제여래·응공·정등각에서 강하게 짓지 않고 약하게 짓지 않습니다. 세존이시여. 저는 이러한 뜻을 인연하는 까닭으로 반야바라밀다를 대바라밀다라고 설하였습니다."

"다시 다음으로 세존이시여. 보살마하살이 새롭게 대승에 나아가서 반야, 나아가 보시바라밀다에 의지하면서, '이와 같은 반야바라밀다는 색에서 크게 짓지 않고 작게 짓지도 않으며, 수·상·행·식에서도 역시 크게 짓지 않고 작게 짓지도 않으며, 나아가 제불의 무상정등보리에서 크게 짓지 않고 작게 짓지도 않으며, 제여래·응공·정등각에서 크게 짓지 않고 작게 짓지도 않는다. 이와 같은 반야바라밀다는 색에서 집적하면서 짓지 않고 흩뜨리면서 짓지 않으며, 수·상·행·식에서도 역시 집적하면서 짓지 않고 흩뜨리면서 짓지 않으며, 나아가 제불의 무상정등보리에서 집적하면서 짓지 않고 흩뜨리면서 짓지 않으며, 제여래·응공·정등각에서 집적하면서 짓지 않고 흩뜨리면서 짓지 않는다.

이와 같은 반야바라밀다는 색에서 헤아리면서 짓지 않고 헤아리지 않으면서 짓지 않으며, 수·상·행·식에서도 역시 헤아리면서 짓지 않고 헤아리지 않으면서 짓지 않으며, 나아가 제불의 무상정등보리에서 헤아리면서 짓지 않고 헤아리지 않으면서 짓지 않으며, 제여래·응공·정등각에서 헤아리면서 짓지 않고 헤아리지 않으면서 짓지 않는다. 이와 같은 반야바라밀다는 색에서 넓게 짓지 않고 좁게 짓지 않으며, 수·상·행·식에서도 역시 넓게 짓지 않고 좁게 짓지 않으며, 나아가 제불의 무상정등보리에서 넓게 짓지 않고 좁게 짓지 않으며, 제여래·응공·정등각에서 넓게 짓지 않고 좁게 짓지 않는다.

이와 같은 반야바라밀다는 색에서 강하게 짓지 않고 약하게 짓지 않으며, 수·상·행·식에서도 역시 강하게 짓지 않고 약하게 짓지 않으며, 나아가 제불의 무상정등보리에서 강하게 짓지 않고 약하게 짓지 않으며, 제여래·응공·정등각에서 강하게 짓지 않고 약하게 짓지 않는다.'라고 이와 같이 생각을 지었다면, 세존이시여. 이 보살마하살은 이 생각을 일으킨 까닭에 반야바라밀다를 행하는 것이 아닙니다.

다시 다음으로 세존이시여. 보살마하살이 새롭게 대승에 나아가서 반야, 나아가 보시바라밀다에 의지하면서, '이와 같은 반야바라밀다는 색에서 크게 짓고 작게 지으며, 수·상·행·식에서도 역시 크게 짓고 작게 지으며, 나아가 제불의 무상정등보리에서 크게 짓고 작게 지으며, 제여래·응공·정등각에서도 크게 짓고 작게 짓는다. 이와 같은 반야바라밀다는 색에서 집적하면서 짓고 흩뜨리면서 지으며, 수·상·행·식에서도 역시 집적하면서 짓고 흩뜨리면서 지으며, 나아가 제불의 무상정등보리에서 집적하면서 짓고 흩뜨리면서 지으며, 제여래·응공·정등각에서 집적하면서 짓고 흩뜨리면서 짓는다.
 이와 같은 반야바라밀다는 색에서 헤아리면서 짓고 헤아리지 않으면서 지으며, 수·상·행·식에서도 역시 헤아리면서 짓고 헤아리지 않으면서 지으며, 나아가 제불의 무상정등보리에서 헤아리면서 짓고 헤아리지 않으면서 지으며, 제여래·응공·정등각에서 헤아리면서 짓고 헤아리지 않으면서 짓는다. 이와 같은 반야바라밀다는 색에서 넓게 짓고 좁게 지으며, 수·상·행·식에서도 역시 넓게 짓고 좁게 지으며, 나아가 제불의 무상정등보리에서 짓고 좁게 지으며, 제여래·응공·정등각에서 넓게 짓고 좁게 짓는다.
 이와 같은 반야바라밀다는 색에서 강하게 짓고 약하게 지으며, 수·상·행·식에서도 역시 강하게 짓고 약하게 지으며, 나아가 제불의 무상정등보리에서 강하게 짓고 약하게 지으며, 제여래·응공·정등각에서 강하게 짓고 약하게 짓는다.'라고 이와 같이 생각을 지었다면, 세존이시여. 이 보살마하살은 이 생각을 일으킨 까닭에 반야바라밀다를 행하는 것이 아닙니다.

 다시 다음으로 세존이시여. 보살마하살이 새롭게 대승에 나아가서 반야, 나아가 보시바라밀다에 의지하면서, '이와 같은 반야바라밀다는 색에서 크게 짓지 않고 작게 짓지 않으며, 수·상·행·식에서도 역시 크게 짓지 않고 작게 짓지 않으며, 나아가 제불의 무상정등보리에서 크게 짓지 않고 작게 짓지 않으며, 제여래·응공·정등각에서 크게 짓지 않고 작게 짓지 않는다. 이와 같은 반야바라밀다는 색에서 집적하면서 짓지 않고 흩뜨리면서 짓지 않으며, 수·상·행·식에서 집적하면서 짓지 않고 흩뜨리면서 짓지 않으며, 나아가 제불의 무상정등보리에서 집적하면서 짓지 않고 흩뜨리면서 짓지 않으며, 제여래·응공·정등각에서 짓지 않고 흩뜨리면서 짓지 않는다.
 이와 같은 반야바라밀다는 색에서 헤아리면서 짓지 않고 헤아리지 않으면서 짓지 않으며, 수·상·행·식에서 헤아리면서 짓지 않고 헤아리지 않으면서 짓지 않으며, 나아가 제불의 무상정등보리에서 헤아리면서 짓지 않고 헤아리지 않으면서 짓지 않으며, 제여래·응공·정등각에서 헤아리면서 짓지 않고 헤아리지 않으면서 짓지 않는다. 이와 같은 반야바라밀다는 색에서 넓게 짓지 않고 좁게 짓지 않으며, 수·상·행·식에서 넓게 짓지 않고 좁게 짓지 않으며, 나아가 제불의 무상정등보리에서 넓게 짓지 않고 좁게 짓지 않으며, 제여래·응공·정등각에서 넓게 짓지 않고 좁게 짓지 않는다.

이와 같은 반야바라밀다는 색에서 강하게 짓지 않고 약하게 짓지 않으며, 수·상·행·식에서 강하게 짓지 않고 약하게 짓지 않으며, 나아가 제불의 무상정등보리에서 강하게 짓지 않고 약하게 짓지 않으며, 제여래·응공·정등각에서 강하게 짓지 않고 약하게 짓지 않는다.'라고 이와 같이 생각을 지었다면, 세존이시여. 이 보살마하살은 이 생각을 일으킨 까닭에 반야바라밀다를 행하는 것이 아닙니다.

다시 다음으로 세존이시여. 보살마하살이 새롭게 대승에 나아가서 반야, 나아가 보시바라밀다에 의지하면서, '이와 같은 반야바라밀다는 색에서 크게 짓고 작게 지으며, 수·상·행·식에서도 역시 크게 짓고 작게 지으며, 나아가 제불의 무상정등보리에서 크게 짓고 작게 지으며, 제여래·응공·정등각에서 크게 짓고 작게 짓는다. 이와 같은 반야바라밀다는 색에서 집적하면서 짓고 흩뜨리면서 지으며, 수·상·행·식에서 집적하면서 짓고 흩뜨리면서 지으며, 나아가 제불의 무상정등보리에서 집적하면서 짓고 흩뜨리면서 지으며, 제여래·응공·정등각에서 집적하면서 짓고 흩뜨리면서 짓는다.

이와 같은 반야바라밀다는 색에서 헤아리면서 짓고 헤아리지 않으면서 지으며, 수·상·행·식에서 헤아리면서 짓고 헤아리지 않으면서 지으며, 나아가 제불의 무상정등보리에서 헤아리면서 짓고 헤아리지 않으면서 지으며, 제여래·응공·정등각에서 헤아리면서 짓고 헤아리지 않으면서 짓는다. 이와 같은 반야바라밀다는 색에서 넓게 짓고 좁게 지으며, 수·상·행·식에서 넓게 짓고 좁게 지으며, 나아가 제불의 무상정등보리에서 넓게 짓고 좁게 지으며, 제여래·응공·정등각에서 넓게 짓고 좁게 짓는다.

이와 같은 반야바라밀다는 색에서 강하게 짓고 약하게 지으며, 수·상·행·식에서 강하게 짓고 약하게 지으며, 나아가 제불의 무상정등보리에서 강하게 짓고 약하게 지으며, 제여래·응공·정등각에서 강하게 짓고 약하게 짓는다.'라고 이와 같이 생각을 지었다면, 세존이시여. 이 보살마하살은 이 생각을 일으킨 까닭에 반야바라밀다를 행하는 것이 아닙니다.

왜 그러한가? 세존이시여. 만약 보살마하살이 '이와 같은 반야바라밀다는 색에서 만약 크고 작게 지었고, 크고 작게 짓지 않았으며, 수·상·행·식에서 만약 크고 작게 지었고, 크고 작게 짓지 않았으며, 나아가 여래의 무상정등보리에서 만약 크고 작게 지었고, 크고 작게 짓지 않았으며, 제여래·응공·정등각에서 만약 크고 작게 지었고, 크고 작게 짓지 않는다.

이와 같은 반야바라밀다는 색에서 만약 집적하거나 흩뜨리면서 지었고, 집적하거나 흩뜨리면서 짓지 않았으며, 수·상·행·식에서 만약 집적하거나 흩뜨리면서 지었고, 집적하거나 흩뜨리면서 짓지 않았으며, 나아가 여래의 무상정등보리에서 만약 집적하거나 흩뜨리면서 지었고, 집적하거나 흩뜨리면서 짓지 않았으며, 제여래·응공·정등각에서 만약 집적하거나 흩뜨리면서 지었고, 집적하거나 흩뜨리면서 짓지 않는다.

이와 같은 반야바라밀다는 색에서 만약 헤아리거나 헤아리지 않으면서 지었고, 헤아리거나 헤아리지 않으면서 짓지 않았으며, 수·상·행·식에서 만약 헤아리거나 헤아리지 않으면서 지었고, 헤아리거나 헤아리지 않으면서 짓지 않았으며, 나아가 여래의 무상정등보리에서 만약 헤아리거나 헤아리지 않으면서 지었고, 헤아리거나 헤아리지 않으면서 짓지 않았으며, 제여래·응공·정등각에서 만약 헤아리거나 헤아리지 않으면서 지었고, 헤아리거나 헤아리지 않으면서 짓지 않는다.

이와 같은 반야바라밀다는 색에서 만약 넓고 좁게 지었고, 넓고 좁게 짓지 않았으며, 수·상·행·식에서 만약 넓고 좁게 지었고, 넓고 좁게 짓지 않았으며, 나아가 여래의 무상정등보리에서 만약 넓고 좁게 지었고, 넓고 좁게 짓지 않았으며, 제여래·응공·정등각에서 만약 넓고 좁게 지었고, 넓고 좁게 짓지 않는다.

이와 같은 반야바라밀다는 색에서 만약 강하고 약하게 지었고, 강하고 약하게 짓지 않았으며, 수·상·행·식에서 만약 강하고 약하게 지었고, 강하고 약하게 짓지 않았으며, 나아가 여래의 무상정등보리에서 만약 강하고 약하게 지었고, 강하고 약하게 짓지 않았으며, 제여래·응공·정등각에서 만약 강하고 약하게 지었고, 강하고 약하게 짓지 않는다.'라고 이와 같이 생각을 일으켰다면, 세존이시여. 이와 같은 일체는 모두가 반야바라밀다의 등류과(等流果)가 아닌 까닭입니다.

세존이시여. 만약 보살마하살이 '이와 같은 반야바라밀다는 색에서 만약 크고 작게 지었고, 크고 작게 짓지 않았으며, 수·상·행·식에서 만약 크고 작게 지었고, 크고 작게 짓지 않았으며, 나아가 여래의 무상정등보리에서 만약 크고 작게 지었고, 크고 작게 짓지 않았으며, 제여래·응공·정등각에서 만약 크고 작게 지었고, 크고 작게 짓지 않는다.

이와 같은 반야바라밀다는 색에서 만약 집적하거나 흩뜨리면서 지었고, 집적하거나 흩뜨리면서 짓지 않았으며, 수·상·행·식에서 만약 집적하거나 흩뜨리면서 지었고, 집적하거나 흩뜨리면서 짓지 않았으며, 나아가 여래의 무상정등보리에서 만약 집적하거나 흩뜨리면서 지었고, 집적하거나 흩뜨리면서 짓지 않았으며, 제여래·응공·정등각에서 만약 집적하거나 흩뜨리면서 지었고, 집적하거나 흩뜨리면서 짓지 않는다.

이와 같은 반야바라밀다는 색에서 만약 헤아리거나 헤아리지 않으면서 지었고, 헤아리거나 헤아리지 않으면서 짓지 않았으며, 수·상·행·식에서 만약 헤아리거나 헤아리지 않으면서 지었고, 헤아리거나 헤아리지 않으면서 짓지 않았으며, 나아가 여래의 무상정등보리에서 만약 헤아리거나 헤아리지 않으면서 지었고, 헤아리거나 헤아리지 않으면서 짓지 않았으며, 제여래·응공·정등각에서 만약 헤아리거나 헤아리지 않으면서 지었고, 헤아리거나 헤아리지 않으면서 짓지 않는다.

이와 같은 반야바라밀다는 색에서 만약 넓고 좁게 지었고, 넓고 좁게 짓지 않았으며, 수·상·행·식에서 만약 넓고 좁게 지었고, 넓고 좁게 짓지 않았으며, 나아가 여래의 무상정등보리에서 만약 넓고 좁게 지었고, 넓고 좁게 짓지 않았으며, 제여래·응공·정등각에서 만약 넓고 좁게 지었고, 넓고 좁게 짓지 않는다.

 이와 같은 반야바라밀다는 색에서 만약 강하고 약하게 지었고, 강하고 약하게 짓지 않았으며, 수·상·행·식에서 만약 강하고 약하게 지었고, 강하고 약하게 짓지 않았으며, 나아가 여래의 무상정등보리에서 만약 강하고 약하게 지었고, 강하고 약하게 짓지 않았으며, 제여래·응공·정등각에서 만약 강하고 약하게 지었고, 강하고 약하게 짓지 않는다.'라고 이와 같이 생각을 일으켰다면, 세존이시여. 이러한 보살마하살은 크게 얻을 수 있다고 이름할지라도 반야바라밀다를 행하는 것은 아닙니다. 왜 그러한가? 얻을 수 있다는 생각이 있다면 능히 무상정등보리를 얻을 수 없는 까닭입니다.

 왜 그러한가? 세존이시여. 유정은 생겨남이 없는(無生) 까닭으로 마땅히 반야바라밀다도 역시 생겨남이 없다고 관찰해야 하고, 색은 생겨남이 없는 까닭으로 마땅히 반야바라밀다도 역시 생겨남이 없다고 관찰해야 하며, 수·상·행·식도 생겨남이 없는 까닭으로 마땅히 반야바라밀다도 역시 생겨남이 없다고 관찰해야 하고, 이와 같이 나아가, 제불의 무상정등보리도 생겨남이 없는 까닭으로 반야바라밀다도 역시 생겨남이 없다고 관찰해야 하며, 일체의 여래·응공·정등각도 생겨남이 없는 까닭으로 마땅히 반야바라밀다도 역시 생겨남이 없다고 관찰해야 합니다.

 세존이시여. 유정은 자성(自性)이 없는 까닭으로 마땅히 반야바라밀다도 역시 자성이 없다고 관찰해야 하고, 색은 자성이 없는 까닭으로 마땅히 반야바라밀다도 역시 자성이 없다고 관찰해야 하며, 수·상·행·식도 자성이 없는 까닭으로 마땅히 반야바라밀다도 역시 자성이 없다고 관찰해야 하고, 이와 같이 나아가, 제불의 무상정등보리도 자성이 없는 까닭으로 반야바라밀다도 역시 자성이 없다고 관찰해야 하며, 일체의 여래·응공·정등각도 자성이 없는 까닭으로 마땅히 반야바라밀다도 역시 자성이 없다고 관찰해야 합니다.

세존이시여. 유정은 무소유(無所有)인 까닭으로 마땅히 반야바라밀다도 역시 무소유라고 관찰해야 하고, 색은 무소유인 까닭으로 마땅히 반야바라밀다도 역시 무소유라고 관찰해야 하며, 수·상·행·식도 무소유인 까닭으로 마땅히 반야바라밀다도 역시 무소유라고 관찰해야 하고, 이와 같이 나아가, 제불의 무상정등보리도 무소유인 까닭으로 반야바라밀다도 역시 무소유라고 관찰해야 하며, 일체의 여래·응공·정등각도 무소유인 까닭으로 마땅히 반야바라밀다도 역시 무소유라고 관찰해야 합니다.

세존이시여. 유정은 공(空)한 까닭으로 마땅히 반야바라밀다도 역시 공하다고 관찰해야 하고, 색은 공한 까닭으로 마땅히 반야바라밀다도 역시 공하다고 관찰해야 하며, 수·상·행·식도 공한 까닭으로 마땅히 반야바라밀다도 역시 공하다고 관찰해야 하고, 이와 같이 나아가, 제불의 무상정등보리도 공한 까닭으로 반야바라밀다도 역시 공하다고 관찰해야 하며, 일체의 여래·응공·정등각도 공한 까닭으로 마땅히 반야바라밀다도 역시 공하다고 관찰해야 합니다.

세존이시여. 유정은 멀리 벗어난(遠離) 까닭으로 마땅히 반야바라밀다도 역시 멀리 벗어났다고 관찰해야 하고, 색은 멀리 벗어난 까닭으로 마땅히 반야바라밀다도 역시 멀리 벗어났다고 관찰해야 하며, 수·상·행·식도 멀리 벗어난 까닭으로 마땅히 반야바라밀다도 역시 멀리 벗어났다고 관찰해야 하고, 이와 같이 나아가, 제불의 무상정등보리도 멀리 벗어난 까닭으로 반야바라밀다도 역시 멀리 벗어났다고 관찰해야 하며, 일체의 여래·응공·정등각도 멀리 벗어난 까닭으로 마땅히 반야바라밀다도 역시 멀리 벗어났다고 관찰해야 합니다.

세존이시여. 유정은 얻을 수 없는(不可得) 까닭으로 마땅히 반야바라밀다도 역시 얻을 수 없다고 관찰해야 하고, 색은 얻을 수 없는 까닭으로 마땅히 반야바라밀다도 역시 얻을 수 없다고 관찰해야 하며, 수·상·행·식도 얻을 수 없는 까닭으로 마땅히 반야바라밀다도 역시 얻을 수 없다고 관찰해야 하고, 이와 같이 나아가, 제불의 무상정등보리도 얻을 수 없는 까닭으로 반야바라밀다도 역시 얻을 수 없다고 관찰해야 하며, 일체의 여래·응공·정등각도 얻을 수 없는 까닭으로 마땅히 반야바라밀다도 역시 얻을 수 없다고 관찰해야 합니다.

세존이시여. 유정은 불가사의(不可思議)한 까닭으로 마땅히 반야바라밀다도 역시 불가사의하다고 관찰해야 하고, 색은 불가사의한 까닭으로 마땅히 반야바라밀다도 역시 불가사의하다고 관찰해야 하며, 수·상·행·식도 불가사의한 까닭으로 마땅히 반야바라밀다도 역시 불가사의하다고 관찰해야 하고, 이와 같이 나아가, 제불의 무상정등보리도 불가사의한 까닭으로 반야바라밀다도 역시 불가사의하다고 관찰해야 하며, 일체의 여래·응공·정등각도 불가사의한 까닭으로 마땅히 반야바라밀다도 역시 불가사의하다고 관찰해야 합니다.

세존이시여. 유정은 파괴와 소멸이 없는 까닭으로 마땅히 반야바라밀다도 역시 파괴와 소멸도 없다고 관찰해야 하고, 색은 파괴와 소멸이 없는 까닭으로 마땅히 반야바라밀다도 역시 파괴와 소멸도 없다고 관찰해야 하며, 수·상·행·식도 파괴와 소멸이 없는 까닭으로 마땅히 반야바라밀다도 역시 파괴와 소멸도 없다고 관찰해야 하고, 이와 같이 나아가, 제불의 무상정등보리도 파괴와 소멸이 없는 까닭으로 반야바라밀다도 역시 파괴와 소멸도 없다고 관찰해야 하며, 일체의 여래·응공·정등각도 파괴와 소멸이 없는 까닭으로 마땅히 반야바라밀다도 역시 파괴와 소멸도 없다고 관찰해야 합니다.

세존이시여. 유정은 각지(覺知)가 없는 까닭으로 마땅히 반야바라밀다도 역시 각지도 없다고 관찰해야 하고, 색은 각지가 없는 까닭으로 마땅히 반야바라밀다도 역시 각지도 없다고 관찰해야 하며, 수·상·행·식도 각지가 없는 까닭으로 마땅히 반야바라밀다도 역시 각지도 없다고 관찰해야 하고, 이와 같이 나아가, 제불의 무상정등보리도 각지가 없는 까닭으로 반야바라밀다도 역시 각지도 없다고 관찰해야 하며, 일체의 여래·응공·정등각도 각지가 없는 까닭으로 마땅히 반야바라밀다도 역시 각지도 없다고 관찰해야 합니다.

　세존이시여. 유정은 힘(力)의 성취(成就)가 없는 까닭으로 마땅히 반야바라밀다도 역시 힘의 성취도 없다고 관찰해야 하고, 색은 힘의 성취가 없는 까닭으로 마땅히 반야바라밀다도 역시 힘의 성취도 없다고 관찰해야 하며, 수·상·행·식도 힘의 성취가 없는 까닭으로 마땅히 반야바라밀다도 역시 힘의 성취도 없다고 관찰해야 하고, 이와 같이 나아가, 제불의 무상정등보리도 힘의 성취가 없는 까닭으로 반야바라밀다도 역시 힘의 성취도 없다고 관찰해야 하며, 일체의 여래·응공·정등각도 힘의 성취가 없는 까닭으로 마땅히 반야바라밀다도 역시 힘의 성취도 없다고 관찰해야 합니다.

　세존이시여. 저는 이러한 뜻의 인연을 까닭으로 보살마하살의 반야바라밀다는 대바라밀다라고 설하였습니다."

39. 지옥품(地獄品)(1)

　그때 구수 사리자가 세존께 아뢰어 말하였다.

　"세존이시여. 만약 보살마하살이 이 반야바라밀다에서 능히 신해(信解)하는 자는 이 보살마하살이 어느 곳에서 은몰(隱沒)하여 이 세간에 와서 태어났습니까? 무상정등보리를 일으켜서 나아가면서 얼마의 시간을 지냈습니까? 어느 처소의 여래·응공·정등각께 친근하면서 공양하였습니까? 보시, 나아가 반야바라밀다를 수습(修習)하면서 이미 오래가 되었습니까? 어찌하여 이와 같은 반야바라밀다의 매우 깊은 의취(義趣)를 신해하는 것입니까?"

　세존께서 말씀하셨다.

　"사리자여. 만약 보살마하살이 이 반야바라밀다를 능히 신해하는 자는 이 보살마하살이 시방의 긍가사(殑伽沙)와 같은 세계의 무량(無量)하고 무수(無數)이며 무변(無邊)한 여래·응공·정등각들의 법회(法會)인 가운데에서 은몰(隱沒)하였고, 이 세간에 와서 태어났으며, 이 보살마하살이 무상정등보리를 일으켜서 나아가면서 이미 무량하고 무수이며 무변한 백천 구지(俱胝)·나유타(那庾多)의 겁을 지냈고, 이 보살마하살은 일찍이 이미 무량하고 무수이며 무변하고 불가사의(不可思議)하며 헤아릴(稱量) 수 없는 여래·응공·정등각들께 친근하면서 공양하였으며, 이 보살마하살은 초발심부터 항상 보시·정계·안인·정진·정려·반야바라밀다를 정근하면서 수습하였고, 이미 무량하고 무수이며 무변한 백천 구지·나유타의 겁을 지냈느니라.

사리자여. 이 보살마하살은 반야바라밀다를 만약 보았거나, 만약 들었다면 '나는 대사(大師)를 보았고 대사의 말씀을 들었다.'라고 곧 이렇게 생각을 짓느니라. 사리자여. 이 보살마하살은 무상(無相)으로써, 무이(無二)로써, 얻을 수 없는 것으로써 방편을 삼아서 이와 같은 반야바라밀다의 매우 깊은 의취(義趣)를 능히 바르게 신해하느니라."

그때 구수 선현이 세존께 아뢰어 말하였다.

"세존이시여. 세존께서 설하신 것과 같이 이 보살마하살이 이와 같은 반야바라밀다를 만약 보았거나, 만약 들었다면 '나는 대사(大師)를 보았고 대사의 말씀을 들었다.'라고 곧 이렇게 생각을 지었다면, 세존이시여. 매우 깊은 반야바라밀다를 능히 듣는 자와 보는 자가 있습니까?"

세존께서 말씀하셨다.

"선현이여. 매우 깊은 반야바라밀다는 진실로 능히 듣는 자와 보는 자가 없느니라. 왜 그러한가? 선현이여. 매우 깊은 반야바라밀다는 진실로 들리거나 보이는 법이 아닌 까닭이니라. 선현이여. 반야바라밀다를 볼 수 없고 들을 수 없는데 제법은 둔(鈍)한 까닭이고, 나아가 보시바라밀다를 볼 수 없고 들을 수 없는데 제법은 둔한 까닭이며, 내공을 볼 수 없고 들을 수 없는데 제법은 둔한 까닭이고, 나아가 무성자성공을 볼 수 없고 들을 수 없는데 제법은 둔한 까닭이며, 4념주를 볼 수 없고 들을 수 없는데 제법은 둔한 까닭이고, 나아가 8성도지를 볼 수 없고 들을 수 없는데 제법은 둔한 까닭이며, 이와 같이 나아가, 여래의 10력을 볼 수 없고 들을 수 없는데 제법은 둔한 까닭이고, 나아가 18불불공법을 볼 수 없고 들을 수 없는데 제법은 둔한 까닭이며, 제불의 무상정등보리를 볼 수 없고 들을 수 없는데 제법은 둔한 까닭이고, 일체의 여래·응공·정등각을 볼 수 없고 들을 수 없는데 제법은 둔한 까닭이니라."

구수 선현이 다시 세존께 아뢰어 말하였다.

"세존이시여. 제보살마하살은 이미 무상정등보리에서 오랫동안 수행을 집적하고서, 비로소 매우 깊은 반야바라밀다를 수학합니까?"

세존께서 말씀하셨다.

"선현이여. 이러한 일의 가운데에서는 상응하여 분별하고 설해야 하느니라. 선현이여. 보살마하살이 있어서 초발심부터 곧 매우 깊은 반야바라밀다를 능히 수학하였다면, 역시 정려·정진·안인·보시바라밀다를 능히 수학하느니라. 선현이여. 이 보살마하살은 방편선교가 있는 까닭으로 제법을 무너뜨리지 않고, 제법에서 증장과 감소가 있다고 보지 않으며, 항상 보시바라밀다, 나아가 반야바라밀다를 멀리 벗어나지 않고 바른 행에 상응하고, 항상 제불·세존과 제보살마하살들을 벗어나지 않으며, 한 불국토에서 다른 한 불국토에 나아가면서 여러 종류의 상묘한 공양구로써 제불·세존과 제보살마하살 등께 공양하고 공경하며 존중하고 찬탄하고자 하였다면 뜻을 따라서 능히 성취하고, 역시 그 제여래의 처소에서 심었던 여러 선근을 빠르게 원만하게 하느니라.

이 보살마하살은 몸을 받는 처소를 따라서 어머니 배에 떨어져서 포태(胞胎)의 가운데에서 태어나지 않고, 마음은 항상 번뇌와 함께 섞여서 머무르지 않으며, 역시 일찍이 2승(二乘)의 마음을 일으키지 않느니라. 이 보살마하살은 항상 수승한 신통을 멀리 벗어나지 않고 한 국토에서 다른 한 국토에 이르면서 유정들을 성숙시키고 불국토를 청정하게 장엄하느니라. 선현이여. 이 보살마하살은 매우 깊은 반야바라밀다를 능히 바르게 수학하느니라."

마하반야바라밀다경 제435권

39. 지옥품(地獄品)(2)

 "선현(善現)이여. 보살마하살이 있어서 비록 일찍이 만약 백이거나, 만약 천이거나, 만약 많은 백천의 여래를 보았고, 그 제불과 제자들의 처소에서 역시 보시·정계·안인·정진·정려·반야바라밀다를 많이 수행하였더라도, 얻을 수 있는 것(有所得)으로써 방편을 삼는 까닭이라면, 매우 깊은 반야바라밀다, 나아가 보시바라밀다를 능히 수행하지 못하느니라. 선현이여. 이 보살마하살은 이와 같은 매우 깊은 반야바라밀다를 듣는다면, 곧 자리에서 일어나 대중을 버리고서 떠나가느니라.
 선현이여. 이러한 보살마하살은 이와 같은 매우 깊은 반야바라밀다를 업신여기고 역시 여래(佛)도 업신여기며, 이와 같은 매우 깊은 반야바라밀다를 이미 버렸으므로, 역시 여래도 버릴 것이니라. 선현이여. 지금의 이 대중 가운데에도 역시 그러한 부류가 있는데, 내가 널리 설하는 매우 깊은 반야바라밀다를 듣는다면 마음이 즐겁지 않아서 대중들을 버리고 떠나갈 것이니라. 왜 그러한가? 이 선남자와 선여인 등은 이전의 세상에서도 매우 깊은 반야바라밀다를 설하는 것을 들었어도 이미 버리고 떠나갔고, 지금의 세상에서도 이와 같은 반야바라밀다를 듣더라도 오히려 전생에 습기의 힘으로 다시 버리고 떠나가느니라.
 선현이여. 이 선남자와 선여인 등은 이러한 매우 깊은 반야바라밀다를 설하는 것에서 몸(身)과 말(語)과 마음(心)이 모두 화합하지 않는데, 오히려 이것이 우치(愚癡)를 조작(造作)하고 증장(增長)시키느니라. 그들이 우치와 악한 지혜(惡慧)를 조작하고 증장시키므로, 이와 같은 매우 깊은 반야바라밀다를 설하는 것을 듣는다면 나아가 곧 훼방(毁謗)하고 장애(障礙)하며 버리고 떠나가느니라. 그들이 이와 같은 반야바라밀다를 훼방하고 장애하며 버리고 떠나가는 것은, 곧 과거·미래·현재의 제불과 일체상지(一切相智)를 훼방하고 장애하며 버리고 떠나가는 것이니, 그들이 오히려 과거·현재·미래의 제불의 일체상지를 훼방하고 장애하며 버리고 떠나가므로, 나아가 곧 정법의 업(正法業)을 능히 감소하고 무너지게 조작하느니라.

그들은 정법의 업을 능히 감소시키고 파괴되게 조작하므로 대지옥(大地獄)에 떨어져서 많은 세월을 지내는데, 만약 많은 백 년이거나, 만약 많은 천 년이거나, 만약 많은 백천 년이거나, 만약 많은 여러 구지 년이거나, 만약 많은 여러 백 구지 년이거나, 만약 많은 천 구지 년이거나, 만약 많은 백천 구지 년이거나, 만약 많은 백천 구지·나유타의 세월이 지나도록 대지옥의 가운데에서 여러 지독(楚毒)하고 맹렬하며 날카로운 큰 고통을 받느니라.

그들의 죄가 무거운 까닭으로 이 세계의 하나의 대지옥에서 나아가 다른 대지옥에 이르면서 화겁(火劫)·수겁(水劫)·풍겁(風劫)이 아직 일어나지 않았다면, 여러 지독하고 맹렬하며 날카로운 큰 고통을 받을 것이고, 만약 이 세계에 화겁·수겁·풍겁이 일어난다면 그들의 정법을 파괴한 업이 아직 끝나지 않은 까닭으로, 죽은 뒤에 전전하면서 타방세계의 이곳과 같은 종류의 대지옥의 가운데에 태어나서 많은 세월을 지내는데, 만약 많은 백 년이거나, 만약 많은 천 년이거나, 나아가, 만약 많은 백천 구지·나유타의 세월이 지나도록 대지옥의 가운데에서 여러 지독하고 맹렬하며 날카로운 큰 고통을 받느니라.

이와 같이 윤회(輪迴)하면서 무량한 겁을 지낸다면 그들이 정법을 파괴한 죄업의 세력이 약간 적어지므로 지옥에서 나와서 방생(傍生)의 세계에 떨어져서 만약 많은 백 년이거나, 만약 많은 천 년이거나, 나아가, 만약 많은 백천 구지·나유타 년이 지나도록 방생의 몸을 받고서 남은 해침과 공포와 핍박 등의 고통이 갖추어져서 받느니라. 죄가 끝나지 않은 까닭으로 이 세계의 한 험악한 처소에서 다른 험악한 처소에 이르면서 나아가 화겁·수겁·풍겁이 아직 일어나지 않았다면, 남은 해침과 공포와 핍박 등의 고통이 갖추어져서 받느니라.

만약 이 세계의 삼재가 파괴되는 때라도 죽고서 생을 전전하면서 타방 세계의 이와 같은 부류인 방생의 세계에 태어나서 많은 세월을 지내는데, 만약 많은 백 년이거나, 만약 많은 천 년이거나, 나아가, 만약 많은 백천 구지·나유타의 세월이 지나도록 방생의 몸을 받고서 해침과 공포와 핍박 등을 갖추고 만나서 고통을 받느니라. 죄가 끝나지 않은 까닭으로 타방세계의 한 험악한 처소에서 다른 험악한 처소에 이르면서 나아가 화겁·수겁·풍겁이 아직 일어나지 않았다면, 남은 해침과 공포와 핍박 등의 고통이 갖추어져서 받느니라.

만약 타방세계의 3재(三災)가 파괴되는 때라도 그들의 정법을 무너뜨린 업의 남은 세력이 끝나지 않았으므로, 죽고서 생을 전전하면서 타방세계에서 함께 이와 같은 부류인 방생의 세계에 태어나서 많은 세월을 지내는데, 만약 많은 백 년이거나, 만약 많은 천 년이거나, 나아가, 만약 많은 백천 구지·나유타 년이 지나도록 방생의 몸을 받고서 해침과 공포와 핍박 등을 갖추고 만나서 고통을 받느니라. 죄가 끝나지 않은 까닭으로 나머지 세계의 한 험악한 처소에서 다른 험악한 처소에 이르면서 나아가 아직 일어나지 않았다면, 해침과 공포와 핍박 등의 고통이 갖추어져서 받느니라.

이와 같이 전전(展轉)하면서 시방의 여러 나머지의 세계에서 두루 지내면서 방생의 몸을 받고서 해침과 공포와 핍박 등의 고통이 갖추어져서 받느니라. 만약 그 여러 나머지의 시방세계에서 3재가 파괴되는 때라도 그들은 정법을 무너뜨린 업의 남은 세력이 끝나지 않았으므로, 죽고서 생을 전전하면서 이 세계에 방생 세계의 가운데에 태어나서 한 험악한 처소에서 다른 험악한 처소에 이르면서 나아가 화겁·수겁·풍겁이 아직 일어나지 않았다면, 남은 해침과 공포와 핍박 등의 고통이 갖추어져서 받느니라. 만약 이 세계에 3재가 파괴되는 때라도 그들은 정법의 업을 파괴한 남은 세력이 끝나지 않았으므로, 죽고서 이미 다시 태어나더라도 시방의 방생 세계의 가운데에서 태어나서 두루 지내면서 널리 여러 고통을 받느니라.

이와 같이 순환(循環)하면서 무량한 겁을 지낸다면 그들의 법을 파괴한 업의 세력이 점차 얇아져서 방생의 세계를 벗어나서 귀계(鬼界)의 가운데에 떨어져서 많은 세월을 지내는데, 만약 많은 백 년이거나, 만약 많은 천 년이거나, 나아가, 만약 많은 백천 구지·나유타의 세월이 지나도록 귀계의 가운데에서 굶주리고 야위며 극심한 갈증 등의 고통이 갖추어져서 받느니라. 죄가 끝나지 않은 까닭으로 이 세계의 한 아귀(餓鬼)의 나라에서 다른 한 아귀의 나라에 이르면서 나아가 화겁·수겁·풍겁이 아직 일어나지 않았다면, 굶주리고 야위며 극심한 갈증 등의 고통이 갖추어져서 받느니라.

만약 이 세계에 3재가 파괴되는 때라도 그들은 정법의 업을 무너뜨린 남은 세력이 끝나지 않았으므로, 죽고서 생을 전전하면서 이 세계의 한 아귀의 나라에서 다른 한 아귀의 나라에 이르면서 나아가 화겁·수겁·풍겁이 아직 일어나지 않았다면, 굶주리고 야위며 극심한 갈증 등의 고통이 갖추어져서 받느니라. 그들은 정법의 업을 파괴한 남은 세력이 끝나지 않았으므로, 타방세계의 한 아귀의 나라에서 다른 한 아귀의 나라에 이르면서 나아가 화겁·수겁·풍겁이 아직 일어나지 않았다면, 굶주리고 야위며 극심한 갈증 등의 고통이 갖추어져서 받느니라.

만약 타방세계에 3재가 파괴되는 때라도 그들은 정법의 업을 파괴한 남은 세력이 끝나지 않았으므로, 죽고서 생을 전전하면서 나머지의 타방세계에 함께 이와 같은 부류인 아귀 세계의 가운데에 태어나서 많은 세월을 지내는데, 만약 많은 백 년이거나, 만약 많은 천 년이거나, 나아가, 만약 많은 백천 구지·나유타의 세월이 지나도록 귀계의 가운데에서 굶주리고 야위며 극심한 갈증 등의 고통이 갖추어져서 받느니라. 그들은 정법의 업을 무너뜨린 남은 세력이 끝나지 않았으므로, 나머지 세계의 한 아귀의 나라에서 다른 한 아귀의 나라에 이르면서 나아가 화겁·수겁·풍겁이 아직 일어나지 않았다면, 굶주리고 야위며 극심한 갈증 등의 고통이 갖추어져서 받느니라.
 이와 같이 전전하면서 시방의 여러 나머지의 세계에서 두루 지내면서 귀계의 가운데에서 굶주리고 야위며 극심한 갈증 등의 고통이 갖추어져서 받느니라. 만약 그 시방의 여러 나머지의 세계에서 3재가 파괴되는 때라도 그들은 정법의 업을 파괴한 남은 세력이 끝나지 않았으므로, 죽고서 다시 태어나더라도 이 세계에서 한 아귀의 나라에서 다른 한 아귀의 나라에 이르면서 나아가 화겁·수겁·풍겁이 아직 일어나지 않았다면, 굶주리고 야위며 극심한 갈증 등의 고통이 갖추어져서 받느니라. 만약 이 세계에서 3재가 파괴되는 때라도 그들은 정법의 업을 파괴한 남은 세력이 끝나지 않았으므로, 죽고서 다시 다른 나머지의 세계에 태어나고, 시방의 아귀 세계의 가운데에서 두루 지내면서 널리 많은 고통을 받느니라.
 이와 같이 두루 유전(流傳)하면서 무량한 겁을 지낸다면 그들의 법을 파괴한 업의 세력이 점차 없어져서 아귀계(餓鬼界)를 벗어나서 인간(人間)의 가운데에 와서 태어났고 비록 사람이 되었더라도 하천(下賤)하게 기거하는데, 이를테면 혹은 태어났더라도 맹인(盲人)과 벙어리의 집안에 태어나서 머무르고, 혹은 전다라(旃茶羅)의 집안에 태어나서 머무르며, 혹은 보갈사(補羯娑)의 집에 태어나서 머무르고, 혹은 백정(屠膾)의 집안에 태어나서 머무르며, 혹은 어부와 사냥꾼(漁獵)의 집안에 태어나서 머무르고, 혹은 장인(工匠)의 집안에 태어나서 머무르며, 혹은 음악인(樂人)의 집안에 태어나서 머무르고, 혹은 삿된 견해의 집안에 태어나서 머무르며, 혹은 나머지의 추잡(猥雜)하고 율의(律儀)가 없는 집안에 태어나서 머무르거나,
 혹은 받았던 몸에 눈·귀·코·혀·손·발이 없거나, 맹인(盲)·사팔뜨기(瞎)·귀머거리(聾)·벙어리(啞)이거나, 종기(癰)·등창(疽)·옴(疥)·문둥병(癩)·풍병(風)·미친병(狂癲)·간질(癎)이 있거나, 꼽추(癃殘)·앉은뱅이(背僂)·난쟁이(矬陋)·절름발이(攣躄)이거나, 여러 근이 결손(缺損)되었으므로 얼굴이 검고 어둡거나, 몸이 초췌하거나, 완고(頑嚚)하고 무식(無識)하거나, 여러 하였던 일이 있더라도 사람들이 모두 비웃음을 당하거나, 혹은

태어나는 처소에서 불명(佛名)·법명(法名)·승명(僧名)·보살명(菩薩名)·독각명(獨覺名)을 듣지 못하거나, 혹은 다시 으슥하고 어두운 세계에 태어나서 항상 밤낮이 없이 광명을 보지 못하거나, 기거하는 처소가 험악(險阻)하고 더러우며 독가시(毒刺)가 있느니라.

왜 그러한가? 선현이여. 그들은 정법을 파괴하는 업을 조작하였고, 증장시켜서 지극히 깊고 무거운 까닭으로 이와 같은 등의 애락(愛樂)을 원만하게 할 수 없는 고통의 과보를 받는데, 사례의 종류(品類)가 많아서 갖추어 말할 수 없느니라."

그때 사리자가 세존께 아뢰어 말하였다.

"세존이시여. 여래께서는 죄의 가운데서 무거운 것은 이를테면, 5무간(無間)이라고 항상 설하셨으나, 지금 여섯째의 정법을 무너뜨리는 업을 조작하고 증장시키는 것을 설하셨습니다. 5무간과 함께 서로 비슷하게 됩니까?"

세존께서 말씀하셨다.

"사리자여. 정법을 파괴하는 업은 최고로 지극하게 거칠고 무거워서 5무간업(五無間業)으로써 비교할 수 없는데 이를테면, 그들이 매우 깊은 반야바라밀다를 설하는 것을 듣는다면, 나아가 곧 믿지 않고 비방(誹謗)하고 훼자(毁呰)하면서 '이와 같은 말은 제여래·응공·정등각의 연설(演說)하신 것이 아니고, 비법(非法)이며, 계율이 아니고, 대사(大師)의 가르침이 아니므로, 우리들은 이것에서 상응하여 수학하지 않아야 한다.'라고 말하였다면, 이것은 법을 비방하는 사람인데, 스스로가 반야바라밀다를 비방하고 역시 무량한 유정들에게 비방하고 훼자하게 가르치며, 스스로가 그의 몸을 무너뜨리고 역시 다른 사람도 무너뜨리게 시키며, 스스로가 독약을 마시고 역시 다른 사람도 마시게 시키며, 스스로가 천상에 태어나거나 해탈하는 즐거운 과보를 잃고 역시 다른 사람도 잃게 하며, 스스로가 그 몸으로 지옥의 불더미에 갖추어 지니고 역시 다른 사람도 몸으로써 지옥의 불더미에 갖추어 지니게 하며, 스스로가 이 깊은 반야바라밀다를 신해(信解)하지 않고, 역시 전전하면서 다른 사람도 매우 깊은 반야바라밀다를 신해하지 않게 가르치며, 스스로가 고통의 바다에 빠지고, 역시 다른 사람도 빠지게 하느니라.

사리자여. 나는 이와 같은 매우 깊은 반야바라밀다에서 오히려 정법을 비방하는 자는 그 명자(名字)도 듣지 못하게 하고자 하는데, 하물며 그를 위하여 설하겠는가? 사리자여. 정법을 비방하는 자는 내가 오히려 보살승에 안주하는 여러 선남자와 선여인 등이 그의 명자도 듣지 못하게 하고자 하는데, 하물며 눈으로 보게 하겠는가! 어찌 함께 머무르는 것을 허락하겠는가? 왜 그러한가? 사리자여. 여러 유정들이 매우 깊은 반야바라밀다를 비방하고 훼자하는 자는 그를 정법을 무너뜨리는 자라고 이름한다고 마땅히 알아야 하나니, 검고 어두운 부류에 떨어지고 더러운 달팽이와 같이 스스로를 더럽히고, 다른 사람을 더럽히면서 똥무더기(糞聚)에 떨어지는 것과 같으니라. 만약 정법을 파괴하는 자의 말을 믿고서 수용하더라도 역시 앞에 설한 것과 같은 큰 고통을 받으리라.

사리자여. 여러 유정들이 매우 깊은 반야바라밀다를 파괴한다면 그 부류들은 곧 이것이 지옥·방생·아귀이고 결정적으로 지극히 무겁고 맹렬하며 날카로운 무변(無邊)한 큰 고통을 받는다고 마땅히 알지니라. 이러한 까닭으로 지혜로운 자는 상응하여 매우 깊은 반야바라밀다를 훼자하거나 비방하지 않아야 하느니라.”

그때 사리자가 다시 세존께 아뢰어 말하였다.

“세존이시여. 무슨 인연으로 이러한 정법을 파괴하는 자가 다만 큰 지옥·방생·귀계에 떨어져서 오랜 시간에 고통받을 것을 설하시고 그들의 형체·용모·몸의 크기는 설하시지 않습니까?”

세존께서 말씀하셨다.

“사리자여. 멈추게. 정법을 파괴한 자가 마땅히 미래의 처소에서 받을 악취(惡趣)의 형상과 크기는 상응하게 설할 수 없네. 왜 그러한가? 사리자여. 만약 내가 정법을 파괴하는 자가 미래의 처소에서 받을 악취의 형상과 크기를 갖추어 설한다면, 그들이 듣고서 놀라서 마땅히 뜨거운 피를

토하면서 죽거나, 곧 목숨의 끝자락에 이를 것이며, 혹은 죽을 고통에 가까워질 것이고, 마음이 곧 근심하고 번뇌하면서 독화살에 맞은 것과 같으며, 몸이 차차 마르고 초췌하여 서리를 만난 풀과 같을 것이네. 그 정법을 파괴하는 자가 마땅히 이와 같이 크고 추악하며 고통스러운 몸을 받는다고 설하는 것을 듣는다면, 두렵고 갑자기 스스로가 놀라고 황망하여 몸과 목숨을 잃을 것이니, 내가 그들을 애민하게 생각하는 까닭으로 그들이 정법을 파괴하는 죄의 형상과 용모와 몸의 크기를 설하지 않는 것이네."

사리자가 아뢰어 말하였다.

"오직 바라옵건대 세존께서는 정법을 파괴하는 자가 미래의 세상에 받을 악취의 형상과 크기를 설하시어 미래에 정법을 비방하면 마땅히 큰 고통을 획득한다고 알고서 이러한 죄를 조작하지 않도록 밝게 교계하십시오."

세존께서 말씀하셨다.

"사리자여. 내가 먼저 설한 것이라면 밝은 교계가 되어 충족될 것인데 이를테면, 미래의 세상에서 여러 선남자와 선여인 등이 내가 설하였던 것인 정법을 파괴하는 업을 조작하고 증장시키면서 지극히 원만하게 하였던 자는 큰 지옥·방생·귀계에 떨어져서 하나·하나인 세계의 가운데에서 오랜 시간 고통을 받는다고 들었다면 스스로가 충족되어 다투어 수지하면서 정법을 비방하지 않을 것이네."

이때 사리자가 곧 세존께 아뢰어 말하였다.

"그렇습니다. 세존이시여. 그렇습니다. 선서(善逝)시여. 미래 세상에 맑은 성품(素性)의 여러 선남자와 선여인 등은 세존께서 '정법을 비방한 죄는 오랜 시간에 고통과 감응한다.'라고 먼저 설하셨던 것을 듣는다면, '오히려 목숨을 버릴지라도 결국 정법을 비방하지 않겠나니, 나는 미래의 세상에 이러한 고통을 받지 않겠다.'라고 밝은 교계(敎誡)가 충족될 것입니다."

그때 구수 선현이 세존께 아뢰어 말하였다.

"세존이시여. 만약 총명하고 지혜로운 여러 선남자와 선여인 등은 세존께서 '정법을 비방한 죄는 오랜 시간에 고통과 감응한다.'라고 먼저 설하셨던 것을 듣는다면, 상응하여 신(身)·어(語)·의업(意業)을 잘 호지(護持)하여 정법을 비방하고 훼자하며 파괴하여서 3악취에 떨어져서 오랜 시간에 고통을 받으면서 오랜 세월 동안 세존을 보지 못하거나, 정법을 듣지 못하거나, 승가를 만나지 못하거나, 불국토에 태어나지 못하거나, 비록 인취(人趣)에 태어나더라도 하천(下賤)하고 빈궁(貧窮)하며 추루(醜陋)하고 완고(頑愚)하고 지절(支節)과 몸이 완전하지 않으며, 여러 말하였던 것을 사람들이 믿고 받아들이지 않는 것이 없게 해야 합니다."

구수 선현이 거듭 세존께 아뢰어 말하였다.

"정법을 파괴하는 법을 조작하고 증장시키면서 감응한다면, 어찌 오히려 악한 말의 업을 수습하는 것이 아니겠습니까?"

세존께서 대답하셨다.

"선현이여. 그와 같으니라. 그와 같으니라. 진실로 오히려 악한 말의 업을 익히고 수습한 까닭으로, 법을 파괴하는 법을 조작하고 증장시키면서 감응하느니라. 나의 정법인 비나야(毘奈耶)의 가운데에서도 마땅히 우치(愚癡)한 여러 출가자(出家者)들이 있는데, 그들은 비록 나를 대사(大師)로 삼는다고 말할지라도, 내가 설한 매우 깊은 반야바라밀다를 비방하고 훼자하며 파괴하느니라.

선현이여. 만약 매우 깊은 반야바라밀다를 비방하고 훼자하는 것이 있다면 곧 제불의 무상정등보리를 비방하고 훼자하는 것이 되고, 만약 제불의 무상정등보리를 비방하고 훼자하는 것이 있다면 곧 과거·미래·현재의 제불의 일체상지를 비방하고 훼자하는 것이 되며, 만약 과거·미래·현재의 제불의 일체상지를 비방하고 훼자하는 것이 있다면 곧 일체의 여래·응공·정등각을 비방하고 훼자하는 것이 되고, 만약 일체의 여래·응공·정등각을 비방하고 훼자하는 것이 있다면 곧 불보(佛寶)·법보(法寶)·비구승보(苾芻僧寶)를 비방하고 훼자하는 것이 되며, 만약 삼보를 비방하고 훼자하는 것이 있다면 곧 세간의 정견(正見)을 비방하고 훼자하는 것이 되며, 만약 마땅히 세간의 정견을 비방하고 훼자한다면 곧 마땅히 보시·정계·정진·정려·반야바라밀다를 비방하고 훼자하는 것이고, 역시 내공(內空), 나아가 무성자성공(無性自性空)을 비방하고 훼자하는 것이며, 역시 4념주(四念住), 나아가 8성도지(八聖道支)를 비방하고 훼자하는 것이고, 이와 같이 나아가, 여래의 10력(十力), 나아가 18불불공법(十八佛不共法)을 비방하고 훼자하는 것이며, 역시 일체지(一切智)와 도상지(道相地)와 일체상지(一切相智)를 비방하고 훼자하는 것이라고 마땅히 알지니라.

 그들은 오히려 일체상지를 비방하고 훼자하였으므로 나아가 곧 무량(無量)하고 무수(無數)이며 무변(無邊)한 죄업(罪業)을 섭수(攝受)하였고, 오히려 무량하고 무수이며 무변한 죄업을 섭수하였으므로, 나아가 곧 일체의 지옥·방생·귀계·인취(人趣)의 가운데에서 무량하고 무수이며 무변한 큰 고통을 섭수하느니라."

 구수 선현이 다시 세존께 아뢰어 말하였다.

 "그 여러 어리석은 범부들은 몇 가지의 인연을 까닭으로 이와 같은 매우 깊은 반야바라밀다를 비방하고 훼자합니까?"

 세존께서 말씀하셨다.

 "선현이여. 오히려 네 가지의 인연으로 그 여러 어리석은 범부들이 이와 같은 매우 깊은 반야바라밀다를 비방하고 훼자하느니라. 무엇 등이 네 가지인가? 첫째는 여러 삿된 악마들에게 동요되고 미혹되었던 까닭으로 그 여러 어리석은 범부들이 이와 같은 매우 깊은 반야바라밀다를 비방하고 훼자하는 것이고, 둘째는 매우 깊은 법을 신해(信解)하지 못하는 까닭으로 그 여러 어리석은 범부들이 이와 같은 매우 깊은 반야바라밀다를 비방하고 훼자하는 것이며, 셋째는 정근하면서 정진하지 않았고 5온(五蘊)에 탐착(貪著)하였거나 여러 악지식(惡知識)들에게 섭수되었던 까닭으로 그 여러 어리석은 범부들이 이와 같은 매우 깊은 반야바라밀다를 비방하고 훼자하는 것이고, 넷째는 많은 진에(瞋恚)를 품고 악법을 즐겁게 행하며 스스로가 높이는 것을 좋아하고 다른 사람을 경멸(輕蔑)하는 까닭으로 그 여러 어리석은 범부들이 이와 같은 매우 깊은 반야바라밀다를 비방하고 훼자하는 것이니라.

 선현이여. 그 여러 어리석은 범부들은 오히려 이와 같은 네 가지 인연을 갖추었던 까닭으로 이와 같은 매우 깊은 반야바라밀다를 비방하고 훼자하는데, 오히려 이것으로 미래에 무량한 고통을 받느니라."

 구수 선현이 다시 세존께 아뢰어 말하였다.

 "세존이시여. 세간의 어리석은 범부들이 정근하면서 정진하지 않았고 악지식들에게 섭수되었으며 선근을 심지 않았고 여러 악행을 갖추었다면 세존께서 설하신 것인 매우 깊은 반야바라밀다를 진실로 신해하기 어렵습니다."

 세존께서 말씀하셨다.

 "선현이여. 그와 같으니라. 그와 같으니라. 그대가 말한 것과 같이 세간의 어리석은 범부가 정근하면서 정진하지 않았고 악지식들에게 섭수되었으며 선근을 심지 않았고 여러 악행을 갖추었다면 내가 설한 것인 매우 깊은 반야바라밀다를 진실로 신해하기 어려우리라."

 구수 선현이 다시 세존께 아뢰어 말하였다.

 "이 반야바라밀다는 어찌하여 매우 깊고 신해하기 어렵습니까?"

 세존께서 말씀하셨다.

 "선현이여. 색(色)은 계박이 없고 해탈도 없느니라. 왜 그러한가? 색은 무소유(無所有)의 성품으로써 색의 자성(自性)을 삼는 까닭이고, 수(受)·상(想)·행(行)·식(識)도 해탈도 없느니라. 왜 그러한가? 수·상·행·식도 무소유의 성품으로써 수·상·행·식의 자성을 삼는 까닭이니라. 선현이여. 안처(眼處), 나아가 의처(意處)는 계박이 없고 해탈도 없느니라. 왜 그러한가? 안처, 나아가 의처는 무소유의 성품으로써 안처, 나아가 의처의 자성을 삼는 까닭이고, 색처(色處), 나아가 법처(法處)도 해탈도 없느니라. 왜 그러한가? 색처, 나아가 법처도 무소유의 성품으로써 색처, 나아가 법처의 자성을 삼는 까닭이니라.

선현이여. 안계(眼界), 나아가 의계(意界)는 계박이 없고 해탈도 없느니라. 왜 그러한가? 안계, 나아가 의계는 무소유의 성품으로써 안계, 나아가 의계의 자성을 삼는 까닭이고, 색계(色界), 나아가 법계(法界)도 계박이 없고 해탈도 없느니라. 왜 그러한가? 색계, 나아가 법계도 무소유의 성품으로써 색계, 나아가 법계의 자성을 삼는 까닭이며, 안식계(眼識界), 나아가 의식계(意識界)는 계박이 없고 해탈도 없느니라. 왜 그러한가? 안식계, 나아가 의식계는 무소유의 성품으로써 안계, 나아가 의계의 자성을 삼는 까닭이고, 안촉(眼觸), 나아가 의촉(意觸)은 계박이 없고 해탈도 없느니라. 왜 그러한가? 안촉, 나아가 의촉은 무소유의 성품으로써 안촉, 나아가 의촉의 자성을 삼는 까닭이며, 안촉(眼觸), 나아가 의촉(意觸)을 인연으로 생겨난 여러 수(受)는 계박이 없고 해탈도 없느니라. 왜 그러한가? 안촉, 나아가 의촉을 인연으로 생겨난 여러 수는 무소유의 성품으로써 안촉, 나아가 의촉을 인연으로 생겨난 여러 수의 자성을 삼는 까닭이니라.

선현이여. 보시바라밀다(布施波羅蜜多), 나아가 반야바라밀다(般若波羅蜜多)는 계박이 없고 해탈도 없느니라. 왜 그러한가? 보시바라밀다, 나아가 반야바라밀다는 무소유의 성품으로써 보시바라밀다, 나아가 반야바라밀다의 자성을 삼는 까닭이니라. 선현이여. 내공(內空), 나아가 무성자성공(無性自性空)은 계박이 없고 해탈도 없느니라. 왜 그러한가? 내공, 나아가 무성자성공은 무소유의 성품으로써 내공, 나아가 무성자성공의 자성을 삼는 까닭이니라.

선현이여. 4념주(四念住), 나아가 8성도지(八聖道支)는 계박이 없고 해탈도 없느니라. 왜 그러한가? 4념주, 나아가 8성도지는 무소유의 성품으로써 4념주, 나아가 8성도지의 자성을 삼는 까닭이니라. 선현이여. 이와 같이 나아가, 여래(佛)의 10력(十力), 나아가 18불불공법(十八佛不共法)은 계박이 없고 해탈도 없느니라. 왜 그러한가? 여래의 10력, 나아가 18불불공법은 무소유의 성품으로써 여래의 10력, 나아가 18불불공법의 자성을 삼는 까닭이니라.

선현이여. 일체지(一切智)는 계박이 없고 해탈도 없느니라. 왜 그러한가? 일체지는 무소유의 성품으로써 일체지의 자성을 삼는 까닭이고, 도상지(道相智)·일체상지(一切相智)는 계박이 없고 해탈도 없느니라. 왜 그러한가? 도상지·일체상지는 무소유의 성품으로써 도상지·일체상지의 자성을 삼는 까닭이니라.

다시 다음으로 선현이여. 색의 전제(前際)는 계박이 없고 해탈도 없느니라. 왜 그러한가? 색의 전제는 무소유의 성품으로써 색에 전제의 자성을 삼는 까닭이니라. 수·상·행·식의 전제는 계박이 없고 해탈도 없느니라. 왜 그러한가? 수·상·행·식의 전제는 무소유의 성품으로써 수·상·행·식에 전제의 자성을 삼는 까닭이니라. 이와 같이 나아가, 일체지의 전제는 계박이 없고 해탈도 없느니라. 왜 그러한가? 일체지의 전제는 무소유의 성품으로써 일체지에 전제의 자성을 삼는 까닭이니라. 도상지·일체상지의 전제는 계박이 없고 해탈도 없느니라. 왜 그러한가? 도상지·일체상지의 전제는 무소유의 성품으로써 도상지·일체상지에 전제의 자성을 삼는 까닭이니라.

선현이여. 색의 후제(後際)는 계박이 없고 해탈도 없느니라. 왜 그러한가? 색의 후제는 무소유의 성품으로써 색에 후제의 자성을 삼는 까닭이니라. 수·상·행·식의 후제는 계박이 없고 해탈도 없느니라. 왜 그러한가? 수·상·행·식의 후제는 무소유의 성품으로써 수·상·행·식에 후제의 자성을 삼는 까닭이니라. 이와 같이 나아가, 일체지의 후제는 계박이 없고 해탈도 없느니라. 왜 그러한가? 일체지의 후제는 무소유의 성품으로써 일체지에 후제의 자성을 삼는 까닭이니라. 도상지·일체상지의 후제는 계박이 없고 해탈도 없느니라. 왜 그러한가? 도상지·일체상지의 후제는 무소유의 성품으로써 도상지·일체상지의 후제의 자성을 삼는 까닭이니라.

선현이여. 색의 중제(中際)는 계박이 없고 해탈도 없느니라. 왜 그러한가? 색의 중제는 무소유의 성품으로써 색에 중제의 자성을 삼는 까닭이니라. 수·상·행·식의 중제는 계박이 없고 해탈도 없느니라. 왜 그러한가? 수·상·행·식의 중제에 무소유의 성품으로써 수·상·행·식의 중제의 자성을 삼는 까닭이니라. 이와 같이 나아가, 일체지의 중제는 계박이 없고 해탈도 없느니라. 왜 그러한가? 일체지의 중제는 무소유의 성품으로써 일체지에 중제의 자성을 삼는 까닭이니라. 도상지·일체상지의 중제는 계박이 없고 해탈도 없느니라. 왜 그러한가? 도상지·일체상지의 중제는 무소유의 성품으로써 도상지·일체상지의 중제의 자성을 삼는 까닭이니라."

구수 선현이 다시 세존께 아뢰어 말하였다.

"세존이시여. 정근(精勤)하면서 정진(精進)하지 않고 선근(善根)을 심지 않으며 선(善)하지 않은 근기(根基)를 갖추고 악한 벗에게 섭수되며 해태(懈怠)가 증장(增上)하여 악마의 힘을 따라서 행하고 정진이 작아져서 생각을 잊어버린 악한 지혜의 보특가라(補特迦羅)들은 세존께서 설하신 것인 매우 깊은 반야바라밀다를 진실로 신해하기가 어렵습니다."

세존께서 말씀하셨다.

"선현이여. 그와 같으니라. 그와 같으니라. 그대가 말한 것과 같이 정근하면서 정진하지 않고 선근을 심지 않으며 선하지 않은 근기를 갖추고 악한 벗에게 섭수되며 해태가 증장하여 악마의 힘을 따라서 행하고 정진이 작아져서 생각을 잊어버린 악한 지혜의 보특가라들은 내가 설하였던 것인 매우 깊은 반야바라밀다를 진실로 신해하기가 어려우니라.

왜 그러한가? 선현이여. 색의 청정함이 곧 과보의 청정함이고 과보의 청정함이 곧 색의 청정함이니, 이 색의 청정함과 함께 과보의 청정함은 무이(無二)이고 차별이 없으며(無別) 파괴가 없고(無壞) 단절이 없으며(無斷), 수·상·행·식의 청정함이 곧 과보의 청정함이고 과보의 청정함이 곧 수·상·행·식의 청정함이니, 이 수·상·행·식의 청정함과 함께 과보의 청정함은 무이이고 차별이 없으며 파괴가 없고 단절이 없느니라.

이와 같이 나아가, 일체 보살마하살의 행의 청정함이 곧 과보의 청정함이고 과보의 청정함이 곧 일체 보살마하살의 행의 청정함이니, 이 일체 보살마하살의 행의 청정함과 함께 과보의 청정함은 무이이고 차별이 없으며 파괴가 없고 단절이 없으며, 제불의 무상정등보리의 청정함이 곧 과보의 청정함이고 과보의 청정함이 곧 제불의 무상정등보리의 청정함이니, 이 제불의 무상정등보리의 청정함과 함께 과보의 청정함은 무이이고 차별이 없으며 파괴가 없고 단절이 없느니라.
　다시 다음으로 선현이여. 색의 청정함이 곧 반야바라밀다의 청정함이고 반야바라밀다의 청정함이 곧 색의 청정함이니, 이 색의 청정함과 함께 반야바라밀다의 청정함은 무이이고 차별이 없으며 파괴가 없고 단절이 없으며, 수·상·행·식의 청정함이 곧 반야바라밀다의 청정함이고 반야바라밀다의 청정함이 곧 수·상·행·식의 청정함이니, 이 수·상·행·식의 청정함과 함께 반야바라밀다의 청정함은 무이이고 차별이 없으며 파괴가 없고 단절이 없느니라.
　이와 같이 나아가, 일체지의 청정함이 곧 반야바라밀다의 청정함이고 반야바라밀다의 청정함이 곧 일체지의 청정함이니, 이 일체지의 청정함과 함께 반야바라밀다의 청정함은 무이이고 차별이 없으며 파괴가 없고 단절이 없으며, 도상지·일체상지의 청정함이 곧 반야바라밀다의 청정함이고 반야바라밀다의 청정함이 곧 도상지·일체상지의 청정함이니, 이 도상지·일체상지의 청정함과 함께 반야바라밀다의 청정함은 무이이고 차별이 없으며 파괴가 없고 단절이 없느니라.

　다시 다음으로 선현이여. 색의 청정함이 곧 일체지지(一切智智)의 청정함이고 일체지지의 청정함이 곧 색의 청정함이니, 이 색의 청정함과 함께 일체지지의 청정함은 무이이고 차별이 없으며 파괴가 없고 단절이 없으며, 수·상·행·식의 청정함이 곧 일체지지의 청정함이고 일체지지의 청정함이 곧 수·상·행·식의 청정함이니, 이 수·상·행·식의 청정함과 함께 일체지지의 청정함은 무이이고 차별이 없으며 파괴가 없고 단절이 없느니라.
　이와 같이 나아가, 일체지의 청정함이 곧 일체지지의 청정함이고 일체지지의 청정함이 곧 일체지의 청정함이니, 이 일체지의 청정함과 함께 일체지지의 청정함은 무이이고 차별이 없으며 파괴가 없고 단절이 없으며, 도상지·일체상지의 청정함이 곧 일체지지의 청정함이고 일체지지의 청정함이 곧 도상지·일체상지의 청정함이니, 이 도상지·일체상지의 청정함과 함께 일체지지의 청정함은 무이이고 차별이 없으며 파괴가 없고 단절이 없느니라.

다시 다음으로 선현이여. 불이(不二)의 청정함이 곧 색의 청정함이고 색의 청정함이 곧 불이의 청정함이니, 이 불이의 청정함과 함께 색의 청정함은 무이이고 차별이 없으며 파괴가 없고 단절이 없으며, 불이의 청정함이 곧 수·상·행·식의 청정함이고 수·상·행·식의 청정함이 곧 불이의 청정함이니, 이 불이의 청정함과 함께 수·상·행·식의 청정함은 무이이고 차별이 없으며 파괴가 없고 단절이 없느니라.

이와 같이 나아가, 불이의 청정함이 곧 일체지의 청정함이고 일체지의 청정함이 곧 불이의 청정함이니, 이 불이의 청정함과 함께 일체지의 청정함은 무이이고 차별이 없으며 파괴가 없고 단절이 없으며, 불이의 청정함이 곧 도상지·일체상지의 청정함이고 도상지·일체상지의 청정함이 곧 불이의 청정함이니, 이 불이의 청정함과 함께 도상지·일체상지의 청정함은 무이이고 차별이 없으며 파괴가 없고 단절이 없느니라.

다시 다음으로 선현이여. 아(我)·유정(有情), 나아가 지자(知者)·견자(見者)의 청정함이 곧 색의 청정함이고 색의 청정함이 곧 아·유정, 나아가 지자·견자의 청정함이니, 이 아·유정, 나아가 지자·견자의 청정함과 함께 색의 청정함은 무이이고 차별이 없으며 파괴가 없고 단절이 없으며, 아·유정, 나아가 지자·견자의 청정함이 곧 수·상·행·식의 청정함이고 수·상·행·식의 청정함이 곧 아·유정, 나아가 지자·견자의 청정함이니, 이 아·유정, 나아가 지자·견자의 청정함과 함께 수·상·행·식의 청정함은 무이이고 차별이 없으며 파괴가 없고 단절이 없느니라.

이와 같이 나아가, 아·유정, 나아가 지자·견자의 청정함이 곧 일체지의 청정함이고 일체지의 청정함이 곧 아·유정, 나아가 지자·견자의 청정함이니, 이 아·유정, 나아가 지자·견자의 청정함과 함께 일체지의 청정함은 무이이고 차별이 없으며 파괴가 없고 단절이 없으며, 아·유정, 나아가 지자·견자의 청정함이 곧 도상지·일체상지의 청정함이고 도상지·일체상지의 청정함이 곧 아·유정, 나아가 지자·견자의 청정함이니, 이 아·유정, 나아가 지자·견자의 청정함과 함께 도상지·일체상지의 청정함은 무이이고 차별이 없으며 파괴가 없고 단절이 없느니라.

다시 다음으로 선현이여. 탐(貪)·진(瞋)·치(癡)의 청정함이 곧 색의 청정함이고 색의 청정함이 곧 탐·진·치의 청정함이니, 이 탐·진·치의 청정함과 함께 색의 청정함은 무이이고 차별이 없으며 파괴가 없고 단절이 없으며, 탐·진·치의 청정함이 곧 수·상·행·식의 청정함이고 수·상·행·식의 청정함이 곧 탐·진·치의 청정함이니, 이 탐·진·치의 청정함과 함께 수·상·행·식의 청정함은 무이이고 차별이 없으며 파괴가 없고 단절이 없느니라.

이와 같이 나아가, 탐·진·치의 청정함이 곧 일체지의 청정함이고 일체지의 청정함이 곧 탐·진·치의 청정함이니, 이 탐·진·치의 청정함과 함께 일체지의 청정함은 무이이고 차별이 없으며 파괴가 없고 단절이 없으며, 탐·진·치의 청정함이 곧 도상지·일체상지의 청정함이고 도상지·일체상지의 청정함이 곧 탐·진·치의 청정함이니, 이 탐·진·치의 청정함과 함께 도상지·일체상지의 청정함은 무이이고 차별이 없으며 파괴가 없고 단절이 없느니라.

다시 다음으로 선현이여. 색이 청정한 까닭으로 곧 수(受)가 청정하며 수가 청정한 까닭으로 색이 청정하나니, 이 색의 청정함과 함께 수의 청정함은 무이이고 차별이 없으며 파괴가 없고 단절이 없느니라. 이와 같이 수가 청정한 까닭으로 상(想)이 청정하고, 상이 청정한 까닭으로 행(行)이 청정하며, 행이 청정한 까닭으로 식(識)이 청정하고, 식이 청정한 까닭으로 의처(意處)가 청정하며, 의처가 청정한 까닭으로 색처(色處), 나아가 법처(法處)가 청정하고, 법처가 청정한 까닭으로 안계(眼界), 나아가 의계(意界)가 청정하며, 의계가 청정한 까닭으로 색계(色界), 나아가 법계(法界)가 청정하며, 법계가 청정한 까닭으로 안식계(眼識界), 나아가 의식계(意識界)가 청정하며, 의식계가 청정한 까닭으로 안촉(眼觸), 나아가 의촉(意觸)이 청정하며, 의촉이 청정한 까닭으로 안촉을 인연으로 생겨난 여러 수, 나아가 의촉을 인연으로 생겨난 여러 수가 청정하며, 의촉을 인연으로 생겨난 여러 수가 청정한 까닭으로 무명(無明), 나아가 노사(老死)의 수탄고우뇌(愁歎苦憂惱)가 청정하고, 무명, 나아가 노사의 수탄고우뇌가 청정한 까닭으로 반야바라밀다(般若波羅蜜多), 나아가 보시바라밀다(布施波羅蜜多)가 청정하며, 보시바라밀다가 청정한 까닭으로 내공(內空), 나아가 무성자성공(無性自性空)이 청정하고, 무성자성공이 청정한 까닭으로 4념주(四念住), 나아가 8성도지(八聖道支)가 청정하며, 8성도지가 청정한 까닭으로 여래(佛)의 10력(十力), 나아가 18불불공법(十八佛不共法)이 청정하며, 18불불공법이 청정한 까닭으로 일체지(一切智)가 청정하고, 일체지가 청정한 까닭으로 도상지(道相智)가 청정하며, 도상지가 청정한 까닭으로 일체상지(一切相智)가 청정하며, 일체상지가 청정한 까닭으로 도상지가 청정하나니, 이 도상지의 청정함과 함께 일체상지의 청정함은 무이이고 차별이 없으며 파괴가 없고 단절이 없느니라.

다시 다음으로 선현이여. 반야바라밀다가 청정한 까닭으로 색이 청정하고 색이 청정한 까닭으로 일체지지가 청정하나니, 만약 반야바라밀다가 청정하거나, 만약 색이 청정하거나, 만약 일체지지가 청정하다면, 무이이고 차별이 없으며 파괴가 없고 단절이 없느니라. [자세한 설명은 생략한다.] 나아가, 반야바라밀다가 청정한 까닭으로 일체상지가 청정하고 일체상지가 청정한 까닭으로 일체지지가 청정하나니, 만약 반야바라밀다가 청정하거나, 만약 일체상지가 청정하거나, 만약 일체지지가 청정하다면, 무이이고 차별이 없으며 파괴가 없고 단절이 없느니라.

이와 같이 나아가, 보시바라밀다가 청정한 까닭으로 색이 청정하고 색이 청정한 까닭으로 일체지지가 청정하나니, 만약 보시바라밀다가 청정하거나, 만약 색이 청정하거나, 만약 일체지지가 청정하다면, 무이이고 차별이 없으며 파괴가 없고 단절이 없느니라. [자세한 설명은 생략한다.] 나아가, 보시바라밀다가 청정한 까닭으로 일체상지가 청정하고 일체상지가 청정한 까닭으로 일체지지가 청정하나니, 만약 보시바라밀다가 청정하거나, 만약 일체상지가 청정하거나, 만약 일체지지가 청정하다면, 무이이고 차별이 없으며 파괴가 없고 단절이 없느니라.

선현이여. 내공이 청정한 까닭으로 색이 청정하고 색이 청정한 까닭으로 일체지지가 청정하나니, 만약 내공이 청정하거나, 만약 색이 청정하거나, 만약 일체지지가 청정하다면, 무이이고 차별이 없으며 파괴가 없고 단절이 없느니라. [자세한 설명은 생략한다.] 나아가, 반야바라밀다가 청정한 까닭으로 일체상지가 청정하고 일체상지가 청정한 까닭으로 일체지지가 청정하나니, 만약 반야바라밀다가 청정하거나, 만약 일체상지가 청정하거나, 만약 일체지지가 청정하다면, 무이이고 차별이 없으며 파괴가 없고 단절이 없느니라.

이와 같이 나아가, 무성자성공이 청정한 까닭으로 색이 청정하고 색이 청정한 까닭으로 일체지지가 청정하나니, 만약 무성자성공이 청정하거나, 만약 색이 청정하거나, 만약 일체지지가 청정하다면, 무이이고 차별이 없으며 파괴가 없고 단절이 없느니라. [자세한 설명은 생략한다.] 나아가, 무성자성공이 청정한 까닭으로 일체상지가 청정하고 일체상지가 청정한 까닭으로 일체지지가 청정하나니, 만약 무성자성공이 청정하거나, 만약 일체상지가 청정하거나, 만약 일체지지가 청정하다면, 무이이고 차별이 없으며 파괴가 없고 단절이 없느니라.

선현이여. 4념주가 청정한 까닭으로 색이 청정하고 색이 청정한 까닭으로 일체지지가 청정하나니, 만약 4념주가 청정하거나, 만약 색이 청정하거나, 만약 일체지지가 청정하다면, 무이이고 차별이 없으며 파괴가 없고 단절이 없느니라. [자세한 설명은 생략한다.] 나아가, 4념주가 청정한 까닭으로 일체상지가 청정하고 일체상지가 청정한 까닭으로 일체지지가 청정하나니, 만약 4념주가 청정하거나, 만약 일체상지가 청정하거나, 만약 일체지지가 청정하다면, 무이이고 차별이 없으며 파괴가 없고 단절이 없느니라.

이와 같이 나아가, 8성도지가 청정한 까닭으로 색이 청정하고 색이 청정한 까닭으로 일체지지가 청정하나니, 만약 8성도지가 청정하거나, 만약 색이 청정하거나, 만약 일체지지가 청정하다면, 무이이고 차별이 없으며 파괴가 없고 단절이 없느니라. [자세한 설명은 생략한다.] 나아가, 8성도지가 청정한 까닭으로 일체상지가 청정하고 일체상지가 청정한 까닭으로 일체지지가 청정하나니, 만약 8성도지가 청정하거나, 만약 일체상지가 청정하거나, 만약 일체지지가 청정하다면, 무이이고 차별이 없으며 파괴가 없고 단절이 없느니라.

선현이여. 이와 같이 나아가, 여래의 10력이 청정한 까닭으로 색이 청정하고 색이 청정한 까닭으로 일체지지가 청정하나니, 만약 여래의 10력이 청정하거나, 만약 색이 청정하거나, 만약 일체지가 청정하다면, 무이이고 차별이 없으며 파괴가 없고 단절이 없느니라. [자세한 설명은 생략한다.] 나아가, 여래의 10력이 청정한 까닭으로 일체상지가 청정하고 일체상지가 청정한 까닭으로 일체지지가 청정하나니, 만약 여래의 10력이 청정하거나, 만약 일체상지가 청정하거나, 만약 일체지지가 청정하다면, 무이이고 차별이 없으며 파괴가 없고 단절이 없느니라.

이와 같이 나아가, 18불불공법이 청정한 까닭으로 색이 청정하고 색이 청정한 까닭으로 일체지지가 청정하나니, 만약 18불불공법이 청정하거나, 만약 색이 청정하거나, 만약 일체지지가 청정하다면, 무이이고 차별이 없으며 파괴가 없고 단절이 없느니라. [자세한 설명은 생략한다.] 나아가, 18불불공법이 청정한 까닭으로 일체상지가 청정하고 일체상지가 청정한 까닭으로 일체지지가 청정하나니, 만약 18불불공법이 청정하거나, 만약 일체상지가 청정하거나, 만약 일체지지가 청정하다면, 무이이고 차별이 없으며 파괴가 없고 단절이 없느니라.

선현이여. 일체지가 청정한 까닭으로 색이 청정하고 색이 청정한 까닭으로 일체지지가 청정하나니, 만약 일체지가 청정하거나, 만약 색이 청정하거나, 만약 일체지지가 청정하다면, 무이이고 차별이 없으며 파괴가 없고 단절이 없느니라. [자세한 설명은 생략한다.] 나아가, 일체지가 청정한 까닭으로 일체상지가 청정하고 일체상지가 청정한 까닭으로 일체지지가 청정하나니, 만약 일체지가 청정하거나, 만약 일체상지가 청정하거나, 만약 일체지지가 청정하다면, 무이이고 차별이 없으며 파괴가 없고 단절이 없느니라.

이와 같이 나아가, 일체상지가 청정한 까닭으로 색이 청정하고 색이 청정한 까닭으로 일체지지가 청정하나니, 만약 일체상지가 청정하거나, 만약 색이 청정하거나, 만약 일체지지가 청정하다면, 무이이고 차별이 없으며 파괴가 없고 단절이 없느니라. [자세한 설명은 생략한다.] 나아가, 일체상지가 청정한 까닭으로 도상지가 청정하고 도상지가 청정한 까닭으로 일체지지가 청정하나니, 만약 일체상지가 청정하거나, 만약 도상지가 청정하거나, 만약 일체지지가 청정하다면, 무이이고 차별이 없으며 파괴가 없고 단절이 없느니라.

다시 다음으로 선현이여. 일체지지가 청정한 까닭으로 색이 청정하고 색이 청정한 까닭으로 반야바라밀다가 청정하나니, 만약 일체지지가 청정하거나, 만약 색이 청정하거나, 만약 반야바라밀다가 청정하다면, 무이이고 차별이 없으며 파괴가 없고 단절이 없느니라. [자세한 설명은 생략한다.] 나아가, 일체지지가 청정한 까닭으로 일체상지가 청정하고 일체상지가 청정한 까닭으로 반야바라밀다가 청정하나니, 만약 일체지지가 청정하거나, 만약 일체상지가 청정하거나, 만약 반야바라밀다가 청정하다면, 무이이고 차별이 없으며 파괴가 없고 단절이 없느니라.

이와 같이 나아가, 일체지지가 청정한 까닭으로 색이 청정하고 색이 청정한 까닭으로 일체상지가 청정하나니, 만약 일체지지가 청정하거나, 만약 색이 청정하거나, 만약 일체상지지가 청정하다면, 무이이고 차별이 없으며 파괴가 없고 단절이 없느니라. [자세한 설명은 생략한다.] 나아가, 일체지지가 청정한 까닭으로 도상지가 청정하고 도상지가 청정한 까닭으로 일체상지가 청정하나니, 만약 일체지지가 청정하거나, 만약 도상지가 청정하거나, 만약 일체상지가 청정하다면, 무이이고 차별이 없으며 파괴가 없고 단절이 없느니라. 그 가운데에서 하나·하나가 소유한 문구들도 모두 앞의 부류에 상응하여 차례로 널리 설하였느니라.

다시 다음으로 선현이여. 유위(有爲)가 청정한 까닭으로 무위(無爲)가 청정하고 무위가 청정한 까닭으로 유위가 청정하나니, 만약 유위가 청정하거나, 만약 무위가 청정하다면, 무이이고 차별이 없으며 파괴가 없고 단절이 없느니라.

다시 다음으로 선현이여. 과거가 청정한 까닭으로 미래가 청정하고 미래가 청정한 까닭으로 과거가 청정하나니, 만약 과거가 청정하거나, 만약 미래가 청정하다면, 무이이고 차별이 없으며 파괴가 없고 단절이 없느니라. 과거가 청정한 까닭으로 현재가 청정하고 현재가 청정한 까닭으로 과거가 청정하나니, 만약 과거가 청정하거나, 만약 현재가 청정하다면, 무이이고 차별이 없으며 파괴가 없고 단절이 없느니라. 미래가 청정한 까닭으로 현재가 청정하고 현재가 청정한 까닭으로 미래가 청정하나니, 만약 미래가 청정하거나, 만약 현재가 청정하다면, 무이이고 차별이 없으며 파괴가 없고 단절이 없느니라.

과거가 청정한 까닭으로 미래·현재가 청정하고 미래·현재가 청정한 까닭으로 과거가 청정하나니, 만약 과거가 청정하거나, 만약 미래·현재가 청정하다면, 무이이고 차별이 없으며 파괴가 없고 단절이 없느니라. 미래가 청정한 까닭으로 과거·현재가 청정하고 과거·현재가 청정한 까닭으로 미래가 청정하나니, 만약 미래가 청정하거나, 만약 과거·현재가 청정하다면, 무이이고 차별이 없으며 파괴가 없고 단절이 없느니라. 현재가 청정한 까닭으로 과거·미래가 청정하고 과거·미래가 청정한 까닭으로 현재가 청정하나니, 만약 현재가 청정하거나, 만약 과거·미래가 청정하다면, 무이이고 차별이 없으며 파괴가 없고 단절이 없느니라."

마하반야바라밀다경 제436권

40. 청정품(淸淨品)

그때 사리자(舍利子)가 세존께 아뢰어 말하였다.
"세존이시여. 이 법의 청정함은 최고로 매우 깊습니다."
세존께서 말씀하셨다.
"그와 같으니라. 반드시 결국에는(畢竟) 청정한 까닭이니라."
사리자가 아뢰어 말하였다.
"무엇 등이 반드시 결국에는 청정한 까닭으로 이 법의 청정함은 최고로 매우 깊다고 설하십니까?"
세존께서 말씀하셨다.
"사리자여. 색은 결국에는 청정한 까닭으로 이 법의 청정함은 최고로 매우 깊다고 설하고, 수·상·행·식은 결국에는 청정한 까닭으로 이 법의 청정함은 최고로 매우 깊다고 설하며, 안처, 나아가 의처는 결국에는 청정한 까닭으로 이 법의 청정함은 최고로 매우 깊다고 설하고, 색처, 나아가 법처는 결국에는 청정한 까닭으로 이 법의 청정함은 최고로 매우 깊다고 설하며, 안계, 나아가 의계는 결국에는 청정한 까닭으로 이 법의 청정함은 최고로 매우 깊다고 설하고, 안식계, 나아가 의식계는 결국에는 청정한 까닭으로 이 법의 청정함은 최고로 매우 깊다고 설하며,
보시바라밀다, 나아가 반야바라밀다는 결국에는 청정한 까닭으로 이 법의 청정함은 최고로 매우 깊다고 설하고, 내공, 나아가 무성자성공이 결국에는 청정한 까닭으로 이 법의 청정함은 최고로 매우 깊다고 설하며,

4념주, 나아가 8성도지는 결국에는 청정한 까닭으로 이 법의 청정함은 최고로 매우 깊다고 설하고, 이와 같이 나아가, 여래의 10력, 나아가 18불불공법은 결국에는 청정한 까닭으로 이 법의 청정함은 최고로 매우 깊다고 설하며, 일체의 보살마하살의 행은 결국에는 청정한 까닭으로 이 법의 청정함은 최고로 매우 깊다고 설하고, 제보살마하살은 결국에는 청정한 까닭으로 이 법의 청정함은 최고로 매우 깊다고 설하며, 제불의 무상정등보리는 결국에는 청정한 까닭으로 이 법의 청정함은 최고로 매우 깊다고 설하고, 일체의 여래·응공·정등각은 결국에는 청정한 까닭으로 이 법의 청정함은 최고로 매우 깊다고 설하며, 일체지는 결국에는 청정한 까닭으로 이 법의 청정함은 최고로 매우 깊다고 설하고, 도상지·일체상지는 결국에는 청정한 까닭으로 이 법의 청정함은 최고로 매우 깊다고 설하느니라."

이때 사리자가 다시 세존께 아뢰어 말하였다.
"세존이시여. 이 법의 청정함은 매우 명료(明了)합니다."
세존께서 말씀하셨다.
"그와 같으니라. 반드시 결국에는 청정한 까닭이니라."
사리자가 아뢰어 말하였다.
"무엇 등이 반드시 결국에는 청정한 까닭으로 이 법의 청정함은 매우 명료하다고 설하십니까?"
세존께서 말씀하셨다.
"사리자여. 반야바라밀다는 반드시 결국에는 청정한 까닭으로 이 법의 청정함은 매우 명료하다고 설하고, 나아가 보시바라밀다는 반드시 결국에는 청정한 까닭으로 이 법의 청정함은 매우 명료하다고 설하며, 이와 같이 나아가, 일체지는 반드시 결국에는 청정한 까닭으로 이 법의 청정함은 매우 명료하다고 설하고, 도상지·일체상지는 반드시 결국에는 청정한 까닭으로 이 법의 청정함은 매우 명료하다고 설하느니라."
이때 사리자가 다시 세존께 아뢰어 말하였다.

"세존이시여. 이 법의 청정함은 전전(展轉)하지 않고 상속(相續)하지 않습니다."

세존께서 말씀하셨다.

"그와 같으니라. 반드시 결국에는 청정한 까닭이니라."

사리자가 아뢰어 말하였다.

"무엇 등이 반드시 결국에는 청정한 까닭으로 이 법의 청정함은 전전하지 않고 상속하지 않는다고 설하십니까?"

세존께서 말씀하셨다.

"사리자여. 색은 전전하지 않고 상속하지 않으며 반드시 결국에는 청정한 까닭으로 이 법의 청정함은 전전하지 않고 상속하지 않는다고 설하고, 수·상·행·식은 전전하지 않고 상속하지 않으며 반드시 결국에는 청정한 까닭으로 이 법의 청정함은 전전하지 않고 상속하지 않는다고 설하며, 이와 같이 나아가, 일체지는 전전하지 않고 상속하지 않으며 반드시 결국에는 청정한 까닭으로 이 법의 청정함은 전전하지 않고 상속하지 않는다고 설하고, 도상지·일체상지는 전전하지 않고 상속하지 않으며 반드시 결국에는 청정한 까닭으로 이 법의 청정함은 전전하지 않고 상속하지 않는다고 설하느니라."

이때 사리자가 다시 세존께 아뢰어 말하였다.

"세존이시여. 이 법의 청정함은 본래 잡염(雜染)이 없습니다."

세존께서 말씀하셨다.

"그와 같으니라. 반드시 결국에는 청정한 까닭이니라."

사리자가 아뢰어 말하였다.

"무엇 등이 반드시 결국에는 청정한 까닭으로 이 법의 청정함은 잡염이 없다고 설하십니까?"

세존께서 말씀하셨다.

"사리자여. 색은 반드시 결국에는 청정한 까닭으로 이 법의 청정함은 잡염이 없다고 설하고, 수·상·행·식은 반드시 결국에는 청정한 까닭으로 이 법의 청정함은 잡염이 없다고 설하며, 이와 같이 나아가, 일체지는 반드시 결국에는 청정한 까닭으로 이 법의 청정함은 잡염이 없다고 설하고, 도상지·일체상지는 반드시 결국에는 청정한 까닭으로 이 법의 청정함은 잡염이 없다고 설하느니라."

이때 사리자가 다시 세존께 아뢰어 말하였다.

"세존이시여. 이 법의 청정함은 본성(本性)이 빛나고 밝고 깨끗(光潔)합니다."

세존께서 말씀하셨다.

"그와 같으니라. 반드시 결국에는 청정한 까닭이니라."

사리자가 아뢰어 말하였다.

"무엇 등이 반드시 결국에는 청정한 까닭으로 이 법의 청정함은 본성이 밝고 깨끗하다고 설하십니까?"

세존께서 말씀하셨다.

"사리자여. 색은 반드시 결국에는 청정한 까닭으로 이 법의 청정함은 본성이 밝고 깨끗하다고 설하고, 수·상·행·식은 반드시 결국에는 청정한 까닭으로 이 법의 청정함은 본성이 밝고 깨끗하다고 설하며, 이와 같이 나아가, 일체지는 반드시 결국에는 청정한 까닭으로 이 법의 청정함은 본성이 밝고 깨끗하다고 설하고, 도상지·일체상지는 반드시 결국에는 청정한 까닭으로 이 법의 청정함은 본성이 밝고 깨끗하다고 설하느니라."

이때 사리자가 다시 세존께 아뢰어 말하였다.

"세존이시여. 이 법의 청정함은 증득(證得)이 없고 현관(現觀)도 없습니다."

세존께서 말씀하셨다.

"그와 같으니라. 반드시 결국에는 청정한 까닭이니라."

사리자가 아뢰어 말하였다.

"무엇 등이 반드시 결국에는 청정한 까닭으로 이 법의 청정함은 증득이 없고 현관도 없다고 설하십니까?"

세존께서 말씀하셨다.

"사리자여. 색의 본성이 반드시 결국에는 청정한 까닭으로 이 법의 청정함은 증득이 없고 현관도 없다고 설하고, 수·상·행·식의 본성이 반드시 결국에는 청정한 까닭으로 이 법의 청정함은 증득이 없고 현관도 없다고 설하며, 이와 같이 나아가, 일체지의 본성이 반드시 결국에는 청정한 까닭으로 이 법의 청정함은 증득이 없고 현관도 없다고 설하고, 도상지·일체상지의 본성이 반드시 결국에는 청정한 까닭으로 이 법의 청정함은 증득이 없고 현관도 없다고 설하느니라."

이때 사리자가 다시 세존께 아뢰어 말하였다.
"세존이시여. 이 법의 청정함은 생겨남(生)이 없고 출현(出現)도 없습니다."
세존께서 말씀하셨다.
"그와 같으니라. 반드시 결국에는 청정한 까닭이니라."
사리자가 아뢰어 말하였다.
"무엇 등이 반드시 결국에는 청정한 까닭으로 이 법의 청정함은 생겨남이 없고 출현도 없다고 설하십니까?"
세존께서 말씀하셨다.
"사리자여. 색은 생겨남이 없고 출현도 없으며 반드시 결국에는 청정한 까닭으로 이 법의 청정함은 생겨남이 없고 출현도 없다고 설하고, 수·상·행·식은 생겨남이 없고 출현도 없으며 반드시 결국에는 청정한 까닭으로 이 법의 청정함은 생겨남이 없고 출현도 없다고 설하며, 이와 같이 나아가, 일체지는 생겨남이 없고 출현도 없으며 반드시 결국에는 청정한 까닭으로 이 법의 청정함은 생겨남이 없고 출현도 없다고 설하고, 도상지·일체상지는 생겨남이 없고 출현도 없으며 반드시 결국에는 청정한 까닭으로 이 법의 청정함은 생겨남이 없고 출현도 없다고 설하느니라."

이때 사리자가 다시 세존께 아뢰어 말하였다.
"세존이시여. 이 법의 청정함은 욕계(欲界)에서 생겨나지 않고 색계(色界)에서 생겨나지 않으며 무색계(無色界)에서 생겨나지 않습니다."

세존께서 말씀하셨다.
"그와 같으니라. 반드시 결국에는 청정한 까닭이니라."
사리자가 아뢰어 말하였다.
"무엇 등이 반드시 결국에는 청정한 까닭으로 이 법의 청정함은 욕계에서 생겨나지 않고 색계에서 생겨나지 않으며 무색계에서 생겨나지 않는다고 설하십니까?"
세존께서 말씀하셨다.
"사리자여. 삼계의 자성(自性)은 얻을 수 없는 까닭으로 이 법의 청정함은 욕계에서 생겨나지 않고 색계에서 생겨나지 않으며 무색계에서 생겨나지 않는다고 설하느니라."

이때 사리자가 다시 세존께 아뢰어 말하였다.
"세존이시여. 이 법의 청정함은 본성(本性)이 무지(無知)합니다."
세존께서 말씀하셨다.
"그와 같으니라. 반드시 결국에는 청정한 까닭이니라."
사리자가 아뢰어 말하였다.
"어찌하여 이 법의 청정함은 본성이 무지하다고 설하십니까?"
세존께서 말씀하셨다.
"사리자여. 일체법의 본성이 둔(鈍)한 까닭으로써 이 법의 청정함은 본성이 무지하느니라."
사리자가 말하였다.
"무엇 등이 본성이 무지한 까닭으로 이 법의 청정함은 본성이 무지하다고 설하십니까?"
세존께서 말씀하셨다.
"사리자여. 색은 본성이 무지하고 자상공(自相空)인 까닭으로 이 법의 청정함은 본성이 무지하다고 설하고, 수·상·행·식은 본성이 무지하고 자상공인 까닭으로 이 법의 청정함은 본성이 무지하다고 설하며, 이와 같이 나아가, 일체지는 본성이 무지하고 자상공인 까닭으로 이 법의 청정함은 본성이 무지하다고 설하고, 도상지·일체상지는 본성이 무지하고 자상공인 까닭으로 이 법의 청정함은 본성이 무지하다고 설하느니라."

이때 사리자가 다시 세존께 아뢰어 말하였다.
"세존이시여. 일체법의 본성이 청정한 까닭으로 이 법도 청정합니다."
세존께서 말씀하셨다.
"그와 같으니라. 일체법으로써 반드시 결국에는 청정한 까닭이니라."
사리자가 아뢰어 말하였다.
"어찌하여 일체법의 본성이 청정한 까닭으로 이 법도 청정하다고 설하십니까?"
세존께서 말씀하셨다.
"사리자여. 일체법으로써 얻을 수 없는 까닭으로써 본성이 청정하고 이 법의 청정하느니라."
이때 사리자가 다시 세존께 아뢰어 말하였다.
"세존이시여. 이와 같은 반야바라밀다는 일체상지(一切相智)에서 이익이 없고 손해도 없습니다."
세존께서 말씀하셨다.
"그와 같으니라. 반드시 결국에는 청정한 까닭이니라."

사리자가 아뢰어 말하였다.
"어찌하여 반야바라밀다는 일체상지에서 이익이 없고 손해도 없다고 설하십니까?"
세존께서 말씀하셨다.
"사리자여. 법성(法性)이 항상 머무르는 까닭으로써 이와 같은 반야바라밀다는 일체상지에서 이익이 없고 손해도 없느니라."
이때 사리자가 다시 세존께 아뢰어 말하였다.
"세존이시여. 이와 같은 반야바라밀다는 본성이 청정하므로 일체법에서 집수(執受)[1]가 없습니다."

세존께서 말씀하셨다.

"그와 같으니라. 반드시 결국에는 청정한 까닭이니라."

사리자가 아뢰어 말하였다.

"어찌하여 반야바라밀다는 일체상지에서 본성이 청정하므로 일체법에서 집수가 없다고 설하십니까?"

세존께서 말씀하셨다.

"사리자여. 법계(法界)가 담연(湛然)하고 동요(動搖)가 없는 까닭으로써 이와 같은 반야바라밀다는 일체상지에서 이익이 없고 손해도 없느니라."

그때 구수 선현이 세존께 아뢰어 말하였다.

"세존이시여. 내(我)가 청정한 까닭으로 색·수·상·행·식도 청정합니다."

세존께서 말씀하셨다.

"그와 같으니라. 반드시 결국에는 청정한 까닭이니라."

"세존이시여. 무슨 인연으로 내가 청정한 까닭으로 색·수·상·행·식도 이것이 반드시 결국에는 청정하다고 설하십니까?"

"선현이여. 내가 무소유(無所有)인 까닭으로 색·수·상·행·식도 역시 무소유이고 이것이 반드시 결국에는 청정하니라."

"세존이시여. 내가 청정한 까닭으로 안처, 나아가 의처도 청정합니다."

세존께서 말씀하셨다.

"그와 같으니라. 반드시 결국에는 청정한 까닭이니라."

"세존이시여. 무슨 인연으로 내가 청정한 까닭으로 안처, 나아가 의처도 이것이 반드시 결국에는 청정하다고 설하십니까?"

"선현이여. 내가 무소유인 까닭으로 안처, 나아가 의처도 역시 무소유이고 이것이 반드시 결국에는 청정하니라"

"세존이시여. 내가 청정한 까닭으로 색처, 나아가 법처도 청정합니다."

세존께서 말씀하셨다.

---

1) 산스크리트어 upātta의 번역이고, 6경을 접촉하는 때에 그것을 받아들여서 즐겁거나 괴롭다는 등의 감각을 일으키는 것이다.

"그와 같으니라. 반드시 결국에는 청정한 까닭이니라."

"세존이시여. 무슨 인연으로 내가 청정한 까닭으로 색처, 나아가 법처도 이것이 반드시 결국에는 청정하다고 설하십니까?"

"선현이여. 내가 무소유인 까닭으로 색처, 나아가 법처도 역시 무소유이고 이것이 반드시 결국에는 청정하니라."

"세존이시여. 내가 청정한 까닭으로 안계, 나아가 의계도 청정합니다."

세존께서 말씀하셨다.

"그와 같으니라. 반드시 결국에는 청정한 까닭이니라."

"세존이시여. 무슨 인연으로 내가 청정한 까닭으로 안계, 나아가 의계도 이것이 반드시 결국에는 청정하다고 설하십니까?"

"선현이여. 내가 무소유인 까닭으로 안계, 나아가 의계도 역시 무소유이고 이것이 반드시 결국에는 청정하니라."

"세존이시여. 내가 청정한 까닭으로 색계, 나아가 법계도 청정합니다."

세존께서 말씀하셨다.

"그와 같으니라. 반드시 결국에는 청정한 까닭이니라."

"세존이시여. 무슨 인연으로 내가 청정한 까닭으로 색계, 나아가 법계도 이것이 반드시 결국에는 청정하다고 설하십니까?"

"선현이여. 내가 무소유인 까닭으로 색계, 나아가 법계도 역시 무소유이고 이것이 반드시 결국에는 청정하니라."

"세존이시여. 내가 청정한 까닭으로 안식계, 나아가 의식계도 청정합니다."

세존께서 말씀하셨다.

"그와 같으니라. 반드시 결국에는 청정한 까닭이니라."

"세존이시여. 무슨 인연으로 내가 청정한 까닭으로 안식계, 나아가 의식계도 이것이 반드시 결국에는 청정하다고 설하십니까?"

"선현이여. 내가 무소유인 까닭으로 안식계, 나아가 의식계도 역시 무소유이고 이것이 반드시 결국에는 청정하니라."

"세존이시여. 내가 청정한 까닭으로 보시바라밀다, 나아가 반야바라밀다도 청정합니다."

세존께서 말씀하셨다.

"그와 같으니라. 반드시 결국에는 청정한 까닭이니라."

"세존이시여. 무슨 인연으로 내가 청정한 까닭으로 보시바라밀다, 나아가 반야바라밀다도 이것이 반드시 결국에는 청정하다고 설하십니까?"

"선현이여. 내가 무소유인 까닭으로 보시바라밀다, 나아가 반야바라밀다도 역시 무소유이고 이것이 반드시 결국에는 청정하니라."

"세존이시여. 내가 청정한 까닭으로 내공, 나아가 무성자성공도 청정합니다."

세존께서 말씀하셨다.

"그와 같으니라. 반드시 결국에는 청정한 까닭이니라."

"세존이시여. 무슨 인연으로 내가 청정한 까닭으로 내공, 나아가 무성자성공도 이것이 반드시 결국에는 청정하다고 설하십니까?"

"선현이여. 내가 무소유인 까닭으로 내공, 나아가 무성자성공도 역시 무소유이고 이것이 반드시 결국에는 청정하니라."

"세존이시여. 내가 청정한 까닭으로 4념주, 나아가 8성도지도 청정합니다."

세존께서 말씀하셨다.

"그와 같으니라. 반드시 결국에는 청정한 까닭이니라."

"세존이시여. 무슨 인연으로 내가 청정한 까닭으로 4념주, 나아가 8성도지도 이것이 반드시 결국에는 청정하다고 설하십니까?"

"선현이여. 내가 무소유인 까닭으로 4념주, 나아가 8성도지도 역시 무소유이고 이것이 반드시 결국에는 청정하니라."

"세존이시여. 내가 청정한 까닭으로 여래의 10력, 나아가 18불불공법도 청정합니다."

세존께서 말씀하셨다.

"그와 같으니라. 반드시 결국에는 청정한 까닭이니라."

"세존이시여. 무슨 인연으로 내가 청정한 까닭으로 여래의 10력, 나아가 18불불공법도 이것이 반드시 결국에는 청정하다고 설하십니까?"

"선현이여. 내가 무소유인 까닭으로 여래의 10력, 나아가 18불불공법도 역시 무소유이고 이것이 반드시 결국에는 청정하니라."

"세존이시여. 내가 청정한 까닭으로 예류(預流)·일래(一來)·불환(不還)·아라한과(阿羅漢果)와 독각의 보리(獨覺菩提)·무상정등보리(無上正等菩提)도 청정합니다."

세존께서 말씀하셨다.

"그와 같으니라. 반드시 결국에는 청정한 까닭이니라."

"세존이시여. 무슨 인연으로 내가 청정한 까닭으로 예류·일래·불환·아라한과와 독각의 보리·무상정등보리도 이것이 반드시 결국에는 청정하다고 설하십니까?"

"선현이여. 나의 자상(自相)이 공(空)한 까닭으로 예류·일래·불환·아라한과와 독각의 보리·무상정등보리도 역시 자상이 공하고 이것이 반드시 결국에는 청정하니라."

"세존이시여. 내가 청정한 까닭으로 일체지·도상지·일체상지도 청정합니다."

세존께서 말씀하셨다.

"그와 같으니라. 반드시 결국에는 청정한 까닭이니라."

"세존이시여. 무슨 인연으로 내가 청정한 까닭으로 일체지·도상지·일체상지도 이것이 반드시 결국에는 청정하다고 설하십니까?"

"선현이여. 내가 무상(無相)이고 얻을 수 없으며(無得) 무념(無念)이고 무지(無知)한 까닭으로 일체지·도상지·일체상지도 무상이고 얻을 수 없으며 무념이고 무지하나니, 이것이 반드시 결국에는 청정하니라."

"세존이시여. 두 가지가 청정한 까닭으로 증득도 없고 현관도 없습니다."

세존께서 말씀하셨다.

"그와 같으니라. 반드시 결국에는 청정한 까닭이니라."

"세존이시여. 무슨 인연으로 내가 청정한 까닭으로 일체지·도상지·일체상지도 이것이 반드시 결국에는 청정하다고 설하십니까?"

"선현이여. 전도(顚倒)가 일어난 것에서 잡염과 청정함이 없는 까닭으로 증득도 없고 현관도 없으며, 이것이 반드시 결국에는 청정하니라."

구수 선현이 다시 세존께 아뢰어 말하였다.

"세존이시여. 내가 무변(無邊)한 까닭으로 색·수·상·행·식도 역시 무변합니다."

세존께서 말씀하셨다.

"그와 같으니라. 반드시 결국에는 청정한 까닭이니라."

"세존이시여. 무슨 인연으로 내가 무변한 까닭으로 색·수·상·행·식도 역시 무변하다고 설하십니까?"

"선현이여. 필경공(畢竟空)이고 무제공(無際空)인 까닭으로써, 이것이 반드시 결국에는 청정하니라."

"세존이시여. 내가 무변한 까닭으로 안처, 나아가 의처도 역시 무변합니다."

세존께서 말씀하셨다.

"그와 같으니라. 반드시 결국에는 청정한 까닭이니라."

"세존이시여. 무슨 인연으로 내가 무변한 까닭으로 안처, 나아가 의처도 역시 무변하다고 설하십니까?"

"선현이여. 필경공이고 무제공인 까닭으로써, 이것이 반드시 결국에는 청정하니라."

"세존이시여. 내가 무변한 까닭으로 색처, 나아가 법처도 역시 무변합니다."

세존께서 말씀하셨다.

"그와 같으니라. 반드시 결국에는 청정한 까닭이니라."

"세존이시여. 무슨 인연으로 내가 무변한 까닭으로 색처, 나아가 법처도 역시 무변하다고 설하십니까?"

"선현이여. 필경공이고 무제공인 까닭으로써, 이것이 반드시 결국에는 청정하니라."

"세존이시여. 내가 무변한 까닭으로 안계, 나아가 의계도 역시 무변합니다."

세존께서 말씀하셨다.

"그와 같으니라. 반드시 결국에는 청정한 까닭이니라."

"세존이시여. 무슨 인연으로 내가 무변한 까닭으로 안계, 나아가 의계도 역시 무변하다고 설하십니까?"

"선현이여. 필경공이고 무제공인 까닭으로써, 이것이 반드시 결국에는 청정하니라."

"세존이시여. 내가 무변한 까닭으로 색계, 나아가 법계도 역시 무변합니다."

세존께서 말씀하셨다.

"그와 같으니라. 반드시 결국에는 청정한 까닭이니라."

"세존이시여. 무슨 인연으로 내가 무변한 까닭으로 색계, 나아가 법계도 역시 무변하다고 설하십니까?"

"선현이여. 필경공이고 무제공인 까닭으로써, 이것이 반드시 결국에는 청정하니라."

"세존이시여. 내가 무변한 까닭으로 안식계, 나아가 의식계도 역시 무변합니다."

세존께서 말씀하셨다.

"그와 같으니라. 반드시 결국에는 청정한 까닭이니라."

"세존이시여. 무슨 인연으로 내가 무변한 까닭으로 안식계, 나아가 의식계도 역시 무변하다고 설하십니까?"

"선현이여. 필경공이고 무제공인 까닭으로써, 이것이 반드시 결국에는 청정하니라."

"세존이시여. 내가 무변한 까닭으로 보시바라밀다, 나아가 반야바라밀다도 역시 무변합니다."

세존께서 말씀하셨다.

"그와 같으니라. 반드시 결국에는 청정한 까닭이니라."

"세존이시여. 무슨 인연으로 내가 무변한 까닭으로 보시바라밀다, 나아가 반야바라밀다도 역시 무변하다고 설하십니까?"

"선현이여. 필경공이고 무제공인 까닭으로써, 이것이 반드시 결국에는 청정하니라."

"세존이시여. 내가 무변한 까닭으로 4념주, 나아가 8성도지도 역시 무변합니다."

세존께서 말씀하셨다.

"그와 같으니라. 반드시 결국에는 청정한 까닭이니라."

"세존이시여. 무슨 인연으로 내가 무변한 까닭으로 4념주, 나아가 8성도지도 역시 무변하다고 설하십니까?"

"선현이여. 필경공이고 무제공인 까닭으로써, 이것이 반드시 결국에는 청정하니라."

"세존이시여. 내가 무변한 까닭으로 여래의 10력, 나아가 18불불공법도 역시 무변합니다."

세존께서 말씀하셨다.

"그와 같으니라. 반드시 결국에는 청정한 까닭이니라."

"세존이시여. 무슨 인연으로 내가 무변한 까닭으로 여래의 10력, 나아가 18불불공법도 역시 무변하다고 설하십니까?"

"선현이여. 필경공이고 무제공인 까닭으로써, 이것이 반드시 결국에는 청정하니라."

"세존이시여. 내가 무변한 까닭으로 예류·일래·불환·아라한과와 독각의 보리·무상정등보리도 역시 무변합니다."

세존께서 말씀하셨다.

"그와 같으니라. 반드시 결국에는 청정한 까닭이니라."

"세존이시여. 무슨 인연으로 내가 무변한 까닭으로 예류·일래·불환·아라한과와 독각의 보리·무상정등보리도 역시 무변하다고 설하십니까?"

"선현이여. 필경공이고 무제공인 까닭으로써, 이것이 반드시 결국에는 청정하니라."

"세존이시여. 내가 무변한 까닭으로 일체지·도상지·일체상지도 역시 무변합니다."

세존께서 말씀하셨다.

"그와 같으니라. 반드시 결국에는 청정한 까닭이니라."

"세존이시여. 무슨 인연으로 내가 무변한 까닭으로 일체지·도상지·일체상지도 역시 무변하다고 설하십니까?"

"선현이여. 필경공이고 무제공인 까닭으로써, 이것이 반드시 결국에는 청정하니라."

"세존이시여. 만약 보살마하살이 능히 이와 같이 깨닫는다면 이것이 반야바라밀다입니다."

세존께서 말씀하셨다.

"그와 같으니라. 반드시 결국에는 청정한 까닭이니라."

"세존이시여. 무슨 인연으로 만약 보살마하살이 능히 이와 같이 깨닫는다면 이 반야바라밀다가 곧 반드시 결국에는 청정하게 된다고 설하십니까?"

"선현이여. 오히려 이것으로써 능히 도상지(道相智)를 성취하는 까닭이니라."

"세존이시여. 만약 보살마하살이 반야바라밀다를 수행하는 때에 방편선교(方便善巧)로써 '색은 색을 알지 못하며, 수는 수를 알지 못하고, 상은 상을 알지 못하며, 행은 행을 알지 못하고, 식은 식을 알지 못하며, 안처는 안처를 알지 못하고 나아가 의처는 의처를 알지 못하며, 색처는 색처를 알지 못하고, 나아가 법처는 법처를 알지 못하며, 안계는 안계를 알지 못하고 나아가 의계는 의계를 알지 못하며, 색계는 색계를 알지 못하고 나아가 법계는 법계를 알지 못하며, 안식계는 안식계를 알지 못하고 나아가 의식계는 의식계를 알지 못하며, 과거의 법은 과거의 법을 알지 못하고 미래의 법은 미래의 법을 알지 못하며 현재의 법은 현재의 법을 알지 못합니다.

보시바라밀다는 보시바라밀다를 알지 못하고 나아가 반야바라밀다는 반야바라밀다를 알지 못하며, 내공은 내공을 알지 못하고 나아가 무성자성공은 무성자성공을 알지 못하며, 4념주는 4념주를 알지 못하고 나아가 8성도지는 8성도지를 알지 못하며, 여래의 10력은 여래의 10력을 알지 못하고 나아가 18불불공법은 18불불공법을 알지 못하며, 일체지는 일체지를 알지 못하고 도상지는 도상지를 알지 못하고, 일체상지는 일체상지를 알지 못한다.라고 이와 같이 생각을 지었다면 이 보살마하살은 이미 무상정등보리에서 정정취(正定聚)[2])에 안주하였습니다."

세존께서 말씀하셨다.

"선현이여. 그와 같으니라. 그와 같으니라. 그대가 말한 것과 같으니라."

그때 사리자가 선현에게 물어 말하였다.

"제보살마하살이 반야바라밀다를 수행하는 때에 방편선교가 있는 자라면 제법에서 두 가지 생각이 전전합니까?"

선현이 대답하여 말하였다.

"사리자여. 만약 보살마하살이 반야바라밀다를 수행하는 때에 방편선교가 있는 자라면, '나는 능히 보시를 행하면서 이와 같이 보시를 행한다. 나는 능히 지계(持戒)하면서 이와 같이 지계한다. 나는 능히 안인을 수습(修習)하면서 이와 같이 안인을 수습한다. 나는 능히 정진하면서 이와 같이 정진한다. 나는 능히 정려에 들어가면서 이와 같이 정려에 들어간다. 나는 능히 지혜를 수습하면서 이와 같이 지혜를 수습한다. 나는 능히 복(福)을 심으면서 이와 같이 복을 심는다. 나는 능히 정성이생(正性離生)에 들어가면서 이와 같이 정성이생에 들어간다. 나는 능히 불국토를 청정하게 장엄하면서 이와 같이 불국토를 청정하게 장엄한다. 나는 능히 유정을 성숙시키면서 이와 같이 유정을 성숙시킨다. 나는 능히 마땅히 일체상지를 증득하면서 이와 같이 마땅히 일체상지를 증득한다.'라고 이렇게 생각을 짓지 않습니다.

사리자여. 이 보살마하살은 반야바라밀다를 수행하면서 방편선교가 있는 까닭으로 이와 같은 등의 일체의 분별이 없는데, 오히려 내공(內空)·외공(外空)·내외공(內外空)·공공(空空)·대공(大空)·승의공(勝義空)·유위

---

2) 산스크리트어 samyaktva-niyata-rāśi의 번역이고, 반드시 성불할 것으로 결정된 수행자를 가리킨다.

공(有爲空)·무위공(無爲空)·필경공(畢竟空)·무제공(無際空)·산공(散空)· 무변이공(無變異空)·본성공(本性空)·자상공(自相空)·공상공(共相空)·일체법공(一切法空)·불가득공(不可得空)·무성공(無性空)·자성공(自性空)· 무성자성공(無性自性空) 등을 통달한 까닭입니다. 사리자여. 제보살마하살이 반야바라밀다를 수행하는 때에 방편선교가 있는 까닭으로 집착하는 것이 없습니다."

그때 천제석(天帝釋)이 선현에게 물어 말하였다.

"대덕(大德)이여. 무엇으로 보살승에 안주하는 여러 선남자와 선여인 등이 반야바라밀다를 수행하는 때에 일으키는 집착이라는 것을 상응하여 알 수 있습니까?"

선현이 대답하여 말하였다.

"교시가여. 보살승에 안주하는 여러 선남자와 선여인 등이 반야바라밀다를 수행하는 때에 방편선교가 없는 까닭으로 '보시(布施)라는 생각을 일으키고 보시바라밀다라는 생각을 일으키거나, 정계(淨戒)라는 생각을 일으키고 정계바라밀다라는 생각을 일으키거나, 안인(安忍)이라는 생각을 일으키고 안인바라밀다라는 생각을 일으키거나, 정진(精進)이라는 생각을 일으키고 정진바라밀다라는 생각을 일으키거나, 정려(靜慮)라는 생각을 일으키고 정려바라밀다라는 생각을 일으키거나, 반야(般若)라는 생각을 일으키고 반야바라밀다라는 생각을 일으키거나, 내공(內空)이라는 생각을 일으키고 외공(外空), 나아가 무성자성공(無性自性空)이라는 생각을 일으키거나, 4념주(四念住)라는 생각을 일으키고 4정단(四正斷), 나아가 8성도지(八聖道支)라는 생각을 일으키거나,

여래(佛)의 10력(十力)이라는 생각을 일으키고 4무소외(四無所畏), 나아가 18불불공법(十八佛不共法)이라는 생각을 일으키거나, 일체지(一切智)라는 생각을 일으키고 도상지(道相智)라는 생각을 일으키며 일체상지(一切相智)라는 생각을 일으키거나, 제불(諸佛)의 무상정등보리(無上正等菩提)라는 생각을 일으키거나, 여래·응공·정등각이라는 생각을 일으키거나, 여래의 처소에서 심은 선근(善根)이라는 생각을 일으키거나, 이와

같이 심었던 것인 선근을 모으고 헤아려서 제유정과 함께 평등하게 공유(共有)하면서 무상정등보리에 회향하겠다.'라고 스스로가 마음에서 생각을 일으킨다면, 교시가여. 오히려 이것으로 보살승에 안주하는 여러 선남자와 선여인 등이 반야바라밀다를 수행하는 때에 집착을 일으키는 것이라고 마땅히 알아야 합니다.

교시가여. 이 선남자와 선여인 등은 오히려 이러한 집착에 계박(繫縛)되었던 까닭으로 능히 집착이 없는 반야바라밀다를 수행하면서 무상정등보리에 회향하지 못합니다. 왜 그러한가? 교시가여. 색의 본성은 능히 회향할 수 없고, 수·상·행·식의 본성도 능히 회향할 수 없으며, 나아가 일체지의 본성도 능히 회향할 수 없고, 도상지·일체상지의 본성도 능히 회향할 수 없습니다.

다시 다음으로 교시가여. 보살마하살이 무상정등보리에서 유정들에게 드러내어 보여주고 권유하면서 인도하며 칭찬하면서 격려하고 다른 유정들을 즐겁고 기쁘게 하려는 자는 상응하여 제법의 평등하고 진실한 성품을 관찰하고, 이러한 작의(作意)를 따라서 다른 유정에게 드러내어 보여주고 권유하면서 인도하며 칭찬하면서 격려하고 즐겁고 기쁘게 하면서 이를테면, '그대들 선남자와 선여인 등은 보시바라밀다를 수행하는 때에 내가 능히 보시를 행한다고 상응하여 분별하지 않아야 하고, 정계바라밀다를 수행하는 때에 내가 능히 계율을 정계한다고 분별하지 않아야 하며, 안인바라밀다를 수행하는 때에 내가 능히 안인을 수행한다고 분별하지 않아야 하고, 정진바라밀다를 수행하는 때에 내가 능히 정진한다고 분별하지 않아야 하며, 정려바라밀다를 수행하는 때에 내가 능히 정려에 들어간다고 분별하지 않아야 하고, 반야바라밀다를 수행하는 때에 내가 능히 지혜를 수습한다고 분별하지 않아야 하며,

내공을 수행하는 때에 내가 능히 내공에 안주한다고 분별하지 않아야 하고 외공, 나아가 무성자성공을 수행하는 때에 내가 능히 외공, 나아가 무성자성공에 안주한다고 분별하지 않아야 하며, 4념주를 수행하는 때에 내가 능히 4념주를 수행한다고 분별하지 않아야 하고, 4정단, 나아가

8성도지를 수행하는 때에 내가 능히 4정단, 나아가 8성도지를 수행한다고 분별하지 않아야 하며, 여래의 10력을 수행하는 때에 내가 능히 여래의 10력을 수행한다고 분별하지 않아야 하고, 4무소외, 나아가 18불불공법을 수행하는 때에 내가 4무소외, 나아가 18불불공법을 수행한다고 분별하지 않아야 하며, 일체지를 수행하는 때에 내가 일체지를 수행한다고 분별하지 않아야 하고, 도상지와 일체상지를 수행하는 때에 내가 능히 도상지와 일체상지를 수행한다고 분별하지 않아야 하며, 무상정등보리를 수행하는 때에 내가 능히 무상정등보리를 수행한다고 분별하지 않아야 합니다.'라고 이렇게 말을 지었다면, 교시가여. 제보살마하살이 무상정등보리에서 다른 유정들에게 드러내어 보여주고 권유하면서 인도하며 칭찬하면서 격려하고 즐겁고 기쁘게 하는 것입니다.

만약 보살마하살이 그 무상정등보리에서 능히 이와 같이 다른 유정들에게 드러내어 보여주고 권유하면서 인도하며 칭찬하면서 격려하고 즐겁고 기쁘게 하였다면, 스스로에게 손해가 없고 다른 사람에게도 손해가 없으므로, 제여래께서 상응하여 허락하신 것을 제유정들에게 드러내어 보여주고 권유하면서 인도하며 칭찬하면서 격려하고 즐겁고 기쁘게 하였던 것과 같은 까닭입니다. 교시가여. 보살승에 안주하는 여러 선남자와 선여인 등이 능히 이와 같이 보살승에 나아가는 제유정에게 드러내어 보여주고 권유하면서 인도하며 칭찬하면서 격려하고 즐겁고 기쁘게 하는 자는, 곧 능히 일체의 집착을 멀리 벗어날 것입니다."

그때 세존께서 선현을 칭찬하면서 말씀하셨다.

"옳도다. 옳도다. 그대는 지금 제보살들을 위하여 집착하는 상(相)을 잘 설하여 대승에 나아가는 여러 선남자와 선여인 등이 집착의 상을 벗어나게 하였고, 제보살마하살의 행을 수행하게 하였느니라. 선현이여. 다시 이러한 나머지의 미세한 집착이 있다고 마땅히 그대들을 위하여 설하겠나니, 그들은 상응하여 자세하게 듣고 지극히 사유(思惟)하라."

선현이 아뢰어 말하였다.

"알겠습니다. 원하건대 설하여 주십시오. 저희들은 즐겁게 듣겠습니다."

세존께서 말씀하셨다.

"선현이여. 보살승에 안주하는 여러 선남자와 선여인 등이 무상정등보리에 나아가고자 하면서 만약 여래·응공·정등각에서 상(相)을 취하고서 억념(憶念)한다면 모두가 이것은 집착이고, 과거·미래·현재의 일체의 여래·응공·정등각들의 집착이 없는 공덕과 초발심(初發心)부터 법주(法住)에 이르기까지 소유한 여러 선근에서 상을 취하고서 억념하였거나, 이미 억념하였다면 깊은 마음으로 따라서 기뻐하고 이미 따라서 기뻐하였다면 제유정들과 함께 평등하게 공유하면서 무상정등보리에 회향하였더라도, 이와 같은 일체는 상을 취하고서 억념하였으므로 모두가 집착이니라.

만약 일체의 여래의 제자와 나머지의 유정들이 수행하였던 것인 선법에서 상을 취하고서 억념하였거나, 이미 억념하였다면 깊은 마음으로 따라서 기뻐하고 이미 따라서 기뻐하였다면 제유정들과 함께 평등하게 공유하면서 무상정등보리에 회향하였더라도, 이와 같은 일체도 역시 집착이라고 이름하느니라. 왜 그러한가? 선현이여. 제여래·응공·정등각들과 더불어 여러 제자들과 만약 나머지 유정들의 공덕과 선근은 상응하여 상을 취하고서 억념하며 분별할 수가 없나니, 여러 취하는 상이라는 것은 모두가 허망한 까닭이니라."

이때 구수 선현이 세존께 아뢰어 말하였다.

"세존이시여. 이와 같은 반야바라밀다는 최고로 매우 깊습니다."

세존께서 말씀하셨다.

"그와 같으니라. 일체법으로써 본성을 벗어난 까닭이니라."

"세존이시여. 이 반야바라밀다는 모두가 상응하게 공경하고 예배해야 합니다."

세존께서 말씀하셨다.

"그와 같으니라. 공덕이 많은 까닭이니라. 그렇지만 이 반야바라밀다는 만들(造) 수 없고 지을(作) 수 없으며 능히 증득하는 자도 없느니라."

"세존이시여. 일체의 법성(法性)은 증득하여 깨달을 수 없습니다."

"그와 같으니라. 일체의 법성은 오직 하나이므로 증득하는 것과 증득되는 것을 얻을 수 없는 까닭이니라. 선현이여. 제법의 한 성품(一性)은 곧 이것이 무성(無性)이고, 제법의 무성은 곧 한 성품이니라. 이와 같이 제법의 한 성품과 무성은 이것이 본래의 진실한 성품이고, 이 본래의 진실한 성품은 만들 수 없고 지을 수 없느니라. 선현이여. 보살마하살이 능히 여러 소유한 법이 한 성품이고 무성이며 만들 수 없고 지을 수 없다고 여실하게 안다면, 곧 능히 일체의 집착을 멀리 벗어나느니라."

구수 선현이 다시 세존께 아뢰어 말하였다.

"이와 같은 반야바라밀다는 명료하게 깨닫기가 어렵습니다."

"그와 같으니라. 오히려 이러한 반야바라밀다는 능히 보는 자가 없고 능히 듣는 자가 없으며 능히 깨닫는 자가 없고 능히 아는 자가 없는데, 증득하는 상을 벗어난 까닭이니라."

"세존이시여. 이와 같은 반야바라밀다는 불가사의합니다."

세존께서 말씀하셨다.

"그와 같으니라. 오히려 이러한 반야바라밀다는 마음으로써 취할 수 없는데, 마음의 상(相)을 벗어난 까닭이고, 색, 나아가 식으로써 취할 수 없는데, 그 상을 벗어난 까닭이며, 안처(眼處), 나아가 의처(意處)로써 취할 수 없는데, 그 상을 벗어난 까닭이고, 색처(色處), 나아가 법처(法處)로써 취할 수 없는데, 그 상을 벗어난 까닭이고, 안식계(眼識界), 나아가 의식계(意識界)로써 취할 수 없는데, 그 상을 벗어난 까닭이며, 보시바라밀다, 나아가 반야바라밀다로써 취할 수 없는데, 그 상을 벗어난 까닭이고, 내공, 나아가 무성자성공으로써 취할 수 없는데, 그 상을 벗어난 까닭이며, 4념주, 나아가 8성도지로써 취할 수 없는데, 그 상을 벗어난 까닭이고, 여래의 10력, 나아가 18불불공법으로써 취할 수 없는데, 그 상을 벗어난 까닭이며, 일체지·도상지·일체상지로써 취할 수 없는데, 그 상을 벗어난 까닭이고, 일체법으로써 취할 수 없는데, 그 상을 벗어난 까닭이니라.

다시 다음으로 선현이여. 이 반야바라밀다는 색에서 생겨나지 않았고, 나아가 일체법에서 생겨나지 않았느니라."

구수 선현이 다시 세존께 아뢰어 말하였다.

"이와 같은 반야바라밀다는 만드는 것과 짓는 것이 없습니다."

"그와 같으니라. 여러 짓는 것을 얻을 수 없는 까닭이니라. 선현이여. 색은 얻을 수 없는 까닭으로 짓는 것도 얻을 수 없고, 수·상·행·식도 얻을 수 없는 까닭으로 짓는 것을 얻을 수 없으며, 나아가 일체법을 얻을 수 없는 까닭으로 짓는 것도 얻을 수 없느니라. 선현이여. 오히려 여러 짓는 것과 색 등의 법을 얻을 수 없는 까닭으로, 이와 같은 반야바라밀다는 만드는 것과 짓는 것이 없느니라."

41. 무표치품(無標幟品)(1)

그때 구수 선현이 세존께 아뢰어 말하였다.

"세존이시여. 어떻게 보살마하살은 상응하여 반야바라밀다를 수행해야 합니까?"

세존께서 말씀하셨다.

"선현이여. 보살마하살이 반야바라밀다를 수행하는 때에 만약 색을 수행하지 않으면 이것이 반야바라밀다를 수행하는 것이고, 수·상·행·식을 수행하지 않으면 이것이 반야바라밀다를 수행하는 것이며, 나아가 일체지를 수행하지 않으면 이것이 반야바라밀다를 수행하는 것이고, 도상지와 일체상지를 수행하지 않으면 이것이 반야바라밀다를 행하는 것이며, 색이 만약 항상하거나 만약 무상하다고 수행하지 않으면 이것이 반야바라밀다를 수행하는 것이고, 수·상·행·식이 만약 항상(常)하거나 만약 무상(無常)하다고 수행하지 않으면 이것이 반야바라밀다를 수행하는 것이며, 이와 같이 나아가, 일체지가 만약 항상하거나 만약 무상하다고 수행하지 않으면 이것이 반야바라밀다를 수행하는 것이고, 도상지와 일체상지가 만약 항상하거나 만약 무상하다고 수행하지 않으면 이것이 반야바라밀다를 수행하는 것이니라.

색이 만약 즐겁거나 만약 괴롭다고 수행하지 않으면 이것이 반야바라밀다를 수행하는 것이고, 수·상·행·식이 만약 즐겁거나 만약 괴롭다고 수행하지 않으면 이것이 반야바라밀다를 수행하는 것이며, 이와 같이 나아가, 일체지가 만약 즐겁거나 만약 괴롭다고 수행하지 않으면 이것이 반야바라밀다를 수행하는 것이고, 도상지와 일체상지가 만약 즐겁거나 만약 괴롭다고 수행하지 않으면 이것이 반야바라밀다를 수행하는 것이니라.

색이 만약 나(我)이거나 만약 무아(無我)라고 수행하지 않으면 이것이 반야바라밀다를 수행하는 것이고, 수·상·행·식이 나이거나 만약 무아라고 수행하지 않으면 이것이 반야바라밀다를 수행하는 것이며, 이와 같이 나아가, 일체지가 나이거나 만약 무아라고 수행하지 않으면 이것이 반야바라밀다를 수행하는 것이고, 나이거나 만약 무아라고 만약 즐겁거나 만약 괴롭다고 행하지 않으면 이것이 반야바라밀다를 수행하는 것이니라.

색이 만약 청정(淨)하거나 만약 부정(不淨)하다고 수행하지 않으면 이것이 반야바라밀다를 수행하는 것이고, 수·상·행·식이 청정하거나 만약 부정하다고 수행하지 않으면 이것이 반야바라밀다를 수행하는 것이며, 이와 같이 나아가, 일체지가 청정하거나 만약 부정하다고 수행하지 않으면 이것이 반야바라밀다를 수행하는 것이고, 청정하거나 만약 부정하다고 만약 즐겁거나 만약 괴롭다고 수행하지 않으면 이것이 반야바라밀다를 수행하는 것이니라.

왜 그러한가? 선현이여, 보살마하살이 반야바라밀다를 수행하는 때에 오히려 색·수·상·행·식들도 보지 않는데, 하물며 색·수·상·행·식들의 만약 항상하거나, 만약 무상하거나, 만약 즐겁거나, 만약 괴롭거나, 만약 나이거나, 만약 무아이거나, 만약 청정하거나 만약 부정하다고 보겠는가? 이와 같이 나아가, 오히려 일체지·도상지·일체상지들도 보지 않는데, 하물며 일체지·도상지·일체상지의 만약 항상하거나, 만약 무상하거나,

만약 즐겁거나, 만약 괴롭거나, 만약 나이거나, 만약 무아이거나, 만약 청정하거나 만약 부정하다고 보겠는가?

다시 다음으로 선현이여. 보살마하살이 반야바라밀다를 수행하는 때에 색의 원만(圓滿)함을 행하지 않고 색의 원만하지 않음을 행하지 않으면 이것이 반야바라밀다를 행하는 것이고, 수·상·행·식의 원만함을 행하지 않고 수·상·행·식의 원만하지 않음을 행하지 않으면 이것이 반야바라밀다를 행하는 것이며, 이와 같이 나아가, 일체지의 원만함을 행하지 않고 일체지의 원만하지 않음을 행하지 않으면 이것이 반야바라밀다를 행하는 것이고, 도상지와 일체상지의 원만함을 행하지 않고 도상지와 일체상지의 원만하지 않음을 행하지 않으면 이것이 반야바라밀다를 행하는 것이니라.

왜 그러한가? 선현이여. 보살마하살이 반야바라밀다를 수행하는 때에 오히려 색·수·상·행·식들을 얻을 수 없고 보지도 않는데, 하물며 색·수·상·행·식들의 만약 원만하거나 만약 원만하지 않은 것을 하물며 보거나 하물며 얻겠는가? 이와 같이 나아가 일체지·도상지·일체상지를 오히려 얻을 수 없고 보지도 않는데, 하물며 일체지·도상지·일체상지의 만약 원만하거나 만약 원만하지 않은 것을 하물며 보거나 하물며 얻겠는가?"

그때 구수 선현이 다시 세존께 아뢰어 말하였다.

"세존이시여. 매우 기이(奇異)합니다. 일체의 여래·응공·정등각께서는 대승의 여러 선남자와 선여인 등을 위하여 집착과 집착이 아닌 상을 널리 설하셨습니다."

세존께서 말씀하셨다.

"선현이여. 그와 같으니라. 그와 같으니라. 그대가 말한 것과 같으니라. 일체의 여래·응공·정등각께서는 대승의 여러 선남자와 선여인 등을 위하여 집착과 집착이 아닌 상을 널리 설하시느니라. 다시 다음으로 선현이여. 보살마하살이 반야바라밀다를 수행하는 때에 색이 만약 집착이거나 만약 집착이 아니라고 수행하지 않으면 이것이 반야바라밀다를 수행하는 것이고, 수·상·행·식이 만약 집착이거나, 만약 집착이 아니라고 수행하지 않으면 이것이 반야바라밀다를 수행하는 것이며, 안처(眼處), 나아가 의처(意處)가 만약 집착이거나 만약 집착이 아니라고 수행하지 않으면 이것이 반야바라밀다를 수행하는 것이고, 색처(色處), 나아가 법처(法處)가 만약 집착이거나, 만약 집착이 아니라고 수행하지 않으면 이것이 반야바라밀다를 수행하는 것이며, 안식계(眼識界), 나아가 의식계(意識界)가 만약 집착이거나 만약 집착이 아니라고 수행하지 않으면 이것이 반야바라밀다를 수행하는 것이고, 보시바라밀다, 나아가 반야바라밀다가 만약 집착이거나, 만약 집착이 아니라고 수행하지 않으면 이것이 반야바라밀다를 수행하는 것이며,

　내공, 나아가 무성자성공이 만약 집착이거나 만약 집착이 아니라고 수행하지 않으면 이것이 반야바라밀다를 수행하는 것이고, 4념주, 나아가 8성도지가 만약 집착이거나, 만약 집착이 아니라고 수행하지 않으면 이것이 반야바라밀다를 수행하는 것이며, 여래의 10력, 나아가 18불불공법이 만약 집착이거나 만약 집착이 아니라고 수행하지 않으면 이것이 반야바라밀다를 수행하는 것이고, 일체지·도상지·일체상지가 만약 집착이거나, 만약 집착이 아니라고 수행하지 않으면 이것이 반야바라밀다를 수행하는 것이며, 예류·일래·불환·아라한과와 독각의 보리가 만약 집착이거나 만약 집착이 아니라고 수행하지 않으면 이것이 반야바라밀다를 수행하는 것이고, 일체의 보살마하살의 행과 제불의 무상정등보리가 만약 집착이거나, 만약 집착이 아니라고 수행하지 않으면 이것이 반야바라밀다를 수행하는 것이니라.

　선현이여. 보살마하살이 이와 같이 반야바라밀다를 수행할 때 색에 집착이거나 집착이 아닌 상이 없고, 수·상·행·식도 역시 집착이거나 집착이 아닌 상이 없다고 여실(如實)하게 깨달아야 하고, 이와 같이 나아가, 일체의 보살마하살의 행이 집착이거나 집착이 아닌 상이 없고, 제불의 무상정등보리에도 집착이거나 집착이 아닌 상이 없다고 여실하게 깨달아야 하느니라."

그때 구수 선현이 세존께 아뢰어 말하였다.
"세존이시여. 매우 깊은 법성(法性)은 지극히 희유(希有)하므로 만약 설하거나 만약 설하지 않더라도 증장하거나 감소하지 않습니다."
세존께서 말씀하셨다.
"선현이여. 그와 같으니라. 그와 같으니라. 그대가 말한 것과 같으니라. 매우 깊은 법성은 지극히 희유하므로 만약 설하거나 만약 설하지 않더라도 증장하거나 감소하지 않느니라. 선현이여. 가사 여래·응공·정등각께서 수명을 끝마치도록 안주하여 허공을 칭찬하거나 훼자할지라도 그 허공은 증장이 없고 감소도 없나니, 매우 깊은 법성도 그와 같아서 만약 설하거나 만약 설하지 않더라도 증장하거나 감소하지 않느니라. 선현이여. 비유한다면 마술사가 칭찬하고 훼자하는 때에 증장이 없고 감소도 없으며, 근심과 기쁨도 없는 것과 같이, 매우 깊은 법성도 그와 같아서 만약 설하거나 만약 설하지 않더라도 본래와 같아서 변이(變異)가 없느니라."
그때 구수 선현이 다시 세존께 아뢰어 말하였다.
"세존이시여. 제보살마하살이 반야바라밀다를 수행하더라도 매우 어려운 일입니다. 이를테면, 이러한 반야바라밀다는 만약 수행하거나 만약 수행하지 않더라도 증장이 없고 감소도 없으며, 근심이 없고 기쁨도 없으며, 향(向)하는 것도 없고 물러나는 것도 없나니, 이와 같은 반야바라밀다, 나아가 무상정등보리를 정근하면서 수행한다면 항상 퇴전(退轉)이 없습니다.
왜 그러한가? 세존이시여. 제보살마하살이 반야바라밀다를 수행하더라도 허공을 수행하는 것과 같아서 모두 무소유(無所有)입니다. 세존이시여. 허공의 가운데에서 색을 깨달을(了) 수 없고 수·상·행·식도 깨달을 수 없으며, 안처는 깨달을 수 없고 이·비·설·신·의처도 깨달을 수 없으며, 색처를 깨달을 수 없고 성·향·미·촉·법처도 깨달을 수 없으며, 안계를 깨달을 수 없고 이·비·설·신·의계를 깨달을 수 없으며, 색계를 깨달을 수 없고 성·향·미·촉·법계를 깨달을 수 없으며, 안식계를 깨달을 수 없고 이·비·설·신·의식계를 깨달을 수 없으며, 보시바라밀다를 깨달을 수 없고 정계·안인·정진·정려·반야바라밀다를 깨달을 수 없으며, 내공을 깨달을 수 없고 외공, 나아가 무성자성공을 깨달을 수 없으며, 4념주를 깨달을 수 없고 4정단, 나아가 8성도지를 깨달을 수 없으며, 이와 같이 나아가, 여래의 10력을 깨달을 수 없고 4무소외, 나아가 18불불공법을 깨달을 수 없으며, 일체지를 깨달을 수 없고 도상지와 일체상지를 깨달을 수 없으며, 예류과를 깨달을 수 없고 일래·불환·아라한과와 독각의 보리를 깨달을 수 없으며, 일체의 보살마하살의 행을 깨달을 수 없고 제불의 무상정등보리를 깨달을 수 없는 것과 같이 반야바라밀다를 수행하는 것도 역시 다시 이와 같습니다.

　이를테면, 이러한 반야바라밀다의 매우 깊은 법의 가운데에서는 색을 얻을 수 없고 수·상·행·식도 얻을 수 없으며, 나아가 일체의 보살마하살의 행을 얻을 수 없고 제불의 무상정등보리도 얻을 수 없습니다. 이 가운데에서 비록 제법을 얻을 수 없을지라도, 제보살들은 능히 정근하고 정진하면서 반야바라밀, 나아가 무상정등보리를 수학(修學)한다면 항상 퇴전이 없습니다. 이러한 까닭으로 제보살마하살들이 반야바라밀다를 수행하는 것은 매우 어려운 일이라고 저는 설하였습니다."

마하반야바라밀다경 제437권

41. 무표치품(無標幟品)(2)

그때 구수(具壽) 선현(善現)이 세존께 아뢰어 말하였다.
"세존이시여. 제보살마하살이 이와 같은 큰 공덕의 갑옷을 입었다면 일체의 유정들은 모두가 상응하여 공경하고 예경(敬禮)해야 합니다. 세존이시여. 만약 보살마하살이 제유정들을 위하여 공덕의 갑옷을 입고서 정근하면서 정진하는 자는 마치 허공을 위하여 공덕의 갑옷을 입고서 정근하면서 정진하는 것 같습니다. 세존이시여. 만약 보살마하살이 유정들을 성숙시키고 해탈시키기 위하여 공덕의 갑옷을 입고서 정근하면서 정진하는 자는 허공을 성숙시키고 해탈시키기 위하여 공덕의 갑옷을 입고서 정근하면서 정진하는 것과 같습니다.
세존이시여. 만약 보살마하살이 일체법을 위하여 공덕의 갑옷을 입고서 정근하면서 정진하는 자는 허공을 위하여 공덕의 갑옷을 입고서 정근하면서 정진하는 것과 같습니다. 세존이시여. 만약 보살마하살이 유정들을 생사(生死)의 고통에서 발제(拔濟)하기 위하여 공덕의 갑옷을 입고서 정근하면서 정진하는 자는 허공을 들어서 높고 수승한 곳에 놓아두기 위하여 공덕의 갑옷을 입고서 정근하면서 정진하는 것과 같습니다. 세존이시여. 제보살마하살이 큰 정진의 용맹한 세력을 얻는 것은 허공을 위하여 제유정의 부류들이 빠르게 생사를 벗어나서 무상정등보리를 일으켜서 나아가는 것과 같습니다.
세존이시여. 제보살마하살이 부사의(不思議)하고 무등(無等)인 신통력을 얻는 것은 허공과 같은 여러 법성의 바다(法性海)를 위하여 공덕의 갑옷을 입고서 무상정등보리를 일으켜서 나아가는 것과 같습니다. 세존이시여. 제보살마하살이 최고로 지극하게 용맹하고 건장한 것은 허공과 같은 것을 구하기 위하여 무상정등보리인 공덕의 갑옷을 입고서 정근하면서 정진을 일으키는 것입니다. 세존이시여. 제보살마하살이 허공과 같은 제유정의 부류들을 성숙시키고 해탈시키면서 큰 이익과 안락을 획득시키기 위하여 정근하면서 수행하면서 고행(苦行)으로 무상정등보리를 증득하고자 하였다면 깊게 희유(希有)하게 됩니다.

왜 그러한가? 세존이시여. 가사 삼천대천세계의 가운데에 충만(充滿)하신 여래·응공·정등각께서 대나무(竹)·삼(麻)·갈대(葦)·사탕수수(甘蔗) 등의 수풀과 같이, 만약 1겁을 지내거나, 혹은 1겁을 넘겨서 지내면서 제유정을 위하여 항상 정법을 설하시어 각자 한량없고 무량하고 무변한 유정을 헤아려서 해탈시키고서 열반에 들어가게 하며 반드시 결국에는 안락하게 할지라도 유정의 세계는 증장하지 않고 감소하지 않습니다. 그 까닭은 무엇인가? 제유정으로써 무소유의 성품이고 멀리 벗어난 까닭입니다.

세존이시여. 오히려 이러한 인연으로 '제보살마하살이 허공과 같은 제유정의 부류들을 성숙시키고 해탈시키면서 큰 이익과 안락을 획득시키기 위하여 정근하면서 수행하면서 고행(苦行)으로 무상정등보리를 증득하고자 하였다면 깊게 희유(希有)하게 됩니다.'라고 저는 이렇게 말을 지었습니다."

이때 많은 회중(會中)에 한 비구(苾芻)가 있었는데 살며시 이렇게 생각을 지었다.

'나는 상응하여 매우 깊은 반야바라밀다를 공경하고 예배하겠다. 이 가운데에서 비록 제법에 생멸(生滅)이 없을지라도 계온(戒蘊)·정온(定蘊)·혜온(慧蘊)·해탈온(解脫蘊)·해탈지견온(解脫知見蘊)을 시설(施設)하여 얻을 수 있고, 역시 예류(預流)·일래(一來)·불환(不還)·아라한과(阿羅漢果)와 독각의 보리(獨覺菩提)를 시설하여 얻을 수 있으며, 역시 보살마하살의 행을 시설하여 얻을 수 있고, 역시 무상정등보리를 시설하여 얻을 수 있으며, 역시 보살마하살들과 제여래·응공·정등각을 시설하여 얻을 수 있고, 역시 불보(佛寶)·법보(法寶)·승보(僧寶)를 시설하여 얻을 수 있으며, 역시 제불께서 미묘한 법륜을 굴리면서 제유정들이 이익과 안락을 얻게 하는 것을 시설하여 얻을 수 있다.'

세존께서 그의 생각을 아시고서 알려 말씀하셨다.

"그와 같으니라. 그와 같으니라. 그대가 말한 것과 같으니라. 매우 깊은 반야바라밀다는 미묘하여 측량하기가 어렵나니, 비록 법이 있지는 않으나 역시 없지도 않으니라."

그때 천제석이 선현에게 물어 말하였다.

"대덕이시여. 보살마하살이 반야바라밀다를 수학하고자 한다면 무엇과 같이 수학해야 합니까?"

선현이 대답하여 말하였다.

"교시가여. 보살마하살이 반야바라밀다를 수학하고자 한다면 마땅히 허공과 같이 정근하면서 수학해야 합니다."

천제석이 다시 세존께 아뢰어 말하였다.

"세존이시여. 만약 여러 선남자와 선여인 등이 이 반야바라밀다에서 지극한 마음으로 듣고서 수지하고 독송하며 정근하면서 수학하고 이치에 맞게 사유하며 서사하고 해설하며 널리 유포한다면 우리들은 마땅히 어떻게 그들을 수호해야 합니까?"

그때 선현이 천제석에게 알려 말하였다.

"교시가여. 그대는 수호할 법이 있다고 보십니까?"

천제석이 대답하여 말하였다.

"아닙니다. 대덕이시여. 나는 수호할 법이 있는 것을 보지 못하였습니다."

선현이 알려 말하였다.

"교시가여. 만약 여러 선남자와 선여인 등이 세존께서 설하신 것과 같이 반야바라밀다에 안주한다면 곧 수호하는 것입니다. 만약 여러 선남자와 선여인 등이 반야바라밀다에 안주하여 항상 멀리 벗어나지 않는다면, 일체의 인비인(人非人)들이 그의 틈새를 구하면서 엿보고 손해(損害)시키고자 하였더라도 결국 능히 틈새를 얻지 못합니다. 교시가여. 만약 반야바라밀다에 안주하는 여러 선남자와 선여인 등을 수호하고자 하였다면 사람이 있어서 뜻을 일으키고 정근하면서 허공을 수호하는 것과 다르지 않습니다.

교시가여. 만약 반야바라밀다를 수행하는 여러 선남자와 선여인 등을 수호하고자 한다면 헛되게 구로(劬勞)[1]를 베푸는 것이니, 모두에게 이익이라는 것이 없습니다. 교시가여. 그대의 뜻은 어떻습니까? 누가 능히 환영(幻)·꿈(夢)·메아리(響)·형상(像)·그림자(光影)·아지랑이(陽焰)·변화된 일(變化事)·심향성(尋香城) 등을 수호할 수 있습니까?"

천제석이 말하였다.

"못합니다. 대덕이여."

선현이 알려 말하였다.

"교시가여. 만약 반야바라밀다를 수행하는 여러 선남자와 선여인 등을 수호하고자 하였더라도 역시 이와 같아서 헛되게 구로를 베푸는 것이니, 모두에게 이익이라는 것이 없습니다. 교시가여. 그대의 뜻은 어떻습니까? 누가 능히 일체의 여래·응공·정등각들과 여래께서 변화시켜서 지으셨던 일들을 보호할 수 있습니까?"

천제석이 말하였다.

"못합니다. 대덕이여."

선현이 알려 말하였다.

"교시가여. 만약 반야바라밀다를 수행하는 여러 선남자와 선여인 등을 수호하는 것도 수호하고자 하였더라도 역시 이와 같아서 헛되게 구로를 베푸는 것이니, 모두에게 이익이라는 것이 없습니다. 교시가여. 그대의 뜻은 어떻습니까? 누가 능히 법계·법성·진여·실제·부사의계(不思議界)·

---

1) 『시경』「소아(小雅)」에서 유래한 고사성어이고, 자식(子息)을 낳아서 기르는 수고로움을 가리킨다.

허공계(虛空界)를 보호할 수 있습니까?"

천제석이 말하였다.

"못합니다. 대덕이여."

선현이 알려 말하였다.

"교시가여. 만약 반야바라밀다를 수행하는 여러 선남자와 선여인 등을 수호하고자 하였더라도 역시 이와 같아서 헛되게 구로를 베푸는 것이니, 모두에게 이익이라는 것이 없습니다."

그때 천제석이 선현에게 물어 말하였다.

"대덕이시여. 어찌하여 보살마하살들이 반야바라밀다를 수행하는 때에, 비록 제법이 환영과 같고 꿈과 같으며 메아리와 같고 형상과 같으며 그림자와 같고 아지랑이와 같으며 변화된 일과 같고 심향성과 같으며 같다고 알았더라도, 이 보살마하살들은 이것은 환영이고 이것은 꿈이며 이것은 메아리이고 이것은 형상이며 이것은 그림자이고 이것은 아지랑이며 이것은 변화한 일이고 이것은 심향성이라고 집착하지 않습니까? 역시 오히려 환영, 나아가 오히려 심향성이라고 집착하지 않습니까? 역시 환영에 속(屬)하고, 나아가 심향성에 속한다고 집착하지 않습니까? 역시 환영에 의지하고, 나아가 심향성에 의지한다고 집착하지 않습니까?"

선현이 대답하여 말하였다.

"교시가여. 만약 보살마하살이 반야바라밀다를 수행하는 때에, 이것이 색이라고 집착하지 않고 이것이 수·상·행·식이라고 집착하지 않으며, 역시 오히려 색에 집착하지 않고 오히려 이것이 수·상·행·식이라고 집착하지 않으며, 역시 색에 속한다고 집착하지 않고 수·상·행·식에 속한다고 집착하지 않으며, 역시 색에 의지한다고 집착하지 않고 수·상·행·식에 의지한다고 집착하지 않으며, 이와 같이 나아가, 이것이 일체지에 집착하지 않고 이것이 도상지·일체상지에 집착하지 않으며, 역시 오히려 일체지에 집착하지 않고 오히려 도상지·일체상지에 집착하지 않으며, 역시 일체지에 속한다고 집착하지 않고 도상지·일체상지에 속한다고 집착하지 않으며, 역시 일체지에 의지한다고 집착하지 않고 도상지·일체상지에 의지한다고 집착하지 않는다면, 이 보살마하살은 반야바라밀다를 수행하는 때에 비록 제법이 환영, 나아가 심향성과 같다고 알았더라도, 능히 이것이 환영, 나아가 이것이 심향성이라고 집착하지 않고, 역시 다시 오히려 환영, 나아가 심향성이라고 집착하지 않으며, 역시 다시 환영, 나아가 심향성에 속한다고 집착하지 않고, 역시 다시 환영, 나아가 심향성에 의지한다고 집착하지 않습니다."

그때 여래의 위신력을 까닭으로 이 삼천대천세계에서 소유한 사대왕중천(四大王衆天), 나아가 정거천(淨居天) 등이 각각 천화(天花)·단향(檀香)·침향(沈香)으로써 멀리서 세존의 위에 흩뿌렸고 세존의 처소에 와서 나아갔으며 두 발에 머리 숙여 예경하고 한쪽에 머물렀다.

이때 여러 천인(諸天) 등은 여래의 신력(神力)을 까닭으로 동방(東方)의 천불세계(千佛世界)에 각각 여래·응공·정등각들께서 계시면서 반야바라밀다를 설하시는데, 의취(義)·품(品)·명자(名)·문자(字)가 모두 이 처소와 같고, 반야바라밀다를 설하시라고 청하는 비구의 상수(上首)는 모두 선현(善現)이라고 이름하며, 어려운 반야바라밀다를 묻는 천상의 대중들의 상수는 모두 제석(帝釋)이라고 이름하며, 남(南)·서(西)·북방(北方)·사유(四維)·상(上)·하(下)도 역시 다시 이와 같다고 멀리서 보았다. 그때 세존께서 구수 선현에게 알려 말씀하셨다.

"자씨(慈氏) 보살마하살이 마땅히 무상정등보리를 증득하는 때에, 역시 이 처소에서 반야바라밀다를 널리 설할 것이고, 이 현겁(賢劫)의 가운데에서 마땅히 출생할 제불도 역시 이 처소에서 반야바라밀다를 널리 설할 것이니라."

이때 구수 선현이 세존께 아뢰어 말하였다.

"세존이시여. 자씨보살마하살이 마땅히 무상정등보리를 증득하시는 때에, 마땅히 무슨 법의 제행(諸行)·상(相)·형상(狀)으로써 반야바라밀다를 널리 설하십니까?"

세존께서 선현이 알리셨다.

"선현이여. 자씨보살마하살이 마땅히 무상정등보리를 증득하시는 때에, 마땅히 색이 항상(常)하지 않고 무상(無常)하지 않은 것으로써 반야바라밀다를 널리 설하실 것이고, 마땅히 수·상·행·식이 항상하지 않고 무상하지 않은 것으로써 반야바라밀다를 널리 설하실 것이며, 이와 같이 나아가 마땅히 일체지가 항상하지 않고 무상하지 않은 것으로써 반야바라밀다를 널리 설하실 것이고, 마땅히 도상지·일체상지가 항상하지 않고 무상하지 않은 것으로써 반야바라밀다를 널리 설하실 것이니라.

마땅히 색이 즐겁지 않고 괴롭지 않은 것으로써 반야바라밀다를 널리 설하실 것이고, 마땅히 수·상·행·식이 즐겁지 않고 괴롭지 않은 것으로써 반야바라밀다를 널리 설하실 것이며, 이와 같이 나아가 마땅히 일체지가 즐겁지 않고 괴롭지 않은 것으로써 반야바라밀다를 널리 설하실 것이고, 마땅히 도상지·일체상지가 즐겁지 않고 괴롭지 않은 것으로써 반야바라밀다를 널리 설하실 것이니라.

마땅히 색이 내(我)가 아니고 무아(無我)가 아닌 것으로써 반야바라밀다를 널리 설하실 것이고, 마땅히 수·상·행·식이 내가 아니고 무아가 아닌 것으로써 반야바라밀다를 널리 설하실 것이며, 이와 같이 나아가 마땅히 일체지가 내가 아니고 무아가 아닌 것으로써 반야바라밀다를 널리 설하실 것이고, 마땅히 도상지·일체상지가 내가 아니고 무아가 아닌 것으로써 반야바라밀다를 널리 설하실 것이니라.

마땅히 색이 청정(淨)하지 않고 부정(不淨)하지도 않은 것으로써 반야바라밀다를 널리 설하실 것이고, 마땅히 수·상·행·식이 청정함이 아니고 부정함도 아닌 것으로써 반야바라밀다를 널리 설하실 것이며, 이와 같이 나아가 마땅히 일체지가 청정하지 않고 부정하지도 않은 것으로써 반야바라밀다를 널리 설하실 것이고, 마땅히 도상지·일체상지가 청정함이 아니고 부정함도 아닌 것으로써 반야바라밀다를 널리 설하실 것이니라.

마땅히 색이 계박(繫縛)이 아니고 해탈(解脫)이 아닌 것으로써 반야바라밀다를 널리 설하실 것이고, 마땅히 수·상·행·식이 계박이 아니고 해탈이 아닌 것으로써 반야바라밀다를 널리 설하실 것이며, 이와 같이 나아가 마땅히 일체지가 계박이 아니고 해탈이 아닌 것으로써 반야바라밀다를 널리 설하실 것이고, 마땅히 도상지·일체상지가 계박이 아니고 해탈이 아닌 것으로써 반야바라밀다를 널리 설하실 것이니라.

마땅히 색이 과거가 아니고 미래가 아니며 현재가 아닌 것으로써 반야바라밀다를 널리 설하실 것이고, 마땅히 수·상·행·식이 과거가 아니고 미래가 아니며 현재가 아닌 것으로써 반야바라밀다를 널리 설하실 것이며, 이와 같이 나아가 마땅히 일체지가 과거가 아니고 미래가 아니며 현재가 아닌 것으로써 반야바라밀다를 널리 설하실 것이고, 마땅히 도상지·일체상지가 과거가 아니고 미래가 아니며 현재가 아닌 것으로써 반야바라밀다를 널리 설하실 것이니라."

구수 선현이 다시 세존께 아뢰어 말하였다.
"세존이시여. 자씨보살마하살이 마땅히 무상정등보리를 증득하시는 때에 마땅히 무슨 법을 증득하시고서 마땅히 무슨 법을 설하십니까?"
세존께서 말씀하셨다.
"선현이여. 자씨보살마하살이 장차 무상정등보리를 얻는 때에 색이 반드시 결국에는 청정하다고 증득하고서 색이 반드시 결국에는 청정하다고 설할 것이며, 수·상·행·식이 반드시 결국에는 청정하다고 증득하고서 수·상·행·식이 반드시 결국에는 청정하다고 설할 것이며, 이와 같이 나아가, 일체지가 반드시 결국에는 청정하다고 증득하고서 일체지가 반드시 결국에는 청정하다고 설할 것이며, 도상지·일체상지가 반드시 결국에는 청정하다고 증득하고서 도상지·일체상지가 반드시 결국에는 청정하다고 설할 것이니라."
구수 선현이 다시 세존께 아뢰어 말하였다.
"세존이시여. 이와 같은 반야바라밀다는 무슨 인연으로 청정합니까?"
세존께서 말씀하셨다.
"선현이여. 색이 청정한 까닭으로 반야바라밀다가 청정하고, 수·상·행·식이 청정한 까닭으로 반야바라밀다가 청정하며, 이와 같이 나아가, 일체지가 청정한 까닭으로 반야바라밀다가 청정하고, 도상지·일체상지가 청정한 까닭으로 반야바라밀다가 청정하니라."

구수 선현이 세존께 아뢰어 말하였다.

"세존이시여. 어찌하여 색이 청정한 까닭으로 반야바라밀다가 청정합니까? 수·상·행·식이 청정한 까닭으로 반야바라밀다가 청정합니까? 이와 같이 나아가, 일체지가 청정한 까닭으로 반야바라밀다가 청정합니까? 도상지·일체상지가 청정한 까닭으로 반야바라밀다가 청정합니까?"

세존께서 선현에게 알리셨다.

"선현이여. 색은 생겨남이 없고 소멸함이 없으며 염오가 없고 청정함이 없는 까닭으로 청정하고 색이 청정한 까닭으로 반야바라밀다가 청정하며, 수·상·행·식은 생겨남이 없고 소멸함이 없으며 염오가 없고 청정함이 없는 까닭으로 청정하고 수·상·행·식이 청정한 까닭으로 반야바라밀다가 청정하며, 이와 같이 나아가, 일체지는 생겨남이 없고 소멸함이 없으며 염오가 없고 청정함이 없는 까닭으로 청정하고 일체지가 청정한 까닭으로 반야바라밀다가 청정하며, 도상지·일체상지는 생겨남이 없고 소멸함이 없으며 염오가 없고 청정함이 없는 까닭으로 청정하고 도상지·일체상지가 청정한 까닭으로 반야바라밀다도 청정하니라."

"다시 다음으로 선현이여. 허공이 청정한 까닭으로 반야바라밀다가 청정하니라."

"세존이시여. 어찌하여 허공이 청정한 까닭으로 반야바라밀다가 청정합니까?"

"선현이여. 허공은 생겨남이 없고 소멸함이 없으며 염오가 없고 청정함이 없는 까닭으로 청정하고 허공이 청정한 까닭으로 반야바라밀다가 청정하느니라. 다시 다음으로 선현이여. 색이 염오(染汚)가 없는 까닭으로 반야바라밀다가 청정하고 수·상·행·식이 염오가 없는 까닭으로 반야바라밀다가 청정하며, 이와 같이 나아가, 일체지가 염오가 없는 까닭으로 반야바라밀다가 청정하고 도상지·일체상지가 염오가 없는 까닭으로 반야바라밀다가 청정하니라."

구수 선현이 곧 세존께 다시 아뢰어 말하였다.

"세존이시여. 어찌하여 색이 염오(染汚)가 없는 까닭으로 반야바라밀다가 청정하고 수·상·행·식이 염오가 없는 까닭으로 반야바라밀다가 청정합니까? 이와 같이 나아가 어찌하여 일체지가 염오가 없는 까닭으로 반야바라밀다가 청정하고 도상지·일체상지가 염오가 없는 까닭으로 반야바라밀다가 청정합니까?"

세존께서 선현에게 알리셨다.

"선현이여. 색은 취할 수 없는 까닭으로 염오가 없고 색이 염오가 없는 까닭으로 반야바라밀다가 청정하며, 수·상·행·식은 취할 수 없는 까닭으로 염오가 없고, 수·상·행·식이 염오가 없는 까닭으로 반야바라밀다가 청정하며, 이와 같이 나아가, 일체지는 취할 수 없는 까닭으로 염오가 없고 일체지가 염오가 없는 까닭으로 반야바라밀다가 청정하며, 도상지·일체상지는 취할 수 없는 까닭으로 염오가 없고 도상지·일체상지가 염오가 없는 까닭으로 반야바라밀다가 청정하니라."

"다시 다음으로 선현이여. 허공이 염오가 없는 까닭으로 반야바라밀다가 청정하니라."

"세존이시여. 어찌하여 허공이 염오가 없는 까닭으로 반야바라밀다가 청정합니까?"

"선현이여. 허공은 취할 수 없는 까닭으로 염오가 없고 허공이 염오가 없는 까닭으로 반야바라밀다가 청정하느니라. 다시 다음으로 선현이여. 허공은 오직 가립(假立)으로 설하는 까닭으로 반야바라밀다가 청정하느니라."

"세존이시여. 어찌하여 허공은 오직 가립으로 설하는 까닭으로 반야바라밀다가 청정합니까?"

"선현이여. 허공을 의지하여 두 가지의 메아리가 나타나더라도 오직 가립으로 설하는 것과 같나니, 오직 가립으로 설하는 까닭으로 반야바라밀다가 청정하느니라."

"다시 다음으로 선현이여. 허공은 설할 수 없는 까닭으로 반야바라밀다가 청정하니라."

"세존이시여. 어찌하여 허공은 설할 수 없는 까닭으로 반야바라밀다가 청정합니까?"

"선현이여. 허공은 설할 수 있는 일이 없는 까닭으로 설할 수 없는데, 오히려 이것으로 반야바라밀다가 청정하니라. 다시 다음으로 선현이여. 허공은 얻을 수 없는 까닭으로 반야바라밀다가 청정하니라."

"세존이시여. 어찌하여 허공은 얻을 수 없는 까닭으로 반야바라밀다가 청정합니까?"

"선현이여. 허공은 얻을 수 있는 일이 없는 까닭으로 얻을 수 없는데, 오히려 이것으로 반야바라밀다도 청정하니라. 다시 다음으로 선현이여. 일체 법은 생겨남이 없고 소멸함이 없고 염오가 없고 청정함이 없는 까닭으로 반야바라밀다가 청정하니라."

"세존이시여. 어찌하여 일체 법은 생겨남이 없고 소멸함이 없고 염오가 없고 청정함이 없는 까닭으로 반야바라밀다가 청정합니까?"

"선현이여. 일체법이 반드시 결국에는 청정한 까닭으로 생겨남이 없고 소멸함이 없으며 염오가 없고 청정함이 없는데, 오히려 이것으로 반야바라밀다가 청정하니라."

그때 구수 선현이 세존께 아뢰어 말하였다.

"세존이시여. 만약 여러 선남자와 선여인 등이 이 반야바라밀다를 지극한 마음으로 듣고서 수지하고 독송하며 정근하면서 수학하고 이치에 맞게 사유하며 서사하고 해설하며 널리 유포한다면, 이 선남자와 선여인 등은 눈(眼)·귀(耳)·코(鼻)·혀(舌)에 모두 질병이 없고, 몸과 지절(支節)에 결함이 없으며, 지나치게 늙어 약해지지 않고 역시 횡액으로 죽지 않으며, 항상 무량한 백천의 천신(天神)들이 공경스럽게 둘러싸고 따라다니면서 호위하여 수호(衛護)합니다.

이 선남자와 선여인 등이 앞의 보름과 뒤의 보름(黑白月)의 8일·14일·15일에 이와 같은 반야바라밀다를 독송하고 널리 설한다면, 이때 사대왕중천, 나아가 정거천 등의 모두가 이 법사의 처소에 와서 집회(集會)하면서 반야바라밀다를 들을 것입니다. 세존이시여. 이 선남자와 선여인 등이 오히려 무량한 큰 집회의 가운데에서 매우 깊은 반야바라밀다를 독송하고 널리 설한다면, 곧 무량(無量)하고 무수(無數)이며 무변(無邊)하고 불가사의(不可思議)하며 헤아릴 수 없는(不可稱量) 수승한 공덕을 얻을 것입니다."

세존께서 선현에게 알리셨다.

"그와 같으니라. 그와 같으니라. 그대가 말한 것과 같으니라. 만약 여러 선남자와 선여인 등이 이 반야바라밀다를 지극한 마음으로 듣고서 수지하고 독송하며 정근하면서 수학하고 이치에 맞게 사유하며 서사하고 해설하며 널리 유포한다면, 이 선남자와 선여인 등은 눈·귀·코·혀에 모두 질병이 없고, 몸과 지절에 결함이 없으며, 지나치게 늙어 약해지지 않고 역시 횡액으로 죽지 않으며, 항상 무량한 백천의 천신들이 공경스럽게 둘러싸고 따라다니면서 호위하여 보호하느니라.

이 선남자와 선여인 등이 6재일(六齋日)에 이와 같은 반야바라밀다를 독송하고 널리 설한다면, 이때 사대왕중천, 나아가 정거천 등의 모두가 이 법사의 처소에 와서 집회하면서 반야바라밀다를 들을 것이니라. 이 선남자와 선여인 등이 오히려 무량한 큰 집회의 가운데에서 매우 깊은 반야바라밀다를 독송하고 널리 설한다면, 곧 무량하고 무수이며 무변하고 불가사의하며 헤아릴 수 없는 수승한 공덕을 얻을 것이니라.

왜 그러한가? 선현이여. 이 반야바라밀다는 이것이 크고 진기한 보배이니라. 오히려 이러한 반야바라밀다의 크고 진기한 보배인 까닭으로 무량하고 무수이며 무변한 유정들을 지옥·방생·귀계를 해탈(解脫)시키고, 더불어 무량하고 무수이며 무변한 천인(天)·용(龍)·약차(藥叉)·인비인(人非人) 등의 여러 종류의 빈궁함과 고통과 근심을 해탈시켜서 능히 무량하고 무수이며 무변한 여러 유정의 부류들에게 찰제리(刹帝利)의 대종족·바라문(婆羅門)의 대종족·장자(長者)의 대종족·거사(居士)의 대종족의 부귀(富貴)와 안락(安樂)을 베풀어 주며, 무량하고 무수이며 무변한 유정의 부류들에게 4대왕중천(四大王衆天), 나아가 비상비비상천(非想非非想天)의 부귀와 안락을 베풀어 주고, 무량하고 무수이며 무변한 유정의 부류들에게 예류·일래·불환·아라한과와 독각의 보리와 무상정등보리의 자재

(自在)함과 안락함을 베풀어 주느니라.
　왜 그러한가? 선현이여. 이 반야바라밀다의 매우 깊은 경전의 가운데에는 10선업도(十善業道)와, 4정려(四靜慮)·4무량(四無量)·4무색정(四無色定)과, 4념주(四念住), 나아가 8성도지(八聖道支)와, 보시바라밀다(報施婆羅蜜多), 나아가 반야바라밀다(般若波羅蜜多)와, 내공(內空) 나아가 무성자성공(無性自性空)과, 여래(佛)의 10력(十力), 나아가 18불불공법(十八佛不共法)과, 일체지(一切智)·도상지(道相智)·일체상지(一切相智)와 이와 같은 무량한 공덕의 진기한 보배를 널리 설하고 열어서 보여주었느니라.
　무량하고 무수이며 무변한 유정들이 그 가운데에서 수학한다면 찰제리의 대종족·바라문의 대종족·장자의 대종족·거사의 대종족에 태어날 것이고, 무량하고 무수이며 무변한 유정들이 그 가운데에서 수학한다면 4대왕중천, 나아가 비상비비상천에 태어날 것이며, 무량하고 무수이며 무변한 유정들이 그 가운데에서 수학한다면 예류·일래·불환·아라한과를 증득할 것이고, 무량하고 무수이며 무변한 유정들이 그 가운데에서 수학한다면 독각의 보리를 증득할 것이며, 무량하고 무수이며 무변한 유정들이 그 가운데에서 수학한다면 보살의 정성이생에 들어가서 무상정등보리를 증득하느니라.
　선현이여. 오히려 이러한 인연으로 반야바라밀다를 큰 보배의 창고라고 이름하는데, 세간과 출세간의 공덕인 진기한 보배가 모두 이와 같은 매우 깊은 반야바라밀다에 의지하여 출현하는 까닭이니라.
　선현이여. 이와 같은 반야바라밀다의 큰 보배 창고에는 작은 법도 생겨남이 있다고 설하지 않고 소멸함이 있다고 설하지 않으며 염오가 있다고 설하지 않고 청정함이 있다고 설하지 않으며 취하는 것이 있다고 설하지 않고 버리는 것이 있다고 설하지 않느니라. 왜 그러한가? 선현이여. 작은 법도 생겨남이 없고 소멸함도 없으며 염오가 없고 청정함도 없으며 취하는 것도 없으며 버리는 것도 없는 까닭이니라.
　선현이여. 이와 같은 반야바라밀다의 큰 보배 창고에는 법이 있어도 이것은 선하고 이것은 선하지 않으며, 이것은 유기(有記)이고 이것은 무기(無記)이며, 이것은 세간이고 이것은 출세간이며, 이것은 유루(有漏)이고 이것은 무루(無漏)이며, 이것은 유위(有爲)이고 이것은 무위(無爲)라고 설하지 않느니라. 선현이여. 오히려 이러한 인연으로 이와 같은 반야바라밀다를 얻을 수 없는 큰 법보장(法寶藏)이라고 이름하느니라. 선현이여. 이와 같은 반야바라밀다의 큰 법보장에는 작은 법도 이것이 능히 염오된다고 설하지 않느니라.

왜 그러한가? 작은 법으로써 염오시킬 수 없는 까닭이고, 역시 작은 법도 능히 이와 같은 매우 깊은 반야바라밀다의 큰 법보장을 염오시킬 수 없느니라. 왜 그러한가? 능히 염오된 법을 얻을 수 없는 까닭이니라. 선현이여. 오히려 이러한 인연으로 이와 같은 반야바라밀다를 염오가 없는 큰 법보장이라고 이름하느니라.

다시 다음으로 선현이여. 만약 보살마하살이 반야바라밀다를 수행하는 때에 이와 같은 생각과, 이와 같은 분별과, 이와 같은 증득과, 이와 같은 희론과, '내가 능히 매우 깊은 반야바라밀다를 수행한다.'라는 마음이 없다면, 이 보살마하살은 능히 여실(如實)하게 매우 깊은 반야바라밀다를 수행하는 것이고, 역시 능히 제불께 친근하고 예경하면서 섬기며, 제불·세존께 한 불국토에서 다른 한 불국에 이르면서 공양하고 공경하며 존중하고 찬탄하며, 제불국토에 유행하면서 그 상(相)을 잘 취하면서 불국토를 청정하게 장엄하고, 유정을 성숙시키며, 제보살마하살의 행을 수행한다면 빠르게 무상정등보리를 증득하느니라.

선현이여. 이와 같은 반야바라밀다는 일체법에서 자재함이 있지 않고 자재함이 없지 않으며 취하지 않고 버리지 않으며 생겨나지 않고 소멸하지 않으며 염오(垢)되지 않고 청정하지 않으며 증장하지 않고 감소하지 않느니라. 선현이여. 이와 같은 반야바라밀다는 과거가 아니고 미래가 아니며 현재가 아니고, 욕계(欲界)에 나아가지 않으며 욕계를 버리지 않고 욕계에 머무르지 않으며, 색계(色界)에 나아가지 않고 색계를 버리지 않으며 색계에 머무르지 않으며, 무색계(無色界)에 나아가지 않고 무색계를 버리지 않으며 무색계에 머무르지 않느니라.

선현이여. 이와 같은 반야바라밀다는 보시바라밀다, 나아가 반야바라밀다에서 베풀어 주지(與) 않고 버리지(捨) 않으며, 내공, 나아가 무성자성공에서 베풀어 주지 않고 버리지 않으며, 4념주, 나아가 8성도지에서 베풀어 주지 않고 버리지 않으며, 여래의 10력, 나아가 18불불공법에서 베풀어 주지 않고 버리지 않으며, 예류과, 나아가 독각의 보리에서 베풀어 주지 않고 버리지 않으며, 제보살의 정성이생, 나아가 무상정등보리에서 베풀어 주지 않고 버리지 않으며, 일체지·도상지·일체상지에서 베풀어 주지 않고 버리지 않느니라.

선현이여. 이와 같은 반야바라밀다는 이생법(異生法)에서 베풀어 주지 않고 버리지 않으며, 예류법, 나아가 아라한법에서 상응하지 않고 버리지 않으며, 독각법에서 상응하지 않고 버리지 않으며, 보살법에서 베풀어 주지 않고 버리지 않으며, 제불법에서 베풀어 주지 않고 버리지 않느니라. 선현이여. 이와 같은 반야바라밀다는 성문법을 베풀어 주지 않고 중생법을 버리지도 않으며, 독각법을 베풀어 주지 않고 성문법을 버리지 않으며, 제불법을 베풀어 주지 않고 독각법을 버리지도 않으며, 무위법을 베풀어 주지 않고 유위법을 버리지 않느니라.

왜 그러한가? 선현이여. 여래께서 세상에 출현하시거나, 세상에 출현하시지 않더라도, 이와 같은 제법은 항상 변이(變異)가 없고 법성(法性)·법계(法界)·법정(法定)·법주(法住)는 오류와 과실이 없는 까닭이니라."

그때 한량없는 천자(天子)들이 허공의 가운데에 머무르면서 환희하고 용약하였고, 천상이 소유한 올발라화(嗢缽羅花)·발특마화(缽特摩花)·구모타화(拘某陀花)·분다리화(奔茶利花)·미묘음화(微妙音花)와 더불어 여러 향가루를 세존의 위에 흩뿌리고 다시 서로를 축하하고 위로하면서 같은 소리를 창언(唱言)하였다.

'우리들은 지금 남섬부주에서 세존께서 두 번째의 미묘한 법륜을 굴리시는 것을 보았다.'

이러한 가운데에서 무량한 백천의 천자들은 반야바라밀다의 설법을 듣고서 동시(同時)에 무생법인(無生法忍)을 얻었다.
 그때 세존께서 선현에게 알려 말씀하셨다.
 "이와 같은 법륜은 첫 번째로 굴린 것이 아니고, 역시 두 번째도 아니니라. 왜 그러한가? 선현이여. 이와 같은 반야바라밀다는 일체법에서 굴려지지 않게 하려는 까닭이고, 돌아오지 않게 하려는 까닭으로 세간에 출현하였나니, 다만 무성자성공(無性自性空)으로써 까닭이니라."

 구수 선현이 세존께 아뢰어 말하였다.
 "무엇 등의 법으로써 무성자성공인 까닭으로 이와 같은 반야바라밀다가 일체법에서 굴려지지 않게 하려는 까닭이고, 돌아오지 않게 하려는 까닭으로 세간에 출현하였습니까?"
 세존께서 말씀하셨다.
 "선현이여. 반야바라밀다로써 반야바라밀다의 성품이 공한 까닭이고, 나아가 보시바라밀다로써 보시바라밀다의 성품이 공한 까닭이며, 내공으로써 내공의 성품이 공한 까닭이고, 나아가 무성자성공으로써 무성자성공의 성품이 공한 까닭이며, 4념주로써 4념주의 성품이 공한 까닭이고, 나아가 8성도지로써 8성도지의 성품이 공한 까닭이며, 여래의 10력으로써 여래의 10력의 성품이 공한 까닭이고, 나아가 18불불공법으로써 18불불공법의 성품이 공한 까닭이며, 일체지로써 일체지의 성품이 공한 까닭이고, 도상지·일체상지로써 도상지·일체상지의 성품이 공한 까닭이며, 이생의 성품은 이생의 성품의 성품이 공한 까닭이고, 예류과는 예류과의 성품이 공한 까닭이며, 나아가 아라한과는 아라한과의 성품이 공한 까닭이고, 독각의 보리는 독각의 보리의 성품이 공한 까닭이며, 일체의 보살마하살의 행은 일체의 보살마하살의 행의 성품이 공한 까닭이고, 제불의 무상정등보리는 제불의 무상정등보리의 성품이 공한 까닭이니라.
 선현이여. 이와 같은 법은 무성자성공인 까닭으로 이와 같은 반야바라밀다는 일체법에서 굴려지지 않게 하려는 까닭이고, 돌아오지 않게 하려는 까닭으로 세간에 출현하였느니라."

그때 구수 선현이 다시 세존께 아뢰어 말하였다.
"세존이시여. 제보살마하살의 이와 같은 반야바라밀다는 이것이 대반야바라밀다(大般若波羅密多)인데, 일체법의 자성(自性)이 공(空)하다고 통달한 까닭이고, 비록 일체법의 자성이 모두 공하다고 통달하였더라도, 제보살마하살이 이러한 반야바라밀다에 의지하여 무상정등보리를 증득하고 미묘한 법륜을 굴리면서 무량한 대중들을 헤아려서 해탈시키며, 비록 보리를 증득하였더라도 증득한 것에서 증득하였거나 증득하지 않은 법을 얻을 수 없는 까닭이고, 비록 법륜을 굴리더라도 굴리는 것에서 굴리는 법과 돌아오는 법을 얻을 수 없는 까닭이며, 비록 유정을 헤아려서 해탈시키더라도 헤아려서 해탈시키는 것에서 보거나 보지 못하는 법을 얻을 수 없는 까닭입니다.

세존이시여. 이러한 대반야바라밀다의 가운데에서는 법륜을 굴리는 일을 모두 얻을 수 없나니, 일체법으로써 영원히 생겨나지 않는 까닭이고, 능히 굴리는 것과 굴려지는 것을 얻을 수 없는 까닭입니다. 그 까닭은 무엇인가? 공·무상·무원의 법의 가운데서는 능히 굴리는 것과 능히 돌아오는 법이 있지 않아서 굴리거나 돌아오는 성품의 법을 얻을 수 없는 까닭입니다.

세존이시여. 이 반야바라밀다에서 만약 능히 이와 같이 널리 설하면서 열어서 보여주고 분별하고 명료하게 드러내어 쉽게 들어가게 하였다면 이것을 반야바라밀다를 청정하게 널리 설하는 것이라고 이름합니다. 이 가운데서는 말하는 자·받아들이는 자·설법·받아들이는 법이 모두 없나니, 설하는 자와 받아들이는 자와 더불어 이미 법이 없다면, 여러 능히 증득할 자도 역시 얻을 수 없고, 증득할 자가 없는 까닭으로, 역시 능히 열반을 얻을 자도 없습니다.

이 반야바라밀다의 좋은 설법의 가운데에서는 복전(福田)도 없나니, 보시하는 자·보시받는 자·보시하는 물건이 모두 성품이 공한 까닭이며, 복전이 없는 까닭으로 복도 공하고 역시 성품도 공하며, 표식(標幟)하는 명자와 말도 모두 얻을 수 없습니다. 이러한 까닭으로 대반야바라밀다라고 이름합니다."

42. 불가득품(不可得品)

그때 구수 선현이 세존께 아뢰어 말하였다.
"세존이시여. 이와 같은 반야바라밀다는 이것이 무변(無邊)한 바라밀다입니다."
세존께서 말씀하셨다.
"그와 같으니라. 비유한다면 허공이 변제(邊際)가 없는 것과 같은 까닭이니라."
"세존이시여. 이와 같은 반야바라밀다는 이것이 평등(平等)한 바라밀다입니다."
세존께서 말씀하셨다.
"그와 같으니라. 일체법으로써 성품이 평등한 까닭이니라."
"세존이시여. 이와 같은 반야바라밀다는 이것이 멀리 벗어나는 바라밀다입니다."
세존께서 말씀하셨다.
"그와 같으니라. 반드시 결국에는 공(空)한 까닭이니라."
"세존이시여. 이와 같은 반야바라밀다는 이것이 굴복(屈伏)시키기 어려운 바라밀다입니다."
세존께서 말씀하셨다.
"그와 같으니라. 일체법의 성품을 얻을 수 없는 까닭이니라."
"세존이시여. 이와 같은 반야바라밀다는 이것이 피안(彼岸)이 없는 바라밀다입니다."
세존께서 말씀하셨다.
"그와 같으니라. 명자(名字)와 실체(實體)가 없는 까닭이니라."
"세존이시여. 이와 같은 반야바라밀다는 이것이 허공(虛空)의 바라밀다입니다."
세존께서 말씀하셨다.

"그와 같으니라. 들숨(入息)과 날숨(出息)이 없는 까닭이니라."

"세존이시여. 이와 같은 반야바라밀다는 이것이 설할 수 없는(不可說) 바라밀다입니다."

세존께서 말씀하셨다.

"그와 같으니라. 이 가운데에서 심사(尋伺)2)를 얻을 수 없는 까닭이니라."

"세존이시여. 이와 같은 반야바라밀다는 이것이 이름이 없는(無名) 바라밀다입니다."

세존께서 말씀하셨다.

"그와 같으니라. 수(受)·상(想)·사(思)·촉(觸)과 작의(作意) 등을 얻을 수 없는 까닭이니라."

"세존이시여. 이와 같은 반야바라밀다는 이것이 행이 없는(無行) 바라밀다입니다."

세존께서 말씀하셨다.

"그와 같으니라. 일체법으로써 오는 것이 없고 떠나감이 없는 까닭이니라."

"세존이시여. 이와 같은 반야바라밀다는 이것이 빼앗을 수 없는(不可奪) 바라밀다입니다."

세존께서 말씀하셨다.

"그와 같으니라. 일체법으로써 굴복시킬 수 없는 까닭이니라."

"세존이시여. 이와 같은 반야바라밀다는 이것이 무진(無盡)의 바라밀다입니다."

세존께서 말씀하셨다.

"그와 같으니라. 일체법으로써 이것이 반드시 결국에는 끝남이 끝나지 않는(盡不可盡) 까닭이니라."

"세존이시여. 이와 같은 반야바라밀다는 이것이 생멸(生滅)이 없는 바라밀다입니다.

---

2) 산스크트어 Vitakka-vicāra의 번역이고, 심(尋)과 사(伺)라는 마음작용을 통칭한다. 개괄적으로 사유하는 마음 작용을 심(尋), 세밀하게 고찰하는 마음 작용을 사(伺)라고 말한다.

세존께서 말씀하셨다.

"그와 같으니라. 일체법으로써 생멸이 없는 까닭이니라."

"세존이시여. 이와 같은 반야바라밀다는 이것이 무작(無作)의 바라밀다입니다."

세존께서 말씀하셨다.

"그와 같으니라. 여러 작자(作者)로써 얻을 수 없는 까닭이니라."

"세존이시여. 이와 같은 반야바라밀다는 이것이 무지(無知)의 바라밀다입니다."

세존께서 말씀하셨다.

"그와 같으니라. 일체법으로써 성품이 둔(鈍)한 까닭이니라."

"세존이시여. 이와 같은 반야바라밀다는 이것이 이전(移轉)이 없는 바라밀다입니다."

세존께서 말씀하셨다.

"그와 같으니라. 오히려 생사(生死)를 얻을 수 없는 까닭이니라."

"세존이시여. 이와 같은 반야바라밀다는 이것이 손실과 파괴가 없는 바라밀다입니다."

세존께서 말씀하셨다.

"그와 같으니라. 일체법으로써 손실과 파괴가 얻을 수 없는 까닭이니라."

"세존이시여. 이와 같은 반야바라밀다는 이것이 꿈과 같은 바라밀다입니다."

세존께서 말씀하셨다.

"그와 같으니라. 일체법으로써 꿈에서 보았던 것을 얻을 수 없는 까닭이니라."

"세존이시여. 이와 같은 반야바라밀다는 이것이 메아리와 같은 바라밀다입니다."

세존께서 말씀하셨다.

"그와 같으니라. 능히 들었거나 말하였던 것을 얻을 수 없는 까닭이니라."

"세존이시여. 이와 같은 반야바라밀다는 이것이 그림자와 같은 바라밀다입니다."

세존께서 말씀하셨다.

"그와 같으니라. 제법은 모두가 광명이 거울에 나타나는 것과 같아서 얻을 수 없는 까닭이니라."

"세존이시여. 이와 같은 반야바라밀다는 이것이 불꽃(焰)이나 환영(幻)과 같은 바라밀다입니다."

세존께서 말씀하셨다.

"그와 같으니라. 일체법으로써 유전하며 변화하는 상(相)과 같아서 얻을 수 없는 까닭이니라."

"세존이시여. 이와 같은 반야바라밀다는 이것이 변화하는 일과 같은 바라밀다입니다."

세존께서 말씀하셨다.

"그와 같으니라. 일체법으로써 변화하는 것과 같아서 얻을 수 없는 까닭이니라."

"세존이시여. 이와 같은 반야바라밀다는 이것이 심향성(尋香城)과 같은 바라밀다입니다."

세존께서 말씀하셨다.

"그와 같으니라. 일체법으로써 심향성과 같아서 얻을 수 없는 까닭이니라."

"세존이시여. 이와 같은 반야바라밀다는 이것이 염오와 청정함이 없는 바라밀다입니다."

세존께서 말씀하셨다.

"그와 같으니라. 여러 염오와 청정함의 원인(因)을 얻을 수 없는 까닭이니라."

"세존이시여. 이와 같은 반야바라밀다는 이것을 얻을 수 없고, 덧칠하여 염오시킬 수 없는 바라밀다입니다."

세존께서 말씀하셨다.

"그와 같으니라. 여러 의지하는 법이라는 것을 얻을 수 없는 까닭이니라."

"세존이시여. 이와 같은 반야바라밀다는 이것이 희론(戲論)이 없는 바라밀다입니다."

세존께서 말씀하셨다.

"그와 같으니라. 일체의 희론의 일을 파괴하는 까닭이니라."

"세존이시여. 이와 같은 반야바라밀다는 이것이 아만(我慢)과 집착이 없는 바라밀다입니다."

세존께서 말씀하셨다.

"그와 같으니라. 일체의 아만과 집착의 일을 파괴하는 까닭이니라."

"세존이시여. 이와 같은 반야바라밀다는 이것이 변동과 전전함(動轉)이 없는 바라밀다입니다."

세존께서 말씀하셨다.

"그와 같으니라. 법계에 머무르는 까닭이니라."

"세존이시여. 이와 같은 반야바라밀다는 이것이 염오와 혼탁함을 벗어난 바라밀다입니다."

세존께서 말씀하셨다.

"그와 같으니라. 일체법이 허망하지 않다고 깨달은 까닭이니라."

"세존이시여. 이와 같은 반야바라밀다는 이것이 무등(無等)의 일어남이 없는 바라밀다입니다."

세존께서 말씀하셨다.

"그와 같으니라. 일체법에서 분별이 없는 까닭이니라."

"세존이시여. 이와 같은 반야바라밀다는 이것이 적정(寂靜)한 바라밀다입니다."

세존께서 말씀하셨다.

"그와 같으니라. 제법의 상(相)에서 얻을 수 없는 까닭이니라."

"세존이시여. 이와 같은 반야바라밀다는 이것이 탐욕(貪欲)이 없는 바라밀다입니다."

세존께서 말씀하셨다.

"그와 같으니라. 여러 탐욕의 일에서 얻을 수 없는 까닭이니라."

"세존이시여. 이와 같은 반야바라밀다는 이것이 진에(瞋恚)가 없는 바라밀다입니다.”

세존께서 말씀하셨다.

“그와 같으니라. 일체의 진에의 일을 파괴하는 까닭이니라.”

“세존이시여. 이와 같은 반야바라밀다는 이것이 우치(愚癡)가 없는 바라밀다입니다.”

세존께서 말씀하셨다.

“그와 같으니라. 여러 무지(無知)와 흑암(黑闇)의 일을 소멸시키는 까닭이니라.”

“세존이시여. 이와 같은 반야바라밀다는 이것이 번뇌(煩惱)가 없는 바라밀다입니다.”

세존께서 말씀하셨다.

“그와 같으니라. 분별을 벗어난 까닭이니라.”

“세존이시여. 이와 같은 반야바라밀다는 이것이 유정(有情)을 벗어난 바라밀다입니다.”

세존께서 말씀하셨다.

“그와 같으니라. 제유정이 무소유라고 통달한 까닭이니라.”

“세존이시여. 이와 같은 반야바라밀다는 이것이 단절(斷)과 파괴(壞)가 없는 바라밀다입니다.”

세존께서 말씀하셨다.

“그와 같으니라. 이것은 능히 일체법을 동등하게 일으키는 까닭이니라.”

“세존이시여. 이와 같은 반야바라밀다는 이것이 이변(二邊)이 없는 바라밀다입니다.”

세존께서 말씀하셨다.

“그와 같으니라. 이변을 벗어난 까닭이니라.”

“세존이시여. 이와 같은 반야바라밀다는 이것이 벗어남(離)과 파괴(壞)가 없는 바라밀다입니다.”

세존께서 말씀하셨다.

“그와 같으니라. 일체법이 상속(相續)하지 않는다고 알았던 까닭이니라.”

"세존이시여. 이와 같은 반야바라밀다는 이것이 취함(取)과 집착(著)이 없는 바라밀다입니다."

세존께서 말씀하셨다.

"그와 같으니라. 성문·독각지를 초월한 까닭이니라."

"세존이시여. 이와 같은 반야바라밀다는 이것이 분별(分別)이 없는 바라밀다입니다."

세존께서 말씀하셨다.

"그와 같으니라. 일체의 분별을 얻을 수 없는 까닭이니라."

"세존이시여. 이와 같은 반야바라밀다는 이것이 한계와 분량(限量)이 없는 바라밀다입니다."

세존께서 말씀하셨다.

"그와 같으니라. 제법의 분제(分齊)3)를 얻을 수 없는 까닭이니라."

"세존이시여. 이와 같은 반야바라밀다는 이것이 허공(虛空)과 같은 바라밀다입니다."

세존께서 말씀하셨다.

"그와 같으니라. 일체법을 막힘과 장애가 없이 통달한 까닭이니라."

"세존이시여. 이와 같은 반야바라밀다는 이것이 무상(無常)의 바라밀다입니다."

세존께서 말씀하셨다.

"그와 같으니라. 능히 일체법을 영원히 소멸시키고 파괴하는 까닭이니라."

"세존이시여. 이와 같은 반야바라밀다는 이것이 괴로운(苦) 바라밀다입니다."

세존께서 말씀하셨다.

"그와 같으니라. 능히 일체법을 영원히 내쫓아서 보내는 까닭이니라."

"세존이시여. 이와 같은 반야바라밀다는 이것이 무아(無我)인 바라밀다입니다."

---

3) '가리키는 한계' 또는 '차별'을 뜻한다.

세존께서 말씀하셨다.

"그와 같으니라. 일체법에서 집착(執著)이 없는 까닭이니라."

"세존이시여. 이와 같은 반야바라밀다는 이것이 공(空)한 바라밀다입니다."

세존께서 말씀하셨다.

"그와 같으니라. 일체법에서 얻을 수 없는 까닭이니라."

"세존이시여. 이와 같은 반야바라밀다는 이것이 찰나(刹那)가 없는 바라밀다입니다."

세존께서 말씀하셨다.

"그와 같으니라. 일체법에서 변동과 전전함이 없는 까닭이니라."

"세존이시여. 이와 같은 반야바라밀다는 이것이 내공(內空)의 바라밀다입니다."

세존께서 말씀하셨다.

"그와 같으니라. 내법(內法)에서 얻을 수 없다고 통달한 까닭이니라."

"세존이시여. 이와 같은 반야바라밀다는 이것이 외공(外空)의 바라밀다입니다."

세존께서 말씀하셨다.

"그와 같으니라. 외법(外法)에서 얻을 수 없다고 통달한 까닭이니라."

"세존이시여. 이와 같은 반야바라밀다는 이것이 내외공(內外空)의 바라밀다입니다."

세존께서 말씀하셨다.

"그와 같으니라. 내외법(內外法)에서 얻을 수 없다고 통달한 까닭이니라."

"세존이시여. 이와 같은 반야바라밀다는 이것이 공공(空空)의 바라밀다입니다."

세존께서 말씀하셨다.

"그와 같으니라. 공(空)의 공한 법을 얻을 수 없다고 명료하게 통달한 까닭이니라."

"세존이시여. 이와 같은 반야바라밀다는 이것이 대공(大空)의 바라밀다입니다."

세존께서 말씀하셨다.

"그와 같으니라. 일체법을 얻을 수 없다고 명료하게 통달한 까닭이니라."

"세존이시여. 이와 같은 반야바라밀다는 이것이 승의공(勝義空)의 바라밀다입니다."

세존께서 말씀하셨다.

"그와 같으니라. 적멸(寂滅)과 열반(涅槃)을 얻을 수 없는 까닭이니라."

"세존이시여. 이와 같은 반야바라밀다는 이것이 유위공(有爲空)의 바라밀다입니다."

세존께서 말씀하셨다.

"그와 같으니라. 여러 유위법을 얻을 수 없는 까닭이니라."

"세존이시여. 이와 같은 반야바라밀다는 이것이 무위공(無爲空)의 바라밀다입니다."

세존께서 말씀하셨다.

"그와 같으니라. 여러 무위법을 얻을 수 없는 까닭이니라."

"세존이시여. 이와 같은 반야바라밀다는 이것이 필경공(畢竟空)의 바라밀다입니다."

세존께서 말씀하셨다.

"그와 같으니라. 필경공의 법을 얻을 수 없는 까닭이니라."

"세존이시여. 이와 같은 반야바라밀다는 이것이 무제공(無際空)의 바라밀다입니다."

세존께서 말씀하셨다.

"그와 같으니라. 무제공의 법을 얻을 수 없는 까닭이니라."

"세존이시여. 이와 같은 반야바라밀다는 이것이 산무산공(散無散空)의 바라밀다입니다."

세존께서 말씀하셨다.

"그와 같으니라. 산무산공의 법을 얻을 수 없는 까닭이니라."

"세존이시여. 이와 같은 반야바라밀다는 이것이 본성공(本性空)의 바라밀다입니다."

세존께서 말씀하셨다.

"그와 같으니라. 유위법과 무위법을 얻을 수 없는 까닭이니라."

"세존이시여. 이와 같은 반야바라밀다는 이것이 자상공(自相空)과 공상공(共相空)의 바라밀다입니다."

세존께서 말씀하셨다.

"그와 같으니라. 법은 자상(自相)과 공상(共相)을 멀리 벗어났다고 통달한 까닭이니라."

"세존이시여. 이와 같은 반야바라밀다는 이것이 일체법공(一切法空)의 바라밀다입니다."

세존께서 말씀하셨다.

"그와 같으니라. 내외법을 얻을 수 없는 까닭이니라."

"세존이시여. 이와 같은 반야바라밀다는 이것이 불가득공(不可得空)의 바라밀다입니다."

세존께서 말씀하셨다.

"그와 같으니라. 일체의 법성(法性)을 얻을 수 없는 까닭이니라."

"세존이시여. 이와 같은 반야바라밀다는 이것이 무성공(無性空)의 바라밀다입니다."

세존께서 말씀하셨다.

"그와 같으니라. 무성공의 법을 얻을 수 없는 까닭이니라."

"세존이시여. 이와 같은 반야바라밀다는 이것이 자성공(自性空)의 바라밀다입니다."

세존께서 말씀하셨다.

"그와 같으니라. 자성공의 법을 얻을 수 없는 까닭이니라."

"세존이시여. 이와 같은 반야바라밀다는 이것이 무성자성공(無性自性空)의 바라밀다입니다."

세존께서 말씀하셨다.

"그와 같으니라. 무성자성공의 법을 얻을 수 없는 까닭이니라."

"세존이시여. 이와 같은 반야바라밀다는 이것이 4념주(四念住)인 바라밀다입니다."

세존께서 말씀하셨다.

"그와 같으니라. 신(身)·수(受)·심(心)·법(法)을 얻을 수 없는 까닭이니라."

"세존이시여. 이와 같은 반야바라밀다는 이것이 4정단(四正斷)인 바라밀다입니다."

세존께서 말씀하셨다.

"그와 같으니라. 선법(善法)과 불선법(不善法)을 얻을 수 없는 까닭이니라."

"세존이시여. 이와 같은 반야바라밀다는 이것이 4신족(四神足)의 바라밀다입니다."

세존께서 말씀하셨다.

"그와 같으니라. 4신족의 성품을 얻을 수 없는 까닭이니라."

"세존이시여. 이와 같은 반야바라밀다는 이것이 5근(五根)의 바라밀다입니다."

세존께서 말씀하셨다.

"그와 같으니라. 5근의 자성(自性)을 얻을 수 없는 까닭이니라."

"세존이시여. 이와 같은 반야바라밀다는 이것이 5력(五力)의 바라밀다입니다."

세존께서 말씀하셨다.

"그와 같으니라. 5력의 자성을 얻을 수 없는 까닭이니라."

"세존이시여. 이와 같은 반야바라밀다는 이것이 7등각지(七等覺支)의 바라밀다입니다."

세존께서 말씀하셨다.

"그와 같으니라. 7등각지의 성품을 얻을 수 없는 까닭이니라."

"세존이시여. 이와 같은 반야바라밀다는 이것이 8성도지(八聖道支)의 바라밀다입니다."

세존께서 말씀하셨다.

"그와 같으니라. 8성도지의 성품을 얻을 수 없는 까닭이니라."
"세존이시여. 이와 같은 반야바라밀다는 이것이 공해탈문(空解脫門)의 바라밀다입니다."
세존께서 말씀하셨다.
"그와 같으니라. 공(空)하고 행상(行相)을 벗어났으므로 얻을 수 없는 까닭이니라."
"세존이시여. 이와 같은 반야바라밀다는 이것이 무상해탈문(無相解脫門)의 바라밀다입니다."
세존께서 말씀하셨다.
"그와 같으니라. 적정(寂靜)의 행상을 얻을 수 없는 까닭이니라."
"세존이시여. 이와 같은 반야바라밀다는 이것이 무원해탈문(無願解脫門)의 바라밀다입니다."
세존께서 말씀하셨다.
"그와 같으니라. 무원(無願)의 행상을 얻을 수 없는 까닭이니라."
"세존이시여. 이와 같은 반야바라밀다는 이것이 8해탈(八解脫)의 바라밀다입니다."
세존께서 말씀하셨다.
"그와 같으니라. 8해탈의 성품을 얻을 수 없는 까닭이니라."
"세존이시여. 이와 같은 반야바라밀다는 이것이 9차제정(九次弟定)의 바라밀다입니다."
세존께서 말씀하셨다.
"그와 같으니라. 9차제정의 자성을 얻을 수 없는 까닭이니라."
"세존이시여. 이와 같은 반야바라밀다는 이것이 보시바라밀다입니다."
세존께서 말씀하셨다.
"그와 같으니라. 이 가운데에서 간탐(慳貪)을 얻을 수 없는 까닭이니라."
"세존이시여. 이와 같은 반야바라밀다는 이것이 정계바라밀다입니다."
세존께서 말씀하셨다.
"그와 같으니라. 이 가운데에서 파계(破戒)를 얻을 수 없는 까닭이니라."

"세존이시여. 이와 같은 반야바라밀다는 이것이 안인바라밀다입니다."
세존께서 말씀하셨다.
"그와 같으니라. 이 가운데에서 진에(瞋恚)를 얻을 수 없는 까닭이니라."
"세존이시여. 이와 같은 반야바라밀다는 이것이 정진바라밀다입니다."
세존께서 말씀하셨다.
"그와 같으니라. 이 가운데에서 해태(懈怠)를 얻을 수 없는 까닭이니라."
"세존이시여. 이와 같은 반야바라밀다는 이것이 정려바라밀다입니다."
세존께서 말씀하셨다.
"그와 같으니라. 이 가운데에서 산란한 마음을 얻을 수 없는 까닭이니라."
"세존이시여. 이와 같은 반야바라밀다는 이것이 반야바라밀다입니다."
세존께서 말씀하셨다.
"그와 같으니라. 이 가운데에서 악한 지혜를 얻을 수 없는 까닭이니라."
"세존이시여. 이와 같은 반야바라밀다는 이것이 여래(佛)의 10력(十力)의 바라밀다입니다."
세존께서 말씀하셨다.
"그와 같으니라. 일체법은 굴복시키기 어렵다고 통달한 까닭이니라."
"세존이시여. 이와 같은 반야바라밀다는 이것이 4무소외(四無所畏)인 바라밀다입니다."
세존께서 말씀하셨다.
"그와 같으니라. 도상지(道相智)를 증득하여 퇴전과 은몰이 없는 까닭이니라."
"세존이시여. 이와 같은 반야바라밀다는 이것이 4무애해(四無礙解)인 바라밀다입니다."
세존께서 말씀하셨다.
"그와 같으니라. 일체지(一切智)와 일체상지(一切相智)를 증득하여 장애(罣礙)가 없는 까닭이니라."
"세존이시여. 이와 같은 반야바라밀다는 이것이 대자(大慈)·대비(大悲)·대희(大喜)·대사(大捨)인 바라밀다입니다."

세존께서 말씀하셨다.

"그와 같으니라. 제유정을 버리지 않는 까닭이니라."

"세존이시여. 이와 같은 반야바라밀다는 이것이 18불불공법(十八佛不共法)인 바라밀다입니다."

세존께서 말씀하셨다.

"그와 같으니라. 여러 성문·독각법을 초월하는 까닭이니라."

"세존이시여. 이와 같은 반야바라밀다는 이것이 여래(如來)인 바라밀다입니다."

세존께서 말씀하셨다.

"그와 같으니라. 능히 일체법을 여실하게 설하시는 까닭이니라."

"세존이시여. 이와 같은 반야바라밀다는 이것이 자연(自然)인 바라밀다입니다."

세존께서 말씀하셨다.

"그와 같으니라. 일체법에서 자재하게 전전하는 까닭이니라."

"세존이시여. 이와 같은 반야바라밀다는 이것이 정등각인 바라밀다입니다."

세존께서 말씀하셨다.

"그와 같으니라. 일체법과 일체의 행상에서 능히 깨달음을 나타내는 까닭이니라."

마하반야바라밀다경 제438권

43. 동북방품(東北方品)(1)

이때 천제석(天帝釋)이 이렇게 생각을 지으면서 말하였다.

"만약 여러 선남자와 선여인 등이 반야바라밀다의 매우 깊은 경전과 법문(法門)의 명자(名字)를 얻어서 들으면서 한 번이라도 귓가를 지나친다면, 이 선남자와 선여인 등은 이미 과거에 무량한 여래·응공·정등각들께 친근하면서 공양하였고, 큰 서원을 일으켜서 여러 선근(善根)을 심었으며, 여러 선지식(善知識)들에게 섭수(攝受)되었던 것인데, 하물며 서사(書寫)하고 수지(受持)하며 독송(讀誦)하고 이치에 맞게 사유(如理思惟)하며 다른 사람을 위하여 널리 설하거나, 혹은 힘을 따라서 설하는 것과 같이 수행하는 것이겠는가!

이러한 사람은 결정코 과거에 무량한 여래와 친근하고 받들어 섬기면서 공양하고 공경하며 존중하고 찬탄하면서 여러 공덕의 근본을 심었으므로, 일찍이 반야바라밀다를 들었다면, 듣고서 수지하고 사유하며 독송하고 다른 사람을 위하여 널리 설하며 교계(敎誡)와 같이 수행하거나, 혹은 이 경전에서 능히 묻고 능히 대답할 것이니, 오히려 이러한 복력(福力)으로 지금 이러한 일을 준비한다고 마땅히 알아야 하느니라.

만약 여러 선남자와 선여인 등이 일찍이 무량한 여래·응공·정등각께 공양하였던 공덕이 순수하고 청정하다면 이 반야바라밀다를 듣더라도 그 마음이 놀라지 않고 두렵지 않으며 겁내지 않을 것이고, 들었다면 믿고 즐거워하면서 설하신 것과 같이 수행하나니, 이 사람은 일찍이 과거의 많은 백천 겁에 보시, 나아가 반야바라밀다를 수습(修習)하였던 까닭으로 지금의 생에 능히 이러한 일을 성취한다고 마땅히 알아야 하느니라."

그때 사리자가 세존께 아뢰어 말하였다.

"세존이시여. 만약 여러 선남자와 선여인 등이 이 반야바라밀다의 매우 깊은 경 가운데서 소유한 의취(義趣)를 듣고서 놀라지 않고 두려워하지 않으며 겁내지 않고, 들었다면 수지하고 사유하며 독송하고 서사하며 해설(解說)하고 교계와 같이 수행한다면 이 사람은 이미 무상정등보리에서 퇴전하지 않는다고 알겠습니다. 왜 그러한가? 세존이시여. 이와 같은 반야바라밀다의 의취는 매우 깊어서 지극히 신해(信解)하기 어렵습니다. 만약 지난 세상에서 오래도록 보시·정계·안인·정진·정려·반야바라밀다를 수습하지 않았다면, 어찌 잠시 얻어서 듣고 곧 능히 신해하겠습니까?

세존이시여. 만약 여러 선남자와 선여인 등이 이와 같은 매우 깊은 반야바라밀다를 설하는 것을 듣고서 훼자(毀呰)하고 비방한다면, 이 사람은 이미 지난 세상에서 오히려 간탐·진에·우치 등에 마음을 덮고 가려진 까닭으로 이 반야바라밀다의 매우 깊은 경전도 역시 일찍이 훼자하고 비방하였다고 마땅히 알 수 있습니다. 왜 그러한가? 세존이시여. 이와 같은 어리석은 사람들은 반야바라밀다의 매우 깊은 의취를 설하는 것을 들었더라도 오히려 관습(串習)의 힘으로 믿지 않고 좋아하지 않는데, 마음이 청정하지 않은 까닭입니다.

그 까닭은 무엇인가? 이와 같은 어리석은 사람들은 과거의 세상에서 일찍이 제불과 보살들과 제자들에게 친근하지 않았고, 청하여 묻지 않았는데, 어떻게 상응하여 보시바라밀다, 나아가 반야바라밀다를 수행할 것이고, 어떻게 내공, 나아가 무성자성공에 안주할 것이며, 어떻게 4념주, 나아가 8성도지를 수학(修學)할 것이고, 어떻게 여래의 10력, 나아가 18불불공법을 수학하겠습니까? 이러한 까닭으로 지금 반야바라밀다를 설하는 것을 들었더라도 훼자하고 비방하면서 믿지 않고 좋아하지 않는데, 마음이 청정하지 않은 까닭입니다."

그때 천제석이 세존께 아뢰어 말하였다.

"세존이시여. 이와 같은 반야바라밀다의 의취는 매우 깊어서 지극히 신해하기 어렵습니다. 만약 여러 선남자와 선여인 등이 보시바라밀다, 나아가 반야바라밀다를 믿고 즐거워하며 수행하면서 오래되지 않았거나, 내공, 나아가 무성자성공을 믿고 즐거워하면서 수행(修行)하면서 오래되지 않았거나, 4념주, 나아가 8성도지를 믿고 즐거워하며 수습(修習)하면서 오래되지 않았거나, 8해탈·9차제정·5신통을 믿고 즐거워하며 수습하면서 오래되지 않았거나, 여래의 10력·4무소외·4무애해·대자·대비·대희·대사·18불불공법과 더불어 나머지의 무량하고 무변한 불법을 믿고 즐거워하며 수학(修學)하면서 오래되지 않았다면, 이 선남자와 선여인 등은 이러한 반야바라밀다의 매우 깊은 의취를 들었더라도 능히 신해하지 못하거나, 혹은 훼방(毁謗)이 생겨나서 희유(希有)하게 되지 않을 것입니다.

세존이시여. 저는 지금 매우 깊은 반야바라밀다에 공경하고 예배(敬禮)합니다. 세존이시여. 제가 만약 지금 매우 깊은 반야바라밀다에 공경하고 예배한다면, 곧 일체상지(一切相智)에 공경하고 예배하는 것이 될 것입니다."

그때 세존께서 천제석에게 말씀하셨다.

"그와 같으니라. 그와 같으니라. 그대가 말한 것과 같으니라. 반야바라밀다에 공경하고 예배하는 것은 곧 일체상지에 공경하고 예배하는 것이 되느니라. 왜 그러한가? 교시가(憍尸迦)여. 일체의 여래·응공·정등각들의 만약 일체지(一切智)이거나, 만약 도상지(道相智)이거나, 만약 일체상지(一切相智)가 모두 반야바라밀다를 쫓아서 출생(出生)하는 까닭이니라.

교시가여. 만약 여러 선남자와 선여인 등이 여래의 일체상지에 안주하고자 한다면 마땅히 반야바라밀다에 안주해야 하고, 여래의 일체지·도상지와 나머지의 공덕을 생겨나게 하고자 한다면 마땅히 반야바라밀다를 수학해야 하며, 일체의 번뇌와 습기의 상속을 영원히 단절하고자 한다면 마땅히 반야바라밀다를 수학해야 하고, 무상정등보리를 증득하고서 미묘한 법륜을 굴리면서 유정의 부류들을 헤아려서 해탈시키고자 한다면 마땅히 반야바라밀다를 수학해야 하느니라.

교시가여. 만약 여러 선남자와 선여인 등이 예류·일래·불환·아라한과와 독각의 보리를 증득하고자 한다면 마땅히 반야바라밀다를 수학해야 하느니라. 교시가여. 만약 여러 선남자와 선여인 등이 성문의 종성(種性)인 유정들을 성문승(聲聞乘)에 잘 안립(安立)시키고자 한다면 마땅히 반야바라밀다를 수학해야 하고, 독각의 종성인 유정들을 독각승(獨覺乘)에 잘 안립시키고자 한다면 마땅히 반야바라밀다를 수학해야 하며, 대승의 종성인 유정들을 무상승(無上乘)에 잘 안립시켜서 빠르게 무상정등보리를 증득하게 하고자 한다면 마땅히 반야바라밀다를 수학해야 하느니라.

교시가여. 여러 선남자와 선여인 등이 삼계(三界)에서 가장 수승한 공덕을 얻고자 한다면 마땅히 반야바라밀다를 수학해야 하고, 일체의 암흑(黑闇)의 붕당들을 굴복시키고자 한다면 마땅히 반야바라밀다를 수학해야 하며, 여러 비구 대중들을 잘 섭수하고자 하면 마땅히 반야바라밀다를 수학해야 하느니라."

그때 천제석이 세존께 아뢰어 말하였다.

"세존이시여. 제보살마하살이 반야바라밀다를 수행하는 때에 어떻게 색에 안주해야 하고, 어떻게 수·상·행·식에 안주해야 하며, 어떻게 안처[1], 나아가 의처에 안주해야 하고, 어떻게 색처, 나아가 법처에 안주해야 하며, 어떻게 안식계, 나아가 의식계에 안주해야 하고, 어떻게 반야바라밀다, 나아가 보시바라밀다에 안주해야 하며, 어떻게 내공, 나아가 무성자성공에 안주해야 하고, 어떻게 4념주, 나아가 8성도지에 안주해야 하며, 어떻게 여래의 10력, 나아가 18불불공법에 안주해야 합니까? 세존이시여. 제보살마하살이 반야바라밀다를 수행하는 때에 어떻게 색을 수습해야 하고, 어떻게 수·상·행·식을 수습해야 하며, 어떻게 여래의 10력, 나아가 18불불공법을 수습해야 합니까?"

---

1) 원문에는 안(眼)으로 번역되어 있으나, 전체적인 문장으로 판단하였을 때 한 글자를 생략하였다고 판단되어 앞의 용례에 따라서 번역한다.

세존께서 천제석에게 알려 말씀하셨다.

"교시가여. 옳도다. 옳도다. 그대는 지금 여래의 위신력을 받들어 능히 여래에게 이와 같은 깊은 뜻을 묻겠나니, 자세히 듣고서, 그것을 잘 생각하라. 내가 마땅히 그대를 위하여 분별하고 해설하겠노라.

교시가여. 제보살마하살이 반야바라밀다를 수행하는 때에 만약 색에 안주하지 않고 수습하지 않는다면 이것이 색에 안주하고 수습하는 것이며, 만약 수·상·행·식에 안주하지 않고 수습하지 않는다면 이것이 수·상·행·식에 안주하고 수습하는 것이며, 만약 안, 나아가 의에 안주하지 않고 수습하지 않는다면 이것이 안, 나아가 의에 안주하고 수습하는 것이며, 만약 색, 나아가 법에 안주하지 않고 수습하지 않는다면 이것이 색, 나아가 법에 안주하고 수습하는 것이며,

만약 안식, 나아가 의식에 안주하지 않고 수습하지 않는다면 이것이 안식, 나아가 의식에 안주하고 수습하는 것이며, 만약 반야바라밀다, 나아가 보시바라밀다에 안주하지 않고 수습하지 않는다면 이것이 반야바라밀다, 나아가 보시바라밀다에 안주하고 수습하는 것이며, 만약 내공, 나아가 무성자성공에 안주하지 않고 수습하지 않는다면 이것이 내공, 나아가 무성자성공에 안주하고 수습하는 것이며, 만약 4념주, 나아가 8성도지에 안주하지 않고 수습하지 않는다면 이것이 4념주, 나아가 8성도지에 안주하고 수습하는 것이며, 만약 여래의 10력, 나아가 18불불공법에 안주하지 않고 수습하지 않는다면 이것이 여래의 10력, 나아가 18불불공법에 안주하고 수습하는 것이니라.

왜 그러한가? 교시가여. 제보살마하살이 반야바라밀다를 수행하는 때에 색에서 안주하거나 수습하는 것을 얻을 수 없고, 수·상·행·식에서 안주하거나 수습하는 것을 얻을 수 없으며, 나아가 여래의 10력에서 안주하거나 수습하는 것을 얻을 수 없고, 나아가 18불불공법에서 안주하거나 수습하는 것을 얻을 수 없느니라.

다시 다음으로 교시가여. 제보살마하살이 반야바라밀다를 수행하는 때에, 만약 색에 안주하지 않고 안주하지 않는 것도 아니며 수습하지

않고 수습하지 않는 것도 아니라면 이것이 색에 안주하고 수습하는 것이며, 만약 수·상·행·식에 안주하지 않고 안주하지 않는 것도 아니며 수습하지 않고 수습하지 않는 것도 아니라면 이것이 수·상·행·식에 안주하고 수습하는 것이며, 만약 안, 나아가 의에 안주하지 않고 안주하지 않는 것도 아니며 수습하지 않고 수습하지 않는 것도 아니라면 이것이 안처, 나아가 의처에 안주하고 수습하는 것이며, 만약 색처, 나아가 법처에 안주하지 않고 안주하지 않는 것도 아니며 수습하지 않고 수습하지 않는 것도 아니라면 이것이 색처, 나아가 법처에 안주하고 수습하는 것이며,

만약 안식계, 나아가 의식계에 안주하지 않고 안주하지 않는 것도 아니며 수습하지 않고 수습하지 않는 것도 아니라면 이것이 안식계, 나아가 의식계에 안주하고 수습하는 것이며, 만약 반야바라밀다, 나아가 보시바라밀다에 안주하지 않고 안주하지 않는 것도 아니며 수습하지 않고 수습하지 않는 것도 아니라면 이것이 반야바라밀다, 나아가 보시바라밀다에 안주하고 수습하는 것이며, 만약 내공, 나아가 무성자성공에 안주하지 않고 안주하지 않는 것도 아니며 수습하지 않고 수습하지 않는 것도 아니라면 이것이 내공, 나아가 무성자성공에 안주하고 수습하는 것이며, 만약 4념주, 나아가 8성도지에 안주하지 않고 안주하지 않는 것도 아니며 수습하지 않고 수습하지 않는 것도 아니라면 이것이 4념주, 나아가 8성도지에 안주하고 수습하는 것이며, 만약 여래의 10력, 나아가 18불불공법에 안주하지 않고 안주하지 않는 것도 아니며 수습하지 않고 수습하지 않는 것도 아니라면 이것이 여래의 10력, 나아가 18불불공법에 안주하고 수습하는 것이니라.

왜 그러한가? 교시가여. 제보살마하살이 반야바라밀다를 수행하는 때에, 색에서 전제(前際)를 얻을 수 없고 후제(後際)를 얻을 수 없으며 중제(中際)를 얻을 수 없다고 관찰하고, 수·상·행·식에서 전제를 얻을 수 없고 후제를 얻을 수 없으며 중제를 얻을 수 없다고 관찰하며, 나아가 여래의 10력에서 전제를 얻을 수 없고 후제를 얻을 수 없으며 중제를 얻을 수 없다고 관찰하고, 나아가 18불불공법에서 전제를 얻을 수 없고

후제를 얻을 수 없으며 중제를 얻을 수 없다고 관찰하는 까닭이니라."

그때 사리자(舍利子)가 세존께 아뢰어 말하였다.
"세존이시여. 이와 같은 반야바라밀다는 최고로 깊은 것입니다."
세존께서 말씀하셨다.
"그와 같으니라. 사리자여. 색의 진여가 매우 깊은 까닭으로 반야바라밀다가 최고로 매우 깊게 되고, 수·상·행·식의 진여가 매우 깊은 까닭으로 반야바라밀다가 최고로 매우 깊게 되며, 나아가 18불불공법의 진여가 매우 깊은 까닭으로 반야바라밀다가 최고로 매우 깊게 되느니라."
그때 사리자가 다시 세존께 아뢰어 말하였다.
"세존이시여. 이와 같은 반야바라밀다는 측량(測量)하기 어렵습니다."
세존께서 말씀하셨다.
"그와 같으니라. 사리자여. 색의 진여가 측량하기 어려운 까닭으로 반야바라밀다가 측량하기 어려우며, 수·상·행·식의 진여가 측량하기 어려운 까닭으로 반야바라밀다가 측량하기 어려우며, 나아가 18불불공법의 진여가 매우 깊은 까닭으로 반야바라밀다가 측량하기 어려우니라."
그때 사리자가 다시 세존께 아뢰어 말하였다.
"세존이시여. 이와 같은 반야바라밀다는 최고로 무량(無量)하게 됩니다."
세존께서 말씀하셨다.
"그와 같으니라. 사리자여. 색의 진여가 최고로 무량한 까닭으로 반야바라밀다가 무량하며, 수·상·행·식의 진여가 최고로 무량한 까닭으로 반야바라밀다가 무량한 까닭이며, 나아가 18불불공법의 진여가 최고로 무량한 까닭으로 역시 반야바라밀다가 무량하니라.
만약 보살마하살이 반야바라밀다를 수행하는 때에 색의 매우 깊은 성품을 행하지 않는다면 이것이 반야바라밀다를 행하는 것이고, 수·상·행·식의 매우 깊은 성품을 행하지 않는다면 이것이 반야바라밀다를 행하는 것이고, 안처의 매우 깊은 성품을 행하지 않는다면 이것이 반야바라밀다를 행하는 것이고, 나아가 의처의 매우 깊은 성품을 행하지 않는다면 이것이 반야바라밀다를 행하는 것이며, 색처의 매우 깊은 성품을 행하지 않는다면 이것이 반야바라밀다를 행하는 것이고, 나아가 법처의 매우 깊은 성품을 행하지 않는다면 이것이 반야바라밀다를 행하는 것이며, 안식계의 매우 깊은 성품을 행하지 않는다면 이것이 반야바라밀다를 행하는 것이고, 나아가 의식계의 매우 깊은 성품을 행하지 않는다면 이것이 반야바라밀다를 행하는 것이며,

반야바라밀다의 매우 깊은 성품을 행하지 않는다면 이것이 반야바라밀다를 행하는 것이고, 나아가 보시바라밀다의 매우 깊은 성품을 행하지 않는다면 이것이 반야바라밀다를 행하는 것이며, 내공의 매우 깊은 성품을 행하지 않는다면 이것이 반야바라밀다를 행하는 것이고, 나아가 무성자성공의 매우 깊은 성품을 행하지 않는다면 이것이 반야바라밀다를 행하는 것이며, 4념주의 매우 깊은 성품을 행하지 않는다면 이것이 반야바라밀다를 행하는 것이고, 나아가 8성도지의 매우 깊은 성품을 행하지 않는다면 이것이 반야바라밀다를 행하는 것이며, 여래의 10력의 매우 깊은 성품을 행하지 않는다면 이것이 반야바라밀다를 행하는 것이고, 나아가 18불불공법의 매우 깊은 성품을 행하지 않는다면 이것이 반야바라밀다를 행하는 것이니라.

왜 그러한가? 사리자여. 색의 매우 깊은 성품은 곧 색이 아니고, 수·상·행·식의 매우 깊은 성품은 수·상·행·식이 아니며, 나아가 18불불공법의 매우 깊은 성품은 18불불공법이 아닌 까닭이니라.

다시 다음으로 사리자여. 보살마하살이 반야바라밀다를 수행하는 때에 색의 측량하기 어려운 성품을 행하지 않는다면 이것이 반야바라밀다를 행하는 것이고, 수·상·행·식의 측량하기 어려운 성품을 행하지 않는다면 이것이 반야바라밀다를 행하는 것이고, 안처의 측량하기 어려운 성품을 행하지 않는다면 이것이 반야바라밀다를 행하는 것이고, 나아가 의처의 측량하기 어려운 성품을 행하지 않는다면 이것이 반야바라밀다를 행하는 것이며, 색처의 측량하기 어려운 성품을 행하지 않는다면 이것이 반야바라밀다를 행하는 것이고, 나아가 법처의 측량하기 어려운 성품을 행하지

않는다면 이것이 반야바라밀다를 행하는 것이며, 안식계의 측량하기 어려운 성품을 행하지 않는다면 이것이 반야바라밀다를 행하는 것이고, 나아가 의식계의 측량하기 어려운 성품을 행하지 않는다면 이것이 반야바라밀다를 행하는 것이며,

　반야바라밀다의 측량하기 어려운 성품을 행하지 않는다면 이것이 반야바라밀다를 행하는 것이고, 나아가 보시바라밀다의 측량하기 어려운 성품을 행하지 않는다면 이것이 반야바라밀다를 행하는 것이며, 내공의 측량하기 어려운 성품을 행하지 않는다면 이것이 반야바라밀다를 행하는 것이고, 나아가 무성자성공의 측량하기 어려운 성품을 행하지 않는다면 이것이 반야바라밀다를 행하는 것이며, 4념주의 측량하기 어려운 성품을 행하지 않는다면 이것이 반야바라밀다를 행하는 것이고, 나아가 8성도지의 측량하기 어려운 성품을 행하지 않는다면 이것이 반야바라밀다를 행하는 것이며, 여래의 10력의 측량하기 어려운 성품을 행하지 않는다면 이것이 반야바라밀다를 행하는 것이고, 나아가 18불불공법의 측량하기 어려운 성품을 행하지 않는다면 이것이 반야바라밀다를 행하는 것이니라.

　왜 그러한가? 사리자여. 색의 측량하기 어려운 성품은 곧 색이 아니고, 수·상·행·식의 측량하기 어려운 성품은 수·상·행·식이 아니며, 나아가 18불불공법의 측량하기 어려운 성품은 18불불공법이 아닌 까닭이니라.

　다시 다음으로 사리자여. 보살마하살이 반야바라밀다를 수행하는 때에 색의 무량한 성품을 행하지 않는다면 이것이 반야바라밀다를 행하는 것이고, 수·상·행·식의 무량한 성품을 행하지 않는다면 이것이 반야바라밀다를 행하는 것이고, 안처의 무량한 성품을 행하지 않는다면 이것이 반야바라밀다를 행하는 것이고, 나아가 의처의 무량한 성품을 행하지 않는다면 이것이 반야바라밀다를 행하는 것이며, 색처의 무량한 성품을 행하지 않는다면 이것이 반야바라밀다를 행하는 것이고, 나아가 법처의 무량한 성품을 행하지 않는다면 이것이 반야바라밀다를 행하는 것이며, 안식계의 무량한 성품을 행하지 않는다면 이것이 반야바라밀다를 행하는 것이고, 나아가 의식계의 무량한 성품을 행하지 않는다면 이것이 반야바

라밀다를 행하는 것이며,

　반야바라밀다의 무량한 성품을 행하지 않는다면 이것이 반야바라밀다를 행하는 것이고, 나아가 보시바라밀다의 무량한 성품을 행하지 않는다면 이것이 반야바라밀다를 행하는 것이며, 내공의 무량한 성품을 행하지 않는다면 이것이 반야바라밀다를 행하는 것이고, 나아가 무성자성공의 무량한 성품을 행하지 않는다면 이것이 반야바라밀다를 행하는 것이며, 4념주의 무량한 성품을 행하지 않는다면 이것이 반야바라밀다를 행하는 것이고, 나아가 8성도지의 무량한 성품을 행하지 않는다면 이것이 반야바라밀다를 행하는 것이며, 여래의 10력의 무량한 성품을 행하지 않는다면 이것이 반야바라밀다를 행하는 것이고, 나아가 18불불공법의 무량한 성품을 행하지 않는다면 이것이 반야바라밀다를 행하는 것이니라.

　왜 그러한가? 사리자여. 색의 무량한 성품은 곧 색이 아니고, 수·상·행·식의 무량한 성품은 수·상·행·식이 아니며, 나아가 18불불공법의 무량한 성품은 18불불공법이 아닌 까닭이니라.”

　그때 사리자가 세존께 아뢰어 말하였다.

　“세존이시여. 이와 같이 반야바라밀다는 이미 가장 깊고, 측량하기 어렵고, 무량하여 신해하기 어렵다면, 그 새롭게 수학하면서 머무르는 대승보살들의 앞에서 상응하여 설하지 않아야 합니다. 그들이 이러한 매우 깊은 반야바라밀다를 듣고서 그 마음이 놀라고 겁내며 두려워하고 주저하면서 능히 신해하지 않게 하지 않아야 합니다. 다만 그 불퇴전위(不退轉位)의 보살 앞에서 상응하여 설한다면, 그들은 이와 같은 매우 깊은 반야바라밀다를 들었더라도 그 마음이 놀라지 않고 겁내지 않으며 두려워하지 않고 역시 주저하지 않으며, 듣고서 신해하고 수지하며 독송하고 이와 같이 사유하며 다른 사람을 위하여 널리 설할 것입니다.”

　그때 천제석이 사리자에게 물어 말하였다.

　“대덕(大德)이여. 만약 그 새롭게 수학하면서 머무르고 있는 대승보살의 앞에서 이와 같은 반야바라밀다를 설한다면, 무슨 과실(過失)이 있습니까?"

사리자가 대답하여 말하였다.

"교시가여. 만약 그 새롭게 수학하면서 머무르고 있는 대승보살의 앞에서 이와 같은 반야바라밀다를 설한다면, 그들이 듣고서 놀라고 겁내며 두려워하고 주저하면서 능히 신해하지 않거나, 혹은 훼방함이 생겨나는 것이고, 오히려 이것이 조작(造作)되고 증장(增長)하며 능히 악취에 떨어지는 업에 감응하므로, 3악취(三惡趣)의 오랜 생사(生死)의 처소에 은몰(隱沒)되어 무상정등보리를 증득하기가 어렵습니다. 이러한 까닭으로 지혜로운 자는 그 새롭게 수학하면서 머무르고 있는 대승보살의 앞에서 이와 같은 반야바라밀다를 설하지 않아야 합니다."

천제석이 다시 구수 사리자에게 물어 말하였다.

"대덕이여. 대체로 보살이 무상대보리(無上大菩提)의 수기(授記)를 받지 않았더라도 이와 같은 매우 깊은 반야바라밀다를 듣고서 마음이 놀라지 않고 겁내지 않으며 두려워하지 않고 주저하지 않는 자가 있습니까?"

사리자가 대답하여 말하였다.

"있습니다. 교시가여. 이 보살마하살은 오래지 않아서 마땅히 대보리의 수기를 받을 것입니다. 교시가여. 만약 보살마하살이 이와 같은 매우 깊은 반야바라밀다를 설하는 것을 듣고서 마음이 놀라지 않고 겁내지 않으며 두려워하지 않고 주저하지 않는다면 이 보살마하살은 이미 무상대보리(無上大菩提)의 수기를 받았다고 마땅히 알아야 하고, 설사 아직 받지 않았더라도 한 여래이거나, 두 여래를 초과하지 않아서 결정적으로 마땅히 대보리의 수기를 받을 것입니다. 만약 그와 같지 않다면 이와 같은 매우 깊은 반야바라밀다를 설하는 것을 듣고서 놀라고 겁내며 두려워하고 주저함이 있을 것입니다."

그때 세존께서 사리자에게 말씀하셨다.

"그와 같으니라. 그와 같으니라. 그대가 말한 것과 같으니라. 사리자여. 만약 보살마하살이 오랫동안 대승을 수학하였거나, 오랫동안 대원을 일으켰거나, 오랫동안 6바라밀다와 더불어 나머지의 무량하고 무변한 불법을 수행하였거나, 오랫동안 무량하고 무변한 여래·응공·정등각들께 공양하고 공경하며 존중하고 찬탄하였거나, 오랫동안 무량하고 무변한 선한 벗을 섬겼느니라. 오히려 이러한 인연으로 이와 같은 매우 깊은 반야바라밀다를 설하는 것을 들었더라도 마음이 놀라지 않고 겁내지 않으며 두려워하지 않고 주저하지 않으며, 이미 들었다면 신해하고 수지하며 독송하고 이치에 맞게 사유하며 다른 사람을 위하여 널리 설하며, 혹은 서사하거나 설한 것과 같이 수행하느니라."

그때 사리자가 세존께 아뢰어 말하였다.

"세존이시여. 제가 지금 즐겁게 제보살마하살들에게 작은 부분의 비유를 설하고자 하오니, 오직 바라옵건대 세존께서는 애민하게 생각하시어 허락하여 주십시오."

세존께서 사리자에게 알리셨다.

"즐겁게 설하려는 것을 그대의 뜻을 따라서 설하도록 하라."

"세존이시여. 보살승에 안주하는 여러 선남자와 선여인 등이 꿈속에서 반야·정려·정진·안인·정계·보시바라밀다를 수행하였고, 내공, 나아가 무성자성공에 안주하였으며, 4념주, 나아가 8성도지를 수행하였고, 여래의 10력, 나아가 18불불공법을 수행하였으며, 일체지·도상지·일체상지를 수행하였고, 보리수(菩提樹)에 나아갔으며, 나아가 미묘한 보리좌(菩提座)에 안좌(安坐)하였다면, 이 선남자와 선여인 등은 오히려 무상정등보리에 가까워졌다고 마땅히 알아야 합니다.

하물며 보살마하살이 있어서 무상정등보리를 구하기 위하여 깨어있는 때에 반야·정려·정진·안인·정계·보시바라밀다를 수행하였고, 내공, 나아가 무성자성공에 안주하였으며, 4념주, 나아가 8성도지를 수행하였고, 여래의 10력, 나아가 18불불공법을 수행하였으며, 일체지·도상지·일체상지를 수행하였다면, 구하였던 것인 무상정등보리를 빠르게 증득하지 못하겠습니까?

세존이시여. 이 보살마하살은 오래지 않아서 보리수 아래에 마땅히 나아갈 것이고, 오래지 않아서 마땅히 미묘한 보리좌에 앉을 것이며,

무상정등보리를 증득하고서 미묘한 법륜을 굴리면서 일체의 중생들을 이익되고 안락하게 할 것입니다. 세존이시여. 만약 여러 선남자와 선여인 등이 이와 같은 매우 깊은 반야바라밀다를 설하는 것을 듣고서 수지하고 독송하며 정근하면서 수학하고 이치에 맞게 사유한다면, 이 선남자와 선여인 등은 오랫동안 대승을 수학하면서 선근이 성숙되었고 제불께 공양하였으며 많은 선한 벗을 섬겼고 여러 공덕의 근본을 심었으므로 능히 이러한 일을 성취하였다고 마땅히 알아야 합니다.

세존이시여. 만약 여러 선남자와 선여인 등이 이와 같은 매우 깊은 반야바라밀다를 듣고서 신해하고 수지하며 독송하고 수습하며 이치에 맞게 사유하고 다른 사람에게 널리 설한다면, 이 선남자와 선여인 등은 이미 대보리의 수기를 받았거나 혹은 가깝게 마땅히 대보리의 수기를 받을 것입니다. 세존이시여. 이 선남자와 선여인 등은 불퇴전지에 안주하는 보살마하살과 같이 빠르게 무상정등보리를 증득할 것이니, 오히려 이것으로 매우 깊은 반야바라밀다를 듣고서 능히 깊게 신해하고 수지하며 독송하고 수습하며 이치에 맞게 사유하고 다른 사람에게 널리 설할 것입니다.

세존이시여. 비유한다면 사람이 있어서 유행하면서 광야를 걸어가면서 험악한 도로를 지나갔다면 1백 유선나(踰繕那)이거나, 혹은 2백 유선나이거나, 혹은 3백 유선나이거나, 혹은 4백 유선나이거나, 5백 유선나를 넘겼다면 여러 성읍과 왕도(王都)인 앞의 모습인 이를테면, 소의 목동·원림(園林)·밭 등을 보았을 것이고, 여러 모습을 보았다면 '성읍과 왕도의 거리가 이곳에서 멀지 않다.'라고 곧 이렇게 생각할 것입니다. 이렇게 생각을 지었다면 몸과 마음이 태연(泰然)해지고 악한 짐승·악한 도둑·굶주림·목마름을 두려워하지 않을 것입니다.

세존이시여. 제보살마하살도 역시 다시 이와 같아서 만약 이러한 매우 깊은 반야바라밀다를 듣고서 수지하고 독송하며 이치에 맞게 사유하고 깊은 신해가 생겨난다면, 오래지 않아서 마땅히 수기를 받거나, 혹은 이미 수기를 받았으므로 빠르게 무상정등보리를 증득한다고 마땅히 알아야 하나니, 이 보살마하살에게는 성문지·독각지에 떨어지는 두려움이 없습니다. 왜 그러한가? 세존이시여. 이 보살마하살은 매우 깊은 반야바라밀다와 무상보리의 이전의 상을 이미 얻어서 보고 들었고 공경하고 공양하였던 까닭입니다."

그때 세존께서 사리자에게 말씀하셨다.

"그와 같으니라. 그와 같으니라. 그대가 말한 것과 같으니라. 그대는 지금 여래의 힘을 이어받아 마땅히 다시 그것을 말하라."

그때 사리자가 다시 세존께 아뢰어 말하였다.

"세존이시여. 비유한다면 사람이 있어서 큰 바다를 보고자 하였으므로 점차로 가서 나아가면서 오랜 시간을 보내고 산과 숲이 보이지 않는다면 '지금 이러한 모습을 보니, 큰 바다가 멀지 않았다.'라고 곧 이렇게 생각을 짓습니다. 그 까닭은 무엇인가? 일반적으로 바닷가와 가까운 땅은 반드시 점차로 낮아져서 결정적으로 산과 숲이 없습니다. 그 사람이 그때 비록 바다는 보지 못하였더라도 가까워지는 모습을 보았다면 '나는 빠르게 결정적으로 마땅히 큰 바다를 보게 될 것이다.'라고 환희(歡喜)하고 용약(踊躍)할 것입니다.

세존이시여. 제보살마하살도 역시 다시 이와 같아서 만약 이러한 매우 깊은 반야바라밀다를 듣고서 수지하고 독송하며 이치에 맞게 사유하고 깊은 신해가 생겨난다면, 비록 수기를 받지 못하였더라도 세존께서 현전(現前)하시어 '그대는 내세에 그러한 겁을 만약 백 겁이거나, 만약 천 겁이거나, 만약 백천 겁이거나, 나아가 만약 백천 구지 나유타 겁이 지나면 마땅히 무상정등보리를 증득하느니라.'라고 수기하시는 것을 얻지 못하였더라도 수기를 받을 것이 멀지 않았다고 상응하여 스스로가 알 것이니라. 왜 그러한가? 세존이시여. 이 보살마하살은 매우 깊은 반야바라밀다와 무상보리의 이전의 상을 이미 얻어서 보고 들었고 공경하고 공양하였던 까닭입니다.

세존이시여. 비유한다면 봄의 때에 꽃과 과일의 나무들이 묵은 잎은 이미 떨어졌고 가지들이 부풀어지고 윤기가 있다면 여러 사람들이 보고서 '새로운 꽃·열매·잎이 오래지 않아 마땅히 피어나겠구나.'라고 함께 이렇게 말을 짓습니다. 그 까닭은 무엇인가? 이 여러 나무 등의 새로운 꽃·열매·잎의 먼저의 모습이 나타난 까닭입니다. 섬부주(贍部洲)의 사람들은 남녀노소가 모두 이러한 모습을 보고서 '우리들은 오래지 않아서 이 꽃과 과일이 무성한 것을 마땅히 보게 될 것이다.'라고 환희하고 용약할 것입니다.

세존이시여. 제보살마하살도 이와 같아서 이러한 매우 깊은 반야바라밀다를 듣고서 수지하고 독송하며 이치에 맞게 사유하고 깊은 신해가 생겨나며 공경하고 공양한다면 전생의 선근이 성숙되었고, 많은 여래께 공양하였으며 많은 선한 벗을 섬겼으므로, 오래지 않아서 무상정등보리의 수기를 받는다고 마땅히 알아야 합니다. 세존이시여. 이 보살마하살은 '나는 전생에 결정적으로 수승한 선근의 힘이 있었고, 능히 무상정등보리를 이끌었던 까닭으로 지금 매우 깊은 반야바라밀다를 보거나 들었다면 공경하고 공양하며 수지하고 독송하며 이치에 맞게 사유하고 깊은 신해가 생겨나며 이치에 맞게 사유하고 힘에 따라서 수습하는구나.'라고 상응하여 이렇게 생각을 짓습니다.

세존이시여. 지금 이 회중(會中)에 있는 여러 천자(天子)들은 과거의 세존께서 이러한 법을 설하시는 것을 보았던 자들인데 모두가 환희가 생겨나서 '옛날의 제보살마하살도 이와 같은 매우 깊은 반야바라밀다를 설하시는 것을 듣고서 곧 수기를 얻었는데, 지금의 제보살마하살도 이와 같은 매우 깊은 반야바라밀다의 설하는 것을 들었으므로, 오래지 않아서 결정적으로 마땅히 보리의 수기를 받을 것이다.'라고 함께 의논하면서 말하고 있습니다.

세존이시여. 비유한다면 여인이 있어서 잉태하고 점차 오래되어 그녀의 몸이 전전하면서 무거워지고 움직이고 멈추는 것이 편안하지 않으며, 음식과 잠은 모두 줄어들었고 항상 지었던 많은 말을 좋아하지 않으며, 고통을 받았던 까닭으로 여러 일을 곧 쉬었는데, 다른 어머니가 있어서 이러한 모습을 보았다면, 곧 이 여인이 오래지 않아 출산(産生)한다고 아는 것과 같습니다. 세존이시여. 제보살마하살도 역시 이와 같아서 전생에 선근을 심었고 여래께 많이 공양하였으며 오랫동안 선한 벗을 섬겼고 선근이 성숙한 까닭으로, 지금 이러한 매우 깊은 반야바라밀다를 듣고서 수지하고 독송하며 이치에 맞게 사유하고 깊은 신해가 생겨나며 힘을 따라서 수습한다면, 이 보살마하살은 오히려 이러한 인연으로 오래지 않아서 무상정등대보리(無上正等大菩提)의 수기를 받을 것입니다."

그때 세존께서 사리자를 칭찬하셨다.

"옳도다. 옳도다. 그대는 이와 같은 매우 깊은 반야바라밀다를 설하는 것을 듣고서 수지하고 독송하며 이치에 맞게 사유하고 깊은 신해가 생겨나는 보살들의 비유를 능히 설하였는데, 모두가 이것이 여래의 위신력으로 그대가 이와 같은 변재(辯才)를 이끌어서 일으켰다고 마땅히 알아야 하느니라."

그때 구수 선현이 세존께 아뢰어 말하였다.

"세존이시여. 매우 기이합니다. 여래·응공·정등각께서는 제보살마하살을 잘 섭수(攝受)하시고, 제보살마하살들을 잘 부촉(付囑)하십니다."

세존께서 선현에게 말씀하셨다.

"그와 같으니라. 그와 같으니라. 그대가 말한 것과 같으니라. 왜 그러한가? 선현이여. 제보살마하살이 무상정등보리를 구하면서 나아가는 것은 많은 유정들에게 이익과 안락을 얻게 하기 위한 까닭이고, 여러 천인을 연민스럽게 생각하여 요익(饒益)하게 하려는 까닭이니라. 이 보살마하살들이 정근하면서 보살의 행을 수학하는 때에 무량한 백천의 제유정들을 요익하게 하기 위한 까닭이고, 무량한 백천의 보살들을 섭수하기 위한 까닭으로 사섭사(四攝事)로써 그것을 섭수하느니라. 무엇 등이 네 가지인가? 첫째는 보시(布施)이고, 둘째는 애어(愛語)이며, 셋째는 이행(利行)이고, 넷째는 동사(同事)이니라.

이 보살마하살은 스스로가 10선업도(十善業道)에 바르게 안주하고, 역시 다른 사람에게 권유하여 10선업도를 수학하게 하며, 스스로가 초정려(初靜慮), 나아가 비상비비상처(非想非非想處)에 들어가고, 역시 다른 사람에게 권유하여 초정려, 나아가 비상비비상처에 들어가게 하며, 스스

로가 보시를 수행하고 역시 다른 사람을 교계(敎誡)하여 보시를 수행하게
하며, 스스로가 정계를 수행하고 역시 다른 사람을 교계하여 정계를
수행하게 하며, 스스로가 안인을 수행하고 역시 다른 사람을 교계하여
안인을 수행하게 하며, 스스로가 정진을 수행하고 역시 다른 사람을
교계하여 정진을 행하게 하며, 스스로가 정려를 수행하고 역시 다른
사람을 교계하여 정려를 수행하게 하며, 스스로가 반야를 수행하고 역시
다른 사람을 교계하여 반야를 수행하게 하느니라.

　이 보살마하살은 반야바라밀다의 방편선교에 의지하여 비록 유정들에
게 예류과를 증득하도록 교계하였더라도 스스로는 증득하지 않고, 비록
유정들에게 일래과를 증득하도록 교계하였더라도 스스로는 증득하지
않으며, 비록 유정들에게 불환과를 증득하도록 교계하였더라도 스스로는
증득하지 않고, 비록 유정들에게 아라한과를 증득하도록 교계하였더라도
스스로는 증득하지 않으며, 비록 유정들에게 독각의 보리를 증득하게
교계하였더라도 스스로는 증득하지 않느니라.

　이 보살마하살은 스스로가 보시바라밀다, 나아가 반야바라밀다를 수행
하고 역시 무량한 백천의 보살들에게 권유하여 보시바라밀다, 나아가
반야바라밀다를 수행하게 하며, 스스로가 보살의 불퇴전지에 안주하고
역시 무량한 백천의 보살들에게 권유하여 보살의 불퇴전지에 안주하게
하며, 스스로가 정근하고 정진하면서 불국토를 청정하게 장엄하고 역시
무량한 백천의 보살들에게 권유하여 정근하고 정진하면서 불국토를 청정
하게 장엄하게 하며, 스스로가 정근하고 정진하면서 유정을 성숙시키고
역시 무량한 백천의 보살들에게 권유하여 정근하고 정진하면서 유정을
성숙시키게 하며, 스스로가 보살의 신통을 일으키고 역시 무량한 백천의
보살들에게 권유하여 신통을 일으키게 하며, 스스로가 정근하면서 다라니
문을 청정하게 장엄하고 역시 무량한 백천의 보살들에게 권유하여 다라니
문을 청정하게 장엄하게 하느니라.

　스스로가 정근하면서 삼마지문을 청정하게 장엄하고 역시 무량한 백천
의 보살들에게 권유하여 삼마지문을 청정하게 장엄하게 하며, 스스로가

능히 원만한 변재를 증득하고 역시 무량한 백천의 보살들에게 권유하여 그들도 원만한 변재를 증득하게 하며, 스스로가 능히 원만한 색신(色身)을 섭수하고 역시 무량한 백천의 보살들에게 권유하여 원만한 색신을 섭수하게 하며, 스스로가 원만한 상호(相好)를 섭수하고 역시 무량한 백천의 보살들에게 권유하여 원만한 상호를 섭수하게 하며, 스스로가 원만한 동진(童眞)의 지위를 섭수하고 역시 무량한 백천의 보살들에게 권유하여 원만한 동진의 지위를 섭수하게 하느니라.

이 보살마하살들은 스스로가 4념주, 나아가 8성도지를 수행하고 역시 그들에게 권유하여 4념주, 나아가 8성도지를 수행하게 하며, 스스로가 내공, 나아가 무성자성공에 안주하고 역시 그들에게 권유하여 내공, 나아가 무성자성공에 안주하게 하며, 스스로가 여래의 10력, 나아가 18불불공법을 수행하고 역시 그들에게 권유하여 여래의 10력, 나아가 18불불공법을 수행하게 하며, 스스로가 일체지·도상지·일체상지를 수행하고 역시 그들에게 권유하여 일체지·도상지·일체상지를 수행하게 하며, 스스로가 일체의 번뇌와 습기의 상속을 단절하고 역시 그들에게 권유하여 일체의 번뇌와 습기의 상속을 단절하게 하며, 스스로가 무상정등보리를 증득하고서 미묘한 법륜을 굴리면서 일체의 유정들을 이익되고 안락하게 하고 역시 그들에게 권유하여 구하였던 것인 무상정등보리를 증득하고서 이러한 사업(事業)을 짓게 하느니라."

선현이 다시 세존께 아뢰어 말하였다.

"매우 기이하옵니다. 세존이시여. 매우 희유하옵니다. 선서시여. 이 보살마하살은 이와 같이 큰 공덕취(功德聚)를 성취하고서 일체의 유정들을 요익시키기 위하여 이와 같이 매우 깊은 반야바라밀다를 수행하였고, 구하였던 무상정등보리를 증득하고서 미묘한 법륜을 굴리면서 일체의 유정을 이익되고 안락하게 하고자 하였습니다. 세존이시여. 어떻게 보살마하살이 반야바라밀다를 수행해야 빠르게 원만함을 성취할 수 있습니까?"

세존께서 선현에게 알리셨다.

"만약 보살마하살이 반야바라밀다를 수행하는 때에 색(色)의 만약 증장이거나 만약 감소를 보지 않고 수(受)·상(想)·행(行)·식(識)의 만약 증장이거나 만약 감소를 보지 않으며, 안처(眼處)의 만약 증장이거나 만약 감소를 보지 않고 이(耳)·비(鼻)·설(舌)·신(身)·의처(意處)의 만약 증장이거나 만약 감소를 보지 않으며, 색처(色處)의 만약 증장이거나 만약 감소를 보지 않고 성(聲)·향(香)·미(味)·촉(觸)·법처(法處)의 만약 증장이거나 만약 감소를 보지 않으며, 안계(眼界)의 만약 증장이거나 만약 감소를 보지 않고 이(耳)·비(鼻)·설(舌)·신(身)·의계(意界)의 만약 증장이거나 만약 감소를 보지 않으며, 색계(色界)의 만약 증장이거나 만약 감소를 보지 않고 성(聲)·향(香)·미(味)·촉(觸)·법계(法界)의 만약 증장이거나 만약 감소를 보지 않으며,

안식계(眼識界)의 만약 증장이거나 만약 감소를 보지 않고 이(耳)·비(鼻)·설(舌)·신(身)·의식계(意識界)의 만약 증장이거나 만약 감소를 보지 않으며, 안촉(眼觸)의 만약 증장이거나 만약 감소를 보지 않고 이(耳)·비(鼻)·설(舌)·신(身)·의촉(意觸)의 만약 증장이거나 만약 감소를 보지 않으며, 안촉(眼觸)을 인연으로 생겨난 여러 수의 만약 증장이거나 만약 감소를 보지 않고 이(耳)·비(鼻)·설(舌)·신(身)·의촉(意觸)을 인연으로 생겨난 여러 수의 만약 증장이거나 만약 감소를 보지 않으며, 보시바라밀다(布施波羅蜜多)의 만약 증장이거나 만약 감소를 보지 않고 정계(淨戒)·안인(安忍)·정진(精進)·정려(靜慮)·반야바라밀다(般若波羅蜜多)의 만약 증장이거나 만약 감소를 보지 않으며,

내공(內空)의 만약 증장이거나 만약 감소를 보지 않고 외공(外空)·내외공(內外空)·공공(空空)·대공(大空)·승의공(勝義空)·유위공(有爲空)·무위공(無爲空)·필경공(畢竟空)·무제공(無際空)·산공(散空)·무변이공(無變異空)·본성공(本性空)·자상공(自相空)·공상공(共相空)·일체법공(一切法空)·불가득공(不可得空)·무성공(無性空)·자성공(自性空)·무성자성공(無性自性空)의 만약 증장이거나 만약 감소를 보지 않으며, 여래(佛)의 10력(十力)

의 만약 증장이거나 만약 감소를 보지 않고 4무소외(四無所畏)·4무애해(四無礙解)·대자(大慈)·대비(大悲)·대희(大喜)·대사(大捨)·18불불공법(十八佛不共法)의 만약 증장이거나 만약 감소를 보지 않으며, 일체(一切)의 다라니문(陀羅尼門)의 만약 증장이거나 만약 감소를 보지 않고 일체의 삼마지문(三摩地門)의 만약 증장이거나 만약 감소를 보지 않으며, 일체지(一切智)의 만약 증장이거나 만약 감소를 보지 않고 도상지(道相智)·일체상지(一切相智)의 만약 증장이거나 만약 감소를 보지 않는다면, 이 보살마하살은 반야바라밀다를 수행하여 빠르게 원만함을 얻게 되느니라.

다시 다음으로 선현이여. 만약 보살마하살이 반야바라밀다를 수행하는 때에 이것은 법이라고 보지 않고 비법(非法)이라고 보지 않으며, 이것이 과거라고 보지 않고 이것이 미래라고 보지 않으며 이것이 현재라고 보지 않고, 이것이 선(善)이라고 보지 않으며 이것이 선하지 않다고 보지 않고, 이것이 유기(有記)라고 보지 않으며 이것이 무기(無記)라고 보지 않고, 이것이 유위(有爲)라고 보지 않으며 이것이 무위(無爲)라고 보지 않고, 이것이 욕계라고 보지 않으며 이것이 색계라고 보지 않고 이것이 무색계라고 보지 않으며, 이것이 보시바라밀다라고 보지 않고, 나아가 이것이 반야바라밀다라고 보지 않으며, 이것이 내공이라고 보지 않고, 나아가 이것이 무성자성공이라고 보지 않으며, 이것이 4념주라고 보지 않고, 나아가 이것이 8성도지라고 보지 않으며, 이와 같이 나아가, 이것이 여래의 10력이라고 보지 않고, 나아가 이것이 18불불공법이라고 보지 않으며, 이것이 일체의 다라니문이라고 보지 않고 이것이 일체의 삼마지문이라고 보지 않으며, 이것이 일체지라고 보지 않고 이것이 도상지와 일체상지라고 보지 않는다면, 이 보살마하살은 반야바라밀다를 수행하여 빠르게 원만함을 얻게 되느니라.

왜 그러한가? 선현이여. 일체법으로써 성상(性相)이 없는 까닭이고, 작용이 없는 까닭이며, 전전(展轉)함이 없는 까닭이고, 허망하며 속이는 것이고 견실(堅實)하지 않으며 자재(自在)하지 않는 까닭이고, 각수(覺受)가 없는 까닭이며, 아(我)·유정(有情)·명자(命者)·생자(生者), [자세한 설명은 생략한다.] 나아가 지자(知者)·견자(見者)를 벗어난 까닭이니라."

그때 장로 선현이 다시 세존께 아뢰어 말하였다.
"세존이시여, 여래께서 설하신 것은 불가사의(不可思議)합니다."
세존께서 선현에게 알리셨다.
"그와 같으니라. 그와 같으니라. 그대가 말한 것과 같으니라. 여래께서 설하신 것은 불가사의하니라. 선현이여, 색이 불가사의한 까닭으로 여래께서 설하신 것도 불가사의하고, 수·상·행·식이 불가사의한 까닭으로 여래께서 설하신 것도 불가사의하며, 안처가 불가사의한 까닭으로 여래께서 설하신 것도 불가사의하고, 이·비·설·신·의처가 불가사의한 까닭으로 여래께서 설하신 것도 불가사의하며, 색처가 불가사의한 까닭으로 여래께서 설하신 것도 불가사의하고, 성·향·미·촉·법처가 불가사의한 까닭으로 여래께서 설하신 것도 불가사의하며, 안계가 불가사의한 까닭으로 여래께서 설하신 것도 불가사의하고, 이·비·설·신·의계가 불가사의한 까닭으로 여래께서 설하신 것도 불가사의하며, 색계가 불가사의한 까닭으로 여래께서 설하신 것도 불가사의하고, 성·향·미·촉·법계가 불가사의한 까닭으로 여래께서 설하신 것도 불가사의하며,
안식계가 불가사의한 까닭으로 여래께서 설하신 것도 불가사의하고, 이·비·설·신·의식계가 불가사의한 까닭으로 여래께서 설하신 것도 불가사의하며, 안촉이 불가사의한 까닭으로 여래께서 설하신 것도 불가사의하고, 이·비·설·신·의촉이 불가사의한 까닭으로 여래께서 설하신 것도 불가사의하며, 안촉을 인연으로 생겨난 여러 수가 불가사의한 까닭으로 여래께서 설하신 것도 불가사의하고, 이·비·설·신·의촉을 인연으로 생겨난 여러 수가 불가사의한 까닭으로 여래께서 설하신 것도 불가사의하며, 보시바라밀다가 불가사의한 까닭으로 여래께서 설하신 것도 불가사의하고, 나아가 반야바라밀다가 불가사의한 까닭으로 여래께서 설하신 것도 불가사의하며, 내공이 불가사의한 까닭으로 여래께서 설하신 것도 불가사의하고, 나아가 무성자성공이 불가사의한 까닭으로 여래께서 설하신

것도 불가사의하며,

　4념주가 불가사의한 까닭으로 여래께서 설하신 것도 불가사의하고, 나아가 8성도지가 불가사의한 까닭으로 여래께서 설하신 것도 불가사의하며, 이와 같이 나아가 여래의 10력이 불가사의한 까닭으로 여래께서 설하신 것도 불가사의하고, 나아가 18불불공법이 불가사의한 까닭으로 여래께서 설하신 것도 불가사의하며, 일체의 다라니문이 불가사의한 까닭으로 여래께서 설하신 것도 불가사의하고, 일체의 삼마지문이 불가사의한 까닭으로 여래께서 설하신 것도 불가사의하며, 일체지지가 불가사의한 까닭으로 여래께서 설하신 것도 불가사의하고, 도상지·일체상지가 불가사의한 까닭으로 여래께서 설하신 것도 불가사의하다고 알았다면, 이 보살마하살은 반야바라밀다를 수행하여 빠르게 원만함을 얻게 되느니라.

　다시 다음으로 선현이여. 만약 이 보살마하살이 반야바라밀다를 수행하는 때에 색에서 만약 불가사의하거나, 만약 불가사의가 아니라는 생각을 일으키지 않고, 수·상·행·식에서 만약 불가사의하거나, 만약 불가사의가 아니라는 생각을 일으키지 않으며, 안처에서 만약 불가사의하거나, 만약 불가사의가 아니라는 생각을 일으키지 않고, 이·비·설·신·의처에서 만약 불가사의하거나, 만약 불가사의가 아니라는 생각을 일으키지 않으며, 색처에서 만약 불가사의하거나, 만약 불가사의가 아니라는 생각을 일으키지 않고, 성·향·미·촉·법처에서 만약 불가사의하거나, 만약 불가사의가 아니라는 생각을 일으키지 않으며, 안계에서 만약 불가사의하거나, 만약 불가사의가 아니라는 생각을 일으키지 않고, 이·비·설·신·의계에서 만약 불가사의하거나, 만약 불가사의가 아니라는 생각을 일으키지 않으며, 색계에서 만약 불가사의하거나, 만약 불가사의가 아니라는 생각을 일으키지 않고, 성·향·미·촉·법계에서 만약 불가사의하거나, 만약 불가사의가 아니라는 생각을 일으키지 않으며,

　안식계에서 만약 불가사의하거나, 만약 불가사의가 아니라는 생각을 일으키지 않고, 이·비·설·신·의식계에서 만약 불가사의하거나, 만약 불가사의가 아니라는 생각을 일으키지 않으며, 안촉에서 만약 불가사의하거

나, 만약 불가사의가 아니라는 생각을 일으키지 않고, 이·비·설·신·의촉에서 만약 불가사의하거나, 만약 불가사의가 아니라는 생각을 일으키지 않으며, 안촉을 인연으로 생겨난 여러 수에서 만약 불가사의하거나, 만약 불가사의가 아니라는 생각을 일으키지 않고, 이·비·설·신·의촉을 인연으로 생겨난 여러 수에서 만약 불가사의하거나, 만약 불가사의가 아니라는 생각을 일으키지 않으며, 보시바라밀다에서 만약 불가사의하거나, 만약 불가사의가 아니라는 생각을 일으키지 않고, 나아가 반야바라밀다에서 만약 불가사의하거나, 만약 불가사의가 아니라는 생각을 일으키지 않으며, 내공에서 만약 불가사의하거나, 만약 불가사의가 아니라는 생각을 일으키지 않고, 나아가 무성자성공에서 만약 불가사의하거나, 만약 불가사의가 아니라는 생각을 일으키지 않으며,

　4념주에서 만약 불가사의하거나, 만약 불가사의가 아니라는 생각을 일으키지 않고, 나아가 8성도지에서 만약 불가사의하거나, 만약 불가사의가 아니라는 생각을 일으키지 않으며, 이와 같이 나아가 여래의 10력에서 만약 불가사의하거나, 만약 불가사의가 아니라는 생각을 일으키지 않고, 나아가 18불불공법에서 만약 불가사의하거나, 만약 불가사의가 아니라는 생각을 일으키지 않으며, 일체의 다라니문에서 만약 불가사의하거나, 만약 불가사의가 아니라는 생각을 일으키지 않고, 일체의 삼마지문에서 만약 불가사의하거나, 만약 불가사의가 아니라는 생각을 일으키지 않으며, 일체지에서 만약 불가사의하거나, 만약 불가사의가 아니라는 생각을 일으키지 않고, 도상지·일체상지에서 만약 불가사의하거나, 만약 불가사의가 아니라는 생각을 일으키지 않는다면, 이 보살마하살은 반야바라밀다를 수행하여 빠르게 원만함을 얻게 되느니라.”

마하반야바라밀다경 제439권

43. 동북방품(東北方品)(2)

그때 장로 선현(善現)이 세존께 아뢰어 말하였다.

"세존이시여. 이 반야바라밀다는 의취(義趣)가 매우 깊으니, 누가 능히 신해(信解)하겠습니까?"

세존께서 선현에게 알리셨다.

"만약 보살마하살이 이미 오랫동안 보시·정계·안인·정진·정려·반야바라밀다를 수행하였고, 오랫동안 선근을 심었으며 세존께 많이 공양하였고 많은 선한 벗을 섬겼다면, 이 보살마하살은 능히 이 매우 깊은 반야바라밀다를 신해하느니라."

장로 선현이 다시 아뢰어 말하였다.

"세존이시여. 어느 한계(齊)라면 이 보살마하살이 이미 오랫동안 보시·정계·안인·정진·정려·반야바라밀다를 수행하였고, 오랫동안 선근을 심었으며 세존께 많이 공양하였으며, 많은 선한 벗을 섬겼다고 상응하여 알 수 있습니까?"

세존께서 선현에게 말씀하셨다.

"만약 보살마하살이 반야바라밀다를 수행하는 때에 색에서 분별을 일으키지 않는다면 다른 분별이 없으며, 수·상·행·식에서 분별을 일으키지 않는다면 다른 분별이 없으며, 색의 상(相)에서 분별을 일으키지 않는다면 다른 분별이 없으며, 수·상·행·식의 상에서 분별을 일으키지 않는다면 다른 분별이 없으며, 색의 자성(自性)에서 분별을 일으키지 않는다면 다른 분별이 없으며, 수·상·행·식의 자성에서 분별을 일으키지 않는다면 다른 분별이 없느니라.
  안처에서 분별을 일으키지 않는다면 다른 분별이 없으며, 이·비·설·신·의처에서 분별을 일으키지 않는다면 다른 분별이 없으며, 안처의 상에서 분별을 일으키지 않는다면 다른 분별이 없으며, 이·비·설·신·의처의 상에서 분별을 일으키지 않는다면 다른 분별이 없으며, 안처의 자성에서 분별을 일으키지 않는다면 다른 분별이 없으며, 이·비·설·신·의처의 자성에서 분별을 일으키지 않는다면 다른 분별이 없느니라.
  색처에서 분별을 일으키지 않는다면 다른 분별이 없으며, 성·향·미·촉·법처에서 분별을 일으키지 않는다면 다른 분별이 없으며, 색처의 상에서 분별을 일으키지 않는다면 다른 분별이 없으며, 성·향·미·촉·법처의 상에서 분별을 일으키지 않는다면 다른 분별이 없으며, 색처의 자성에서 분별을 일으키지 않는다면 다른 분별이 없으며, 성·향·미·촉·법처의 자성에서 분별을 일으키지 않는다면 다른 분별이 없느니라.
  안계에서 분별을 일으키지 않는다면 다른 분별이 없으며, 이·비·설·신·의계에서 분별을 일으키지 않는다면 다른 분별이 없으며, 안계의 상에서 분별을 일으키지 않는다면 다른 분별이 없으며, 이·비·설·신·의계의 상에서 분별을 일으키지 않는다면 다른 분별이 없으며, 안계의 자성에서 분별을 일으키지 않는다면 다른 분별이 없으며, 이·비·설·신·의계의 자성에서 분별을 일으키지 않는다면 다른 분별이 없느니라.
  색계에서 분별을 일으키지 않는다면 다른 분별이 없으며, 성·향·미·촉·법계에서 분별을 일으키지 않는다면 다른 분별이 없으며, 색계의 상에서 분별을 일으키지 않는다면 다른 분별이 없으며, 성·향·미·촉·법계의 상에서 분별을 일으키지 않는다면 다른 분별이 없으며, 색계의 자성에서 분별을 일으키지 않는다면 다른 분별이 없으며, 성·향·미·촉·법계의 자성에서 분별을 일으키지 않는다면 다른 분별이 없느니라.
  안식계에서 분별을 일으키지 않는다면 다른 분별이 없으며, 이·비·설·신·의식계에서 분별을 일으키지 않는다면 다른 분별이 없으며, 안식계의 상에서 분별을 일으키지 않는다면 다른 분별이 없으며, 이·비·설·신·의식계의 상에서 분별을 일으키지 않는다면 다른 분별이 없으며, 안식계의 자성에서 분별을 일으키지 않는다면 다른 분별이 없으며, 이·비·설·신·의식계의 자성에서 분별을 일으키지 않는다면 다른 분별이 없느니라.

안촉에서 분별을 일으키지 않는다면 다른 분별이 없으며, 이·비·설·신·의촉에서 분별을 일으키지 않는다면 다른 분별이 없으며, 안촉의 상에서 분별을 일으키지 않는다면 다른 분별이 없으며, 이·비·설·신·의촉의 상에서 분별을 일으키지 않는다면 다른 분별이 없으며, 안촉의 자성에서 분별을 일으키지 않는다면 다른 분별이 없으며, 이·비·설·신·의촉의 자성에서 분별을 일으키지 않는다면 다른 분별이 없느니라.

안촉을 인연으로 생겨난 여러 수에서 분별을 일으키지 않는다면 다른 분별이 없으며, 이·비·설·신·의촉을 인연으로 생겨난 여러 수에서 분별을 일으키지 않는다면 다른 분별이 없으며, 안촉을 인연으로 생겨난 여러 수의 상에서 분별을 일으키지 않는다면 다른 분별이 없으며, 이·비·설·신·의촉을 인연으로 생겨난 여러 수의 상에서 분별을 일으키지 않는다면 다른 분별이 없으며, 안촉을 인연으로 생겨난 여러 수의 자성에서 분별을 일으키지 않는다면 다른 분별이 없으며, 이·비·설·신·의촉을 인연으로 생겨난 여러 수의 자성에서 분별을 일으키지 않는다면 다른 분별이 없느니라.

욕계에서 분별을 일으키지 않는다면 다른 분별이 없으며, 색계·무색계에서 분별을 일으키지 않는다면 다른 분별이 없으며, 욕계의 상에서 분별을 일으키지 않는다면 다른 분별이 없으며, 색계·무색계의 상에서 분별을 일으키지 않는다면 다른 분별이 없으며, 욕계의 자성에서 분별을 일으키지 않는다면 다른 분별이 없으며, 색계·무색계의 자성에서 분별을 일으키지 않는다면 다른 분별이 없느니라.

보시바라밀다에서 분별을 일으키지 않는다면 다른 분별이 없으며, 나아가 반야바라밀다에서 분별을 일으키지 않는다면 다른 분별이 없으며, 보시바라밀다의 상에서 분별을 일으키지 않는다면 다른 분별이 없으며, 나아가 반야바라밀다의 상에서 분별을 일으키지 않는다면 다른 분별이 없으며, 보시바라밀다의 자성에서 분별을 일으키지 않는다면 다른 분별이 없으며, 나아가 반야바라밀다의 자성에서 분별을 일으키지 않는다면 다른 분별이 없느니라.

내공에서 분별을 일으키지 않는다면 다른 분별이 없으며, 나아가 무성자성공에서 분별을 일으키지 않는다면 다른 분별이 없으며, 내공의 상에서 분별을 일으키지 않는다면 다른 분별이 없으며, 나아가 무성자성공의 상에서 분별을 일으키지 않는다면 다른 분별이 없으며, 내공의 자성에서 분별을 일으키지 않는다면 다른 분별이 없으며, 나아가 무성자성공의 자성에서 분별을 일으키지 않는다면 다른 분별이 없느니라.

4념주에서 분별을 일으키지 않는다면 다른 분별이 없으며, 나아가 8성도지에서 분별을 일으키지 않는다면 다른 분별이 없으며, 4념주의 상에서 분별을 일으키지 않는다면 다른 분별이 없으며, 나아가 8성도지의 상에서 분별을 일으키지 않는다면 다른 분별이 없으며, 4념주의 자성에서 분별을 일으키지 않는다면 다른 분별이 없으며, 나아가 8성도지의 자성에서 분별을 일으키지 않는다면 다른 분별이 없느니라.

이와 같이 나아가 여래의 10력에서 분별을 일으키지 않는다면 다른 분별이 없으며, 나아가 18불불공법에서 분별을 일으키지 않는다면 다른 분별이 없으며, 여래의 10력의 상에서 분별을 일으키지 않는다면 다른 분별이 없으며, 나아가 18불불공법의 상에서 분별을 일으키지 않는다면 다른 분별이 없으며, 여래의 10력의 자성에서 분별을 일으키지 않는다면 다른 분별이 없으며, 나아가 18불불공법의 자성에서 분별을 일으키지 않는다면 다른 분별이 없느니라.

일체지에서 분별을 일으키지 않는다면 다른 분별이 없으며, 도상지·일체상지에서 분별을 일으키지 않는다면 다른 분별이 없으며, 일체지의 상에서 분별을 일으키지 않는다면 다른 분별이 없으며, 도상지·일체상지의 상에서 분별을 일으키지 않는다면 다른 분별이 없으며, 일체지의 자성에서 분별을 일으키지 않는다면 다른 분별이 없으며, 도상지·일체상지의 자성에서 분별을 일으키지 않는다면 다른 분별이 없느니라.

왜 그러한가? 선현이여. 색으로써 불가사의하고, 수·상·행·식으로써 불가사의하며, 이와 같이 나아가 일체지로써 불가사의하고, 도상지·일체상지로써 불가사의한 까닭이니라. 선현이여. 이러한 한계라면 이 보살마하살이 이미 오랫동안 보시·정계·안인·정진·정려·반야바라밀다를 수행하였고, 오랫동안 선근을 심었으며 세존께 많이 공양하였으며, 많은 선한 벗을 섬겼다고 상응하여 알 수 있느니라."

그때 장로 선현이 다시 세존께 아뢰어 말하였다.
"세존이시여. 이 반야바라밀다는 지극히 매우 깊습니다."
세존께서 말씀하셨다.
"그와 같으니라. 선현이여. 색이 매우 깊은 까닭으로 반야바라밀다도 지극히 매우 깊게 되고, 수·상·행·식이 매우 깊은 까닭으로 반야바라밀다도 지극히 깊게 되며, 안처가 매우 깊은 까닭으로 반야바라밀다도 지극히 깊게 되고, 이·비·설·신·의처가 매우 깊은 까닭으로 반야바라밀다도 지극히 깊게 되며, 색처가 매우 깊은 까닭으로 반야바라밀다도 지극히 깊게 되고, 성·향·미·촉·법처가 매우 깊은 까닭으로 반야바라밀다도 지극히 깊게 되며, 안계가 매우 깊은 까닭으로 반야바라밀다도 지극히 깊게 되고, 이·비·설·신·의계가 매우 깊은 까닭으로 반야바라밀다도 지극히 깊게 되며, 색계가 매우 깊은 까닭으로 반야바라밀다도 지극히 깊게 되고, 성·향·미·촉·법계가 매우 깊은 까닭으로 반야바라밀다도 지극히 깊게 되며,

안식계가 매우 깊은 까닭으로 반야바라밀다도 지극히 깊게 되고, 이·비·설·신·의식계가 매우 깊은 까닭으로 반야바라밀다도 지극히 깊게 되며, 안촉이 매우 깊은 까닭으로 반야바라밀다도 지극히 깊게 되고, 이·비·설·신·의촉이 매우 깊은 까닭으로 반야바라밀다도 지극히 깊게 되며, 안촉을 인연으로 생겨난 여러 수가 매우 깊은 까닭으로 반야바라밀다도 지극히 깊게 되고, 이·비·설·신·의촉을 인연으로 생겨난 여러 수가 매우 깊은 까닭으로 반야바라밀다도 지극히 깊게 되며, 보시바라밀다가 매우 깊은

까닭으로 반야바라밀다도 지극히 깊게 되고, 나아가 반야바라밀다가 매우 깊은 까닭으로 반야바라밀다도 지극히 깊게 되며, 내공이 매우 깊은 까닭으로 반야바라밀다도 지극히 깊게 되고, 나아가 무성자성공이 매우 깊은 까닭으로 반야바라밀다도 지극히 깊게 되며,

4념주가 매우 깊은 까닭으로 반야바라밀다도 지극히 깊게 되고, 나아가 8성도지가 매우 깊은 까닭으로 반야바라밀다도 지극히 깊게 되며, 이와 같이 나아가 여래의 10력이 매우 깊은 까닭으로 반야바라밀다도 지극히 깊게 되고, 나아가 18불불공법이 매우 깊은 까닭으로 반야바라밀다도 지극히 깊게 되며, 일체지가 매우 깊은 까닭으로 반야바라밀다도 지극히 깊게 되고, 도상지·일체상지가 매우 깊은 까닭으로 반야바라밀다도 지극히 깊게 되느니라."

그때 존자 선현이 다시 세존께 아뢰어 말하였다.
"세존이시여. 이 반야바라밀다는 큰 보취(寶聚)입니다."
세존께서 말씀하셨다.
"그와 같으니라. 능히 유정들에게 공덕의 보배를 주는 까닭이니라. 선현이여. 이 반야바라밀다의 큰 보취는 능히 유정들에게 10선업도(十善業道)·4정려(四靜慮)·4무량(四無量)·4무색정(四無色定)·5신통(五神通)의 크고 진기(珍奇)한 보배를 주는 까닭이고, 능히 유정들에게 보시·정계·안인·정진·정려·반야바라밀다의 크고 진기한 보배를 주는 까닭이며, 능히 유정들에게 외공(外空)·내외공(內外空)·공공(空空)·대공(大空)·승의공(勝義空)·유위공(有爲空)·무위공(無爲空)·필경공(畢竟空)·무제공(無際空)·산공(散空)·무변이공(無變異空)·본성공(本性空)·자상공(自相空)·공상공(共相空)·일체법공(一切法空)·불가득공(不可得空)·무성공(無性空)·자성공(自性空)·무성자성공(無性自性空)의 크고 진기한 보배를 주는 까닭이고,

능히 유정들에게 4념주(四念住)·4정단(四正斷)·4신족(四神足)·5근(五根)·5력(五力)·7등각지(七等覺支)·8성도지(八聖道支)의 크고 진기한 보배를 주는 까닭이며, 능히 유정들에게 공(空)·무상(無相)·무원해탈문(無願解

脫門)의 크고 진기한 보배를 주는 까닭이고, 능히 유정들에게 8해탈(八解脫)·8승처(八勝處)·9차제정(九次第定)·10변처(十遍處)의 크고 진기한 보배를 주는 까닭이며, 능히 유전들에게 진여(眞如)·법계(法界)·법성(法性)·실제(實際)·부사의계(不思議界)의 크고 진기한 보배를 주는 까닭이고, 능히 유정들에게 고(苦)·집(集)·멸(滅)·도성제(道聖諦)의 크고 진기한 보배를 주는 까닭이며,

능히 유정들에게 보살(菩薩)의 10지(十地)·다라니문(陀羅尼門)·삼마지문(三摩地門)의 크고 진기한 보배를 주는 까닭이고, 능히 유정들에게 5안(五眼)·6신통(六神通)의 크고 진기한 보배를 주는 까닭이며, 능히 유정들에게 여래(佛)의 10력(十力)·4무소외(四無所畏)·4무애해(四無礙解)·대자(大慈)·대비(大悲)·대희(大喜)·대사(大捨)·18불불공법(十八佛不共法)의 크고 진기한 보배를 주는 까닭이고, 능히 유정들에게 무망실법(無忘失法)·항주사성(恒住捨性)의 크고 진기한 보배를 주는 까닭이며, 능히 유정들에게 일체지(一切智)·도상지(道相智)·일체상지(一切相智)의 크고 진기한 보배를 주는 까닭이고, 능히 유정들에게 예류(預流)·일래(一來)·불환(不還)·아라한과(阿羅漢果)와 독각(獨覺)의 보리(菩提)인 크고 진기한 보배를 주는 까닭이며, 능히 유정들에게 일체의 보살마하살(菩薩摩訶薩)의 행(行)과 제불(諸佛)의 무상정등보리(無上正等菩提)로 바른 법륜을 굴리는 크고 진기한 보배를 주는 까닭이니라."

장로 선현이 다시 세존께 아뢰어 말하였다.

"세존이시여. 이와 같은 반야바라밀다는 이것이 청정취(淸淨聚)입니다."

세존께서 말씀하셨다.

"그와 같으니라. 선현이여. 색이 청정한 까닭으로 반야바라밀다가 청정취이고, 수·상·행·식이 청정한 까닭으로 반야바라밀다가 청정취이며, 안처가 청정한 까닭으로 반야바라밀다가 청정취이고, 이·비·설·신·의처가 청정한 까닭으로 반야바라밀다가 청정취이며, 색처가 청정한 까닭으로 반야바라밀다가 청정취이고, 성·향·미·촉·법처가 청정한 까닭으로 반야바라밀다가 청정취이며, 안계가 청정한 까닭으로 반야바라밀다가

청정취이고, 이·비·설·신·의계가 청정한 까닭으로 반야바라밀다가 청정취이며, 색계가 청정한 까닭으로 반야바라밀다가 청정취이고, 성·향·미·촉·법계가 청정한 까닭으로 반야바라밀다가 청정취이며,

안식계가 청정한 까닭으로 반야바라밀다가 청정취이고, 이·비·설·신·의식계가 청정한 까닭으로 반야바라밀다가 청정취이며, 안촉이 청정한 까닭으로 반야바라밀다가 청정취이고, 이·비·설·신·의촉이 청정한 까닭으로 반야바라밀다가 청정취이며, 안촉을 인연으로 생겨난 여러 수가 청정한 까닭으로 반야바라밀다가 청정취이고, 이·비·설·신·의촉을 인연으로 생겨난 여러 수가 청정한 까닭으로 반야바라밀다가 청정취이며, 보시바라밀다가 청정한 까닭으로 반야바라밀다가 청정취이고, 정계·안인·정진·정려·반야바라밀다가 청정한 까닭으로 반야바라밀다가 청정취이며, 내공이 청정한 까닭으로 반야바라밀다가 청정취이고, 나아가 무성자성공이 청정한 까닭으로 반야바라밀다가 청정취이며,

4념주가 청정한 까닭으로 반야바라밀다가 청정취이고, 나아가 8성도지가 청정한 까닭으로 반야바라밀다가 청정취이며, 이와 같이 나아가 여래의 10력이 청정한 까닭으로 반야바라밀다가 청정취이고, 나아가 18불불공법이 청정한 까닭으로 반야바라밀다가 청정취이며, 일체지가 청정한 까닭으로 반야바라밀다가 청정취이고, 도상지·일체상지가 청정한 까닭으로 반야바라밀다가 청정취이니라."

그때 선현이 다시 세존께 아뢰어 말하였다.

"매우 기이합니다. 세존이시여. 희유합니다. 선서시여. 이와 같은 반야바라밀다는 지극히 깊은 것으로써 여러 액난(留難)이 많으나, 지금 널리 설한다면 액난이 생겨나지 않습니다."

세존께서 말씀하셨다.

"선현이여. 그와 같으니라. 그와 같으니라. 그대가 말한 것과 같으니라. 매우 깊은 반야바라밀다는 여러 액난이 많으나, 여래의 신력(神力)을 까닭으로 지금 비록 널리 설하더라도 액난이 생겨나지 않느니라. 이러한 까닭으로 대승의 여러 선남자와 선여인 등이 법을 애락(愛樂)하는 까닭이

라면, 이 반야바라밀다에서 매우 깊은 경전을 만약 서사(書寫)하였다면 빠르게 상응하여 서사해야 하고, 만약 독송(讀誦)하였다면 빠르게 상응하여 독송해야 하며, 만약 수지(受持)하였다면 빠르게 상응하여 수지해야 하고, 만약 수습(修習)하였다면 빠르게 상응하여 수습해야 하며, 만약 사유(思惟)하였다면 빠르게 상응하여 사유해야 하고, 만약 널리 설(宣說)하였다면 빠르게 상응하여 널리 설해야 하느니라.

왜 그러한가? 선현이여. 매우 깊은 반야바라밀다는 여러 액난이 많더라도, 서사하고 독송하며 수지하고 수습하며 사유하고 다른 사람을 위하여 설하는 자는 액난의 일이 일어나서 끝마치지 못하는 것을 없애려는 까닭이니라. 선현이여. 이 선남자와 선여인 등이 만약 1개월이거나, 혹은 2개월이거나, 혹은 3개월·4개월·5개월·6개월·7개월이거나 나아가 1년에 이와 같은 매우 깊은 반야바라밀다를 서사하는 자가 능히 끝마치고자 한다면, 상응하여 정근하면서 생각을 잡아매고 서사한다면 그 허락된 시간이 지나면 끝마칠 것이니라.

선현이여. 이 선남자와 선여인 등이 만약 1개월이거나, 혹은 2개월이거나, 혹은 3개월·4개월·5개월·6개월·7개월이거나 나아가 1년에 이와 같은 매우 깊은 반야바라밀다를 수지하고 독송하며 수습하고 사유하며 다른 사람을 위하여 설하려는 자가 능히 끝마치고자 한다면, 상응하여 정근하면서 생각을 잡아매고 서사한다면 그 허락된 시간이 지난다면 끝마칠 것이니라. 왜 그러한가? 선현이여. 매우 깊은 반야바라밀다의 값비싼 진귀한 보배에는 여러 액난이 많은 까닭이니라."

장로 선현이 다시 세존께 아뢰어 말하였다.
"매우 기이합니다. 세존이시여. 희유합니다. 선서시여. 매우 깊은 반야바라밀다의 값진 보배에는 여러 액난이 많더라도, 서사하고 수지하며 독송하고 수습하며 사유하고 다른 사람을 위하여 설하려는 자에게는 악마들이 그들에게 장애를 지어서 서사하지 못하게 하거나, 나아가 연설(演說)하지 못하게 하지 못합니다."

세존께서 말씀하셨다.

"선현이여. 악마들이 비록 이러한 매우 깊은 반야바라밀다에 비록 장애하면서 서사하고 수지하며 독송하고 수습하며 사유하고 다른 사람을 위하여 연설하지 못하게 하고자 하더라도, 그들은 힘이 없어서 이 보살마하살에게 능히 액난을 지어서 서사하고 독송하는 일을 끝마치지 못하게 할 수 없느니라."

그때 사리자가 세존께 아뢰어 말하였다.

"세존이시여. 이것은 누구의 신통력이고 그 악마들이 제보살마하살에게 이와 같은 반야바라밀다의 매우 깊은 경전을 서사하고 수지하며 독송하고 수습하며 사유하고 다른 사람을 위하여 널리 설하는 것을 능히 장애(留難)하지 못합니까?"

세존께서 말씀하셨다.

"사리자여. 이것은 여래의 신력이고, 그 악마들이 제보살마하살들에게 이와 같은 반야바라밀다의 매우 깊은 경전을 서사하고 수지하며 독송하고 수습하며 사유하고 다른 사람을 위하여 널리 설하는 것을 능히 장애하지 못하게 하느니라. 또한 사리자여. 이것은 시방의 일체세계의 제불의 신력이고 그 악마들이 제보살마하살들에게 이와 같은 반야바라밀다의 매우 깊은 경전을 서사하고 수지하며 독송하고 수습하며 사유하고 다른 사람을 위하여 널리 설하는 것을 능히 장애하지 못하게 하느니라.

또한 사리자여. 일체의 여래·응공·정등각께서 모두가 함께 반야바라밀다를 행하는 제보살들을 호념(護念)하시는 까닭으로 그 악마들이 제보살마하살들에게 이와 같은 반야바라밀다의 매우 깊은 경전을 서사하고 수지하며 독송하고 수습하며 사유하고 다른 사람을 위하여 널리 설하는 것을 능히 장애하지 못하게 하느니라.

왜 그러한가? 사리자여. 일체의 여래·응공·정등각께서 모두가 함께 반야바라밀다를 수행하는 보살들이 지었던 것인 선업을 보호하여 그 악마들이 장애하지 못하게 하느니라. 사리자여. 만약 보살마하살이 능히 반야바라밀다의 매우 깊은 경전을 서사하고 수지하며 독송하고 수습하며 사유하고 다른 사람을 위하여 널리 설한다면, 법이 그러한 것과 같이 시방세계의 무량하고 무수이며 무변한 여래·응공·정등각께서 안은(安隱)하게 주지(住持)하면서 설법하는 자를 신력으로 호념하시나니, 만약 제불께서 호념하시는 자라면, 법이 그러한 것과 같이 악마들이 장애하지 못하게 하시느니라.

사리자여. 만약 보살마하살이 능히 반야바라밀다의 매우 깊은 경전을 서사하고 수지하며 독송하고 수습하며 사유하고 다른 사람을 위하여 널리 설한다면, 법이 그러한 것과 같이 시방세계의 무량하고 무수이며 무변한 여래·응공·정등각께서 안은(安隱)하게 주지(住持)하면서 현재 설법하는 자를 신력으로 호념하시면서, '내가 지었던 것인 이와 같은 선업은 악마들의 장애가 없게 한다.'라고 설하시느니라."

그때 사리자가 다시 세존께 아뢰어 말하였다.
"만약 여러 선남자와 선여인 등이 능히 반야바라밀다의 매우 깊은 경전에서 서사하고 수지하며 독송하고 수습하며 사유하고 다른 사람을 위하여 널리 설한다면, 일체의 모두가 시방의 일체 제불·세존께서 신력으로 호념하나니, 그들이 지었던 수승한 선업을 일체의 악마가 능히 장애하지 못할 것입니다."

그때 세존께서 사리자에게 말하셨다.
"그와 같으니라. 그와 같으니라. 그대가 말한 것과 같으니라. 만약 여러 선남자와 선여인 등이 능히 반야바라밀다의 매우 깊은 경전에서 서사하고 수지하며 독송하고 수습하며 사유하고 다른 사람을 위하여 널리 설한다면, 모두가 일체의 여래·응공·정등각께서 신력으로 호념하신다고 마땅히 알아야 하느니라."

사리자가 다시 세존께 아뢰어 말하였다.
"만약 여러 선남자와 선여인 등이 능히 반야바라밀다의 매우 깊은 경전에서 서사하고 수지하며 독송하고 수습하며 사유하고 연설한다면,

시방세계의 무량하고 무수이며 무변한 여래·응공·정등각께서 안은하게 주지하면서 현재 설법하는 자들을 모두가 함께 '이 선남자와 선여인 등은 매우 깊은 반야바라밀다를 서사하고 수지하며 독송하고 수습하며 사유하고 연설하는구나.'라고 증명하여 아시나니, 오히려 이러한 인연으로 환희하시면서 호념하십니다.

세존이시여. 만약 여러 선남자와 선여인 등이 능히 반야바라밀다의 매우 깊은 경전에서 서사하고 수지하며 독송하고 수습하며 사유하고 연설한다면, 이 선남자와 선여인 등은 항상 시방의 무량하고 무수이며 무변한 여래·응공·정등각께서 안은하게 주지하면서 현재 설법하는 자들을 불안(佛眼)으로써 관찰하며 보실 것이니, 오히려 이러한 인연으로 자비하게 호념하시고 지었던 것인 선한 일을 모두 성취하지 못하는 것이 없게 하십니다."

그때 세존께서 사리자에게 말씀하셨다.

"그와 같으니라. 그와 같으니라. 그대가 말한 것과 같으니라. 만약 여러 선남자와 선여인 등이 능히 반야바라밀다의 매우 깊은 경전에서 서사하고 수지하며 독송하고 수습하며 사유하고 다른 사람을 위하여 널리 연설한다면, 항상 시방의 무량하고 무수이며 무변한 여래·응공·정등각께서 안은하게 주지하면서 현재 설법하는 자들을 불안으로써 관찰하며 보시고 아시면서 호념하나니, 여러 악마가 능히 요란시키지 못하고 번뇌시키지 못하게 하시므로 지었던 선업이 빠르게 성취되느니라.

사리자여. 보살승에 안주하는 여러 선남자와 선여인 등이 능히 반야바라밀다의 매우 깊은 경전에서 서사하고 수지하며 독송하고 수습하며 사유하고 다른 사람을 위하여 널리 연설한다면, 마땅히 이 부류들은 이미 무상정등보리에 가까워졌으므로 여러 악마의 군대가 능히 장애하지 못한다고 마땅히 알아야 하느니라.

또한 사리자여. 보살승에 안주하는 여러 선남자와 선여인 등이 만약 능히 이와 같은 반야바라밀다의 깊은 경전을 서사하여 여러 종류로 장엄하고서 수지하고 독송한다면 이 부류들은 이 반야바라밀다에서 깊은 신해가 생겨났고, 능히 여러 종류의 상묘한 화만(花鬘)·바르는 향·뿌리는 등의 향·의복·영락·보배의 당기·번기·일산·기악(伎樂)·등불(明燈)로써 이와 같은 매우 깊은 반야바라밀다의 경전에 공양하고 공경하며 존중하고 찬탄한다면, 이 선남자와 선여인 등은 항상 여래·응공·정등각께서 불안으로써 관찰하면서 보고 증명하여 아시고서 호념하시나니, 오히려 이러한 인연으로 결정적으로 마땅하게 큰 재물을 획득하고 크게 수승한 이익을 획득하며 큰 과보를 획득하고 큰 이숙(異熟)을 획득하느니라.

또한 사리자여. 이 선남자와 선여인 등이 능히 깊은 반야바라밀다를 서사하고 수지하며 독송하고 공양하며 공경하고 존중하며 찬탄한 선근의 힘으로써 불퇴전지에 이르기까지 그 중간에서 항상 여래를 벗어나지 않고, 항상 정법을 듣는다면 악취에 떨어지지 않느니라.

사리자여. 이 선남자와 선여인 등이 오히려 이러한 이 선근으로 무상정등보리에 이르기까지 항상 보시·정계·안인·정진·정려·반야바라밀다를 멀리 벗어나지 않고, 항상 내공, 나아가 무성자성공을 멀리 벗어나지 않으며, 항상 4념주, 나아가 8성도지를 멀리 벗어나지 않고, 이와 같이 나아가, 항상 여래의 10력, 나아가 18불불공법을 멀리 벗어나지 않으며, 항상 일체지·도상지·일체상지를 멀리 벗어나지 않고, 항상 여러 나머지의 무량하고 무변한 불법을 멀리 벗어나지 않으며, 오히려 이것으로 구하려는 무상정등보리를 빠르게 증득하느니라.

사리자여. 오히려 이러한 인연으로 보살승에 안주하는 여러 선남자와 선여인 등이 이 반야바라밀다의 깊은 경전을 상응하며 정근하면서 서사하고 수지하며 독송하고 수습하며 사유하고 다른 사람을 위하여 해설하거나, 공양하고 공경하며 존중하고 찬탄하면서 잠시도 버리지 않느니라.

다시 다음으로 사리자여. 이와 같이 반야바라밀다의 깊은 경전은 내가 열반(涅槃)한 뒤에 동남방(東南方)에서 점차 마땅히 흥성(興盛)할 것이니, 그 방위에는 보살승에 안주하는 여러 비구·비구니·우바색가(鄔波索迦)·우바사가(鄔波斯迦)들이 많이 있어서 능히 이와 같은 매우 깊은 반야바라밀다에 깊이 신심과 즐거움이 생겨나서 서사하고 수지하며 독송하고 수습하며 사유하고 연설하거나, 다시 여러 종류의 상묘한 화만(花鬘)·바르는 향·뿌리는 향·의복·영락·보배의 당기·번기·일산·기악(伎樂)·등불(明燈)로써 이와 같은 매우 깊은 반야바라밀다의 경전에 공양하고 공경하며 존중하고 찬탄한다면, 그들은 오히려 이와 같은 수승한 선근을 까닭으로 반드시 결국에는 여러 험악한 악취에 떨어지지 않고 혹은 천상에 태어나거나, 혹은 인간으로 태어나서 부귀하여 쾌락을 받을 것이니라.

오히려 이러한 세력으로 보시·정계·안인·정진·정려·반야바라밀다가 전전하면서 증익(增益)되어 빠르게 원만함을 얻고, 이것을 의지하여 다시 제불·세존께 공양하고 공경하며 존중하고 찬탄하며, 뒤에 따르는 것인 3승법에 의지하여 점차로 수습하여 출리(出離)로 나아가거나, 혹은 성문의 열반을 증득하는 것이 있고, 혹은 독각의 열반을 증득하는 것이 있으며, 혹은 무상열반(無上涅槃)을 증득하는 것이 있어서 구경에는 안락할 것이니라.

사리자여. 이와 같이 반야바라밀다의 깊은 경전은 내가 열반한 뒤에 동남방에서 전전하면서 남방에 이르면서 점차 마땅히 흥성할 것이니, 그 방위에는 보살승에 안주하는 여러 비구·비구니·오바색가·오바사가들이 많이 있어서 능히 이와 같은 매우 깊은 반야바라밀다에 깊이 신심과 즐거움이 생겨나서 서사하고 수지하며 독송하고 수습하며 사유하고 연설하거나, 다시 여러 종류의 상묘한 화만·바르는 향·뿌리는 향·의복·영락·보배의 당기·번기·일산·기악·등불로써 이와 같은 매우 깊은 반야바라밀다의 경전에 공양하고 공경하며 존중하고 찬탄한다면, 그들은 오히려 이와 같은 수승한 선근을 까닭으로 반드시 결국에는 여러 험악한 악취에 떨어지지 않고 혹은 천상에 태어나거나, 혹은 인간으로 태어나서 부귀하여 쾌락을 받을 것이니라.

오히려 이러한 세력으로 보시·정계·안인·정진·정려·반야바라밀다가 전전하면서 증익되어 빠르게 원만함을 얻고, 이것을 의지하여 다시 제불·세존께 공양하고 공경하며 존중하고 찬탄하며, 뒤에 따르는 것인 3승법에 의지하여 점차로 수습하여 출리로 나아가거나, 혹은 성문의 열반을 증득하는 것이 있고, 혹은 독각의 열반을 증득하는 것이 있으며, 혹은 무상열반을 증득하는 것이 있어서 구경에는 안락할 것이니라.

사리자여. 이와 같이 반야바라밀다의 깊은 경전은 내가 열반한 뒤에 남방에서 전전하면서 서남방(西南方)에 이르면서 점차 마땅히 흥성할 것이니, 그 방위에는 보살승에 안주하는 여러 비구·비구니·우바색가·우바사가들이 많이 있어서 능히 이와 같은 매우 깊은 반야바라밀다에 깊이 신심과 즐거움이 생겨나서 서사하고 수지하며 독송하고 수습하며 사유하고 연설하거나, 다시 여러 종류의 상묘한 화만·바르거나 뿌리는 등의 향·의복·영락·보배의 당기·번기·일산·기악·등불로써 이와 같은 매우 깊은 반야바라밀다의 경전에 공양하고 공경하며 존중하고 찬탄한다면, 그들은 오히려 이와 같은 수승한 선근을 까닭으로 반드시 결국에는 여러 험악한 악취에 떨어지지 않고 혹은 천상에 태어나거나, 혹은 인간으로 태어나서 부귀하여 쾌락을 받을 것이니라.

오히려 이러한 세력으로 보시·정계·안인·정진·정려·반야바라밀다가 전전하면서 증익되어 빠르게 원만함을 얻고, 이것을 의지하여 다시 제불·세존께 공양하고 공경하며 존중하고 찬탄하며, 뒤에 따르는 것인 3승법에 의지하여 점차로 수습하여 출리로 나아가거나, 혹은 성문의 열반을 증득하는 것이 있고, 혹은 독각의 열반을 증득하는 것이 있으며, 혹은 무상열반을 증득하는 것이 있어서 구경에는 안락할 것이니라.

사리자여. 이와 같이 반야바라밀다의 깊은 경전은 내가 열반한 뒤에 서남방에서 전전하면서 서북방(西北方)에 이르면서 점차 마땅히 흥성할 것이니, 그 방위에는 보살승에 안주하는 여러 비구·비구니·우바색가·우바사가들이 많이 있어서 능히 이와 같은 매우 깊은 반야바라밀다에 깊이 신심과 즐거움이 생겨나서 서사하고 수지하며 독송하고 수습하며 사유하고 연설하거나, 다시 여러 종류의 상묘한 화만·바르거나 뿌리는 등의 향·의복·영락·보배의 당기·번기·일산·기악·등불로써 이와 같은 매우 깊은 반야바라밀다의 경전에 공양하고 공경하며 존중하고 찬탄한다면, 그들은 오히려 이와 같은 수승한 선근을 까닭으로 반드시 결국에는 여러 험악한 악취에 떨어지지 않고 혹은 천상에 태어나거나, 혹은 인간으로 태어나서 부귀하여 쾌락을 받을 것이니라.
　오히려 이러한 세력으로 보시·정계·안인·정진·정려·반야바라밀다가 전전하면서 증익되어 빠르게 원만함을 얻고, 이것을 의지하여 다시 제불·세존께 공양하고 공경하며 존중하고 찬탄하며, 뒤에 따르는 것인 3승법에 의지하여 점차로 수습하여 출리로 나아가거나, 혹은 성문의 열반을 증득하는 것이 있고, 혹은 독각의 열반을 증득하는 것이 있으며, 혹은 무상열반을 증득하는 것이 있어서 구경에는 안락할 것이니라.
　사리자여. 이와 같이 반야바라밀다의 깊은 경전은 내가 열반한 뒤에 서북방에서 전전하면서 북방에 이르면서 점차 마땅히 흥성할 것이니, 그 방위에는 보살승에 안주하는 여러 비구·비구니·우바색가·우바사가들이 많이 있어서 능히 이와 같은 매우 깊은 반야바라밀다에 깊이 신심과 즐거움이 생겨나서 서사하고 수지하며 독송하고 수습하며 사유하고 연설하거나, 다시 여러 종류의 상묘한 화만·바르는 향·뿌리는 향·의복·영락·보배의 당기·번기·일산·기악·등불로써 이와 같은 매우 깊은 반야바라밀다의 경전에 공양하고 공경하며 존중하고 찬탄한다면, 그들은 오히려 이와 같은 수승한 선근을 까닭으로 반드시 결국에는 여러 험악한 악취에 떨어지지 않고 혹은 천상에 태어나거나, 혹은 인간으로 태어나서 부귀하여 쾌락을 받을 것이니라.
　오히려 이러한 세력으로 보시·정계·안인·정진·정려·반야바라밀다가 전전하면서 증익되어 빠르게 원만함을 얻고, 이것을 의지하여 다시 제불·세존께 공양하고 공경하며 존중하고 찬탄하며, 뒤에 따르는 것인 3승법에 의지하여 점차로 수습하여 출리로 나아가거나, 혹은 성문의 열반을 증득하는 것이 있고, 혹은 독각의 열반을 증득하는 것이 있으며, 혹은 무상열반을 증득하는 것이 있어서 구경에는 안락할 것이니라.
　사리자여. 이와 같이 반야바라밀다의 깊은 경전은 내가 열반한 뒤에 북방에서 전전하면서 동북방(東北方)에 이르면서 점차 마땅히 흥성할 것이니, 그 방위에는 보살승에 안주하는 여러 비구·비구니·오바색가·오바사가들이 많이 있어서 능히 이와 같은 매우 깊은 반야바라밀다에 깊이 신심과 즐거움이 생겨나서 서사하고 수지하며 독송하고 수습하며 사유하고 연설하거나, 다시 여러 종류의 상묘한 화만·바르는 향·뿌리는 향·의복·영락·보배의 당기·번기·일산·기악·등불로써 이와 같은 매우 깊은 반야바라밀다의 경전에 공양하고 공경하며 존중하고 찬탄한다면, 그들은 오히려 이와 같은 수승한 선근을 까닭으로 반드시 결국에는 여러 험악한 악취에 떨어지지 않고 혹은 천상에 태어나거나, 혹은 인간으로 태어나서 부귀하여 쾌락을 받을 것이니라.

오히려 이러한 세력으로 보시·정계·안인·정진·정려·반야바라밀다가 전전하면서 증익되어 빠르게 원만함을 얻고, 이것을 의지하여 다시 제불·세존께 공양하고 공경하며 존중하고 찬탄하며, 뒤에 따르는 것인 3승법에 의지하여 점차로 수습하여 출리로 나아가거나, 혹은 성문의 열반을 증득하는 것이 있고, 혹은 독각의 열반을 증득하는 것이 있으며, 혹은 무상열반을 증득하는 것이 있어서 구경에는 안락할 것이니라.

다시 다음으로 사리자여. 내가 열반한 뒤의 후시(後時)의, 후분(後分)의, 후오백세(後五百歲)[1]에는 이 반야바라밀다의 매우 깊은 경전이 동북방에서 불사(佛事)를 크게 지으리라. 왜 그러한가? 사리자여. 일체의 여래·응공·정등각께서 존중하는 법이라는 것은 곧 이것이 반야바라밀다의 매우 깊은 경전이고, 이와 같은 반야바라밀다의 매우 깊은 경전은 일체의 여래·응공·정등각께서 함께 호념하시는 것이니라.

사리자여. 세존께서 증득하신 법인 비나야(毘奈耶)의 무상(無上)한 정법(正法)이라는 것은 소멸하거나 은몰하지 않는 상(相)이고, 제불이 증득하신 법인 비나야의 무상한 정법이라는 것은 곧 반야바라밀다의 매우 깊은 경전이니라. 사리자여. 그 동북방에 여러 선남자와 선여인 등이 있어서 능히 이러한 매우 깊은 반야바라밀다를 믿고서 즐거워하며 수지하고

---

1) 불법을 3000년으로 산정하였을 때의 정법(正法)의 500년, 상법(像法)의 1000년, 말법(末法)의 1500년의 가운데에서 뒤의 500년의 다섯 번이라는 의미로써, 말법의 2500년의 시대를 가리킨다.

독송하며 수습하고 사유하며 연설한다면, 나는 항상 이 선남자와 선여인 등을 호념하면서 번뇌와 해침이 없게 하시느니라.

사리자여. 그 동북방에 있는 여러 선남자와 선여인 등이 능히 이와 같이 매우 깊은 반야바라밀다의 경전을 서사하고서, 여러 종류의 상묘한 화만·바르거나 뿌리는 등의 향·의복·영락·보배의 당기·번기·일산·기악·등불로써 이와 같은 매우 깊은 반야바라밀다의 경전에 공양하고 공경하며 존중하고 찬탄한다면, 나는 결정적으로 그 선남자와 선여인 등이 오히려 이러한 선근으로 반드시 결국에는 악취에 떨어지지 않고, 천상이나 인간의 가운데에 태어나서 미묘한 쾌락을 받고, 오히려 이러한 세력으로 6바라밀다를 증익하며, 이것을 의지하여 다시 제불·세존께 공양하고 공경하며 존중하고 찬탄하며, 뒤에 상응하는 것인 3승법에 의지하여 점차로 수학한다면 반열반을 증득하게 하시느니라.

왜 그러한가? 사리자여. 내가 불안으로써 관찰하면서 보고 증명하여 아시고서 여러 선남자와 선여인 등이 획득하는 공덕을 칭찬(稱譽)하고 찬탄(讚歎)하는 것이고, 동·서·남·북·사유(四維)·상·하의 무량하고 무수이며 무변한 세계의 일체의 여래·응공·정등각께서도 안은하게 안주하면서 현재 설법하시는 자들도 역시 불안으로써 관찰하면서 보고 증명하여 아시고서, 이 선남자와 선여인 등이 획득하는 공덕을 칭찬하고 찬탄하는 것이니라."

그때 사리자가 세존께 아뢰어 말하였다.
"세존이시여. 이 반야바라밀다의 깊은 경전은 세존께서 열반하신 뒤의 후시의, 후분의, 후오백세에도 동북방에서 널리 유포됩니까?"
세존께서 말씀하셨다.
"사리자여. 그와 같으니라. 그와 같으니라. 그대가 말한 것과 같으니라. 이 반야바라밀다의 매우 깊은 경전은 내가 열반한 뒤의 후시의, 후분의, 후오백세에도 동북방에서 유포될 것이니라. 사리자여. 내가 열반한 뒤의 후시의, 후분의, 후오백세에도 그 동북방에 있는 여러 선남자와 선여인 등이 만약 이와 같은 매우 깊은 반야바라밀다를 듣고서, 깊은 신심과 즐거움이 생겨나서 수지하고 독송하며 수습하고 이치에 맞게 사유하며 다른 사람을 위하여 연설한다면, 그 선남자와 선여인 등은 오랫동안 무상정등각의 마음(無上正等覺心)을 일으켰고, 오랫동안 보살마하살의 행을 수행하였으며, 많은 여래를 공양하였고, 많은 선한 벗을 섬겼으며, 오랫동안 몸의 계학(戒學)·심학(心學)·혜학(慧學)을 수습하였고, 심었던 것인 선근이 모두 이미 성숙(成熟)하였으며, 오히려 이러한 복력(福力)으로 이와 같은 매우 깊은 반야바라밀다를 듣고서 깊은 신심과 즐거움이 생겨나서 수지하고 독송하며 수습하고 이치에 맞게 사유하며 다른 사람을 위하여 연설한다고 마땅히 알아야 하느니라."

사리자가 다시 세존께 아뢰어 말하였다.

"세존께서 열반한 뒤의 후시의, 후분의, 후오백세에 법이 소멸하고자 하는 때에 동북방에는 보살승에 안주하는 여러 선남자와 선여인 등이 마땅히 몇 사람이 있어서 이와 같은 매우 깊은 반야바라밀다를 듣고서 깊은 신심과 즐거움이 생겨나서 그 마음이 놀라지 않고 두려워하지 않으며 겁내지 않고 역시 근심이 없으며 후회가 없고, 다시 능히 서사하고 수지하며 독송하고 수습하며 사유하고 다른 사람을 위하여 연설하겠습니까?"

세존께서 말씀하셨다.

"사리자여. 내가 열반한 뒤의 후시의, 후분의, 후오백세에 법이 소멸하고자 하는 때에 동북방에는 비록 무량하게 보살승에 안주하는 여러 선남자와 선여인 등이 있더라도, 매우 깊은 반야바라밀다를 듣고서 깊은 신심과 즐거움이 생겨나서 그 마음이 놀라지 않고 두려워하지 않으며 겁내지 않고 역시 근심이 없으며 후회가 없고, 다시 능히 서사하고 수지하며 독송하고 수습하며 사유하고 다른 사람을 위하여 연설하는 자는 적을 것이다.

사리자여. 그 선남자와 선여인 등이 이러한 반야바라밀다의 매우 깊은 경전을 듣고서 그 마음이 놀라지 않고 두려워하지 않으며 겁내지 않고 역시 근심이 없으며 후회가 없고, 다시 깊은 신심과 즐거움이 생겨나서 서사하고 수지하며 독송하고 수습하며 사유하고 다른 사람을 위하여 연설한다면 매우 희유하느니라. 왜 그러한가? 사리자여. 이 선남자와 선여인 등은 이미 무량한 여래·응공·정등각과 제보살마하살들에게 친근하면서 공양하였고 공경하였으며 존중하였고 찬탄하였으며, 매우 깊은 반야바라밀다에 상응하는 의취(義趣)를 청하여 물었었느니라.

사리자여. 이 선남자와 선여인 등은 오래지 않아서 결정적으로 마땅히 보시바라밀다, 나아가 반야바라밀다를 원만하게 할 것이고, 오래지 않아서 결정적으로 마땅히 내공, 나아가 무성자성공을 원만하게 할 것이며, 오래지 않아서 결정적으로 마땅히 4념주, 나아가 8성도지를 원만하게 할 것이고, 오래지 않아서 결정적으로 마땅히 여래의 10력, 나아가 18불불공법을 원만하게 할 것이며, 오래지 않아서 일체지·도상지·일체상지를 원만하게 할 것이니라.

사리자여. 그 선남자와 선여인 등은 일체의 여래·응공·정등각뜰께서 호념하시는 까닭으로, 무량한 선한 벗들에게 섭수되는 까닭으로, 수승한 선근을 맡아서 지니는(臨持) 까닭으로, 많은 중생들을 이익되고 안락하게 하려는 까닭으로, 무상정등보리를 구하면서 나아가느니라. 왜 그러한가? 사리자여. 나는 항상 그 여러 선남자와 선여인 등을 위하여 일체상지와 상응하는 법을 설하였고, 과거의 제여래·응공·정등각께서도 항상 그 여러 선남자와 선여인 등을 위하여 항상 일체상지와 상응하는 법을 설하셨느니라. 오히려 이러한 인연으로 그 여러 선남자와 선여인 등은 뒤에 태어나더라도 다시 능히 무상정등보리를 구하면서 나아갈 것이고, 역시 능히 다른 사람을 위하여 상응하게 설법하면서 무상정등보리에 나아가게 하느니라.

사리자여. 그 선남자와 선여인 등은 몸과 마음이 안정되었으므로 여러 마왕과 그들의 권속도 오히려 무상정등각의 마음을 구하면서 나아가려는 마음을 능히 파괴하지 못하는데, 하물며 그 나머지의 악행(惡行)을 좋아하는 자들이 반야바라밀다를 훼방하기 위하여, 그 마음을 정진하고 무상정등보리를 구하면서 나아가지 못하게 능히 가로막을 수 있겠는가?"

마하반야바라밀다경 제440권

43. 동북방품(東北方品)(3)

"사리자여. 이와 같은 대승의 여러 선남자와 선여인 등이 내가 이렇게 매우 깊은 반야바라밀다를 설하는 것을 듣는다면, 마음으로 광대하고 미묘한 법의 기쁨과 즐거움을 얻게 하고, 역시 무량한 중생을 수승한 선법(善法)에 안립(安立)시켜서 무상정등보리에 나아가게 하느니라. 사리자여. 이 선남자와 선여인 등이 지금 나의 앞에서 '나는 마땅히 무량한 백천의 여러 유정의 부류들을 안립시켜서 무상정등각의 마음을 일으키게 하고, 제보살마하살의 행을 수행하게 하면서 보여주고 권유하며 인도하고 찬탄하며 격려하고 기쁘게 하며, 무상정등보리에서 나아가 불퇴전의 수기를 받게 하고 보살의 불퇴전지에 안주하게 하겠다.'라고 큰 서원을 일으켰다면, 사리자여. 나는 그의 서원에서 깊이 따라서 기뻐함이 생겨나느니라.

왜 그러한가? 사리자여. 나는 이와 같이 보살승에 안주하는 여러 선남자와 선여인 등이 일으키는 서원이 마음과 말과 상응한다고 관찰하였나니, 그 선남자와 선여인 등은 마땅히 미래의 세상에서 능히 무량한 백천의 여러 유정의 부류들을 안립시켜서 무상정등각의 마음을 일으키게 하고 제보살마하살의 행을 수행하게 하면서 보여주고 권유하며 인도하고 찬탄하며 격려하고 기쁘게 하며, 무상정등보리에서 나아가 불퇴전의 수기를 받게 하고 보살의 불퇴전지에 안주하게 할 것이니라.

사리자여. 이 선남자와 선여인 등은 역시 과거에도 무량한 여래의 앞에서 '나는 마땅히 무량한 백천의 여러 유정의 부류들을 안립시켜서 무상정등각의 마음을 일으키게 하고, 제보살마하살의 행을 수행하게 하면서 보여주고 권유하며 인도하고 찬탄하며 격려하고 기쁘게 하며, 무상정등보리에서 나아가 불퇴전의 수기를 받게 하고 보살의 불퇴전지에 안주하게 하겠다.'라고 큰 서원을 일으켰느니라.

사리자여. 과거의 제불께서도 그 서원에서 역시 깊이 따라서 기뻐함이 생겨나셨느니라. 왜 그러한가? 사리자여. 제불께서도 역시 이와 같이 대승에 안주하는 여러 선남자와 선여인 등이 일으키는 서원이 마음과 말과 상응한다고 관찰하셨나니, 그 선남자와 선여인 등은 마땅히 미래의 세상에서 능히 무량한 백천의 여러 유정의 부류들을 안립시켜서 무상정등각의 마음을 일으키게 하고 제보살마하살의 행을 수행하게 하면서 보여주고 권유하며 인도하고 찬탄하며 격려하고 기쁘게 하며, 무상정등보리에서 나아가 불퇴전의 수기를 받게 하고 보살의 불퇴전지에 안주하게 할 것이니라.

사리자여. 이 선남자와 선여인 등은 신해(信解)가 광대(廣大)하여서 능히 미묘한 색·성·향·미·촉에 의지하여 광대한 보시를 수행할 것이고, 이 보시를 수행하였다면 다시 능히 광대한 선근을 심을 것이며, 이 선근에 의지하여 다시 광대한 과보(果報)를 섭수할 것이고, 이와 같은 광대한 과보를 섭수하였다면 오로지 일체 유정의 이익과 안락을 위하여 일체의 유정에게 내외(內外)가 소유한 일체를 능히 버리느니라.

그들은 이와 같이 심었던 선근을 회향하면서 타방의 제불국토에서 현재에 머무르시는 여래·응공·정등각이 이와 같은 매우 깊은 반야바라밀다의 무상(無上)한 법을 연설하시는 처소에 왕생하기를 발원하고, 그들이 이와 같은 매우 깊은 반야바라밀다의 무상한 법을 듣고서 다시 그 불국토의 가운데에서 무량한 백천의 여러 유정의 부류들을 안립시켜서 무상정등각의 마음을 일으키게 하고, 보살마하살의 행을 수행하면서 보여주고 권유하며 인도하고 찬탄하며 격려하고 기쁘게 하며, 무상정등보리에서 나아가 불퇴전하게 하느니라. 오히려 이것으로 일으켰던 큰 서원이 원만해져서 빠르게 무상정등보리를 증득할 것이니라."

그때 사리자가 다시 세존께 아뢰어 말하였다.

"매우 기이합니다. 여래·응공·정등각께서는 과거·미래·현재에서 소유한 제법을 능히 증명하여 알지 못하는 것이 없고, 일체법의 진여(眞如)·법계(法界)·법성(法性)·실제(實際)·허공계(虛空界) 등을 능히 증명하여 알지 못하는 것이 없으며, 제법의 교계의 여러 종류의 차별을 능히 증명하여 알지 못하는 것이 없고, 제유정의 심행(心行)에서 차별을 능히 증명하여 알지 못하는 것이 없으며, 과거의 세상에서 제보살마하살을 능히 증명하여 알지 못하는 것이 없고, 과거의 세상에서 일체의 여래·응공·정등각을 능히 증명하여 알지 못하는 것이 없으며, 과거의 세상에서 제불과 제자들과 여러 불국토를 능히 증명하여 알지 못하는 것이 없고,

미래의 세상에서 제보살마하살을 능히 증명하여 알지 못하는 것이 없으며, 미래의 세상에서 일체의 여래·응공·정등각을 능히 증명하여 알지 못하는 것이 없고, 미래의 세상에서 제불과 제자들과 여러 불국토를 능히 증명하여 알지 못하는 것이 없으며, 현재의 세상에서 제보살마하살이 시방세계에서 안주하여 수행하는 차별을 능히 증명하여 알지 못하는 것이 없고, 현재의 세상에서 안주하는 시방의 무량하고 무수이며 무변한 세계의 일체의 여래·응공·정등각들께서 안은하게 주지(住持)하면서 현재에 설법하는 자를 능히 증명하여 알지 못하는 것이 없으십니다. 세존이시여. 만약 보살마하살이 이러한 6바라밀다에서 용맹스럽게 정진하고 항상 쉬지 않고 구하더라도, 그들이 이러한 6바라밀다를 얻을 때가 있고 얻지 못하는 때가 있습니까?"

세존께서 말씀하셨다.

"사리자여. 그 선남자와 선여인 등이 이러한 6바라밀다에서 용맹스럽게 정진하고 항상 쉬지 않고 구한다면, 일체의 때에 얻을 것이고 얻지 못하는 때는 없느니라. 왜 그러한가? 그 선남자와 선여인 등이 항상 이 6바라밀다를 용맹스럽게 정진하고 즐겁게 구하면서 쉬지 않는다면, 제불과 보살들이 항상 호념하는 까닭이니라."

사리자가 말하였다.

"세존이시여. 그 선남자와 선여인 등이 만약 6바라밀다와 상응하는 경전을 얻지 못하였다면, 어떻게 그들이 이러한 6바라밀다를 얻었다고 말할 수 있겠습니까?"

세존께서 말씀하셨다.

"사리자여. 그 선남자와 선여인 등이 항상 이 6바라밀다에서 용맹하게 신심으로 구하면서 몸과 목숨을 돌아보지 않는다면, 어느 때라도 이것과 상응하는 경전을 얻지 못하는 이러한 처소는 없느니라. 왜 그러한가? 그 선남자와 선여인 등이 무상정등보리를 구하기 위하여 제유정의 부류들에게 보여주었고 권유하였으며 인도하였고 찬탄하였으며 격려하였고 기뻐하면서 이러한 6바라밀다와 상응하는 경전을 수지하고 독송하며 사유하고 수학하게 한다면, 오히려 이러한 선근으로 태어나는 곳을 따라서 항상 이 6바라밀다와 상응하는 경전을 수지하고 독송하며 용맹스럽게 정진하면서 가르침과 같이 수행하고 유정을 성숙시키며 불국토를 장엄하면서, 무상정등보리를 증득하지 않았다면 그 중간에 잠시도 멈추지 않는 것이니라."

44. 마사품(魔事品)

그때 구수 선현이 세존께 아뢰어 말하였다.

"세존이시여. 여래(佛)께서는 무상정등보리를 일으키고 나아가면서 용맹하게 보시·정계·안인·정진·정려·반야바라밀다를 수행하여 유정들을 성숙시키고 불국토를 청정하게 장엄하는 여러 선남자와 선여인 등이 성취한 공덕들을 이미 칭찬하여 설하셨습니다. 세존이시여. 이 선남자와 선여인 등이 무상정등보리를 일으키고 나아가면서 제행을 수행하는 때에, 무엇이 장애하는 마사(魔事)라고 마땅히 알 수 있습니까?"

세존께서 대답하셨다.

"선현이여. 만약 보살마하살이 즐겁게 유정들을 위하여 상응하여 법요를 널리 설하는 때에 말의 변재(辯才)가 빠르게 현전(現前)하지 않는다면, 이것이 보살에게 마사가 된다고 마땅히 알아야 하느니라."

구수 선현이 아뢰어 말하였다.

"세존이시여. 무슨 인연으로 즐겁게 유정들을 위하여 상응하여 법요를 널리 설하는 때에 말의 변재가 빠르게 현전하지 않는다면, 이것이 보살에게 마사가 된다고 설하십니까?"

세존께서 말씀하셨다.

"선현이여. 제보살마하살이 반야바라밀다를 수행하는 때에 오히려 이러한 인연으로 수행하였던 것인 반야바라밀다, 나아가 보시바라밀다가 원만함을 얻기 어려운 까닭으로, 보살마하살이 즐겁게 유정들을 위하여 상응하여 법요를 널리 설하는 때에 말의 변재가 빠르게 현전하지 않는다면, 이것이 보살에게 마사가 되는 까닭이니라. 다시 다음으로 선현이여. 만약 보살마하살이 즐겁게 수승한 행을 수행하면서 말재주가 갑자기 생겨난다면, 이것도 보살에게 마사가 된다고 마땅히 알아야 하느니라."

선현이 아뢰어 말하였다.

"세존이시여. 무슨 인연으로 보살마하살이 즐겁게 수승한 행을 수행하면서 말재주가 갑자기 생겨난다면, 이것도 보살에게 마사가 된다고 설하십니까?"

세존께서 말씀하셨다.

"선현이여. 제보살마하살이 보시바라밀다, 나아가 반야바라밀다를 수행하면서 방편선교가 없는 까닭이었는데, 변재가 도리어 갑자기 생겨난다면 수행을 멈추느니라. 이러한 까닭으로 보살마하살이 즐겁게 수승한 행을 수행하면서 말재주가 갑자기 생겨난다면, 이것도 보살에게 마사가 되는 까닭이니라.

다시 다음으로 선현이여. 보살승에 안주하는 여러 선남자와 선여인 등이 반야바라밀다의 매우 깊은 경전을 서사(書寫)하는 때에, 자주 기지개를 켜고 하품하며 재채기를 하고 근거가 없으나 웃으며 서로를 업신여기고 몸과 마음이 조급하고 어지러우며, 문구(文句)가 뒤바뀌고 어긋나며 뜻과 이치가 미혹되어 자미(滋味)¹⁾를 얻지 못하였고, 재앙의 일이 갑자기 일어나서 서사를 끝마치지 못하였다면, 이것도 보살에게 마사가 된다고 마땅히 알아야 하느니라.

다시 다음으로 선현이여. 보살승에 안주하는 여러 선남자와 선여인 등이 반야바라밀다의 매우 깊은 경전을 수지하고 독송하며 사유하고 수습하며 설하는 것을 듣는 때에 빈번하게 자주 기지개를 켜고 하품하며 재채기를 하고 근거가 없으나 웃으며 서로를 업신여기고 몸과 마음이 조급하고 어지러우며, 문구가 뒤바뀌고 어긋나며 뜻과 이치가 미혹되어 자미를 얻지 못하였고, 재앙의 일이 갑자기 일어나서 서사를 끝마치지 못하였다면, 이것도 보살에게 마사가 된다고 마땅히 알아야 하느니라.”

구수 선현이 세존께 아뢰어 말하였다.

“세존이시여. 무슨 인연을 까닭으로 보살승에 안주하는 여러 선남자와 선여인 등이 있어서 반야바라밀다의 매우 깊은 경전의 설법을 들었더라도, '나는 이러한 경전에서 자미를 얻지 못하였는데, 정근하면서 고통스럽게 이러한 경전을 듣더라도 무슨 소용이 있겠는가?'라고 홀연히 이렇게 생각을 짓고서 나아가 곧 버리고 떠나가는 것입니까? 수지하고 독송하며 사유하고 수습하며 해설하는 것도 역시 이와 같습니까?”

세존께서 말씀하셨다.

“선현이여. 이 선남자와 선여인 등은 과거의 세상에서 반야·정려·정진·안인·정계·보시바라밀다를 오랫동안 수행하지 않았느니라. 이러한 까닭으로 이 매우 깊은 반야바라밀다를 듣는 때에 자미를 얻지 못하고 마음이 안인하지 못하므로 나아가서 곧 버리고 떠나가는 것이니라. 선현이여. 보살승에 안주하는 여러 선남자와 선여인 등이 반야바라밀다의 매우 깊은 경전을 듣는 때에, '나는 무상정등보리에 대한 수기를 얻지 못하였는

---

1) 본래는 '예술품, 또는 음식 등의 깊은 맛'이라는 뜻이므로, 본 문장에서는 '수승한 법미(法味)'로 해석할 수 있다.

데, 이와 같은 경전을 듣더라도 무슨 소용이 있겠는가?'라고 만약 이렇게 생각을 지었다면, 그는 오히려 이것을 인연으로 마음이 청정하지 못하고 자미를 얻지 못하며, 곧 자리에서 일어나서 싫어하면서 버리고 떠나가는데, 이것도 보살에게 마사가 된다고 마땅히 알아야 하느니라."

구수 선현이 세존께 아뢰어 말하였다.

"세존이시여. 무슨 까닭으로 이 반야바라밀다의 매우 깊은 경전의 가운데에서는 이와 같은 여러 선남자와 선여인 등에게 무상정등대보리(無上正等大菩提)의 수기를 주지 않아서, 그들이 안인하지 못하고 싫어하면서 버리고 떠나가게 합니까?"

세존께서 말씀하셨다.

"선현이여. 보살이 정성이생(正性離生)에 들어가지 못하였다면 그 대보리의 수기를 상응하여 주지 못하나니, 만약 그에게 수기를 준다면, 그의 교만과 안일함이 증장하여 손해는 있고 이익이 없는 까닭으로 수기를 주지 않느니라. 선현이여. 보살승에 안주하는 여러 선남자와 선여인 등이 반야바라밀다의 매우 깊은 경전을 듣는 때에, '이 가운데에서 우리들의 명자(名字)도 말하지 않았으니, 듣더라도 무슨 소용이 있겠는가?'라고 이렇게 생각을 지었고, 마음이 청정하지 못하고 자미를 얻지 못하며, 곧 자리에서 일어나서 싫어하면서 버리고 떠나가는데, 이것도 보살에게 마사가 된다고 마땅히 알아야 하느니라."

이때 구수 선현이 세존께 아뢰어 말하였다.

"세존이시여. 무슨 인연을 까닭으로 이러한 반야바라밀다의 매우 깊은 경전의 가운데에서는 그 보살들의 명자를 수기하여 말하지 않았습니까?"

세존께서 말씀하셨다.

"선현이여. 보살이 대보리의 수기를 받지 않았다면, 법이 그러한 것과 같이 명자를 상응하게 수기하여 말하지 않느니라. 다시 다음으로 선현이여. 보살승에 안주하는 여러 선남자와 선여인 등이 반야바라밀다의 매우 깊은 경전을 듣는 때에, '이 가운데에서 우리들이 태어난 처소인 성읍(城邑)과 취락(聚落)도 말하지 않았으니, 듣더라도 무슨 소용이 있겠는가?'라고 이렇게 생각을 지었고, 마음이 청정하지 못하고 자미를 얻지 못하며, 곧 자리에서 일어나서 싫어하면서 버리고 떠나가는데, 이것도 보살에게 마사가 된다고 마땅히 알아야 하느니라."

구수 선현이 세존께 아뢰어 말하였다.

"세존이시여. 무슨 인연을 까닭으로 이 반야바라밀다의 매우 깊은 경전에서는 그 보살들이 태어나는 처소인 성읍과 취락을 말하지 않습니까?"

세존께서 말씀하셨다.

"선현이여. 만약 보살의 명자를 수기받지 못하였다면, 그 보살의 태어나는 곳의 차별을 상응하여 말하지 않느니라. 선현이여. 보살마하살이 반야바라밀다의 매우 깊은 경전을 들는 때에, 마음이 청정하지 못하고 자미를 얻지 못하며 버리고 떠나가는 자는 싫어하고 버리고 이렇게 걸어갔던 걸음걸이의 많고 적음으로, 곧 그 겁이라는 숫자의 공덕이 감소하고, 그 겁이라는 숫자의 보리를 장애하는 죄를 획득하나니, 그 죄를 받았다면 그것이라는 시간을 지나도록 정근하면서 정진을 일으켜서 무상정등보리를 구하면서 나아가면서 제보살의 난행(難行)을 수행해야 비로소 본래를 회복하느니라. 이러한 까닭으로 보살들이 빠르게 무상정등보리를 증득하고자 하였다면 매우 깊은 반야바라밀다를 상응하여 싫어하고 버리지 않아야 하느니라.

다시 다음으로 선현이여. 보살승에 안주하는 여러 선남자와 선여인 등이 반야바라밀다의 매우 깊은 경전을 버리고서, 나머지의 경전을 구하여 수학한다면 이것이 보살에게 마사라고 마땅히 알아야 하느니라. 왜 그러한가? 선현이여. 여러 선남자와 선여인 등이 일체상지의 근본인 매우 깊은 반야바라밀다를 버리고서, 가지와 잎사귀인 여러 경전을 잡는다면 결국 대보리를 증득하지 못하는 까닭이니라."

그때 구수 선현이 세존께 아뢰어 말하였다.

"세존이시여. 무엇 등의 나머지의 경전이 줄기와 잎과 같아서, 능히 일체상지를 이끌어 일으키지 못합니까?"

세존께서 말씀하셨다.

"선현이여. 만약 성문지이거나, 독각지에 상응하는 법인 이를테면, 4념주·4정단·4신족·5근·5력·7등각지·8성도지와, 공·무상·무원해탈문 등을 소유한 여러 경전이니라. 만약 여러 선남자와 선여인 등이 이 가운데에서 수학한다면 예류과를 증득하고 일래과를 증득하며 불환과를 증득하고 아라한과를 증득하며 독각의 보리를 증득할지라도, 무상정등보리를 증득하지 못하느니라. 이것을 나머지의 경전은 줄기와 잎과 같아서 일체상지를 이끌어서 일으키지 못하느니라. 매우 깊은 반야바라밀다는 결정적으로 능히 일체상지를 이끌어서 일으키는 큰 세력을 수용하고 있어서 오히려 나무의 뿌리와 같으니라. 이 선남자와 선여인 등이 반야바라밀다의 매우 깊은 경전을 버리고서 나머지의 경전을 구하면서 수학한다면 결정적으로 일체상지를 얻지 못하느니라.

왜 그러한가? 선현이여. 이와 같은 반야바라밀다의 매우 깊은 경전은 보살마하살들을 출생(出生)시키고 세간·출세간의 공덕을 출생시키는 까닭이니라. 이와 같은 까닭으로 선현이여. 만약 보살마하살이 반야바라밀다의 매우 깊은 경전을 수학한다면 곧 일체의 보살마하살들의 세간·출세간의 공덕과 선업을 수학하는 것이니라.

다시 다음으로 선현이여. 비유한다면 굶주린 개(犬)가 대가(大家)[2]의 음식을 버리고 반대로 노비(奴僕)에게 음식을 구하면서 찾는 것과 같이, 미래의 세상에서 대승의 여러 선남자와 선여인 등이 있어서 일체의 불법의 근본인 매우 깊은 반야바라밀다를 버리고서 2승에 상응하는 경전을 구하여 수학하는 것도 이와 같으니, 이것도 보살에게 마사가 된다고 마땅히 알아야 하느니라.

다시 다음으로 선현이여. 비유한다면 향기가 있는 코끼리를 구하려는 사람이 있었는데, 이러한 코끼리를 이미 얻었으나 버리고서 발자취만을 구한다면 그대의 뜻은 어떠한가? 이 사람은 지혜로운가?"

---

2) 대대(代代)로 번영(繁榮)한 집안의 주인을 가리킨다.

선현이 대답하여 말하였다.
"이 사람은 지혜롭지 않습니다."
세존께서 말씀하셨다.
"선현이여. 미래의 세상에서 대승에 안주하는 여러 선남자와 선여인 등이 있어서 일체 불법의 근본인 매우 깊은 반야바라밀다를 버리고서 2승에 상응하는 경전을 구하여 수학하는 것도 이와 같으니, 이것도 보살에게 마사가 된다고 마땅히 알아야 하느니라. 다시 다음으로 선현이여. 비유한다면 사람이 있어서 큰 바다를 보고자 하고 이미 큰 바다를 보았는데, 반대로 소(牛)의 발자국을 관찰하고서 '바다의 가운데에서 물의 그 분량이 깊고 넓더라도 어찌 이것에 미칠 수 있겠는가?'라고 이렇게 생각하면서 말을 지었다면, 그대의 뜻은 어떠한가? 이 사람은 지혜로운가?"
선현이 대답하여 말하였다.
"이 사람은 지혜롭지 않습니다."
세존께서 말씀하셨다.
"선현이여. 미래의 세상에서 대승에 안주하는 여러 선남자와 선여인 등이 있어서 일체의 불법의 근본인 매우 깊은 반야바라밀다를 버리고서 2승에 상응하는 경전을 구하여 수학하는 것도 이와 같으니, 이것도 보살에게 마사가 된다고 마땅히 알아야 하느니라. 다시 다음으로 선현이여. 장인[工匠]이거나, 혹은 그의 제자들이 있어서 천제석(天帝釋)의 수승한 궁전(殊勝殿) 규모와 같은 대전(大殿)을 짓고자 하였는데, 그 대전을 보고서 반대로 일월궁전(日月宮殿)을 헤아려서 본뜬다면 그대의 뜻은 어떠한가? 이와 같은 장인이거나, 혹은 그의 제자들이 능히 대전의 분량을 조작하면서 천제석의 수승한 궁전과 같겠는가?"
"아닙니다. 세존이시여. 아닙니다. 선서시여."
세존께서 말씀하셨다.
""선현이여. 그대의 뜻은 어떠한가? 이 사람은 지혜로운가?"
"이 사람은 지혜롭지 못하고, 이 사람은 우치(愚癡)한 부류입니다."
세존께서 말씀하셨다.

"선현이여. 미래의 세상에서 대승에 안주하는 여러 선남자와 선여인 등이 있어서 일체의 불법의 근본인 매우 깊은 반야바라밀다를 버리고서 2승에 상응하는 경전을 구하여 수학하는 것도 이와 같으니, 이것도 보살에게가 된다고 마땅히 알아야 하느니라. 다시 다음으로 선현이여. 사람이 전륜성왕(轉輪聖王)을 보고자 하였는데, 이미 보았어도 능히 형상(形相)을 잘 취하지 않고 버리고 다른 처소로 가서 일반적인 소왕(小王)들을 보고는 그 형상을 취하면서, '전륜성왕의 형상과 위덕이 이 분들과 무엇이 다르겠는가?'라고 이와 같이 생각을 지었다면, 그대의 뜻은 어떠한가? 이 사람은 지혜로운가?"

선현이 대답하여 말하였다.

"이 사람은 지혜롭지 않습니다."

세존께서 말씀하셨다.

"선현이여. 미래의 세상에서 대승에 안주하는 여러 선남자와 선여인 등이 있어서 일체의 불법의 근본인 매우 깊은 반야바라밀다를 버리고서 2승에 상응하는 경전을 구하여 수학하는 것도 이와 같으니, 이것도 보살에게 마사가 된다고 마땅히 알아야 하느니라. 다시 다음으로 선현이여. 가사 굶주린 사람이 있어서 가장 백가지 맛(百味)의 음식을 얻었으나, 버리고서 새싹과 피(稗)3) 등의 음식을 구하여 먹었다면, 그대의 뜻은 어떠한가? 이 사람은 지혜로운가?"

선현이 대답하여 말하였다.

"이 사람은 지혜롭지 않습니다."

세존께서 말씀하셨다.

"선현이여. 미래의 세상에서 대승에 안주하는 여러 선남자와 선여인 등이 있어서 대반야바라밀다(大般若波羅蜜多)의 매우 깊은 경전을 버리고서 2승에 상응하는 경전을 구하여 수학하면서 그 가운데에서 일체상지를 구하려는 것도 이와 같으니라. 그 선남자와 선여인 등은 헛되게 구로(劬

---

3) 볏과에 속하는 한해살이의 풀을 가리킨다.

勞)를 베풀지라도 결정적으로 일체상지는 능히 증득하지 못하나니, 이것도 보살에게 마사가 된다고 마땅히 알아야 하느니라. 다시 다음으로 선현이여. 가사 빈궁한 사람이 있어서 값비싼 보배를 얻었으나 버리고서, 도리어 가차마니(迦遮末尼)를 취하였다면, 그대의 뜻은 어떠한가? 이 사람은 지혜로운가?"

선현이 대답하여 말하였다.

"이 사람은 지혜롭지 않습니다."

세존께서 말씀하셨다.

"선현이여. 미래의 세상에서 대승에 안주하는 여러 선남자와 선여인 등이 있어서 대반야바라밀다의 매우 깊은 경전을 버리고서 2승에 상응하는 경전을 구하여 수학하면서 그 가운데에서 일체상지를 구하려는 것도 이와 같으니라. 그 선남자와 선여인 등은 헛되게 구로(劬勞)를 베풀지라도 결정적으로 일체상지는 능히 증득하지 못하나니, 이것도 보살에게 마사가 된다고 마땅히 알아야 하느니라.

다시 다음으로 선현이여. 보살승에 안주하는 여러 선남자와 선여인 등이 대반야바라밀다의 매우 깊은 경전을 서사하는 때에, 홀연히 하열(下劣)한 심사(尋伺)가 발생하여 일어났다면, 오히려 이러한 심사가 서사하던 것인 매우 깊은 반야바라밀다를 결국은 끝마치지 못하게 하느니라. 무엇 등을 하열한 심사라고 이름하는가? 이를테면, 색처의 심사이거나, 혹은 성·향·미·촉·법처의 심사이거나, 혹은 보시·정계·안인·정진·정려·반야바라밀다의 심사를 일으키거나, 나아가 혹은 무상정등보리의 심사를 일으킨다면, 서사하던 것인 매우 깊은 반야바라밀다를 결국은 끝마치지 못하나니, 이것도 보살에게 마사가 된다고 마땅히 알아야 하느니라.

왜 그러한가? 선현이여. 매우 깊은 반야바라밀다에는 심사가 없는 까닭이고, 사의(思議)하기 어려운 까닭이며, 사려(思慮)하기 어려운 까닭이고, 생멸(生滅)이 없는 까닭이며, 염오가 없고 청정함이 없는 까닭이며, 적정(寂定)과 산란(散亂)함이 없는 까닭이고, 명자와 말을 벗어난 까닭이며, 설할 수 없는 까닭이며, 얻을 수 없는 까닭이니라.

왜 그러한가? 선현이여. 매우 깊은 반야바라밀다에는 앞에서 설법한 것과 같이, 모두가 무소유이고 모두 얻을 수 없느니라. 보살승에 안주하는 여러 선남자와 선여인 등이 반야바라밀다의 매우 깊은 경전을 서사하는 때에 이와 같은 제법이 그의 마음을 요란(擾亂)시켜서 결국은 끝마치지 못하게 하였다면, 이것도 보살에게 마사가 된다고 마땅히 알아야 하느니라.

그때 구수 선현이 세존께 아뢰어 말하였다.

"세존이시여. 매우 깊은 반야바라밀다를 서사(書寫)할 수 있습니까?"

세존께서 말씀하셨다.

"매우 깊은 반야바라밀다는 서사할 수 없느니라. 왜 그러한가? 선현이여. 반야바라밀다의 자성(自性)은 무소유이므로 얻을 수 없고 정려·정진·안인·정계·보시바라밀다의 자성도 무소유이므로 얻을 수 없으며, 내공의 자성도 무소유이므로 얻을 수 없고, 나아가 무성자성공의 자성도 무소유이므로 얻을 수 없으며, 4념주의 자성도 무소유이므로 얻을 수 없고, [자세한 설명은 생략한다.] 나아가 18불불공법의 자성도 무소유이므로 얻을 수 없으며, 일체지의 자성도 무소유이므로 얻을 수 없고, 도상지와 일체상지의 자성도 무소유이므로 얻을 수 없느니라.

선현이여. 제법의 자성은 무소유이므로 얻을 수 없는 까닭으로, 이것이 무성(無性)이고, 이와 같은 무성은 곧 이것이 반야바라밀다이며, 무성법은 능히 무성을 서사하지 않나니, 이러한 까닭으로 반야바라밀다는 서사할 수 없느니라. 선현이여. 보살승에 안주하는 여러 선남자와 선여인 등이 이와 같은 매우 깊은 반야바라밀다에 무성이라는 생각을 일으킨다면, 이것도 보살에게 마사가 된다고 마땅히 알아야 하느니라."

그때 구수 선현이 다시 세존께 아뢰어 말하였다.

"세존이시여. 보살승에 안주하는 여러 선남자와 선여인 등이 이와 같은 매우 깊은 반야바라밀다를 서사하면서, '나는 문자로써 이와 같은 매우 깊은 반야바라밀다를 서사한다.'라고 만약 이렇게 생각을 지었다면 그들은 문자에 의지하여 반야바라밀다를 집착하는 것이니, 이것도 보살에게 마사가 된다고 마땅히 알아야 할 것입니다."
　세존께서 말씀하셨다.
　"선현이여, 그와 같으니라. 그와 같으니라. 그대가 말한 것과 같으니라. 왜 그러한가? 선현이여. 이 반야바라밀다의 매우 깊은 경전의 가운데에는 색에 문자가 없고 수·상·행·식에 문자가 없으며, 안처에 문자가 없고 이·비·설·신·의처에 문자가 없으며, 색처에 문자가 없고 성·향·미·촉·법처에 문자가 없으며, 안계에 문자가 없고 이·비·설·신·의계에 문자가 없으며, 색계에 문자가 없고 성·향·미·촉·법계에 문자가 없으며, 안식계에 문자가 없고 이·비·설·신·의식계에 문자가 없으며, 안촉에 문자가 없고 이·비·설·신·의촉에 문자가 없으며, 안촉을 인연으로 생겨난 여러 수에 문자가 없고 이·비·설·신·의촉을 인연으로 생겨난 여러 수에 문자가 없으며,
　내공에 문자가 없고 외공·내외공·공공·대공·승의공·유위공·무위공·필경공·무제공·산공·무변이공·본성공·자상공·공상공·일체법공·불가득공·무성공·자성공·무성자성공에도 문자가 없으며, 4념주에 문자가 없고, [자세한 설명은 생략한다.] 나아가 18불불공법에도 문자가 없으며, 일체지에 문자가 없고 도상지·일체상지에도 문자가 없나니, 이러한 까닭으로 능히 반야바라밀다를 서사할 문자가 있다고 상응하여 집착하지 않아야 하느니라.
　선현이여. 보살승에 안주하는 여러 선남자와 선여인 등이 이 반야바라밀다의 매우 깊은 경전의 가운데에는 '문자가 없다면 이것이 색이고 문자가 없다면 이것이 수·상·행·식이며, 이와 같이 나아가 문자가 없다면 이것이 일체지이고, 문자가 없다면 이것이 도상지·일체상지이다.'라고 만약 이렇게 집착을 지었다면, 이것도 보살에게 마사가 된다고 마땅히 알아야 하느니라.
　다시 다음으로 선현이여. 대승에 안주하는 여러 선남자와 선여인 등이 이와 같은 매우 깊은 반야바라밀다의 경전을 서사하고 수지하며 독송하고 수습하며 사유하고 연설하는 때에, 만약 국토라는 작의(作意)를 일으키거

나, 만약 성읍이라는 생각을 일으키거나, 만약 왕도(王都)라는 생각을 일으키거나, 만약 방위와 처소라는 생각을 일으키거나, 만약 친교사(親敎師)와 궤범사(軌範師)라는 생각을 일으키거나, 만약 동학(同學)과 선한 벗이라는 생각을 일으키거나, 만약 부모와 처자라는 생각을 일으키거나, 만약 형제와 자매라는 생각을 일으키거나, 만약 친척과 친구(朋侶)라는 생각을 일으키거나,

 만약 국왕과 대신이라는 생각을 일으키거나, 만약 도적과 악인(惡人)이라는 생각을 일으키거나, 만약 맹수(猛獸)와 악귀(惡鬼)라는 생각을 일으키거나, 만약 대중이 모여서 유희(遊戱)한다는 생각을 일으키거나, 만약 음녀(淫女)와 즐겁게 오락(歡娛)한다는 생각을 일으키거나, 만약 원한을 갚고 은혜에 보답한다는 생각을 일으키거나, 만약 여러 나머지의 생각을 일으키거나, 만약 작의에서 다시 작의를 일으킨다면, 모두가 이것은 악마가 이끌어 일으키는 것이고, 반야바라밀다가 이끌어 일으키는 무변하고 수승한 선법을 장애하는 것이니, 이것도 보살에게 마사가 된다고 마땅히 알아야 하느니라.

 선현이여. 보살승에 안주하는 여러 선남자와 선여인 등이 이와 같은 매우 깊은 반야바라밀다의 경전을 서사하고 수지하며 독송하고 수습하며 사유하고 연설하는 때에, 큰 명성이 들려서 공양과 공경을 얻었는데 이를테면, 의복·음식·와구·의약품과 나머지의 재물을 얻는다면, 이 선남자와 선여인 등이 이 일에 애착(愛著)하여 반야바라밀다로 이끌어 일으켰던 것인 무변하고 수승한 선법을 퇴전하여 잃어버리게 되나니, 이것도 보살에게 마사가 된다고 마땅히 알아야 하느니라.

 다시 다음으로 선현이여. 보살승에 안주하는 여러 선남자와 선여인 등이 이와 같은 매우 깊은 반야바라밀다의 경전을 서사하고 수지하며 독송하고 수습하며 사유하고 연설하는 때에, 악마가 있어서 여러 종류의 세속의 논서(書論)이거나, 혹은 2승에 상응하는 경전을 집지(執持)하고 거짓으로 친한 벗이라고 나타내면서 보살에게 주었는데, 이 가운데서는 세속의 수승한 일들을 자세하게 설하였거나, 혹은 온(蘊)·처(處)·계(界)·

성제(諦實)·연기(緣起)·37보리분법(三十七菩提分法)·3해탈문(三解脫門)·4정려(四靜慮) 등이 자세히 설해져 있었으며, '이 경전의 의미(義味)는 깊고 오묘하므로 상응하게 정근하면서 수학하고 수습하였던 경전이라는 것은 버리시오.'라고 말하더라도, 이 보살승의 여러 선남자와 선여인 등은 방편선교로 악마가 주었던 세속의 논서이거나, 혹은 2승에 상응하는 경전을 상응하여 받거나 집착하지 않아야 하느니라.

왜 그러한가? 세속의 논서이거나, 혹은 2승에 상응하는 경전은 능히 일체상지를 이끌어 일으키지 못하고, 무상정등보리의 전도가 없는 방편에 나아가지 못하며, 도리어 무상정등보리에 장애가 되느니라. 선현이여. 나의 이러한 반야바라밀다의 매우 깊은 경전의 가운데에는 보살마하살의 도(道)인 선교방편을 널리 연설하였나니, 만약 보살마하살이 이 가운데에서 방편선교를 구하면서 제보살의 행을 정근하면서 수학한다면 빠르게 무상정등보리를 증득할 것이니라.

선현이여. 만약 보살승의 여러 선남자와 선여인 등이 반야바라밀다의 매우 깊은 경전에서 설하신 것인 보살마하살의 도인 선교방편을 버리고서 악마의 세속적인 논서이거나, 혹은 다시 2승에 상응하는 경전을 수학한다면, 이것도 보살에게 마사가 된다고 마땅히 알아야 하느니라."

45. 불화합품(不和合品)(1)

"다시 다음으로 선현이여. 능히 법을 수학하는 자가 매우 깊은 반야바라밀다를 듣고서 서사하고 수지하며 독송하고 수습하고자 하는데, 능히 법을 수지한 자가 해태(懈怠)에 집착하고 오락하면서 즐겁게 설하지 않거나, 매우 깊은 반야바라밀다를 베풀어 주려고 하지 않는다면, 이것도 보살에게 마사(魔事)가 된다고 마땅히 알아야 하느니라.

다시 다음으로 선현이여. 능히 법을 수지한 자가 마음을 집착하거나 오락하지도 않고, 매우 깊은 반야바라밀다를 즐겁게 설하며, 즐겁게 베풀었으며 방편으로 서사하고 수지하며 독송하고 수습하라고 권유하였는데, 능히 법을 수학하는 자가 해태하고 오락을 집착하여 들으려고 하지 않았다면, 이것도 보살에게 마사가 된다고 마땅히 알아야 하느니라.

다시 다음으로 선현이여. 능히 법을 수학하는 자는 매우 깊은 반야바라밀다를 애락(愛樂)하면서 듣고서 서사하고 수지하며 독송하고 수습하려고 하였는데, 법을 수지한 자가 다른 지방으로 가고자 하였으므로, 매우 깊은 반야바라밀다를 교수를 획득하지 못하였다면, 이것도 보살에게 마사가 된다고 마땅히 알아야 하느니라.

다시 다음으로 선현이여. 능히 법을 수지한 자는 매우 깊은 반야바라밀다를 즐겁게 말하고 즐겁게 베풀어서 방편으로 서사하고 수지하며 독송하고 수습하라고 권유하였는데, 능히 법을 수학하는 자가 다른 지방으로 가고자 하였으므로, 매우 깊은 반야바라밀다를 교수를 획득하지 못하였다면, 이것도 보살에게 마사가 된다고 마땅히 알아야 하느니라.

다시 다음으로 선현이여. 능히 법을 수지한 자는 크고 악한 욕심을 갖추었고, 명예와 이익(名利)·의복·음식·와구·약품 나머지의 생활용품과 재물을 사랑하고 소중하게 생각하였으며, 공양과 공경하는 마음을 싫어하지 않고 만족하는 마음이 없었으나, 능히 법을 수학하는 자는 욕심이 적고 만족할 줄 알아서 멀리 벗어나는 행을 수행하였고 용맹스럽게 정근하면서 염(念)·정(定)·혜(慧)를 구족하였으며, 이양(利養)·공경(恭敬)·명예(名譽)를 싫어하고 두려워하였으므로 두 부류가 화합하지 못하여서 매우 깊은 반야바라밀다를 수습하면서 교수(教授)·청하여 수지하는 것(聽受)·서사(書寫)·수지(受持)를 획득하지 못한다면, 이것도 보살에게 마사가 된다고 마땅히 알아야 하느니라.

다시 다음으로 선현이여. 능히 법을 수지한 자는 욕심이 적고 만족할 줄 알아서 멀리 벗어나는 행을 수행하였고 용맹스럽게 정근하면서 염·정·혜를 구족하였으며, 이양·공경·명예를 싫어하고 두려워하였으나, 능히 법을 수학하는 자는 크고 악한 욕심을 갖추었고, 명예와 이익·의복·음식·와구·약품 나머지의 생활용품과 재물을 사랑하고 소중하게 생각하였으며, 공양과 공경하는 마음을 싫어하지 않고 만족하는 마음이 없었으므로, 두 부류가 화합하지 못하여서 매우 깊은 반야바라밀다를 수습하면서 교수·청하여 수지하는 것·서사·수지를 획득하지 못한다면, 이것도 보살에게 마사가 된다고 마땅히 알아야 하느니라.

다시 다음으로 선현이여. 능히 법을 수지한 자는 12두타(十二杜多)의 공덕인 이를테면, 아란야(阿練若)의 처소에 머무르고, 항상 걸식하였으며, 분소의(糞掃衣)를 입었고, 한 번의 음식을 먹었으며, 한 자리에서 먹었고, 얻었던 음식을 따라서 먹었으며, 무덤의 사이에 머물렀고, 노지(露地)에 머물렀으며, 나무 아래에 머물렀고, 항상 앉아서 눕지 않았으며, 따라서 얻은 부구(敷具)에 앉았고, 다만 3의(三衣)를 저축하였으나, 능히 법을 수학하는 자는 12두타의 공덕이 없었는데 이를테면, 아란야의 처소에 머무르지 않았고, 나아가 다만 3의를 저축하지 않았으므로 두 부류가 화합하지 못하여서 매우 깊은 반야바라밀다를 수습하면서 교수·청하여 수지하는 것·서사·수지를 획득하지 못한다면, 이것도 보살에게 마사가 된다고 마땅히 알아야 하느니라.

다시 다음으로 선현이여. 능히 법을 수학하는 자는 12두타의 공덕인 이를테면, 아란야의 처소에 머무르고, 항상 걸식하였으며, 분소의를 입었고, 한 번의 음식을 먹었으며, 한 자리에서 먹었고, 얻었던 음식을 따라서 먹었으며, 무덤의 사이에 머물렀고, 노지에 머물렀으며, 나무 아래에 머물렀고, 항상 앉아서 눕지 않았으며, 따라서 얻은 부구에 앉았고, 다만 3의를 저축하였으나, 능히 법을 수지한 자는 12두타의 공덕이 없었는데 이를테면, 아란야의 처소에 머무르지 않았고, 나아가 다만 3의를 저축하지 않았으므로 두 부류가 화합하지 못하여서 매우 깊은 반야바라밀다를 수습하면서 교수·청하여 수지하는 것·서사·수지를 획득하지 못한다면, 이것도 보살에게 마사가 된다고 마땅히 알아야 하느니라.

다시 다음으로 선현이여. 능히 법을 수지한 자는 신심이 있었고 선법이 있어서 매우 깊은 반야바라밀다를 수습하면서 듣고서 서사하고 수지하며 독송하고자 하였으나, 능히 법을 수학하는 자는 신심이 없었고 선법이 없어서 즐겁게 듣고서 수지하지 않았으므로 두 부류가 화합하지 못하여서 매우 깊은 반야바라밀다를 수습하면서 교수·청하여 수지하는 것·서사·수지를 획득하지 못한다면, 이것도 보살에게 마사가 된다고 마땅히 알아야 하느니라.

다시 다음으로 선현이여. 능히 법을 수학하는 자는 신심이 있었고 선법이 있어서 매우 깊은 반야바라밀다를 수습하면서 듣고서 서사하고 수지하며 독송하고자 하였으나, 능히 법을 수지한 자는 신심이 없었고 선법이 없어서 교수하고자 하지 않았으므로 두 부류가 화합하지 못하여서 매우 깊은 반야바라밀다를 수습하면서 교수·청하여 수지하는 것·서사·수지를 획득하지 못한다면, 이것도 보살에게 마사가 된다고 마땅히 알아야 하느니라.

다시 다음으로 선현이여. 능히 법을 수지한 자는 마음에 간탐이 없어서 일체를 능히 버렸으나, 능히 법을 수학하는 자는 마음에 간탐이 없어서 일체를 능히 버리지 않았으므로 두 부류가 화합하지 못하여서 매우 깊은 반야바라밀다를 수습하면서 교수·청하여 수지하는 것·서사·수지를 획득하지 못한다면, 이것도 보살에게 마사가 된다고 마땅히 알아야 하느니라.

다시 다음으로 선현이여. 능히 법을 수학하는 자는 마음에 간탐이 없어서 일체를 능히 버렸으나, 능히 법을 수지한 자는 마음에 간탐이 없어서 일체를 능히 버리지 않았으므로 두 부류가 화합하지 못하여서 매우 깊은 반야바라밀다를 수습하면서 교수·청하여 수지하는 것·서사·수지를 획득하지 못한다면, 이것도 보살에게 마사가 된다고 마땅히 알아야 하느니라.

다시 다음으로 선현이여. 능히 법을 수학하는 자는 능히 법을 수지한 자에게 의복·음식·침구·약품과 나머지의 생활용품과 재물을 공양하고자 하였으나, 능히 법을 수지한 자는 즐겁게 수용하지 않았으므로 두 부류가 화합하지 못하여서 매우 깊은 반야바라밀다를 수습하면서 교수·청하여 수지하는 것·서사·수지를 획득하지 못한다면, 이것도 보살에게 마사가 된다고 마땅히 알아야 하느니라.
　다시 다음으로 선현이여. 능히 법을 수지한 자는 능히 법을 수학하는 자에게 의복·음식·침구·약품과 나머지의 생활용품과 재물을 공양하고자 하였으나, 능히 법을 수학하는 자는 즐겁게 수용하지 않았으므로 두 부류가 화합하지 못하여서 매우 깊은 반야바라밀다를 수습하면서 교수·청하여 수지하는 것·서사·수지를 획득하지 못한다면, 이것도 보살에게 마사가 된다고 마땅히 알아야 하느니라.
　다시 다음으로 선현이여. 능히 법을 수지한 자는 열린 지혜(開智)를 성취하였어도 즐겁게 널리 설하지 않았고, 능히 법을 수학하는 자도 펼쳐진 지혜(演智)를 성취하였어도 즐거이 간략히 설하지 않았으므로 두 부류가 화합하지 못하여서 매우 깊은 반야바라밀다를 수습하면서 교수·청하여 수지하는 것·서사·수지를 획득하지 못한다면, 이것도 보살에게 마사가 된다고 마땅히 알아야 하느니라.
　다시 다음으로 선현이여. 능히 법을 수학하는 자는 펼쳐진 지혜를 성취하였으므로 오직 간략히 설하는 것을 즐거워하였고, 능히 법을 수지한 자는 넓은 지혜를 성취하였으므로 오직 널리 설하는 것을 즐거워하였으므로 두 부류가 화합하지 못하여서 매우 깊은 반야바라밀다를 수습하면서 교수·청하여 수지하는 것·서사·수지를 획득하지 못한다면, 이것도 보살에게 마사가 된다고 마땅히 알아야 하느니라.
　다시 다음으로 선현이여. 능히 법을 수지한 자는 12분교(十二分敎)의 차례(次第)와 법과 의취인 이를테면, 계경(契經)·응공(應頌)·기별(記別)·풍송(諷頌)·자설(自說)·인연(因緣)·본사(本事)·본생(本生)·방광(方廣)·희법(希法)·비유(譬喩)·논의(論議) 등을 오직 널리 아는 것을 좋아하였고, 능히 법을 수학하는 자는 12분교의 차례와 법과 의취인 이를테면, 계경, 나아가 논의 등을 널리 아는 것을 좋아하지 않았으므로 두 부류가 화합하지 못하여서 매우 깊은 반야바라밀다를 수습하면서 교수·청하여 수지하는 것·서사·수지를 획득하지 못한다면, 이것도 보살에게 마사가 된다고 마땅히 알아야 하느니라.

다시 다음으로 선현이여. 능히 법을 수학하는 자는 12분교의 차례와 법과 의취인 이를테면, 계경·응공·기별·풍송·자설·인연·본사·본생·방광·희법·비유·논의 등을 오직 널리 아는 것을 좋아하였고, 능히 법을 수지한 자는 12분교의 차례와 법과 의취인 이를테면, 계경, 나아가 논의 등을 널리 아는 것을 좋아하지 않았으므로 두 부류가 화합하지 못하여서 매우 깊은 반야바라밀다를 수습하면서 교수·청하여 수지하는 것·서사·수지를 획득하지 못한다면, 이것도 보살에게 마사가 된다고 마땅히 알아야 하느니라.

다시 다음으로 선현이여. 능히 법을 수지한 자는 보시·정계·안인·정진·정려·반야바라밀다를 성취하였으나, 능히 법을 듣는 자는 보시, 나아가 반야바라밀다를 성취하지 않았으므로 두 부류가 화합하지 못하여서 매우 깊은 반야바라밀다를 수습하면서 교수·청하여 수지하는 것·서사·수지를 획득하지 못한다면, 이것도 보살에게 마사가 된다고 마땅히 알아야 하느니라.

다시 다음으로 선현이여. 능히 법을 수학하는 자는 보시, 나아가 반야바라밀다를 성취하였으나, 능히 법을 수지한 자는 보시, 나아가 반야바라밀다를 성취하지 않았으므로 두 부류가 화합하지 못하여서 매우 깊은 반야바라밀다를 수습하면서 교수·청하여 수지하는 것·서사·수지를 획득하지 못한다면, 이것도 보살에게 마사가 된다고 마땅히 알아야 하느니라.

다시 다음으로 선현이여. 능히 법을 수지한 자는 6바라밀다에서 방편선교가 있었으나, 능히 법을 수학하는 자는 6바라밀다에서 방편선교가 없었으므로 두 부류가 화합하지 못하여서 매우 깊은 반야바라밀다를 수습하면서 교수·청하여 수지하는 것·서사·수지를 획득하지 못한다면, 이것도 보살에게 마사가 된다고 마땅히 알아야 하느니라.

다시 다음으로 선현이여. 능히 법을 수학하는 자는 6바라밀다에서 방편선교가 있었으나, 능히 법을 수지한 자는 6바라밀다에서 방편선교가 없었으므로 두 부류가 화합하지 못하여서 매우 깊은 반야바라밀다를 수습하면서 교수·청하여 수지하는 것·서사·수지를 획득하지 못한다면, 이것도 보살에게 마사가 된다고 마땅히 알아야 하느니라.
　다시 다음으로 선현이여. 능히 법을 수지한 자는 이미 다라니(陀羅尼)를 얻었으나, 능히 법을 수학하는 자는 아직 다라니를 얻지 못하였으므로 두 부류가 화합하지 못하여서 매우 깊은 반야바라밀다를 수습하면서 교수·청하여 수지하는 것·서사·수지를 획득하지 못한다면, 이것도 보살에게 마사가 된다고 마땅히 알아야 하느니라.
　다시 다음으로 선현이여. 능히 법을 수학하는 자는 이미 다라니를 얻었으나, 능히 법을 수지한 자는 아직 다라니를 얻지 못하였으므로 두 부류가 화합하지 못하여서 매우 깊은 반야바라밀다를 수습하면서 교수·청하여 수지하는 것·서사·수지를 획득하지 못한다면, 이것도 보살에게 마사가 된다고 마땅히 알아야 하느니라.
　다시 다음으로 선현이여. 능히 법을 수지한 자는 매우 깊은 반야바라밀다를 공경하고 서사하며 수지하고 독송하며 수습하고자 하였으나, 능히 법을 수학하는 자는 매우 깊은 반야바라밀다를 공경하고 서사하며 수지하고 독송하며 수습하려고 하지 않았으므로 두 부류가 화합하지 못하여서 매우 깊은 반야바라밀다를 수습하면서 교수·청하여 수지하는 것·서사·수지를 획득하지 못한다면, 이것도 보살에게 마사가 된다고 마땅히 알아야 하느니라.
　다시 다음으로 선현이여. 능히 법을 수학하는 자는 매우 깊은 반야바라밀다를 공경하고 서사하며 수지하고 독송하며 수습하고자 하였으나, 능히 법을 수지한 자는 매우 깊은 반야바라밀다를 공경하고 서사하며 수지하고 독송하며 수습하려고 하지 않았으므로 두 부류가 화합하지 못하여서 매우 깊은 반야바라밀다를 수습하면서 교수·청하여 수지하는 것·서사·수지를 획득하지 못한다면, 이것도 보살에게 마사가 된다고 마땅히 알아야 하느니라.
　다시 다음으로 선현이여. 능히 법을 수지한 자는 간탐의 번뇌(慳垢)를 벗어났고, 탐욕(貪欲)·성냄(瞋恚)·혼침(惛沈)·수면(睡眠)·도거(掉擧)·악작(惡作)·의개(疑蓋) 등을 벗어났으나, 능히 법을 수학하는 자는 간탐의 번뇌를 벗어나지 못하였고, 탐욕, 나아가 의개 등을 벗어나지 못하였으므로 두 부류가 화합하지 못하여서 매우 깊은 반야바라밀다를 수습하면서 교수·청하여 수지하는 것·서사·수지를 획득하지 못한다면, 이것도 보살에게 마사가 된다고 마땅히 알아야 하느니라.

다시 다음으로 선현이여. 능히 법을 수학하는 자는 간탐의 번뇌를 벗어났고, 탐욕·성냄·혼침·수면·도거·악작·의개 등을 벗어났으나, 능히 법을 수지한 자는 간탐의 번뇌를 벗어나지 못하였고, 탐욕, 나아가 의개 등을 벗어나지 못하였으므로 두 부류가 화합하지 못하여서 매우 깊은 반야바라밀다를 수습하면서 교수·청하여 수지하는 것·서사·수지를 획득하지 못한다면, 이것도 보살에게 마사가 된다고 마땅히 알아야 하느니라.

다시 다음으로 선현이여. 보살승의 여러 선남자와 선여인 등이 있어서 이와 같은 반야바라밀다의 매우 깊은 경전을 서사하고 수지하며 독송하고 수습하며 사유하고 연설하는 때에, 만약 사람이 있어서 왔고 지옥·방생·귀계 등의 여러 종류의 고통스러운 일을 설하여 주었던 인연으로, '그대는 이 몸으로써 상응하여 정근하면서 정진한다면, 빠르게 고통의 끝자락을 마치고 반열반을 취할 것인데, 생사의 큰 바다에 머무르고 백천 종류의 안인(安忍)하기 어려운 고통의 일을 받으면서 무상정등보리를 구하더라도 무슨 소용이 있겠는가?'라고 알려 말하였으며, 이 선남자와 선여인 등이 만약 그가 말한 것을 이유로 반야바라밀다의 매우 깊은 경전을 서사하고 수지하며 독송하고 수습하며 사유하고 연설하던 일을 결국 끝마치지 못하였다면, 이것도 보살에게 마사가 된다고 마땅히 알아야 하느니라."

마하반야바라밀다경 제441권

45. 불화합품(不和合品)(2)

"다시 다음으로 선현이여. 다시 다음으로 보살승의 여러 선남자와 선여인 등이 있어서 이와 같은 반야바라밀다의 매우 깊은 경전을 서사하고 수지하며 독송하고 수습하며 사유하고 연설하는 때에, 만약 사람이 있어서 왔고 인취(人趣)의 여러 종류의 수승한 일을 칭찬하여 말하거나, 사왕천, 나아가 타화자재천(他化自在天)의 일체 수승한 일을 칭찬하여 말하거나, 범중천(梵衆天), 나아가 색구경천(色究竟天)의 일체 수승한 일을 칭찬하여 말하거나, 공무변처천(空無邊處天), 나아가 비상비비상처천(非想非非想處天)의 일체 수승한 일을 칭찬하여 말하였던 인연으로, '비록 욕계에서 여러 욕락을 받았거나, 색계의 가운데에서 여러 정려(靜慮)와 무량한 쾌락(快樂)을 받았거나, 무색계(無色界)에서 여러 적정(寂靜)과 등지(等至)의 미묘한 쾌락을 받을지라도 그 일체는 모두가 유위(有爲)이고 무상(無常)하며 괴롭고 공(空)하며 무아(非我)이고 부정(不淨)하며, 변하고 파괴되는 법이고 끝마치는 법이며 지나가는 법이고 벗어나는 법이고 소멸하는 법입니다.

그대들은 이 몸에서 어찌 정진하여 예류과를 취하거나, 만약 일래과이거나, 만약 불환이거나, 만약 아라한과이거나, 만약 독각의 보리를 취하여 반열반의 구경인 안락에 들어가지 않고, 오랫동안 처소에서 생사를 윤회하면서 일이 없으나 다른 사람을 위하여 정근하면서 여러 고통을 받으면서 무상정등보리를 구하면서 나아가더라도 무슨 소용이 있겠는가?'라고 알려서 말하였으며, 이 선남자와 선여인 등이 만약 그가 말한 것을 이유로 반야바라밀다의 매우 깊은 경전을 서사하고 수지하며 독송하고 수습하며 사유하고 연설하던 일을 결국 끝마치지 못하였다면, 이것도 보살에게 마사(魔事)가 된다고 마땅히 알아야 하느니라.

다시 다음으로 선현이여. 능히 법을 수지한 자는 하나의 몸(一身)에 계박이 없고 오직 자기(己)의 일(事)을 행하며 다른 사람의 업(業)은 근심하지 않았고, 능히 법을 수학하는 자는 도중(徒衆)을 거느리기 좋아하며, 다른 사람의 일을 즐겁게 경영(經營)하면서 스스로의 업(自業)을 근심하지 않았다면, 두 부류가 화합하지 못하여서 매우 깊은 반야바라밀다를 수습하면서 교수·청하여 수지하는 것·서사·수지를 획득하지 못한다면, 이것도 보살에게 마사가 된다고 마땅히 알아야 하느니라.

다시 다음으로 선현이여. 능히 법을 수학하는 자는 하나의 몸에 계박이 없고 오직 스스로의 일을 행하며 다른 사람의 업은 근심하지 않았고, 능히 법을 수지한 자는 도중을 거느리기 좋아하며, 다른 사람의 일을 즐겁게 경영하면서 스스로의 업을 근심하지 않았다면, 두 부류가 화합하지 못하여서 매우 깊은 반야바라밀다를 수습하면서 교수·청하여 수지하는 것·서사·수지를 획득하지 못한다면, 이것도 보살에게 마사가 된다고 마땅히 알아야 하느니라.

다시 다음으로 선현이여. 능히 법을 수지한 자는 요란스럽고 잡스러운 것을 즐거워하지 않았고, 능히 법을 수학하는 자는 요란스럽고 잡스러운 것을 즐거워하였다면, 두 부류가 화합하지 못하여서 매우 깊은 반야바라밀다를 수습하면서 교수·청하여 수지하는 것·서사·수지를 획득하지 못한다면, 이것도 보살에게 마사가 된다고 마땅히 알아야 하느니라.

다시 다음으로 선현이여. 능히 법을 수학하는 자는 요란스럽고 잡스러운 것을 즐거워하지 않았고, 능히 법을 수지한 자는 요란스럽고 잡스러운 것을 즐거워하였다면, 두 부류가 화합하지 못하여서 매우 깊은 반야바라밀다를 수습하면서 교수·청하여 수지하는 것·서사·수지를 획득하지 못한다면, 이것도 보살에게 마사가 된다고 마땅히 알아야 하느니라.

다시 다음으로 선현이여. 능히 법을 수지한 자는 능히 법을 수학하는 자가 그가 하였던 것에 모두 따라서 완성한다고 알았고, 능히 법을 수학하는 자는 그를 따라서 완성하고자 하지 않았다면, 두 부류가 화합하지 못하여서 매우 깊은 반야바라밀다를 수습하면서 교수·청하여 수지하는 것·서사·수지를 획득하지 못한다면, 이것도 보살에게 마사가 된다고 마땅히 알아야 하느니라.

다시 다음으로 선현이여. 능히 법을 수지한 자는 능히 법을 수학하는 자가 그가 하였던 것에 모두 따라서 돕는다고 알았고, 능히 법을 수학하는 자는 그를 따라서 도우려고 하지 않았다면, 두 부류가 화합하지 못하여서 매우 깊은 반야바라밀다를 수습하면서 교수·청하여 수지하는 것·서사·수지를 획득하지 못한다면, 이것도 보살에게 마사가 된다고 마땅히 알아야 하느니라.

다시 다음으로 선현이여. 능히 법을 수학하는 자는 능히 법을 수지한 자가 여러 하였던 것이 있었다면 모두 즐겁게 따라서 도왔으나, 능히 법을 수지한 자가 그를 따라서 하고자 하지 않았다면, 두 부류가 화합하지 못하여서 매우 깊은 반야바라밀다를 수습하면서 교수·청하여 수지하는 것·서사·수지를 획득하지 못한다면, 이것도 보살에게 마사가 된다고 마땅히 알아야 하느니라.

다시 다음으로 선현이여. 능히 법을 수지한 자는 명예와 이익을 위한 까닭으로 다른 사람을 청하여 매우 깊은 반야바라밀다를 연설하였고, 다시 방편으로 서사하고 수지하며 독송하고 수습하게 하고자 하였으나, 능히 법을 수학하는 자는 그가 하려는 것을 알고서 따라서 청하지 않았다면, 두 부류가 화합하지 못하여서 매우 깊은 반야바라밀다를 수습하면서 교수·청하여 수지하는 것·서사·수지를 획득하지 못한다면, 이것도 보살에게 마사가 된다고 마땅히 알아야 하느니라.

다시 다음으로 선현이여. 능히 법을 수학하는 자는 명예와 이익을 위한 까닭으로 다른 사람을 청하여 매우 깊은 반야바라밀다를 연설하였고, 다시 방편으로 서사하고 수지하며 독송하고 수습하게 하고자 하였으나,

능히 법을 수지한 자는 그가 하려는 것을 알고서 따라서 청하지 않았다면, 두 부류가 화합하지 못하여서 매우 깊은 반야바라밀다를 수습하면서 교수·청하여 수지하는 것·서사·수지를 획득하지 못한다면, 이것도 보살에게 마사가 된다고 마땅히 알아야 하느니라.

다시 다음으로 선현이여. 능히 법을 수지한 자는 다른 지방의 몸과 목숨이 위험한 처소로 가고자 하였으나, 능히 법을 수학하는 자는 몸과 목숨을 잃는 것이 두려워서 따라서 가고자 하지 않았다면, 두 부류가 화합하지 못하여서 매우 깊은 반야바라밀다를 수습하면서 교수·청하여 수지하는 것·서사·수지를 획득하지 못한다면, 이것도 보살에게 마사가 된다고 마땅히 알아야 하느니라.

다시 다음으로 선현이여. 능히 법을 수학하는 자는 다른 지방의 몸과 목숨이 위험한 처소로 가고자 하였으나, 능히 법을 수지한 자는 몸과 목숨을 잃는 것이 두려워서 따라서 가고자 하지 않았다면, 두 부류가 화합하지 못하여서 매우 깊은 반야바라밀다를 수습하면서 교수·청하여 수지하는 것·서사·수지를 획득하지 못한다면, 이것도 보살에게 마사가 된다고 마땅히 알아야 하느니라.

다시 다음으로 선현이여. 능히 법을 수지한 자는 다른 지방의 도둑·질병(疾疫)·굶주림(飢渴)이 많은 처소로 가고자 하였으나, 능히 법을 수학하는 자는 그 처소의 큰 고통을 염려하여 즐겁게 따라서 가지 않았다면, 두 부류가 화합하지 못하여서 매우 깊은 반야바라밀다를 수습하면서 교수·청하여 수지하는 것·서사·수지를 획득하지 못한다면, 이것도 보살에게 마사가 된다고 마땅히 알아야 하느니라.

다시 다음으로 선현이여. 능히 법을 수학하는 자는 다른 지방의 도둑·질병·굶주림이 많은 처소로 가고자 하였으나, 능히 법을 수지한 자는 그 처소의 큰 고통을 염려하여 즐거이 함께 가지 않았다면, 두 부류가 화합하지 못하여서 매우 깊은 반야바라밀다를 수습하면서 교수·청하여 수지하는 것·서사·수지를 획득하지 못한다면, 이것도 보살에게 마사가 된다고 마땅히 알아야 하느니라.

다시 다음으로 선현이여. 능히 법을 수지한 자는 다른 지방의 안은(安隱)하고 풍요로우며 즐겁고 환란이 없는 처소로 가고자 하였고, 능히 법을 수학하는 자도 따라서 그곳으로 떠나고자 하였으며, 능히 법을 수지한 자가 방편으로 '그대가 비록 이익을 위하여 나를 따라가려고 하였어도, 그대가 그곳에 이르렀더라도 어찌 반드시 그대의 마음을 쫓겠는가? 마땅히 자세히 사유하여 뒤에 근심하고 후회하지 말라.'고 시험삼아 말하였고, 이때 능히 수학하는 자가 듣고서, '그가 상응하여 나를 따라서 떠나가지 못하게 하려는 것이다. 설사 진실로 따라가더라도 어찌 반드시 법을 듣겠는가?'라고 생각하면서 말하였으며, 오히려 이러한 인연으로 따라서 떠나가지 않았다면, 두 부류가 화합하지 못하여서 매우 깊은 반야바라밀다를 수습하면서 교수·청하여 수지하는 것·서사·수지를 획득하지 못한다면, 이것도 보살에게 마사가 된다고 마땅히 알아야 하느니라.

다시 다음으로 선현이여. 능히 법을 수지한 자는 다른 지방으로 떠나가고자 하였는데, 지나가는 도로는 광야이고 험난하였으므로 여러 도둑의 환란과 전다라(栴茶羅)·악한 짐승·사냥꾼·독사 등의 두려움이 많았으나, 능히 법을 수학하는 자도 따라서 그곳으로 떠나고자 하였으며, 능히 법을 수지한 자가 방편으로 '그대는 지금 무슨 까닭으로 일이 없는데, 나를 따라서 이와 같은 여러 험난한 처소를 지나가려고 하는가? 마땅히 자세히 사유하여 뒤에 근심하고 후회하지 말라.'고 시험삼아 말하였고, 능히 수학하는 자가 듣고서, '이것은 그가 나를 떠나가지 못하게 하려는 모습이다. 설사 진실로 따라가더라도 어찌 반드시 법을 듣겠는가?'라고 생각하면서 말하였으며, 오히려 이러한 인연으로 따라서 떠나가지 않았다면, 두 부류가 화합하지 못하여서 매우 깊은 반야바라밀다를 수습하면서 교수·청하여 수지하는 것·서사·수지를 획득하지 못한다면, 이것도 보살에게 마사가 된다고 마땅히 알아야 하느니라.

다시 다음으로 선현이여. 능히 법을 수지한 자는 시주(施主)들이 많이 있어서 자주 서로를 쫓아서 왔는데, 법을 수학하는 자가 와서 반야바라밀다를 설하기를 청하였거나, 혹은 서사·수지·독송을 설하였던 것과 같은 수행을 청하였는데, 그가 인연이 많아서 장애로 교수할 겨를이 없었으나, 능히 수학하는 자가 싫어하고 원망하는 마음을 일으켰고 뒤에 교수하였더라도 듣고서 받아들이지 않았다면, 두 부류가 화합하지 못하여서 매우 깊은 반야바라밀다를 수습하면서 교수·청하여 수지하는 것·서사·수지를 획득하지 못한다면, 이것도 보살에게 마사가 된다고 마땅히 알아야 하느니라.

다시 다음으로 선현이여. 여러 악마들이 있어서 비구의 형상을 짓고서 보살의 처소에 이르러 방편으로 파괴하면서 반야바라밀다를 서사하고 수지하며 독송하고 수습하며 다른 사람에게 연설하지 못하게 하느니라."

그때 장로 선현이 세존께 아뢰어 말하였다.
"세존이시여. 무엇이 악마가 비구의 형상을 짓고서 보살의 처소에 이르러 방편으로 파괴하면서 반야바라밀다를 서사하고 수지하며 독송하고 수습하며 다른 사람에게 연설하지 못하게 하는 것입니까?"

세존께서 말씀하셨다.
"선현이여. 여러 악마들이 있어서 비구의 형상을 짓고서 보살의 처소에 이르러 방편으로 파괴하며 그에게 반야바라밀다를 훼방하고 싫어하게 시키고, 서사하고 수지하며 독송하고 수습하며 다른 사람에게 연설하지 못하게 하는데 이를테면, '그대가 수습하고 독송하는 무상(無常)한 경전은 진실한 반야바라밀다가 아니고, 내가 수습하고 독송하는 유상(有相)인 경전이 진실로 반야바라밀다이다.'라고 이렇게 말을 지었고, 이렇게 말을 짓는 때에 아직 수기(授記)를 받지 못한 여러 보살들이 있었다면, 곧 반야바라밀다에서 의혹이 생겨나고, 오히려 의혹한 까닭으로 반야바라밀다에서 훼방과 싫어함이 생겨나며, 오히려 훼방과 싫어하는 까닭으로 마침내 매우 깊은 반야바라밀다를 서사하고 수지하며 독송하고 수습하며 사유하고 다른 사람에게 연설하지 못하나니, 이것도 보살에게 마사가 된다고 마땅히 알아야 하느니라.

다시 다음으로 선현이여. 여러 악마들이 있어서 비구의 형상을 짓고서 보살의 처소에 이르러 보살들에게 '만약 제보살마하살들이 이러한 반야바라밀다를 행하더라도, 오직 실제(實際)를 증득하거나, 예류과(預流果)를 증득하거나, 만약 일래과(一來果)이거나, 만약 불환과(不還果)이거나, 만약 아라한과(阿羅漢果)이거나, 만약 독각(獨覺)의 보리를 증득하며, 결국 무상(無上)한 불과(佛果)를 얻을 수 없는데, 무슨 인연으로 이것에 헛되이 구로를 베푸는가?'라고 알려 말하였고, 보살들이 이것을 듣고서 곧 매우 깊은 반야바라밀다를 서사하고 수지하며 독송하고 수습하며 사유하고 다른 사람에게 연설하지 않는다면, 이것도 보살에게 마사가 된다고 마땅히 알아야 하느니라.

다시 다음으로 선현이여. 이와 같은 반야바라밀다의 매우 깊은 경전을 서사하고 수지하며 독송하고 수습하며 다른 사람에게 연설하는 때에 악마들이 짓는 장애(障碍)의 일이 많이 있어서 제보살들이 구하는 무상정등보리를 장애하나니, 제보살마하살들은 상응하여 자세하게 살펴서 깨닫고 관찰하면서 그것을 멀리 벗어나야 하느니라."

장로 선현이 세존께 아뢰어 말하였다.
"세존이시여. 무엇 등을 마사(魔事)의 액난(留難)이라고 이름하고, 제보살들이 살펴서 깨닫고 관찰하면서 멀리 벗어나야 합니까?"
세존께서 말씀하셨다.
"선현이여. 보살승(菩薩乘)에 안주하는 여러 선남자와 선여인 등이 이와 같은 반야바라밀다의 매우 깊은 경전을 서사하고 수지하며 독송하고 수습하며 다른 사람에게 연설하는 때에 서로가 비슷한 반야(般若)·정려(靜慮)·정진(精進)·안인(安忍)·정계(淨戒)·보시바라밀다(布施波羅密多)인 마사의 액난이 많이 있나니, 보살은 그 가운데에서 상응하여 살펴서 깨닫고 관찰하면서 멀리 벗어나야 하느니라.

다시 다음으로 선현이여. 보살승에 안주하는 여러 선남자와 선여인 등이 이와 같은 반야바라밀다의 매우 깊은 경전을 서사하고 수지하며 독송하고 수습하며 다른 사람에게 연설하는 때에 서로가 비슷한 내공(內

空)·외공(外空)·내외공(內外空)·공공(空空)·대공(大空)·승의공(勝義空)·유위공(有爲空)·무위공(無爲空)·필경공(畢竟空)·무제공(無際空)·산공(散空)·무변이공(無變異空)·본성공(本性空)·자상공(自相空)·공상공(共相空)·일체법공(一切法空)·불가득공(不可得空)·무성공(無性空)·자성공(自性空)·무성자성공(無性自性空)인 마사의 액난이 많이 있나니, 보살은 그 가운데에서 상응하여 살펴서 깨닫고 관찰하면서 멀리 벗어나야 하느니라.

다시 다음으로 선현이여. 보살승에 안주하는 여러 선남자와 선여인 등이 이와 같은 반야바라밀다의 매우 깊은 경전을 서사하고 수지하며 독송하고 수습하며 다른 사람에게 연설하는 때에 서로가 비슷한 진여(眞如)와 법계(法界)·법성(法性)·실제(實際)·부사의계(不思議界)와 나머지의 무량하고 무변한 불법(佛法)에 마사의 액난이 많이 있나니, 보살은 그 가운데에서 상응하여 살펴서 깨닫고 관찰하면서 멀리 벗어나야 하느니라.

다시 다음으로 선현이여. 보살승에 안주하는 여러 선남자와 선여인 등이 이와 같은 반야바라밀다의 매우 깊은 경전을 서사하고 수지하며 독송하고 수습하며 다른 사람에게 연설하는 때에 누가 2승(二乘)에 상응하는 경전을 가지고 보살의 처소에 이르렀고, '이것은 여래께서 진실하게 설하신 것이니, 이 법에서 수학하는 자는 빠르게 무상정등보리를 증득합니다.'라고 이렇게 말을 지었다면, 이와 같더라도 역시 마사의 액난이라고 이름하나니, 보살은 그 가운데에서 상응하여 살펴서 깨닫고 관찰하면서 멀리 벗어나야 하느니라.

다시 다음으로 선현이여. 여러 악마들이 있어서 비구의 형상을 짓고서 보살의 처소에 이르러 2승들이 수학하는 것인 내외공 등을 널리 설하거나, 혹은 4념주·4정단·4신족·5근·5력·7등각지·8성도지 등을 널리 설하거나, 혹은 3해탈문 등을 널리 설하거나, 이러한 법을 설하면서, '대사(大土)여. 또한 이 법에 의지하여 정근하면서 수학한다면 예류과를 취하고, 만약 일래과이거나, 만약 불환과이거나, 만약 아라한과이거나, 만약 독각의 보리를 취하여 일체의 생·노·병·사를 멀리 벗어나는데, 무상정등보리가 무슨 소용이 있겠는가?'라고 보살에게 알려 말하였고, 오히려 이것을 인연으로 보살들에게 매우 깊은 반야바라밀다를 서사하고 수지하며 독송하고 수습하며 사유하고 다른 사람에게 연설하지 못하게 하였다면, 이것도 보살에게 마사가 된다고 마땅히 알아야 하느니라.

다시 다음으로 선현이여. 여러 악마들이 있어서 비구의 형상을 짓고서 위의(威儀)가 상서(庠序)롭고 형상과 용모가 단엄(端嚴)하게 보살의 처소에 이르렀는데, 보살들이 그를 보고 깊은 애착이 생겨났으며, 오히려 이것으로 일체상지(一切相智)에서 퇴실(退失)하고 감소하였으므로 매우 깊은 반야바라밀다를 듣지 못하였으며 서사하고 수지하며 독송하고 수습하며 사유하고 다른 사람에게 연설하지 못하였다면, 이것도 보살에게 마사가 된다고 마땅히 알아야 하느니라.

다시 다음으로 선현이여. 여러 악마들이 있어서 여래의 형상을 지었는데, 몸은 진금색(眞金色)이었고, 항상 광명이 1심(尋)이었으며, 32대장부상(三十二大丈夫相)과 80수호(八十隨好)를 원만하게 장엄하고서 보살의 처소에 이르렀는데, 보살들이 그를 보고 깊은 애착이 생겨났으며, 오히려 이것으로 일체상지에서 퇴실하고 감소하였으므로 매우 깊은 반야바라밀다를 듣지 못하였으며 서사하고 수지하며 독송하고 수습하며 사유하고 다른 사람에게 연설하지 못하였다면, 이것도 보살에게 마사가 된다고 마땅히 알아야 하느니라.

다시 다음으로 선현이여. 일체 악마들이 변화하여 여래의 형상을 짓고 비구들에게 위요되어 법요를 널리 설하면서 보살의 처소에 이르렀다면 보살들이 보고서 깊은 애착이 생겨나서 '바라옵건대 나도 미래의 세상에서 여래·응공·등정각을 마땅히 성취하여 비구들에게 위요되어 법요를 널리 설하면서 지금의 처소에서 보는 것과 같이 평등하게 하십시오.'라고 곧 이렇게 생각을 지었으며, 오히려 이것으로 일체상지에서 퇴실하고 감소하였으므로 매우 깊은 반야바라밀다를 듣지 못하였으며 서사하고 수지하며 독송하고 수습하며 사유하고 다른 사람에게 연설하지 못하였다면, 이것도 보살에게 마사가 된다고 마땅히 알아야 하느니라.

다시 다음으로 선현이여. 여러 악마들이 있어서 보살마하살의 형상을 변화를 짓고서, 만약 백이거나, 만약 천이거나, 나아가 무수이고, 장애가 없는 변재와 상호의 장엄을 구족하였으며, 스스로는 그의 몸을 여래의 형상으로 변화시켜 변화한 보살들에게 법요를 널리 설하면서 보시바라밀다, 나아가 반야바라밀다를 교계하여 수행하게 하는데, 이와 같은 형상으로 보살의 처소에 이르렀다면 보살들이 보고서 깊은 애착이 생겨나고, 오히려 이것으로 일체상지에서 퇴실하고 감소하였으므로, 매우 깊은 반야바라밀다를 듣지 못하였으며 서사하고 수지하며 독송하고 수습하며 사유하고 다른 사람에게 연설하지 못하였다면, 이것도 보살에게 마사가 된다고 마땅히 알아야 하느니라.

왜 그러한가? 선현이여. 이와 같은 반야바라밀다의 매우 깊은 법의 가운데에는 색(色)은 무소유(無所有)이고 얻을 수 없으며(不可得), 수(受)·상(想)·행(行)·식(識)도 무소유이고 얻을 수 없으며, 안처(眼處)는 무소유이고 얻을 수 없으며, 이(耳)·비(鼻)·설(舌)·신(身)·의처(意處)도 무소유이고 얻을 수 없으며, 색처(色處)는 무소유이고 얻을 수 없으며, 성(聲)·향(香)·미(味)·촉(觸)·법처(法處)도 무소유이고 얻을 수 없으며, 안계(眼界)는 무소유이고 얻을 수 없으며, 이(耳)·비(鼻)·설(舌)·신(身)·의계(意界)도 무소유이고 얻을 수 없으며, 색계(色界)는 무소유이고 얻을 수 없으며, 성(聲)·향(香)·미(味)·촉(觸)·법계(法界)도 무소유이고 얻을 수 없으며,

안촉(眼觸)은 무소유이고 얻을 수 없으며, 이(耳)·비(鼻)·설(舌)·신(身)·의촉(意觸)도 무소유이고 얻을 수 없으며, 안촉(眼觸)을 인연으로 생겨나는 여러 수(受)는 무소유이고 얻을 수 없으며, 이(耳)·비(鼻)·설(舌)·신(身)·의촉(意觸)을 인연으로 생겨나는 여러 수도 무소유이고 얻을 수 없으며, 지계(地界)는 무소유이고 얻을 수 없으며, 수(水)·화(火)·풍(風)·공(空)·식계(識界)도 무소유이고 얻을 수 없으며, 무명(無明)은 무소유이고 얻을 수 없으며, 행(行)·식(識)·명색(名色)·육처(六處)·촉(觸)·수(受)·애(愛)·취(取)·유(有)·생(生)·노사(老死)의 수탄고우뇌(愁歎苦憂惱)도 무소유이고 얻을 수 없으며,

과거는 무소유이고 얻을 수 없으며, 미래·현재도 무소유이고 얻을

수 없으며, 유루법(有漏法)은 무소유이고 얻을 수 없으며, 무루법(無漏法)도 무소유이고 얻을 수 없으며, 세간법(世間法)은 무소유이고 얻을 수 없으며, 출세간법(出世間法)도 무소유이고 얻을 수 없으며, 보시바라밀다(布施波羅蜜多)는 무소유이고 얻을 수 없으며, 정계(淨戒)·안인(安忍)·정진(精進)·정려(靜慮)·반야바라밀다(般若波羅蜜多)도 무소유이고 얻을 수 없으며, 내공(內空)은 무소유이고 얻을 수 없으며, 외공(外空)·내외공(內外空)·공공(空空)·대공(大空)·승의공(勝義空)·유위공(有爲空)·무위공(無爲空)·필경공(畢竟空)·무제공(無際空)·산공(散空)·무변이공(無變異空)·본성공(本性空)·자상공(自相空)·공상공(共相空)·일체법공(一切法空)·불가득공(不可得空)·무성공(無性空)·자성공(自性空)·무성자성공(無性自性空)도 역시 무소유이고 얻을 수 없으며,

진여(眞如)는 무소유이고 얻을 수 없으며, 법계(法界)·법성(法性)·불허망성(不虛妄性)·불변이성(不變異性)·평등성(平等性)·이생성(離生性)·법정(法定)·법주(法住)·실제(實際)·허공계(虛空界)·부사의계(不思議界)도 역시 무소유이고 얻을 수 없으며, 고성제(苦聖諦)는 무소유이고 얻을 수 없으며, 집(集)·멸(滅)·도성제(道聖諦)도 역시 무소유이고 얻을 수 없으며, 4정려(四靜慮)는 무소유이고 얻을 수 없으며, 4무량(四無量)·4무색정(四無色定)도 역시 무소유이고 얻을 수 없으며, 유루법(有漏法)은 무소유이고 얻을 수 없으며, 8해탈(八解脫)은 무소유이고 얻을 수 없으며, 8승처(八勝處)·9차제정(九次第定)·10변처(十遍處)도 역시 무소유이고 얻을 수 없으며, 4념주(四念住)는 무소유이고 얻을 수 없으며, 4정단(四正斷)·4신족(四神足)·5근(五根)·5력(五力)·7등각지(七等覺支)·8성도지(八聖道支)도 역시 무소유이고 얻을 수 없으며, 공해탈문(空解脫門)은 무소유이고 얻을 수 없으며, 무상(無相)·무원해탈문(無願解脫門)도 역시 무소유이고 얻을 수 없으며, 정관지(淨觀地)는 무소유이고 얻을 수 없으며, 종성지(種姓地)·제팔지(第八地)·구견지(具見地)·박지(薄地)·이욕지(離欲地)·이판지(已辦地)·독각지(獨覺地)·보살지(菩薩地)·여래지(如來地)도 역시 무소유이고 얻을 수 없으며, 극희지(極喜地)는 무소유이고 얻을 수 없으며, 이구지(離垢地)·

발광지(發光地)·염혜지(焰慧地)·극난승지(極難勝地)·현전지(現前地)·원행지(遠行地)·부동지(不動地)·선혜지(善慧地)·법운지(法雲地)도 역시 무소유이고 얻을 수 없으며,

5안(五眼)은 무소유이고 얻을 수 없으며, 6신통(六神通)도 역시 무소유이고 얻을 수 없으며, 여래(佛)의 10력(十力)은 무소유이고 얻을 수 없으며, 4무소외(四無所畏)·4무애해(四無礙解)·대자(大慈)·대비(大悲)·대희(大喜)·대사(大捨)·18불불공법(十八佛不共法)도 역시 무소유이고 얻을 수 없으며, 32대사상(三十二大士相)은 무소유이고 얻을 수 없으며, 80수호(八十隨好)도 역시 무소유이고 얻을 수 없으며, 무망실법(無忘失法)은 무소유이고 얻을 수 없으며, 항주사성(恒住捨性)도 역시 무소유이고 얻을 수 없으며, 일체지(一切智)는 무소유이고 얻을 수 없으며, 도상지(道相智)·일체상지(一切相智)도 역시 무소유이고 얻을 수 없으며,

유정을 성숙시키는 것은 무소유이고 얻을 수 없으며, 불국토를 청정하게 장엄하는 것도 역시 무소유이고 얻을 수 없으며, 보살의 대원(大願)은 무소유이고 얻을 수 없으며, 보살의 신통(神通)도 역시 무소유이고 얻을 수 없으며, 일체(一切)의 다라니문(陀羅尼門)은 무소유이고 얻을 수 없으며, 일체의 삼마지문(三摩地門)도 역시 무소유이고 얻을 수 없으며, 예류과(預流果)는 무소유이고 얻을 수 없으며, 일래(一來)·불환(不還)·아라한과(阿羅漢果)와 독각(獨覺)의 보리(菩提)도 역시 무소유이고 얻을 수 없으며, 일체의 보살마하살(菩薩摩訶薩)의 행(行)은 무소유이고 얻을 수 없으며, 제불(諸佛)의 무상정등보리(無上正等菩提)도 역시 무소유이고 얻을 수 없느니라.

다시 다음으로 선현이여. 만약 이 처소에서 색은 무소유이고 얻을 수 없으며, 수·상·행·식도 무소유이고 얻을 수 없으며, 이와 같이 나아가, 일체의 보살마하살(菩薩摩訶薩)의 행(行)은 무소유이고 얻을 수 없으며, 제불(諸佛)의 무상정등보리(無上正等菩提)도 역시 무소유이고 얻을 수 없다면, 나아가(卽) 이 처소에서 일체의 여래·응공·정등각과 제보살마하살·독각·성문·여러 이생(異生)의 부류들도 역시 무소유이고 얻을 수 없느니라. 왜 그러한가? 선현이여. 일체법으로써 자성(自性)은 공(空)한 까닭이니라.

다시 다음으로 선현이여. 보살승에 안주하는 여러 선남자와 선여인 등이 이와 같은 반야바라밀다의 매우 깊은 경전에서 서사하고 수지하며 독송하고 수습하며 다른 사람에게 연설하는 때에 많은 장애가 있고 어긋나고 해치는 일이 일어나서 박복한 자에게 일을 성취하지 못하게 하는데, 남섬부주에 있는 여러 진귀한 보물인 이를테면, 폐유리(吠琉璃)·나패(螺貝)·벽옥(璧玉)·산호(珊瑚)·석장(石藏)·마니(末尼)·진주(眞珠)·제청(帝靑)·대청(大靑)·금강(金剛)·호박(虎珀)·금(金)·은(銀) 등의 보배는 많이 어긋나고 해치는 장애가 있어서 여러 박복한 자들은 구하더라도 능히 얻을 수 없는 것과 같나니, 매우 깊은 반야바라밀다의 값비싼 보배도 역시 다시 이와 같아서 보살승에 안주하는 여러 선남자와 선여인 등이 이와 같은 반야바라밀다의 매우 깊은 경전에서 서사하고 수지하며 독송하고 수습하며 사유하고 다른 사람에게 연설하는 때에 박복한 자들이라면 여러 장애가 있고, 여러 악마가 장애를 짓는 것이 있느니라."

장로 선현이 곧 세존께 아뢰어 말하였다.
"그와 같습니다. 세존이시여. 그와 같습니다. 선서시여. 진실로 성스러운 가르침(聖敎)과 같이, 매우 깊은 반야바라밀다는 남섬부주의 폐유리 등의 여러 종류의 진기한 보배는 장애가 많이 있어서 여러 박복한 사람들은 비록 방편을 베풀지라도 얻지 못하는 것과 같이, 보살승에 안주하는 여러 선남자와 선여인 등이 이와 같은 반야바라밀다의 매우 깊은 경전에서 서사하고 수지하며 독송하고 수습하며 사유하고 다른 사람에게 연설하는 때에 박복한 자들이라면 여러 액난(留難)이 있고, 비록 욕락(欲樂)이 있을지라도 능히 성취할 수 없습니다.
그 까닭은 무엇인가? 우치(愚癡)한 자들이 있다면 악마가 하인으로 삼나니, 보살승에 안주하는 여러 선남자와 선여인 등이 이와 같은 반야바라밀다의 매우 깊은 경전에서 서사하고 수지하며 독송하고 수습하며 다른 사람에게 연설하는 때에 액난을 짓게 됩니다. 세존이시여. 그 우치한 자들은 깨닫는 지혜가 작고 어두워서 광대한 불법을 능히 사유(思議)하지 못하므로, 스스로가 반야바라밀다의 매우 깊은 경전에서 능히 서사하고 수지하며 독송하고 수습하며 다른 사람에게 연설하지 못하고, 다시 다른 사람들이 매우 깊은 반야바라밀다를 서사하고 수지하며 독송하고 수습하며 사유하고 다른 사람에게 연설하는 것을 즐겁게 장애합니다."

세존께서 말씀하셨다.

"선현이여. 그와 같으니라. 그와 같으니라. 그대가 말한 것과 같이, 우치한 사람들이 있다면 악마가 하인으로 삼나니, 보살승에 안주하는 여러 선남자와 선여인 등이 이와 같은 반야바라밀다의 매우 깊은 경전을 서사하고 수지하며 독송하고 수습하며 사유하고 다른 사람에게 연설하는 때에 액난을 짓게 되느니라.

선현이여. 그 우치한 자들은 깨닫는 지혜가 작고 어두워서 광대한 불법을 능히 사유하지 못하므로, 아직 선근을 심지 못하고 여래의 처소에서 큰 서원을 일으키지 못하며 악지식(惡知識)에게 섭수되고 복덕이 엷은 까닭으로 스스로가 반야바라밀다의 매우 깊은 경전에서 능히 서사하고 수지하며 독송하고 수습하며 다른 사람에게 연설하지 못하고, 새롭게 대승을 수학하는 여러 선남자와 선여인 등이 매우 깊은 반야바라밀다를 서사하고 수지하며 독송하고 수습하며 사유하고 다른 사람에게 연설하는 때에도 액난을 짓게 되느니라.

선현이여. 미래의 세상에 여러 선남자와 선여인 등이 있어서 깨닫는 지혜가 작고 어두우며 선근이 적어서 악지식에게 섭수되고, 제여래·응공·정등각들의 깨달음의 광대한 공덕을 능히 즐겁게 신행하지 못하였으므로, 스스로가 반야바라밀다의 매우 깊은 경전에서 능히 서사하고 수지하며 독송하고 수습하며 사유하고 다른 사람에게 연설하지 못하며, 다시 다른 선남자와 선여인 등이 매우 깊은 반야바라밀다에서 서사하고 수지하며 독송하고 수습하며 사유하고 다른 사람에게 연설하는 것을 즐겁게 장애한다면, 이 사람은 무량한 죄를 획득한다고 마땅히 알아야 하느니라."

"다시 다음으로 선현이여. 보살승에 안주하는 여러 선남자와 선여인 등이 이와 같은 반야바라밀다의 매우 깊은 경전에서 서사하고 수지하며 독송하고 수습하며 사유하고 다른 사람에게 연설하는 때에 많은 여러 마사(魔事)가 액난을 짓게 하였고, 매우 깊은 반야바라밀다의 서사하고 수지하며 독송하고 수습하며 사유하고 다른 사람에게 연설하는 일을 성취하지 못하게 하며, 반야·정려·정진·안인·정계·보시바라밀다를 능히 원만하지 못하게 하고, 내공·외공·내외공·공공·대공·승의공·유위공·무위공·필경공·무제공·산공·무변이공·본성공·자상공·공상공·일체법공·불가득공·무성공·자성공·무성자성공을 능히 원만하지 못하게 하며,

진여·법계·법성·불허망성·불변이성·평등성·이생성·법정·법주·실제·허공계·부사의계를 능히 원만하지 못하게 하고, 고·집·멸·도성제를 능히 원만하지 못하게 하며, 4정려·4무량·4무색정을 능히 원만하지 못하게 하고, 8해탈·8승처·9차제정·10변처를 능히 원만하지 못하게 하며, 4념주·4정단·4신족·5근·5력·7등각지·8성도지를 능히 원만하지 못하게 하고, 공·무상·무원해탈문을 능히 원만하지 못하게 하며, 보살의 10지를 능히 원만하지 못하게 하고, 5안·6신통을 능히 원만하지 못하게 하며, 여래의 10력·4무소외·4무애해·대자·대비·대희·대사·18불불공법을 능히 원만하지 못하게 하고, 32대사상·80수호를 능히 원만하지 못하게 하며,

무망실법·항주사성을 능히 원만하지 못하게 하고, 유정을 성숙시키고 불토를 청정하게 장엄하는 일을 능히 원만하지 못하게 하며, 일체의 다라니문·삼마지문을 능히 원만하지 못하게 하고, 일체의 보살마하살의 행과 제불의 무상정등보리를 능히 원만하지 못하게 하며, 일체지·도상지·일체상지를 능히 원만하지 못하게 하고, 이것 등의 공덕을 능히 원만하지 못하게 하는 것은 모두가 오히려 악마들이 지었던 액난이 되느니라.

다시 다음으로 선현이여. 보살승에 안주하는 여러 선남자와 선여인 등이 이와 같은 반야바라밀다의 매우 깊은 경전에서 서사하고 수지하며 독송하고 수습하며 사유하고 다른 사람에게 연설하는 때에 만약 악마가 지었던 장애가 없고, 다시 반야·정려·정진·안인·정계·보시바라밀다를 능히 원만하게 하며, 나아가 일체지·도상지를 능히 원만하게 하였다면,

모두가 이것이 여래의 위신력으로 이와 같이 가호(加護)하신다고 마땅히 알아야 하느니라.

보살승에 안주하는 여러 선남자와 선여인 등이 이와 같은 매우 깊은 반야바라밀다에서 서사하고 수지하며 독송하고 수습하며 사유하고 연설한다면, 모두 장애가 없게 하고, 역시 반야·정려·정진·안인·정계·보시바라밀다를 원만하게 하며, 나아가 일체지·도상지·일체상지를 원만하게 하느니라.

다시 다음으로 선현이여. 현재의 시방에 무량하고 무수이며 무변한 세계의 일체의 여래·응공·정등각께서도 안은(安隱)하게 주지(住持)하시면서 정법을 설하는 자는 역시 위신력으로 이와 같이 가호하시는 것이고, 보살승에 안주하는 여러 선남자와 선여인 등이 이와 같은 매우 깊은 반야바라밀다에서 서사하고 수지하며 독송하고 수습하며 사유하고 연설한다면, 모두 장애가 없게 하고, 역시 반야·정려·정진·안인·정계·보시바라밀다를 원만하게 하고, 나아가 일체지·도상지·일체상지를 원만하게 하느니라.

다시 다음으로 선현이여. 현재에 시방의 긍가사(殑伽沙) 등의 제불세계의 불퇴전지(不退轉地)인 일체의 보살마하살들도 역시 신력으로써 이와 같이 가호하는 것이고, 보살승에 안주하는 여러 선남자와 선여인 등이 이와 같은 매우 깊은 반야바라밀다에서 서사하고 수지하며 독송하고 수습하며 사유하고 연설한다면, 모두 장애가 없게 하고, 역시 반야·정려·정진·안인·정계·보시바라밀다를 원만하게 하고, 나아가 일체지·도상지·일체상지를 원만하게 하느니라."

46. 불모품(佛母品)(1)

"선현이여. 여인이 있어서 여러 아들들을 양육하였는데, 만약 다섯이거나, 만약 10명이거나, 만약 20명이거나, 만약 30명이거나, 만약 40명이거나, 만약 50명이거나, 혹은 백 명이거나, 혹은 천 명이었고, 그 어머니가 병에 걸렸다면, 여러 아들들은 각자 별도로 의료(醫療)를 부지런히 구하면서, '우리 어머니를 어떻게 해야 마땅히 병이 치료되고 오래 살면서 안락하며 몸에는 여러 고통이 없고 마음은 근심을 벗어나겠는가?'라고 모두가 이렇게 생각을 짓고서, 여러 아들들은 그때 앞다투어 방편을 베풀면서 안락한 기구를 구하여 어머니의 몸을 덮어서 보호하며, 모기(蚊)·등에(蝱)·뱀(蛇)·전갈(蝎)·바람·더위·굶주림·목마름 등이 침범하여 번뇌시키지 못하게 하고, 한 여러 종류의 상묘한 악기(樂具)로써 공양하고 공경하면서, '우리 어머니는 우리들을 자비롭게 낳아서 양육하셨고 여러 종류의 세간의 사업을 가르치고 보여주셨는데, 우리들이 어찌 어머니의 은혜를 갚지 않겠는가!'라고 이렇게 말을 짓느니라.

선현이여. 여래·응공·정등각들께서도 역시 다시 이와 같아서, 항상 불안(佛眼)으로써 매우 깊은 반야바라밀다를 항상 관찰(觀察)하고 호념(護念)하시느니라. 왜 그러한가? 선현이여. 매우 깊은 반야바라밀다는 우리들에게 일체의 불법을 능히 생겨나게 하고, 우리들에게 일체상지를 능히 주며, 세간에게 제법의 실상(實相)을 능히 보여주나니, 시방세계의 무량하고 무수이며 무변한 여래·응공·정등각께서 안은하게 주지하시면서 현재에 설법하는 자를 역시 불안으로써 항상 관찰하고 호념하시느니라.

왜 그러한가? 선현이여. 매우 깊은 반야바라밀다는 능히 시방의 무량하고 무수이며 무변한 세계의 일체의 여래·응공·정등각의 불법을 능히 생겨나게 하고, 또한 그들에게 일체상지를 주며, 세간에서 제법의 실상을 능히 보여주느니라. 오히려 이러한 인연으로 우리 등에게 제불께서는 항상 불안으로써 매우 깊은 반야바라밀다를 관찰하시고 호념하시므로, 그 은혜에 보답하기 위하여 상응하여 잠시도 버리지 않아야 하느니라.

왜 그러한가? 선현이여. 일체의 여래·응공·정등각들께서 소유한 정려바라밀다, 나아가 보시바라밀다는 모두 이와 같은 매우 깊은 반야바라밀다에 의지하여 생겨나는 까닭이고, 소유한 내공, 나아가 무성자성공이 모두 이와 같은 매우 깊은 반야바라밀다에 의지하여 생겨나는 까닭이며, 소유한 진 나아가 부사의계가 모두 이와 같은 매우 깊은 반야바라밀다에 의지하여 생겨나는 까닭이고, 소유한 고·집·멸·도성제가 모두 이와 같은 매우 깊은 반야바라밀다에 의지하여 생겨나는 까닭이며, 소유한 4정려·4무량·4무색정이 모두 이와 같은 매우 깊은 반야바라밀다에 의지하여 생겨나는 까닭이고, 소유한 8해탈·8승처·9차제정·10변처가 모두 이와 같은 매우 깊은 반야바라밀다에 의지하여 생겨나는 까닭이며,

소유한 4념주, 나아가 8성도지가 모두 이와 같은 매우 깊은 반야바라밀다에 의지하여 생겨나는 까닭이고, 소유한 공·무상·무원해탈문이 모두 이와 같은 매우 깊은 반야바라밀다에 의지하여 생겨나는 까닭이며, 소유한 5안·6신통이 모두 이와 같은 매우 깊은 반야바라밀다에 의지하여 생겨나는 까닭이고, 소유한 여래의 10력, 나아가 18불불공법이 모두 이와 같은 매우 깊은 반야바라밀다에 의지하여 생겨나는 까닭이며, 소유한 32대사상·80수호가 모두 이와 같은 매우 깊은 반야바라밀다에 의지하여 생겨나는 까닭이고, 소유한 무망실법·항주사성이 모두 이와 같은 매우 깊은 반야바라밀다에 의지하여 생겨나는 까닭이며,

소유한 일체의 다라니문·삼마지문이 모두 이와 같은 매우 깊은 반야바라밀다에 의지하여 생겨나는 까닭이고, 소유한 일체지·도상지·일체상지가 모두 이와 같은 매우 깊은 반야바라밀다에 의지하여 생겨나는 까닭이며, 소유한 예류·일래·불환·아라한과와 독각의 보리가 모두 이와 같은 매우 깊은 반야바라밀다에 의지하여 생겨나는 까닭이고, 소유한 일체의 보살마하살의 행과 제불의 무상정등보리가 모두 이와 같은 매우 깊은 반야바라밀다에 의지하여 생겨나는 까닭이며, 소유한 예류·일래·불환·아라한·독각·보살마하살·제불이 모두 이와 같은 매우 깊은 반야바라밀다에 의지하여 생겨나는 까닭이니라.

선현이여. 일체의 여래·응공·정등각들께서는 이미 무상정등보리를 증득하셨고, 지금도 무상정등보리를 증득하시며, 미래에 무상정등보리를 증득하시는 것도 모두가 이와 같은 매우 깊은 반야바라밀다의 인연이니

라. 오히려 이러한 인연으로 매우 깊은 반야바라밀다는 제여래에게 큰 은덕(恩德)이 있느니라. 이러한 까닭으로 제불은 항상 불안으로써 매우 깊은 반야바라밀다를 관찰하고 호념하시느니라.

선현이여. 보살승에 안주하는 여러 선남자와 선여인 등이 이 매우 깊은 반야바라밀다에서 서사하고 수지하며 독송하고 수습하며 사유하고 연설한다면, 일체의 여래·응공·정등각들께서 항상 불안으로써 매우 깊은 반야바라밀다를 관찰하고 호념하므로, 몸과 마음이 항상 안락을 얻고 수행하였던 것인 선업을 모두 장애가 없게 하시느니라.

선현이여. 보살승에 안주하는 여러 선남자와 선여인 등이 만약 이러한 매우 깊은 반야바라밀다를 서사하고 수지하며 독송하고 수습하며 사유하고 연설한다면, 시방세계의 일체 여래·응공·정등각께서 모두가 함께 호념하시면서 무상정등보리에서 영원히 퇴전하지 않게 하시느니라."

그때 장로 선현이 세존께 아뢰어 말하였다.

"세존이시여. 세존께서 설하신 것과 같이, 매우 깊은 반야바라밀다는 여래·응공·정등각들의 일체의 불법을 생겨나게 하고 여래·응공·정등각들께 능히 일체상지를 주며 세간에 제법의 실상을 능히 보여줍니다. 세존이시여. 무엇이 이와 같은 매우 깊은 반야바라밀다가 능히 여래·응공·정등각들의 일체의 불법을 생겨나게 하는 것이고 여래·응공·정등각들께 능히 일체상지를 주는 것이며 세간에서 제법의 실상을 능히 보여주는 것입니까? 무엇이 여래·응공·정등각이 매우 깊은 반야바라밀다에서 생겨나는 것입니까? 무엇이 제불께서 설하시는 세간의 상(相)입니까?"

세존께서 말씀하셨다.

"선현이여. 매우 깊은 반야바라밀다는 여래·응공·정등각의 10력·4무소외·4무애해·대자·대비·대희·대사·18불불공법, [자세한 설명은 생략한다.] 나아가 일체상지를 능히 생겨나게 하느니라. 선현이여. 이와 같이 무량하고 무변한 여래의 공덕은 모두가 이와 같은 매우 깊은 반야바라밀다에 따라서 생장(生長)을 얻는데, 오히려 이와 같은 제불의 공덕을 얻는 까닭으로 여래(佛)라고 이름하나니, 매우 깊은 반야바라밀다는 능히 일체 여래·응공·정등각을 생겨나게 하고 이와 같은 불법의 일체상지를 주는 것이니라.

이러한 까닭으로 나는 매우 깊은 반야바라밀다는 여래·응공·정등각의 일체의 불법을 능히 생겨나게 하는 것이고 여래·응공·정등각들께 일체상지를 능히 주는 것이며, 역시 여래·응공·정등각께서도 그것을 쫓아서 출생한다고 설하느니라. 선현이여. 매우 깊은 반야바라밀다가 세간에서 제법의 실상을 보여주는 것은 이를테면, 세간의 5온(五蘊)의 실상을 보여주는 것이고, 일체의 여래·응공·정등각께서도 역시 세간의 5온의 실상을 설하시는 것이니라."

이때 구수 선현이 세존께 아뢰어 말하였다.

"세존이시여. 무엇이 여래·응공·정등각께서 매우 깊은 반야바라밀다의 세간의 5온의 실상을 설하여 보여주는 것입니까?"

세존께서 대답하셨다.

"선현이여. 일체 여래·응공·정등각의 매우 깊은 반야바라밀다는 모두가 5온에 성취가 있고 파괴가 있으며 생겨남이 있고 소멸함이 있으며 상속이 있고 단절이 있으며 염오가 있고 청정함이 있으며 증장이 있고 감소가 있으며 들어가는 것이 있고 나오는 것이 있다고 함께 설하면서 보여주지 않고, 모두가 5온에 과거가 있고 미래가 있으며 현재가 있고 선(善)함이 있으며 불선(不善)이 있고 무기(無記)가 있으며 욕계의 계박이 있고 색계의 계박이 있으며 무색계의 계박이 있다고 함께 설하면서 보여주지 않느니라.

그 까닭은 무엇인가? 선현이여. 공·무상·무원의 법에 성취가 있지 않고 파괴가 있지 않으며, 생겨남이 있지 않고 소멸함이 있지 않으며, 상속이 있지 않고 단절이 있지 않으며, 염오가 있지 않고 청정함이 있지 않으며, 증장이 있지 않고 감소가 있지 않으며, 들어가는 것이 있지 않고 나오는 것이 있지 않으며, 과거가 있지 않고 미래가 있지 않으며 현재가 있지 않고 선함이 있지 않으며 불선이 있지 않고 무기(無記)가 있지 않으며, 욕계의 계박이 있지 않고 색계의 계박이 있지 않으며 무색계의 계박이 있지 않느니라.
　선현이여. 생겨남이 없지 않고 소멸함이 없지 않으며 만드는(造) 것이 없지 않고 짓는(作) 것이 없지 않으며 무성(無性)인 법에는 성취가 있지 않고 파괴가 있지 않으며 생겨남이 있지 않고 소멸함이 있지 않으며 상속이 있지 않고 단절이 있지 않으며 염오가 있지 않고 청정함이 있지 않으며 증장이 있지 않고 감소가 있지 않으며 들어가는 것이 있지 않고 나오는 것이 있지 않으며 과거가 있지 않고 미래가 있지 않으며 현재가 있지 않고 선함이 있지 않으며 불선이 있지 않고 무기가 있지 않으며 욕계의 계박이 있지 않고 색계의 계박이 있지 않으며 무색계의 계박이 있지 않느니라.
　선현이여. 일체의 여래·응공·정등각의 매우 깊은 반야바라밀다는 이와 같이 5온의 실상을 설하면서 보여주느니라. 이러한 5온의 상이 곧 이것이 세간이니라. 이러한 까닭으로 세간에도 역시 성취가 없고 파괴가 없으며 생겨남이 없고 소멸함이 없으며 상속이 없고 단절이 없으며 염오가 없고 청정함이 없으며 증장이 없고 감소가 없으며 들어가는 것이 없고 나오는 것이 없으며 과거가 없고 미래가 없으며 현재가 없고 선함이 없으며 불선이 없고 무기가 없으며 욕계의 계박이 없고 색계의 계박이 없으며 무색계의 계박이 없느니라.
　다시 다음으로 선현이여. 일체의 여래·응공·정등각은 모두가 이와 같은 매우 깊은 반야바라밀다에 의지하여 널리 무량하고 무수이며 무변한 유정들의 심행(心行)의 차별을 능히 증명하여 아시는데, 그렇지만 이 반야바라밀다의 매우 깊은 의취의 가운데에는 유정이 없고 역시 유정이라고 시설하여 얻을 것도 없으며, 색이 없고 역시 색이라고 시설하여 얻을 것도 없으며, 수·상·행·식이 없고 역시 수·상·행·식이라고 시설하여 얻을 것도 없으며, 안처가 없고 역시 안처라고 시설하여 얻을 것도 없으며, 이·비·설·신·의처가 없고 역시 이·비·설·신·의처라고 시설하여 얻을 것도 없으며, 색처가 없고 역시 색처라고 시설하여 얻을 것도 없으며, 성·향·미·촉·법처가 없고 역시 성·향·미·촉·법처라고 시설하여 얻을 것도 없으며,
　안계가 없고 역시 안계라고 시설하여 얻을 것도 없으며, 이·비·설·신·의

계가 없고 역시 이·비·설·신·의계라고 시설하여 얻을 것도 없으며, 색계가 없고 역시 색계라고 시설하여 얻을 것도 없으며, 성·향·미·촉·법계가 없고 역시 성·향·미·촉·법계라고 시설하여 얻을 것도 없으며, 안식계가 없고 역시 안식계라고 시설하여 얻을 것도 없으며, 이·비·설·신·의식계가 없고 역시 이·비·설·신·의식계라고 시설하여 얻을 것도 없으며, 안촉이 없고 역시 안촉이라고 시설하여 얻을 것도 없으며, 이·비·설·신·의촉이 없고 역시 이·비·설·신·의촉이라고 시설하여 얻을 것도 없으며, 안촉을 인연으로 생겨난 여러 수가 없고 역시 안촉을 인연으로 생겨난 여러 수라고 시설하여 얻을 것도 없으며, 이·비·설·신·의촉을 인연으로 생겨난 여러 수가 없고 역시 이·비·설·신·의촉을 인연으로 생겨난 여러 수라고 시설하여 얻을 것도 없으며,

지계가 없고 역시 지계라고 시설하여 얻을 것도 없으며, 수·화·풍·공·식계가 없고 역시 수·화·풍·공·식계라고 시설하여 얻을 것도 없으며, 무명이 없고 역시 무명이라고 시설하여 얻을 것도 없으며, 나아가 노사가 없고 역시 노사라고 시설하여 얻을 것도 없으며, 보시바라밀다가 없고 역시 보시바라밀다라고 시설하여 얻을 것도 없으며, 나아가 반야바라밀다가 없고 역시 반야바라밀다라고 시설하여 얻을 것도 없으며, 내공이 없고 역시 내공이라고 시설하여 얻을 것도 없으며, 나아가 무성자성공이 없고 역시 무성자성공이라고 시설하여 얻을 것도 없으며, 4념주가 없고 역시 4념주라고 시설하여 얻을 것도 없으며, 나아가 8성도지가 없고 역시 8성도지라고 시설하여 얻을 것도 없으며,

이와 같이 나아가 여래의 10력이 없고, 여래의 10력이라고 시설하여 얻을 것도 없으며, 나아가 18불불공법이 없고, 18불불공법이라고 시설하여 얻을 것도 없으며, 일체지가 없고, 일체지라고 시설하여 얻을 것도 없으며, 도상지·일체상지가 없고, 도상지·일체상지라고 시설하여 얻을 것도 없느니라. 선현이여. 일체의 여래·응공·정등각의 매우 깊은 반야바라밀다는 이와 같이 세간의 실상을 설하면서 보여주느니라."

마하반야바라밀다경 제442권

46. 불모품(佛母品)(2)

"선현이여. 매우 깊은 반야바라밀다는 색(色)을 나타내어 보여주지 않고 수(受)·상(想)·행(行)·식(識)을 나타내어 보여주지 않으며, 안처(眼處)를 나타내어 보여주지 않고 이(耳)·비(鼻)·설(舌)·신(身)·의처(意處)를 나타내어 보여주지 않으며, 색처(色處)를 나타내어 보여주지 않고 성(聲)·향(香)·미(味)·촉(觸)·법처(法處)를 나타내어 보여주지 않으며, 안계(眼界)를 나타내어 보여주지 않고 이(耳)·비(鼻)·설(舌)·신(身)·의계(意界)를 나타내어 보여주지 않으며, 색계(色界)를 나타내어 보여주지 않고 성(聲)·향(香)·미(味)·촉(觸)·법계(法界)를 나타내어 보여주지 않으며, 안식계(眼識界)를 나타내어 보여주지 않고 이(耳)·비(鼻)·설(舌)·신(身)·의식계(意識界)를 나타내어 보여주지 않으며,

안촉(眼觸)을 나타내어 보여주지 않고 이(耳)·비(鼻)·설(舌)·신(身)·의촉(意觸)을 나타내어 보여주지 않으며, 안촉을 인연(因緣)으로 생겨난 여러 수(受)를 나타내어 보여주지 않고 이·비·설·신·의촉을 인연으로 생겨난 여러 수를 나타내어 보여주지 않으며, 지계(地界)를 나타내어 보여주지 않고 수(水)·화(火)·풍(風)·공(空)·식계(識界)를 나타내어 보여주지 않으며, 무명(無明)을 나타내어 보여주지 않고 행(行)·식(識)·명색(名色)·육처(六處)·촉(觸)·수(受)·애(愛)·취(取)·유(有)·생(生)·노사(老死)를 나타내어 보여주지 않으며, 보시바라밀다(布施波羅蜜多)를 나타내어 보여주지 않고 정계(淨戒)·안인(安忍)·정진(精進)·정려(靜慮)·반야바라밀다

(般若波羅蜜多)를 나타내어 보여주지 않으며,

내공(內空)을 나타내어 보여주지 않고 외공(外空)·내외공(內外空)·공공(空空)·대공(大空)·승의공(勝義空)·유위공(有爲空)·무위공(無爲空)·필경공(畢竟空)·무제공(無際空)·산공(散空)·무변이공(無變異空)·본성공(本性空)·자상공(自相空)·공상공(共相空)·일체법공(一切法空)·불가득공(不可得空)·무성공(無性空)·자성공(自性空)·무성자성공(無性自性空)을 나타내어 보여주지 않으며, 진여(眞如)를 나타내어 보여주지 않고 법계(法界)·법성(法性)·불허망성(不虛妄性)·불변이성(不變異性)·평등성(平等性)·이생성(離生性)·법정(法定)·법주(法住)·실제(實際)·허공계(虛空界)·부사의계(不思議界)를 나타내어 보여주지 않으며, 고성제(苦聖諦)를 나타내어 보여주지 않고 집(集)·멸(滅)·도성제(道聖諦)를 나타내어 보여주지 않으며,

4정려(四靜慮)를 나타내어 보여주지 않고 4무량(四無量)·4무색정(四無色定)을 나타내어 보여주지 않으며, 8해탈(八解脫)을 나타내어 보여주지 않고 8승처(八勝處)·9차제정(九次第定)·10변처(十遍處)를 나타내어 보여주지 않으며, 4념주(四念住)를 나타내어 보여주지 않고 4정단(四正斷)·4신족(四神足)·5근(五根)·5력(五力)·7등각지(七等覺支)·8성도지(八聖道支)를 나타내어 보여주지 않으며, 공해탈문(空解脫門)을 나타내어 보여주지 않고 무상(無相)·무원해탈문(無願解脫門)을 나타내어 보여주지 않으며, 정관지(淨觀地)를 나타내어 보여주지 않고 종성지(種姓地)·제팔지(第八地)·구견지(具見地)·박지(薄地)·이욕지(離欲地)·이판지(已辦地)·독각지(獨覺地)·보살지(菩薩地)·여래지(如來地)를 나타내어 보여주지 않으며,

극희지(極喜地)를 나타내어 보여주지 않고 이구지(離垢地)·발광지(發光地)·염혜지(焰慧地)·극난승지(極難勝地)·현전지(現前地)·원행지(遠行地)·부동지(不動地)·선혜지(善慧地)·법운지(法雲地)를 나타내어 보여주지 않으며, 5안(五眼)을 나타내어 보여주지 않고 6신통(六神通)을 나타내어 보여주지 않으며, 여래(佛)의 10력(十力)을 나타내어 보여주지 않고 4무소외(四無所畏)·4무애해(四無礙解)·대자(大慈)·대비(大悲)·대희(大喜)·대사(大捨)·18불불공법(十八佛不共法)을 나타내어 보여주지 않으며, 32대사

상(三十二大士相)을 나타내어 보여주지 않고 80수호(八十隨好)를 나타내어 보여주지 않으며, 무망실법(無忘失法)을 나타내어 보여주지 않고 항주사성(恒住捨性)을 나타내어 보여주지 않으며,

예류과(預流果)를 나타내어 보여주지 않고 일래(一來)·불환(不還)·아라한과(阿羅漢果)와 독각(獨覺)의 보리(菩提)를 나타내어 보여주지 않으며, 일체의 보살마하살(菩薩摩訶薩)의 행(行)을 나타내어 보여주지 않고 제불(諸佛)의 무상정등보리(無上正等菩提)를 나타내어 보여주지 않으며, 미묘한 법륜을 굴리시는 것을 나타내어 보여주지 않고 유정의 부류들을 헤아려서 해탈시키는 것을 나타내어 보여주지 않으며, 불국토를 청정하게 장엄하는 것을 나타내어 보여주지 않고 유정을 성숙시키는 것을 나타내어 보여주지 않으며, 일체(一切)의 다라니문(陀羅尼門)을 나타내어 보여주지 않고 일체의 삼마지문(三摩地門)을 나타내어 보여주지 않으며, 일체지(一切智)를 나타내어 보여주지 않고 도상지(道相智)·일체상지(一切相智)를 나타내어 보여주지 않느니라.

왜 그러한가? 선현이여. 이와 같은 반야바라밀다의 매우 깊은 의취의 가운데에는 매우 깊은 반야바라밀다가 오히려 무소유이고 얻을 수 없는데, 하물며 색·수·상·행·식, 나아가 일체지·도상지·일체상지를 나타내어 보여줄 수 있겠는가!

다시 다음으로 선현이여. 일체의 유정들을 삼계(三界)와 5취(五趣)에서 시설하여 말로 설하는 만약 유색(有色)이거나, 만약 무색(無色)이거나, 만약 유상(有想)이거나, 만약 무상(無想)이거나, 만약 비유상비무상(非有想非無想)이거나, 만약 이 세계이거나, 만약 나머지 시방의 무량하고 무수이며 무변한 세계의 이러한 제유정들의 만약 간략한 마음이거나, 만약 흩어진 마음이거나, 만약 선(善)한 마음이거나, 만약 불선(不善)인 마음이거나, 만약 무기(無記)인 마음이었더라도, 일체의 여래·응공·정등각은 깊은 반야바라밀다에 의지하여 모두 여실하게 아느니라.

선현이여. 어찌하여 여래·응공·정등각들께서는 제유정들의 간략한 마음·흩어진 마음·선한 마음·불선인 마음·무기인 마음을 깊은 반야바라

밀다에 의지하여 모두 여실하게 아는 것인가? 선현이여. 일체의 여래·응공·정등각들께서 깊은 반야바라밀다에 의지한다면, 오히려 법성을 까닭으로 제유정의 부류들의 간략한 마음·흩어진 마음·선한 마음·불선인 마음·무기인 마음을 능히 여실하게 아시느니라."

이때 구수 선현이 세존께 아뢰어 말하였다.
"세존이시여. 어찌하여 여래·응공·정등각들께서는 깊은 반야바라밀다에 의지한다면, 오히려 법성을 까닭으로 제유정 부류들의 간략한 마음·흩어진 마음·선한 마음·불선인 마음·무기인 마음을 능히 여실하게 아십니까?"

세존께서 말씀하셨다.
"선현이여. 일체의 여래·응공·정등각들께서는 깊은 반야바라밀다에 의지하여 법성의 가운데에서 법성은 오히려 무소유이고 얻을 수 없다고 여실하게 아시는데, 하물며 유정들에게 간략한 마음·흩어진 마음·선한 마음·불선인 마음·무기인 마음이 있더라도 얻을 수 있겠는가? 선현이여. 이와 같이 여래·응공·정등각이 깊은 반야바라밀다에 의지하여 오히려 법성을 까닭으로 제유정의 부류들의 간략한 마음과 흩어진 마음, 혹은 선한 마음이거나, 혹은 불선인 마음이거나, 혹은 무기인 마음을 능히 여실하게 아느니라.

다시 다음으로 선현이여. 일체의 여래·응공·정등각들께서는 깊은 반야바라밀다에 의지하여 제유정의 부류들의 만약 간략한 마음이거나, 만약 흩어진 마음이거나, 혹은 선한 마음이거나, 혹은 불선인 마음이거나, 혹은 무기인 마음을 능히 여실하게 아느니라. 선현이여. 어찌하여 여래·응공·정등각들께서는 깊은 반야바라밀다에 의지하여 제유정의 부류들의 만약 간략한 마음이거나, 만약 흩어진 마음이거나, 혹은 선한 마음이거나, 혹은 불선인 마음이거나, 혹은 무기인 마음을 능히 여실하게 아시는가? 선현이여. 일체의 여래·응공·정등각은 깊은 반야바라밀다에 의지하여 오히려 끝마치는 까닭이고, 잡염을 벗어난 까닭이며, 소멸하는 까닭이고,

단절하는 까닭이며, 적정(寂靜)한 까닭이고, 멀리 벗어난 까닭으로, 제유정의 부류들의 간략한 마음·흩어진 마음·선한 마음·불선인 마음·무기인 마음을 능히 여실하게 아시느니라."
　이때 구수 선현이 세존께 아뢰어 말하였다.
　"세존이시여. 어찌하여 여래·응공·정등각께서는 깊은 반야바라밀다에 의지하여 오히려 끝마치는 까닭이고, 잡염을 벗어난 까닭이며, 소멸하는 까닭이고, 단절하는 까닭이며, 적정한 까닭이고, 멀리 벗어난 까닭으로, 제유정의 부류들의 간략한 마음·흩어진 마음·선한 마음·불선인 마음·무기인 마음을 능히 여실하게 아십니까?"
　세존께서 말씀하셨다.
　"선현이여. 일체의 여래·응공·정등각들께서는 깊은 반야바라밀다에 의지하여 끝마치고 잡염을 벗어나며 소멸하고 단절하며 적정하고 멀리 벗어난 가운데에서 멀리 벗어나는 등의 성품은 오히려 무소유이고 얻을 수 없는데, 하물며 유정들에게 간략한 마음·흩어진 마음·선한 마음·불선인 마음·무기인 마음이 있더라도 얻을 수 있겠는가?
　선현이여. 이와 같이 여래·응공·정등각들께서는 깊은 반야바라밀다에 의지하여 오히려 끝마치고 잡염을 벗어나며 소멸하고 단절하며 적정하고 멀리 벗어난 까닭으로 간략한 마음과 흩어진 마음, 혹은 선한 마음이거나, 혹은 불선인 마음이거나, 혹은 무기인 마음을 능히 여실하게 아시느니라.
　다시 다음으로 선현이여. 일체의 여래·응공·정등각들께서는 깊은 반야바라밀다에 의지하여 제유정의 부류들이 탐욕스러운 마음(貪心)이 있는가? 탐욕스러운 마음을 벗어났는가? 성내는 마음(瞋心)이 있는가? 성내는 마음을 벗어났는가? 어리석은 마음(癡心)이 있는가? 어리석은 마음을 벗어났는가를 능히 여실하게 아시느니라."
　이때 구수 선현이 세존께 아뢰어 말하였다.
　"세존이시여. 어찌하여 여래·응공·정등각들께서는 깊은 반야바라밀다에 의지하여 제유정의 부류들이 탐욕스러운 마음이 있는가? 탐욕스러운 마음을 벗어났는가? 성내는 마음이 있는가? 성내는 마음을 벗어났는가? 어리석은 마음이 있는가? 어리석은 마음을 벗어났는가를 능히 여실하게 아십니까?"

세존께서 말씀하셨다.

"선현이여. 일체의 여래·응공·정등각들께서는 깊은 반야바라밀다에 의지하여 그 제유정들이 탐욕스러운 마음이 있다면 여실하게 성품을 아시고, 탐욕스러운 마음이 있지 않거나, 탐욕스러운 마음을 벗어나지도 않았더라도 여실하게 성품을 아시느니라. 왜 그러한가? 여실한 성품의 가운데에서 심(心)·심소법(心所法)은 오히려 무소유이고 얻을 수 없는데, 하물며 탐욕스러운 마음이 있겠고 탐욕스러운 마음을 벗어난 것을 얻을 수 있겠는가?

역시 그 유정들이 성내는 마음이 있다면 여실하게 성품을 아시고, 성내는 마음이 있지 않거나, 성내는 마음을 벗어나지도 않았더라도 여실하게 성품을 아시느니라. 왜 그러한가? 여실한 성품의 가운데에서 심·심소법은 오히려 무소유이고 얻을 수 없는데, 하물며 성내는 마음이 있겠고 성내는 마음을 벗어난 것을 얻을 수 있겠는가?

역시 그 유정들이 어리석은 마음이 있다면 여실하게 성품을 아시고, 어리석은 마음이 있지 않거나, 어리석은 마음을 벗어나지도 않았더라도 여실하게 성품을 아시느니라. 왜 그러한가? 여실한 성품의 가운데에서 심·심소법은 오히려 무소유이고 얻을 수 없는데, 하물며 어리석은 마음이 있겠고 어리석은 마음을 벗어난 것을 얻을 수 있겠는가? 선현이여. 이와 같이 여래·응공·정등각께서는 깊은 반야바라밀다에 의지하여 그 제유정들이 탐내는 마음을 벗어났고 성내는 마음을 벗어났으며 어리석은 마음을 벗어났다고 능히 여실하게 아시느니라.

다시 다음으로 선현이여. 일체의 여래·응공·정등각들께서는 깊은 반야바라밀다에 의지하여 그 제유정들이 탐내는 마음이 있고 성내는 마음이 있으며 어리석은 마음이 있다고 능히 여실하게 아시고, 탐내는 마음이 있지 않고 성내는 마음이 있지 않으며 어리석은 마음이 있지 않다고 능히 여실하게 아시느니라. 왜 그러한가? 이와 같은 두 마음은 화합하지 않는 까닭이니라.

　선현이여. 일체의 여래·응공·정등각들께서는 깊은 반야바라밀다에 의지하여 그 제유정들이 탐내는 마음을 벗어났고 성내는 마음을 벗어났으며 어리석은 마음을 벗어났다고 능히 여실하게 아시고, 탐내는 마음을 벗어나지 않았고 성내는 마음을 벗어나지 않았으며 어리석은 마음을 벗어나지 않았다고 능히 여실하게 아시며, 탐내는 마음이 있지 않고 성내는 마음이 있지 않으며 어리석은 마음이 있지 않다고 능히 여실하게 아시느니라. 왜 그러한가? 이와 같은 두 마음은 화합하지 않는 까닭이니라.

　선현이여. 일체의 여래·응공·정등각들께서는 깊은 반야바라밀다에 의지하여 그 제유정들이 탐내는 마음이 있고 탐내는 마음을 벗어났으며, 성내는 마음이 있고 성내는 마음을 벗어났으며, 어리석은 마음이 있고 어리석은 마음을 벗어났다고 능히 여실하게 아시느니라."

　"다시 다음으로 선현이여. 일체의 여래·응공·정등각들께서는 깊은 반야바라밀다에 의지하여 제유정의 부류들이 소유한 넓은 마음(廣心)을 능히 여실하게 아시느니라."

　이때 구수 선현이 세존께 아뢰어 말하였다.

　"세존이시여. 어찌하여 여래·응공·정등각들께서는 깊은 반야바라밀다에 의지하여 그 제유정의 부류들이 소유한 넓은 마음을 능히 여실하게 아십니까?"

　세존께서 말씀하셨다.

　"선현이여. 일체의 여래·응공·정등각들께서는 깊은 반야바라밀다에 의지하여 그 제유정들이 소유한 넓은 마음은 넓음이 없고 좁음이 없으며 증장이 없고 감소가 없으며 떠나감이 없고 돌아옴이 없다고 여실하게 아시느니라. 그 까닭은 무엇인가? 마음의 자성(自性)은 반드시 결국에는 벗어나는 까닭으로 넓지 않고 좁지 않으며 증장하지 않고 감소하지 않으며 떠나가지 않고 돌아오지 않느니라.

　왜 그러한가? 마음의 자성은 모두 무소유이고 결국 얻을 수 없는데,

무엇이 넓고 무엇이 좁으며 무엇이 증장하고 무엇이 감소하며 무엇이 떠나가고 무엇이 돌아오겠는가? 선현이여. 이와 같이 여래·응공·정등각들께서는 깊은 반야바라밀다에 의지하여 그 제유정들이 소유한 넓은 마음을 아시느니라. 선현이여. 일체의 여래·응공·정등각께서는 깊은 반야바라밀다에 의지하여 그 제유정들이 소유한 넓은 마음을 능히 여실하게 아시느니라."

"다시 다음으로 선현이여. 일체의 여래·응공·정등각들께서는 깊은 반야바라밀다에 의지하여 제유정의 부류들이 소유한 큰 마음(大心)을 능히 여실하게 아시느니라."
이때 구수 선현이 세존께 아뢰어 말하였다.
"세존이시여. 어찌하여 여래·응공·정등각들께서는 깊은 반야바라밀다에 의하여 그 제유정들이 소유한 큰 마음을 능히 여실하게 아십니까?"
"선현이여. 일체의 여래·응공·정등각들께서는 깊은 반야바라밀다에 의지하여 그 제유정들이 소유한 큰 마음은 큰 것이 없고 작은 것도 없으며 떠나감도 없고 돌아옴도 없으며 생겨남도 없고 소멸함도 없으며, 머무르는 것도 없고 변하는 것도 없으며 염오가 없고 청정함도 없다고 여실하게 아시느니라. 그 까닭은 무엇인가? 마음의 자성은 반드시 결국에는 벗어나는 까닭으로 여래께서는 그것이 크게 있고 작게 있으며 떠나감이 있고 돌아옴이 있으며 생겨남이 있고 소멸함이 있으며 머무름이 있고 변이가 있으며 염오가 있고 청정함이 있다고 보지 않느니라.
왜 그러한가? 마음의 자성은 모두 무소유이고 결국 얻을 수 없는데, 무엇이 크고 무엇이 작으며 무엇이 떠나가고 무엇이 돌아오며 무엇이 생겨나고 무엇이 소멸하며 무엇이 머무르고 무엇이 변이하며 무엇이 염오이고 무엇이 청정하겠는가? 선현이여. 이와 같이 여래·응공·정등각들께서는 깊은 반야바라밀다에 의지하여 그 제유정들이 소유한 큰 마음을 능히 여실하게 아시느니라."

"다시 다음으로 선현이여. 일체의 여래·응공·정등각께서는 깊은 반야바라밀다에 의지하여 제유정의 부류들이 소유한 무량한 마음(無量心)을 능히 여실하게 아시느니라."

이때 구수 선현이 세존께 아뢰어 말하였다.

"세존이시여. 어찌하여 여래·응공·정등각들께서는 깊은 반야바라밀다에 의지하여 제유정들이 소유한 무량한 마음을 능히 여실하게 아십니까?"

세존께서 말씀하셨다.

"선현이여. 일체의 여래·응공·정등각들께서는 깊은 반야바라밀다에 의지하여 그 제유정들이 소유한 무량한 마음은 유량(有量)이 아니고 무량(無量)도 아니며, 머무르지도 않고 머물지 않는 것도 아니며, 떠나감도 아니고 떠나가지 않는 것도 아니라고 여실하게 아시느니라. 그 까닭은 무엇인가? 마음의 자성은 반드시 결국에는 벗어나는 까닭으로 여래께서는 그들의 유량이 있고 무량이 있으며 머무름이 있고 머무르지 않는 것이 있으며 떠나가는 것이 있고 떠나가지 않는 것이 있다고 보지 않느니라.

왜 그러한가? 무량한 마음의 성품은 의지하는 것이 없는데, 어찌하여 유량이 있고 무량이 있으며 머무름이 있고 머무르지 않는 것이 있으며 떠나가는 것이 있고 떠나가지 않는 것이 있다고 말할 수 있겠는가? 이 마음의 자성은 이미 의지하는 것이 없고 역시 무소유이고 얻을 수 없는데, 어찌 유량이 있고, 어찌 무량이 있으며, 어찌 머무름이 있고, 어찌 머무르지 않는 것이 있으며, 어찌 떠나가는 것이 있고, 어찌 떠나가지 않는 것이 있겠는가? 선현이여. 이와 같이 여래·응공·정등각들께서는 깊은 반야바라밀다에 의지하여 그 제유정들이 소유한 무량한 마음을 능히 여실하게 아시느니라."

"다시 다음으로 선현이여. 일체의 여래·응공·정등각들께서는 깊은 반야바라밀다에 의지하여 그 제유정들이 소유한 바라볼 수 없고 마주할 수 없는 마음을 능히 여실하게 아시느니라."

이때 구수 선현이 세존께 아뢰어 말하였다.

"세존이시여. 어찌하여 여래·응공·정등각들께서는 깊은 반야바라밀다에 의지하여 그 제유정들이 소유한 바라볼 수 없고 마주할 수 없는 마음을 능히 여실하게 아십니까?"

세존께서 말씀하셨다.

"선현이여. 일체의 여래·응공·정등각들께서는 깊은 반야바라밀다에 의지하여 그 제유정들이 소유한 바라볼 수 없고 마주할 수 없는 마음을 여실하게 아시느니라. 왜 그러한가? 일체의 마음으로써 자상(自相)은 공한 까닭이니라. 선현이여. 이와 같이 여래·응공·정등각들께서는 깊은 반야바라밀다에 의지하여 그 제유정들이 소유한 바라볼 수 없고 마주할 수 없는 마음을 능히 여실하게 아시느니라."

"다시 다음으로 선현이여. 일체의 여래·응공·정등각들께서는 깊은 반야바라밀다에 의지하여 그 제유정들이 소유한 색깔이 없어서 바라볼 수 없는 마음을 능히 여실하게 아시느니라."

이때 구수 선현이 세존께 아뢰어 말하였다.

"세존이시여. 어찌하여 여래·응공·정등각들께서는 깊은 반야바라밀다에 의지하여 그 제유정들이 소유한 색깔이 없어서 바라볼 수 없는 마음을 능히 여실하게 아십니까?"

세존께서 말씀하셨다.

"선현이여. 일체의 여래·응공·정등각들께서는 깊은 반야바라밀다에 의지하여 그 제유정들이 소유한 색깔이 없어서 바라볼 수 없는 마음을 제불의 5안(五眼)으로도 모두 능히 바라볼 수 없다고 여실히 아시느니라. 왜 그러한가? 일체의 마음으로써 자상은 공한 까닭이니라. 선현이여. 이와 같이 여래·응공·정등각께서는 깊은 반야바라밀다에 의지하여 그 제유정들이 소유한 색깔이 없어서 바라볼 수 없는 마음을 능히 여실하게 아시느니라."

"다시 다음으로 선현이여. 일체의 여래·응공·정등각들께서는 깊은 반야바라밀다에 의지하여 제유정의 부류들의 심(心)·심소법(心所法)이 만약 나타나거나, 만약 사라지거나, 만약 굽어지거나, 만약 펼쳐진다고 능히 여실하게 아시느니라.”

이때 구수 선현이 세존께 아뢰어 말하였다.

"세존이시여. 어찌하여 여래·응공·정등각께서는 깊은 반야바라밀다에 의지하여 그 제유정들이 소유한 심·심소법이 만약 나타나거나, 만약 사라지거나, 만약 굽어지거나, 만약 펼쳐진다고 능히 여실하게 아십니까?"

세존께서 말씀하셨다.

"선현이여. 일체의 여래·응공·정등각들께서는 깊은 반야바라밀다에 의지하여 그 제유정들의 나타나고 사라지며 굽어지고 펼쳐지는 심·심소법은 모두가 색·수·상·행·식에 의지하여 생겨난다고 능히 여실하게 아시느니라.

선현이여. 이와 같이 일체의 여래·응공·정등각들께서는 깊은 반야바라밀다에 의지하여 그 제유정들의 심·심소법에서 만약 나타나거나, 만약 사라지거나, 만약 굽어지거나, 만약 펼쳐지는 것을 여실하게 아시는데 이를테면, 제여래·응공·정등각들께서는 깊은 반야바라밀다에 의지하여 그 제유정들이 나타나고 사라지며 굽어지고 펼쳐지는 심·심소법은 혹은 색(色)에 의지하여 나(我)와 세간(世間)은 항상(常)하나니, '이것의 성제(聖諦)는 진실이고 나머지는 모두 허망하다.'라고 집착하거나, 혹은 색에 의지하여 나와 세간은 무상(無常)하나니, '이것의 성제는 진실하고 나머지는 모두 허망하다.'라고 집착하거나, 혹은 색에 의지하여 나와 세간은 역시 항상하고 역시 무상하나니, '이것의 성제는 진실이고 나머지는 모두 허망하다.'라고 집착하거나, 혹은 색에 의지하여 나와 세간은 항상하지 않고 무상하지도 않나니, '이것의 성제는 진실하고 나머지는 모두 허망하다.'라고 집착하거나,

혹은 수(受)에 의지하여 나와 세간은 항상하나니, '이것의 성제는 진실이고 나머지는 모두 허망하다.'라고 집착하거나, 혹은 수에 의지하여 나와 세간은 무상하나니, '이것의 성제는 진실하고 나머지는 모두 허망하다.'라

고 집착하거나, 혹은 수에 의지하여 나와 세간은 역시 항상하고 역시 무상하나니, '이것의 성제는 진실이고 나머지는 모두 허망하다.'라고 집착하거나, 혹은 수에 의지하여 나와 세간은 항상하지 않고 무상하지도 않나니, '이것의 성제는 진실하고 나머지는 모두 허망하다.'라고 집착하거나,

혹은 상(想)에 의지하여 나와 세간은 항상하나니, '이것의 성제는 진실이고 나머지는 모두 허망하다.'라고 집착하거나, 혹은 상에 의지하여 나와 세간은 무상하나니, '이것의 성제는 진실하고 나머지는 모두 허망하다.'라고 집착하거나, 혹은 상에 의지하여 나와 세간은 역시 항상하고 역시 무상하나니, '이것의 성제는 진실하고 나머지는 모두 허망하다.'라고 집착하거나, 혹은 상에 의지하여 나와 세간은 항상하지 않고 무상하지도 않나니, '이것의 성제는 진실하고 나머지는 모두 허망하다.'라고 집착하거나,

혹은 행(行)에 의지하여 나와 세간은 항상하나니, '이것의 성제는 진실하고 나머지는 모두 허망하다.'라고 집착하거나, 혹은 행에 의지하여 나와 세간은 무상하나니, '이것의 성제는 진실하고 나머지는 모두 허망하다.'라고 집착하거나, 혹은 행에 의지하여 나와 세간은 역시 항상하고 역시 무상하나니, '이것의 성제는 진실하고 나머지는 모두 허망하다.'라고 집착하거나, 혹은 행에 의지하여 나와 세간은 항상하지 않고 무상하지도 않나니, '이것의 성제는 진실하고 나머지는 모두 허망하다.'라고 집착하거나,

혹은 식(識)에 의지하여 나와 세간은 항상하나니, '이것의 성제는 진실하고 나머지는 모두 허망하다.'라고 집착하거나, 혹은 식에 의지하여 나와 세간은 무상하나니, '이것의 성제는 진실하고 나머지는 모두 허망하다.'라고 집착하거나, 혹은 식에 의지하여 나와 세간은 역시 항상하고 역시 무상하나니, '이것의 성제는 진실하고 나머지는 모두 허망하다.'라고 집착하거나, 혹은 식에 의지하여 나와 세간은 항상하지 않고 무상하지도 않나니, '이것의 성제는 진실하고 나머지는 모두 허망하다.'라고 집착하거나,

혹은 색에 의지하여 나와 세간은 유변(有邊)이나니, '이것의 성제는 진실하고 나머지는 모두 허망하다.'라고 집착하거나, 혹은 색에 의지하여 나와 세간은 무변(無邊)이나니, '이것의 성제는 진실하고 나머지는 모두 허망하

다.'라고 집착하거나, 혹은 색에 의지하여 나와 세간은 역시 유변이고 역시 무변이나니, '이것의 성제는 진실하고 나머지는 모두 허망하다.'라고 집착하거나, 혹은 색에 의지하여 나와 세간은 유변이 아니고 무변도 아니나니, '이것의 성제는 진실하고 나머지는 모두 허망하다.'라고 집착하거나,

혹은 수에 의지하여 나와 세간은 유변이나니, '이것의 성제는 진실하고 나머지는 모두 허망하다.'라고 집착하거나, 혹은 수에 의지하여 나와 세간은 무변이나니, '이것의 성제는 진실하고 나머지는 모두 허망하다.'라고 집착하거나, 혹은 수에 의지하여 나와 세간은 역시 유변이고 역시 무변이나니, '이것의 성제는 진실하고 나머지는 모두 허망하다.'라고 집착하거나, 혹은 수에 의지하여 나와 세간은 유변이 아니고 무변도 아니나니 '이것의 성제는 진실하고 나머지는 모두 허망하다.'라고 집착하거나,

혹은 상에 의지하여 나와 세간은 유변이나니, '이것의 성제는 진실하고 나머지는 모두 허망하다.'라고 집착하거나, 혹은 상에 의지하여 나와 세간은 무변이나니, '이것의 성제는 진실하고 나머지는 모두 허망하다.'라고 집착하거나, 혹은 상에 의지하여 나와 세간은 역시 유변이고 역시 무변이나니, '이것의 성제는 진실하고 나머지는 모두 허망하다.'라고 집착하거나, 혹은 상에 의지하여 나와 세간은 유변이 아니고 무변도 아니나니 '이것의 성제는 진실하고 나머지는 모두 허망하다.'라고 집착하거나,

혹은 행에 의지하여 나와 세간은 유변이나니, '이것의 성제는 진실하고 나머지는 모두 허망하다.'라고 집착하거나, 혹은 행에 의지하여 나와 세간은 무변하나니, '이것의 성제는 진실하고 나머지는 모두 허망하다.'라고 집착하거나, 혹은 행에 의지하여 나와 세간은 역시 유변이고 역시 무변이나니, '이것의 성제는 진실하고 나머지는 모두 허망하다.'라고 집착하거나, 혹은 행에 의지하여 나와 세간은 유변이 아니고 무변도 아니나니, '이것의 성제는 진실하고 나머지는 모두 허망하다.'라고 집착하거나,

혹은 식에 의지하여 나와 세간은 유변하나니, '이것의 성제는 진실하고 나머지는 모두 허망하다.'라고 집착하거나, 혹은 식에 의지하여 나와 세간은 무변이나니, '이것의 성제는 진실하고 나머지는 모두 허망하다.'라

고 집착하거나, 혹은 식에 의지하여 나와 세간은 역시 유변이고 역시 무변이나니, '이것의 성제는 진실하고 나머지는 모두 허망하다.'라고 집착하거나, 혹은 식에 의지하여 나와 세간은 유변이 아니고 무변도 아니나니, '이것의 성제는 진실하고 나머지는 모두 허망하다.'라고 집착하거나,

혹은 색에 의지하여 명자(命者)가 곧 몸이나니, '이것의 성제는 진실하고 나머지는 모두 허망하다.'라고 집착하거나, 혹은 색에 의지하여 명자는 다른 몸이나니, '이것의 성제는 진실하고 나머지는 모두 허망하다.'라고 집착하거나, 혹은 수에 의지하여 명자가 곧 몸이나니, '이것의 성제는 진실하고 나머지는 모두 허망하다.'라고 집착하거나, 혹은 수에 의지하여 명자는 다른 몸이나니, '이것의 성제는 진실하고 나머지는 모두 허망하다.'라고 집착하거나, 혹은 상에 의지하여 명자가 곧 몸이나니 '이것의 성제는 진실하고 나머지는 모두 허망하다.'라고 집착하거나, 혹은 상에 의지하여 명자는 다른 몸이나니, '이것의 성제는 진실하고 나머지는 모두 허망하다.'라고 집착하거나,

혹은 행에 의지하여 명자가 곧 몸이나니, '이것의 성제는 진실하고 나머지는 모두 허망하다.'라고 집착하거나, 혹은 행에 의지하여 명자는 다른 몸이나니, '이것의 성제는 진실하고 나머지는 모두 허망하다.'라고 집착하거나, 혹은 식에 의지하여 명자가 곧 몸이나니, '이것의 성제는 진실하고 나머지는 모두 허망하다.'라고 집착하거나, 혹은 식에 의지하여 명자는 다른 몸이나니, '이것의 성제는 진실하고 나머지는 모두 허망하다.'라고 집착하거나,

혹은 색에 의지하여 여래께서 열반하신 뒤에 유(有)이나니, '이것의 성제는 진실하고 나머지는 모두 허망하다.'라고 집착하거나, 혹은 색에 의지하여 여래께서 열반하신 뒤에 무유(無有)이나니, '이것의 성제는 진실하고 나머지는 모두 허망하다.'라고 집착하거나, 혹은 색에 의지하여 여래께서 열반하신 뒤에 역시 유이고 역시 무유이나니, '이것의 성제는 진실하고 나머지는 모두 허망하다.'라고 집착하거나, 혹은 색에 의지하여 여래께서 열반하신 뒤에 유가 아니고 무유도 아니나니, '이것의 성제는

진실하고 나머지는 모두 허망하다.'라고 집착하거나,

혹은 수에 의지하여 여래께서 열반하신 뒤에 유이나니, '이것의 성제는 진실하고 나머지는 모두 허망하다.'라고 집착하거나, 혹은 수에 의지하여 여래께서 열반하신 뒤에 무유이나니, '이것의 성제는 진실하고 나머지는 모두 허망하다.'라고 집착하거나, 혹은 수에 의지하여 여래께서 열반하신 뒤에 역시 유이고 역시 무유이나니, '이것의 성제는 진실하고 나머지는 모두 허망하다.'라고 집착하거나, 혹은 수에 의지하여 여래께서 열반하신 뒤에 유가 아니고 무유도 아니나니, '이것의 성제는 진실하고 나머지는 모두 허망하다.'라고 집착하거나,

혹은 상에 의지하여 여래께서 열반하신 뒤에 유이나니, '이것의 성제는 진실하고 나머지는 모두 허망하다.'라고 집착하거나, 혹은 상에 의지하여 여래께서 열반하신 뒤에 무유이나니, '이것의 성제는 진실하고 나머지는 모두 허망하다.'라고 집착하거나, 혹은 상에 의지하여 여래께서 열반하신 뒤에 역시 유이고 역시 무유이나니, '이것의 성제는 진실하고 나머지는 모두 허망하다.'라고 집착하거나, 혹은 상에 의지하여 여래께서 열반하신 뒤에 유가 아니고 무유도 아니나니, '이것의 성제는 진실하고 나머지는 모두 허망하다.'라고 집착하거나,

혹은 행에 의지하여 여래께서 열반하신 뒤에 유이나니, '이것의 성제는 진실하고 나머지는 모두 허망하다.'라고 집착하거나, 혹은 행에 의지하여 여래께서 열반하신 뒤에 무유이나니, '이것의 성제는 진실하고 나머지는 모두 허망하다.'라고 집착하거나, 혹은 행에 의지하여 여래께서 열반하신 뒤에 역시 유이고 역시 무유이나니, '이것의 성제는 진실하고 나머지는 모두 허망하다.'라고 집착하거나, 혹은 행에 의지하여 여래께서 열반하신 뒤에 유가 아니고 무유도 아니나니, '이것의 성제는 진실하고 나머지는 모두 허망하다.'라고 집착하거나,

혹은 식에 의지하여 여래께서 열반하신 뒤에 유이나니, '이것의 성제는 진실하고 나머지는 모두 허망하다.'라고 집착하거나, 혹은 식에 의지하여 여래께서 열반하신 뒤에 무유이나니, '이것의 성제는 진실하고 나머지는

모두 허망하다.'라고 집착하거나, 혹은 식에 의지하여 여래께서 열반하신 뒤에 역시 유이고 역시 무유이나니, '이것의 성제는 진실하고 나머지는 모두 허망하다.'라고 집착하거나, 혹은 식에 의지하여 여래께서 열반하신 뒤에 유가 아니고 무유도 아니나니, '이것의 성제는 진실하고 나머지는 모두 허망하다.'라고 집착한다고 능히 여실하게 아시느니라.

선현이여. 이와 같이 여래·응공·정등각께서는 깊은 반야바라밀다에 의지하여 그 제유정들이 소유한 심·심소법이 만약 나타나거나, 만약 사라지거나, 만약 굽어지거나, 만약 펼쳐지는 것을 능히 여실하게 아시느니라."

"다시 다음으로 선현이여. 일체의 여래·응공·정등각께서는 깊은 반야바라밀다에 의지하여 색을 여실하게 아시고 역시 수·상·행·식을 여실하게 아시느니라."

이때 구수 선현이 세존께 아뢰어 말하였다.

"세존이시여. 어찌하여 여래·응공·정등각께서는 깊은 반야바라밀다에 의지하여 색을 여실하게 아시고 역시 수·상·행·식을 여실하게 아십니까?"

세존께서 말씀하셨다.

"선현이여. 일체의 여래·응공·정등각께서는 깊은 반야바라밀다에 의지하여 색은 진여(眞如)와 같아서 변이(變異)가 없고 분별(分別)이 없으며 형상(形狀)이 없고 작용(作用)도 없으며 희론(戱論)이 없고 얻을 수 없다고 여실하게 아시고, 역시 수·상·행·식도 진여와 같아서 변이가 없고 분별이 없으며 형상이 없고 작용도 없으며 희론이 없고 얻을 수 없다고 여실하게 아시느니라. 선현이여. 이와 같이 여래·응공·정등각께서는 깊은 반야바라밀다에 의지하여 색을 여실하게 아시고 수·상·행·식을 여실하게 아시느니라.

"다시 다음으로 선현이여. 5온(五蘊)의 진여가 곧 유정의 진여이고, 유정의 진여가 곧 나타나고 사라지며 굽어지고 펼쳐지는 진여이며, 나타나고 사라지며 굽어지고 펼쳐지는 진여가 곧 5온의 진여이고, 5온의 진여가 곧 12처(十二處)의 진여이며, 12처의 진여가 곧 18계(十八界)의 진여이며, 18계의 진여가 곧 일체법의 진여이고, 일체법의 진여가 곧 6바라밀다의 진여이며, 6바라밀다의 진여가 곧 37보리분법(三十七菩提分法)의 진여이고, 37보리분법의 진여가 곧 18공(十八空)의 진여이며, 18공의 진여가 곧 8해탈의 진여이고, 8해탈의 진여가 곧 9차제정(九次第定)의 진여이며, 9차제정의 진여가 곧 여래의 10력의 진여이고, 여래의 10력의 진여가 곧 4무소외의 진여이며,

4무소외의 진여가 곧 4무애해의 진여이고, 4무애해의 진여가 곧 대자·대비·대희·대사의 진여이며, 대자·대비·대희·대사의 진여가 곧 18불불공법의 진여이고, 18불불공법의 진여가 곧 일체지의 진여이며, 일체지의 진여가 곧 도상지의 진여이고, 도상지의 진여가 곧 일체상지의 진여이며, 일체상지의 진여가 곧 선법(善法)의 진여이고, 선법의 진여가 곧 불선법(不善法)의 진여이며, 불선법의 진여가 곧 무기법(無記法)의 진여이고, 무기법의 진여가 곧 세간법(世間法)의 진여이며, 세간법의 진여가 곧 출세간법(出世間法)의 진여이고, 출세간법의 진여가 곧 유루법(有漏法)의 진여이며, 유루법의 진여가 곧 무루법(無漏法)의 진여이고, 무루법의 진여가 곧 유위법(有爲法)의 진여이며,

유위법의 진여가 곧 무위법(無爲法)의 진여이고, 무위법의 진여가 곧 과거법의 진여이며, 과거법의 진여가 곧 미래법의 진여이고, 미래법의 진여가 곧 현재법의 진여이며, 현재법의 진여가 곧 예류과의 진여이고, 예류과의 진여가 곧 일래과의 진여이며, 일래과의 진여가 곧 불환과의 진여이고, 불환과의 진여가 곧 아라한과의 진여이며, 아라한과의 진여가 곧 독각의 깨달음의 진여이고, 독각의 깨달음의 진여가 곧 일체의 보살마하살의 행의 진여이며, 보살마하살의 행의 진여가 곧 제불의 무상정등보리의 진여이고, 제불의 무상정등보리의 진여가 곧 일체의 여래·응공·정등각의 진여이며, 일체의 여래·응공·정등각의 진여가 곧 일체 유정들의 진여이니라.

선현이여. 만약 일체의 여래·응공·정등각의 진여이거나, 만약 일체의 유정의 진여이거나, 만약 일체법의 진여는 무이(無二)이고 두 처소가

없는데, 이것은 하나의 진여이고, 이와 같이 진여는 분별과 변이가 없는 까닭으로 파괴가 없고, 끝마침이 없어서 분별할 수 없느니라. 선현이여. 일체의 여래·응공·정등각들께서는 깊은 반야바라밀다에 의지하여 일체법의 진여를 증득한다면 비로소 무상정등보리를 증득하느니라. 오히려 이것을 까닭으로 매우 깊은 반야바라밀다는 제불을 능히 출생시키나니, 이것은 제불모(諸佛母)이고 제불께 세간의 실상을 능히 나타내어 보여주느니라.

선현이여. 이와 같이 여래·응공·정등각께서는 깊은 반야바라밀다에 의지하여 일체법의 진여·불허망성·불변이성을 능히 여실하게 깨달아서 아는데, 오히려 진여의 상을 여실하게 깨닫는 까닭으로 여래·응공·정등각이라고 이름하여 설하느니라."

이때 선현이 세존께 아뢰어 말하였다.

"세존이시여. 매우 깊은 반야바라밀다로써 증득하는 것인 일체법의 진여(眞如)·불허망성(不虛妄性)·불변이성(不變異性)은 지극하고 매우 깊게 되므로 보기 어렵고 깨닫기 어렵습니다. 세존이시여. 일체의 여래·응공·정등각께서는 모두가 일체법의 진여·불허망성·불변이성으로써 제불의 무상정등보리를 분별하시고 나타내어 보여주십니다. 세존이시여. 일체법의 진여는 매우 깊은데, 누가 능히 신해(信解)하겠습니까? 오직 불퇴위(不退位)의 보살마하살과 정견(正見)을 구족한 누진(漏盡)의 아라한들이 세존께서 설하시는 이러한 매우 깊은 진여를 듣고서 능히 신해가 생겨나니, 여래께서는 그들을 위하여 스스로가 증득하셨던 것인 진여의 상에 의지하여 분별하시고 나타내어 보여주셨습니다."

세존께서 말씀하셨다.

"선현이여. 그와 같으니라. 그와 같으니라. 그대가 말한 것과 같으니라. 그 까닭은 무엇인가? 진여는 끝마침이 없는 까닭으로 매우 깊으며, 오직 여래께서 끝마침이 없는 진여를 현재에 평등하고 바르게 깨닫느니라."

이때 선현이 세존께 아뢰어 말하였다.

"세존이시여. 여래께서는 누구를 이유로 끝마침이 없는 진여를 증득하십니까?"

세존께서 말씀하셨다.

"선현이여. 여래께서는 진여를 이유로 능히 이와 같은 끝마침이 없는 진여를 증득하시느니라."

이때 구수 선현이 다시 세존께 아뢰어 말하였다.

"세존이시여. 여래는 어떠한 끝마침이 없는 진여를 증득하십니까?"

세존께서 말씀하셨다.

"선현이여. 일체법의 끝마침이 없는 진여를 증득하시느니라. 선현이여. 일체의 여래·응공·정등각께서는 일체법의 다함이 없는 진여를 증득하는 까닭으로 무상정등보리를 획득하시고서, 제유정들을 위하여 일체법의 진여의 상을 분별하시고 나타내어 보여주시나니, 오히려 이러한 까닭으로 진실하게 설하는 자라고 이름하느니라."

47. 시상품(示相品)(1)

그때 삼천대천세계에서 소유한 욕계와 색계의 여러 천인(諸天)들이 각자 여러 종류의 미묘한 천상의 꽃과 향으로써 멀리서 세존께 흩뿌려서 공양하였으며, 세존의 처소로 와서 나아갔으며 두 발에 머리 숙여 예경하고 한쪽에 머무르면서 함께 아뢰어 말하였다.

"세존께서 설하신 매우 깊은 반야바라밀다는 무엇으로써 상(相)을 삼습니까?"

그때 세존께서 여러 천인들에게 말씀하셨다.

"매우 깊은 반야바라밀다는 공(空)으로써 상을 삼고, 매우 깊은 반야바라밀다는 무상(無相)으로써 상을 삼으며, 매우 깊은 반야바라밀다는 무원

(無願)으로써 상을 삼고, 매우 깊은 반야바라밀다는 만드는 것이 없고 짓는 것이 없는 것으로써 상을 삼으며, 매우 깊은 반야바라밀다는 생겨남이 없고 소멸함이 없는 것으로써 상을 삼고, 매우 깊은 반야바라밀다는 염오가 없고 청정함이 없는 것으로써 상을 삼으며, 매우 깊은 반야바라밀다는 무성(無性)과 무상(無相)으로써 상을 삼으며, 매우 깊은 반야바라밀다는 의지함이 없고 머무름이 없는 것으로써 상을 삼고, 매우 깊은 반야바라밀다는 단절이 아니고 항상하지 않는 것으로써 상을 삼으며, 매우 깊은 반야바라밀다는 하나가 아니고 다르지 않는 것으로써 상을 삼고, 매우 깊은 반야바라밀다는 오는 것이 없고 떠나감이 없는 것으로써 상을 삼으며, 매우 깊은 반야바라밀다는 허공으로써 상을 삼나니, 매우 깊은 반야바라밀다는 이와 같은 무량한 많은 상이 있느니라.

여러 천인들이여. 이와 같은 여러 상은 일체의 여래·응공·정등각이 세간의 천인·인간·아소락 등의 요익(饒益)을 위하여 세속제(世俗諦)에 의지하여 생각(想) 등으로써 생각을 시설(施設)하여 말로 설한 것이고, 승의제(勝義諦)를 의지한 것이 아니라고 마땅히 알아야 하느니라. 여러 천인들이여. 매우 깊은 반야바라밀다의 이와 같은 여러 상은 세간의 천인·인간·아소락 등이 모두 파괴할 수 없다고 마땅히 알아야 하느니라. 왜 그러한가? 세간의 천인·인간·아소락 등은 모두가 유상(有相)인 까닭이니라.

여러 천인들이여. 제상(諸相)은 능히 제상을 파괴하지 못하고, 제상은 능히 제상을 명료하게 알지 못하며, 제상은 능히 무상(無相)을 파괴하지 못하고, 제상은 능히 무상을 명료하게 알지 못하며, 무상은 능히 제상을 파괴하지 못하고, 무상은 능히 제상을 명료하게 알지 못하며, 무상은 능히 무상을 파괴하지 못하고, 무상은 능히 무상을 명료하게 알지 못하느니라. 왜 그러한가? 만약 유상이거나, 만약 무상이거나, 만약 상이고 무상이더라도, 모두 무소유이므로, 능히 파괴할 수 있거나 능히 알 수 있거나, 능히 파괴될 수 있거나, 능히 알려질 수 있더라도, 파괴하는 자와 아는 자를 얻을 수 없는 까닭이라고 마땅히 알아야 하느니라.

여러 천인들이여. 이와 같은 제상은 색이 지었던 것이 아니고 수·상·행·

식이 지었던 것이 아니며, 안처가 지었던 것이 아니고 이·비·설·신·의처가 지었던 것이 아니며, 색처가 지었던 것이 아니고 성·향·미·촉·법처가 지었던 것이 아니며, 안계가 지었던 것이 아니고 이·비·설·신·의계가 지었던 것이 아니며, 색계가 지었던 것이 아니고 성·향·미·촉·법계가 지었던 것이 아니며, 안식계가 지었던 것이 아니고 이·비·설·신·의식계가 지었던 것이 아니며, 안촉이 지었던 것이 아니고 이·비·설·신·의촉이 지었던 것이 아니며, 안촉을 인연으로 생겨난 여러 수가 지었던 것이 아니고 이·비·설·신·의촉을 인연으로 생겨난 여러 수가 지었던 것이 아니며,

　보시바라밀다가 지었던 것이 아니고 정계·안인·정진·정려·반야바라밀다가 지었던 것이 아니며, 내공이 지었던 것이 아니고 외공·내외공·공공·대공·승의공·유위공·무위공·필경공·무제공·산공·무변이공·본성공·자상공·공상공·일체법공·불가득공·무성공·자성공·무성자성공이 지었던 것이 아니며, 진여가 지었던 것이 아니고 법계·법성·불허망성·불변이성·평등성·이생성·법정·법주·실제·허공계·부사의계가 지었던 것이 아니며, 고성제가 지었던 것이 아니고 집·멸·도성제가 지었던 것이 아니며, 4정려가 지었던 것이 아니고 4무량·4무색정이 지었던 것이 아니며, 8해탈이 지었던 것이 아니고 8승처·9차제정과 10변처가 지었던 것이 아니며,

　4념주가 지었던 것이 아니고 4정단·4신족·5근·5력·7등각지·8성도지가 지었던 것이 아니며, 공해탈문이 지었던 것이 아니고 무상·무원해탈문이 지었던 것이 아니며, 정관지가 지었던 것이 아니고 종성지·제팔지·구견지·박지·이욕지·이판지·독각지·보살지·여래지가 지었던 것이 아니며, 극희지가 지었던 것이 아니고 이구지·발광지·염혜지·극난승지·현전지·원행지·부동지·선혜지·법운지가 지었던 것이 아니며, 5안이 지었던 것이 아니고 6신통이 지었던 것이 아니며, 여래의 10력이 지었던 것이 아니고 4무소외·4무애해·대자·대비·대희·대사·18불불공법이 지었던 것이 아니며,

　32대사상이 지었던 것이 아니고 80수호가 지었던 것이 아니며, 무망실법이 지었던 것이 아니고 항주사성이 지었던 것이 아니며, 일체의 다라니

문이 지었던 것이 아니고 일체의 삼마지문이 지었던 것이 아니며, 일체지가 지었던 것이 아니고 도상지·일체상지가 지었던 것이 아니라고 마땅히 알아야 하느니라.

여러 천인들이여. 이와 같은 여러 상은 천인이 지었던 것이 아니고, 천인이 아닌 자가 지었던 것이 아니며, 인간이 지었던 것이 아니고, 인간이 아닌 자가 지었던 것이 아니며, 천인의 소유가 아니고 천인의 소유가 아닌 것도 아니며, 인간의 소유가 아니고 인간의 소유가 아닌 것도 아니며, 유루가 아니고 무루도 아니며, 세간이 아니고 출세간도 아니며, 유위가 아니고 무위도 아니므로 계박되어 속(屬)한 것이 없으므로 널리 설할 수 없다고 마땅히 알아야 하느니라.

여러 천인들이여. 매우 깊은 반야바라밀다는 여러 상을 벗어났으므로 매우 깊은 반야바라밀다는 무엇으로써 형상을 삼는가를 상응하여 묻지 않아야 한다고 마땅히 알아야 하느니라. 그대들 여러 천인들이여. 그대의 뜻은 어떠한가? 설사 누가 허공의 상이 무엇인가를 물어서 말하였다면 이와 같은 질문을 일으켰다면 바른 질문이라고 하겠는가?"

여러 천인들이 대답하여 말하였다.

"아닙니다. 세존이시여. 아닙니다. 선서시여. 왜 그러한가?, 허공은 실체가 없고 상이 없으며 무위이므로 상응하여 질문할 수 없습니다."

세존께서 말씀하셨다.

"매우 깊은 반야바라밀다도 역시 이와 같으므로 상응하여 묻지 않아야 하느니라. 그렇지만 제법의 상은 여래(佛)께서 머무르시거나 여래께서 없으시더라도 법계에 여법하게 머무르나니, 여래께서는 이러한 상을 여실하게 깨달아서 아시는 까닭으로 여래·응공·정등각이라 이름하느니라."

이 여러 천인들이 함께 세존께 아뢰어 말하였다.

"여래께서 깨달았던 것인 이와 같은 여러 상은 지극히 깊게 되므로 보기 어렵고 깨닫기 어려운데, 여래께서는 이와 같은 상을 깨달아서 나타낸 까닭으로 일체법에서 장애가 없는 지혜를 굴리시나니, 일체의 여래·응공·정등각이 이와 같은 상을 깨달아서 안주하며 매우 깊은 반야바라밀다를 분별하여 열어서 보여주며, 제유정을 위하여 제법의 상을 집적하시면서 방편으로 열어서 보여주면서 반야바라밀다에서 장애가 없는 지혜를 얻게 하십니다.

희유합니다. 세존이시여. 매우 깊은 반야바라밀다의 이것은 제여래·응공·정등각께서 항상 처소에서 행하시는 것이고, 과거·미래·현재의 일체의 여래·응공·정등각들께서는 이것을 처소에서 행하신 까닭으로 무상정등보리를 증득하시고서 제유정을 위하여 일체법의 상을 분별하고 열어서 보여주시는데 이를테면, 색의 상을 분별하여 열어서 보여주고, 수·상·행·식의 상을 분별하여 열어서 보여주며, 안처의 상을 분별하여 열어서 보여주고, 이·비·설·신·의처의 상을 분별하여 열어서 보여주며, 색처의 상을 분별하여 열어서 보여주고, 성·향·미·촉·법처의 상을 분별하여 열어서 보여주며, 안계의 상을 분별하여 열어서 보여주고, 이·비·설·신·의계의 상을 분별하고 열어서 보여주며,

색계의 상을 분별하여 열어서 보여주고, 성·향·미·촉·법계의 상을 분별하여 열어서 보여주며, 안식계의 상을 분별하여 열어서 보여주고, 이·비·설·신·의식계의 상을 분별하여 열어서 보여주며, 안촉의 상을 분별하여 열어서 보여주고, 이·비·설·신·의촉의 상을 분별하여 열어서 보여주며, 안촉을 인연으로 생겨난 여러 수의 상을 분별하여 열어서 보여주고, 이·비·설·신·의촉을 인연으로 생겨난 여러 수의 상을 분별하여 열어서 보여주며, 보시바라밀다의 상을 분별하여 열어서 보여주고, 정계·안인·정진·정려·반야바라밀다의 상을 분별하여 열어서 보여주며, 내공의 상을 분별하여 열어서 보여주고, 외공·내외공·공공·대공·승의공·유위공·무위공·필경공·무제공·산공·무변이공·본성공·자상공·공상공·일체법공·불가득공·무성공·자성공·무성자성공의 상을 분별하여 열어서 보여주며,

진여의 상을 분별하여 열어서 보여주고, 법계·법성·불허망성·불변이성·평등성·이생성·법정·법주·실제·허공계·부사의계의 상을 분별하여 열어서 보여주며, 고성제의 상을 분별하고 열어서 보여주고, 집·멸·도성

제의 상을 분별하여 열어서 보여주며, 4정려의 상을 분별하여 열어서 보여주고, 4무량·4무색정의 상을 분별하여 열어서 보여주며, 8해탈의 상을 분별하여 열어서 보여주고, 8승처·9차제정·10변처의 상을 분별하여 열어서 보여주며, 4념주의 상을 분별하여 열어서 보여주고, 4정단·4신족·5근·5력·7등각지·8성도지의 상을 분별하여 열어서 보여주며, 공해탈문의 상을 분별하여 열어서 보여주고, 무상·무원해탈문의 상을 분별하여 열어서 보여주며,

진여의 상을 분별하여 열어서 보여주고, 종성지·제팔지·구견지·박지·이욕지·이판지·독각지·보살지·여래지의 상을 분별하여 열어서 보여주며, 극희지의 상을 분별하여 열어서 보여주고, 이구지·발광지·염혜지·극난승지·현전지·원행지·부동지·선혜지·법운지의 상을 분별하여 열어서 보여주며, 5안의 상을 분별하여 열어서 보여주고, 6신통의 상을 분별하여 열어서 보여주며, 여래의 10력의 상을 분별하여 열어서 보여주고, 4무소외·4무애해·대자·대비·대희·대사·18불불공법의 상을 분별하여 열어서 보여주며, 32대사상의 상을 분별하여 열어서 보여주고, 80수호의 상을 분별하고 열어서 보여주며,

무망실법의 상을 분별하여 열어서 보여주고, 항주사성의 상을 분별하여 열어서 보여주며, 일체의 다라니문의 상을 분별하고 열어서 보여주고, 일체의 삼마지문의 상을 분별하여 열어서 보여주며, 예류과의 상을 분별하여 열어서 보여주고, 일래·불환·아라한과와 독각의 보리의 상을 분별하여 열어서 보여주며, 일체의 보살마하살의 행의 상을 분별하여 열어서 보여주고, 제불의 무상정등보리의 상을 분별하여 열어서 보여주며, 일체지의 상을 분별하여 열어서 보여주고, 도상지·일체상지의 상을 분별하여 열어서 보여주십니다."

마하반야바라밀다경 제443권

47. 시상품(示相品)(2)

그때 세존께서 여러 천인들에게 말씀하셨다.

"그와 같으니라. 그와 같으니라. 그대가 말한 것과 같으니라. 여러 천인들이여. 일체법의 상을 여래는 여실하게 깨달아서 무상(無相)으로 삼는데 이를테면, 변이하고 장애하는 것이 색(色)의 상인데 여래는 여실하게 깨달아서 무상으로 삼았고, 받아들이게 하는 이것이 수(受)의 상인데 여래는 여실하게 깨달아서 무상으로 삼았으며, 형상을 취하는 이것이 상(想)의 상인데 여래는 여실하게 깨달아서 무상으로 삼았고, 조작하는 이것이 행(行)의 상인데 여래는 여실하게 깨달아서 무상으로 삼았으며, 명료하게 분별하는 이것이 식(識)의 상인데 여래는 여실하게 깨달아서 무상으로 삼았고, 고뇌(苦惱)가 쌓이는 이것이 온(蘊)의 상인데 여래는 여실하게 깨달아서 무상으로 삼았으며, 생장문(生長門)인 이것이 처(處)의 상인데 여래는 여실하게 깨달아서 무상으로 삼았고, 독해(毒害)가 많은 이것이 계(界)의 상인데 여래는 여실하게 깨달아서 무상으로 삼았느니라.

능히 은혜롭게 기부하는 이것이 보시바라밀다의 상인데 여래는 여실하게 깨달아서 무상으로 삼았고, 열뇌(熱惱)가 없는 이것이 정계바라밀다의 상인데 여래는 여실하게 깨달아서 무상으로 삼았으며, 진에(瞋恚)하지 않는 이것이 안인바라밀다의 상인데 여래는 여실하게 깨달아서 무상으로 삼았고, 굴복하지 않는 이것이 정진바라밀다의 상인데 여래는 여실하게 깨달아서 무상으로 삼았으며, 산란(散亂)하지 않은 이것이 정려바라밀다의 상인데 여래는 여실하게 깨달아서 무상으로 삼았고, 집착(執著)이 없는 이것이 반야바라밀다의 상인데 여래는 여실하게 깨달아서 무상으로 삼았으며, 무소유(無所有)인 이것이 내공의 상인데 여래는 여실하게 깨달아서 무상으로 삼았고, 전도(顚倒)되지 않는 이것이 진여 등의 상인데 여래는 여실하게 깨달아서 무상으로 삼았느니라.

허망(虛妄)하지 않은 이것이 사성제(四聖諦)의 상인데 여래는 여실하게 깨달아서 무상으로 삼았고, 요란(擾亂)이 없는 이것이 4정려의 상인데 여래는 여실하게 깨달아서 무상으로 삼았으며, 한계와 장애(限礙)가 없는 이것이 4무량의 상인데 여래는 여실하게 깨달아서 무상으로 삼았고, 시끄럽고 잡스러움이 없는 이것이 4무색정의 상인데 여래는 여실하게 깨달아서 무상으로 삼았으며, 계박(繫縛)이 없는 이것이 8해탈의 상인데 여래는 여실하게 깨달아서 무상으로 삼았고, 제어하여 조복(制伏)시키는 이것이 8승처의 상인데 여래는 여실하게 깨달아서 무상으로 삼았으며, 능히 적정(寂靜)하게 하는 이것이 9차제정의 상인데 여래는 여실하게 깨달아서 무상으로 삼았고, 변제(邊際)가 없는 이것이 10변처의 상인데 여래는 여실하게 깨달아서 무상으로 삼았으며,

능히 출리(出離)하는 이것이 37보리분법의 상인데 여래는 여실하게 깨달아서 무상으로 삼았고, 멀리 벗어나는 이것이 공해탈문의 상인데 여래는 여실하게 깨달아서 무상으로 삼았으며, 취(取)함과 집착(執著)이 없는 이것이 무상해탈문의 상인데 여래는 여실하게 깨달아서 무상으로 삼았고, 구하는 것이 없는 이것이 무원해탈문의 상인데 여래는 여실하게 깨달아서 무상으로 삼았으며, 청정한 지위(淨位)를 섭수하는 이것이 3승(三乘)과 10지(十地)의 상인데 여래는 여실하게 깨달아서 무상으로 삼았고, 대각(大覺)에 나아가는 이것이 보살의 10지의 상인데 여래는 여실하게 깨달아서 무상으로 삼았으며, 관조(觀照)하는 이것이 5안의 상인데 여래는 여실하게 깨달아서 무상으로 삼았고, 지체와 장애가 없는 이것이 6신통의 상인데 여래는 여실하게 깨달아서 무상으로 삼았으며,

굴복시키기 어려운 이것이 여래의 10력의 상인데 여래는 여실하게

깨달아서 무상으로 삼았고, 겁냄과 두려움이 없는 이것이 4무소외의 상인데 여래는 여실하게 깨달아서 무상으로 삼았으며, 단절(斷絕)이 없는 이것이 4무애해의 상인데 여래는 여실하게 깨달아서 무상으로 삼았고, 이익과 안락을 주는 이것이 대자(大慈)의 상인데 여래는 여실하게 깨달아서 무상으로 삼았으며, 노쇠의 고통(衰苦)을 발제(拔濟)하는 이것이 대비(大悲)의 상인데 여래는 여실하게 깨달아서 무상으로 삼았고, 선(善)한 일을 기뻐하는 이것이 대희(大喜)의 상인데 여래는 여실하게 깨달아서 무상으로 삼았으며, 잡스러운 번뇌(雜穢)를 버리는 이것이 대사(大捨)의 상인데 여래는 여실하게 깨달아서 무상으로 삼았고, 남김없이 분별을 단절하는 이것이 18불불공법의 상인데 여래는 여실하게 깨달아서 무상으로 삼았으며,

능히 엄숙하게 장식하는 이것이 상호(相好)의 상인데 여래는 여실하게 깨달아서 무상으로 삼았고, 능히 기억하는 이것이 무망실법의 상인데 여래는 여실하게 깨달아서 무상으로 삼았으며, 집착하는 것이 없는 이것이 항주사성의 상인데 여래는 여실하게 깨달아서 무상으로 삼았고, 두루 섭수하여 지니는 이것이 일체의 다라니문의 상인데 여래는 여실하게 깨달아서 무상으로 삼았으며, 두루 섭수하여 받아들이는 이것이 일체의 삼마지문의 상인데 여래는 여실하게 깨달아서 무상으로 삼았고, 교계를 잘 수지하는 이것이 네 가지 사문과(沙門果)의 상인데 여래는 여실하게 깨달아서 무상으로 삼았으며, 스스로가 열어서 깨닫는 이것이 독각의 깨달음의 상인데 여래는 여실하게 깨달아서 무상으로 삼았고, 능히 큰 일을 성취하는 이것이 일체의 보살마하살의 행의 상인데 여래는 여실하게 깨달아서 무상으로 삼았으며,

큰 작용을 구족하는 이것이 제불의 무상정등보리의 상인데 여래는 여실하게 깨달아서 무상으로 삼았고, 정등각을 나타내는 이것이 일체지의 상인데 여래는 여실하게 깨달아서 무상으로 삼았으며, 지극하게 잘 통달하는 이것이 도상지의 상인데 여래는 여실하게 깨달아서 무상으로 삼았고, 평등하고 차별되는 깨달음을 나타내는 이것이 일체상지의 상인데 여래는 여실하게 깨달아서 무상으로 삼았느니라. 여러 천인들이여. 일체의 여래·

응공·정등각들께서는 이와 같은 일체법의 상을 모두 여실하게 깨달아서 무상으로 삼았느니라. 이러한 까닭으로 나는 일체의 여래·응공·정등각들의 지혜와 견해는 장애가 없고 함께 동등한 자가 없다고 설하신다고 마땅히 알아야 하느니라.”

그때 세존께서 구수 선현에게 말씀하셨다.

“선현이여. 매우 깊은 반야바라밀다는 이것이 제불의 어머니이고, 매우 깊은 반야바라밀다는 능히 세간에 제법의 실상을 보여주느니라. 이러한 까닭으로 여래·응공·정등각은 법에 의지하여 안주하고, 의지하여 안주하는 법이라는 것을 공양하고 공경하며 존중하고 찬탄하면서 섭수하고 호지(護持)하는데, 이러한 법은 곧 이것이 매우 깊은 반야바라밀다이니라. 일체의 여래·응공·정등각들께서 매우 깊은 반야바라밀다에 의지하여 공양하고 공경하며 존중하고 찬탄하면서 섭수하고 호지하지 않는 것은 없느니라. 왜 그러한가? 선현이여. 일체의 여래·응공·정등각은 모두가 이와 같은 매우 깊은 반야바라밀다를 인연으로 생장(生長)하였으며, 매우 깊은 반야바라밀다는 제여래·응공·정등각들께 의지처를 지어서 주었으며, 능히 세간에 제법의 실상을 보여주신다고 마땅히 알아야 하느니라.

선현이여. 일체의 여래·응공·정등각은 이것이 은혜를 아는 자이고, 능히 은혜를 갚는 자이니라. 선현이여. 만약 어느 사람이 ‘누가 은혜를 아는 자이고, 누가 은혜를 갚는 자인가?’라고 물어 말하였다면, 상응하여 ‘여래께서는 이 분이 은혜를 아는 분이며, 은혜를 갚는 분이다.’라고 바르게 대답하여 말하라. 왜 그러한가? 일체의 세간에서 은혜를 알고 은혜를 갚는 자가 여래를 초월하는 자는 없다고 마땅히 알아야 하느니라.”

구수 선현이 세존께 아뢰어 말하였다.

“세존이시여. 무엇이 여래·응공·정등각께서 은혜를 알고 은혜를 갚는 것입니까?”

세존께서 말씀하셨다.

“선현이여. 일체의 여래·응공·정등각은 이와 같은 수레를 타시고 이와 같은 도를 행하시면서 무상정등보리에 이르셨으며 보리를 얻으셨어도 일체의 시간에서 공양하고 공경하며 존중하고 찬탄하면서 이러한 수레와 이러한 도(道)를 섭수하고 호지하시면서 항상 잠시도 멈추지 않으시는데, 이러한 수레와 이러한 도는 곧 이것이 매우 깊은 반야바라밀다라고 마땅히 알아야 하느니라. 선현이여. 이것을 여래·응공·정등각들께서 은혜를 알고 은혜를 갚는 것이라고 이름하느니라.

다시 다음으로 선현이여. 일체의 여래·응공·정등각께서는 모두 매우 깊은 반야바라밀다에 의지하여 일체법이 모두 작용(作用)이 없다고 깨닫지 않은 것이 없으신데, 능히 지었던 자로써 무소유인 까닭이고, 일체의 여래·응공·정등각께서는 모두가 매우 깊은 반야바라밀다에 의지하여 일체법이 성취되었던 것이 없다고 깨닫지 않은 것이 없으신데, 여러 형상과 질감(形質)을 얻을 수 없는 까닭이니라. 선현이여. 제여래·응공·정등각들께서는 모두 이와 같은 매우 깊은 반야바라밀다에 의지하여 일체법은 모두가 작용이 없고 성취하는 것이 없다고 깨달으시고, 일체의 시간에 공양하고 공경하며 존중하고 찬탄하면서 섭수하고 호지하시면서 일찍이 중간에 멈추지 않으셨는데, 이러한 까닭으로 진실로 은혜를 알고 은혜를 갚는 것이라고 이름하느니라."

"다시 다음으로 선현이여. 일체의 여래·응공·정등각들께서는 모두가 매우 깊은 반야바라밀다에 의지하여 일체법에서 짓는 것이 없고 성취한 것도 없으며 무생지(無生智)[1]를 전전하며, 다시 능히 이것이 전전하는 인연이 없다고 아시는데, 이러한 까닭으로 매우 깊은 반야바라밀다는 여래·응공·정등각을 출생시키고, 역시 능히 여실하게 세간의 상을 보여주

---

1) 산스크리트어: anutpāda-jñāna의 번역이고, 무생지는 진지(盡智)와 함께 유정지(有頂地)의 가장 최상인 비상비비상처지(非想非非想處地)에서 획득되는 무루지이며 유정지의 온(蘊)을 관찰하여 생겨나는 4성제에 대한 지혜이다. 무학위(無學位)의 성자의 지위인 아라한지에서 증득(得)하는 지혜로서 먼저 진지(盡智)를 성취한 뒤에 성도(聖道)의 모든 선법(善法)을 원인으로 무학과(無學果)를 완전하게 성취할 때 일어나는 지혜이다.

느니라."

그때 구수 선현이 세존께 아뢰어 말하였다.

"세존이시여. 여래께서는 항상 '일체법의 자성은 생겨남이 없고 일어남이 없으며, 알 수 없고 볼 수 없다.'라고 설하셨는데, 어찌하여 매우 깊은 반야바라밀다가 능히 여래·응공·정등각을 출생시키고, 세간에 제법의 실상(實相)을 보여준다고 설하십니까?"

세존께서 선현에게 말씀하셨다.

"그와 같으니라. 그와 같으니라. 그대가 말한 것과 같으니라. 일체의 여래·응공·정등각들께서는 제법이 생겨남이 없고 일어남이 없으며 아는 것이 없고 보는 것이 없더라도, 세속제에 의지하여 매우 깊은 반야바라밀다는 여래·응공·정등각을 출생시키고 역시 능히 여실하게 세간의 상을 보여준다고 설하느니라."

그때 구수 선현이 세존께 아뢰어 말하였다.

"세존이시여. 어찌하여 제법이 생겨남이 없고 일어남이 없으며 아는 것이 없고 보는 것이 없습니까?"

세존께서 말씀하셨다.

"선현이여. 일체법으로써 공하고 무소유이며, 모두가 자재하지 못하고, 헛되고 거짓이며 견고하지 못한 까닭으로, 일체법은 생겨남이 없고 일어남이 없으며 아는 것이 없고 보는 것이 없느니라. 다시 다음으로 선현이여. 일체의 법성(法性)은 의지하는 것이 없고, 계박과 속(屬)하는 것이 없나니, 오히려 이러한 인연으로 생겨남이 없고 일어남이 없으며 아는 것이 없고 보는 것이 없느니라. 선현이여. 매우 깊은 반야바라밀다는 비록 여래·응공·정등각을 출생시키고 역시 능히 여실하게 세간의 상을 보여주더라도 생겨나는 것이 없고 보여주는 것도 없다고 마땅히 알아야 하느니라.

선현이여. 매우 깊은 반야바라밀다는 색을 보지 않는 까닭으로 색의 상(相)을 보여준다고 이름하고, 수·상·행·식을 보지 않는 까닭으로 수·상·행·식의 상을 보여준다고 이름하며, 안처를 보지 않는 까닭으로 안처의 상을 보여준다고 이름하고, 이·비·설·신·의처를 보지 않는 까닭으로 이·비·설·신·의처의 상을 보여준다고 이름하며, 색처를 보지 않는 까닭으로 색처의 상을 보여준다고 이름하고, 성·향·미·촉·법처를 보지 않는 까닭으로 성·향·미·촉·법처의 상을 보여준다고 이름하며, 안계를 보지 않는 까닭으로 안계의 상을 보여준다고 이름하고, 이·비·설·신·의계를 보지 않는 까닭으로 이·비·설·신·의계의 상을 보여준다고 이름하며,

색계를 보지 않는 까닭으로 색계의 상을 보여준다고 이름하고, 성·향·미·촉·법계를 보지 않는 까닭으로 성·향·미·촉·법계의 상을 보여준다고 이름하며, 안식계를 보지 않는 까닭으로 안식계의 상을 보여준다고 이름하고, 이·비·설·신·의식계를 보지 않는 까닭으로 이·비·설·신·의식계의 상을 보여준다고 이름하며, 안촉을 보지 않는 까닭으로 안촉의 상을 보여준다고 이름하고, 이·비·설·신·의촉을 보지 않는 까닭으로 이·비·설·신·의촉의 상을 보여준다고 이름하며, 안촉을 인연으로 생겨난 여러 수를 보지 않는 까닭으로 안촉을 인연으로 생겨난 여러 수의 상을 보여준다고 이름하고, 이·비·설·신·의촉을 인연으로 생겨난 여러 수를 보지 않는 까닭으로 이·비·설·신·의촉을 인연으로 생겨난 여러 수의 상을 보여준다고 이름하며,

지계를 보지 않는 까닭으로 지계의 상을 보여준다고 이름하고, 수·화·풍·공·식계를 보지 않는 까닭으로 수·화·풍·공·식계의 상을 보여준다고 이름하며, 무명을 보지 않는 까닭으로 무명의 상을 보여준다고 이름하고, 행·식·명색·육처·촉·수·애·취·유·생·노사의 수탄고우뇌를 보지 않는 까닭으로 행, 나아가 노사의 수탄고우뇌의 상을 보여준다고 이름하며, 보시바라밀다를 보지 않는 까닭으로 보시바라밀다의 상을 보여준다고 이름하고, 정계·안인·정진·정려·반야바라밀다를 보지 않는 까닭으로 정계·안인·정진·정려·반야바라밀다의 상을 보여준다고 이름하며,

내공을 보지 않는 까닭으로 내공의 상을 보여준다고 이름하고, 외공·내외공·공공·대공·승의공·유위공·무위공·필경공·무제공·산공·무변이공·본성공·자상공·공상공·일체법공·불가득공·무성공·자성공·무성자성공을 보지 않는 까닭으로 외공, 나아가 무성자성공의 상을 보여준다고

이름하며, 진여를 보지 않는 까닭으로 진여의 상을 보여준다고 이름하고, 법계·법성·불허망성·불변이성·평등성·이생성·법정·법주·실제·허공계·부사의계를 보지 않는 까닭으로 법계, 나아가 부사의계의 상을 보여준다고 이름하며, 고성제를 보지 않는 까닭으로 고성제의 상을 보여준다고 이름하고, 집·멸·도성제를 보지 않는 까닭으로 집·멸·도성제의 상을 보여준다고 이름하며,

 4정려를 보지 않는 까닭으로 4정려의 상을 보여준다고 이름하고, 4무량·4무색정을 보지 않는 까닭으로 4무량·4무색정의 상을 보여준다고 이름하며, 8해탈을 보지 않는 까닭으로 8해탈의 상을 보여준다고 이름하고, 8승처·9차제정·10변처를 보지 않는 까닭으로 8승처·9차제정·10변처의 상을 보여준다고 이름하며, 4념주를 보지 않는 까닭으로 4념주의 상을 보여준다고 이름하고, 4정단·4신족·5근·5력·7등각지·8성도지를 보지 않는 까닭으로 4정단, 나아가 8성도지의 상을 보여준다고 이름하며, 공해탈문을 보지 않는 까닭으로 공해탈문의 상을 보여준다고 이름하고, 무상·무원해탈문을 보지 않는 까닭으로 무상·무원해탈문의 상을 보여준다고 이름하며,

 3승(三乘)의 10지(十地)를 보지 않는 까닭으로 3승의 10지의 상을 보여준다고 이름하고, 보살의 10지를 보지 않는 까닭으로 보살의 10지의 상을 보여준다고 이름하며, 5안을 보지 않는 까닭으로 5안의 상을 보여준다고 이름하고, 6신통을 보지 않는 까닭으로 6신통의 상을 보여준다고 이름하며, 여래의 10력을 보지 않는 까닭으로 여래의 10력의 상을 보여준다고 이름하고, 4무소외·4무애해·대자·대비·대희·대사·18불불공법을 보지 않는 까닭으로 4무소외, 나아가 18불불공법의 상을 보여준다고 이름하며, 32대사상을 보지 않는 까닭으로 32대사상의 상을 보여준다고 이름하고, 80수호를 보지 않는 까닭으로 80수호의 상을 보여준다고 이름하며,

 무망실법을 보지 않는 까닭으로 무망실법의 상을 보여준다고 이름하고, 항주사성을 보지 않는 까닭으로 항주사성의 상을 보여준다고 이름하며, 일체의 다라니문을 보지 않는 까닭으로 일체의 다라니문의 상을 보여준다

고 이름하고, 일체의 삼마지문을 보지 않는 까닭으로 일체의 삼마지문의 상을 보여준다고 이름하며, 예류과를 보지 않는 까닭으로 예류과의 상을 보여준다고 이름하고, 일래·불환·아라한과와 독각의 보리를 보지 않는 까닭으로 일래·불환·아라한과와 독각의 보리의 상을 보여준다고 이름하며, 일체의 보살마하살의 행을 보지 않는 까닭으로 일체의 보살마하살의 행의 상을 보여준다고 이름하고, 제불의 무상정등보리를 보지 않는 까닭으로 제불의 무상정등보리의 상을 보여준다고 이름하며,

일체지를 보지 않는 까닭으로 일체지의 상을 보여준다고 이름하고, 도상지·일체상지를 보지 않는 까닭으로 도상지·일체상지의 상을 보여준다고 이름하느니라. 오히려 이와 같은 의취로 매우 깊은 반야바라밀다는 능히 세간에 제법의 실상을 보여주나니, 여래의 어머니라고 이름하고 능히 여래를 출생시키느니라."

그때 구수 선현이 세존께 아뢰어 말하였다.
"세존이시여. 어찌하여 이와 같은 매우 깊은 반야바라밀다가 색을 보지 않는 까닭으로 색의 상을 보여준다고 이름하고, 수·상·행·식을 보지 않는 까닭으로 수·상·행·식의 상을 보여준다고 이름합니까? 이와 같이 나아가, 일체지를 보지 않는 까닭으로 일체지의 상을 보여준다고 이름하고, 도상지·일체상지를 보지 않는 까닭으로 도상지·일체상지의 상을 보여준다고 이름합니까?"

세존께서 선현에게 알리셨다.
"매우 깊은 반야바라밀다는 오히려 색(色)을 인연하지 않았으나 식(識)에서 생겨났고, 이것은 색을 보여주지 않게 되었던 까닭으로 색의 상을 보여준다고 이름하고, 수·상·행·식을 인연하지 않았으나 식에서 생겨났고, 이것은 수·상·행·식을 보여주지 않게 되었던 까닭으로 수·상·행·식의 상을 보여준다고 이름하느니라. 이와 같이 나아가, 오히려 일체지를 인연하지 않았으나 식에서 생겨났고, 이것은 일체지를 보여주지 않게 되었던 까닭으로 일체지의 상을 보여준다고 이름하고, 도상지·일체상지를 인연하지

않았으나 식에서 생겨났고, 이것은 도상지·일체상지를 보여주지 않게 되었던 까닭으로 도상지·일체상지의 상을 보여준다고 이름하느니라.
 오히려 이와 같은 의취로 매우 깊은 반야바라밀다는 능히 세간에 제법의 실상을 보여주나니, 여래의 어머니라고 이름하고 능히 출생시키느니라."

 "다시 다음으로 선현이여. 매우 깊은 반야바라밀다는 능히 여래를 위하여 세간의 공을 나타내게 되는 까닭으로 여래의 어머니라고 이름하는데, 여래에게 세간의 실상을 보여주느니라."
 선현이 세존께 아뢰어 말하였다.
 "세존이시여. 어찌하여 이와 같은 매우 깊은 반야바라밀다는 능히 여래를 위하여 세간의 공을 나타냅니까?"
 세존께서 말씀하셨다.
 "선현이여. 매우 깊은 반야바라밀다는 여래를 위하여 색의 세간이 공(空)하다고 나타내고, 수·상·행·식의 세간이 공하다고 나타내며, 안처의 세간이 공하다고 나타내고, 이·비·설·신·의처의 세간이 공하다고 나타내며, 색처의 세간이 공하다고 나타내고, 성·향·미·촉·법처의 세간이 공하다고 나타내며, 안계의 세간이 공하다고 나타내고, 이·비·설·신·의계의 세간이 공하다고 나타내며, 색계의 세간이 공하다고 나타내고, 성·향·미·촉·법계의 세간이 공하다고 나타내며, 안식계의 세간이 공하다고 나타내고, 이·비·설·신·의식계의 세간이 공하다고 나타내며, 안촉의 세간이 공하다고 나타내고, 이·비·설·신·의촉의 세간이 공하다고 나타내며, 안촉을 인연으로 생겨난 여러 수의 세간이 공하다고 나타내고, 이·비·설·신·의촉을 인연으로 생겨난 여러 수의 세간이 공하다고 나타내며,
 지계의 세간이 공하다고 나타내고, 수·화·풍·공·식계의 세간이 공하다고 나타내며, 12지연기(十二支緣起)의 세간이 공하다고 나타내고, 아견(我見)을 근본으로 삼는 62견(六十二見)2)의 세간이 공하다고 나타내며, 10선

---

2) 초기불교의 경전 등에서 외도(外道)의 모든 견해 또는 사상을 62종류로 분류한 것을 가리킨다.

업도(善業道)의 세간이 공하다고 나타내며, 4정려의 세간이 공하다고 나타내고, 4무량·4무색정의 세간이 공하다고 나타내며, 보시바라밀다의 세간이 공하다고 나타내고, 나아가 반야바라밀다의 세간이 공하다고 나타내며, 내공의 세간이 공하다고 나타내고, 나아가 무성자성공의 세간이 공하다고 나타내며, 도성제의 세간이 공하다고 나타내고, 집·멸·도성제의 세간이 공하다고 나타내며,

 8해탈의 세간이 공하다고 나타내고, 8승처·9차제정·10변처의 세간이 공하다고 나타내며, 4념주의 세간이 공하다고 나타내고, 나아가 8성도지의 세간이 공하다고 나타내며, 공해탈문의 세간이 공하다고 나타내고, 무상·무원해탈문의 세간이 공하다고 나타내며, 3승의 10지의 세간이 공하다고 나타내고, 보살의 10지의 세간이 공하다고 나타내며, 5안의 세간이 공하다고 나타내고, 6신통의 세간이 공하다고 나타내며, 여래의 10력의 세간이 공하다고 나타내고, 나아가 18불불공법의 세간이 공하다고 나타내며, 32대사상의 세간이 공하다고 나타내고, 80수호의 세간이 공하다고 나타내며, 무망실법의 세간이 공하다고 나타내고, 항주사성의 세간이 공하다고 나타내며,

 일체의 다라니문의 세간이 공하다고 나타내고, 일체의 삼마지문의 세간이 공하다고 나타내며, 예류과의 세간이 공하다고 나타내고, 나아가 독각의 보리의 세간이 공하다고 나타내며, 일체의 보살마하살의 행의 세간이 공하다고 나타내고, 제불의 무상정등보리의 세간이 공하다고 나타내며, 일체지의 세간이 공하다고 나타내고, 도상지·일체상지의 세간이 공하다고 나타내느니라. 선현이여. 오히려 이와 같은 의취로 매우 깊은 반야바라밀다는 능히 세간에 제법의 실상(實相)을 보여주나니, 여래의 어머니이고 능히 여래를 출생시키느니라.

 다시 다음으로 선현이여. 일체의 여래·응공·정등각께서는 매우 깊은 반야바라밀다에 의지하여 세간을 위하여 색의 세간이 공하다고 나타내고, 수·상·행·식의 세간이 공하다고 나타내며, 이와 같이 나아가, 일체지의 세간이 공하다고 나타내고, 도상지·일체상지의 세간이 공하다고 나타내

어서 여러 세간들에게 세간이 공하다고 받아들이게 하고, 세간이 공하다고 생각하게 하며, 세간이 공하다고 사유하게 하고, 세간이 공하다고 명료하게 깨닫게 하느니라.

오히려 이와 같은 의취로 매우 깊은 반야바라밀다는 능히 세간에 제법의 실상을 보여주나니, 여래의 어머니라고 이름하고 능히 여래를 출생시키느니라."

"다시 다음으로 선현이여. 매우 깊은 반야바라밀다는 여래·응공·정등각들께 능히 세간이 공하다고 보게 하느니라. 무엇 등의 세간이 공하다고 보게 하는가? 이를테면, 색의 세간이 공하다고 보게 하고, 수·상·행·식의 세간이 공하다고 보게 하며, 이와 같이 나아가, 일체지의 세간이 공하다고 보게 하고, 도상지·일체상지의 세간이 공하다고 보게 하느니라.

오히려 이와 같은 의취로 매우 깊은 반야바라밀다는 능히 세간에 제법의 실상을 보여주나니, 여래의 어머니라고 이름하고 능히 여래를 출생시키느니라."

"다시 다음으로 선현이여. 매우 깊은 반야바라밀다는 능히 여래·응공·정등각들께 세간의 불가사의(不可思議)한 상(相)들을 능히 보여주나니, 여래의 어머니라고 이름하고, 여래에게 세간의 실상을 보여주느니라."

구수 선현이 세존께 아뢰어 말하였다.

"세존이시여. 어찌하여 이와 같은 매우 깊은 반야바라밀다가 능히 여래·응공·정등각들께 세간의 불가사의한 상을 보여줍니까?"

세존께서 말씀하셨다.

"선현이여. 매우 깊은 반야바라밀다는 능히 여래·응공·정등각들께 색의 세간이 불가사의한 상이라고 보여주고, 수·상·행·식의 세간이 불가사의한 상이라고 보여주며, 이와 같이 나아가, 일체지의 세간이 불가사의한 상이라고 보여주고, 도상지·일체상지의 세간이 불가사의한 상이라고 보여주느니라. 선현이여. 오히려 이와 같은 의취로 매우 깊은 반야바라밀다는 능히 세간에 제법의 실상을 보여주나니, 여래의 어머니라고 이름하고 능히 여래를 출생시키느니라."

"다시 다음으로 선현이여. 매우 깊은 반야바라밀다는 능히 여래·응공·정등각들께 세간의 멀리 벗어난 상들을 보여주나니, 여래의 어머니라고 이름하고, 여래에게 세간의 실상을 보여주느니라."

구수 선현이 세존께 아뢰어 말하였다.

"세존이시여. 어찌하여 이와 같은 매우 깊은 반야바라밀다가 능히 여래·응공·정등각들께 세간의 멀리 벗어난 상들을 보여줍니까?"

세존께서 말씀하셨다.

"선현이여. 매우 깊은 반야바라밀다는 능히 여래·응공·정등각에게 색의 세간이 멀리 벗어난 상이라고 보여주고, 수·상·행·식의 세간이 멀리 벗어난 상이라고 보여주며, 이와 같이 나아가, 일체지의 세간이 멀리 벗어난 상이라고 능히 보여주고, 도상지·일체상지의 세간이 멀리 벗어난 상이라고 능히 보여주느니라. 선현이여. 오히려 이와 같은 의취로 매우 깊은 반야바라밀다는 능히 세간에 제법의 실상을 보여주나니, 여래의 어머니라고 이름하고 능히 여래를 출생시키느니라."

"다시 다음으로 선현이여. 매우 깊은 반야바라밀다는 능히 여래·응공·정등각들께 세간의 적정(寂靜)한 상들을 보여주나니, 여래의 어머니라고 이름하고, 여래에게 세간의 실상을 보여주느니라."

구수 선현이 세존께 아뢰어 말하였다.

"세존이시여. 어찌하여 이와 같은 매우 깊은 반야바라밀다가 능히 여래·응공·정등각들께서는 세간의 적정한 상들을 보여줍니까?"

세존께서 말씀하셨다.

"선현이여. 매우 깊은 반야바라밀다는 능히 여래·응공·정등각들께 색의 세간이 적정한 상이라고 보여주고, 수·상·행·식의 세간이 적정한 상이라고 보여주며, 이와 같이 나아가, 일체지의 세간이 적정한 상이라고 능히 보여주고, 도상지·일체상지의 세간이 적정한 상이라고 능히 보여주느니라. 선현이여. 오히려 이와 같은 의취로 매우 깊은 반야바라밀다는 능히 세간에 제법의 실상을 보여주나니, 여래의 어머니라고 이름하고 능히 여래를 출생시키느니라."

"다시 다음으로 선현이여. 매우 깊은 반야바라밀다는 능히 여래·응공·정등각들께 세간의 필경공(畢竟空)인 상들을 보여주나니, 여래의 어머니라고 이름하고, 여래에게 세간의 실상을 보여주느니라."

구수 선현이 세존께 아뢰어 말하였다.

"세존이시여. 어찌하여 이와 같은 매우 깊은 반야바라밀다가 능히 여래·응공·정등각들께 세간의 필경공인 상들을 보여줍니까?"

세존께서 말씀하셨다.

"선현이여. 매우 깊은 반야바라밀다는 능히 여래·응공·정등각들께 색의 세간이 필경공인 상이라고 보여주고, 수·상·행·식의 세간이 필경공인 상이라고 보여주며, 이와 같이 나아가, 일체지의 세간이 필경공인 상이라고 능히 보여주고, 도상지·일체상지의 세간이 필경공인 상이라고 능히 보여주느니라. 선현이여. 오히려 이와 같은 의취로 매우 깊은 반야바라밀다는 능히 세간에 제법의 실상을 보여주나니, 여래의 어머니라고 이름하고 능히 여래를 출생시키느니라."

"다시 다음으로 선현이여. 매우 깊은 반야바라밀다는 능히 여래·응공·정등각들께 세간의 무성공(無性空)인 상들을 보여주나니, 여래의 어머니라고 이름하고, 여래에게 세간의 실상을 보여주느니라."

구수 선현이 세존께 아뢰어 말하였다.

"세존이시여. 어찌하여 이와 같은 매우 깊은 반야바라밀다가 능히 여래·응공·정등각들께 세간의 무성공인 상들을 보여줍니까?"

세존께서 말씀하셨다.

"선현이여. 매우 깊은 반야바라밀다는 능히 여래·응공·정등각에게 색의 세간이 무성공인 상이라고 보여주고, 수·상·행·식의 세간이 무성공인 상이라고 보여주며, 이와 같이 나아가, 일체지의 세간이 무성공인 상이라고 능히 보여주고, 도상지·일체상지의 세간이 무성공인 상이라고 능히 보여주느니라. 선현이여. 오히려 이와 같은 의취로 매우 깊은 반야바라밀다는 능히 세간에 제법의 실상을 보여주나니, 여래의 어머니라고 이름하고 능히 여래를 출생시키느니라."

"다시 다음으로 선현이여. 매우 깊은 반야바라밀다는 능히 여래·응공·정등각들께 세간의 자성공(自性空)인 상들을 보여주나니, 여래의 어머니라고 이름하고, 여래에게 세간의 실상을 보여주느니라."
구수 선현이 세존께 아뢰어 말하였다.
"세존이시여. 어찌하여 이와 같은 매우 깊은 반야바라밀다가 능히 여래·응공·정등각들께 세간의 자성공인 상들을 보여줍니까?"
세존께서 말씀하셨다.
"선현이여. 매우 깊은 반야바라밀다는 능히 여래·응공·정등각에게 색의 세간이 자성공인 상이라고 보여주고, 수·상·행·식의 세간이 자성공인 상이라고 보여주며, 이와 같이 나아가, 일체지의 세간이 자성공인 상이라고 능히 보여주고, 도상지·일체상지의 세간이 자성공인 상이라고 능히 보여주느니라. 선현이여. 오히려 이와 같은 의취로 매우 깊은 반야바라밀다는 능히 세간에 제법의 실상을 보여주나니, 여래의 어머니라고 이름하고 능히 여래를 출생시키느니라."
"다시 다음으로 선현이여. 매우 깊은 반야바라밀다는 능히 여래·응공·정등각들께 세간의 무성자성공(無性自性空)인 상들을 보여주나니, 여래의 어머니라고 이름하고, 여래에게 세간의 실상을 보여주느니라."
구수 선현이 세존께 아뢰어 말하였다.
"세존이시여. 어찌하여 이와 같은 매우 깊은 반야바라밀다가 능히 여래·응공·정등각들께 세간의 무성자성공인 상들을 보여줍니까?"
세존께서 말씀하셨다.
"선현이여. 매우 깊은 반야바라밀다는 능히 여래·응공·정등각에게 색의 세간이 무성자성공인 상이라고 보여주고, 수·상·행·식의 세간이 무성자성공인 상이라고 보여주며, 이와 같이 나아가, 일체지의 세간이 무성자성공인 상이라고 능히 보여주고, 도상지·일체상지의 세간이 무성자성공인 상이라고 능히 보여주느니라. 선현이여. 오히려 이와 같은 의취로 매우 깊은 반야바라밀다는 능히 세간에 제법의 실상을 보여주나니, 여래의 어머니라고 이름하고 능히 여래를 출생시키느니라."

"다시 다음으로 선현이여. 매우 깊은 반야바라밀다는 능히 여래·응공·정등각들께 세간의 순수한 공(純空)인 상들을 보여주나니, 여래의 어머니라고 이름하고, 여래에게 세간의 실상을 보여주느니라."

구수 선현이 세존께 아뢰어 말하였다.

"세존이시여. 어찌하여 이와 같은 매우 깊은 반야바라밀다가 능히 여래·응공·정등각들께 세간의 순수한 공인 상들을 보여줍니까?"

세존께서 말씀하셨다.

"선현이여. 매우 깊은 반야바라밀다는 능히 여래·응공·정등각에게 색의 세간이 순수한 공인 상이라고 보여주고, 수·상·행·식의 세간이 순수한 공인 상이라고 보여주며, 이와 같이 나아가, 일체지의 세간이 순수한 공인 상이라고 능히 보여주고, 도상지·일체상지의 세간이 순수한 공인 상이라고 능히 보여주느니라. 선현이여. 오히려 이와 같은 의취로 매우 깊은 반야바라밀다는 능히 세간에 제법의 실상을 보여주나니, 여래의 어머니라고 이름하고 능히 여래를 출생시키느니라."

"다시 다음으로 선현이여. 매우 깊은 반야바라밀다는 능히 여래·응공·정등각들께 세간의 무아공(無我空)인 상들을 보여주나니, 여래의 어머니라고 이름하고, 여래에게 세간의 실상을 보여주느니라."

구수 선현이 세존께 아뢰어 말하였다.

"세존이시여. 어찌하여 이와 같은 매우 깊은 반야바라밀다가 능히 여래·응공·정등각들께 세간의 무아공인 상들을 보여줍니까?"

세존께서 말씀하셨다.

"선현이여. 매우 깊은 반야바라밀다는 능히 여래·응공·정등각에게 색의 세간이 무아공인 상이라고 보여주고, 수·상·행·식의 세간이 무아공인 상이라고 보여주며, 이와 같이 나아가, 일체지의 세간이 무아공인 상이라고 능히 보여주고, 도상지·일체상지의 세간이 무아공인 상이라고 능히 보여주느니라. 선현이여. 오히려 이와 같은 의취로 매우 깊은 반야바라밀다는 능히 세간에 제법의 실상을 보여주나니, 여래의 어머니라고 이름하고 능히 여래를 출생시키느니라."

"다시 다음으로 선현이여. 매우 깊은 반야바라밀다가 여래·응공·정등각들께 세간의 형상을 능히 보여주는 것은 이를테면, 이 세간이라는 생각을 일으키지 않게 하고, 역시 다른 세간이라는 생각도 일으키지 않게 하는 것이니라. 그 까닭은 무엇인가? 일체법으로써 모두가 무소유이고 얻을 수 없으므로 그에 의지하여 이것이 세간이다. 저것이 세간이다는 생각을 일으켜서는 안되느니라."

그때 구수 선현이 세존께 아뢰어 말하였다.

"세존이시여. 매우 깊은 반야바라밀다는 큰일을 위한 까닭으로 세간에 출현(出現)하였고, 불가사의(不可思議)한 일을 위한 까닭으로 세간에 출현하였으며, 칭량(稱量)할 수 없는 일을 위한 까닭으로 세간에 출현하였고, 수량(數量)이 없는 일을 위한 까닭으로 세간에 출현하였으며, 무등등(無等等)한 일을 위한 까닭으로 세간에 출현하였습니다."

세존께서 말씀하셨다.

"선현이여. 그와 같으니라. 그와 같으니라. 그대가 말한 것과 같으니라. 매우 깊은 반야바라밀다는 큰일을 위한 까닭으로 세간에 출현하였고, 불가사의한 일을 위한 까닭으로 세간에 출현하였으며, 칭량할 수 없는 일을 위한 까닭으로 세간에 출현하였고, 수량이 없는 일을 위한 까닭으로 세간에 출현하였으며, 무등등한 일을 위한 까닭으로 세간에 출현하였느니라.

선현이여. 무엇이 이와 같은 매우 깊은 반야바라밀다가 큰일을 위한 까닭으로 세간에 출현한 것인가? 선현이여. 일체의 여래·응공·정등각께서는 모두가 일체의 유정을 구제(救濟)하고 발제(拔濟)하면서 잠시도 버리는 시간이 없는 것으로써 큰일을 삼으시나니, 매우 깊은 반야바라밀다는 이러한 큰일을 위한 까닭으로 세간에 출현하였느니라.

선현이여. 무엇이 이와 같은 매우 깊은 반야바라밀다가 불가사의한 일을 위한 까닭으로 세간에 출현한 것인가? 선현이여. 일체의 여래·응공·정등각께서는 소유한 정등각성(正等覺性)·여래성(如來性)·자연각성(自然覺性)·일체지성(一切智性)이 모두가 불가사의하나니, 매우 깊은 반야바라밀다는 이러한 불가사의한 일을 위한 까닭으로 세간에 출현하였느니라.

선현이여. 무엇이 이와 같은 매우 깊은 반야바라밀다가 칭량할 수 없는 일을 위하여 세간에 나타난 것인가? 선현이여. 일체의 여래·응공·정등각께서는 소유한 정등각성·여래성·자연각성·일체지성에는 결정적으로 유정이거나, 유정의 수량을 3계(三界)·5취(五趣)·4생(四生)으로 섭수할 수 없나니, 섭수한다면 칭량할 수 있느니라. 매우 깊은 반야바라밀다는 이러한 칭량할 수 없는 일을 위한 까닭으로 세간에 출현하였느니라.

선현이여. 무엇이 매우 깊은 반야바라밀다가 수량이 없는 일을 위한 까닭으로 세간에 출현한 것인가? 선현이여. 일체의 여래·응공·정등각께서는 소유한 정등각성·여래성·자연각성·일체지성에는 결정적으로 유정이거나, 유정의 수량을 3계·5취·4생으로 섭수할 수 없나니, 섭수한다면 그 수량을 알 수 있느니라. 매우 깊은 반야바라밀다는 이러한 헤아릴 수 없는 일을 위한 까닭으로 세간에 출현하였느니라.

선현이여. 무엇이 이와 같은 매우 깊은 반야바라밀다가 무등등한 일을 위한 까닭으로 세간에 출현한 것인가. 선현이여. 일체의 여래·응공·정등각께서는 소유한 정등각성·여래성·자연각성·일체지성을 일체 세간의 유정들과 유정법이 오히려 동등한 것이 없는데, 하물며 능히 초월하는 것이 있겠는가? 매우 깊은 반야바라밀다는 이러한 무등등한 일을 위한 까닭으로 세간에 출현하였느니라."

그때 구수 선현이 다시 세존께 아뢰어 말하였다.

"세존이시여. 다만 여래·응공·정등각께서 소유한 정등각성·여래성·자연각성·일체지성은 불가사의하고 칭량할 수 없으며 수량이 없고 무등등인데, 다시 나머지의 법이 있습니까?"

세존께서 말씀하셨다.

"선현이여. 다만 여래·응공·정등각께서 소유한 정등각성·여래성·자연각성·일체지성이 불가사의하고 칭량할 수 없으며 수량이 없고 무등등한 것이 아니고, 역시 나머지의 법이 있어서 불가사의하고 칭량할 수 없으며 수량이 없고 무등등한 것이니라. 선현이여. 이를테면, 색도 역시 불가사의하고 칭량할 수 없으며 수량이 없고 무등등한 것이고, 수·상·행·식도 역시 불가사의하고 칭량할 수 없으며 수량이 없고 무등등한 것이며, 이와 같이 나아가, 일체지도 역시 불가사의하고 칭량할 수 없으며 수량이 없고 무등등한 것이고, 도상지·일체상지도 역시 불가사의하고 칭량할 수 없으며 수량이 없고 무등등한 것이니라.

선현이여. 일체법도 역시 불가사의하고 칭량할 수 없으며 수량이 없고 무등등한 것이니라. 선현이여. 일체법의 진실한 법성의 가운데에서는 심(心)·심소(心所)를 모두 얻을 수 없느니라."

"다시 다음으로 선현이여. 색은 시설(施設)할 수 없고 불가사의하며 칭량할 수 없고 수량이 없으며 무등등한 성품이고, 수·상·행·식도 역시 불가사의하며 칭량할 수 없고 수량이 없으며 무등등한 성품이고, 이와 같이 나아가, 일체지도 역시 불가사의하며 칭량할 수 없고 수량이 없으며 무등등한 성품이고, 도상지·일체상지도 역시 불가사의하며 칭량할 수 없고 수량이 없으며 무등등한 성품이니라."

그때 구수 선현이 다시 세존께 아뢰어 말하였다.

"세존이시여. 무슨 인연을 까닭으로 색은 시설(施設)할 수 없고 불가사의하며 칭량할 수 없고 수량이 없으며 무등등한 성품이고, 수·상·행·식도 역시 불가사의하며 칭량할 수 없고 수량이 없으며 무등등한 성품이고, 이와 같이 나아가, 일체지도 역시 불가사의하며 칭량할 수 없고 수량이 없으며 무등등한 성품이고, 도상지·일체상지도 역시 불가사의하며 칭량할 수 없고 수량이 없으며 무등등한 성품입니까?"

세존께서 말씀하셨다.

"선현이여. 색은 사의(思議)·칭량(稱量)·수량(數量)·평등(平等)·불평등(不平等)한 성품을 시설할 수 없는 까닭이고, 수·상·행·식도 역시 사의·칭량·수량·평등·불평등한 성품을 시설할 수 없는 까닭이며, 이와 같이 나아가, 일체지도 역시 사의·칭량·수량·평등·불평등한 성품을 시설할 수 없는 까닭이고, 도상지·일체상지도 역시 사의·칭량·수량·평등·불평등한 성품을 시설할 수 없는 까닭이니라."

그때 구수 선현이 세존께 아뢰어 말하였다.

"세존이시여. 무슨 인연을 까닭으로 색은 사의·칭량·수량·평등·불평등한 성품을 시설할 수 없고, 수·상·행·식도 역시 사의·칭량·수량·평등·불평등한 성품을 시설할 수 없으며, 이와 같이 나아가, 일체지도 역시 사의·칭량·수량·평등·불평등한 성품을 시설할 수 없고, 도상지·일체상지도 역시 사의·칭량·수량·평등·불평등한 성품을 시설할 수 없습니까?"

세존께서 말씀하셨다.

"선현이여. 색의 자성(自性)은 불가사의하고 칭량할 수 없으며 수량이 없고 무등등이며 무자성(無自性)인 까닭으로 색은 사의·칭량·수량·평등·불평등한 성품을 시설할 수 없고, 수·상·행·식의 자성도 역시 불가사의하고 칭량할 수 없으며 수량이 없고 무등등이며 무자성인 까닭으로 수·상·행·식도 역시 사의·칭량·수량·평등·불평등한 성품을 시설할 수 없으며, 이와 같이 나아가, 일체지의 자성은 불가사의하고 칭량할 수 없으며 수량이 없고 무등등이며 무자성인 까닭으로 일체지는 사의·칭량·수량·평등·불평등한 성품을 시설할 수 없고, 도상지·일체상지의 자성도 역시 불가사의하고 칭량할 수 없으며 수량이 없고 무등등이며 무자성인 까닭으로 도상지·일체상지도 역시 사의·칭량·수량·평등·불평등한 성품을 시설할 수 없느니라."

"선현이여. 색은 얻을 수 없는 까닭으로 불가사의하고 칭량할 수 없으며 수량이 없고 무등등이고, 수·상·행·식도 역시 얻을 수 없는 까닭으로 불가사의하고 칭량할 수 없으며 수량이 없고 무등등이며, 이와 같이 나아가, 일체지의 자성도 역시 얻을 수 없는 까닭으로 불가사의하고 칭량할 수 없으며 수량이 없고 무등등이고, 도상지·일체상지도 역시 얻을 수 없는 까닭으로 불가사의하고 칭량할 수 없으며 수량이 없고 무등등이니라."

그때 구수 선현이 세존께 아뢰어 말하였다.

"세존이시여. 무슨 인연으로써 색은 얻을 수 없는 까닭으로 불가사의하고 칭량할 수 없으며 수량이 없고 무등등이고, 수·상·행·식도 역시 얻을 수 없는 까닭으로 불가사의하고 칭량할 수 없으며 수량이 없고 무등등이며, 이와 같이 나아가, 일체지의 자성도 역시 얻을 수 없는 까닭으로 불가사의하고 칭량할 수 없으며 수량이 없고 무등등이고, 도상지·일체상지도 역시 얻을 수 없는 까닭으로 불가사의하고 칭량할 수 없으며 수량이 없고 무등등입니까?"

세존께서 말씀하셨다.

"선현이여. 색은 한계와 분량(限量)이 없는 까닭으로 얻을 수 없고 얻을 수 없는 까닭으로 불가사의하고 칭량할 수 없으며 수량이 없고 무등등이며, 수·상·행·식도 역시 한계와 분량이 없는 까닭으로 얻을 수 없고 얻을 수 없는 까닭으로 불가사의하고 칭량할 수 없으며 수량이 없고 무등등이며, 이와 같이 나아가, 일체지도 역시 한계와 분량이 없는 까닭으로 얻을 수 없고 얻을 수 없는 까닭으로 불가사의하고 칭량할 수 없으며 수량이 없고 무등등이며, 도상지·일체상지도 역시 한계와 분량이 없는 까닭으로 얻을 수 없고 얻을 수 없는 까닭으로 불가사의하고 칭량할 수 없으며 수량이 없고 무등등이니라."

선현이 세존께 아뢰어 말하였다.

"세존이시여. 다시 무슨 인연으로써 색은 한계와 분량이 없는 까닭으로 얻을 수 없고, 수·상·행·식도 역시 한계와 분량이 없는 까닭으로 얻을 수 없으며, 일체지도 역시 한계와 분량이 없는 까닭으로 얻을 수 없고, 도상지·일체상지도 역시 한계와 분량이 없는 까닭으로 얻을 수 없습니까?"

세존께서 말씀하셨다.

"선현이여. 색의 상(相)은 불가사의하고 칭량할 수 없으며 수량이 없고 무등등인 까닭으로 한계와 분량이 없고, 수·상·행·식의 상도 역시 불가사의하고 칭량할 수 없으며 수량이 없고 무등등인 까닭으로 한계와 분량이 없으며, 이와 같이 나아가 일체지의 상도 역시 불가사의하고 칭량할 수 없으며 수량이 없고 무등등인 까닭으로 한계와 분량이 없고, 도상지·일체상지의 상도 역시 불가사의하고 칭량할 수 없으며 수량이 없고 무등등인 까닭으로 한계와 분량이 없느니라.

 선현이여. 그대의 뜻은 어떠한가? 색이 불가사의하고 칭량할 수 없으며 수량이 없고 무등등인 가운데에서 색을 얻을 수 있겠는가? 수·상·행·식이 불가사의하고 칭량할 수 없으며 수량이 없고 무등등인 가운데에서 색을 얻을 수 있겠는가? 이와 같이 나아가, 일체지가 불가사의하고 칭량할 수 없으며 수량이 없고 무등등인 가운데에서 색을 얻을 수 있겠는가? 도상지·일체상지가 불가사의하고 칭량할 수 없으며 수량이 없고 무등등인 가운데에서 색을 얻을 수 있겠는가?"

 선현이 대답하여 말하였다.

 "아닙니다. 세존이시여. 아닙니다. 선서시여."

 세존께서 말씀하셨다.

 "선현이여. 그와 같으니라. 그와 같으니라. 그대가 말한 것과 같으니라. 오히려 이러한 인연으로 일체법은 모두가 불가사의하고 칭량할 수 없으며 수량이 없고 무등등이니라. 선현이여. 일체법이 모두가 불가사의하고 칭량할 수 없으며 수량이 없고 무등등한 까닭으로써 일체의 여래·응공·정등각께서 소유한 정등각법(正等覺法)·여래법(如來法)·자연각법(自然覺法)·일체지법(一切智法)도 역시 불가사의하고 칭량할 수 없으며 수량이 없고 무등등이니라.

 선현이여. 일체의 여래·응공·정등각께서 소유한 정등각법·여래법·자연각법·일체지법이 모두가 불가사의하나니 사의(思議)가 소멸한 까닭이고, 칭량(稱量)할 수 없나니 칭량이 소멸한 까닭이며, 수량이 없나니 수량이 소멸한 까닭이고, 무등등이나니 등등(等等)이 소멸한 까닭이니라. 선현이여. 오히려 이러한 인연으로 일체법도 불가사의하고 칭량할 수 없으며 수량이 없고 무등등이니라.

 선현이여. 일체의 여래·응공·정등각께서 소유한 정등각법·여래법·자연각법·일체지법은 모두가 불가사의하나니 사의를 초월한 까닭이고,

칭량할 수 없나니 칭량을 초월한 까닭이며, 수량이 없나니 수량을 초월한 까닭이고, 무등등이나니 등등을 초월한 까닭이니라. 선현이여. 오히려 이러한 인연으로 일체법도 불가사의하고 칭량할 수 없으며 수량이 없고 무등등이니라.

선현이여. 불가사의라는 것은 허공(虛空)과 같아서 불가사의한 까닭이고, 칭량할 수 없다는 것은 허공과 같아서 칭량할 수 없는 까닭이며, 수량이 없다는 것은 허공과 같아서 수량이 없는 까닭이고, 무등등이라는 것은 허공과 같아서 무등등인 까닭이니라. 선현이여. 오히려 이러한 인연으로 일체의 여래·응공·정등각께서 소유한 정등각법·여래법·자연각법·일체지법은 모두가 불가사의하고 칭량할 수 없으며 수량이 없고 무등등이니라.

선현이여. 일체의 여래·응공·정등각께서 소유한 정등각법·여래법·자연각법·일체지법은 성문(聲聞)·독각(獨覺)이거나, 세간의 천인·인간·아소락(阿素洛) 등은 모두가 사의(思議)하고 칭량(稱量)하며 수량(數量)하고 등등(等等)하게 능히 알지 못하느니라. 선현이여. 오히려 이러한 인연으로 일체의 여래·응공·정등각께서 소유한 정등각법·여래법·자연각법·일체지법은 모두가 불가사의하고 칭량할 수 없으며 수량이 없고 무등등이니라."

세존께서 이와 같은 모두가 불가사의하고 칭량할 수 없으며 수량이 없고 무등등한 품(品)을 설하실 때에, 대중의 가운데에 있었던 5백명의 비구가 있어서 여러 번뇌의 마음을 받아들이지 않아서 심해탈(心解脫)을 얻었고, 다시 2백명의 비구니가 있어서 모두 여러 번뇌의 마음을 받아들이지 않아서 심해탈을 얻었으며, 다시 6백명의 우바색가(鄔波索迦)가 있어서 제법의 가운데에서 번뇌와 번민을 멀리 벗어나서 법안(法眼)에 청정함이 생겨났고, 다시 3백명의 우바사가(鄔波斯迦)가 있어서 역시 제법의 가운데에서 번뇌와 번민을 멀리 벗어나서 법안(法眼)에 청정함이 생겨났으며, 다시 2천명의 보살마하살이 있어서 무생법인(無生法忍)을 얻었고 현겁(賢劫)의 가운데에서 여래의 수기(受記)를 받았다.

마하반야바라밀다경 제444권

48. 성판품(成辦品)

그때 구수 선현이 세존께 아뢰어 말하였다.

"세존이시여. 매우 깊은 반야바라밀다는 큰일을 위한 까닭으로 세간에 출현하였고, 불가사의한 일을 위한 까닭으로 세간에 출현하였으며, 칭량할 수 없는 일을 위한 까닭으로 세간에 출현하였고, 수량이 없는 일을 위한 까닭으로 세간에 나타났고, 무등등한 일을 위한 까닭으로 세간에 출현하였습니다."

세존께서 선현에게 말씀하셨다.

"그와 같으니라. 그와 같으니라. 그대가 말한 것과 같으니라. 매우 깊은 반야바라밀다는 큰일을 위한 까닭으로 세간에 출현하였고, 나아가 무등등한 일을 위한 까닭으로 세간에 출현하였느니라. 왜 그러한가? 선현이여. 매우 깊은 반야바라밀다는 보시바라밀다(布施波羅蜜多)를 능히 성취하였고, 역시 정계(淨戒)·안인(安忍)·정진(精進)·정려(靜慮)·반야바라밀다(般若波羅蜜多)도 능히 성취하였으며, 역시 내공(內空)을 능히 성취하였고, 외공(外空)·내외공(內外空)·공공(空空)·대공(大空)·승의공(勝義空)·유위공(有爲空)·무위공(無爲空)·필경공(畢竟空)·무제공(無際空)·산공(散空)·무변이공(無變異空)·본성공(本性空)·자상공(自相空)·공상공(共相空)·일체법공(一切法空)·불가득공(不可得空)·무성공(無性空)·자성공(自性空)·무성자성공(無性自性空)도 능히 성취하였으며,

역시 진여(眞如)를 능히 성취하였고, 법계(法界)·법성(法性)·불허망성

(不虛妄性)·불변이성(不變異性)·평등성(平等性)·이생성(離生性)·법정(法定)·법주(法住)·실제(實際)·허공계(虛空界)·부사의계(不思議界)도 능히 성취하였으며, 역시 고성제(苦聖諦)를 능히 성취하였고, 집(集)·멸(滅)·도성제(道聖諦)도 능히 성취하였으며, 역시 4정려(四靜慮)를 능히 성취하였고, 4무량심(四無量心)과 4무색정(四無色定)도 능히 성취하였으며, 역시 8해탈(八解脫)을 능히 성취하였고, 8승처(八勝處)·9차제정(九次第定)·10변처(十邊處)도 능히 성취하였으며, 역시 4념주(四念住)를 능히 성취하였고, 역시 4정단(四正斷)·4신족(四神足)·5근(五根)·5력(五力)·7등각지(七等覺支)·8성도지(八聖道支)도 능히 성취하였으며,

역시 공해탈문(空解脫門)을 능히 성취하였고, 역시 무상(無相)·무원해탈문(無願解脫門)도 능히 성취하였으며, 역시 3승(三乘)의 10지(十地)를 능히 성취하였고, 역시 보살의 10지도 능히 성취하였으며, 역시 5안(五眼)을 능히 성취하였고, 역시 6신통(六神通)도 능히 성취하였으며, 역시 여래의 10력(十力)을 능히 성취하였고, 역시 4무소외(四無所畏)·4무애해(四無礙解)·대자(大慈)·대비(大悲)·대희(大喜)·대사(大捨)·18불불공법(十八佛不共法)도 능히 성취하였으며, 역시 32대사상(三十二大士相)을 능히 성취하였고, 역시 80수호(八十隨好)도 능히 성취하였으며, 무망실법(無忘失法)을 능히 성취하였고, 역시 항주사성(恒住捨性)도 능히 성취하였으며,

역시 일체의 다라니문(陀羅尼門)을 능히 성취하였고, 역시 일체의 삼마지문(三摩地門)도 능히 성취하였으며, 역시 예류과(預流果)를 능히 성취하였고, 역시 일래(一來)·불환(不還)·아라한과(阿羅漢果)와 독각(獨覺) 보리(菩提)도 능히 성취하였으며, 역시 일체의 보살마하살(菩薩摩訶薩)의 행(行)을 능히 성취하였고, 역시 제불(諸佛)의 무상정등보리(無上正等菩提)도 능히 성취하였으며, 역시 일체지(一切智)를 능히 성취하였고, 역시 도상지(道相智)와 일체상지(一切相智)도 능히 성취하였느니라.

선현이여. 찰제리(刹帝利)의 관정대왕(灌頂大王)이 위덕(威德)이 자재(自在)하여 일체를 항복시키고서 여러 나라의 일로써 대신들에게 부촉(付囑)하고서 단정히 팔짱을 끼고 무위(無爲)로 안은하고 쾌락(快樂)하는

것과 같이, 여래도 그와 같아서 대법왕(大法王)이 되어서 위덕이 자재하므로 일체 무리를 항복시키고서 성문법(聲聞法)으로써, 만약 독각법이거나, 만약 보살의 법이거나, 만약 부처님의 법으로써 모두 매우 깊은 반야바라밀다에 부촉하였다면, 오히려 이러한 반야바라밀다가 일체의 사업을 모두 능히 성취시키느니라. 이러한 까닭으로 선현이여. 매우 깊은 반야바라밀다는 큰일을 위한 까닭으로 세간에 출현하였고, 나아가 무등등한 일을 위하여 세간에 출현하였느니라."

"다시 다음으로 선현이여. 매우 깊은 반야바라밀다는 색에서 취(取)하지 않고 집착(著)하지 않은 까닭으로 세간에 출현하여 일을 능히 성취하였고, 수·상·행·식에서 취하지 않고 집착하지 않은 까닭으로 세간에 출현하여 일을 능히 성취하였으며, 안처에서 취하지 않고 집착하지 않은 까닭으로 세간에 출현하여 일을 능히 성취하였고, 이·비·설·신·의처에서 취하지 않고 집착하지 않은 까닭으로 세간에 출현하여 일을 능히 성취하였으며, 색처에서 취하지 않고 집착하지 않은 까닭으로 세간에 출현하여 일을 능히 성취하였고, 이·비·설·신·의처에서 취하지 않고 집착하지 않은 까닭으로 세간에 출현하여 일을 능히 성취하였으며,

안계에서 취하지 않고 집착하지 않은 까닭으로 세간에 출현하여 일을 능히 성취하였고, 이·비·설·신·의계에서 취하지 않고 집착하지 않은 까닭으로 세간에 출현하여 일을 능히 성취하였으며, 색계에서 취하지 않고 집착하지 않은 까닭으로 세간에 출현하여 일을 능히 성취하였고, 이·비·설·신·의계에서 취하지 않고 집착하지 않은 까닭으로 세간에 출현하여 일을 능히 성취하였으며, 안식계에서 취하지 않고 집착하지 않은 까닭으로 세간에 출현하여 일을 능히 성취하였고, 이·비·설·신·의식계에서 취하지 않고 집착하지 않은 까닭으로 세간에 출현하여 일을 능히 성취하였으며,

안촉에서 취하지 않고 집착하지 않은 까닭으로 세간에 출현하여 일을 능히 성취하였고, 이·비·설·신·의촉에서 취하지 않고 집착하지 않은

까닭으로 세간에 출현하여 일을 능히 성취하였으며, 안촉을 인연으로 생겨난 여러 수에서 취하지 않고 집착하지 않은 까닭으로 세간에 출현하여 일을 능히 성취하였고, 이·비·설·신·의촉을 인연으로 생겨난 여러 수에서 취하지 않고 집착하지 않은 까닭으로 세간에 출현하여 일을 능히 성취하였으며, 지계에서 취하지 않고 집착하지 않은 까닭으로 세간에 출현하여 일을 능히 성취하였고, 수·화·풍·공·식계에서 취하지 않고 집착하지 않은 까닭으로 세간에 출현하여 일을 능히 성취하였으며,

무명(無明)에서 취하지 않고 집착하지 않은 까닭으로 세간에 출현하여 일을 능히 성취하였고, 행(行)·식(識)·명색(名色)·육처(六處)·촉(觸)·수(受)·애(愛)·취(取)·유(有)·생(生)·노사(老死)에서 취하지 않고 집착하지 않은 까닭으로 세간에 출현하여 일을 능히 성취하였으며, 보시바라밀다에서 취하지 않고 집착하지 않은 까닭으로 세간에 출현하여 일을 능히 성취하였고, 나아가 반야바라밀다에서 취하지 않고 집착하지 않은 까닭으로 세간에 출현하여 일을 능히 성취하였으며, 내공에서 취하지 않고 집착하지 않은 까닭으로 세간에 출현하여 일을 능히 성취하였고, 나아가 무성자성공에서 취하지 않고 집착하지 않은 까닭으로 세간에 출현하여 일을 능히 성취하였으며,

진여에서 취하지 않고 집착하지 않은 까닭으로 세간에 출현하여 일을 능히 성취하였고, 나아가 부사의계에서 취하지 않고 집착하지 않은 까닭으로 세간에 출현하여 일을 능히 성취하였으며, 고성제에서 취하지 않고 집착하지 않은 까닭으로 세간에 출현하여 일을 능히 성취하였고, 집·멸·도성제에서 취하지 않고 집착하지 않은 까닭으로 세간에 출현하여 일을 능히 성취하였으며, 4정려에서 취하지 않고 집착하지 않은 까닭으로 세간에 출현하여 일을 능히 성취하였고, 4무량심·4무색정에서 취하지 않고 집착하지 않은 까닭으로 세간에 출현하여 일을 능히 성취하였으며,

8해탈에서 취하지 않고 집착하지 않은 까닭으로 세간에 출현하여 일을 능히 성취하였고, 8승처·9차제정·10변처에서 취하지 않고 집착하지 않은 까닭으로 세간에 출현하여 일을 능히 성취하였으며, 4념주에서 취하지

않고 집착하지 않은 까닭으로 세간에 출현하여 일을 능히 성취하였고, 나아가 8성도지에서 취하지 않고 집착하지 않은 까닭으로 세간에 출현하여 일을 능히 성취하였으며, 공해탈문에서 취하지 않고 집착하지 않은 까닭으로 세간에 출현하여 일을 능히 성취하였고, 무상·무원해탈문에서 취하지 않고 집착하지 않은 까닭으로 세간에 출현하여 일을 능히 성취하였으며,

　3승의 10지에서 취하지 않고 집착하지 않은 까닭으로 세간에 출현하여 일을 능히 성취하였고, 보살의 10지에서 취하지 않고 집착하지 않은 까닭으로 세간에 출현하여 일을 능히 성취하였으며, 5안에서 취하지 않고 집착하지 않은 까닭으로 세간에 출현하여 일을 능히 성취하였고, 6신통에서 취하지 않고 집착하지 않은 까닭으로 세간에 출현하여 일을 능히 성취하였으며, 여래의 10력에서 취하지 않고 집착하지 않은 까닭으로 세간에 출현하여 일을 능히 성취하였고, 나아가 18불불공법에서 취하지 않고 집착하지 않은 까닭으로 세간에 출현하여 일을 능히 성취하였으며,

　32대사상에서 취하지 않고 집착하지 않은 까닭으로 세간에 출현하여 일을 능히 성취하였고, 80수호에서 취하지 않고 집착하지 않은 까닭으로 세간에 출현하여 일을 능히 성취하였으며, 무망실법에서 취하지 않고 집착하지 않은 까닭으로 세간에 출현하여 일을 능히 성취하였고, 항주사성에서 취하지 않고 집착하지 않은 까닭으로 세간에 출현하여 일을 능히 성취하였으며, 일체의 다라니문에서 취하지 않고 집착하지 않은 까닭으로 세간에 출현하여 일을 능히 성취하였고, 일체의 삼마지문에서 취하지 않고 집착하지 않은 까닭으로 세간에 출현하여 일을 능히 성취하였으며,

　예류과에서 취하지 않고 집착하지 않은 까닭으로 세간에 출현하여 일을 능히 성취하였고, 나아가 독각의 보리에서 취하지 않고 집착하지 않은 까닭으로 세간에 출현하여 일을 능히 성취하였으며, 일체의 보살마하살의 행에서 취하지 않고 집착하지 않은 까닭으로 세간에 출현하여 일을 능히 성취하였고, 제불의 무상정등보리에서 취하지 않고 집착하지

않은 까닭으로 세간에 출현하여 일을 능히 성취하였으며, 일체지에서 취하지 않고 집착하지 않은 까닭으로 세간에 출현하여 일을 능히 성취하였고, 도상지·일체상지에서 취하지 않고 집착하지 않은 까닭으로 세간에 출현하여 일을 능히 성취하였느니라.”

그때 구수 선현이 세존께 아뢰어 말하였다.

"세존이시여. 무엇이 이와 같은 매우 깊은 반야바라밀다가 색에서 취하지 않고 집착하지 않으며, 수·상·행·식에서도 역시 취하지 않고 집착하지 않으며, 나아가 일체지를 취하지 않고 집착하지 않으며, 도상지·일체상지도 취하지 않고 집착하지 않는 까닭으로 세간에 출현하여 일을 성취한 것입니까?"

세존께서 말씀하셨다.

"선현이여. 그대의 뜻은 어떠한가? 그대는 대체로 색을 볼 수 있고 취할 수 있으며 집착할 수 있는가? 대체로 수·상·행·식을 볼 수 있고 취할 수 있으며 집착할 수 있는가? 나아가 대체로 일체지를 볼 수 있고 취할 수 있으며 집착할 수 있는가? 대체로 도상지·일체상지를 볼 수 있고 취할 수 있으며 집착할 수 있는가?"

선현이 대답하여 말하였다.

"아닙니다. 세존이시여. 아닙니다. 선서시여."

세존께서 말씀하셨다.

"그와 같으니라. 그와 같으니라. 그대가 말한 것과 같으니라. 선현이여. 나도 역시 색은 볼 수 있고 취할 수 있으며 집착할 수 있다고 보지 않고, 수·상·행·식도 볼 수 있고 취할 수 있으며 집착할 수 있다고 보지 않으며, 나아가 일체지는 볼 수 있고 취할 수 있으며 집착할 수 있다고 보지 않고, 도상지와 일체상지도 볼 수 있고 취할 수 있으며 집착할 수 있다고 보지 않느니라. 오히려 보지 않는 까닭으로 취하지 않고 취하지 않는 까닭으로 집착하지 않느니라. 오히려 이러한 인연으로 매우 깊은 반야바라밀다는 색에서 취하지 않고 집착하지 않으며, 수·상·행·식에서 취하지 않고 집착하지 않으며, 이와 같이 나아가 일체지에서 취하지 않고 집착하지 않으며, 도상지·일체상지에서도 취하지 않고 집착하지 않느니라.

선현이여. 나도 역시 일체의 여래·응공·정등각께서 소유한 정등각법(正等覺法)·여래법(如來法)·자연각법(自然覺法)·일체지법(一切智法)은 취할 수 있고 집착할 수 있다고 보지 않느니라. 오히려 보지 않는 까닭으로 취하지 않고 취하지 않는 까닭으로 집착하지 않나니, 매우 깊은 반야바라밀다도 역시 다시 이와 같아서 일체의 여래·응공·정등각께서 소유한 정등각법·여래법·자연각법·일체지법은 취할 수 있고 집착할 수 있다고 모두 보지 않느니라. 오히려 이러한 인연으로 취하지 않고 집착도 없느니라.

이러한 까닭으로 선현이여. 제보살마하살은 반야바라밀다를 수행하는 때에, 상응하여 색에서 만약 취하거나, 만약 집착하지 않아야 하고, 상응하여 수·상·행·식에서 만약 취하거나, 만약 집착하지 않아야 하며, 이와 같이 나아가 상응하여 일체지에서 만약 취하거나, 만약 집착하지 않아야 하고, 도상지·일체상지에서 상응하여 만약 취하거나, 만약 집착하지 않아야 하며, 역시 상응하여 일체의 여래·응공·정등각께서 소유한 정등각법·여래법·자연각법·일체지법에서 만약 취하거나, 만약 집착하지 않아야 하느니라."

그때 욕계와 색계의 여러 천인(諸天)의 대중들이 함께 세존께 아뢰어 말하였다.

"세존이시여. 이와 같은 반야바라밀다는 최고로 매우 깊으므로 보기 어렵고 깨닫기 어려우며 심사(尋思)할 수 없고 심사의 경계를 초월하였으며 적정(寂靜)하고 미묘(微妙)하며 자세(諦)하고 은밀(沈密)하므로 지극히 총명한 자라면 비로소 능히 명료하게 알 것입니다. 만약 제유정(諸有情)들이 이와 같은 반야바라밀다를 능히 신해(信解)한다면, 그들은 일찍이 과거에 무량한 제불께 공양하였고, 제불의 처소에서 큰 서원을 일으켰으며, 선근(善根)을 많이 심었고, 많은 선한 벗을 섬겼으므로, 무량한 선한 벗들에게 섭수되었던 까닭으로, 비로소 이와 같은 반야바라밀다를 능히 신해할 수 있습니다. 만약 누가 이와 같은 반야바라밀다를 얻어서 듣고 깊은 신해가 생겨났다면 그 부류들은 곧 이들이 보살이고 결정적으로 무상정등보리를 증득한다고 마땅히 알아야 합니다.

세존이시여. 가사 삼천대천세계의 제유정의 부류들이 일체가 모두 수신행(隨信行)·수법행(隨法行)·제8지(第八地)·예류과·일래과·불환과·아라한과와 독각을 성취할지라도 그들이 성취하였던 것인 만약 지혜이거나, 만약 단절이라도, 사람이 있어서 하루에 이와 같은 매우 깊은 반야바라밀다의 법인(法忍)을 즐겁게 사유하고 칭찬하며 관찰하는 것보다 못할 것입니다. 이 사람이 이러한 반야바라밀다에서 성취하였던 것인 법인은 그들의 지혜이거나 단절보다 무량하고 무변하게 수승합니다. 왜 그러한가? 여러 수신행의 만약 지혜이거나, 만약 단절이거나, 나아가 만약 지혜이거나, 만약 단절이라도 모두가 이것은 이미 무생법인(無生法忍)을 증득하신 보살마하살의 법인의 작은 부분인 까닭입니다.”

그때 세존께서 여러 천인들의 대중에게 알려 말씀하셨다.

"옳도다. 옳도다. 그대들이 말한 것과 같이 여러 수신행·수법행·제8지·예류과·일래과·불환과·아라한과와 독각을 성취할지라도 그들이 성취하였던 것인 만약 지혜이거나, 만약 단절이라도 모두가 이미 증득하신 보살마하살의 법인의 작은 부분이니라. 천인들이여. 만약 여러 선남자와 선여인 등이 잠시라도 이와 같은 매우 깊은 반야바라밀다를 들었는데, 듣고서 신해(信解)하고 서사(書寫)하며 수지(受持)하고 독송(讀誦)하며 수습(修習)하고 사유(思惟)하며 연설(演說)한다면, 이 선남자와 선여인은 생사(生死)에서 빠르게 출리(出離)하여 열반을 증득하고, 여래·응공·정등각의 지혜를 성취하며, 2승을 구하는 여러 선남자와 선여인 등이 반야바라밀다를 멀리 벗어나고 나머지의 경전을 수학하면서 한 겁이거나 한 겁을 넘겨서 지내는 것보다 수승하느니라.

왜 그러한가? 이러한 반야바라밀다의 매우 깊은 경전의 가운데에서는 일체의 미묘하고 수승한 법을 널리 설하셨느니라. 여러 수신행·수법행·제

8지·예류과·일래과·불환과·아라한과·독각·보살마하살들이 모두 상응하여 이것에서 정근하면서 수학하였고, 따라서 발원하면서 구하였던 것을 모두 빠르게 구경에 지었던 것인 사업을 증득하였더라도, 일체의 여래·응공·정등각께서도 모두가 이것에 의지하여 수학하시므로 무상정등보리를 이미 증득(證得)하셨고 지금도 증득하시며, 마땅히 증득할 것이니라."

그때 여러 천인의 대중들이 소리높여 말하였다.

"이와 같은 반야바라밀다는 이것이 대바라밀다이고, 이것이 불가사의한 바라밀다이며, 이것이 칭량할 수 없는 바라밀다이고, 이것이 수량이 없는 바라밀다이며, 이것이 무등등한 바라밀다입니다. 세존이시여. 여러 수신행이거나, 만약 수법행·제8지·예류·일래·불환·아라한과·독각들이 모두 이와 같은 매우 깊은 반야바라밀다에서 정근하면서 수학한다면 빠르게 생사를 출리하고 무여의열반계(無餘依涅槃界)를 증득할 것이고, 일체의 보살마하살들이 모두 이와 같은 매우 깊은 반야바라밀다에서 정근하면서 수학한다면 빠르게 무상정등보리를 증득하고서 무여의열반계에 들어갈 것입니다.

세존이시여. 비록 여러 성문·독각·보살들이 모두가 이와 같은 매우 깊은 반야바라밀다에 의지하여 정근하며 수학하면서 각자 구경에 지었던 것의 사업(事業)을 증득하였더라도, 이 반야바라밀다는 증장이 없고 감소도 없습니다."

그때 욕계와 색계의 여러 천인의 대중들이 이러한 설하는 것을 듣고서 환희하고 용약하면서 이 반야바라밀다에서 깊은 신심과 즐거움이 생겨났으며, 세존의 발에 머리 숙여 예경하고 오른쪽으로 세 번을 돌았으며, 세존께 하직하고 천궁으로 돌아갔는데, 회중(會中)에서 멀지 않았으나 같은 시간에 보이지 않았다.

그때 구수 선현이 세존께 아뢰어 말하였다.

"세존이시여. 만약 보살마하살이 이와 같은 매우 깊은 반야바라밀다를 설하는 것을 듣고서 신해가 생겨나서 서사(書寫)하고 수지(受持)하며 독송(讀誦)하고 수습(修習)하며 사유(思惟)하고 연설(演說)하며 공양(供養)하고 공경(恭敬)하며 존중(尊重)하고 찬탄(讚歎)한다면, 이 보살마하살은 어느 처소에서 은몰(隱沒)하였고 이 세간으로 와서 태어난 것입니까?"

세존께서 말씀하셨다.

"만약 보살마하살이 이와 같은 매우 깊은 반야바라밀다를 설하는 것을 듣고서 신해가 생겨나서 서사하고 수지하며 독송하고 수습하며 이치에 맞게 사유(如理思惟)하고 공양하며 공경하고 존중하며 찬탄하고, 항상 법사(法師)를 따르면서 의취(義趣)를 자세하게 물으며, 만약 다니거나, 만약 서 있거나, 만약 앉거나, 만약 눕더라도 잠시의 때라도 버리지 않으면서 새롭게 태어난 송아지가 그의 어미를 벗어나지 않는 것과 같으며, 나아가 매우 깊은 반야바라밀다가 소유한 의취를 구경에 예리하게 통달(究竟通利)하지 못하였더라도 능히 다른 사람을 위하여 설하면서, 결국 이와 같은 반야바라밀다의 매우 깊은 경전과 설하는 법사를 버리고서 벗어나지 않는다면, 선현이여. 이 보살마하살은 인간의 가운데에서 은몰하였고 이 세간으로 와서 태어났다고 마땅히 알아야 하느니라.

왜 그러한가? 선현이여. 이 보살마하살은 이전의 세상에서 이미 매우 깊은 반야바라밀다를 들었고, 듣고서 수지하고 독송하며 수습하고 이치에 맞게 사유하며, 다시 능히 서사하여 여러 보배로 엄숙하게 장식하고, 또한 여러 종류의 상묘(上妙)한 화만(花鬘)·바르는 향(塗香)·뿌리는 향(散香)·의복(衣服)·영락(瓔珞)·보배의 당기(寶幢)·번기(幡)·일산(蓋)·기악(伎樂)·등불(燈明) 등으로써 공양하고 공경하며 존중하고 찬탄하였나니, 오히려 이러한 선근으로 8무가(八無暇)[1]를 벗어나고, 인취(人趣)의 가운데에서 은몰하고 다시 인간의 가운데에 태어났으므로, 이와 같은 매우 깊은 반야바라밀다를 설하는 것을 듣고서 깊은 신해가 생겨나서 서사하고

---

1) 팔난(八難)이라고도 말하고, 불법을 수행할 수 없는 여덟 가지의 장애를 말한다. 지옥도(地獄道), 아귀도(餓鬼道), 축생도(畜生道), 장수천(長壽天), 변지(邊地), 외도(外道), 불전불후(佛前佛後), 선천적인 장애인(聾啞眼盲) 등이다.

수지하며 독송하고 수습하며 사유하고 연설하며 공양하고 공경하며 존중하고 찬탄하는 것이니라."

그때 구수 선현이 다시 세존께 아뢰어 말하였다.
"세존이시여. 대체로 보살마하살이 있다면, 이와 같은 수승한 공덕을 성취하여 다른 지방에서 여래·응공·정등각들께 공양하였고 받들어 섬겼으며, 그 처소에서 은몰하였고 이 세간에 와서 태어났으며, 이와 같은 매우 깊은 반야바라밀다를 설하는 것을 듣고서 깊은 신해가 생겨나서 서사하고 수지하며 독송하고 수습하며 사유하고 연설하며 공양하고 공경하며 존중하고 찬탄하면서 해태(懈怠)가 없습니까?"
세존께서 선현에게 알리셨다.
"그와 같으니라. 그와 같으니라. 보살마하살이 있어서 이와 같은 수승한 공덕을 성취하였다면, 다른 지방에서 여래·응공·정등각들께 공양하였고 받들어 섬겼으며, 그 처소에서 은몰하였고 이 세간에 와서 태어났으며, 이와 같은 매우 깊은 반야바라밀다를 설하는 것을 듣고서 깊은 신해가 생겨나서 서사하고 수지하며 독송하고 수습하며 사유하고 연설하며 공양하고 공경하며 존중하고 찬탄하면서 해태한 마음이 없느니라.

그 까닭은 무엇인가? 이 보살마하살은 이전에 다른 지방의 무량한 여래의 처소에서 이와 같은 매우 깊은 반야바라밀다를 설하는 것을 듣고서 깊은 신해가 생겨나서 서사하고 수지하며 독송하고 수습하며 사유하고 연설하며 공양하고 공경하며 존중하고 찬탄하면서 해태한 마음이 없었으므로, 그들은 이와 같은 선근의 힘을 탔던 까닭으로, 그 처소에서 은몰하였고 이 세간에 와서 태어났느니라.

다시 다음으로 선현이여. 보살마하살이 있어서 도사다천(覩史多天)의 중동분(衆同分)[2])에서 은몰하여 인간의 가운데에 와서 태어난다면 그들도

---

2) 산스크리트어 nikāya-sabhāga의 번역이고, 설일체유부의 5위 75법의 불상응행법(不相應行法)의 하나이다. 중(衆)은 부류(部類)를 뜻하고, 동분(同分)은 공통된 부류에 속한다는 뜻이다. 따라서 중동분은 '부류의 공통성', '부류의 유사성'이라는

역시 이와 같은 공덕을 성취하느니라. 그 까닭은 무엇인가? 이 보살마하살은 이전의 세상에서 이미 도사다천에서 자씨보살마하살의 처소에서 반야바라밀다의 매우 깊은 의취를 청하여 물었던 까닭이니라. 그들은 이와 같은 선근의 힘을 탔던 까닭으로, 그 처소에서 은몰하였고 이 세간에 와서 태어났고, 이와 같은 매우 깊은 반야바라밀다를 설하는 것을 듣고서 깊은 신해가 생겨나서 서사하고 수지하며 독송하고 수습하며 사유하고 연설하며 공양하고 공경하며 존중하고 찬탄하면서 해태한 마음이 없느니라.

다시 다음으로 선현이여. 보살승(菩薩乘)인 여러 선남자와 선여인 등이 있어서 비록 이전의 세상에서 반야바라밀다, 나아가 보시바라밀다를 들었으나 매우 깊은 의취를 청하여 묻지 않았다면, 지금 인간의 가운데에 태어나서 이와 같은 매우 깊은 반야바라밀다를 설하는 것을 들었더라도 그 마음이 미혹되고 번거로우며 망설이고 겁내며 나약하거나, 혹은 다른 이해가 생겨났다면 깨닫는 것이 어려우니라.

다시 다음으로 선현이여. 보살승인 여러 선남자와 선여인 등이 있어서 비록 이전의 세상에서 내공, 나아가 무성자성공을 얻어서 들었으나 매우 깊은 의취를 청하여 묻지 않았고, 비록 이전의 세상에서 진 나아가 부사의계를 들었으나 매우 깊은 의취를 청하여 묻지 않았으며, 비록 이전의 세상에서 고·집·멸·도성제를 얻어서 들었으나 매우 깊은 의취를 청하여 묻지 않았다면, 지금 인간의 가운데에 태어나서 이와 같은 매우 깊은 반야바라밀다를 설하는 것을 들었더라도 그 마음이 미혹되고 번거로우며 망설이고 겁내며 나약하거나, 혹은 다른 이해가 생겨났다면 깨닫는 것이 어려우니라.

다시 다음으로 선현이여. 보살승인 여러 선남자와 선여인 등이 있어서 비록 이전의 세상에서 4정려·4무량심·4무색정·10변처를 얻어서 들었으나 매우 깊은 의취를 청하여 묻지 않았고, 비록 이전의 세상에서 4정려·4무

뜻이다.

량심·4무색정·10변처를 들었으나 매우 깊은 의취를 청하여 묻지 않았으며, 비록 이전의 세상에서 4념주, 나아가 8성도지를 얻어서 들었으나 매우 깊은 의취를 청하여 묻지 않았고, 비록 이전의 세상에서 3승의 10지와 보살의 10지를 얻어서 들었으나 매우 깊은 의취를 청하여 묻지 않았다면, 지금 인간의 가운데에 태어나서 이와 같은 매우 깊은 반야바라밀다를 설하는 것을 들었더라도 그 마음이 미혹되고 번거로우며 망설이고 겁내며 나약하거나, 혹은 다른 이해가 생겨났다면 깨닫는 것이 어려우니라.

다시 다음으로 선현이여. 보살승인 여러 선남자와 선여인 등이 있어서 비록 이전의 세상에서 5안·6신통을 얻어서 들었으나 매우 깊은 의취를 청하여 묻지 않았고, 비록 이전의 세상에서 여래의 10력, 나아가 18불불공법을 들었으나 매우 깊은 의취를 청하여 묻지 않았으며, 비록 이전의 세상에서 32대사상·80수호를 얻어서 들었으나 매우 깊은 의취를 청하여 묻지 않았고, 비록 이전의 세상에서 무망실법·항주사성을 얻어서 들었으나 매우 깊은 의취를 청하여 묻지 않았으며, 비록 이전의 세상에서 다라니문·삼마지문을 얻어서 들었으나 매우 깊은 의취를 청하여 묻지 않았고, 비록 이전의 세상에서 보살마하살의 행과 제불의 무상정등보리를 얻어서 들었으나 매우 깊은 의취를 청하여 묻지 않았으며, 비록 이전의 세상에서 일체지·도상지·일체상지를 얻어서 들었으나 매우 깊은 의취를 청하여 묻지 않았다면, 지금 인간의 가운데에 태어나서 이와 같은 매우 깊은 반야바라밀다를 설하는 것을 들었더라도 그 마음이 미혹되고 번거로우며 망설이고 겁내며 나약하거나, 혹은 다른 이해가 생겨났다면 깨닫는 것이 어려우니라.

다시 다음으로 선현이여. 보살승인 여러 선남자와 선여인 등이 있어서 비록 이전의 세상에서 반야바라밀다를 얻어서 들었고, 역시 일찍이 매우 깊은 의취를 청하여 물었으나, 혹은 1일·2일·3일·4일·5일이 지나면 설한 것과 같이 정진하거나 수행하지 않았다면, 지금 인간의 가운데에 태어나서 이와 같은 매우 깊은 반야바라밀다를 듣고서 설사 1일·2일·3일·4일·5

일이 지나더라도 그 마음이 견고하여 능히 파괴할 수 없으나, 만약 들었던 것인 매우 깊은 반야바라밀다를 벗어난다면 갑자기 곧 퇴실(退失)하여 마음에 망설임이 생겨나느니라.

왜 그러한가? 선현이여. 이 보살승의 선남자와 선여인 등은 오히려 이전의 세상에서 반야바라밀다를 얻어서 들었고, 역시 일찍이 매우 깊은 의취를 청하여 물었으나 설한 것과 같이 정진하거나 수행하지 않았던 까닭으로, 지금의 생(今生)에서 만약 선한 벗이 은근하게 권유한다면 곧 매우 깊은 반야바라밀다를 즐겁게 듣고서 받아들이는데, 만약 선한 벗의 은근한 권유가 없다면 곧 이 경전에서 즐거이 듣고서 받아들이지 않느니라. 그들은 반야바라밀다에서, 혹은 어느 때는 즐겁게 듣고, 혹은 어느 때는 즐겁게 듣지 않으며, 혹은 어느 때는 견고하고, 혹은 어느 때는 퇴실하면서 그 마음이 가볍게 움직이고 나아가고 물러남이 항상하지 않은 것이 오히려 가벼운 터럭이 바람을 따라서 날아다니는 것과 같으니라.

이와 같은 보살승의 여러 선남자와 선여인 등은 대승(大乘)을 일으켜서 나아가더라도 시간이 오래 지나지 않았고, 친근하고 진실한 벗을 많이 섬기지 않았으며, 제불·세존께 많이 공양하지 않았고, 일찍이 매우 깊은 반야바라밀다를 수지하고 독송하며 서사하고 사유하며 연설하지 않았다고 마땅히 알아야 하느니라.

선현이여. 이 보살승의 여러 선남자와 선여인 등은 반야바라밀다, 나아가 보시바라밀다를 수학하지 않았고, 내공, 나아가 무성자성공을 수학하지 않았으며, 진 나아가 부사의계를 수학하지 않았고, 고·집·멸·도 성제를 수학하지 않았으며, 4정려·4무량심·4무색정을 수학하지 않았고, 8해탈·8승처·9차제정·10변처를 수학하지 않았으며, 4념주, 나아가 8성도지를 수학하지 않았고, 공·무상·무원해탈문을 수학하지 않았으며, 3승의 10지와 보살의 10지를 수학하지 않았고, 5안·6신통을 수학하지 않았으며, 여래의 10력, 나아가 18불불공법을 수학하지 않았고, 32대사상·80수호를 수학하지 않았으며, 무망실법·항주사성을 수학하지 않았고, 일체의 다라니문·삼마지문을 수학하지 않았으며, 일체 보살마하살의 행과 제불의 무상정등보리를 수학하지 않았고, 일체지·도상지·일체상지를 수학하지 않았다고 마땅히 알아야 하느니라.

선현이여. 이 보살승의 여러 선남자와 선여인 등이 새롭게 대승에 나아가서 대승법에서 작은 부분의 신심·공경·애락(愛樂)을 성취하였고, 매우 깊은 반야바라밀다를 능히 수지하고 독송하며 서사하고 사유하며 연설하지 못하였다고 마땅히 알아야 하느니라."

"다시 다음으로 선현이여. 보살승에 안주하는 여러 선남자와 선여인 등이 만약 매우 깊은 반야바라밀다를 서사하고 수지하며 독송하고 수습하며 사유하고 다른 사람을 위하여 연설하지 않았거나, 만약 반야바라밀다, 나아가 보시바라밀다로써 유정(有情)들을 섭수하지 않았거나, 나아가 일체지·도상지·일체상지로써 유정들을 섭수하지 않았다면, 이 보살승의 여러 선남자와 선여인 등은 반야바라밀다, 나아가 보시바라밀다가 수호하지 않는 것이고, 나아가 일체지·도상지·일체상지가 수호하지 않는 것이니라. 이 보살승의 여러 선남자와 선여인 등은 반야바라밀다, 나아가 보시바라밀다에 능히 수순(隨順)하여 수행하지 못하고, 나아가 일체지·도상지·일체상지에 수순하여 수행하지 못하며, 오히려 이러한 인연으로 성문지(聲聞地)거나, 혹은 독각지(獨覺地)에 퇴전하여 떨어지느니라.

왜 그러한가? 이 보살승의 여러 선남자와 선여인 등은 매우 깊은 반야바라밀다를 서사하고 수지하며 독송하고 수습하며 사유하고 다른 사람을 위하여 연설하지 않았고, 역시 매우 깊은 반야바라밀다, [자세한 설명은 생략한다.] 나아가 일체상지로써 유정들을 섭수하지 않았으며, 반야바라밀다에 능히 수순하여 수행하지 않았고, [자세한 설명은 생략한다.] 나아가 일체상지에 능히 수순하여 수행하지 않았으며, 반야바라밀다가 수호하지 않는 것이고, 나아가 일체상지가 수호하지 않는 것이니라. 오히려 이러한 인연으로 성문지거나, 혹은 독각지에 퇴전하여 떨어지느니라."

49. 선등유품(船等喩品)(1)

세존께서 선현에게 말씀하셨다.

"비유한다면 탔던 배가 파괴되어 바다에서 전복되었다면 그 가운데의 여러 사람들이 만약 나무의 그릇과 물건이거나, 부낭(浮囊)이거나, 판자이거나, 시체(死屍)를 취하여 의지하는 것으로 삼지 않는다면 결정적으로 익사(溺死)하고 그 언덕에 이르지 못한다고 알아야 하느니라. 만약 능히 만약 나무의 그릇과 물건이거나, 부낭이거나, 판자이거나, 시체를 취하여 의지하는 것으로 삼는다면 이와 같은 부류는 결국 익사하지 않고 큰 바다의 그 언덕에서 안은함을 얻고 손해가 없이 여러 쾌락을 받는다고 마땅히 알아야 하느니라.

이와 같아서 선현이여. 만약 보살승의 여러 선남자와 선여인 등이 비록 대승에서 작은 부분의 신심·공경·애락을 성취하였으나, 매우 깊은 반야바라밀다를 능히 수지하고 독송하며 서사하고 사유하며 연설하는 것으로써 의지하는 것을 삼지 않는다면, 이와 같이 보살승에 안주하는 여러 선남자와 선여인 등은 중도(中道)에 쇠퇴하고 물러나서 무상정등보리를 증득하지 못하고, 퇴전하여 성문지·독각지에 들어간다고 마땅히 알아야 하느니라. 만약 보살승의 여러 선남자와 선여인 등이 대승에서 원만한 신심·공경·애락을 성취하고 있었으며, 만약 매우 깊은 반야바라밀다를 능히 수지하고 독송하며 서사하고 사유하며 연설하는 것으로써 의지하는 것을 삼는다면, 이와 같이 보살승에 안주하는 여러 선남자와 선여인 등은 도중에 쇠퇴하고 물러나서 성문지, 혹은 독각지에 들어가지 않고 결정적으로 무상정등보리를 증득한다고 마땅히 알아야 하느니라.

다시 다음으로 선현이여. 비유한다면 사람이 험악(險惡)한 광야를 지나가면서 만약 자량(資糧)3)과 기구(器具)들을 섭수하지 않는다면 능히 안락

---

3) '여행(旅行)에 쓰는 비용(費用)과 식량(食糧).' 또는 '자재(資材)와 양식(糧食)'을 아울러 가리키는 말이다.

한 국토에 도착(達到)하지 못하고 중도에서 고통을 만나서 목숨을 잃게 되느니라. 이와 같아서 선현이여. 보살승의 여러 선남자와 선여인 등이 설사 무상정등보리에서 신심이 있고 법인(忍)이 있으며 청정한 마음이 있고 수승한 의요(意樂)가 있으며 욕망에 승해(勝解)[4]가 있고 버림과 정진이 있었더라도, 만약 매우 깊은 반야바라밀다와 나머지의 공덕을 섭수하지 않는다면, 이와 같이 보살승에 안주하는 여러 선남자와 선여인 등은 중도(中道)에 쇠퇴하고 물러나서 무상정등보리를 증득하지 못하고, 퇴전하여 성문지·독각지에 들어간다고 마땅히 알아야 하느니라.

선현이여. 비유한다면 사람이 험악한 광야를 지나가면서 만약 자량과 기구들을 섭수한다면 반드시 마땅하게 안락한 국토에 도착하고 중도에서 고통을 만나서 목숨을 잃지 않는다고 마땅히 알아야 하느니라. 이와 같아서 선현이여. 보살승의 여러 선남자와 선여인 등이 이미 무상정등보리에서 신심이 있고 법인이 있으며 청정한 마음이 있고 수승한 의요가 있으며 욕망에 승해가 있고 버림과 정진이 있고, 다시 능히 매우 깊은 반야바라밀다와 나머지의 공덕을 섭수하였다면, 이와 같이 보살승에 안주하는 여러 선남자와 선여인 등은 결국 중도에 손실되어 줄어들지 않고 물러나고 패배하지 않으며 성문과 독각의 지위를 초월하여 유정들을 성숙시키고 불국토를 청정하게 장엄하며, 빠르게 무상정등보리를 증득한다고 마땅히 알아야 하느니라.

다시 다음으로 선현이여. 비유한다면 여러 선남자와 선여인 등이 굽지 않은 질그릇의 병을 가지고 강물에 나아가서 물을 취하였거나, 만약 연못이거나, 만약 우물이거나, 만약 샘물이거나, 만약 시냇물을 취하였다면, 이 병은 오래지 않아서 부서진다고 마땅히 알아야 하느니라. 왜 그러한가? 이러한 병은 구워지지 않았으므로 물을 담을 수 없고 결국 흙으로 돌아가는 까닭이니라.

이와 같아서 선현이여. 보살승의 여러 선남자와 선여인 등이 있어서

---

4) 산스크리트어 adhimokṣa의 번역이고, 대상을 명료하게 이해하여 확신하는 마음 작용을 뜻한다.

설사 무상정등보리에서 신심이 있고 법인이 있으며 청정한 마음이 있고 수승한 의요가 있으며 욕망에 승해가 있고 버림과 정진이 있었더라도, 만약 매우 깊은 반야바라밀다의 방편선교(方便善巧)를 섭수하지 않는다면, 곧바로 반야·정려·정진·안인·정계·보시바라밀다를 멀리 벗어나고, 역시 다시 내공과 외공·내외공·공공·대공·승의공·유위공·무위공·필경공·무제공·산공·무변이공·본성공·자상공·공상공·일체법공·불가득공·무성공·자성공·무성자성공도 멀리 벗어나며, 역시 다시 진여·계·법성·불허망성·불변이성·평등성·이생성·법정·법주·실제·허공계·부사의계도 멀리 벗어나고, 역시 다시 고·집·멸·도성제도 멀리 벗어나며, 역시 다시 4정려·4무량심·4무색정도 멀리 벗어나고, 역시 다시 8해탈·8승처·9차제정·10변처도 멀리 벗어나며,

역시 다시 4념주·4정단·4신족·5근·5력·7등각지·8성도지도 멀리 벗어나고, 역시 다시 공·무상·무원해탈문도 멀리 벗어나며, 역시 다시 보살의 10지도 멀리 벗어나고, 역시 다시 5안과 6신통도 멀리 벗어나며, 역시 다시 여래의 10력·4무소외·4무애해·대자·대비·대희·대사·18불불공법도 멀리 벗어나고, 역시 다시 무망실법과 항주사성도 멀리 벗어나며, 역시 다시 다라니문과 삼마지문도 멀리 벗어나고, 역시 다시 유정들의 성숙시키는 일과 불국토를 장엄하는 일도 멀리 벗어나며, 역시 다시 일체지·도상지·일체상지도 멀리 벗어날 것이니, 이와 같이 보살승에 안주하는 여러 선남자와 선여인 등은 중도에 쇠퇴하고 물러나서 무상정등보리를 증득하지 못하고, 퇴전하여 성문지 혹은 독각지에 들어간다고 마땅히 알아야 하느니라.

선현이여. 비유한다면 남자와 여인들이 잘 구운 병을 가지고 강물에 나아가서 물을 취하였거나, 만약 연못이거나, 만약 우물이거나, 만약 샘물이거나, 만약 개울물을 취하였다면, 이 병은 결국 부서지지 않는다고 마땅히 알아야 하느니라. 왜 그러한가? 이 병은 잘 구워져서 물을 담을 수 있으며 매우 견고한 까닭이니라. 이와 같아서 선현이여. 보살승의 여러 선남자와 선여인 등이 있어서 만약 무상정등보리에서 신심이 있고

법인이 있으며 청정한 마음이 있고 수승한 의요가 있으며 욕망에 승해가 있고 버림과 정진이 있으며, 다시 능히 매우 깊은 반야바라밀다의 방편선교를 섭수하였다면, 곧바로 반야·정려·정진·안인·정계·보시바라밀다를 멀리 벗어나지 않고, 이와 같이 나아가, 일체지·도상지·일체상지도 멀리 벗어나지 않을 것이니라.

오히려 이러한 인연으로 항상 제불과 보살마하살들께서 섭수하고 호념(護念)하시게 되므로 이와 같이 보살승에 안주하는 여러 선남자와 선여인 등은 결국 중도에 손실되어 줄어들지 않고 물러나고 패배하지 않으며 성문과 독각의 지위를 초월하여 유정들을 성숙시키고 불국토를 청정하게 장엄하며, 빠르게 무상정등보리를 증득한다고 마땅히 알아야 하느니라.

다시 다음으로 선현이여. 비유한다면 상인(商人)이 교묘한 방편과 지혜가 없어서 배가 바닷가에 있으면서 장치(裝治)를 갖추지 않고 바로 재물을 가지고 그 배의 위에 싣고서 물속에 이끌어 띄우고 곧 빠르게 떠나가는 것과 같다면, 이 배는 중도에서 파괴되고 침몰하여 사람과 배와 재물이 각각 다른 곳으로 흩어지는 것과 같이, 이와 같은 상인은 교묘한 방편의 지혜가 없으므로 몸과 목숨을 잃고 더불어 큰 재물을 잃느니라.

이와 같아서 선현이여. 보살승의 여러 선남자와 선여인 등이 있어서 설사 무상정등보리에서 신심이 있고 법인이 있으며 청정한 마음이 있고 수승한 의요가 있으며 욕망에 승해가 있고 버림과 정진이 있었더라도, 만약 매우 깊은 반야바라밀다의 방편선교를 섭수하지 않는다면, 곧 반야·정려·정진·안인·정계·보시바라밀다를 멀리 벗어날 것이고, 이와 같이 나아가, 일체지·도상지·일체상지를 멀리 벗어난다고 마땅히 알아야 하느니라. 이와 같이 보살승에 안주하는 여러 선남자와 선여인 등이 중도에서 쇠퇴하고 패배하여 몸과 목숨과 큰 재물을 잃을 것인데, 몸과 목숨을 잃는 것은 이를테면, 성문지이거나, 혹은 독각지에 떨어지는 것이고, 재물을 잃는 것은 이를테면, 무상정등보리를 잃는 것이니라.

선현이여. 비유한다면 상인이 교묘한 방편과 지혜가 있어서 먼저 바닷가에 있으면서 배에 장치를 갖추고서 물속에 이끌고 들어가서 뚫린 구멍이 없다고 알고서 비로소 재물을 가지고 배 위에 싣고서 떠나가는 것과 같다면, 이 배는 반드시 파괴되어 침몰하지 않고 사람과 물건이 안온한 곳인 처소에 이를 것이다. 이와 같아서 선현이여. 보살승의 여러 선남자와 선여인 등이 있어서 만약 무상정등보리에서 신심이 있고 법인이 있으며 청정한 마음이 있고 수승한 의요가 있으며 욕망에 승해가 있고 버림과 정진이 있었으며, 다시 능히 매우 깊은 반야바라밀다의 방편선교를 섭수하였다면, 곧 반야·정려·정진·안인·정계·보시바라밀다를 벗어나지 않고, 이와 같이 나아가, 일체지·도상지·일체상지를 멀리 벗어나지 않느니라.

오히려 이러한 인연으로 항상 제불과 보살마하살들께서 섭수하고 호념(護念)하시게 되므로 이와 같이 보살승에 안주하는 여러 선남자와 선여인 등은 결국 중도에 손실되어 줄어들지 않고 물러나고 패배하지 않으며 성문과 독각의 지위를 초월하여 유정들을 성숙시키고 불국토를 청정하게 장엄하며, 빠르게 무상정등보리를 증득한다고 마땅히 알아야 하느니라.

선현이여. 비유한다면 사람이 있어서 나이가 120이었고 늙었고 노쇠하였으며 여위었고, 다시 여러 질병이 합쳐졌는데 이를테면, 풍병(風病)·열병(熱病)·담병(淡病)5)이었거나, 혹은 세 가지가 뒤섞인 병이었다면 그대의 뜻은 어떠한가? 이 늙고 병든 사람이 대체로 평상에서 스스로가 일어날 수 있겠는가?"

선현이 대답하여 말하였다.

"아닙니다. 세존이시여. 아닙니다. 선서시여."

세존께서 선현에게 알리셨다.

"이 사람은 설사 누가 부축하여 일으켰더라도, 역시 1구로사(俱盧舍)·2구로사·3구로사를 다닐 힘이 없느니라. 그 까닭은 무엇인가? 늙음과 질병이 극심한 까닭이니라. 이와 같아서 선현이여. 보살승의 여러 선남자와 선여인 등이 있어서 설사 무상정등보리에서 신심이 있고 법인이 있으며

---

5) 가래가 생겨나는 병을 가리킨다.

청정한 마음이 있고 수승한 의요가 있으며 욕망에 승해가 있고 버림과 정진이 있었더라도, 만약 매우 깊은 반야바라밀다의 방편선교를 섭수하지 않는다면, 곧바로 반야·정려·정진·안인·정계·보시바라밀다를 멀리 벗어날 것이고, 이와 같이 나아가, 일체지·도상지·일체상지를 멀리 벗어나느니라.

이와 같이 보살승에 안주하는 여러 선남자와 선여인 등은 중도에 쇠퇴하고 물러나서 무상정등보리를 증득하지 못하고, 퇴전하여 성문지 혹은 독각지에 들어간다고 마땅히 알아야 하느니라. 왜 그러한가? 매우 깊은 반야바라밀다의 선교방편을 섭수하지 않은 것으로써 여러 공덕을 벗어났고, 제불과 보살들이 호념하지 않는 까닭이니라.

선현이여. 비유한다면 사람이 있어서 나이가 120살이었고 늙었고 노쇠하였으며 여위었고, 다시 여러 질병이 합쳐졌다면, 이 늙고 병든 사람이 평상에서 일어나서 다른 곳으로 가려고 하였더라도 스스로가 능히 움직일 수 없으나, 두 명의 건강한 사람이 각각 한 팔을 부축하여 천천히 일으키면서 '어려운 것이 없습니다. 뜻을 따라서 가고자 한다면 우리들 두 사람은 결국 서로를 버리지 않겠습니다.'라고 알려 말하였다면, 반드시 가려는 곳에 도달하면서 안온하고 손상이 없느니라. 이와 같아서 선현이여. 보살승의 여러 선남자와 선여인 등이 있어서 만약 무상정등보리에서 신심이 있고 법인이 있으며 청정한 마음이 있고 수승한 의요가 있으며 욕망에 승해가 있고 버림과 정진이 있었으며, 다시 능히 매우 깊은 반야바라밀다의 방편선교를 섭수하였다면, 곧 반야·정려·정진·안인·정계·보시바라밀다를 벗어나지 않고, 이와 같이 나아가, 일체지·도상지·일체상지를 멀리 벗어나지 않느니라.

이와 같이 보살승에 안주하는 여러 선남자와 선여인 등은 결국 중도에 손실되어 줄어들지 않고 물러나고 패배하지 않으며 성문과 독각의 지위를 초월하여 유정들을 성숙시키고 불국토를 청정하게 장엄하며, 빠르게 무상정등보리를 증득한다고 마땅히 알아야 하느니라. 왜 그러한가? 매우 깊은 반야바라밀다의 선교방편으로써 능히 섭수하였고, 여러 공덕을 구족하였으므로 제불과 보살들께서 함께 호념하는 까닭이니라."

그때 구수 선현이 세존께 아뢰어 말하였다.
"세존이시여. 어찌하여 보살승에 안주하는 여러 선남자들과 선여인 등이 오히려 매우 깊은 반야바라밀다의 선교방편을 섭수하지 않고 여러 공덕을 벗어나며, 성문지와 독각지에 퇴전하여 떨어져서 무상정등보리를 증득하지 못합니까?"

세존께서 선현에게 말씀하셨다.
"옳도다. 옳도다. 그대는 보살승에 안주하는 여러 선남자와 선여인 등의 이익과 안락을 위하여 이와 같은 일을 물었도다. 그대는 지금 자세히 들을지니라. 마땅히 그대를 위하여 설하겠노라. 선현이여. 보살승의 여러 선남자와 선여인 등이 있어서 초발심부터 아(我)·아소(我所)에 집착하여 보시, 나아가 반야바라밀다를 수행한다면, 그 선남자와 선여인 등은 보시를 수행하는 때에 '나는 능히 보시하였고, 나는 이러한 물건을 보시하였으며, 그는 나의 보시를 받았다.'라고 이와 같이 생각을 짓고, 정계를 수행하는 때에 '나는 능히 지계(持戒)할 수 있고, 내가 이러한 정계를 수지(受持)하였으며, 나는 이러한 정계를 구족하였다.'라고 이와 같이 생각을 지으며, 인욕을 수행하는 때에 '나는 능히 인욕을 수행할 수 있고, 나는 그에게 인욕하였으며, 나는 이러한 인욕을 구족하였다.'라고 이와 같은 생각을 짓고, 정진을 수행하는 때에 '나는 능히 정진할 수 있고, 나는 이러한 정진을 하였으며, 나는 이러한 정진을 구족하였다.'라고 이와 같이 생각을 지으며, 정려를 수행하는 때에 '나는 능히 정려를 수행할 수 있고, 나는 이러한 정려를 수행하였으며, 나는 이러한 선정을 구족하였다.'라고 이와 같이 생각을 짓고, 반야를 수행하는 때에 '나는 지혜를 수행할 수 있고, 나는 이러한 지혜를 수행하였으며, 나는 이러한 지혜를 구족하였다.'라고 이와 같이 생각을 짓느니라.

다시 다음으로 선현이여. 이 선남자와 선여인 등이 보시를 수행하는 때에 이러한 보시가 있다고 집착하고, 오히려 이러한 보시를 집착하며,

보시는 아소(我所)가 된다고 집착하고, 정계를 수행하는 때에 이러한 정계가 있다고 집착하고, 오히려 이러한 정계에 집착하며, 정계는 아소가 된다고 집착하며, 인욕을 수행하는 때에 있다고 집착하고, 오히려 이러한 인욕에 집착하며 인욕은 아소가 된다고 집착하고, 정진을 수행하는 때에 이러한 정진이 있다고 집착하고, 오히려 이러한 정진에 아소가 된다고 집착하며, 정려를 수행하는 때에 이러한 정려가 있다고 집착하고, 오히려 이러한 정려에 집착하며 정려는 아소가 된다고 집착하고, 반야를 수행하는 때에 이러한 반야가 있다고 집착하고, 오히려 이러한 반야에 집착하며 반야는 아소가 된다고 집착하나니, 이 선남자와 선여인 등은 아·아소라는 집착이 항상 따르는 까닭으로 그가 수행하였던 것인 보시, 나아가 반야바라밀다는 생사(生死)를 증장(增長)시키고 생사 등의 여러 고통을 능히 해탈시키지 못하느니라.

 그 까닭은 무엇인가? 보시바라밀다의 가운데에서는 이와 같은 분별로써 이러한 집착을 일으킬 수 없으며, 나아가 반야바라밀다의 가운데에서도 역시 이와 같은 분별로써 이러한 집착을 일으킬 수 없느니라. 왜 그러한가? 차안(此岸)과 피안(彼岸)을 멀리 벗어난 것이 보시바라밀다의 상(相)이고, 나아가 반야바라밀다의 상(相)인 까닭이니라.

 선현이여. 이렇게 보살승에 안주하는 여러 선남자와 선여인 등은 차안과 피안의 상(相)을 알지 못하는 까닭으로, 보시·정계·안인·정진·정려·반야바라밀다를 능히 섭수하지 못하고, 나아가 일체지·도상지·일체상지를 능히 섭수하지 못하나니, 오히려 이러한 인연으로 이러한 보살승의 여러 선남자와 선여인 등은 성문지이거나, 혹은 독각지에 떨어져서 무상정등보리를 증득하지 못하느니라."

마하반야바라밀다경 제445권

49. 선등유품(船等喩品)(2)

그때 구수 선현이 다시 세존께 아뢰어 말하였다.

"세존이시여. 보살승에 안주하는 여러 선남자와 선여인 등은 어찌하여 방편선교가 없이 6바라밀다를 수행하면 성문지이거나, 혹은 독각지에 떨어져서 무상정등보리를 증득하지 못합니까?"

세존께서 말씀하셨다.

"선현이여. 보살승의 선남자와 선여인 등이 있어서 초발심부터 방편선교가 없는 까닭으로 보시를 수행하는 때에, '나는 능히 보시를 행할 수 있고, 나는 이러한 물건을 보시하며, 그는 나의 보시를 받는다.'라고 이와 같이 생각을 짓고, 정계를 수행하는 때에, '나는 능히 정계할 수 있고, 나는 이러한 정계를 수지하며, 나는 이러한 정계를 성취하였다.'라고 이와 같이 생각을 지으며, 안인을 수행하는 때에, '나는 능히 안인을 수행할 수 있고, 나는 그에게 안인하였으며, 나는 이러한 안인을 성취하였다.'라고 이와 같이 생각을 짓고, 정진을 수행하는 때에, '나는 능히 정진할 수 있고, 나는 이러한 정진을 하였으며, 나는 이러한 정진을 성취하였다.'라고 이와 같이 생각을 지으며, 정려를 수행하는 때에, '나는 능히 정려를 수행할 수 있고, 나는 이러한 정려를 수행하며, 나는 이러한 정려를 성취하였다.'라고 이와 같이 생각을 짓고, 반야를 수행하는 때에, '나는 능히 지혜를 수행할 수 있고, 나는 이러한 지혜를 수행하였으며, 나는 이러한 지혜를 성취하였다.'라고 이와 같이 생각을 짓느니라.

다시 다음으로 선현이여. 이 보살승의 여러 선남자와 선여인 등이 보시를 수행하는 때에 이러한 보시가 있다고 집착하고, 오히려 이러한 보시에 집착하며, 보시는 나를 위한 것이라고 집착하여 교만(憍慢)이 생겨나고, 정계를 수행하는 때에 이러한 정계가 있다고 집착하고, 오히려 이러한 정계에 집착하며, 정계는 나를 위한 것이라고 집착하여 교만이 생겨나며, 안인을 수행하는 때에 이러한 안인이 있다고 집착하고, 오히려 이러한 안인에 집착하며, 안인은 나를 위한 것이라고 집착하여 교만이 생겨나고, 정진을 수행하는 때에 이러한 정진이 있다고 집착하고, 오히려 이러한 정진에 집착하며, 정진은 나를 위한 것이라고 집착하여 교만이 생겨나며, 정려를 수행하는 때에 이러한 정려가 있다고 집착하고, 오히려 이러한 정려에 집착하며, 정려는 나를 위한 것이라고 집착하여 교만이 생겨나고, 반야를 수행하는 때에 이러한 지혜가 있다고 집착하고, 오히려 이러한 지혜에 집착하며, 반야는 나를 위한 것이라고 집착하여 교만이 생겨나느니라.

이 보살승의 여러 선남자와 선여인 등은 아(我)·아소(我所)라는 집착이 항상 따르는 까닭으로 수행하였던 것인 보시, 나아가 반야바라밀다는 생사를 증장시키고 능히 생사 등의 고통을 해탈시키지 못하느니라. 그 까닭은 무엇인가? 보시바라밀다의 가운데에는 이와 같은 분별이 없고, 역시 그것에서 분별하는 것보다도 못하느니라. 왜 그러한가? 차안(此岸)과 피안(彼岸)에 이르는 이것이 반야바라밀다의 상(相)이 아닌 까닭이니라. 나아가 반야바라밀다의 가운데에는 이와 같은 분별이 없고, 역시 그것에서 분별하는 것보다도 못하느니라. 왜 그러한가? 차안과 피안에 이르는 이것이 반야바라밀다의 상이 아닌 까닭이니라.

선현이여. 이러한 보살승의 여러 선남자와 선여인 등은 이 차안과 피안의 상을 알지 못하는 까닭으로 능히 보시·정계·안인·정진·정려·반야바라밀다를 섭수하지 못하고, 이와 같이 나아가, 일체지·도상지·일체지지를 섭수하지 못하느니라. 오히려 이러한 인연으로 이 보살승의 여러 선남자와 선여인 등은 성문지이거나, 독각지에 떨어져서 무상정등보리를 증득하지 못하느니라. 선현이여. 보살승에 안주하는 여러 선남자와 선여인 등이 이와 같은 방편선교가 없이 6바라밀다를 수행하므로, 성문지이거나, 독각지에 떨어져서 무상정등보리를 증득하지 못한다고 마땅히 알아야 하느니라."

그때 구수 선현이 다시 세존께 아뢰어 말하였다.
"세존이시여. 어찌하여 보살승에 안주하는 여러 선남자와 선여인 등이 오히려 매우 깊은 반야바라밀다를 능히 섭수하므로, 방편선교의 여러 공덕을 구족하여 성문지이거나, 독각지에 떨어지지 않고 빠르게 무상정등보리를 증득합니까?"

세존께서 선현에게 말씀하셨다.
"보살승의 여러 선남자와 선여인 등이 있어서 초발심부터 아·아소를 벗어나서 보시, 나아가 반야바라밀다를 수행한다면, 이 선남자와 선여인 등은 보시를 수행하는 때에, '나는 능히 보시를 행할 수 있고, 나는 이러한 물건을 보시하며, 그는 나의 보시를 받는다.'라고 이와 같이 생각을 짓지 않고, 정계를 수행하는 때에, '나는 능히 정계할 수 있고, 나는 이러한 정계를 수지하며, 나는 이러한 정계를 성취하였다.'라고 이와 같이 생각을 짓지 않으며, 안인을 수행하는 때에, '나는 능히 안인을 수행할 수 있고, 나는 그에게 안인하였으며, 나는 이러한 안인을 성취하였다.'라고 이와 같이 생각을 짓지 않고, 정진을 수행하는 때에, '나는 능히 정진할 수 있고, 나는 이러한 정진을 하였으며, 나는 이러한 정진을 성취하였다.'라고 이와 같이 생각을 짓지 않으며, 정려를 수행하는 때에, '나는 능히 정려를 수행할 수 있고, 나는 이러한 정려를 수행하며, 나는 이러한 정려를 성취하였다.'라고 이와 같이 생각을 짓지 않고, 반야를 수행하는 때에, '나는 능히 지혜를 수행할 수 있고, 나는 이러한 지혜를 수행하였으며, 나는 이러한 지혜를 성취하였다.'라고 이와 같이 생각을 짓지 않느니라.

다시 다음으로 선현이여. 이 보살승의 여러 선남자와 선여인 등이 보시를 수행하는 때에 이러한 보시가 있다고 집착하지 않고, 오히려 이러한 보시에 집착하지 않으며, 보시는 나를 위한 것이라고 집착하지 않고, 정계를 수행하는 때에 이러한 정계가 있다고 집착하지 않고, 오히려 이러한 정계에 집착하지 않으며, 정계는 나를 위한 것이라고 집착하지 않으며, 안인을 수행하는 때에 이러한 안인이 있다고 집착하지 않고, 오히려 이러한 안인에 집착하지 않으며, 안인은 나를 위한 것이라고 집착하지 않고, 정진을 수행하는 때에 이러한 정진이 있다고 집착하지 않고, 오히려 이러한 정진에 집착하지 않으며, 정진은 나를 위한 것이라고 집착하지 않으며, 정려를 수행하는 때에 이러한 정려가 있다고 집착하지 않고, 오히려 이러한 정려에 집착하지 않으며, 정려는 나를 위한 것이라고 집착하지 않고, 반야를 수행하는 때에 이러한 지혜가 있다고 집착하지 않고, 오히려 이러한 지혜에 집착하지 않으며, 반야는 나를 위한 것이라고 집착하지 않느니라.

　이 여러 선남자와 선여인 등은 아·아소라는 집착이 항상 따르지 않는 까닭으로 수행하였던 것인 보시, 나아가 반야바라밀다는 생사를 손감(損減)시키고 능히 생사 등의 고통을 빠르게 해탈시키느니라. 그 까닭은 무엇인가? 보시바라밀다의 가운데에서 이와 같은 분별로 이러한 집착을 일으키는 것이 없고, 나아가 반야바라밀다의 가운데에서 이와 같은 분별로 이러한 집착을 일으키는 것이 없느니라. 왜 그러한가? 이러한 차안을 멀리 벗어나는 이것이 보시바라밀다의 상이고, 나아가 이것이 반야바라밀다의 상인 까닭이니라.

　선현이여. 이 보살승의 여러 선남자와 선여인 등은 차안과 피안의 상을 잘 아는 까닭으로 곧 보시·정계·안인·정진·정려·반야바라밀다를 능히 섭수하고, 이와 같이 나아가, 일체지·도상지·일체상지를 능히 섭수하느니라. 오히려 이러한 인연으로 이 보살승의 여러 선남자와 선여인 등은 성문지이거나, 독각지에 떨어지지 않고 빠르게 무상정등보리를 증득한다고 마땅히 알아야 하느니라."

　그때 구수 선현이 다시 세존께 아뢰어 말하였다.

　"세존이시여. 보살승에 안주하는 여러 선남자와 선여인 등은 무엇의 방편선교가 있다면 6바라밀다를 수행하면서 성문지이거나, 독각지에 떨어지지 않고 빠르게 무상정등보리를 증득합니까?"
　세존께서 말씀하셨다.
　"선현이여. 보살승의 여러 선남자와 선여인 등이 있어서 초발심부터 방편선교가 있는 까닭으로 보시를 수행하는 때에, '나는 능히 보시를 행할 수 있고, 나는 이러한 물건을 보시하며, 그는 나의 보시를 받는다.'라고 이와 같이 생각을 짓지 않고, 정계를 수행하는 때에, '나는 능히 정계할 수 있고, 나는 이러한 정계를 수지하며, 나는 이러한 정계를 성취하였다.'라고 이와 같이 생각을 짓지 않으며, 안인을 수행하는 때에, '나는 능히 안인을 수행할 수 있고, 나는 그에게 안인하였으며, 나는 이러한 안인을 성취하였다.'라고 이와 같이 생각을 짓지 않고, 정진을 수행하는 때에, '나는 능히 정진할 수 있고, 나는 이러한 정진을 하였으며, 나는 이러한 정진을 성취하였다.'라고 이와 같이 생각을 짓지 않으며, 정려를 수행하는 때에, '나는 능히 정려를 수행할 수 있고, 나는 이러한 정려를 수행하며, 나는 이러한 정려를 성취하였다.'라고 이와 같이 생각을 짓지 않고, 반야를 수행하는 때에, '나는 능히 지혜를 수행할 수 있고, 나는 이러한 지혜를 수행하였으며, 나는 이러한 지혜를 성취하였다.'라고 이와 같이 생각을 짓지 않느니라.
　다시 다음으로 선현이여. 이 보살승의 여러 선남자와 선여인 등이 보시를 수행하는 때에 이러한 보시가 있다고 집착하지 않고, 오히려 이러한 보시에 집착하지 않으며, 보시는 나를 위한 것이라고 집착하지 않고 역시 교만하지 않으며, 정계를 수행하는 때에 이러한 정계가 있다고 집착하지 않고, 오히려 이러한 정계에 집착하지 않으며, 정계는 나를 위한 것이라고 집착하지 않고 역시 교만하지 않으며, 안인을 수행하는 때에 이러한 안인이 있다고 집착하지 않고, 오히려 이러한 안인에 집착하지 않으며, 안인은 나를 위한 것이라고 집착하지 않고 역시 교만하지 않으며, 정진을 수행하는 때에 이러한 정진이 있다고 집착하지 않고, 오히려 이러한 정진에 집착하지 않으며, 정진은 나를 위한 것이라고 집착하지 않고 역시 교만하지 않으며, 정려를 수행하는 때에 이러한 정려가 있다고 집착하지 않고, 오히려 이러한 정려에 집착하지 않으며,

정려는 나를 위한 것이라고 집착하지 않고 역시 교만하지 않으며, 반야를 수행하는 때에 이러한 지혜가 있다고 집착하지 않고, 오히려 이러한 지혜에 집착하지 않으며, 반야는 나를 위한 것이라고 집착하지 않고 역시 교만하지 않으니라.

이 여러 선남자와 선여인 등은 아·아소라는 집착이 항상 따르지 않는 까닭으로 수행하였던 것인 보시, 나아가 반야바라밀다는 생사를 손감시키고 능히 생사 등의 고통을 빠르게 해탈시키느니라. 그 까닭은 무엇인가? 보시바라밀다의 상(相)의 가운데에서 이와 같은 분별이 없고, 역시 그것에서 분별하는 것보다도 못하느니라. 왜 그러한가? 차안과 피안에 이르는 이것이 반야바라밀다의 상이 아닌 까닭이니라. 나아가 반야바라밀다의 가운데에는 이와 같은 분별이 없고, 역시 그것에서 분별하는 것보다도 못하느니라. 왜 그러한가? 차안(此岸)과 피안(彼岸)에 이르는 이것이 반야바라밀다의 상이 아닌 까닭이니라.

선현이여. 이 보살승의 여러 선남자와 선여인 등은 차안과 피안의 상을 잘 아는 까닭으로 곧 보시·정계·안인·정진·정려·반야바라밀다를 능히 섭수하고, 나아가 일체지·도상지·일체상지를 능히 섭수하느니라. 오히려 이러한 인연으로 이 보살승의 여러 선남자와 선여인 등은 성문지이거나, 독각지에 떨어지지 않고 빠르게 무상정등보리를 증득한다고 마땅히 알아야 하느니라. 선현이여. 보살승에 안주하는 여러 선남자와 선여인 등은 이와 같은 방편선교가 있으면서 6바라밀다를 수행한다면 성문지이거나, 독각지에 떨어지지 않고 빠르게 무상정등보리를 증득하느니라."

50. 초업품(初業品)(1)

그때 구수 선현이 세존께 아뢰어 말하였다.

"세존이시여. 초업(初業)의 보살마하살은 상응하여 어떻게 반야·정려·정진·안인·정계·보시바라밀다를 수학해야 합니까?"

세존께서 선현에게 알려 말씀하셨다.

"초업(初業)의 보살마하살이 만약 반야·정려·정진·안인·정계·보시바라밀다를 수행하고자 한다면, 상응하여 먼저 반야·정려·정진·안인·정계·보시바라밀다를 능히 널리 설하는 진실로 청정(眞淨)한 선지식(善知識)을 친근하고 받들어 섬기면서 공양해야 하는데 이를테면, 반야바라밀다의 매우 깊은 경전을 설하는 때에, 초업의 보살마하살을 교수(敎授)하고 교계(敎誡)하면서 '오십시오. 선남자여. 그대들은 상응하여 보시·정계·안인·정진·정려·반야바라밀다를 전근하면서 수행하십시오. 그대들이 정근하면서 수행하는 때에 상응하여 얻을 수 없는 것으로써 방편으로 삼아서 일체의 유정들과 함께 평등하게 공유하면서 무상정등보리에 회향해야 합니다.

그대들은 색(色)으로써 무상정등보리를 취하지 말고(勿), 역시 수(受)·상(想)·행(行)·식(識)으로써 무상정등보리를 취하지 마십시오. 그대들은 안처(眼處)로써 무상정등보리를 취하지 말고, 역시 이(耳)·비(鼻)·설(舌)·신(身)·의처(意處)로써 무상정등보리를 취하지 마십시오. 그대들은 색처(色處)로써 무상정등보리를 취하지 말고, 역시 성(聲)·향(香)·미(味)·촉(觸)·법처(法處)로써 무상정등보리를 취하지 마십시오. 그대들은 안계(眼界)로써 무상정등보리를 취하지 말고, 역시 이(耳)·비(鼻)·설(舌)·신(身)·의계(意界)로써 무상정등보리를 취하지 마십시오. 그대들은 색계(色界)로써 무상정등보리를 취하지 말고, 역시 성(聲)·향(香)·미(味)·촉(觸)·법계(法界)로써 무상정등보리를 취하지 마십시오.

그대들은 안촉(眼觸)으로써 무상정등보리를 취하지 말고, 역시 이(耳)·비(鼻)·설(舌)·신(身)·의촉(意觸)으로써 무상정등보리를 취하지 마십시오. 그대들은 안촉(眼觸)을 인연으로 생겨난 여러 수(受)로써 무상정등보리를 취하지 말고, 역시 이(耳)·비(鼻)·설(舌)·신(身)·의촉(意觸)을 인연으로 생겨난 여러 수로써 무상정등보리를 취하지 마십시오. 그대들은 보시바라밀다(布施波羅蜜多)로써 무상정등보리를 취하지 말고, 역시 정계(淨

戒)·안인(安忍)·정진(精進)·정려(靜慮)·반야바라밀다(般若波羅蜜多)로써 무상정등보리를 취하지 마십시오.

그대들은 내공(內空)으로써 무상정등보리를 취하지 말고, 역시 외공(外空)·내외공(內外空)·공공(空空)·대공(大空)·승의공(勝義空)·유위공(有爲空)·무위공(無爲空)·필경공(畢竟空)·무제공(無際空)·산공(散空)·무변이공(無變異空)·본성공(本性空)·자상공(自相空)·공상공(共相空)·일체법공(一切法空)·불가득공(不可得空)·무성공(無性空)·자성공(自性空)·무성자성공(無性自性空)으로써 무상정등보리를 취하지 마십시오. 그대들은 진여(眞如)로써 무상정등보리를 취하지 말고, 역시 법계(法界)·법성(法性)·불허망성(不虛妄性)·불변이성(不變異性)·평등성(平等性)·이생성(離生性)·법정(法定)·법주(法住)·실제(實際)·허공계(虛空界)·부사의계(不思議界)로써 무상정등보리를 취하지 마십시오.

그대들은 고성제(苦聖諦)로써 무상정등보리를 취하지 말고, 역시 집(集)·멸(滅)·도성제(道聖諦)로써 무상정등보리를 취하지 마십시오. 그대들은 4정려(四靜慮)로써 무상정등보리를 취하지 말고, 역시 4무량(四無量)·4무색정(四無色定)으로써 무상정등보리를 취하지 마십시오. 그대들은 8해탈(八解脫)으로써 무상정등보리를 취하지 말고, 역시 8승처(八勝處)·9차제정(九次第定)·10변처(十遍處)로써 무상정등보리를 취하지 마십시오. 그대들은 4념주(四念住)로써 무상정등보리를 취하지 말고, 역시 4정단(四正斷)·4신족(四神足)·5근(五根)·5력(五力)·7등각지(七等覺支)·8성도지(八聖道支)로써 무상정등보리를 취하지 마십시오.

그대들은 공해탈문(空解脫門)으로써 무상정등보리를 취하지 말고, 역시 무상(無相)·무원해탈문(無願解脫門)으로써 무상정등보리를 취하지 마십시오. 그대들은 5안(五眼)으로써 무상정등보리를 취하지 말고, 역시 6신통(六神通)으로써 무상정등보리를 취하지 마십시오. 그대들은 여래(佛)의 10력(十力)으로써 무상정등보리를 취하지 말고, 역시 4무소외(四無所畏)·4무애해(四無礙解)·대자(大慈)·대비(大悲)·대희(大喜)·대사(大捨)·18불불공법(十八佛不共法)으로써 무상정등보리를 취하지 마십시오. 그대들은 32대사상(三十二大士相)으로써 무상정등보리를 취하지 말고, 역시 80수호(八十隨好)로써 무상정등보리를 취하지 마십시오.

그대들은 무망실법(無忘失法)으로써 무상정등보리를 취하지 말고, 항주사성(恒住捨性)으로써 무상정등보리를 취하지 마십시오. 그대들은 일체지(一切智)로써 무상정등보리를 취하지 말고, 도상지(道相智)·일체상지(一切相智)로써 무상정등보리를 취하지 마십시오. 그대들은 다라니문(陀羅尼門)으로써 무상정등보리를 취하지 말고, 삼마지문(三摩地門)으로써 무상정등보리를 취하지 마십시오. 그대들은 일체지(一切智)로써 무상정등보리를 취하지 말고, 도상지(道相智)·일체상지(一切相智)로써 무상정등보리를 취하지 마십시오.

그 까닭은 무엇인가? 만약 색을 취하지 않는다면 곧 무상정등보리를 증득하고, 수·상·행·식을 취하지 않는다면 곧 무상정등보리를 증득하며, 이와 같이 나아가, 일체지를 취하지 않는다면 곧 무상정등보리를 증득하고, 도상지와 일체상지를 취하지 않는다면 곧 무상정등보리를 증득합니다.

그대들 선남자들이여. 매우 깊은 반야바라밀다를 수행하는 때에 색에서 탐애(貪愛)가 생겨나지 않아야 하고(勿), 수·상·행·식에서 탐애가 생겨나지 않아야 합니다. 그 까닭은 무엇인가? 색, 나아가 식은 탐애할 것이 아닙니다. 왜 그러한가? 일체법으로써 자성(自性)은 공(空)한 까닭입니다. 안처에서 탐애가 생겨나지 않아야 하고, 이·비·설·신·의처에서 탐애가 생겨나지 않아야 합니다. 그 까닭은 무엇인가? 안처, 나아가 의처는 탐애할 것이 아닙니다. 왜 그러한가? 일체법으로써 자성이 공한 까닭입니다.

색처에서 탐애가 생겨나지 않아야 하고, 성·향·미·촉·법처에서 탐애가 생겨나지 않아야 합니다. 그 까닭은 무엇인가? 색처, 나아가 법처는 탐애할 것이 아닙니다. 왜 그러한가? 일체법으로써 자성이 공한 까닭입니다. 안계에서 탐애가 생겨나지 않아야 하고, 이·비·설·신·의계에서 탐애가 생겨나지 않아야 합니다. 그 까닭은 무엇인가? 안계, 나아가 의계는 탐애할 것이 아닙니다. 왜 그러한가? 일체법으로써 자성이 공한 까닭입니다.

색계에서 탐애가 생겨나지 않아야 하고, 성·향·미·촉·법계에서 탐애가 생겨나지 않아야 합니다. 그 까닭은 무엇인가? 색계, 나아가 의계는 탐애할 것이 아닙니다. 왜 그러한가? 일체법으로써 자성이 공한 까닭입니다. 안식계에서 탐애가 생겨나지 않아야 하고, 이·비·설·신·의식계에서 탐애가 생겨나지 않아야 합니다. 그 까닭은 무엇인가? 안식계, 나아가 의식계는 탐애할 것이 아닙니다. 왜 그러한가? 일체법으로써 자성이 공한 까닭입니다.

안촉에서 탐애가 생겨나지 않아야 하고, 이·비·설·신·의촉에서 탐애가 생겨나지 않아야 합니다. 그 까닭은 무엇인가? 안촉, 나아가 의촉은 탐애할 것이 아닙니다. 왜 그러한가? 일체법으로써 자성이 공한 까닭입니다. 안촉을 인연으로 생겨난 여러 수에서 탐애가 생겨나지 않아야 하고, 이·비·설·신·의촉을 인연으로 생겨난 여러 수에서 탐애가 생겨나지 않아야 합니다. 그 까닭은 무엇인가? 안촉, 나아가 의촉은 탐애할 것이 아닙니다. 왜 그러한가? 일체법으로써 자성이 공한 까닭입니다.

보시바라밀다에서 탐애가 생겨나지 않아야 하고, 정계·안인·정진·정려·반야바라밀다에서 탐애가 생겨나지 않아야 합니다. 그 까닭은 무엇인가? 보시바라밀다, 나아가 반야바라밀다는 탐애할 것이 아닙니다. 왜 그러한가? 일체법으로써 자성이 공한 까닭입니다. 내공에서 탐애가 생겨나지 않아야 하고, 외공·내외공·공공·대공·승의공·유위공·무위공·필경공·무제공·산공·무변이공·본성공·자상공·공상공·일체법공·불가득공·무성공·자성공·무성자성공에서 탐애가 생겨나지 않아야 합니다. 그 까닭은 무엇인가? 내공, 나아가 무성자성공은 탐애할 것이 아닙니다. 왜 그러한가? 일체법으로써 자성이 공한 까닭입니다.

진여에서 탐애가 생겨나지 않아야 하고, 법계·법성·불허망성·불변이성·평등성·이생성·법정·법주·실제·허공계·부사의계에서 탐애가 생겨나지 않아야 합니다. 그 까닭은 무엇인가? 진 나아가 부사의계는 탐애할 것이 아닙니다. 왜 그러한가? 일체법으로써 자성이 공한 까닭입니다. 고성제에서 탐애가 생겨나지 않아야 하고, 집·멸·도성제에서 탐애가 생겨나지 않아야 합니다. 그 까닭은 무엇인가? 고성제, 나아가 도성제는 탐애할 것이 아닙니다. 왜 그러한가? 일체법으로써 자성이 공한 까닭입니다.
 4정려에서 탐애가 생겨나지 않아야 하고, 4무량·4무색정에서 탐애가 생겨나지 않아야 합니다. 그 까닭은 무엇인가? 4정려·4무량·4무색정은 탐애할 것이 아닙니다. 왜 그러한가? 일체법으로써 자성이 공한 까닭입니다. 8해탈에서 탐애가 생겨나지 않아야 하고, 8승처·9차제정·10변처에서 탐애가 생겨나지 않아야 합니다. 그 까닭은 무엇인가? 8해탈, 나아가 10변처는 탐애할 것이 아닙니다. 왜 그러한가? 일체법으로써 자성이 공한 까닭입니다.
 4념주에서 탐애가 생겨나지 않아야 하고, 4정단·4신족·5근·5력·7등각지·8성도지에서 탐애가 생겨나지 않아야 합니다. 그 까닭은 무엇인가? 4념주, 나아가 8성도지는 탐애할 것이 아닙니다. 왜 그러한가? 일체법으로써 자성이 공한 까닭입니다. 공해탈문에서 탐애가 생겨나지 않아야 하고, 무상·무원해탈문에서 탐애가 생겨나지 않아야 합니다. 그 까닭은 무엇인가? 공·무상·무원해탈문은 탐애할 것이 아닙니다. 왜 그러한가? 일체법으로써 자성이 공한 까닭입니다.
 5안에서 탐애가 생겨나지 않아야 하고, 6신통에서 탐애가 생겨나지 않아야 합니다. 그 까닭은 무엇인가? 5안과 6신통은 탐애할 것이 아닙니다. 왜 그러한가? 일체법으로써 자성이 공한 까닭입니다. 여래의 10력에서 탐애가 생겨나지 않아야 하고, 4무소외·4무애해·대자·대비·대희·대사·18불불공법에서 탐애가 생겨나지 않아야 합니다. 그 까닭은 무엇인가? 여래의 10력, 나아가 18불불공법은 탐애할 것이 아닙니다. 왜 그러한가? 일체법으로써 자성이 공한 까닭입니다.
 32대사상에서 탐애가 생겨나지 않아야 하고, 80수호에서 탐애가 생겨나지 않아야 합니다. 그 까닭은 무엇인가? 32대사상과 80수호는 탐애할 것이 아닙니다. 왜 그러한가? 일체법으로써 자성이 공한 까닭입니다. 무망실법에서 탐애가 생겨나지 않아야 하고, 항주사성에서 탐애가 생겨나지 않아야 합니다. 그 까닭은 무엇인가? 무망실법과 항주사성은 탐애할 것이 아닙니다. 왜 그러한가? 일체법으로써 자성이 공한 까닭입니다.
 다라니문에서 탐애가 생겨나지 않아야 하고, 삼마지문에서 탐애가 생겨나지 않아야 합니다. 그 까닭은 무엇인가? 다라니문과 삼마지문은 탐애할 것이 아닙니다. 왜 그러한가? 일체법으로써 자성이 공한 까닭입니다. 일체지에서 탐애가 생겨나지 않아야 하고, 도상지와 일체상지에서 탐애가 생겨나지 않아야 합니다. 그 까닭은 무엇인가? 일체지·도상지·일체상지는 탐애할 것이 아닙니다. 왜 그러한가? 일체법으로써 자성이 공한 까닭입니다.
 예류과에서 탐애가 생겨나지 않아야 하고, 일래·불환·아라한과와 독각의 보리에서 탐애가 생겨나지 않아야 합니다. 그 까닭은 무엇인가? 예류과, 나아가 독각의 보리는 탐애할 것이 아닙니다. 왜 그러한가? 일체법으로써 자성이 공한 까닭입니다. 일체의 보살마하살의 행에서 탐애가 생겨나지 않아야 하고, 제불의 무상정등보리에서 탐애가 생겨나지 않아야 합니다. 그 까닭은 무엇인가? 일체의 보살마하살의 행과 제불의 무상정등보리는 탐애할 것이 아닙니다. 왜 그러한가? 일체법으로써 자성이 공한 까닭입니다."

 그때 구수 선현이 세존께 아뢰어 말하였다.
 "세존이시여. 제보살마하살은 어려운 일을 위하여 일체법의 자성이 공한 가운데에서 무상정등보리를 희구(希求)하시고 무상정등보리를 증득하고자 하십니다."
 세존께서 선현에게 말씀하셨다.
 "그와 같으니라. 그와 같으니라. 그대가 말한 것과 같으니라. 제보살마하살은 능히 어려운 일을 위하여 자성이 공한 가운데에서 무상정등보리를 희구하시고 무상정등보리를 증득하고자 하느니라. 선현이여. 제보살마하살은 비록 일체법이 환영과 같고 꿈과 같으며 메아리와 같고 형상과 같으며 그림자와 같고 아지랑이와 같으며 변화한 일과 같고 심향성(尋香城)과 같으며 자성이 모두 공하다고 통달하였더라도, 세간에 의취와 이익을 얻게 하기 위한 까닭으로 무상정등보리를 일으켜서 나아가고, 세간을 요익(饒益)되게 하기 위한 까닭으로 무상정등보리를 일으켜서 나아가며,

　세간에 안락을 얻게 하기 위한 까닭으로 무상정등보리를 일으켜서 나아가고, 세간을 발제(拔濟)하기 위한 까닭으로 무상정등보리를 일으켜서 나아가며, 세간에 귀의처를 지어주기 위한 까닭으로 무상정등보리를 일으켜서 나아가고, 세간에 주택(舍宅)을 지어주기 위한 까닭으로 무상정등보리를 일으켜서 나아가며, 세간에 구경도(究竟道)를 보여주기 위한 까닭으로 무상정등보리를 일으켜서 나아가고, 세간에 주저(洲渚)를 지어주기 위한 까닭으로 무상정등보리를 일으켜서 나아가며, 세간에 해와 달을 지어주기 위한 까닭으로 무상정등보리를 일으켜서 나아가고,

　세간에 등불을 지어주기 위한 까닭으로 무상정등보리를 일으켜서 나아가며, 세간에 인도자(導師)를 지어주기 위한 까닭으로 무상정등보리를 일으켜서 나아가고, 세간에 장수(將師)를 지어주기 위한 까닭으로 무상정등보리를 일으켜서 나아가며, 세간의 나아갈 처소를 지어주기 위한 까닭으로 무상정등보리를 일으켜서 나아가고, 세간에 생사의 고통을 불쌍히 생각하는 까닭으로 무상정등보리를 일으켜서 나아가느니라.

　선현이여. 어찌하여 보살마하살이 여러 세간에 의취와 이익을 얻게 하기 위한 까닭으로 무상정등보리를 일으켜서 나아간다고 말하는가? 선현이여. 제보살마하살들이 일체의 유정들이 여러 고뇌(苦惱)하는 일을 해탈시키기 위한 까닭으로, 보시·정계·안인·정진·정려·반야바라밀다를 방편으로 수행하는 까닭으로, 무상정등보리를 일으켜서 나아가느니라. 선현이여. 이것이 보살마하살이 여러 세간에 의취와 이익을 얻게 하기 위한 까닭으로 무상정등보리를 일으켜서 나아가는 것이니라.

　선현이여. 어찌하여 보살마하살이 여러 세간을 요익되게 하기 위한 까닭으로 무상정등보리를 일으켜서 나아간다고 말하는가? 선현이여. 제보살마하살들이 스스로가 6바라밀다(六波羅蜜多)에 안주하기 위하여 방편으로 제유정들에게 권유하여 일으키며, 역시 6바라밀다에 안주시키기 위한 까닭으로, 무상정등보리를 일으켜서 나아가느니라. 선현이여.

이것이 보살마하살이 여러 세간을 요익되게 하기 위한 까닭으로 무상정등 보리를 일으켜서 나아가는 것이니라.

선현이여. 어찌하여 보살마하살이 여러 세간에 안락을 얻게 하기 위한 까닭으로 무상정등보리를 일으켜서 나아간다고 말하는가? 선현이여. 제보살마하살들이 스스로가 십선업도(十善業道)에 안주하기 위하여 방편으로 제유정들에게 권유하여 일으키며, 역시 십선업도에 안주시키기 위한 까닭으로, 무상정등보리를 일으켜서 나아가느니라. 선현이여. 이것이 보살마하살이 여러 세간에 안락을 얻게 하기 위한 까닭으로 무상정등보리를 일으켜서 나아가는 것이니라.

선현이여. 어찌하여 보살마하살이 여러 세간을 발제하기 위한 까닭으로 무상정등보리를 일으켜서 나아간다고 말하는가? 선현이여. 제보살마하살들이 제유정들이 3악취에 떨어지는 것을 보고서 발제시키기 위하여 선업(善業)을 수행시키며 지극히 청량(淸涼)한 처소에 안은하게 안주시키기 위한 까닭으로, 무상정등보리를 일으켜서 나아가느니라. 선현이여. 이것이 보살마하살이 여러 세간을 발제하기 위한 까닭으로 무상정등보리를 일으켜서 나아가는 것이니라.

선현이여. 어찌하여 보살마하살이 세간에 귀의처를 지어주기 위한 까닭으로 무상정등보리를 일으켜서 나아간다고 말하는가? 선현이여. 제보살마하살들이 유정들을 위하여 유정들에게 의지가 없는 법인 이를테면, 색은 의지가 없고 수·상·행·식도 의지가 없으며, 이와 같이 나아가, 일체지가 의지가 없고, 도상지·일체상지가 의지가 없다고 설하면서 제유정들에게 듣게 시켜서 일체의 생(生)·노(老)·병(病)·사(死)와 수탄고우뇌(愁歎苦憂惱)를 해탈시키고자 하였고, 오히려 이러한 인연으로 무상정등보리를 일으켜서 나아가느니라. 선현이여. 이것이 보살마하살이 여러 세간에 귀의처를 지어주기 위한 까닭으로 무상정등보리를 일으켜서 나아가는 것이니라.

선현이여. 어찌하여 보살마하살이 주택을 지어주기 위한 까닭으로 무상정등보리를 일으켜서 나아간다고 말하는가? 선현이여. 제보살마하살들이 유정들을 위하여 의지처를 지어주고, 더불어 놀람이 없고 두려움이 없는 대열반의 궁전에 이르게 하기 위한 까닭으로, 무상정등보리를 일으켜서 나아가느니라. 선현이여. 이것이 보살마하살이 세간에 여러 주택을 지어주기 위한 까닭으로 무상정등보리를 일으켜서 나아가는 것이니라.

선현이여. 어찌하여 보살마하살이 세간에 구경도를 보여주기 위한 까닭으로 무상정등보리를 일으켜서 나아간다고 말하는가? 선현이여. 제보살마하살들은 제유정들이 도(道)이거나, 도가 아닌 상(相)을 잘 통달하지 못하여 여러 욕망의 길을 유희하는 것을 보고서는 방편으로 법요(法要)를 널리 설하여 그들이 구경도의 상을 명료하게 알게 시키기 위하여 무상정등보리를 일으켜서 나아가느니라. 유정들을 위하여 무슨 법요를 설하고자 하는가? 이를테면, 색은 구경(究竟)이므로 항상 놀람과 두려움이 없고, 수·상·행·식도 구경이므로 항상 놀람과 두려움이 없으며, 이와 같이 나아가, 일체지가 구경이므로 항상 놀람과 두려움이 없고, 도상지와 일체상지가 구경이므로 항상 놀람과 두려움이 없다고 설하느니라.

색의 구경은 나아가서 색이 아니라고 설하고, 수·상·행·식의 구경도 나아가서 수·상·행·식이 아니라고 설하며, 이와 같이 나아가 일체지의 구경은 나아가서 일체지가 아니라고 설하고, 도상지·일체상지의 구경은 나아가서 도상지·일체상지가 아니라고 설하느니라. 선현이여. 이러한 제법에 구경의 상도 같고, 일체법의 상도 역시 이와 같으니라."

구수 선현이 아뢰어 말하였다.

"세존이시여. 일체의 법상(法相)에 구경의 상과 같다면 어찌하여 보살마하살은 일체법에서 상응하게 등각(等覺)을 나타내십니까? 그 까닭은 무엇인가? 세존이시여. 색은 구경의 가운데에서 이와 같은 분별인 이를테면, 이것은 색이라는 것이 있지 않고, 수·상·행·식에 구경의 가운데에서 이와 같은 분별인 이를테면, 이것은 수·상·행·식이라는 것이 있지 않으며, 이와 같이 나아가, 일체지에 구경의 가운데에서 이와 같은 분별인 이를테면, 이것은 일체지라는 것이 있지 않고, 도상지·일체상지에 구경의 가운데에서 이와 같은 분별인 이를테면, 이것은 도상지·일체상지라는 것이 있지 않습니다."
　세존께서 선현에게 말씀하셨다.
　"그와 같으니라. 그와 같으니라. 그대가 말한 것과 같으니라. 색은 구경의 가운데에서 이와 같은 분별인 이를테면, 이것은 색이라는 것이 없고, 수·상·행·식에 구경의 가운데에서 이와 같은 분별인 이를테면, 이것은 수·상·행·식이라는 것이 없으며, 이와 같이 나아가, 일체지에 구경의 가운데에서 이와 같은 분별인 이를테면, 이것은 일체지라는 것이 없고, 도상지·일체상지에 구경의 가운데에서 이와 같은 분별인 이를테면, 이것은 도상지·일체상지라는 것이 없나니, 일체법의 본성(本性)이 공한 까닭이니라.
　선현이여. 이것이 보살마하살의 최고로 지극하게 어려운 일인데 이를테면, 비록 일체법이 모두 적멸(寂滅)한 상이고 매우 깊고 미묘하다고 관찰하였더라도, 마음이 숨기지 않고 침울하지 않으면서 '내가 이 법에서 등각을 나타내어 무상정등보리를 증득하고서 제유정들을 위하여 이와 같은 적멸하고 깊으며 미묘한 법을 널리 설하고 열어서 보여주겠다.'라고 이렇게 생각하면서 말을 지었다면, 선현이여. 이것이 보살마하살이 세간에 구경도를 보여주기 위한 까닭으로 무상정등보리에 일으켜서 나아가는 것이니라.
　선현이여. 어찌하여 보살마하살이 세간에 주저(洲渚)가 되어주기 위한 까닭으로 무상정등보리에 일으켜서 나아간다고 말하는가? 선현이여. 비유한다면 크거나 작은 바다와 강과 연못의 가운데에서 높은 땅에 사람이 기거할 수 있고, 주변에 물이 단절되었다면 주저라고 이름하는 것과 같으니라. 이와 같이 색의 전제(前際)와 후제(後際)가 단절되고, 수·상·행·식의 전제와 후제가 단절되며, 이와 같이 나아가, 일체지의 전제와 후제가 단절되고, 도상지와 일체상지의 전제와 후제가 단절된다면, 오히려 이것은 전제와 후제가 단절되는 까닭으로 일체법도 단절되느니라.
　선현이여. 이러한 일체법에 전제와 후제가 끊어짐은 곧 이것이 적멸이고, 곧 이것이 미묘함이며, 곧 이것이 여실함이나니 이를테면, 공하여 얻을 수 없고, 도가 단절되고 애욕을 끝마쳐서 나머지가 없고, 염오가 영원히 소멸하므로 구경(究竟)에 열반(涅槃)이니라. 선현이여. 제보살마하살이 무상정등보리를 구하면서 증득하였으며, 제유정들을 위하여 이와 같은 적멸하고 매우 깊으며 미묘하고 여실한 법을 널리 설하고 보여주고자 하였다면, 선현이여. 이것이 보살마하살이 세간에 주저가 되어주기 위한 까닭으로 무상정등보리를 일으켜서 나아가는 것이니라.

선현이여. 무엇이 보살마하살이 세간에 해·달·등불이 되어주기 위한 까닭으로 무상정등보리를 일으켜서 나아가는 것인가? 선현이여. 제보살마하살이 유정들에게 6바라밀다와 4의섭사(四依攝事)[1]에 상응(相應)하는 경전의 진실한 의취(義趣)를 널리 설하면서 방편으로 교계하고 인도하며 정근하면서 수학하게 하고, 일체의 무명(無明)의 암흑(黑闇)을 파괴하여 무상정등보리를 일으켜서 나아가게 하고자 하느니라. 선현이여. 이것이 보살마하살이 세간에 해·달·등불이 되어주기 위한 까닭으로 무상정등보리를 일으켜서 나아가는 것이니라.

선현이여. 무엇이 보살마하살이 세간에 인도자와 장수가 되어주기 위한 까닭으로 무상정등보리를 일으켜서 나아가는 것인가? 선현이여. 제보살마하살은 삿된 도에 향하는 유정들이 네 종류에 상응하여 행하지 않을 처소를 벗어나게 하기 위하여 하나의 도를 설하여 정도로 돌아가게 시키기 위한 까닭이고, 잡염인 자는 청정함을 얻게 하기 위한 까닭이며, 근심하고 번뇌하는 자는 환희(歡喜)와 열락(悅樂)을 얻게 하기 위한 까닭이고, 걱정하고 고통스러운 자는 환희와 안락을 얻게 하기 위한 까닭이며, 이치가 아닌 유정들은 이치에 맞는 법을 증득하게 하기 위한 까닭이고, 유전(流轉)하는 유정들은 열반(涅槃)을 증득하게 하기 위한 까닭으로, 무상정등보리를 일으켜서 나아가는 것이니라.

선현이여. 제보살마하살은 무상정등보리를 일으켜서 나아가면서 유정

---

1) 사무량심(四無量心)을 다르게 부르는 말이다.

들을 위하여, '색은 생겨남이 없고 소멸함이 없으며 잡염이 없고 청정함이 없으며, 수·상·행·식은 생겨남이 없고 소멸함이 없으며 잡염이 없고 청정함이 없으며, 안처는 생겨남이 없고 소멸함이 없으며 잡염이 없고 청정함이 없으며, 이·비·설·신·의처는 생겨남이 없고 소멸함이 없으며 잡염이 없고 청정함이 없으며, 색처는 생겨남이 없고 소멸함이 없으며 잡염이 없고 청정함이 없으며, 성·향·미·촉·법처는 생겨남이 없고 소멸함이 없으며 잡염이 없고 청정함이 없으며, 안계는 생겨남이 없고 소멸함이 없으며 잡염이 없고 청정함이 없으며, 이·비·설·신·의계는 생겨남이 없고 소멸함이 없으며 잡염이 없고 청정함이 없으며,

색계는 생겨남이 없고 소멸함이 없으며 잡염이 없고 청정함이 없으며, 성·향·미·촉·법계는 생겨남이 없고 소멸함이 없으며 잡염이 없고 청정함이 없으며, 안식계는 생겨남이 없고 소멸함이 없으며 잡염이 없고 청정함이 없으며, 이·비·설·신·의식계는 생겨남이 없고 소멸함이 없으며 잡염이 없고 청정함이 없으며, 안촉은 생겨남이 없고 소멸함이 없으며 잡염이 없고 청정함이 없으며, 이·비·설·신·의촉은 생겨남이 없고 소멸함이 없으며 잡염이 없고 청정함이 없으며, 안촉을 인연으로 생겨난 여러 수는 생겨남이 없고 소멸함이 없으며 잡염이 없고 청정함이 없으며, 이·비·설·신·의촉을 인연으로 생겨난 여러 수는 생겨남이 없고 소멸함이 없으며 잡염이 없고 청정함이 없으며,

보시바라밀다는 생겨남이 없고 소멸함이 없으며 잡염이 없고 청정함이 없으며, 정계·안인·정진·정려·반야바라밀다는 생겨남이 없고 소멸함이 없으며 잡염이 없고 청정함이 없으며, 내공은 생겨남이 없고 소멸함이 없으며 잡염이 없고 청정함이 없으며, 외공·내외공·공공·대공·승의공·유위공·무위공·필경공·무제공·산공·무변이공·본성공·자상공·공상공·일체법공·불가득공·무성공·자성공·무성자성공은 생겨남이 없고 소멸함이 없으며 잡염이 없고 청정함이 없으며,

진여는 생겨남이 없고 소멸함이 없으며 잡염이 없고 청정함이 없으며, 법계·법성·불허망성·불변이성·평등성·이생성·법정·법주·실제·허공

계·부사의계는 생겨남이 없고 소멸함이 없으며 잡염이 없고 청정함이 없으며, 고성제는 생겨남이 없고 소멸함이 없으며 잡염이 없고 청정함이 없으며, 집·멸·도성제는 생겨남이 없고 소멸함이 없으며 잡염이 없고 청정함이 없으며, 4정려는 생겨남이 없고 소멸함이 없으며 잡염이 없고 청정함이 없으며, 4무량심·4무색정은 생겨남이 없고 소멸함이 없으며 잡염이 없고 청정함이 없으며, 8해탈은 생겨남이 없고 소멸함이 없으며 잡염이 없고 청정함이 없으며, 8승처·9차제정·10변처는 생겨남이 없고 소멸함이 없으며 잡염이 없고 청정함이 없으며,

4념주는 생겨남이 없고 소멸함이 없으며 잡염이 없고 청정함이 없으며, 4정단·4신족·5근·5력·7등각지·8성도지는 생겨남이 없고 소멸함이 없으며 잡염이 없고 청정함이 없으며, 공해탈문은 생겨남이 없고 소멸함이 없으며 잡염이 없고 청정함이 없으며, 무상·무원해탈문은 생겨남이 없고 소멸함이 없으며 잡염이 없고 청정함이 없으며, 정관지(淨觀地)는 생겨남이 없고 소멸함이 없으며 잡염이 없고 청정함이 없으며, 종성지(種性地)·제팔지(第八地)·구견지(具見地)·박지(薄地)·이욕지(離欲地)·이판지(已辦地)·독각지(獨覺地)·보살지(菩薩地)·여래지(如來地)는 생겨남이 없고 소멸함이 없으며 잡염이 없고 청정함이 없으며,

극희지(極喜地)는 생겨남이 없고 소멸함이 없으며 잡염이 없고 청정함이 없으며, 이구지(離垢地)·발광지(發光地)·염혜지(焰慧地)·극난승지(極難勝地)·현전지(現前地)·원행지(遠行地)·부동지(不動地)·선혜지(善慧地)·법운지(法雲地)는 생겨남이 없고 소멸함이 없으며 잡염이 없고 청정함이 없으며, 5안은 생겨남이 없고 소멸함이 없으며 잡염이 없고 청정함이 없으며, 6신통은 생겨남이 없고 소멸함이 없으며 잡염이 없고 청정함이 없으며, 예류과는 생겨남이 없고 소멸함이 없으며 잡염이 없고 청정함이 없으며, 일래·불환·아라한과와 독각의 보리는 생겨남이 없고 소멸함이 없으며 잡염이 없고 청정함이 없으며, 여래의 10력은 생겨남이 없고 소멸함이 없으며 잡염이 없고 청정함이 없으며, 4무소외·4무애해·대자·대비·대희·대사·18불불공법은 생겨남이 없고 소멸함이 없으며 잡염이 없고 청정함이

없으며,
    32대사상은 생겨남이 없고 소멸함이 없으며 잡염이 없고 청정함이 없으며, 80수호는 생겨남이 없고 소멸함이 없으며 잡염이 없고 청정함이 없으며, 무망실법은 생겨남이 없고 소멸함이 없으며 잡염이 없고 청정함이 없으며, 항주사성은 생겨남이 없고 소멸함이 없으며 잡염이 없고 청정함이 없으며, 일체의 다라니문은 생겨남이 없고 소멸함이 없으며 잡염이 없고 청정함이 없으며, 일체의 삼마지문은 생겨남이 없고 소멸함이 없으며 잡염이 없고 청정함이 없으며, 일체지는 생겨남이 없고 소멸함이 없으며 잡염이 없고 청정함이 없으며, 도상지·일체상지는 생겨남이 없고 소멸함이 없으며 잡염이 없고 청정함이 없다.'라고 널리 설하고 열어서 보여주느니라. 선현이여. 이것이 보살마하살이 세간에 인도자와 장수(將師)를 지어주기 위한 까닭으로 무상정등보리를 일으켜서 나아가는 것이니라.

    선현이여. 어찌하여 보살마하살이 세간에 나아갈 처소를 지어주기 위한 까닭으로 무상정등보리를 일으켜서 나아간다고 말하는가? 선현이여. 제보살마하살이 무상정등보리를 간절하게 구하면서 여러 보살마하살의 행을 수행하면서 4섭사(四攝事)로써 일체의 유정들을 섭수하고자 하였는데 이를테면, 보시(布施)·애어(愛語)·이행(利行)·동사(同事) 등이었고, 유정들을 위하여 색은 허공(虛空)으로써 나아갈 곳으로 삼고, 수·상·행·식도 역시 허공으로써 나아갈 곳으로 삼으며, 이와 같이 나아가 일체지도 허공으로써 나아갈 곳으로 삼고, 도상지·일체상지도 역시 허공으로써 나아갈 곳으로 삼는다고 널리 설하고 열어서 보여주고자 하였고,
    유정들을 위하여 미래의 색이 공으로 나아가는 까닭으로 따라서 오는 곳이 없고, 과거의 색도 공으로 나아가는 까닭으로 이르러 떠나가는 곳이 없으며, 현재의 색도 공으로 나아가는 까닭으로 역시 머무르는 곳이 없고, 미래의 수·상·행·식이 공으로 나아가는 까닭으로 따라서 오는 곳이 없고, 과거의 수·상·행·식도 공으로 나아가는 까닭으로 이르러 떠나가는 곳이 없으며, 현재의 수·상·행·식도 공으로 나아가는 까닭으로 역시 머무르는

곳이 없다고 널리 설하고 열어서 보여주고자 하였으며,

이와 같이 나아가, 미래의 일체지가 공으로 나아가는 까닭으로 따라서 오는 곳이 없고, 과거의 일체지도 공으로 나아가는 까닭으로 이르러 떠나가는 곳이 없으며, 현재의 일체지도 공으로 나아가는 까닭으로 역시 머무르는 곳이 없고, 미래의 도상지·일체상지가 공으로 나아가는 까닭으로 따라서 오는 곳이 없고, 과거의 도상지·일체상지도 공으로 나아가는 까닭으로 이르러 떠나가는 곳이 없으며, 현재의 도상지·일체상지도 공으로 나아가는 까닭으로 역시 머무르는 곳이 없다고 널리 설하고 열어서 보여주고자 하였으며, 유정들을 위하여 널리 설하면서 열어서 보여주었더라도, 색은 나아가는 것도 아니고 나아가지 않는 것도 아니니라. 왜 그러한가? 색으로써 성품은 공하고, 공한 가운데에서는 나아감이 없고 나아가지 않음도 없는 까닭이니라.

수·상·행·식도 역시 나아감이 없고 나아가지 않음도 없느니라. 왜 그러한가? 수·상·행·식으로써 성품은 공하고, 공한 가운데에서는 나아감이 없고 나아가지 않음도 없는 까닭이니라. 이와 같이 나아가, 일체지는 나아감이 없고 나아가지 않음도 없느니라. 왜 그러한가? 일체지로써 성품은 공하고, 공한 가운데에서는 나아감이 없고 나아가지 않음도 없는 까닭이니라. 도상지·일체상지도 역시 나아감이 없고 나아가지 않음도 없느니라. 왜 그러한가? 도상지·일체상지로써 성품은 공하고, 공한 가운데에서는 나아감이 없고 나아가지 않음도 없는 까닭이니라. 선현이여. 이것이 보살마하살이 세간에 나아갈 곳이 되어주기 위한 까닭으로 무상정등보리를 일으켜서 나아가는 것이니라."

마하반야바라밀다경 제446권

50. 초업품(初業品)(2)

"그 까닭은 무엇인가? 선현이여. 일체법은 모두가 공(空)·무상(無相)·무원(無願)으로써 나아가는 것을 삼나니, 제보살마하살은 이와 같은 것을 초월(超越)하지 못하느니라. 왜 그러한가? 공·무상·무원의 가운데에서는 나아가는 것과 나아가지 않는 것을 얻을 수 없는 까닭이니라. 선현이여. 일체법은 모두가 일어남이 없고 짓는 것이 없는 것으로써 나아가는 것을 삼나니, 제보살마하살은 이와 같은 것을 초월하지 못하느니라. 왜 그러한가? 일어남이 없고 짓는 것이 없는 가운데에서는 나아가는 것과 나아가지 않는 것을 얻을 수 없는 까닭이니라.

선현이여. 일체법은 모두가 생겨남이 없고 소멸함이 없는 것으로써 나아가는 것을 삼나니, 제보살마하살은 이와 같은 것을 초월하지 못하느니라. 왜 그러한가? 생겨남이 없고 소멸함이 없는 가운데에서는 나아가는 것과 나아가지 않는 것을 얻을 수 없는 까닭이니라. 선현이여. 일체법은 모두가 염오가 없고 청정함이 없는 것으로써 나아가는 것을 삼나니, 제보살마하살은 이와 같은 것을 초월하지 못하느니라. 왜 그러한가? 염오가 없고 청정함이 없는 가운데에서는 나아가는 것과 나아가지 않는 것을 얻을 수 없는 까닭이니라.

선현이여. 일체법은 모두가 무소유(無所有)로써 나아가는 것을 삼나니, 제보살마하살은 이와 같은 것을 초월하지 못하느니라. 왜 그러한가? 무소유의 가운데에서는 나아가는 것과 나아가지 않는 것을 얻을 수 없는 까닭이니라. 선현이여. 일체법은 모두가 환영·꿈·메아리·형상·그림자·아지랑이·변화한 일·심향성으로써 나아가는 것을 삼나니, 제보살마하살은 이와 같은 것을 초월하지 못하느니라. 왜 그러한가? 환영·꿈·메아리·형상·그림자·아지랑이·변화한 일·심향성의 가운데에서는 나아가는 것과 나아가지 않는 것을 얻을 수 없는 까닭이니라.

선현이여. 일체법은 모두가 무량(無量)과 무변(無邊)으로써 나아가는 것을 삼나니, 제보살마하살은 이와 같은 것을 초월하지 못하느니라. 왜 그러한가? 무량과 무변의 가운데에서는 나아가는 것과 나아가지 않는 것을 얻을 수 없는 까닭이니라. 선현이여. 일체법은 모두가 주지 않고 취하지 않는 것으로써 나아가는 것을 삼나니, 제보살마하살은 이와 같은 것을 초월하지 못하느니라. 왜 그러한가? 주지 않고 취하지 않는 가운데에서는 나아가는 것과 나아가지 않는 것을 얻을 수 없는 까닭이니라.

선현이여. 일체법은 모두가 높이지 않고(不擧) 낮추지 않는(不下) 것으로써 나아가는 것을 삼나니, 제보살마하살은 이와 같은 것을 초월하지 못하느니라. 왜 그러한가? 높이지 않고 낮추지 않는 가운데에서는 나아가는 것과 나아가지 않는 것을 얻을 수 없는 까닭이니라. 선현이여. 일체법은 모두가 떠나가는 것이 없고 돌아오는 것이 없는 것으로써 나아가는 것을 삼나니, 보살마하살은 이와 같은 것을 초월하지 못하느니라. 왜 그러한가? 떠나감이 없고 돌아옴이 없는 가운데에서는 나아가는 것과 나아가지 않는 것을 얻을 수 없는 까닭이니라.

선현이여. 일체법은 모두가 증장함이 없고 감소함이 없는 것으로써 나아가는 것을 삼나니, 제보살마하살은 이와 같은 것을 초월하지 못하느니라. 왜 그러한가? 증장함이 없고 감소함이 없는 가운데에서는 나아가는 것과 나아가지 않는 것을 얻을 수 없는 까닭이니라. 선현이여. 일체법은 모두가 들어가는 것이 없고 나오는 것이 없는 것으로써 나아가는 것을 삼나니, 보살마하살은 이와 같은 것을 초월하지 못하느니라. 왜 그러한가? 들어가는 것이 없고 나오는 것의 가운데에서는 나아가는 것과 나아가지 않는 것을 얻을 수 없는 까닭이니라.

선현이여. 일체법은 모두가 모이지 않고 흩어지지 않는 것으로써 나아가는 것을 삼나니, 제보살마하살은 이와 같은 것을 초월하지 못하느니라. 왜 그러한가? 모이지 않고 흩어지지 않는 가운데에서는 나아가는 것과 나아가지 않는 것을 얻을 수 없는 까닭이니라. 선현이여. 일체법은 모두가 합쳐지지 않고 떠나가지 않는 것으로써 나아가는 것을 삼나니, 보살마하살은 이와 같은 것을 초월하지 못하느니라. 왜 그러한가? 합쳐지지 않고 떠나가지 않는 것의 가운데에서는 나아가는 것과 나아가지 않는 것을 얻을 수 없는 까닭이니라.

선현이여. 일체법은 모두가 아(我)·유정(有情)·명자(命者)·생자(生者)·양자(養者)·사부(士夫)·보특가라(補特伽羅)·의생(意生)·유동(孺童)·작자(作者)·사작자(使作者)·기자(起者)·사기자(使起者)·수자(受者)·사수자(使受者)·지자(知者)·견자(見者)로써 나아가는 것을 삼나니, 제보살마하살은 이와 같은 것을 초월하지 못하느니라. 왜 그러한가? 아, 나아가 견자도 오히려 결국에는 무소유이고 얻을 수 없는데, 하물며 나아가는 것과 나아가지 않는 것을 얻을 수 있겠는가?

선현이여. 일체법은 모두가 무아(無我)·무유정(無有情)·무명자(無命者)·무생자(無生者)·무양자(無養者)·무사부(無士夫)·무보특가라(無補特伽羅)·무의생(無意生)·무유동(無孺童)·무작자(無作者)·무사작자(無使作者)·무기자(無起者)·무사기자(無使起者)·무수자(無受者)·무사수자(無使受者)·무지자(無知者)·무견자(無見者)로써 나아가는 것을 삼나니, 제보살마하살은 이와 같은 것을 초월하지 못하느니라. 왜 그러한가? 무아, 나아가 무견자도 오히려 결국에는 무소유이고 얻을 수 없는데, 하물며 나아가는 것과 나아가지 않는 것을 얻을 수 있겠는가?

선현이여. 일체법은 모두가 항상함(常)·즐거움(樂)·나(我)·청정함(淨)으로써 나아가는 것을 삼나니, 제보살마하살은 이와 같은 것을 초월하지 못하느니라. 왜 그러한가? 항상함·즐거움·나·청정함도 오히려 결국에는 무소유이고 얻을 수 없는데, 하물며 나아가는 것과 나아가지 않는 것을 얻을 수 있겠는가? 선현이여. 일체법은 모두가 무상함(無常)·괴로움(無樂)

·무아(無我)·청정함이 없는 것으로써 나아가는 것을 삼나니, 제보살마하살은 이와 같은 것을 초월하지 못하느니라. 왜 그러한가? 무상함·괴로움·무아·청정함이 없는 것도 오히려 결국에는 무소유이고 얻을 수 없는데, 하물며 나아가는 것과 나아가지 않는 것을 얻을 수 있겠는가?

선현이여. 일체법은 모두가 탐내고 성내고 어리석은 일로써 나아가는 것을 삼나니, 제보살마하살은 이와 같은 것을 초월하지 못하느니라. 왜 그러한가? 탐내고 성내고 어리석은 일도 오히려 결국에는 무소유이고 얻을 수 없는데, 하물며 나아가는 것과 나아가지 않는 것을 얻을 수 있겠는가? 선현이여. 일체법은 모두가 여러 견해로써 나아가는 것을 삼나니, 제보살마하살은 이와 같은 것을 초월하지 못하느니라. 왜 그러한가? 여러 견해도 오히려 결국에는 무소유이고 얻을 수 없는데, 하물며 나아가는 것과 나아가지 않는 것을 얻을 수 있겠는가?

선현이여. 일체법은 모두가 진여(眞如)·법계(法界)·법성(法性)·불허망성(不虛妄性)·불변이성(不變異性)·평등성(平等性)·이생성(離生性)·법정(法定)·법주(法住)·실제(實際)·허공계(虛空界)·부사의계(不思議界)로써 나아가는 것을 삼나니, 제보살마하살은 이와 같은 것을 초월하지 못하느니라. 왜 그러한가? 진여, 나아가 부사의계도 오히려 결국에는 무소유이고 얻을 수 없는데, 하물며 나아가는 것과 나아가지 않는 것을 얻을 수 있겠는가? 선현이여. 일체법은 모두가 부동(不動)으로써 나아가는 것을 삼나니, 제보살마하살은 이와 같은 것을 초월하지 못하느니라. 왜 그러한가? 부동의 성품도 오히려 결국에는 무소유이고 얻을 수 없는데, 하물며 나아가는 것과 나아가지 않는 것을 얻을 수 있겠는가?

선현이여. 일체법은 모두가 색·수·상·행·식으로써 나아가는 것을 삼나니, 제보살마하살은 이와 같은 것을 초월하지 못하느니라. 왜 그러한가? 색, 나아가 식도 오히려 결국에는 무소유이고 얻을 수 없는데, 하물며 나아가는 것과 나아가지 않는 것을 얻을 수 있겠는가? 선현이여. 일체법은 모두가 안·이·비·설·신·의처로써 나아가는 것을 삼나니, 제보살마하살은 이와 같은 것을 초월하지 못하느니라. 왜 그러한가? 안처, 나아가 의처도 오히려 결국에는 무소유이고 얻을 수 없는데, 하물며 나아가는 것과 나아가지 않는 것을 얻을 수 있겠는가?

선현이여. 일체법은 모두가 색·성·향·미·촉·법처로써 나아가는 것을 삼나니, 제보살마하살은 이와 같은 것을 초월하지 못하느니라. 왜 그러한가? 색처, 나아가 법처도 오히려 결국에는 무소유이고 얻을 수 없는데, 하물며 나아가는 것과 나아가지 않는 것을 얻을 수 있겠는가? 선현이여. 일체법은 모두가 안·이·비·설·신·의계로써 나아가는 것을 삼나니, 제보살마하살은 이와 같은 것을 초월하지 못하느니라. 왜 그러한가? 안계, 나아가 의계도 오히려 결국에는 무소유이고 얻을 수 없는데, 하물며 나아가는 것과 나아가지 않는 것을 얻을 수 있겠는가?

선현이여. 일체법은 모두가 색·성·향·미·촉·법계로써 나아가는 것을 삼나니, 제보살마하살은 이와 같은 것을 초월하지 못하느니라. 왜 그러한가? 색계, 나아가 법계도 오히려 결국에는 무소유이고 얻을 수 없는데, 하물며 나아가는 것과 나아가지 않는 것을 얻을 수 있겠는가? 선현이여. 일체법은 모두가 안·이·비·설·신·의식계로써 나아가는 것을 삼나니, 제보살마하살은 이와 같은 것을 초월하지 못하느니라. 왜 그러한가? 안식계, 나아가 의식계도 오히려 결국에는 무소유이고 얻을 수 없는데, 하물며 나아가는 것과 나아가지 않는 것을 얻을 수 있겠는가?

선현이여. 일체법은 모두가 안·이·비·설·신·의촉으로써 나아가는 것을 삼나니, 제보살마하살은 이와 같은 것을 초월하지 못하느니라. 왜 그러한가? 안촉, 나아가 의촉도 오히려 결국에는 무소유이고 얻을 수 없는데, 하물며 나아가는 것과 나아가지 않는 것을 얻을 수 있겠는가? 선현이여. 일체법은 모두가 안·이·비·설·신·의촉을 인연으로 생겨난 여러 수로써 나아가는 것을 삼나니, 제보살마하살은 이와 같은 것을 초월하지 못하느니라. 왜 그러한가? 안촉을 인연으로 생겨난 여러 수, 나아가 의촉을 인연으로 생겨난 여러 수도 오히려 결국에는 무소유이고 얻을 수 없는데, 하물며 나아가는 것과 나아가지 않는 것을 얻을 수 있겠는가?

선현이여. 일체법은 모두가 보시·정계·안인·정진·정려·반야바라밀다로써 나아가는 것을 삼나니, 제보살마하살은 이와 같은 것을 초월하지 못하느니라. 왜 그러한가? 4념주, 나아가 8성도지도 오히려 결국에는 무소유이고 얻을 수 없는데, 하물며 나아가는 것과 나아가지 않는 것을 얻을 수 있겠는가? 선현이여. 일체법은 모두가 내공·외공·내외공·공공·대공·승의공·유위공·무위공·필경공·무제공·산공·무변이공·본성공·자상공·공상공·일체법공·불가득공·무성공·자성공·무성자성공으로써 나아가는 것을 삼나니, 제보살마하살은 이와 같은 것을 초월하지 못하느니라. 왜 그러한가? 내공, 나아가 무성자성공도 오히려 결국에는 무소유이고 얻을 수 없는데, 하물며 나아가는 것과 나아가지 않는 것을 얻을 수 있겠는가?

선현이여. 일체법은 모두가 4념주·4정단·4신족·5근·5력·7등각지·8성도지로써 나아가는 것을 삼나니, 제보살마하살은 이와 같은 것을 초월하지 못하느니라. 왜 그러한가? 4념주, 나아가 8성도지도 오히려 결국에는 무소유이고 얻을 수 없는데, 하물며 나아가는 것과 나아가지 않는 것을 얻을 수 있겠는가? 선현이여. 일체법은 모두가 고·집·멸·도성제로써 나아가는 것을 삼나니, 제보살마하살은 이와 같은 것을 초월하지 못하느니라. 왜 그러한가? 고·집·멸·도성제도 오히려 결국에는 무소유이고 얻을 수 없는데, 하물며 나아가는 것과 나아가지 않는 것을 얻을 수 있겠는가?

선현이여. 일체법은 모두가 4정려·4무량·4무색정으로써 나아가는 것을 삼나니, 제보살마하살은 이와 같은 것을 초월하지 못하느니라. 왜 그러한가? 4정려·4무량·4무색정도 오히려 결국에는 무소유이고 얻을 수 없는데, 하물며 나아가는 것과 나아가지 않는 것을 얻을 수 있겠는가? 선현이여. 일체법은 모두가 8해탈·8승처·9차제정·10변처로써 나아가는 것을 삼나니, 제보살마하살은 이와 같은 것을 초월하지 못하느니라. 왜 그러한가? 8해탈, 나아가 10변처도 오히려 결국에는 무소유이고 얻을 수 없는데, 하물며 나아가는 것과 나아가지 않는 것을 얻을 수 있겠는가?

선현이여, 일체법은 모두가 공·무상·무원해탈문으로써 나아가는 것을 삼나니, 제보살마하살은 이와 같은 것을 초월하지 못하느니라. 왜 그러한가? 모두가 공·무상·무원해탈문도 오히려 결국에는 무소유이고 얻을 수 없는데, 하물며 나아가는 것과 나아가지 않는 것을 얻을 수 있겠는가? 선현이여, 일체법은 모두가 3승과 보살의 10지로써 나아가는 것을 삼나니, 제보살마하살은 이와 같은 것을 초월하지 못하느니라. 왜 그러한가? 3승과 보살의 10지도 오히려 결국에는 무소유이고 얻을 수 없는데, 하물며 나아가는 것과 나아가지 않는 것을 얻을 수 있겠는가?

선현이여, 일체법은 모두가 5안·6신통으로써 나아가는 것을 삼나니, 제보살마하살은 이와 같은 것을 초월하지 못하느니라. 왜 그러한가? 모두가 5안·6신통도 오히려 결국에는 무소유이고 얻을 수 없는데, 하물며 나아가는 것과 나아가지 않는 것을 얻을 수 있겠는가? 선현이여, 일체법은 모두가 다라니문·삼마지문으로써 나아가는 것을 삼나니, 제보살마하살은 이와 같은 것을 초월하지 못하느니라. 왜 그러한가? 다라니문·삼마지문도 오히려 결국에는 무소유이고 얻을 수 없는데, 하물며 나아가는 것과 나아가지 않는 것을 얻을 수 있겠는가?

선현이여, 일체법은 모두가 여래의 10력·4무소외·4무애해·대자·대비·대희·대사·18불불공법으로써 나아가는 것을 삼나니, 제보살마하살은 이와 같은 것을 초월하지 못하느니라. 왜 그러한가? 모두가 여래의 10력, 나아가 18불불공법도 오히려 결국에는 무소유이고 얻을 수 없는데, 하물며 나아가는 것과 나아가지 않는 것을 얻을 수 있겠는가? 선현이여, 일체법은 모두가 32대사상·80수호로써 나아가는 것을 삼나니, 제보살마하살은 이와 같은 것을 초월하지 못하느니라. 왜 그러한가? 32대사상·80수호도 오히려 결국에는 무소유이고 얻을 수 없는데, 하물며 나아가는 것과 나아가지 않는 것을 얻을 수 있겠는가?

선현이여, 일체법은 모두가 무망실법·항주사성으로써 나아가는 것을 삼나니, 제보살마하살은 이와 같은 것을 초월하지 못하느니라. 왜 그러한가? 모두가 무망실법·항주사성도 오히려 결국에는 무소유이고 얻을 수 없는데, 하물며 나아가는 것과 나아가지 않는 것을 얻을 수 있겠는가? 선현이여. 일체법은 모두가 일체지·도상지·일체상지로써 나아가는 것을 삼나니, 제보살마하살은 이와 같은 것을 초월하지 못하느니라. 왜 그러한가? 일체지·도상지·일체상지도 오히려 결국에는 무소유이고 얻을 수 없는데, 하물며 나아가는 것과 나아가지 않는 것을 얻을 수 있겠는가?

선현이여. 일체법은 모두가 예류·일래·불환·아라한과와 독각의 보리로써 나아가는 것을 삼나니, 제보살마하살은 이와 같은 것을 초월하지 못하느니라. 왜 그러한가? 모두가 예류, 나아가 독각의 보리도 오히려 결국에는 무소유이고 얻을 수 없는데, 하물며 나아가는 것과 나아가지 않는 것을 얻을 수 있겠는가? 선현이여. 일체법은 모두가 일체 보살마하살의 행과 제불의 무상정등보리로써 나아가는 것을 삼나니, 제보살마하살은 이와 같은 것을 초월하지 못하느니라. 왜 그러한가? 일체 보살마하살의 행과 제불의 무상정등보리도 오히려 결국에는 무소유이고 얻을 수 없는데, 하물며 나아가는 것과 나아가지 않는 것을 얻을 수 있겠는가?

선현이여. 일체법은 모두가 예류·일래·불환·아라한·독각·보살과 여래·응공·정등각으로써 나아가는 것을 삼나니, 제보살마하살은 이와 같은 것을 초월하지 못하느니라. 왜 그러한가? 모두가 예류, 나아가 여래·응공·정등각으로써 오히려 결국에는 무소유이고 얻을 수 없는데, 하물며 나아가는 것과 나아가지 않는 것을 얻을 수 있겠는가? 이와 같이 선현이여. 보살마하살은 세간에 나아갈 것이 되어주기 위하여 무상정등보리를 일으켜서 나아가느니라.

선현이여. 어찌하여 보살마하살이 세간에 생사의 고통을 애민하게 생각하는 까닭에 무상정등보리에 나아간다고 말하는가? 선현이여. 제보살마하살은 무애(無礙)하고 자재(自在)한 신통을 증득하고 유정들에게 생사의 큰 고통을 발제시키면서 무상정등보리를 일으켜서 나아가느니라. 선현이여. 이것을 보살마하살이 세간에 생사의 고통을 애민하게 생각하는 까닭으로 무상정등보리를 일으켜서 나아가느니라."

51. 조복탐등품(調伏貪等品)

그때 구수 선현이 세존께 아뢰어 말하였다.

"세존이시여. 누가 이와 같은 매우 깊은 반야바라밀다에서 청정한 신심이 생겨나고 더불어 수승한 지혜가 생겨납니까?"

세존께서 말씀하셨다.

"선현이여. 만약 보살마하살이 오랫동안 무상정등보리에서 의취(意趣)를 일으키고 나아가면서 구하며, 보시·정계·안인·정진·정려·반야바라밀다를 정근하면서 수습(修習)하였고, 이미 일찍이 백천 구지(俱胝)·나유타(那庾多)의 제불의 처소에서 공양하였으며, 제불께 오랫동안 범행을 수행하였고, 큰 서원을 일으켰으며, 선근(善根)이 성숙되었고, 무량한 선한 벗들에게 섭수되었고 호념(護念)되었다면, 능히 이와 같은 매우 깊은 반야바라밀다에서 청정한 신심이 생겨나고 더불어 수승한 지혜가 생겨나느니라."

구수 선현이 다시 세존께 아뢰어 말하였다.

"세존이시여. 만약 보살마하살이 이와 같은 매우 깊은 반야바라밀다에서 청정한 신심이 생겨나고 더불어 수승한 지혜가 생겨났다면 이 보살마하살의 마음은 무슨 성품이고 무슨 상(相)이며 무슨 형상(狀)이고 무슨 용모(容貌)입니까?"

세존께서 선현에게 알리셨다.

"만약 보살마하살이 능히 이와 같은 매우 깊은 반야바라밀다에서 신심이 생겨나고 더불어 수승한 지혜가 생겨났다면 마음이 탐욕·진에·우치를 조복시킨 것과 더불어 탐욕·진에·우치를 멀리 벗어나는 것으로써 성품을 삼고 상을 삼으며 형상을 삼고 용모를 삼느니라.

다시 다음으로 선현이여. 이 보살마하살의 마음은 탐욕·진에·우치를 조복시킨 것과 더불어 탐욕·진에·우치가 없는 것과, 탐욕·진에·우치를 벗어난 것과 더불어 탐욕·진에·우치가 없는 것으로써 성품을 삼고 상을 삼으며 형상을 삼고 용모를 삼느니라. 선현이여. 보살마하살이 이와 같은 성품·상·형상·용모의 마음을 성취한다면 매우 깊은 반야바라밀다에서 청정한 신심이 생겨나고 더불어 수승한 지혜가 생겨나느니라."

구수 선현이 세존께 아뢰어 말하였다.

"세존이시여. 만약 보살마하살이 이와 같은 매우 깊은 반야바라밀다에서 청정한 신심이 생겨나고 더불어 수승한 지혜가 생겨난다면, 이 보살마하살은 마땅히 무슨 처소로 나아갑니까?"

세존께서 말씀하셨다.

"선현이여. 이 보살마하살은 마땅히 일체지지(一切智智)로 나아가느니라."

구수 선현이 다시 세존께 아뢰어 말하였다.

"세존이시여. 보살마하살이 일체지지로 나아간다면 이 보살마하살은 능히 일체의 유정들에 귀의하면서 나아가는 것이 되는 것입니다."

세존께서 말씀하셨다.

"선현이여. 그와 같으니라. 그와 같으니라. 그대가 말한 것과 같으니라. 만약 보살마하살이 이와 같은 매우 깊은 반야바라밀다에서 청정한 신심이 생겨나고 더불어 수승한 지혜가 생겨난다면, 이 보살마하살은 곧 능히 일체지지로 향하여 나아갈 것이고, 만약 일체지지로 향하여 나아간다면, 이것은 곧 일체의 유정들에게 귀의하면서 나아가는 것이 되느니라."

선현이 다시 세존께 아뢰어 말하였다.

"세존이시여. 이 보살마하살은 능히 어려운 일을 하는데 이를테면, 이와 같이 견고(堅固)한 갑옷(甲冑)을 입고서, '나는 일체의 유정을 헤아려서 해탈(度脫)시키고 모두가 구경열반(究竟涅槃)을 증득하게 하겠다.'라고 하나니, 비록 유정들에게 이와 같은 일을 짓더라도, 유정을 시설(施設)하였다고 모두 보지 않습니다."

세존께서 말씀하셨다.

"선현이여. 그와 같으니라. 그와 같으니라. 그대가 말한 것과 같으니라. 다시 다음으로 선현이여. 이 보살마하살이 입었던 것인 갑옷은 색에

속(屬)하지 않고, 수·상·행·식에도 속하지 않느니라. 왜 그러한가? 색, 나아가 식은 모두가 반드시 결국에는 무소유이므로 보살이 아니고, 갑옷도 아닌 까닭으로 그 갑옷은 색에 속하지 않고 수·상·행·식에도 속하지 않는다고 설하느니라. 이 보살마하살이 입었던 갑옷은 나아가 일체지에 속하지 않고, 도상지·일체상지에도 속하지 않느니라. 왜 그러한가? 일체지·도상지·일체상지는 모두가 반드시 결국에는 무소유이므로 보살이 아니고, 갑옷도 아닌 까닭으로 그 갑옷은 일체지에 속하지 않고 도상지·일체상지에도 속하지 않는다고 설하느니라.

선현이여. 이 보살마하살이 입었던 것인 갑옷은 일체법에 속하지 않느니라. 왜 그러한가? 일체법은 모두가 반드시 결국에는 무소유이므로 보살이 아니고, 갑옷도 아닌 까닭으로 그 갑옷은 일체법에 속하지 않는다고 설하느니라. 선현이여. 이 보살마하살은 이와 같은 매우 깊은 반야바라밀다를 수행하면서 이와 같은 공덕의 갑옷을 입고서, '나는 일체의 유정을 헤아려서 해탈시키고 모두가 구경열반을 증득하게 하겠다.'라고 하느니라."

그때 선현이 세존께 아뢰어 말하였다.

"세존이시여. 만약 보살마하살이 이와 같은 견고한 갑옷을 입고서, '나는 일체의 유정을 헤아려서 해탈시키고 모두가 구경열반을 증득하게 하겠다.'라고 하는 자는, 성문지이거나, 혹은 독각지에 떨어지지 않을 것입니다. 왜 그러한가? 세존이시여. 이 보살마하살은 유정에게 한계(分限)를 안립(安立)시키지 않고서, 이와 같은 견고한 갑옷을 입었습니다."

세존께서 선현에게 알리셨다.

"그대는 무슨 의취를 보았으므로 '보살마하살이 능히 이와 같은 견고한 갑옷을 입었다면 성문지이거나, 혹은 독각지에 떨어지지 않을 것입니다.'라고 이와 같이 말을 지었는가?"

그때 선현이 아뢰어 말하였다.

"세존이시여. 이 보살마하살은 적은 부분의 유정을 헤아려서 해탈시키기 위하여 이와 같은 견고한 갑옷을 입은 것이 아니고 역시 적은 지혜를 구하기 위하여 이와 같은 견고한 갑옷을 입은 것이 아닙니다. 왜 그러한가? 이 보살마하살은 널리 일체의 유정을 발제(拔濟)하여 반열반을 시키기 위하여 이와 같은 견고한 갑옷을 입었고, 다만 일체지지를 구하면서 증득하기 위하여 이와 같은 견고한 갑옷을 입었습니다. 오히려 이러한 인연으로 성문지이거나, 혹은 독각지에 떨어지지 않습니다."

세존께서 선현에게 알리셨다.

"그와 같으니라. 그와 같으니라. 그대가 말한 것과 같으니라."

그때 구수 선현이 세존께 아뢰어 말하였다.

"세존이시여. 이와 같은 반야바라밀다는 최고로 깊게 되므로 능히 수습(修習)하는 자도 없고, 수습하는 법도 없으며, 역시 수습하는 처소도 없고, 역시 이것으로 수습하여 증득하는 것도 없습니다. 왜 그러한가? 세존이시여. 이 반야바라밀다의 매우 깊은 의취의 가운데에서는 적은 부분의 진실한 법도 얻을 것이 있지 않고, 능히 수습하는 자와 수습하는 법이라고 이름할 것도 있지 않으며, 만약 수습할 처소이거나, 만약 오히려 이러한 수습도 있지 않습니다.

세존이시여. 만약 허공을 수습한다면 이것이 반야바라밀다를 수습하는 것이고, 만약 일체법을 수습한다면 이것이 반야바라밀다를 수습하는 것이며, 만약 진실한 법이 아닌 것을 수습한다면 이것이 반야바라밀다를 수습하는 것이고, 만약 무소유를 수습한다면 이것이 반야바라밀다를 수습하는 것이며, 섭수가 없는 것을 수습한다면 이것이 반야바라밀다를 수습하는 것이고, 제거하여 버리는 법을 수습한다면 이것이 반야바라밀다를 수습하는 것입니다."

세존께서 선현에게 말씀하셨다.

"무슨 법을 수습하면서 제거하여 버린다면 이것이 반야바라밀다를 수습하는 것인가?"

구수 선현이 세존께 아뢰어 말하였다.

"세존이시여. 색을 수습하면서 제거하여 버린다면 이것이 반야바라밀다를 수습하는 것이고, 수·상·행·식을 수습하면서 제거하여 버린다면 이것이 반야바라밀다를 수습하는 것이며, 내신(內身)의 6처(六處)를 수습하면서 제거하여 버린다면 이것이 반야바라밀다를 수습하는 것이고, 외신(外身)의 6처를 수습하면서 제거하여 버린다면 이것이 반야바라밀다를 수습하는 것이며, 내신의 6계(六界)를 수습하면서 제거하여 버린다면 이것이 반야바라밀다를 수습하는 것이고, 외신의 6계를 수습하면서 제거하여 버린다면 이것이 반야바라밀다를 수습하는 것이며, 6식계(六識界)를 수습하면서 제거하여 버린다면 이것이 반야바라밀다를 수습하는 것이고,

유정·명자·생자·양자·사부·보특가라·의생·유동·작자·수자·지자·견자를 수습하면서 제거하여 버린다면 이것이 반야바라밀다를 수습하는 것이고, 보시바라밀다를 수습하면서 제거하여 버린다면 이것이 반야바라밀다를 수습하는 것이며, 정계·안인·정진·정려·반야바라밀다를 수습하면서 제거하여 버린다면 이것이 반야바라밀다를 수습하는 것이고, 내공, 나아가 무성자성공을 수습하면서 제거하여 버린다면 이것이 반야바라밀다를 수습하는 것이며, 진여, 나아가 부사의계를 수습하면서 제거하여 버린다면 이것이 반야바라밀다를 수습하는 것이고, 고·집·멸·도성제를 수습하면서 제거하여 버린다면 이것이 반야바라밀다를 수습하는 것이며,

4념주, 나아가 8성도지를 수습하면서 제거하여 버린다면 이것이 반야바라밀다를 수습하는 것이고, 4정려·4무량·4무색정을 수습하면서 제거하여 버린다면 이것이 반야바라밀다를 수습하는 것이며, 8해탈·8승처·9차제정·10변처를 수습하면서 제거하여 버린다면 이것이 반야바라밀다를 수습하는 것이고, 공·무상·무원해탈문을 수습하면서 제거하여 버린다면 이것이 반야바라밀다를 수습하는 것이며, 정관지, 나아가 여래지를 수습하면서 제거하여 버린다면 이것이 반야바라밀다를 수습하는 것이고, 극희지, 나아가 법운지를 수습하면서 제거하여 버린다면 이것이 반야바라밀다를 수습하는 것이며, 5안·6신통을 수습하면서 제거하여 버린다면 이것이 반야바라밀다를 수습하는 것이고,

여래의 10력, 나아가 18불불공법을 수습하면서 제거하여 버린다면

이것이 반야바라밀다를 수습하는 것이며, 32대사상·80수호를 수습하면서 제거하여 버린다면 이것이 반야바라밀다를 수습하는 것이고, 무망실법·항주사성을 수습하면서 제거하여 버린다면 이것이 반야바라밀다를 수습하는 것이며, 다라니문과 삼마지문을 수습하면서 제거하여 버린다면 이것이 반야바라밀다를 수습하는 것이고, 예류과, 나아가 독각의 보리를 수습하면서 제거하여 버린다면 이것이 반야바라밀다를 수습하는 것이며, 일체의 보살마하살의 행과 제불의 무상정등보리를 닦아서 수습하면서 제거하여 버린다면 이것이 반야바라밀다를 수습하는 것이고, 일체지·도상지·일체상지를 수습하면서 제거하여 버린다면 이것이 반야바라밀다를 수습하는 것입니다."

세존께서 선현에게 말씀하셨다.

"그와 같으니라. 그와 같으니라. 그대가 말한 것과 같으니라. 다시 다음으로 선현이여. 상응하여 이와 같은 매우 깊은 반야바라밀다에 의지하여 불퇴전(不退轉)의 보살마하살을 관찰하면서, 만약 보살마하살이 비록 반야바라밀다를 행하였더라도 집착이 없다면 마땅히 이 보살은 불퇴전의 보살마하살이라고 마땅히 알아야 하느니라. 만약 보살마하살이 비록 정려·정진·안인·정계·보시바라밀다를 행하였더라도 집착이 없다면 마땅히 이 보살은 불퇴전의 보살마하살이라고 마땅히 알아야 하느니라.

만약 보살마하살이 비록 내공, 나아가 무성자성공을 행하였더라도 집착이 없다면 마땅히 이 보살은 불퇴전의 보살마하살이라고 알아야 하느니라. 만약 보살마하살이 비록 진여, 나아가 부사의계를 행하였더라도 집착이 없다면 마땅히 이 보살은 불퇴전의 보살마하살이라고 알아야 하느니라. 만약 보살마하살이 비록 고·집·멸·도성제를 행하였더라도 집착이 없다면 마땅히 이 보살은 불퇴전의 보살마하살이라고 알아야 하느니라. 만약 보살마하살이 비록 4념주, 나아가 일체상지를 행하였더라도 집착이 없다면 마땅히 이 보살은 불퇴전의 보살마하살이라고 알아야 하느니라.

다시 다음으로 선현이여. 여러 불퇴전에 있는 보살마하살은 깊은 반야바라밀다를 행하는 때에 다른 말과 다른 교계(敎誡)를 진실로 중요한 것으로써 관찰하지 않고, 다만 다른 자들이 지었던 것이 있다고 믿으며, 탐욕(貪欲)·진에(瞋恚)·우치(愚癡)·교만(憍慢) 등의 법에 그 마음이 염오(染汚)되지 않으며, 역시 그것에게 이끌리는 것이 되지 않느니라. 여러 불퇴전인 보살마하살들은 깊은 반야바라밀다를 행하는 때에 보시반야바라밀다, 나아가 반야바라밀다를 벗어나지 않느니라.

여러 불퇴전의 보살마하살이 깊은 반야바라밀다를 행하는 때에 이와 같은 매우 깊은 반야바라밀다를 듣고서 그 마음이 놀라지 않고 두려워하지 않으며 겁내지 않고 숨기지 않으며 침울하지 않고, 역시 구하였던 것인 무상정등보리에서 물러나서 버리지 않고 깊은 반야바라밀다에서 환희하면서 즐겁게 듣고서 수지하고 독송하며 구경에 통달하고 생각(念)을 계박하여 사유하며 설법과 같이 수행하면서 일찍이 싫어함과 게으름이 없다면, 이와 같은 불퇴전의 보살마하살은 이전의 세상에서 이미 매우 깊은 반야바라밀다에서 소유한 의취를 듣고서 수지하고 독송하며 이치에 맞게 사유하고 정진하면서 수행하면서 마음에 싫어함과 게으름이 없었다고 마땅히 알아야 하느니라.

왜 그러한가? 이 불퇴전의 보살마하살은 이와 같이 매우 깊은 반야바라밀다의 설법을 듣고서 그 마음이 놀라지 않고 두려워하지 않으며 겁내지 않고 숨기지 않으며 침울하지 않고, 역시 구하였던 것인 무상정등보리에서 물러나서 버리지 않고 깊은 반야바라밀다에서 환희하면서 즐겁게 듣고서 수지하고 독송하며 구경에 통달하고 이치에 맞게 사유하며 정진하고 수행하면서 마음에 싫어함과 게으름이 없느니라.”

구수 선현이 세존께 아뢰어 말하였다.

“세존이시여. 만약 보살마하살이 이와 같은 매우 깊은 반야바라밀다의 설법을 듣고서 그 마음이 놀라지 않고 두려워하지 않으며 겁내지 않고 숨기지 않으며 침울하지 않고, 역시 구하였던 것인 무상정등보리에서 물러나서 버리지 않고 깊은 반야바라밀다에서 환희하면서 즐겁게 듣고서 수지하고 독송하며 구경에 통달하고 생각을 계박하여 사유하며 정진하고 수행하면서 마음에 싫어함과 게으름이 없었다면, 이 보살마하살은 어떻게 매우 깊은 반야바라밀다를 수행해야 합니까?"

세존께서 선현에게 알리셨다.

"이 보살마하살은 일체지지에 상속(相續)하고 수순(隨順)하며 나아가면서 향하고 마주하여 들어가고, 상응하여 지으면서 이와 같은 매우 깊은 반야바라밀다를 수행해야 하느니라."

구수 선현이 아뢰어 말하였다.

"세존이시여. 이 보살마하살이 어떻게 일체지지에 상속하고 수순하며 나아가면서 향하고 마주하여 들어가고, 깊은 반야바라밀다를 수행합니까?"

세존께서 선현에게 말씀하셨다.

"만약 보살마하살이 공(空)·무상(無相)·무원(無願)·허공(虛空)·무소유(無所有)와, 생겨남이 없고 소멸함이 없으며 염오가 없고 청정함이 없는 것과, 진여·법계·법성·불허망성·불변이성·평등성·이생성·법정·법주·실제·허공계·부사의계와, 만드는 것이 없고(無造), 짓는 것이 없는 것(無作)과 환영과 같고 꿈과 같으며 메아리와 같고 형상과 같으며 그림자와 같고 아지랑이와 같으며 변화한 일과 같고 심향성과 같은 것에 상속하고 수순하며 나아가면서 향하고 마주하여 들어가서 깊은 반야바라밀다를 수행한다면, 이것이 보살마하살이 일체지지에 상속하고 수순하며 나아가면서 향하고 마주하여 들어가서 깊은 반야바라밀다를 수행하는 것이니라."

그때 구수 선현이 세존께 아뢰어 말하였다.

"세존이시여. 세존께서 설하신 것과 같이 만약 보살마하살이 공·무상·무원, 나아가 심향성과 같은 것에 상속하고 수순하며 나아가면서 향하고 마주하여 들어가서 깊은 반야바라밀다를 수행하였고, 이것이 보살마하살이 일체지지에 상속하고 수순하며 나아가면서 향하고 마주하여 들어가서 깊은 반야바라밀다를 수행하는 것이라면, 이 보살마하살이 깊은 반야바라밀다를 행하는 때에는 색을 수행합니까? 수·상·행·식을 수행합니까? 이와 같이 나아가, 일체지를 수행합니까? 도상지·일체상지를 수행합니까?"

세존께서 선현에게 알리셨다.

"이 보살마하살이 깊은 반야바라밀다를 수행하는 때에는 색을 수행하지 않고, 수·상·행·식을 수행하지 않으며, 이와 같이 나아가, 일체지를 수행하지 않고 도상지·일체상지를 수행하지 않느니라. 왜 그러한가? 선현이여. 이 보살마하살이 상속하고 수순하며 나아가면서 향하고 마주하여 들어가서 일체지지를 능히 짓는 자가 없고 능히 파괴하는 자도 없으며 왔던 처소도 없고 갔던 처소도 없으며 머무르는 처소도 없고 방향과 지역도 없으며 숫자가 없고 분량도 없으며 가는 것도 없고 오는 것도 없다면, 역시 증득할 것도 없느니라.

선현이여. 이와 같이 일체지지는 색으로써 증득하지 못하고, 수·상·행·식으로써 증득하지 못하며, 이와 같이 나아가, 일체지로써 증득하지 못하고, 도상지·일체상지로써 증득하지 못하느니라. 왜 그러한가? 색은 곧 이것이 일체지지의 성품이고, 수·상·행·식은 곧 이것이 일체지지의 성품이고, 이와 같이 나아가, 일체지는 곧 이것이 일체지지의 성품이고, 도상지·일체상지는 곧 이것이 일체지지의 성품이니라.

왜 그러한가? 만약 색의 진여이거나, 만약 일체지지의 진여이거나, 일체법의 진여이더라도 모두가 하나의 진여이므로 무이(無二)이고 차별이 없으며, 만약 수·상·행·식의 진여이거나, 만약 일체지지의 진여이거나, 일체법의 진여이더라도 모두가 하나의 진여이므로 무이이고 차별이 없으며, 이와 같이 나아가, 만약 일체지의 진여이거나, 만약 일체지지의 진여이거나, 일체법의 진여이더라도 모두가 하나의 진여이므로 무이이고 차별이 없으며, 만약 도상지·일체상지의 진여이거나, 만약 일체지지의 진여이거나, 일체법의 진여이더라도 모두가 하나의 진여이므로 무이이고 차별이 없느니라.

이러한 까닭으로 일체지지는 색으로써 증득하지 못하고 수·상·행·식으로써 증득하지 못하고, 이와 같이 나아가, 일체지로써 증득하지 못하고 도상지·일체상지로써 증득하지 못하느니라."

52. 진여품(眞如品)(1)

그때 욕계와 색계의 여러 천인들이 각자 천상의 전단향(栴檀香)의 가루·다갈라향(多揭羅香)의 가루·다마라향(多摩羅香)의 가루와, 다시 천상의 올발라화(嗢鉢羅花)·발특마화(鉢特摩花)·구모다화(拘某陀花)·분다리화(奔茶利花) 등을 가지고 와서 멀리서 세존의 위에 흩뿌렸고, 세존의 처소로 와서 두 발에 머리 숙여 예경하고 물러나서 한쪽에 머물렀으며 합장하고 공경스럽게 아뢰어 말하였다.

"세존이시여. 이와 같은 반야바라밀다는 최고로 깊게 되므로 보기 어렵고 깨닫기 어려우며 심사(尋思)할 수 없고 심사의 경계를 초월하였으며 미묘하고 적정(沖寂)하며 총명(聰明)하고 지혜로운 자가 능히 그것을 아는 것이고, 여러 세간들이 모두 능히 믿고서 수용(受容)할 수 없는 곧 세존의 무상정등보리입니다. 일체의 여래·응공·정등각께서는 이 반야바라밀다의 매우 깊은 경전의 가운데에서 모두를 '색은 곧 이것이 일체지지이고 일체지지는 곧 이것이 색이며, 수·상·행·식은 곧 이것이 일체지지이고 일체지지는 곧 이것이 수·상·행·식이며, 이와 같이 나아가, 일체지는 곧 이것이 일체지지이고 일체지지는 곧 이것이 일체지이며, 도상지·일체상지는 곧 이것이 일체지지이고, 일체지지는 곧 이것이 도상지·일체상지이니라.'라고 이렇게 설하셨습니다.

그 까닭은 무엇인가? 만약 색의 진여이거나, 만약 일체지지의 진여이거나, 일체법의 진여이더라도 모두가 하나의 진여이므로 무이(無二)이고 차별이 없으며, 역시 끝자락(窮盡)이 없고, 만약 수·상·행·식의 진여이거나, 만약 일체지지의 진여이거나, 일체법의 진여이더라도 모두가 하나의 진여이므로 무이이고 차별이 없으며, 역시 끝자락이 없고, 이와 같이 나아가, 만약 일체지의 진여이거나, 만약 일체지지의 진여이거나, 일체법의 진여이더라도 모두가 하나의 진여이므로 무이이고 차별이 없으며, 역시 끝자락이 없고, 만약 도상지·일체상지의 진여이거나, 만약 일체지지의 진여이거나, 일체법의 진여이더라도 모두가 하나의 진여이므로 무이이고 역시 차별이 없으며, 역시 끝자락이 없습니다."

세존께서 욕계와 색계의 천인들에게 말씀하셨다.

"그와 같으니라. 그와 같으니라. 그대들이 말한 것과 같으니라. 여러 천인들이여. 내가 이러한 의취를 관찰하였는데, 마음은 항상 적정하므로 설법을 즐거워하지 않느니라. 왜 그러한가? 이러한 법은 매우 깊으므로 보기 어렵고 깨닫기 어려우며 심사할 수 없고 심사의 경계를 초월하였으며 미묘하고 적정하며 총명하고 지혜로운 자가 능히 그것을 아는 것이고, 여러 세간들이 모두 능히 믿고서 수용할 수 없는데 이를테면, 이와 같은 깊은 반야바라밀다는 곧 이것이 여래·응공·정등각들께서 증득하시는 것인 무상정등보리라고 마땅히 알아야 하느니라.

여러 천인들이여. 이와 같은 무상정등보리는 능히 증득할 수 없고 증득되는 것도 아니며 증득하는 처소도 없고 증득하는 때도 없다고 마땅히 알아야 하느니라. 여러 천인들이여. 이 법은 매우 깊고 미묘하며 불이(不二)로써 현행(現行)하므로 여러 세간들이 능히 비교하여 헤아릴 것이 아니라고 마땅히 알아야 하느니라.

여러 천인들이여. 허공이 매우 깊은 까닭으로 이 법도 매우 깊고, 진여가 매우 깊은 까닭으로 이 법도 매우 깊으며, 법계·법성·불허망성·불변이성·평등성·이생성·법정·법주·실제·허공계·부사의계가 매우 깊은 까닭으로 이 법도 매우 깊고, 무량(無量)과 무변(無邊)이 매우 깊은 까닭으로 이 법도 매우 깊으며, 가는 것이 없고 오는 것이 없는 것이 매우 깊은 까닭으로 이 법도 매우 깊으며, 태어남이 없고 소멸함이 없는 것이 매우 깊은 까닭으로 이 법도 매우 깊고, 염오가 없고 청정함이 매우 깊은 까닭으로 이 법도 매우 깊으며, 무지(無知)와 무득(無得)이 매우 깊은 까닭으로 이 법도 매우 깊으며, 만들지 않고 짓지 않는 것이 매우 깊은 까닭으로 이 법도 매우 깊고,

아(我)가 매우 깊은 까닭으로 이 법도 매우 깊으며, 유정(有情)·명자(命者)·생자(生者)·양자(養者)·사부(士夫)·보특가라(補特伽羅)·의생(意生)·유동(孺童)·작자(作者)·수자(受者)·지자(知者)·견자(見者)가 매우 깊은 까닭으로 이 법도 매우 깊고, 색이 매우 깊은 까닭으로 이 법도 매우 깊으며, 수·상·행·식이 매우 깊은 까닭으로 이 법도 매우 깊고, 이와 같이 나아가, 일체지가 매우 깊은 까닭으로 이 법도 매우 깊고, 도상지와 일체상지가 매우 깊은 까닭으로 이 법도 매우 깊으며, 일체의 불법이 매우 깊은 까닭으로 이 법도 매우 깊으니라."

그때 여러 천인들이 아뢰어 말하였다.

"세존이시여. 이렇게 설법(說法)하신 것은 매우 깊고 미묘하므로 여러 세간들이 갑자기 능히 믿고서 수용할 수 없습니다. 그 까닭은 무엇인가? 이러한 깊고 미묘한 법은 색을 섭수(攝受)하고 취(取)하기 위하여 설하지 않았고, 색을 버리기 위하여 설하지 않았으며, 수·상·행·식을 섭수하고 취하기 위하여 설하지 않았고, 수·상·행·식을 버리기 위하여 설하지 않았으며, 이와 같이 나아가, 일체지를 섭수하고 취하기 위하여 설하지 않았고, 일체지를 버리기 위하여 설하지 않았으며, 도상지·일체상지를 섭수하고 취하기 위하여 설하지 않았고, 도상지·일체상지를 버리기 위하여 설하지 않았으며, 일체의 불법을 섭수하고 취하기 위하여 설하지 않았고, 일체의 불법을 버리기 위하여 설하지 않았습니다.

세존이시여. 세간의 유정들은 아(我)·아소(我所)를 집착하면서 섭수하고 취하는 행이 많은데 이를테면, 색의 이것이 아(我)이고 색의 이것이 아소(我所)이며, 수·상·행·식의 이것이 아이고 수·상·행·식의 이것이 아소이며, 이와 같이 나아가, 일체지의 이것이 아이고 일체지의 이것이 아소이며, 도상지·일체상지의 이것이 아이고 도상지·일체상지의 이것이 아소입니다."

그때 세존께서 여러 천인들에게 말씀하셨다.
"그와 같으니라. 그와 같으니라. 그대들이 말한 것과 같으니라. 이러한 깊고 미묘한 법은 색을 섭수하고 취하기 위하여 설하지 않았고, 색을 버리기 위하여 설하지 않았으며, 수·상·행·식을 섭수하고 취하기 위하여 설하지 않았고, 수·상·행·식을 버리기 위하여 설하지 않았으며, 이와 같이 나아가, 일체지를 섭수하고 취하기 위하여 설하지 않았고, 일체지를 버리기 위하여 설하지 않았으며, 도상지·일체상지를 섭수하고 취하기 위하여 설하지 않았고, 도상지·일체상지를 버리기 위하여 설하지 않았으며, 일체의 불법을 섭수하고 취하기 위하여 설하지 않았고, 일체의 불법을 버리기 위하여 설하지 않았느니라. 세간의 유정들은 아·아소를 집착하면서 섭수하고 취하는 행이 많은데 이를테면, 색의 이것이 아이고 색의 이것이 아소이며, 수·상·행·식의 이것이 아이고 수·상·행·식의 이것이 아소이며, 이와 같이 나아가, 일체지의 이것이 아이고 일체지의 이것이 아소이며, 도상지·일체상지의 이것이 아이고 도상지·일체상지의 이것이 아소이니라.
여러 천인들이여. 만약 보살이 있어서 색을 섭수하고 취하기 위한 까닭으로 수행하거나, 색을 버리기 위한 까닭으로 수행하거나, 수·상·행·식을 섭수하고 취하기 위한 까닭으로 수행하거나, 수·상·행·식을 버리기 위한 까닭으로 수행하거나, 이와 같이 나아가, 일체지를 섭수하고 취하기 위한 까닭으로 수행하거나, 일체지를 버리기 위한 까닭으로 수행하거나, 도상지·일체상지를 섭수하고 취하기 위한 까닭으로 수행하거나, 도상지·일체상지를 버리기 위한 까닭으로 수행한다면, 이 보살은 반야바라밀다를 능히 수행하지 못하고, 역시 정려·정진·안인·정계·보시바라밀다도 능히 수행하지 못하며, 이와 같이 나아가, 일체지를 능히 수행하지 못하고, 역시 도상지·일체상지도 능히 수행하지 못하느니라."

그때 구수 선현이 세존께 아뢰어 말하였다.
"세존이시여. 이 매우 깊은 법은 일체법을 능히 수순(隨順)합니다.

세존이시여. 이 매우 깊은 법은 무엇 등의 일체법에서 능히 수순할 수 있습니까? 세존이시여. 이 매우 깊은 법은 반야바라밀다를 능히 수순하고, 역시 정려·정진·안인·정계·보시바라밀다를 능히 수순합니다. 이 매우 깊은 법은 내공을 능히 수순하고, 역시 외공, 나아가 무성자성공을 능히 수순합니다. 이 매우 깊은 법은 진여를 능히 수순하고, 역시 법계, 나아가 부사의계를 능히 수순합니다. 이 매우 깊은 법은 고·집·멸·도성제를 능히 수순합니다. 이 매우 깊은 법은 4념주를 능히 수순하고, 역시 4정단, 나아가 8성도지를 능히 수순합니다.

이 매우 깊은 법은 4정려를 능히 수순하고, 역시 4무량·4무색정을 능히 수순합니다. 이 매우 깊은 법은 8해탈을 능히 수순하고, 역시 8승처·9차제정·10변처를 능히 수순합니다. 이 매우 깊은 법은 공·무상·무원해탈문을 능히 수순합니다. 이 깊은 법은 정관지를 능히 수순하고, 역시 종성지, 나아가 여래지를 능히 수순합니다. 이 매우 깊은 법은 극희지를 능히 수순하고, 역시 이구지, 나아가 법운지를 능히 수순합니다. 이 매우 깊은 법은 5안을 능히 수순하고, 역시 6신통을 능히 수순합니다. 이 매우 깊은 법은 여래의 10력을 능히 수순하고, 역시 4무소외, 나아가 18불불공법을 능히 수순합니다.

이 매우 깊은 법은 32대사상을 능히 수순하고, 역시 80수호를 능히 수순합니다. 이 매우 깊은 법은 무망실법을 능히 수순하고, 역시 항주사성을 능히 수순합니다. 이 매우 깊은 법은 다라니문을 능히 수순하고, 역시 삼마지문을 능히 수순합니다. 이 매우 깊은 법은 예류과를 능히 수순하고, 역시 일래·불환·아라한과와 독각의 보리를 능히 수순합니다. 이 매우 깊은 법은 일체 보살마하살의 행을 능히 수순하고, 역시 제불의 무상정등보리를 능히 수순합니다. 이 매우 깊은 법은 일체지를 능히 수순하고, 역시 도상지·일체지를 능히 수순합니다.

세존이시여. 이 매우 깊은 법은 모두 장애하는 것이 없습니다. 세존이시여. 이 매우 깊은 법은 무엇에서 장애가 없습니까? 세존이시여. 이 매우 깊은 법은 색에서 장애가 없고, 수·상·행·식에서 장애가 없으며, 이와 같이 나아가, 일체지에서 장애가 없고, 도상지·일체상지에서 장애가 없습니다.

세존이시여. 이 매우 깊은 법은 장애가 없는 것으로 상(相)을 삼습니다. 왜 그러한가? 세존이시여. 허공(虛空)은 평등한 성품인 까닭이고, 진여(眞如)는 평등한 성품인 까닭이며, 법계, 나아가 부사의계가 평등한 성품인 까닭이고, 공·무상·무원이 평등한 성품인 까닭이며, 만들지 않고 짓지 않는 것이 평등한 성품인 까닭이고, 염오가 없고 청정함이 없는 것이 평등한 성품인 까닭입니다.

세존이시여. 이 매우 깊은 법은 생겨남이 없고 소멸함이 없습니다. 왜 그러한가? 세존이시여. 색은 생겨남이 없고 소멸함이 없어서 얻을 수 없는 까닭이고, 수·상·행·식도 생겨남이 없고 소멸함이 없어서 얻을 수 없는 까닭이며, 이와 같이 나아가, 일체지는 생겨남이 없고 소멸함이 없어서 얻을 수 없는 까닭이고, 도상지·일체상지도 생겨남이 없고 소멸함이 없어서 얻을 수 없는 까닭입니다.

세존이시여. 이 매우 깊은 법은 모두 발자취(足跡)가 없습니다. 왜 그러한가? 세존이시여. 색의 발자취를 얻을 수 없는 까닭이고, 수·상·행·식의 발자취를 얻을 수 없는 까닭이며, 이와 같이 나아가, 일체지의 발자취를 얻을 수 없는 까닭이고, 도상지·일체상지의 발자취도 얻을 수 없는 까닭입니다."

마하반야바라밀다경 제447권

52. 진여품(眞如品)(2)

그때 욕계와 색계의 천인들이 다시 세존께 아뢰어 말하였다.

"세존이시여. 대덕(大德)인 선현은 세존의 진실한 제자이고 여래를 따라서 출생하였습니다. 그 까닭은 무엇인가? 대덕인 선현께서 설법하신 일체는 모두가 공의 상(相)에 상응하는 까닭입니다."

선현이 욕계와 색계의 천인들에게 말하였다.

"그대들 천인의 대중들은 나 선현이 진실한 제자이고 여래를 따라서 출생하였다고 말하는데 어찌 선현이 세존을 따라서 출생하였겠습니까? 이를테면, 여래께서는 진여를 따라서 출생한 까닭입니다. 왜 그러한가? 여래의 진여는 가는 것이 없고 오는 것이 없으며, 선현의 진여도 가는 것이 없고 오는 것이 없는 까닭으로 선현이 여래를 따라서 출생하였다고 말합니다. 여래의 진여는 곧 일체법의 진여이고, 일체법의 진여도 곧 여래의 진여이며, 이와 같은 진여는 진여의 성품이 없고, 역시 진여가 아닌 성품도 없는데, 선현의 진여도, 역시 다시 이와 같은 까닭으로 선현이 여래를 따라서 출생하였다고 말합니다.

여래의 진여는 항상 안주하는 것으로 상(相)을 삼는데, 선현의 진여도 역시 다시 이와 같은 까닭으로 선현이 여래를 따라서 출생하였다고 말합니다. 여래의 진여는 변이(變異)가 없고 분별이 없으며 제법에서 두루 전전하는데, 선현의 진여도 역시 다시 이와 같은 까닭으로 선현이 여래를 따라서 출생하였다고 말합니다.

여래의 진여는 장애(罣礙)하는 것이 없고, 일체법의 진여도 역시 다시 이와 같은 까닭으로 장애하는 것이 없나니, 만약 여래의 진여이거나, 만약 일체법의 진여이더라도 같은 하나의 진여이고 무이(無二)이며 차별이 없고 만들지 않고 짓지 않습니다. 이와 같은 진여는 항상 진여의 상이고 진여의 상이 아닌 때가 없고, 항상 진여의 상으로써 진여의 상이 아닌 때가 없는 까닭이므로, 무이이고 차별이 없으며, 역시 다시 이와 같은 까닭으로 선현이 여래를 따라서 출생하였다고 말합니다.

여래의 진여는 일체의 처소에서 억념(憶念)이 없고 분별이 없는데, 선현의 진여도 역시 다시 이와 같은 까닭으로 선현이 여래를 따라서 출생하였다고 말합니다. 여래의 진여는 차별과 차이를 얻을 수 없는데, 선현의 진여도, 역시 다시 이와 같은 까닭으로 선현이 여래를 따라서 출생하였다고 말합니다. 여래의 진여는 일체법의 진여를 벗어나지 않고 일체법의 진여는 여래의 진여를 벗어나지 않으며, 이와 같은 진여는 항상 진여의 상이고 진여의 형상이 아닌 때가 없는데, 선현의 진여도 다시 이와 같은 까닭으로 선현이 여래를 따라서 출생하였다고 말합니다. 비록 따라서 출생하였다고 설하였으나, 그렇지만 따라서 출생한 것이 없는데, 선현의 진여로써 세존과 다르지 않은 까닭입니다.

여래의 진여는 과거가 아니고 미래가 아니며 현재가 아니고, 일체법의 진여도 과거가 아니고 미래가 아니며 현재가 아닌데, 선현의 진여도 역시 다시 이와 같은 까닭으로 선현이 여래를 따라서 출생하였다고 말합니다. 과거의 진여가 곧 여래의 진여이고, 여래의 진여가 곧 과거의 진여이며, 미래의 진여가 곧 여래의 진여이고, 여래의 진여가 곧 미래의 진여이며, 현재의 진여가 곧 여래의 진여이고 여래의 진여가 곧 현재의 진여이며, 만약 과거의 진여이거나, 만약 미래의 진여이거나, 만약 현재의 진여이거나, 만약 여래의 진여이더라도 같은 하나의 진여이므로 무이이고 차별이 없습니다.

색의 진여가 곧 여래의 진여이고 여래의 진여가 곧 색의 진여이며, 수·상·행·식의 진여가 곧 여래의 진여이고 여래의 진여가 곧 수·상·행·식의 진여이며, 만약 색의 진여이거나, 만약 수·상·행·식의 진여이더라도 같은 하나의 진여이므로 무이이고 차별이 없습니다. 안처의 진여가 곧 여래의 진여이고 여래의 진여가 곧 안처의 진여이며, 이·비·설·신·의처의 진여가 곧 여래의 진여이고 여래의 진여가 곧 이·비·설·신·의처의 진여이며, 만약 안처의 진여이거나, 만약 이·비·설·신·의처의 진여이더라도 같은 하나의 진여이므로 무이이고 차별이 없습니다.

색처의 진여가 곧 여래의 진여이고 여래의 진여가 곧 색처의 진여이며, 성·향·미·촉·법처의 진여가 곧 여래의 진여이고 여래의 진여가 곧 성·향·미·촉·법처의 진여이며, 만약 색처의 진여이거나, 만약 성·향·미·촉·법처의 진여이더라도 같은 하나의 진여이므로 무이이고 차별이 없습니다. 안계의 진여가 곧 여래의 진여이고 여래의 진여가 곧 안계의 진여이며, 이·비·설·신·의계의 진여가 곧 여래의 진여이고 여래의 진여가 곧 이·비·설·신·의계의 진여이며, 만약 안계의 진여이거나, 만약 이·비·설·신·의계의 진여이더라도 같은 하나의 진여이므로 무이이고 차별이 없습니다.

색계의 진여가 곧 여래의 진여이고 여래의 진여가 곧 색계의 진여이며, 성·향·미·촉·법계의 진여가 곧 여래의 진여이고 여래의 진여가 곧 성·향·미·촉·법계의 진여이며, 만약 색계의 진여이거나, 만약 성·향·미·촉·법계의 진여이더라도 같은 하나의 진여이므로 무이이고 차별이 없습니다.

안식계의 진여가 곧 여래의 진여이고 여래의 진여가 곧 안식계의 진여이며, 이·비·설·신·의식계의 진여가 곧 여래의 진여이고 여래의 진여가 곧 이·비·설·신·의식계의 진여이며, 만약 안식계의 진여이거나, 만약 이·비·설·신·의식계의 진여이더라도 같은 하나의 진여이므로 무이이고 차별이 없습니다. 안촉의 진여가 곧 여래의 진여이고 여래의 진여가 곧 안촉의 진여이며, 이·비·설·신·의촉의 진여가 곧 여래의 진여이고 여래의 진여가 곧 이·비·설·신·의촉의 진여이며, 만약 안촉의 진여이거나, 만약 이·비·설·신·의촉의 진여이더라도 같은 하나의 진여이므로 무이이고 차별이 없습니다.

안촉을 인연으로 생겨난 여러 수의 진여가 곧 여래의 진여이고 여래의 진여가 곧 안촉을 인연으로 생겨난 여러 수의 진여이며, 이·비·설·신·의촉을 인연으로 생겨난 여러 수의 진여가 곧 여래의 진여이고 여래의 진여가 곧 이·비·설·신·의촉을 인연으로 생겨난 여러 수의 진여이며, 만약 안촉을 인연으로 생겨난 여러 수의 진여이거나, 만약 이·비·설·신·의촉을 인연으로 생겨난 여러 수의 진여이더라도 같은 하나의 진여이므로 무이이고 차별이 없습니다. 아의 진여가 곧 여래의 진여이고 여래의 진여가 곧 아의 진여이며, 유정·명자·생자·양자·사부·보특가라·의생·유동·작자·수자·지자·견자의 진여가 곧 여래의 진여이고 여래의 진여가 곧 유정 나아가 견자의 진여이며, 만약 아의 진여이거나, 만약 유정, 나아가 견자의 진여이더라도 같은 하나의 진여이므로 무이이고 차별이 없습니다.

　보시바라밀다의 진여가 곧 여래의 진여이고 여래의 진여가 곧 보시바라밀다의 진여이며, 정계·안인·정진·정려·반야바라밀다의 진여가 곧 여래의 진여이고 여래의 진여가 곧 정계, 나아가 반야바라밀다의 진여이며, 만약 보시바라밀다의 진여이거나, 만약 정계, 나아가 반야바라밀다의 진여이더라도 같은 하나의 진여이므로 무이이고 차별이 없습니다. 내공의 진여가 곧 여래의 진여이고 여래의 진여가 곧 내공의 진여이며, 외공·내외공·공공·대공·승의공·유위공·무위공·필경공·무제공·산무산공·본성공·자공상공·일체법공·불가득공·무성공·자성공·무성자성공의 진여가 곧 여래의 진여이고 여래의 진여가 곧 외공, 나아가 무성자성공의 진여이며, 만약 내공의 진여이거나, 만약 외공, 나아가 무성자성공의 진여이더라도 같은 하나의 진여이므로 무이이고 차별이 없습니다.

　진여의 진여가 곧 여래의 진여이고 여래의 진여가 곧 진여의 진여이며, 법계·법성·불허망성·불변이성·평등성·이생성·법정·법주·실제·허공계·부사의계의 진여가 곧 여래의 진여이고 여래의 진여가 곧 법계, 나아가 부사의계의 진여이며, 만약 진여의 진여이거나, 만약 법계, 나아가 부사의계의 진여이더라도 같은 하나의 진여이므로 무이이고 차별이 없습니다. 고성제의 진여가 곧 여래의 진여이고 여래의 진여가 곧 고성제의 진여이며, 집·멸·도성제의 진여가 곧 여래의 진여이고 여래의 진여가 곧 집·멸·

도성제의 진여이며, 만약 고성제의 진여이거나, 만약 집·멸·도성제의 진여이더라도 같은 하나의 진여이므로 무이이고 차별이 없습니다.

4념주의 진여가 곧 여래의 진여이고 여래의 진여가 곧 4념주의 진여이며, 4정단·4신족·5근·5력·7등각지·8성도지의 진여가 곧 여래의 진여이고 여래의 진여가 곧 4정단, 나아가 8성도지의 진여이며, 만약 4념주의 진여이거나, 만약 4정단, 나아가 8성도지의 진여이더라도 같은 하나의 진여이므로 무이이고 차별이 없습니다. 4정려의 진여가 곧 여래의 진여이고 여래의 진여가 곧 4정려의 진여이며, 4무량·4무색정의 진여가 곧 여래의 진여이고 여래의 진여가 곧 4무량·4무색정의 진여이며, 만약 4정려의 진여이거나, 만약 4무량·4무색정의 진여이더라도 같은 하나의 진여이므로 무이이고 차별이 없습니다.

8해탈의 진여가 곧 여래의 진여이고 여래의 진여가 곧 8해탈의 진여이며, 8승처·9차제정·10변처의 진여가 곧 여래의 진여이고 여래의 진여가 곧 8승처·9차제정·10변처의 진여이며, 만약 8해탈의 진여이거나, 만약 8승처·9차제정·10변처의 진여이더라도 같은 하나의 진여이므로 무이이고 차별이 없습니다. 공해탈문의 진여가 곧 여래의 진여이고 여래의 진여가 곧 공해탈문의 진여이며, 무상·무원해탈문의 진여가 곧 여래의 진여이고 여래의 진여가 곧 무상·무원해탈문의 진여이며, 만약 공해탈문의 진여이거나, 만약 무상·무원해탈문의 진여이더라도 같은 하나의 진여이므로 무이이고 차별이 없습니다.

3승의 10지의 진여가 곧 여래의 진여이고 여래의 진여가 곧 3승의 10지의 진여이며, 보살의 10지의 진여가 곧 여래의 진여이고 여래의 진여가 곧 보살의 10지의 진여이며, 만약 3승의 10지의 진여이거나, 만약 보살의 10지의 진여이더라도 같은 하나의 진여이므로 무이이고 차별이 없습니다. 5안의 진여가 곧 여래의 진여이고 여래의 진여가 곧 5안의 진여이며, 6신통의 진여가 곧 여래의 진여이고 여래의 진여가 곧 6신통의 진여이며, 만약 5안의 진여이거나, 만약 6신통의 진여이더라도 같은 하나의 진여이므로 무이이고 차별이 없습니다.

여래의 10력의 진여가 곧 여래의 진여이고 여래의 진여가 곧 여래의 10력의 진여이며, 4무소외·4무애해·대자·대비·대희·대사·18불불공법의 진여가 곧 여래의 진여이고 여래의 진여가 곧 4무소외, 나아가 18불불공법의 진여이며, 만약 여래의 10력의 진여이거나, 만약 4무소외, 나아가 18불불공법의 진여이더라도 같은 하나의 진여이므로 무이이고 차별이 없습니다. 32대사상의 진여가 곧 여래의 진여이고 여래의 진여가 곧 32대사상의 진여이며, 80수호의 진여가 곧 여래의 진여이고 여래의 진여가 곧 80수호의 진여이며, 만약 32대사상의 진여이거나, 만약 80수호의 진여이더라도 같은 하나의 진여이므로 무이이고 차별이 없습니다.

무망실법의 진여가 곧 여래의 진여이고 여래의 진여가 곧 무망실법의 진여이며, 항주사성의 진여가 곧 여래의 진여이고 여래의 진여가 곧 항주사성의 진여이며, 만약 무망실법의 진여이거나, 만약 항주사성의 진여이더라도 같은 하나의 진여이므로 무이이고 차별이 없습니다. 다라니문의 진여가 곧 여래의 진여이고 여래의 진여가 곧 다라니문의 진여이며, 삼마지문의 진여가 곧 여래의 진여이고 여래의 진여가 곧 삼마지문의 진여이며, 만약 다라니문의 진여이거나, 만약 삼마지문의 진여이더라도 같은 하나의 진여이므로 무이이고 차별이 없습니다.

예류과의 진여가 곧 여래의 진여이고 여래의 진여가 곧 예류과의 진여이며, 일래·불환·아라한과와 독각의 보리의 진여가 곧 여래의 진여이고 여래의 진여가 곧 일래과, 나아가 독각의 보리의 진여이며, 만약 예류과의 진여이거나, 만약 일래과, 나아가 독각의 보리의 진여이더라도 같은 하나의 진여이므로 무이이고 차별이 없습니다. 일체의 보살마하살의 행의 진여가 곧 여래의 진여이고 여래의 진여가 곧 일체의 보살마하살의 행의 진여이며, 제불의 무상정등보리의 진여가 곧 여래의 진여이고 여래의 진여가 곧 제불의 무상정등보리의 진여이며, 만약 일체의 보살마하살의 행의 진여이거나, 만약 제불의 무상정등보리의 진여이더라도 같은 하나의 진여이므로 무이이고 차별이 없습니다.

일체지의 진여가 곧 여래의 진여이고 여래의 진여가 곧 일체지의 진여이며, 도상지·일체상지의 진여가 곧 여래의 진여이고 여래의 진여가 곧 도상지·일체상지의 진여이며, 만약 일체지의 진여이거나, 만약 도상지·일체상지의 진여이더라도 같은 하나의 진여이므로 무이이고 차별이 없습니다.

천인의 대중들이여. 제보살마하살이 이와 같은 일체법의 진여를 증득한다면, 여래·응공·정등각이라고 이름한다고 설하고, 나는 이와 같은 제법에서 진여를 능히 깊게 신해(信解)하는 까닭으로 선현이 여래를 따라서 출생하였다고 말한다고 마땅히 알아야 합니다."

마땅히 이와 같은 진여의 상을 설하는 때에, 이 삼천대천세계의 여러 산과 대지가 여섯 종류로 진동하였는데, 동쪽이 솟아나면 서쪽이 가라앉았고, 서쪽이 솟아나면 동쪽이 가라앉았으며, 남쪽이 솟아나면 북쪽이 가라앉았고, 북쪽이 솟아나면 남쪽이 가라앉았으며, 중간이 솟아나면 가장자리가 가라앉았고 가장자리가 솟아나면 중간이 가라앉았다.

그때 욕계와 색계의 여러 천인들이 다시 천상의 전단향의 가루·다갈라향의 가루·다마라향의 가루로써, 더불어 천상의 올발라화·발특마화·구모다화·분다리화 등으로써 여래와 선현의 위에 받들어 흩뿌리면서 세존께 아뢰어 말하였다.

"매우 기이합니다. 여래시여. 미증유(未曾有)입니다. 대덕인 선현이 오히려 진여를 까닭으로 여래를 따라서 출생하였습니다."

그때 구수 선현이 곧 여러 천인의 대중들에게 알려 말하였다.

"여러 천인들이여. 그렇지만 나 선현은 오히려 색을 까닭으로 여래를 따라서 출생하지 않았고, 오히려 색의 진여를 까닭으로 여래를 따라서 출생하지 않았으며, 색을 벗어난 까닭으로 여래를 따라서 출생하지 않았고, 색의 진여를 벗어난 까닭으로 여래를 따라서 출생하지 않았으며, 오히려 수·상·행·식을 까닭으로 여래를 따라서 출생하지 않았고, 오히려 수·상·행·식의 진여를 까닭으로 여래를 따라서 출생하지 않았으며, 수·상·행·식을 벗어난 까닭으로 여래를 따라서 출생하지 않았고, 수·상·행·식의 진여를 벗어난 까닭으로 여래를 따라서 출생하지 않았으며,

이와 같이 나아가, 일체지를 까닭으로 여래를 따라서 출생하지 않았고, 오히려 일체지의 진여를 까닭으로 여래를 따라서 출생하지 않았으며, 일체지를 벗어난 까닭으로 여래를 따라서 출생하지 않았고, 일체지의 진여를 벗어난 까닭으로 여래를 따라서 출생하지 않았으며, 오히려 도상지·일체상지를 까닭으로 여래를 따라서 출생하지 않았고, 오히려 도상지·일체상지의 진여를 까닭으로 여래를 따라서 출생하지 않았으며, 도상지·일체상지를 벗어난 까닭으로 여래를 따라서 출생하지 않았고, 도상지·일체상지의 진여를 벗어난 까닭으로 여래를 따라서 출생하지 않았으며,

오히려 유위(有爲)를 까닭으로 여래를 따라서 출생하지 않았고, 오히려 유위의 진여를 까닭으로 여래를 따라서 출생하지 않았으며, 유위를 벗어난 까닭으로 여래를 따라서 출생하지 않았고, 유위의 진여를 벗어난 까닭으로 여래를 따라서 출생하지 않았으며, 오히려 무위(無爲)를 까닭으로 여래를 따라서 출생하지 않았고, 오히려 무위의 진여를 까닭으로 여래를 따라서 출생하지 않았으며, 무위를 벗어난 까닭으로 여래를 따라서 출생하지 않았고, 무위의 진여를 벗어난 까닭으로 여래를 따라서 출생하지 않았다고 마땅히 알아야 합니다.

왜 그러한가? 여러 천인의 대중들이여. 이것의 일체법은 모두가 무소유이므로, 여러 따라서 출생한 것이거나, 만약 따라서 출생하였던 것이거나, 오히려 이것을 따라서 출생하였거나, 따라서 출생하였던 때와 처소도 모두 얻을 수 없습니다."

그때 사리자가 세존께 아뢰어 말하였다.

"세존이시여. 제법의 진여·법계·법성·불허망성·불변이성·평등성·이생성·법정·법주·실제·허공계·부사의계는 모두가 최고로 매우 깊은데 이를테면, 이 가운데에서 색을 얻을 수 없고 색의 진여도 얻을 수 없습니다. 왜 그러한가? 이 가운데에서 오히려 색을 얻을 수 없는데, 하물며 색의 진여를 얻을 수 있겠습니까? 이 가운데에서 수·상·행·식을 얻을 수 없고 수·상·행·식의 진여도 얻을 수 없습니다. 왜 그러한가? 이 가운데에서

오히려 수·상·행·식을 얻을 수 없는데, 하물며 수·상·행·식의 진여를 얻을 수 있겠습니까?

이와 같이 나아가, 이 가운데에서 일체지를 얻을 수 없고 일체지의 진여도 얻을 수 없습니다. 왜 그러한가? 이 가운데에서 오히려 일체지를 얻을 수 없는데, 하물며 일체지의 진여를 얻을 수 있겠습니까? 이 가운데에서 도상지·일체상지를 얻을 수 없고 도상지·일체상지의 진여도 얻을 수 없습니다. 왜 그러한가? 이 가운데에서 오히려 도상지·일체상지를 얻을 수 없는데, 하물며 도상지·일체상지의 진여를 얻을 수 있겠습니까?"

세존께서 말씀하셨다.

"사리자여. 그와 같으니라. 그와 같으니라. 그대가 말한 것과 같으니라. 일체법의 진여, 나아가 부사의계는 모두가 최고로 매우 깊은데 이를테면, 이 가운데에서 색을 얻을 수 없고 색의 진여도 얻을 수 없느니라. 왜 그러한가? 이 가운데에서 오히려 색을 얻을 수 없는데, 하물며 색의 진여를 얻을 수 있겠는가? 이와 같이 나아가, 이 가운데에서 일체상지를 얻을 수 없고 일체상지의 진여도 얻을 수 없느니라. 왜 그러한가? 이 가운데에서 오히려 도상지·일체상지를 얻을 수 없는데, 하물며 도상지·일체상지의 진여를 얻을 수 있겠는가?"

이와 같이 진여의 상을 마땅히 설하시는 때에, 2백 명의 비구들은 여러 번뇌(諸漏)를 영원히 끝마쳤고 마음이 해탈을 얻어서 아라한을 성취하였다. 다시 5백 명의 비구니들은 번뇌(塵)에서 멀어졌고 번민(垢)을 벗어났으며, 제법의 가운데에서 청정한 법안이 생겨났고, 5천 명의 보살들은 천상과 인간의 가운데에 태어나서 무생법인(無生法忍)을 얻었으며, 6천 명의 보살들은 여러 번뇌를 영원히 끝마쳤고 마음이 해탈을 얻어서 아라한을 성취하였다.

그때 세존께서 사리자에게 알려 말씀하셨다.

"지금의 이 대중의 가운데에서 6천 명의 보살은 이미 과거에 5백의 제불께 친근하면서 공양하였고 한 분·한 분의 처소에서 큰 서원을 일으키고 바른 믿음으로 출가(出家)하였느니라. 비록 보시·정계·안인·정진·정려바라밀다는 수행하였으나 반야바라밀다를 섭수하지 않았고, 방편선교를 멀리 벗어났으며 차별하는 다른 생각을 일으켰고 차별하는 다른 행을 행하였느니라.

　보시를 수행하는 때에, '이것은 보시이고, 이것은 보시하는 물건이며, 이 자는 보시받는 자이고, 나는 능히 보시를 행한다.'라고 이렇게 생각을 지었고, 정계를 수행하는 때에, '이것은 정계이고, 이것은 죄악(罪惡)이며, 이 처소는 호지하는 경계이고, 나는 능히 지계한다.'라고 이렇게 생각을 지었으며, 안인을 수행하는 때에, '이것은 안인이고, 이것은 안인의 장애이며, 이 처소는 안인하는 경계이고, 나는 능히 안인을 행한다.'라고 이렇게 생각을 지었고, 정진을 수행하는 때에, '이것은 정진이고, 이것은 해태(懈怠)이며, 이곳은 정진하는 처소이고, 나는 능히 정진한다.'라고 이렇게 생각을 지었으며, 정려를 수행하는 때에, '이것은 정려이고, 이것은 산란하고 움직이는 것이며, 이곳은 정려하는 처소이고, 나는 능히 정려를 수행한다.'라고 이렇게 생각을 지었느니라.

　그들은 반야바라밀다를 섭수하지 않았고, 방편선교를 멀리 벗어났으며 차별하는 다른 생각을 의지하여 보시·정계·안인·정진·정려와 다른 행을 행하였고, 오히려 차별하는 다른 생각과 차별하는 다른 행을 까닭으로 보살의 차별이 없는 생각을 얻지 못하였고, 더불어 보살의 차별이 없는 행을 잃었느니라. 오히려 이러한 인연으로 보살의 정성이생(正性離生)의 지위를 증득하여 들어가지 못하였고, 보살의 정성이생의 지위를 증득하여 들어가지 못하였던 까닭으로 예류과를 증득하였고 점차로 나아가서 아라한과에 이르렀느니라.

　이와 같은 까닭으로 사리자여. 만약 보살마하살이 비록 보리도(菩提道)가 있었고, 더불어 공·무상·무원해탈문이 있었더라도, 반야바라밀다를 섭수하지 않았고, 방편선교를 멀리 벗어났다면, 곧 실제(實際)[1]를 증득하여 성문지이거나, 혹은 독각지에 떨어지느니라."

---

1) 산스크리트어 bhūta-koṭi의 번역이고, '실재', '진실한 경계', '한계' 등의 뜻이고, '궁극적인 깨달음의 경지'를 의미한다.

그때 구수 사리자가 다시 세존께 아뢰어 말하였다.

"세존이시여. 무슨 인연을 까닭으로 성문승(聲聞乘)이거나, 혹은 독각승(獨覺乘)의 보특가라(補特伽羅)들이 있어서 공·무상·무원의 법을 수행하면서 반야바라밀다를 섭수하지 않고 방편선교를 멀리 벗어나며, 곧 실제를 증득하여 성문지이거나, 혹은 독각지에 떨어지며, 보살승(菩薩乘)의 보특가라가 있어서 공·무상·무원의 법을 수행하면서 반야바라밀다를 섭수하면서 방편선교를 의지하므로 비록 실제를 증득하였더라도 무상정등보리에 나아갑니까?"

세존께서 말씀하셨다.

"사리자여. 성문승이거나, 혹은 독각승의 보특가라들은 일체지지의 마음을 멀리 벗어나서 반야바라밀다를 섭수하지 않고 방편선교가 없는 까닭으로 공·무상·무원의 법을 수행하면서 곧 실제를 증득하여 성문지이거나, 혹은 독각지에 떨어지느니라. 제보살의 보특가라는 일체지지를 벗어나지 않고 반야바라밀다를 섭수하고 방편선교를 의지하여 대비심(大悲心)을 상수(上首)로 삼아서 공·무상·무원의 법을 수행하는 까닭으로 비록 실제를 증득하였더라도 보살의 정성이생의 지위에 능히 들어간다면, 무상정등보리를 능히 증득하느니라.

사리자여. 비유한다면 새가 있어서 그 몸의 크기와 길이는 백 유선나(踰繕那)이거나, 혹은 다시 2백, 혹은 다시 3백 유선나의 크기였으나, 날개가 없는 것과 같으니라. 이 새가 혹은 33천(三十三天)에서 남섬부주로 내려오려고 몸을 던졌고 그 중간(中路)에서 '나는 다시 33천으로 돌아가겠다.'라고 다시 이렇게 생각을 지었다면 사리자여. 그대의 뜻은 어떠한가? 이 새가 능히 33천으로 돌아갈 수 있겠는가?"

사리자가 말하였다.

"없습니다. 세존이시여. 없습니다. 선서시여."

세존께서 말씀하셨다.

"사리자여. 이 새가 중간에서 혹은 '남섬부주에 이른다면, 마땅히 나의 몸에 손해가 없고 번뇌가 없게 하십시오.'라고 이렇게 생각을 지었다면 사리자여. 그대의 뜻은 어떠한가? 이 새는 소원을 마침내 얻을 수 있겠는가?"

사리자가 말하였다.

"없습니다. 세존이시여. 없습니다. 선서시여. 그 새가 이 남섬부주에 이르렀다면 그 몸에는 결정적으로 손해가 있고 번뇌가 있으며, 혹은 죽음에 이르거나, 혹은 비슷한 죽음의 고통이 있습니다. 왜 그러한가? 이 새의 몸이 크고 먼 곳에서 떨어졌으며 날개가 없었던 까닭입니다."

세존께서 말씀하셨다.

"사리자여. 그와 같으니라. 그와 같으니라. 그대가 말한 것과 같으니라. 사리자여. 보살승의 보특가라가 있더라도 역시 다시 이와 같아서 비록 무량(無量)하고 무수(無數)인 대겁(大劫)을 지내면서 보시·정계·안인·정진·정려를 정근하면서 수행하였고, 역시 반야를 수행하면서 무상정등보리를 구하였지만, 반야바라밀다를 섭수하지 않고 방편선교를 멀리 벗어나서 공·무상·무원의 법을 수행한다면 곧 실제를 증득하여 성문지이거나, 혹은 독각지에 떨어지느니라. 왜 그러한가? 사리자여. 이 보살승의 보특가라는 일체지지의 마음을 멀리 벗어났으므로 비록 무량하고 무수인 대겁을 지내도록 정근하면서 수행하였고, 역시 반야를 수행하였더라도, 반야바라밀다를 섭수하지 않고 방편선교를 멀리 벗어났다면 마침내 성문지이거나, 혹은 독각의 지위에 떨어지느니라.

사리자여. 이 보살승의 보특가라는 비록 과거·미래·현재의 제불·세존께서 소유하신 계온(戒蘊)·정온(定蘊)·혜온(慧蘊)·해탈온(解脫蘊)·해탈지견온(解脫智見蘊)을 생각하면서 공경하고 공양하며 수순하면서 수행하였으나, 그 가운데에서 상을 집착하여 취하였던 까닭에 이러한 제여래·응공·정등각들께서 소유한 계온·정온·혜온·해탈온·해탈지견온의 원만한 공덕을 바르게 알지 못하느니라.

이 제보살마하살들이 여래의 공덕을 바르게 이해하지 못하는 까닭으로, 비록 무상정등각의 도(無上正等覺道)와 공·무상·무원의 법을 들었더라도 그 소리에 의지하여 그 상(相)에 집착하고 상을 집착하고 취하고서 무상정등보리(無上正等菩提)에 회향하는데, 이 보살승의 보특가라는 이와 같이 회향하더라도 무상정등보리를 증득하지 못하고 성문지이거나, 혹은 독각의 지위에 떨어지느니라. 왜 그러한가? 사리자여. 이 보살승의 보특가라는 반야바라밀다를 섭수하지 않고 방편선교를 멀리 벗어난 까닭으로 비록 여러 종류의 수행하였던 것의 선근으로써 무상정등보리에 회향하더라도 성문지이거나, 혹은 독각의 지위에 떨어지느니라.

다시 다음으로 사리자여. 보살승의 보특가라가 있어서 초발심부터 항상 일체지를 멀리 벗어나지 않고 대비를 상수로 삼아서 보시·정계·안인·정진·정려를 정근하면서 수행하고, 역시 미묘한 지혜를 섭수하고 반야바라밀다를 수행하면서 항상 방편선교를 멀리 벗어나지 않으며, 비록 과거·미래·현재의 제불·세존께서 소유하신 계온·정온·혜온·해탈온·해탈지견온을 생각하면서 상을 취하지 않고, 공·무상·무원해탈문을 수행하더라도, 역시 상을 취하지 않으며, 비록 스스로와 다른 사람의 여러 종류의 공덕을 생각하더라도 제유정과 함께 평등하게 공유하며 무상정등보리에 회향하더라도, 역시 상을 취하지 않느니라.

사리자여. 이와 같이 안주하는 보살승의 보특가라는 바로 무상정등보리에 나아가므로 성문지와 독각의 지위에 떨어지지 않는다고 마땅히 알아야 하느니라. 왜 그러한가? 사리자여. 이 보살승의 보특가라는 초발심부터 구경(究竟)에 이르기까지 항상 일체지지를 멀리 벗어나지 않고 대비를 상수로 삼아서 보시·정계·안인·정진·정려를 수행하고, 역시 반야를 수행하면서 상을 취하지 않고, 비록 과거·미래·현재의 제불·세존께서 소유하신 계온·정온·혜온·해탈온·해탈지견온을 생각하더라도 역시 상을 취하지 않으며, 비록 무상정등보리와 공·무상·무원해탈문을 수행하더라도 역시 상을 취하지 않느니라.

사리자여. 이 보살승의 보특가라는 방편선교가 있는 까닭으로 상을 벗어난 마음으로써 보시·정계·안인·정진·정려바라밀다를 수행하고, 더불어 반야바라밀다를 수행하며, 이와 같이 나아가, 상을 벗어난 마음으로써 일체지·도상지·일체상지를 수행하는데, 오히려 이것이 결정적으로 구하였던 것인 무상정등보리를 증득하느니라."
그때 사리자가 세존께 아뢰어 말하였다.
"세존이시여. 제가 세존께서 설하신 의취를 이해하는 것과 같다면, 만약 보살마하살이 있어서 초발심부터 구경에 이르기까지 반야바라밀다를 섭수하고 항상 방편선교를 멀리 벗어나지 않는다면 이 보살마하살은 무상정등보리에 가까워질 것입니다. 그 까닭은 무엇인가? 이 보살마하살은 초발심부터 구경에 이르기까지 적은 법도 얻을 수 있다고 모두 보지 않는데 이를테면, 만약 증득할 수 있거나, 만약 증득되었던 것이거나, 만약 증득할 처소이거나, 만약 증득하는 때이거나, 만약 오히려 이것을 증득하는 것을 모두 얻을 수 없으며, 이를테면, 만약 색이거나, 만약 수·상·행·식이거나, 이와 같이 나아가, 만약 일체지이거나, 만약 도상지·일체상지이더라도 얻을 수 없습니다.
다시 다음으로 세존이시여. 보살승의 여러 선남자와 선여인 등이 있어서 반야바라밀다를 섭수하지 않고 방편선교를 멀리 벗어났으나, 무상정등보리를 구한다면 그는 구하였던 것인 무상정등보리에서 의혹하고 주저하므로 혹은 얻거나 얻지 못할 것입니다. 그 까닭은 무엇인가? 이 보살승의 여러 선남자와 선여인 등은 반야바라밀다를 섭수하지 않고 방편선교를 멀리 벗어난 까닭으로 수행하였던 것인 보시·정계·안인·정진·정려·반야바라밀다에서 모두 그 상을 취하며, 이와 같이 나아가, 수행하는 일체지·도상지·일체상지에서 모두 그 상을 취합니다. 오히려 이러한 인연으로 이 보살승의 여러 선남자와 선여인 등은 모두가 무상정등보리에서 의혹하고 주저하므로 혹은 얻거나 얻지 못할 것입니다. 이러한 까닭으로 세존이시여. 만약 보살마하살이 무상정등보리를 증득하고자 하였다면 결정적으로 상응하여 반야바라밀다의 방편선교를 벗어나지 않아야 합니다.
이 보살마하살이 반야바라밀다의 방편선교에 안주하여 얻을 수 없는 것으로써 방편을 삼고, 무상(無相)과 함께 행하는 마음으로써 보시바라밀다를 수행해야 하고, 정계·안인·정진·정려·반야바라밀다를 수행해야 하며, 이와 같이 나아가, 무상과 함께 행하는 마음으로써 일체지를 수행해야 하고, 도상지와 일체상지를 수행해야 합니다. 만약 보살마하살이 반야바라밀다의 방편선교에 안주하여 얻을 수 없는 것으로써 방편을 삼아서 이와 같은 일체의 불법을 수행한다면 반드시 무상정등보리를 획득할 것입니다."

그때 욕계와 색계의 천상의 대중들이 함께 세존께 아뢰어 말하였다.
"제불의 무상정등보리는 지극히 신해(信解)하기 어렵고 매우 증득하기 어렵습니다. 왜 그러한가? 제보살마하살은 일체법의 자상(自相)과 공상(共相)에서 모두 상응하여 증득하여 알고서, 비로소 구하였던 것인 무상정등보리를 얻을 수 있는데, 그렇지만 제보살마하살들이 알았던 것의 법상(法相)은 모두 무소유이고 모두 얻을 수 없습니다."

그때 세존께서 천인의 대중들에게 말씀하셨다.
"그와 같으니라. 그와 같으니라. 그대들이 말한 것과 같으니라. 제불의 무상정등보리는 지극히 신해하기 어렵고 매우 증득하기 어려우니라. 천상의 대중들이여. 나도 역시 일체의 법상을 현재에서 깨달아서 무상정등보리를 증득하였으나, 승의제(勝義諦)의 법상은 이것은 능히 증득하는 것이고, 이것은 증득되는 것이며, 이곳은 증득하는 처소이고, 이것은 증득하는 때이며, 오히려 이것으로 증득한다고 이름하여 설하는 것을 모두 얻을 수 없느니라. 그 까닭은 무엇인가? 일체법으로써 반드시 결국에는 청정한 까닭이고, 유위(有爲)와 무위(無爲)는 반드시 결국에는 공(空)한 까닭이니라. 오히려 이것으로 무상정등보리는 지극히 신해하기 어렵고 매우 증득하기 어려우니라."

그때 구수 선현이 세존께 아뢰어 말하였다.
"세존이시여. 세존께서 설하신 것과 같다면, 제불의 무상정등보리는 지극히 신해하기 어렵고 매우 증득하기 어렵습니다. 제가 여래께서 설하신 의취(義趣)를 사유하는 것과 같다면, 제불의 무상정등보리는 매우 신해하기 쉽고 매우 증득하기 쉽습니다. 그 까닭은 무엇인가? 만약 능히 증득하는 법이 없고 증득되는 법이 없으며 증득하는 처소가 없고 증득하는 때가 없으며, 오히려 이것으로 증득되었던 것이 없다고 능히 신해한다면 곧 제불의 무상정등보리를 능히 증득할 것이고, 만약 능히 증득하는 법이 없고 증득되는 법이 없으며 증득하는 처소가 없고 증득하는 때가 없으며, 오히려 이것으로 증득되었던 것이 없다고 능히 알았다면, 곧 구하였던 것인 무상정등보리를 능히 증득할 것입니다.

왜 그러한가? 일체법으로써 모두가 필경공이고, 필경공의 가운데에서는 모두 어느 법이라도 능히 증득한다고 이름할 수 없고, 증득되는 것이라고 이름할 수 없으며, 증득하는 처소라고 이름할 수 없고, 증득하는 때라고 이름할 수 없고, 오히려 이것으로 증득되었던 것이 있다고 이름할 수 없습니다. 그 까닭은 무엇인가? 일체법은 성상(性相)은 모두 공하고, 만약 증장하거나, 만약 감소하거나 모두 무소유이므로 얻을 수 없습니다. 오히려 이러한 인연으로 제보살마하살이 항상 수행하였던 것인 보시·정계·안인·정진·정려·반야바라밀다는 모두 무소유이므로 모두 얻을 수 없고, 이와 같이 나아가, 일체지·도상지·일체상지가 모두 무소유이므로 모두 얻을 수 없습니다.

제보살마하살이 관찰하였던 것의 제법이 만약 유색(有色)이거나, 만약 무색(無色)이거나, 만약 유견(有見)이거나, 만약 무견(無見)이거나, 만약 마주할 수 있거나(有對), 만약 마주할 수 없거나(無對), 만약 유루(有漏)이거나, 만약 무루(無漏)이거나, 만약 유위(有爲)이거나, 만약 무위(無爲)이더라도 모두 무소유이므로 모두 얻을 수 없습니다. 오히려 이러한 인연으로 제가 여래께서 설하신 의취를 사유하는 것과 같다면, 제불의 무상정등보리는 매우 신해하기 쉽고 매우 증득하기 쉽다고 하나니, 제보살마하살은 그 가운데에서 신해하기 어렵고 증득하기 어렵다고 상응하여 알지 않아야 합니다.

왜 그러한가? 색은 색의 자성(自性)이 공(空)하고, 수·상·행·식은 수·상·행·식의 자성이 공하며, 이와 같이 나아가, 일체지는 일체지의 자성이 공하고, 도상지·일체상지는 도상지·일체상지의 자성이 공합니다. 만약 보살마하살이 이와 같은 자성이 공한 의취에서 깊은 신해가 생겨나서 전도(顚倒)가 없게 증득한다면, 곧 무상정등보리를 증득할 것입니다."
이때 사리자가 선현에게 알려 말하였다.
"오히려 이러한 인연이라면 제불의 무상정등보리는 지극히 신해하기 어렵고 매우 증득하기 어렵습니다. 그 까닭은 무엇인가? 제보살마하살은 일체법이 모두 자성이 없고 모두가 허공과 같다고 관찰합니다. 비유한다면 허공은 '내가 마땅히 신해하고 빠르게 무상정등보리를 증득하겠다.'라고 이렇게 생각을 짓지 않는 것과 같이, 제보살마하살도 역시 이와 같아서 '내가 마땅히 신해하고 빠르게 무상정등보리를 증득하겠다.'라고 이렇게 생각을 짓지 않습니다. 왜 그러한가? 제법은 허공 등과 함께 모두 공하고, 제보살마하살은 반드시 제법이 허공 등과 함께 모두 공하다고 능히 신해하고서 전도가 없이 증득해야 비로소 무상정등보리를 증득합니다.
만약 보살마하살이 제법이 허공 등과 함께 모두 공하다고 능히 신해한다면, 곧 무상정등보리에서 쉬운 신해가 생겨나고 쉽게 증득하는 자라면, 곧 긍가사(殑伽沙) 등의 보살마하살이 큰 공덕의 갑옷을 입고서 무상정등보리를 일으켜서 나아갈지라도 그 중간에 퇴전하거나 굴복하지 않습니다. 이러한 까닭으로 무상정등보리는 지극히 신해하기 어렵고 매우 증득하기 어렵다고 알 수 있습니다."
그때 구수 선현이 사리자에게 알려 말하였다.
"사리자여. 그대의 뜻은 어떻습니까? 색이 여래(佛)의 무상정등보리에서 퇴전(退轉)하거나 굴복(屈伏)하는 것이 있습니까?"
사리자가 말하였다.
"아닙니다. 선현이여."
"사리자여. 그대의 뜻은 어떻습니까? 수·상·행·식이 여래의 무상정등보리에서 퇴전하거나 굴복하는 것이 있습니까?"
사리자가 말하였다.
"아닙니다. 선현이여."
"사리자여. 그대의 뜻은 어떻습니까? 나아가 일체지가 여래의 무상정등보리에서 퇴전하거나 굴복하는 것이 있습니까?"

사리자가 말하였다.

"아닙니다. 선현이여."

"사리자여. 그대의 뜻은 어떻습니까? 도상지·일체상지가 여래의 무상정등보리에서 퇴전하거나 굴복하는 것이 있습니까?"

사리자가 말하였다.

"아닙니다. 선현이여."

"사리자여. 그대의 뜻은 어떻습니까? 색의 진여(眞如)가 여래의 무상정등보리에서 퇴전하거나 굴복하는 것이 있습니까?"

사리자가 말하였다.

"아닙니다. 선현이여."

"사리자여. 그대의 뜻은 어떻습니까? 수·상·행·식의 진여가 여래의 무상정등보리에서 퇴전하거나 굴복하는 것이 있습니까?"

사리자가 말하였다.

"아닙니다. 선현이여."

"사리자여. 그대의 뜻은 어떻습니까? 나아가 일체지의 진여가 여래의 무상정등보리에서 퇴전하거나 굴복하는 것이 있습니까?"

사리자가 말하였다.

"아닙니다. 선현이여."

"사리자여. 그대의 뜻은 어떻습니까? 도상지·일체상지의 진여가 여래의 무상정등보리에서 퇴전하거나 굴복하는 것이 있습니까?"

사리자가 말하였다.

"아닙니다. 선현이여."

"사리자여. 그대의 뜻은 어떻습니까? 색을 벗어난 법이 있다면, 여래의 무상정등보리에서 퇴전하거나 굴복하는 것이 있습니까?"

사리자가 말하였다.

"아닙니다. 선현이여."

"사리자여. 그대의 뜻은 어떻습니까? 수·상·행·식을 벗어난 법이 있다면, 여래의 무상정등보리에서 퇴전하거나 굴복하는 것이 있습니까?"

사리자가 말하였다.

"아닙니다. 선현이여."

"사리자여. 그대의 뜻은 어떻습니까? 나아가 일체지를 벗어난 법이 있다면, 여래의 무상정등보리에서 퇴전하거나 굴복하는 것이 있습니까?"

사리자가 말하였다.

"아닙니다. 선현이여."

"사리자여. 그대의 뜻은 어떻습니까? 도상지·일체상지를 벗어난 법이 있다면, 여래의 무상정등보리에서 퇴전하거나 굴복하는 것이 있습니까?"

사리자가 말하였다.

"아닙니다. 선현이여."

"사리자여. 그대의 뜻은 어떻습니까? 색의 진여를 벗어난 법이 있다면 여래의 무상정등보리에서 퇴전하거나 굴복하는 것이 있습니까?"

사리자가 말하였다.

"아닙니다. 선현이여."

"사리자여. 그대의 뜻은 어떻습니까? 수·상·행·식의 진여를 벗어난 법이 있다면, 여래의 무상정등보리에서 퇴전하거나 굴복하는 것이 있습니까?"

사리자가 말하였다.

"아닙니다. 선현이여."

"사리자여. 그대의 뜻은 어떻습니까? 나아가 일체지의 진여를 벗어난 법이 있다면, 여래의 무상정등보리에서 퇴전하거나 굴복하는 것이 있습니까?"

사리자가 말하였다.

"아닙니다. 선현이여."

"사리자여. 그대의 뜻은 어떻습니까? 도상지·일체상지의 진여를 벗어난 법이 있다면, 여래의 무상정등보리에서 퇴전하거나 굴복하는 것이 있습니까?"

사리자가 말하였다.

"아닙니다. 선현이여."

"사리자여. 그대의 뜻은 어떻습니까? 색의 진여를 벗어난 법이 있다면, 여래의 무상정등보리에서 퇴전하거나 굴복하는 것이 있습니까?"

사리자가 말하였다.

"아닙니다. 선현이여."

"사리자여. 그대의 뜻은 어떻습니까? 수·상·행·식의 진여를 벗어난 법이 있다면, 여래의 무상정등보리에서 퇴전하거나 굴복하는 것이 있습니까?"

사리자가 말하였다.

"아닙니다. 선현이여."

"사리자여. 그대의 뜻은 어떻습니까? 나아가 일체지의 진여를 벗어난 법이 있다면, 여래의 무상정등보리에서 퇴전하거나 굴복하는 것이 있습니까?"

사리자가 말하였다.

"아닙니다. 선현이여."

"사리자여. 그대의 뜻은 어떻습니까? 도상지·일체상지의 진여를 벗어난 법이 있다면, 여래의 무상정등보리에서 퇴전하거나 굴복하는 것이 있습니까?"

사리자가 말하였다.

"아닙니다. 선현이여."

"사리자여. 그대의 뜻은 어떻습니까? 제법의 진여가 여래의 무상정등보리에서 퇴전하거나 굴복하는 것이 있습니까?"

사리자가 말하였다.

"아닙니다. 선현이여."

"사리자여. 그대의 뜻은 어떻습니까? 제법의 법계·법성·불허망성·불변이성·평등성·이생성·법정·법주·실제·허공계·부사의계가 여래의 무상정등보리에서 퇴전하거나 굴복하는 것이 있습니까?"

사리자가 말하였다.

"아닙니다. 선현이여."

"사리자여. 그대의 뜻은 어떻습니까? 제법의 진여를 벗어난 법이 있다면, 여래의 무상정등보리에서 퇴전하거나 굴복하는 것이 있습니까?"

사리자가 말하였다.

"아닙니다. 선현이여."

"사리자여. 그대의 뜻은 어떻습니까? 제법의 법계·법성·불허망성·불변이성·평등성·이생성·법정·법주·실제·허공계·부사의계를 벗어난 법이 있다면, 여래의 무상정등보리에서 퇴전하거나 굴복하는 것이 있습니까?"

사리자가 말하였다.

"아닙니다. 선현이여."

그때 구수 선현이 사리자에게 말하였다.

"만약 일체법이 모두 무소유이고 모두 얻을 수 없다면, 무엇 등의 법이 무상정등보리에서 퇴전하거나 굴복하는 것이 있다고 설하겠습니까?"

'그때 사리자가 선현에게 알려 말하였다.

"그대(仁者)가 설하는 것과 같다면 무생법인(無生法忍)의 가운데에서는 모두 법이 있지 않고, 역시 보살이 무상정등보리에서 퇴전하거나 굴복하는 것이 있다고 설할 수 없습니다. 만약 그와 같다면, 무슨 까닭으로 세존께서는 세 종류의 안주하는 보살승의 보특가라를 설하십니까? 다만 상응하게 하나를 설해야 합니다. 또한 그대가 설하는 것과 같다면, 상응하여 3승의 보살의 차별이 없으니, 오직 상응하여 하나의 정등각승(正等覺乘)이 있을 것입니다."

그때 만자자(滿慈子)가 사리자에게 알려 말하였다.

"'하나의 보살승이 있다고 인정(許)합니까? 그러한 뒤에도 어렵다면 상응하게 3승을 건립(建立)하면서 차별이 없고, 오직 상응하여 하나의 정등각승이 있는가?'라고 상응하여 존자 선현에게 물어야 합니다."

사리자가 선현에게 물어 말하였다.
"하나의 보살승이 있다고 인정합니까?"
구수 선현이 사리자에게 알려 말하였다.
"그대의 뜻은 어떻습니까? 일체법의 진여의 가운데에서 세 종류의 보살승에 안주하는 보특가라에 차별(差別)되는 상(相)이 있습니까? 이를테면, 성문승에 퇴전하여 안주하는 자가 있거나, 혹은 독각승에 퇴전하여 안주하는 자가 있거나, 혹은 무상승(無上乘)을 증득하였던 자가 있습니까?"
사리자가 말하였다.
"아닙니다. 선현이여."
"사리자여. 그대의 뜻은 어떻습니까? 일체법의 진여의 가운데에서 3승 보살의 차별이 있습니까?"
"아닙니다. 선현이여."
"사리자여. 그대의 뜻은 어떻습니까? 일체법의 진여의 가운데에서 진실로 하나의 결정적인 퇴전이 없고 굴복이 없는 보살승이 있습니까?"
"아닙니다. 선현이여."
"사리자여. 그대의 뜻은 어떻습니까? 일체법의 진여의 가운데에서 진실로 하나의 정등각승인 보살들이 있습니까?"
"아닙니다. 선현이여."
"사리자여. 그대의 뜻은 어떻습니까? 일체법의 진여의 가운데에서 하나이거나, 둘이거나 셋인 상이 있습니까?"
"아닙니다. 선현이여."
"사리자여. 그대의 뜻은 어떻습니까? 일체법의 진여의 가운데에서 하나의 법이거나, 혹은 하나의 보살을 얻을 수 있습니까?"
"아닙니다. 선현이여."
그때 구수 선현이 사리자에게 말하였다.
"만약 일체법이 모두 무소유이고 모두 얻을 수 없다면 어찌하여 사리자께서는 '이와 같은 보살은 세존의 무상정등보리에서 결정적으로 퇴전과 굴복이 있을 것이다. 이와 같은 보살은 세존의 무상정등보리에서 결정적으로 퇴전과 굴복이 없을 것이다. 이와 같은 보살은 세존의 무상정등보리에서 결정되지 않았다고 설하고, 이와 같은 보살은 이것이 성문승이라고 설하며, 이와 같은 보살은 이것이 독각승이라고 설하고, 이와 같은 보살은 이것이 보살승이라고 설하며, 이와 같다면 셋이라고 설하고, 이와 같다면 하나라고 설합니까?'

사리자여. 만약 보살마하살이 일체법에서 모두 얻을 수 없으면 일체법의 진여에서도 역시 모두 얻을 수 없고, 제보살에서도 역시 얻을 수 없으며, 제불의 무상정등보리도 역시 얻을 수 없다고 능히 잘 신해하였다면, 이것이 진실로 보살마하살이 된다고 마땅히 알아야 합니다.

사리자여. 만약 보살마하살이 이와 같은 제법의 진여는 얻을 수 없는 상이라고 설하는 것을 듣고서 그 마음이 놀라지 않고 두려워하지 않으며 겁내지 않고 의심하지 않고 후회하지 않으며 퇴전하지 않고 사라지지 않는다면, 이 보살마하살은 빠르게 무상정등보리를 증득하며, 그 가운데서 결정적으로 퇴전이 없고 굴복이 없습니다."

마하반야바라밀다경 제448권

52. 진여품(眞如品)(3)

그때 세존께서 구수 선현을 칭찬하여 말씀하셨다.

"옳도다. 옳도다. 그대는 지금 능히 여러 보살마하살들을 위하여 법요(法要)를 잘 설하였느니라. 그대가 설한 것은 모두가 이것은 여래의 위신력(威神力)과 같나니, 그대 스스로가 능히 설한 것이 아니니라. 선현이여. 만약 보살마하살이 법의 진여에서 얻을 수 없는 상에 깊은 신심이 생겨났고 일체 법의 차별이 없는 상을 알았으며, 이와 같은 제법의 진여는 얻을 수 없는 상이라고 설하는 것을 듣고서, 그 마음이 놀라지 않고 두려워하지 않으며 겁내지 않고 의심하지 않고 후회하지 않으며 퇴전하지 않고 사라지지 않는다면, 이 보살마하살은 구하였던 것인 무상정등보리를 능히 빠르게 성취(成辦)하느니라."

구수 사리자가 세존께 아뢰어 말하였다.

"세존이시여. 만약 보살마하살이 이러한 법을 성취한다면, 구하였던 것인 무상정등보리를 능히 빠르게 성취할 수 있습니까?"

그때 세존께서 사리자에게 말씀하셨다.

"그와 같으니라. 그와 같으니라. 그대가 말한 것과 같으니라. 만약 보살마하살이 이러한 법을 성취한다면, 구하였던 것인 무상정등보리를 능히 빠르게 성취할 수 있느니라."

구수 선현이 다시 세존께 아뢰어 말하였다.

"만약 보살마하살이 구하였던 것인 무상정등보리를 능히 빠르게 성취하고자 한다면 마땅히 무엇에 안주하며, 상응하여 어떻게 안주해야 합니까?"
　세존께서 선현에게 말씀하셨다.
　"만약 보살마하살이 구하였던 것인 무상정등보리를 빠르게 성취하고자 한다면 마땅히 일체의 유정들에게 평등(平等)한 마음으로 안주해야 하고 상응하여 불평등(不平等)한 마음으로 안주하지 않아야 하며, 마땅히 일체의 유정들에게 평등한 마음을 일으켜야 하고 상응하여 불평등한 마음을 일으키지 않아야 하며, 마땅히 일체의 유정들에게 평등한 마음으로써 말해주어야 하고 상응하여 불평등한 마음으로 말해주지 않아야 하며, 마땅히 일체의 유정들에게 대자(大慈)의 마음을 일으켜야 하고 상응하여 진에(瞋恚)하는 마음을 일으키지 않아야 하며, 마땅히 일체의 유정들에게 대자인 마음으로써 말해주어야 하고 상응하여 진에하는 마음으로써 말해주지 않아야 하느니라.
　마땅히 일체의 유정들에게 대비(大悲)의 마음을 일으켜야 하고 상응하여 번뇌시키고 해치려는 마음을 일으키지 않아야 하며, 마땅히 일체의 유정들에게 대비의 마음으로써 말해주어야 하고 상응하여 번뇌시키고 해치려는 마음으로써 말해주지 않아야 하며, 마땅히 일체의 유정들에게 대희(大喜)의 마음을 일으켜야 하고 상응하여 질투(嫉妒)하는 마음을 일으키지 않아야 하며, 마땅히 일체의 유정들에게 대희의 마음으로써 말해주어야 하고 상응하여 질투하는 마음으로써 말해주지 않아야 하며, 마땅히 일체의 유정들에게 대사(大捨)의 마음을 일으켜야 하고 상응하여 편벽(偏黨)한 마음을 일으키지 않아야 하며, 마땅히 일체의 유정들에게 대사의 마음으로써 말해주어야 하고 상응하여 편벽한 마음으로써 말해주지 않아야 하느니라.
　마땅히 일체의 유정들에게 겸손하고 낮추는 마음을 일으켜야 하고 상응하여 교만한 마음을 일으키지 않아야 하며, 마땅히 일체의 유정들에게 겸손하고 낮추는 마음으로써 말해주어야 하고 상응하여 교만한 마음으로써 말해주지 않아야 하며, 마땅히 일체의 유정들에게 정직(質直)한 마음을 일으켜야 하고 상응하여 속이는 마음을 일으키지 않아야 하며, 마땅히 일체의 유정들에게 정직한 마음으로써 말해주어야 하고 상응하여 속이는 마음으로써 말해주지 않아야 하며, 마땅히 일체의 유정들에게 조화롭고 부드러운 마음을 일으켜야 하고 상응하여 억세고 강력(剛强)한 마음을 일으키지 않아야 하며, 마땅히 일체의 유정들에게 조화롭고 부드러운 마음으로 말해주어야 하고 상응하여 억세고 강한 마음으로 말해주지 않아야 하느니라.

마땅히 일체의 유정들에게 이익(利益)되는 마음을 일으켜야 하고 상응하여 이익되지 않는 마음을 일으키지 않아야 하며, 마땅히 일체의 유정들에게 이익되는 마음으로써 말해주어야 하고 상응하여 이익되지 않는 마음으로써 말해주지 않아야 하며, 마땅히 일체의 유정들에게 안락한 마음을 일으켜야 하고 안락하지 않은 마음을 일으키지 않아야 하며, 마땅히 일체의 유정들에게 안락한 마음으로써 말해주어야 하고 상응하여 안락하지 않은 마음으로써 말해주지 않아야 하며, 마땅히 일체의 유정들에게 장애가 없는 마음을 일으켜야 하고 상응하여 장애가 있는 마음을 일으키지 않아야 하며, 마땅히 일체의 유정들에게 장애가 없는 마음으로써 말해주어야 하고 상응하여 장애가 있는 마음으로써 말해주지 않아야 하느니라.

마땅히 일체의 유정들에게 부모와 같고 형제와 같으며 자매와 같고 남매와 같으며 친척과 같다는 마음을 일으켜야 하고 역시 이러한 마음으로써 상응하여 말해주어야 하며, 마땅히 일체의 유정들에게 벗과 같다는 마음을 일으켜야 하고 역시 이러한 마음으로써 상응하여 말해주어야 하며, 마땅히 일체의 유정들에게 친교사(親敎師)[1]와 같고 궤범사(軌範師)[2]와 같으며 제자(弟子)와 같고 동학(同學)과 같다는 마음을 일으켜야

---

1) 산스크리트어 upādhyāya의 번역이고, '화상(和尙)', '대중사(大衆師)', '역생(力生)' 등으로 의역한다. 화상은 제자에게 가장 가까이 있으면서 가르치는 까닭으로 '은사(恩師)'라는 의미가 가장 크다.
2) 산스크리트어 ācārya의 번역이고, '정행(正行)' 등으로 번역한다. 불교교단에서

하고 역시 이러한 마음으로써 상응하여 말해주어야 하며, 마땅히 일체의 유정들에게 예류·일래·불환·아라한·독각·보살마하살과 같고 여래·응공·정등각과 같다는 마음을 일으켜야 하고 역시 이러한 마음으로써 상응하여 말해주어야 하며, 마땅히 일체의 유정들을 공양하고 공경하며 존중하고 찬탄하는 마음을 일으켜야 하고 역시 이러한 마음으로써 상응하여 말해주어야 하며, 마땅히 일체의 유정들을 상응하여 구제(救濟)하고 연민하며 덮어서 보호하는 마음을 일으켜야 하고 역시 이러한 마음으로써 상응하여 말해주어야 하며, 마땅히 일체의 유정들에게 필경공이고 무소유이며 얻을 수 없다는 마음을 일으켜야 하고 역시 이러한 마음으로써 상응하여 말해주어야 하며, 마땅히 일체의 유정들에게 공·무상·무원의 마음을 일으켜야 하고 역시 이러한 마음으로써 상응하여 말해주어야 하느니라.

다시 다음으로 선현이여. 만약 보살마하살이 구하였던 것인 무상정등보리를 빠르게 성취하고자 한다면 상응하여 스스로가 생명(生命)을 해치는 것을 벗어나고, 역시 다른 사람에게도 권유하여 생명을 해치는 것을 벗어나게 하며, 항상 바르게 생명을 해치는 법을 벗어나는 것을 칭찬(稱揚)하고, 생명을 해치는 것을 벗어나는 자를 환희하면서 찬탄(讚歎)하며, 나아가 스스로가 삿된 견해(邪見)를 벗어나고, 역시 다른 사람에게도 권유하여 삿된 견해를 벗어나게 하며, 항상 바르게 삿된 견해를 벗어나는 법을 칭찬하고, 삿된 견해를 벗어나는 자를 환희하면서 찬탄하느니라.

상응하여 스스로가 4정려를 수행하고, 역시 다른 사람에게도 권유하여 4정려를 수행하게 하며, 항상 바르게 4정려를 수행하는 법을 칭찬하고, 4정려를 수행하는 자를 환희하면서 찬탄하며, 상응하여 스스로가 4무량을 수행하고, 역시 다른 사람에게도 권유하여 4무량을 수행하게 하며, 항상 바르게 4무량을 수행하는 법을 칭찬하고, 4무량을 수행하는 자를 환희하면서 찬탄하며, 상응하여 스스로가 4무색정을 수행하고, 역시 다른 사람에

계율과 교학을 가르치는 스승을 가리킨다.

게도 권유하여 4무색정을 수행하게 하며, 항상 바르게 4무색정을 수행하는 법을 칭찬하고, 4무색정을 수행하는 자를 환희하면서 찬탄하느니라.

상응하여 스스로가 6바라밀다를 수행하고, 역시 다른 사람에게도 권유하여 6바라밀다를 수행하게 하며, 항상 바르게 6바라밀다를 수행하는 법을 칭찬하고, 6바라밀다를 수행하는 자를 환희하면서 찬탄하며, 상응하여 스스로가 18공에 안주하고, 역시 다른 사람에게도 권유하여 18공에 안주하게 하며, 항상 바르게 18공에 안주하는 법을 칭찬하고, 18공에 안주하는 자를 환희하면서 찬탄하며, 상응하여 스스로가 진여·법계·법성·불허망성·불변이성·평등성·이생성·법정·법주·실제·허공계·부사의계에 안주하고, 역시 다른 사람에게도 권유하여 진여, 나아가 부사의계에 안주하게 하며, 항상 바르게 진여, 나아가 부사의계에 안주하는 법을 칭찬하고, 진여, 나아가 부사의계에 안주하는 자를 환희하면서 찬탄하느니라.

상응하여 스스로가 4성제에 안주하고, 역시 다른 사람에게도 권유하여 4성제에 안주하게 하며, 항상 바르게 4성제에 안주하는 법을 칭찬하고, 4성제에 안주하는 자를 환희하면서 찬탄하며, 상응하여 스스로가 37보리분법(三十七菩提分法)을 수행하고, 역시 다른 사람에게도 권유하여 37보리분법을 수행하게 하며, 항상 바르게 37보리분법을 수행하는 법을 칭찬하고, 37보리분법을 수행하는 자를 환희하면서 찬탄하며, 상응하여 스스로가 3해탈문을 수행하고, 역시 다른 사람에게도 권유하여 3해탈문을 수행하게 하며, 항상 바르게 3해탈문을 수행하는 법을 칭찬하고, 3해탈문을 수행하는 자를 환희하면서 찬탄하느니라.

상응하여 스스로가 8해탈·8승처·9차제정·10변처를 수행하고, 역시 다른 사람에게도 권유하여 8해탈·8승처·9차제정·10변처를 수행하게 하며, 항상 바르게 8해탈·8승처·9차제정·10변처를 수행하는 법을 칭찬하고, 8해탈·8승처·9차제정·10변처를 수행하는 자를 환희하면서 찬탄하며, 상응하여 스스로가 보살의 10지가 원만하게 하고, 역시 다른 사람에게도 권유하여 보살의 10지를 원만하게 하며, 항상 바르게 보살의 10지가 원만한 법을 칭찬하고, 보살의 10지가 원만한 자를 환희하면서 찬탄하며,

상응하여 스스로가 5안·6신통이 원만하게 하고, 역시 다른 사람에게도 권유하여 5안·6신통을 원만하게 하며, 항상 바르게 5안·6신통이 원만한 법을 칭찬하고, 5안·6신통이 원만한 자를 환희하면서 찬탄하느니라.

상응하여 스스로가 다라니문·삼마지문이 원만하게 하고, 역시 다른 사람에게도 권유하여 다라니문·삼마지문을 원만하게 하며, 항상 바르게 다라니문·삼마지문이 원만한 법을 칭찬하고, 다라니문·삼마지문이 원만한 자를 환희하면서 찬탄하며, 상응하여 스스로가 여래의 10력, 나아가 18불불공법이 원만하게 하고, 역시 다른 사람에게도 권유하여 여래의 10력, 나아가 18불불공법을 원만하게 하며, 항상 바르게 여래의 10력, 나아가 18불불공법이 원만한 법을 칭찬하고, 여래의 10력, 나아가 18불불공법이 원만한 자를 환희하면서 찬탄하며, 상응하여 스스로가 32대사상·80수호를 원만하게 하고, 역시 다른 사람에게도 권유하여 32대사상·80수호를 원만하게 하며, 항상 바르게 32대사상·80수호가 원만한 법을 칭찬하고, 32대사상·80수호가 원만한 자를 환희하면서 찬탄하느니라.

상응하여 스스로가 무망실법·항주사성이 원만하게 하고, 역시 다른 사람에게도 권유하여 무망실법·항주사성을 원만하게 하며, 항상 바르게 무망실법·항주사성이 원만하는 법을 칭찬하고, 무망실법·항주사성이 원만하는 자를 환희하면서 찬탄하며, 상응하여 스스로가 수순(隨順)하고 역순(逆順)하면서 12지연기(十二支緣起)를 관찰하고, 역시 다른 사람에게도 권유하여 수순하고 역순하면서 12지연기를 관찰하게 하며, 항상 바르게 수순하고 역순하면서 12지연기를 관찰하는 법을 칭찬하고, 수순하고 역순하면서 12지연기를 관찰하는 것이 원만하는 자를 환희하면서 찬탄하며, 상응하여 스스로가 고(苦)·단집(斷集)·증멸(證滅)·수도(修道)를 알고, 역시 다른 사람에게도 권유하여 고·단집·증멸·수도를 알게 하며, 항상 바르게 고·단집·증멸·수도를 아는 법을 칭찬하고, 고·단집·증멸·수도를 아는 자를 환희하면서 찬탄하느니라.

상응하여 스스로가 예류과를 증득하는 지혜를 일으킬지라도 실제로 증득하는 예류과를 증득하지 않고, 역시 다른 사람에게도 권유하여 예류과를 증득하는 지혜를 일으킬지라도 실제로 증득하는 예류과를 증득하지 않게 하며, 항상 바르게 예류과를 증득하는 지혜를 일으킬지라도 실제로 증득하는 예류과를 증득하지 않는 법을 찬양하고, 예류과를 증득하는 지혜를 일으킬지라도 실제로 증득하는 예류과를 증득하지 않는 자를 환희하면서 찬탄하며, 상응하여 스스로가 일래·불환·아라한과와 독각의 보리를 증득하는 지혜를 일으킬지라도 실제로 증득하는 일래·불환·아라한과와 독각의 보리를 증득하지 않고, 역시 다른 사람에게도 권유하여 일래·불환·아라한과와 독각의 보리를 증득하는 지혜를 일으킬지라도 실제로 증득하는 일래·불환·아라한과와 독각의 보리를 증득하지 않게 하며, 항상 바르게 일래·불환·아라한과와 독각의 보리를 증득하는 지혜를 일으킬지라도 실제로 증득하는 일래·불환·아라한과와 독각의 보리를 증득하지 않는 법을 찬양하고, 일래·불환·아라한과와 독각의 보리를 증득하는 지혜를 일으킬지라도 실제로 증득하는 일래·불환·아라한과와 독각의 보리를 증득하지 않는 자를 환희하면서 찬탄하느니라.

  상응하여 스스로가 보살의 정성이생의 지위에 들어가고, 역시 다른 사람에게도 권유하여 보살의 정성이생의 지위에 들어가게 하며, 항상 바르게 보살의 정성이생의 지위에 들어가는 법을 찬양하고, 보살의 정성이생의 지위에 들어가는 자를 환희하면서 찬탄하며, 상응하여 스스로가 불국토를 청정하게 장엄하여 유정을 성숙시키고, 역시 다른 사람에게도 권유하여 불국토를 청정하게 장엄하여 유정을 성숙시키게 하며, 항상 바르게 불국토를 청정하게 장엄하여 유정을 성숙시키는 법을 찬양하고, 불국토를 청정하게 장엄하여 유정을 성숙시키는 자를 환희하면서 찬탄하며, 상응하여 스스로가 보살의 신통을 일으키고, 역시 다른 사람에게도 권유하여 보살의 신통을 일으키게 하며, 항상 바르게 보살의 신통을 일으키는 법을 찬양하고, 보살의 신통을 일으키는 자를 환희하면서 찬탄하느니라.

  상응하여 스스로가 일체지·도상지·일체상지를 일으키고, 역시 다른 사람에게도 권유하여 일체지·도상지·일체상지를 일으키게 하며, 항상 바르게 일체지·도상지·일체상지를 일으키는 법을 찬양하고, 일체지·도상지·일체상지를 일으키는 자를 환희하면서 찬탄하며, 상응하여 스스로가 번뇌(煩惱)와 습기(習氣)의 상속(相續)을 단절하고, 역시 다른 사람에게도 권유하여 번뇌와 습기의 상속을 단절하게 하며, 항상 바르게 번뇌와 습기의 상속을 단절하는 법을 찬양하고, 번뇌와 습기의 상속을 단절하는 자를 환희하면서 찬탄하며, 상응하여 스스로가 섭수하여 수명(壽量)이 원만하게 하고, 역시 다른 사람에게도 권유하여 섭수하여 수명이 원만하게 하며, 항상 바르게 섭수하여 수명이 원만한 법을 찬양하고, 섭수하여 수명이 원만한 자를 환희하면서 찬탄하느니라.

상응하여 스스로가 법륜을 굴리고, 역시 다른 사람에게도 권유하여 법륜을 굴리게 하며, 항상 바르게 법륜을 굴리는 법을 찬양하고, 법륜을 굴리는 자를 환희하면서 찬탄하며, 상응하여 스스로가 정법(正法)을 섭수하고 수호하여 안주하게 하고, 역시 다른 사람에게도 권유하여 정법을 섭수하고 수호하여 안주하게 하며, 항상 바르게 정법을 섭수하고 수호하여 안주하게 하는 법을 찬양하고, 정법을 섭수하고 수호하여 안주하게 하는 자를 환희하면서 찬탄하느니라. 선현이여. 보살마하살이 구하였던 것인 무상정등보리를 빠르게 성취하고자 한다면 이와 같은 법에서 얻을 수 없는 것으로써 방편을 삼아서 상응하여 이와 같이 안주해야 하느니라.

선현이여. 제보살마하살은 상응하여 매우 깊은 반야바라밀다의 방편선교를 이와 같이 수학해야 하나니, 만약 이와 같이 수학한다면 나아가 상응하여 안주할 법이라는 것에 능히 안주할 것이고, 만약 이와 같이 수학하고 이와 같이 안주한다면, 곧 색에서 장애가 없는 것을 얻게 되고 수·상·행·식에서 장애가 없는 것을 얻게 되며, 나아가 법륜을 굴리는 것에서 장애가 없는 것을 얻게 되고, 정법이 안주하는 것에서 장애가 없는 것을 얻게 되느니라.

그 까닭은 무엇인가? 선현이여. 이 보살마하살은 전제(前際)부터 오면서 색을 섭수(攝受)하지 않았고, 수·상·행·식을 섭수하지 않았으며, 나아가 법륜을 굴리는 것을 섭수하지 않았고, 정법에 안주하는 것을 섭수하지 않았느니라. 왜 그러한가? 선현이여. 색은 섭수할 수 없는 까닭이고, 만약 색을 섭수할 수 없다면 색이 아니며, 수·상·행·식은 섭수할 수 없는 까닭이고, 만약 수·상·행·식을 섭수할 수 없다면 수·상·행·식이 아니며, 나아가 법륜을 굴리는 것은 섭수할 수 없는 까닭이고, 만약 법륜을 굴리는 것을 섭수할 수 없다면 법륜을 굴리는 것이 아니며, 정법에 안주하는 것은 섭수할 수 없는 까닭이고, 만약 정법에 안주하는 것을 섭수할 수 없다면 정법에 안주하는 것이 아니니라."

이와 같이 보살이 안주하는 법이라는 것을 설하시는 때에, 2천 명의 보살들이 무생법인을 증득하였다.

53. 불퇴전품(不退轉品)

그때 구수 선현이 다시 세존께 아뢰어 말하였다.

"세존이시여. 저희 등은 마땅히 무슨 행(行)·형상(狀)·상(相)으로써 이 자가 불퇴전의 보살마하살이라고 알 수 있습니까?"

세존께서 말씀하셨다.

"선현이여. 만약 보살마하살이 여러 이생지(異生地)이거나, 여러 성문지(聲聞地)이거나, 여러 독각지(獨覺地)이거나, 여러 보살지(菩薩地)이거나, 여러 여래지(如來地)이거나, 이와 같은 여러 지위를 비록 설하면서 변이(變異)가 있을지라도, 제법에서 진여는 이치의 가운데에서 변이가 없고 분별이 없으며 모두가 무이(無二)이고 두 가지의 분별이 없다고 능히 여실하게 알았고, 이 보살마하살이 비록 제법의 진여에 여실하게 깨달아서 들어갔으나, 진여에서 분별하였던 것이 없고 얻을 수 없는 것으로써 방편을 삼았던 까닭이라면, 이 보살마하살이 이미 제법의 진여에 여실하게 깨달아서 들어갔으므로, 비록 진여와 일체법은 무이이고 분별이 없다고 들을지라도 막힘과 장애가 없느니라.
 그 까닭은 무엇인가? 진여와 법은 하나라고 설할 수 없고, 다르다고 설할 수 없으며, 함께 한다고 설할 수 없고, 함께 하지 않는다고 설할 수 없는 까닭이고, 법계, 나아가 부사의계도 역시 다시 이와 같으니라. 이 보살마하살은 결국 그와 같이 경솔하지 않고 경솔하게 말하지 않으며, 여러 말하는 것이 있더라도 모두 의취의 날카로움을 인용하고, 만약 의취의 날카로움이 없다면 결국 말하지 않느니라. 이 보살마하살은 결국 다른 사람의 좋거나, 나쁘거나, 장점이거나, 단점을 관찰하지 않으며 평등하게 연민하면서 설법하느니라. 이 보살마하살은 법사(法師)의 종성(種性)이 좋고 나쁨을 관찰하지 않고 오직 설하는 것에서 미묘한 법의 의취를 구하느니라.
 선현이여. 불퇴전의 보살마하살은 이와 같은 행·형상·상을 구족하였나니, 상응하여 이와 같은 제행·형상·상으로써 이 자가 불퇴전의 보살이라고 알아야 하느니라."
 그때 선현이 다시 세존께 아뢰어 말하였다.
 "무엇 등을 제행·형상·상이라고 이름합니까?"
 세존께서 말씀하셨다.
 "선현이여. 제법은 행도 없고 형상도 없으며 상도 없나니, 마땅히 이것이 제행·형상·상이라고 알아야 하느니라."
 선현이 다시 세존께 아뢰어 말하였다.
 "만약 일체법이 행이 없고 형상이 없으며 상이 없다면, 이 보살마하살은 무엇을 전전(展轉)하는 까닭으로 불퇴전이라고 이름합니까?"
 세존께서 말씀하셨다.
 "선현이여. 이 보살마하살은 색(色)에서 전전하는 까닭으로 불퇴전이라고 이름하고, 수(受)·상(想)·행(行)·식(識)에서 전전하는 까닭으로 불퇴전이라고 이름하며, 안처(眼處)에서 전전하는 까닭으로 불퇴전이라고 이름하고, 이(耳)·비(鼻)·설(舌)·신(身)·의처(意處)에서 전전하는 까닭으로 불퇴전이라고 이름하며, 색처(色處)에서 전전하는 까닭으로 불퇴전이라고 이름하고, 성(聲)·향(香)·미(味)·촉(觸)·법처(法處)에서 전전하는 까닭으로 불퇴전이라고 이름하며, 안계(眼界)에서 전전하는 까닭으로 불퇴전이라고 이름하고, 이(耳)·비(鼻)·설(舌)·신(身)·의계(意界)에서 전전하는 까닭으로 불퇴전이라고 이름하며,

색계(色界)에서 전전하는 까닭으로 불퇴전이라고 이름하고, 성(聲)·향(香)·미(味)·촉(觸)·법계(法界)에서 전전하는 까닭으로 불퇴전이라고 이름하며, 안식계(眼識界)에서 전전하는 까닭으로 불퇴전이라고 이름하고, 이(耳)·비(鼻)·설(舌)·신(身)·의식계(意識界)에서 전전하는 까닭으로 불퇴전이라고 이름하며, 안촉(眼觸)에서 전전하는 까닭으로 불퇴전이라고 이름하고, 이(耳)·비(鼻)·설(舌)·신(身)·의촉(意觸)에서 전전하는 까닭으로 불퇴전이라고 이름하며, 안촉(眼觸)을 인연으로 생겨난 여러 수(受)에서 전전하는 까닭으로 불퇴전이라고 이름하고, 이(耳)·비(鼻)·설(舌)·신(身)·의촉(意觸)을 인연으로 생겨난 여러 수에서 전전하는 까닭으로 불퇴전이라고 이름하며,

보시바라밀다(布施波羅蜜多)에서 전전하는 까닭으로 불퇴전이라고 이름하고, 정계(淨戒)·안인(安忍)·정진(精進)·정려(靜慮)·반야바라밀다(般若波羅蜜多)에서 전전하는 까닭으로 불퇴전이라고 이름하며, 내공(內空)에서 전전하는 까닭으로 불퇴전이라고 이름하고, 외공(外空), 나아가 무성자성공(無性自性空)에서 전전하는 까닭으로 불퇴전이라고 이름하며, 진여(眞如)에서 전전하는 까닭으로 불퇴전이라고 이름하고, 법계(法界), 나아가 부사의계(不思議界)에서 전전하는 까닭으로 불퇴전이라고 이름하며, 고성제(苦聖諦)에서 전전하는 까닭으로 불퇴전이라고 이름하고, 집(集)·멸(滅)·도성제(道聖諦)에서 전전하는 까닭으로 불퇴전이라고 이름하며,

4념주(四念住)에서 전전하는 까닭으로 불퇴전이라고 이름하고, 나아가 8성도지(八聖道支)에서 전전하는 까닭으로 불퇴전이라고 이름하며, 4정려(四靜慮)에서 전전하는 까닭으로 불퇴전이라고 이름하고, 4무량(四無量)·4무색정(四無色定)에서 전전하는 까닭으로 불퇴전이라고 이름하며, 8해탈(八解脫)에서 전전하는 까닭으로 불퇴전이라고 이름하고, 8승처(八

勝處)·9차제정(九次第定)·10변처(十遍處)에서 전전하는 까닭으로 불퇴전이라고 이름하며, 공해탈문(空解脫門)에서 전전하는 까닭으로 불퇴전이라고 이름하고, 무상(無相)·무원해탈문(無願解脫門)에서 전전하는 까닭으로 불퇴전이라고 이름하며,

3승(三乘)의 10지(十地)에서 전전하는 까닭으로 불퇴전이라고 이름하고, 보살(菩薩)의 10지(十地)에서 전전하는 까닭으로 불퇴전이라고 이름하며, 다라니문(陀羅尼門)에서 전전하는 까닭으로 불퇴전이라고 이름하고, 삼마지문(三摩地門)에서 전전하는 까닭으로 불퇴전이라고 이름하며, 5안(五眼)에서 전전하는 까닭으로 불퇴전이라고 이름하고, 6신통(六神通)에서 전전하는 까닭으로 불퇴전이라고 이름하며, 여래(佛)의 10력(十力)에서 전전하는 까닭으로 불퇴전이라고 이름하고, 나아가 18불불공법(十八佛不共法)에서 전전하는 까닭으로 불퇴전이라고 이름하며,

32대사상(三十二大士相)에서 전전하는 까닭으로 불퇴전이라고 이름하고, 80수호(八十隨好)에서 전전하는 까닭으로 불퇴전이라고 이름하며, 무망실법(無忘失法)에서 전전하는 까닭으로 불퇴전이라고 이름하고, 항주사성(恒住捨性)에서 전전하는 까닭으로 불퇴전이라고 이름하며, 일체지(一切智)에서 전전하는 까닭으로 불퇴전이라고 이름하고, 도상지(道相智)·일체상지(一切相智)에서 전전하는 까닭으로 불퇴전이라고 이름하며, 이생지(異生地)에서 전전하는 까닭으로 불퇴전이라고 이름하고, 성문지(聲聞地)·독각지(獨覺地)·보살지(菩薩地)·여래지(如來地)에서 전전하는 까닭으로 불퇴전이라고 이름하며, 일체의 보살마하살(菩薩摩訶薩)의 행(行)에서 전전하는 까닭으로 불퇴전이라고 이름하고, 제불(諸佛)의 무상정등보리(無上正等菩提)에서 전전하는 까닭으로 불퇴전이라고 이름하느니라.

왜 그러한가? 선현이여. 색의 자성(自性)은 무소유이고, 수·상·행·식의 자성도 무소유이며, 이와 같이 나아가 일체의 보살마하살의 행의 자성도 무소유이고, 제불의 무상정등보리의 자성도 무소유이나니, 이 보살마하살이 그 가운데서 안주하지 않는 까닭으로 전전한다고 이름하며, 오히려 전전하지 않는 까닭으로 불퇴전의 보살마하살이라고 이름하느니라. 만약

보살마하살이 이와 같이 능히 알았다면 이것을 불퇴전의 보살마하살이라 이름하느니라.

다시 다음으로 선현이여. 일체의 불퇴전인 보살마하살들은 결국 외도·사문·바라문 등의 형상(形相)과 말을 즐겁게 관찰하지 않는데, 그 여러 사문들과 바라문들이 알아야 하는 것인 법에서 진실하게 알거나, 진실하게 보거나, 혹은 정견(正見)의 법문(法門)을 능히 시설(施設)하는 이러한 처소는 없느니라.

다시 다음으로 선현이여. 일체의 불퇴전인 보살마하살들은 세존께서 선설(善說)하신 법과 비나야(毘奈耶)에서 의혹이 생겨나지 않고, 세간의 일에서 계금취(戒禁取)3)가 없고, 악한 견해에 떨어지지 않으며, 세속(世俗)의 길상(吉祥)한 일에 집착하여 청정한 것으로써 삼지 않고, 결국 여러 나머지의 천신(天神)에게 예경(禮敬)하면서 여러 세간의 의도들이 섬기는 일과 같게 하지 않으며, 결정적으로 여러 종류의 화만·바르는 향·뿌리는 향·의복·영락·보배의 당기·번기·일산·기악·등불로써 천신들과 여러 외도들에게 공양하지 않느니라. 선현이여. 만약 보살마하살이 이와 같은 제행·형상·상을 성취한다면, 이 자는 불퇴전의 보살마하살이라고 알아야 하느니라.

다시 다음으로 선현이여. 일체의 불퇴전인 보살마하살들은 지옥(地獄)·방생(傍生)·귀계(鬼界)·아소락(阿素洛)에 태어나지 않고, 역시 비천(卑賤)한 종족인 이를테면, 전다라(旃茶羅)·보갈사(補羯娑) 등에 태어나지 않고, 역시 결국 천제(闡提)4)·반택(半擇)5)·무형(無形)6)·이형(二形)7)과 여자의

---

3) 산스크리트어 śīla-vrata-parāmarśa의 번역이고, 계율에 대한 잘못된 견해에 집착하는 것이다.
4) 산스크리트어 Icchantika의 번역이고, 수행하더라도 절대 깨달을 수 없는 자를 가리킨다.
5) 산스크리트어 paṇḍaka의 음사이고, '황문(黃門)', '불남(不男)' 등으로 번역한다. 남근이 없거나, 불완전한 남근이 있는 자를 말한다.
6) 남근(男根)이거나, 여근(女根)이 불완전하여 일부가 없는 사람을 가리킨다.

몸 등을 받지 않으며, 역시 다시 맹인(盲)·귀머거리(聾)·말더듬이(瘖)·벙어리(啞)·절름발이(攣)·앉은뱅이(躄)·미친병(癲)·간질(癇)·꼽추(尪)·곰보(陋) 등의 몸을 받지 않고, 역시 한가한 시간이 없는 곳에도 태어나지 않느니라. 선현이여. 만약 보살마하살이 이와 같은 제행·형상·상을 성취한다면, 이 자는 불퇴전의 보살마하살이라고 알아야 하느니라.

선현이여. 일체의 불퇴전인 보살마하살들은 항상 즐겁게 10선업도(十善業道)를 받아들여서 행하며, 스스로가 생명을 해치는 것을 벗어나고, 다른 사람에게도 권유하여 생명을 해치는 것을 벗어나게 하고, 항상 바르게 생명을 해치는 것을 벗어나는 법을 칭찬하고, 생명을 해치는 것을 벗어나는 자를 환희하고 찬탄하며, 나아가 스스로가 삿된 견해를 벗어나고, 다른 사람에게도 권유하여 삿된 견해를 벗어나게 하고, 항상 바르게 삿된 견해를 벗어나는 법을 칭찬하고, 삿된 견해를 벗어나는 자를 환희하고 찬탄한다면, 이 보살마하살은 나아가 꿈속에서도 10악업도(十惡業道)를 일으키지 않는데 하물며 깨어있는 때이겠는가? 선현이여. 만약 보살마하살이 이와 같은 제행·형상·상을 성취한다면, 이 자는 불퇴전의 보살마하살이라고 알아야 하느니라.

다시 다음으로 선현이여. 일체의 불퇴전인 보살마하살들은 널리 일체의 유정을 요익(饒益)하게 하기 위하여 얻을 수 없는 것으로써 방편을 삼아서 항상 보시바라밀다, 나아가 반야바라밀다를 수행하면서 항상 단절되는 틈새가 없느니라. 선현이여. 만약 보살마하살이 이와 같은 제행·형상·상을 성취한다면, 이 자는 불퇴전의 보살마하살이라고 알아야 하느니라.

선현이여. 일체의 불퇴전인 보살마하살들은 여러 수지하고 사유하며 독송하였던 것인 이를테면, 계경(契經)·응송(應頌)·기별(記別)·풍송(諷頌)·자설(自說)·연기(緣起)·본사(本事)·본생(本生)·방광(方廣)·희법(希法)·비유(譬喩)·논의(論議) 등의 일체를 모두 구경에 통달하여 이와 같은

---

7) 남근(男根)과 여근(女根)이 함께 갖추어진 자를 가리킨다.

법으로써 일체의 유정들에게 항상 즐겁게 보시하고, 항상 '어떻게 마땅히 제유정의 부류들이 정법과 바른 서원을 구하면서 모두가 만족을 얻을 것인가?'라고 이렇게 생각을 지으며, 얻을 수 없는 것으로써 방편을 삼고서, 다시 이와 같은 법을 보시한 선근을 가지고 유정들과 함께 평등하게 공유하면서 무상정등보리로 회향하게 하느니라. 선현이여. 만약 보살마하살이 이와 같은 제행·형상·상을 성취한다면, 이 자는 불퇴전의 보살마하살이라고 알아야 하느니라.

선현이여. 일체의 불퇴전인 보살마하살들은 세존께서 설하셨던 것인 매우 깊은 법문에서 의혹과 주저함(猶豫)이 생겨나지 않느니라. 왜 그러한가? 이 보살마하살은 법인 만약 색이거나, 만약 수·상·행·식의 그 가운데에서 의혹과 주저함이 있다고 보지 않으며, 이와 같이 나아가, 법인 만약 일체의 보살마하살의 행이거나, 만약 제불의 무상정등보리의 그 가운데에서 의혹과 주저함이 있다고 보지 않느니라. 선현이여. 만약 보살마하살이 이와 같은 제행·형상·상을 성취한다면, 이 자는 불퇴전의 보살마하살이라고 알아야 하느니라.

다시 다음으로 선현이여. 일체의 불퇴전인 보살마하살들은 조화롭고 유연한 신(身)·어(語)·의업(意業)을 성취하였으므로 제유정에게 마음에 장애(罣礙)가 없으며, 항상 자(慈)·비(悲)·희(喜)·사(捨) 등을 성취하여 신·어·의업에 상응하는 업을 일으켜서 결정적으로 주지 않고, 5개(五蓋)인 이를테면, 탐욕(貪欲)·진에(瞋恚)·혼침(惛沈)[8]·수면(睡眠)[9]·도거악작(掉擧惡作)[10]·의개(疑蓋)[11] 등을 함께 행하지 않으며, 일체의 수면(隨眠)[12]을

---

8) 산스크리트어 styāna의 번역이고, 몸과 마음을 무겁게 하고 침울하게 하며 무기력하게 하는 마음작용을 뜻한다.
9) 산스크리트어 middha의 번역이고, 사람의 마음을 어지럽히는 마음작용을 뜻한다.
10) 산스크리트어 auddhatya-kaukṛtya-avarana의 번역이고, 도거는 마음을 들뜨게 하고 소란스럽게 하는 마음작용으로 혼침(昏沈)의 반대이고, 악작(惡作)은 후회(後悔)하는 마음작용을 뜻한다.
11) 의(疑)는 산스크리트어 vicikitsā의 번역이고, '의심(疑心)' 또는 '의혹(疑惑)'으로 번역하고, 개(蓋)는 산스크리트어 āvarana의 번역이고, 부장(覆障)을 뜻하는 번뇌

모두 절복(摧伏)시키고, 일체의 결(結)13)·박(縛)14)·수번뇌(隨煩惱)15)·전(纏)16) 등이 모두 영원히 일어나지 않게 하며, 출입(出入)하거나 왕래(往來)하면서 마음이 미혹되지 않고, 항상 정념(正念)과 정지(正知)17)에 안주하며, 나아가고 멈추는 위의(威儀)와 행(行)·주(住)·좌(坐)·와(臥) 및 발을 들고 발을 내리면서도 역시 다시 이와 같고, 여러 밟고 다니는 곳을 반드시 땅을 살펴보며, 안상(安庠)18)하게 생각을 붙잡아두고 앞을 보면서 다니며, 운동(運動)하거나 말하는 때에는 갑작스러운 폭력이 없느니라. 선현이여. 만약 보살마하살이 이와 같은 제행·형상·상을 성취한다면, 이 자는 불퇴전의 보살마하살이라고 알아야 하느니라.

다시 다음으로 선현이여. 일체의 불퇴전인 보살마하살들은 여러 수용(受容)하는 것인 와구(臥具)·의복 등이 모두가 항상 향기롭고 깨끗하며 여러 냄새와 더러움이 없고, 역시 때(垢)·기름(膩)이 없고 벼룩(蟣)·이(虱) 등의 벌레가 없으며, 마음은 맑고 빛나는 것을 즐거워하고, 몸은 질병이 없느니라. 선현이여. 만약 보살마하살이 이와 같은 제행·형상·상을 성취

의 다른 말이다. 따라서 의혹으로 뒤덮인 번뇌라는 뜻이다.
12) 산스크리트어 anuśaya의 번역이고, 근본번뇌의 다른 말이며, 유정의 마음을 따라서 일어나고 또한 그 행상(行相)이 미세하며, 유정의 마음을 쫓아다니면서 마음이 혼미한 상태에 있게 하는 것이 잠자는 것과 같으므로 수면이라고 말한다.
13) 산스크리트어 saṃyojana의 번역이고, 번뇌가 유정을 괴로운 과보가 생겨나는 상태에 묶어버리는 작용을 뜻한다. 일반적으로 '속박(束縛)', '결박(繫縛)', '계박(繫縛)'의 뜻으로 해석된다.
14) 산스크리트어 bandhana의 번역이고, '결박(結縛)', '계박(繫縛)', '구속(拘束)', '속박(束縛)' 등의 뜻이며, 번뇌의 다른 이름이다. 번뇌가 마음을 결박하여 생사의 얽어맨다는 뜻이다.
15) 산스크리트어 upakleśa의 번역이고, 근본번뇌를 따라서 일어나는 번뇌로 20종류가 있다.
16) 산스크리트어 paryavasthāna의 번역이고, '전박(纏縛)', '속박(束縛)', '구속(拘束)' 등의 뜻이며, 번뇌의 다른 이름이다. 번뇌가 몸과 마음을 얽어매어 자유롭지 못하게 하는 것이다.
17) 산스크리트어 sampajañña의 번역이고, '명확한 이해', '성찰' 등을 뜻한다.
18) 몸가짐이 '안정되고 점잖다.'는 뜻이다.

한다면, 이 자는 불퇴전의 보살마하살이라고 알아야 하느니라.
다시 다음으로 선현이여. 일체의 불퇴전인 보살마하살들은 몸과 마음이 청정하여 일반의 사람의 몸에 항상 8만(萬) 호(戶)의 벌레가 침범하여 갉아먹는 것과 같지 않으니라. 왜 그러한가? 이 제보살마하살들의 선근은 증상(增上)하고 세간을 벗어나서 초월하며 받았던 몸을 형상이 내(內)·외신(外身)이 청정한 까닭으로 벌레의 부류들이 그 몸을 침범하여 갉아먹지 못하느니라. 여여(如如)한 선근이 점차 증장(增益)한다면 이와 같고 이와 같은 몸과 마음은 전전하여 청정하나니, 오히려 이러한 인연으로 이 보살마하살들의 몸과 마음이 견고하고 금강(金剛)을 뛰어넘으므로 어긋나는 인연인 이를테면, 추위·더위·굶주림(飢)·갈증(渴)·모기(蚊)·등에(虻)·바람·햇볕·독충(毒蟲)·무기(刀) 등의 부류와 여러 전결(纏結)이 능히 침범하여 번뇌시키지 않느니라. 선현이여. 만약 보살마하살이 이와 같은 제행·형상·상을 성취한다면, 이 자는 불퇴전의 보살마하살이라고 알아야 하느니라."

그때 구수 선현이 세존께 아뢰어 말하였다.
"세존이시여. 이와 같이 불퇴전의 보살마하살은 어찌하여 신(身)·어(語)·의(意)가 항상 청정함을 얻습니까?"
세존께서 말씀하셨다.
"선현이여. 이 보살마하살의 여여한 선근이 점점 증장하고 이와 같고 이와 같은 신·어·의의 허물(曲)은 오히려 선근의 힘으로 제거하여 없애는 까닭으로 미래의 세상이 끝마치도록 반드시 결국에는 일어나지 않느니라. 오히려 이것으로 신·어·의가 항상 청정함을 얻느니라.
다시 다음으로 선현이여. 이 보살마하살은 몸의 세 가지와 말의 네 가지와 뜻의 세 가지 미묘한 행이 항상 앞에 나타나서 있는 까닭으로 일체의 시간에 신·어·의가 청정하고, 오히려 이러한 청정함을 까닭으로 성문지와 독각지를 초월하며, 보살의 정성이생에 들어갈지라도 실제를 증득하지 않고 항상 즐겁게 일체의 유정을 성숙시키고 불국토를 청정하게 장엄하나니, 오히려 이것으로 신·어·의가 청정함을 얻어서 보살위(菩薩位)에 안주하면서 견고(堅固)하므로 움직이지 않느니라. 선현이여. 만약 보살마하살이 이와 같은 제행·형상·상을 성취한다면, 이 자는 불퇴전의 보살마하살이라고 알아야 하느니라.

다시 다음으로 선현이여. 일체의 불퇴전인 보살마하살들은 이양(利養)이 소중하지 않고 명예에 빠지지 않으며, 여러 음식·의복·와구(臥具)·방사(房舍)·재물(資財) 등에서 모두가 탐욕의 염오가 없고, 비록 12두타(十二杜多)의 공덕을 받았더라도 그 가운데에서 모두 아까워하는 것이 없으므로, 반드시 결국에는 간탐(慳貪)·파계(破戒)·진에(忿恚)·해태(懈怠)·산란(散亂)·우치(愚癡)와 나머지 여러 종류의 번뇌와 전결(纏結)에 상응(相應)하는 마음을 일으키지 않느니라. 선현이여. 만약 보살마하살이 이와 같은 제행·형상·상을 성취한다면, 이 자는 불퇴전의 보살마하살이라고 알아야 하느니라.

다시 다음으로 선현이여. 일체의 불퇴전인 보살마하살들은 깨닫는 지혜가 견고하고 맹렬하여 능히 깊이 깨달아 들어갔으므로 정법을 듣는다면 공경스럽게 믿고 받아들이며 생각을 잡아매어서 구경의 이취(理趣)를 사유하고, 세간법이거나 출세간법에서 들었던 것을 따라서 모두 방편으로 법회(法會)하면서 반야바라밀다의 매우 깊은 이취로 들어가며, 여러 조작(造作)하는 세간의 사업이라는 것도 역시 반야바라밀다에 의지하여 법회하고 법성(法性)에 들어가서 하나의 일이라도 법성에서 벗어났다고 보지 않으며, 설사 법성과 상응하지 않는 것이 있더라도 역시 능히 방편으로 법회하면서 반야바라밀다의 매우 깊은 이치에 들어가나니, 오히려 이것으로 법성에서 벗어난 것을 보지 않느니라. 선현이여. 만약 보살마하살이 이와 같은 제행·형상·상을 성취한다면, 이 자는 불퇴전의 보살마하살이라고 알아야 하느니라.

다시 다음으로 선현이여. 일체의 불퇴전인 보살마하살들은 설사 악마가 있어서 눈앞에 나타나서 변화로 8대지옥(八大地獄)을 짓고, 다시 하나하나의 대지옥의 가운데에서 무량하고 무변한 보살마하살을 변화시켜 지었으며, 모두 맹렬한 불꽃에 교차하고 뒤엉켜서 태워지면서 각자 매섭고 극심한 큰 고통을 받는 것을 나타내었고, 이것을 변화시켜 짓고서 불퇴전의 보살들에게 '이 제보살들은 모두가 무상정등보리에서 불퇴전의 수기를 받았던 까닭으로 이와 같은 대지옥의 가운데에 떨어져서 항상 이와 같은 여러 종류의 극심한 고통을 받고 있소. 그대들 보살들도 이미 무상정등보리에서 불퇴전의 수기를 받았으니, 역시 마땅히 이러한 대지옥의 가운데에 떨어져서 여러 극심한 고통을 받을 것이오.

여래는 그대들에게 대지옥에서 극심한 고통을 받는 수기를 주었던 것이고, 무상정등보리에서 불퇴전의 수기를 주었던 것이 아니오. 이러한 까닭으로 그대들은 빠르게 대보리의 마음을 버린다면, 대지옥의 고통을 벗어나게 되고 천상이거나, 혹은 인간의 가운데에 태어나서 여러 부귀와 쾌락을 받을 것이오.'라고 말하였다면, 이때 불퇴전의 보살마하살들은 이러한 일을 보거나 듣더라도 그 마음이 움직이지 않고 역시 의심하지 않으면서 다만 '불퇴전의 수기를 받은 보살마하살이 만약 지옥·방생·귀계·아소락에 떨어진다는 이러한 처소는 없다.'라고 이렇게 생각을 짓느니라.

그 까닭은 무엇인가? 불퇴전위(不退轉位)의 보살들은 결정적으로 선하지 않은 업이 없는 까닭이고, 역시 선한 업이 괴로운 과보를 부르는 것이 없는 까닭이며, 제불께서는 결정적으로 헛되고 속이는 말이 없는 까닭이고, 여래께서 설하신 것은 모두가 일체의 유정을 이익되고 안락하게 하기 위하여 대자비(大慈悲)의 마음에서 유출(流出)된 까닭이니, 보았고 들었던 것은 결정적으로 이것은 악마가 지어서 말한 것이다. 선현이여. 만약 보살마하살이 이와 같은 제행·형상·상을 성취한다면, 이 자는 불퇴전의 보살마하살이라고 알아야 하느니라.

다시 다음으로 선현이여. 일체의 불퇴전인 보살마하살들은 설사 악마가 있어서 사문의 형상을 짓고 그의 처소에 왔으며 '그대가 먼저 들었던 것인 〈상응하게 보시바라밀다를 수행하여 빠르게 원만하게 하고 정계·안인·정진·정려·반야바라밀다를 수행하여 빠르게 원만하게 하며, 이와 같이 나아가, 상응하여 무상정등보리를 증득할 것이다.〉라고 이와 같이 설하였던 말은 모두가 삿되게 설한 것이니, 상응하여 빠르게 버리고 진실이라고 생각하지 말라.

또한 그대들이 먼저 들었던 〈과거·미래·현재에 일체의 여래·응공·정등각과 그의 제자들이 초발심부터 나아가 법주(法住)의 그 가운데에서 소유한 일체 공덕과 선근이 모두 따라서 기뻐하면서 생겨났으므로 일체를 합치고 집적하며 제유정들과 함께 평등하게 공유하면서 구하였던 무상정등보리에 상응하여 회향해야 한다.'라고 이와 같이 들었던 것은 역시 삿되게 설한 것이니, 상응하여 빠르게 버리고 진실이라고 생각하지 말라.

만약 그대들이 그가 설한 삿된 법을 버린다면 내가 마땅히 그대에게 진실한 불법을 가르쳐주겠고 그대들이 수행하여 빠르게 무상정등보리를 증득하게 하겠다. 그대들이 먼저 들었던 것은 진실로 여래의 말씀이 아니고, 이것은 문장과 게송도 허망(虛妄)하게 찬집(撰集)한 것이며, 내가 설하는 것은 이것이 진실로 여래의 말씀이므로 그대가 구하였던 것인 무상정등보리를 빠르게 증득하게 할 것이다.'라고 이와 같이 말을 지었는데, 선현이여. 만약 보살마하살이 이와 같은 말을 듣고서 마음이 움직여서 놀라거나 의심한다면, 아직 불퇴전의 수기를 받지 않았고, 그는 무상정등보리에서 오히려 결정되지 않았으며, 불퇴전의 보살마하살이라고 이름하지 못한다고 마땅히 알아야 하느니라.

선현이여. 만약 보살마하살이 이와 같은 말을 듣고서 그 마음이 움직이지 않고 역시 놀라거나 의심하지 않으며, 다만 짓는 것이 없고(無作) 상이 없으며(無相) 생겨남이 없는(無生) 법성(法性)을 따라서 안주하고, 이 보살마하살이 여러 지었던 것이 있더라도 다른 사람의 말을 믿지 않으며, 다른 사람의 교계를 따르지 않고 보시바라밀다를 수행하고, 다른 사람의 교계를 따르지 않고 정계·안인·정진·정려·반야바라밀다를 수행하며, 나아가 다른 사람의 교계를 따르지 않고 무상정등보리에 나아간다면 이 보살마하살은 이미 무상정등보리에서 불퇴전을 얻었다고 마땅히 알아야 하느니라.

선현이여. 누진(漏盡)의 아라한은 여러 행하였던 것이 있더라도 다른 사람의 말을 믿지 않고 현재에 법성을 증득하여 미혹이 없고 의심이 없으므로, 일체의 악마가 능히 요동시키지 못하는 것과 같이, 불퇴전의 보살마하살은 일체의 성문·독각·외도·여러 악마 등이 능히 파괴할 수 없고 그 마음을 절복(折伏)시켜서 보리에서 퇴전하여 굴복하는 것이 생겨나게 하지 못하느니라. 선현이여. 이 보살마하살이 결정적으로 불퇴전지에 이미 안주하였다면 소유한 사업을 모두 스스로가 자세하게 생각하여 다만 다른 사람의 말을 믿고 곧 일어나서 짓지 않고, 나아가 여래·응공·정등각께서 소유한 말씀과 교계라도 오히려 가볍게 믿고서 받아들이지 않는데 하물며 성문·독각·외도·악마들의 말을 믿고서 지었던 것이 있겠는가! 이 여러 보살들이 하였던 것이 있더라도 다만 다른 사람의 행을 믿는 이러한 처소는 결국에는 없느니라. 왜 그러한가? 선현이여. 이 보살마하살은 법에서 믿고 행할 것이 있다고 보지 않느니라.

그 까닭은 무엇인가? 선현이여. 이 보살마하살은 색에 믿고 행할 것이 있다고 보지 않고, 수·상·행·식에 믿고 행할 것이 있다고 보지 않으며, 색의 진여에 믿고 행할 것이 있다고 보지 않고, 수·상·행·식의 진여에도 믿고 행할 것이 있다고 보지 않으며, 이와 같이 나아가, 제불의 무상정등보리에도 믿고 행할 것이 있다고 보지 않고, 제불의 무상정등보리의 진여에도 믿고 행할 것이 있다고 보지 않느니라. 선현이여. 만약 보살마하살이 이와 같은 제행·형상·상을 성취한다면, 이 자는 불퇴전의 보살마하살이라고 알아야 하느니라.

다시 다음으로 선현이여. 일체의 불퇴전인 보살마하살들은 설사 악마가 있어서 비구의 형상을 짓고 그의 처소에 와서 나아갔으며, '그대들이 행하였던 이것은 생사의 법이고, 보살의 행이 아니며, 오히려 이것으로 일체지지를 얻는 것이 아니오. 그대들은 지금부터 상응하여 고통을 끝마치는 도를 수행하여 빠르게 여러 고통을 끝마치고 반열반을 증득하시오.'라고 이와 같이 외치면서 말하였고, 이때 악마들이 곧 보살들을 위하여 생사에 떨어지게 하는 비슷한 도법(道法)인 이를테면, 골상(骨相)이거나, 혹은 청어상(靑瘀想)이거나, 혹은 농란상(膿爛想)이거나, 혹은 이적상(異赤想)이거나, 혹은 자(慈)이거나, 혹은 비(悲)이거나, 혹은 희(喜)이거나, 혹은 사(捨)이거나, 혹은 4정려이거나, 혹은 4무색정 등을 설하고서, '이것만이 진실한 도이고 진실한 행이니, 그대들이 이러한 도와 이 행을 수용한다면 마땅히 예류과, 나아가 독각의 보리를 증득할 것이오.

그대들은 오히려 이러한 도와 오히려 이러한 행을 까닭으로 빠르게 일체의 생·노·병·사를 끝마칠 것인데, 오래도록 생사의 고통을 받더라도 무슨 소용이 있겠는가? 현재의 괴로운 몸은 오히려 상응하여 싫어하고 버려야 하는데, 하물며 다시 미래의 세상에 괴로운 몸을 받는 것을 구하겠는가? 마땅히 스스로가 자세히 생각하여 먼저 믿던 것을 버리시오.'라고 설한다면, 선현이여. 이 보살마하살이 그의 말을 듣는 때에 그 마음이 움직이지 않고 역시 놀라지 않고 의심하지 않고서 다만 '지금의 이 비구는 나에게 적지 않은 이익이다. 능히 나를 위하여 비슷한 도법을 설하여 내가 이 도법으로 예류과를 능히 증득하지 못하고, 나아가 독각의 보리도 증득하지 못하는데, 하물며 구하였던 것인 무상정등보리를 증득할 수 있겠는가를 알게 하였다.'라고 이렇게 생각을 짓느니라.

이 보살마하살은 이렇게 생각을 짓고서 깊은 환희가 생겨나서 다시 '지금의 이 비구는 나에게 많은 이익이 되었다. 방편으로 나를 위하여 도를 장애하는 법을 설하여 나에게 도를 장애하는 법을 알게 하였으며, 3승도(三乘道)에서 자재(自在)하게 수학하게 하였다.'라고 이렇게 생각을 짓느니라.

선현이여. 이때 그 악마들은 이 보살이 마음으로 깊이 환희하는 것을 알고서 다시 '쯧쯧(咄哉). 남자여. 그대는 지금 제보살마하살이 오랜 시간에 정근하면서 행하였던 무익한 행을 보고자 하는가? 이를테면, 제보살마하살들이 긍가사(殑伽沙)와 같은 숫자의 대겁을 지내면서 무량한 종류의 상묘(上妙)한 의복·음식·침구·의약품·재물·꽃·향 등의 물건으로 긍가사 등의 제불·세존께 공양하고 공경하며 존중하고 찬탄하였으며, 다시 긍가사와 같은 여래의 처소에서 보시바라밀다를 수행하였고 정계·안인·정진·정려·반야바라밀다를 수행하였으며, 나아가 긍가사와 같은 여래의 처소에서 일체지를 수행하였고, 도상지·일체상지를 수행하였으며, 이 제보살마하살들은 역시 긍가사와 같은 여래를 친근하게 모시면서 섬겼으며, 제불의 처소에서 무상정등각(無上正等覺)의 도(道)를 청(請)하여 물었는데 이를테면,

〈어찌하여 보살마하살이 무상정등각의 도에 안주합니까? 어찌하여 보살마하살이 보시바라밀다, 나아가 반야바라밀다를 수행합니까? 어찌하여 내공, 나아가 무성자성공에 안주합니까? 어찌하여 진여, 나아가 부사의계에 안주합니까? 고·집·멸·도성제에 안주합니까? 어찌하여 4념주, 나아가 8성도지를 수행합니까? 어찌하여 4정려·4무량·4무색정을 수행합니까? 어찌하여 8해탈, 나아가 10변처를 수행합니까? 어찌하여 공·무상·무원해탈문을 수행합니까? 어찌하여 극희지, 나아가 법운지를 수행합니까? 어찌하여 5안과 6신통을 수행합니까? 어찌하여 여래의 10력, 나아가 18불불공법을 수행합니까? 어찌하여 32대사상과 80수호를 수행합니까? 어찌하여 무망실법과 항주사성을 수행합니까? 어찌하여 다라니문과 삼마지문을 수행합니까? 어찌하여 수순하거나 역순하면서 12지연기를 관찰합니까? 어찌하여 불국토를 청정하게 장엄하고 유정들을 성숙시킵니까? 어찌하여 제보살의 수승한 신통을 수행합니까? 어찌하여 원만한 수명을 수행합니까? 어찌하여 큰 법륜을 굴리면서 정법을 호지(護持)하여 오래도록 머무르게 수학합니까? 일체지·도상지·일체상지를 수행합니까?〉라고 이렇게 말을 지었으며,

긍가사 등의 제불·세존께서도 청하여 물었던 것을 차례로 설하셨고, 이 제보살마하살들은 세존의 교계(敎誡)와 같이 안주하고 수학하면서 무량한 겁을 치연(熾然)하게 정진하였어도, 오히려 능히 구하였던 것인 무상정등보리를 구하지 못하였는데, 하물며 지금의 그대들이 수행하는 것과 수학하는 것으로 능히 무상정등보리를 증득할 수 있겠는가?'라고 이렇게 말을 짓느니라.

선현이여. 이 보살마하살은 비록 그의 말을 들었으나 마음이 변이가 없고 놀라지 않으며 두려워하지 않고 의심이 없으며 의혹이 없고, 두 배로 다시 환희하면서 '지금의 이 비구는 나에게 지극히 많은 이익이다. 방편으로 나를 위하여 도를 장애하는 법을 설하여 나에게 이러한 도를 장애하는 법은 결정적으로 예류과를 능히 증득하지 못하고, 나아가 독각의 보리도 증득하지 못하나니, 하물며 구하였던 것인 무상정등보리를 증득할 수 있겠는가를 알게 하였다.'라고 이렇게 생각을 짓느니라.

선현이여. 그때 그 악마들은 이 보살의 마음이 퇴전하여 물러나지 않고 미혹이 없고 의심이 없다고 알았으므로, 곧 이 처소에서 무량한 비구의 형상(形像)을 변화시켜 짓고서 보살에게 '이 여러 비구들도 모두가 과거에 무상정등보리를 정근하면서 구하였고, 무량한 겁을 지내면서 여러 종류의 난행(難行)과 고행(苦行)을 수행하였으나 구하였던 것인 무상정등보리를 증득하지 못하였고, 지금은 모두 퇴전하여 아라한의 과보를 증득하였으며, 여러 번뇌(諸漏)를 이미 끝마치고 고통의 변제(邊際)에 이르렀는데, 어찌하여 그대들은 능히 무상정등보리를 증득하겠는가?'라고 말하느니라.

선현이여. 이 보살마하살은 이것을 보고 듣고서 곧 '결정적으로 악마가 변화를 지어서 이러한 비구의 형상과 같이 나의 마음을 요란시키기 위한 인연으로 장애가 되는 비슷한 도법(道法)을 말하는구나. 보살마하살이 반야바라밀다를 수행하여 원만한 지위에 이르렀다면 무상정등보리를 증득하지 못하고 성문지이거나, 혹은 독각지에 퇴전하여 떨어지는 자는 반드시 없다.'라고 이렇게 생각을 짓느니라. 그때 보살이 다시 '만약 보살마하살이 보시, 나아가 반야바라밀다를 수행하여 원만한 지위에 이르고서 무상정등보리를 증득하지 못하는 이러한 처소는 반드시 없고, 나아가 일체지·도상지·일체상지를 수행하여 원만한 지위에 이르고서 무상정등보리를 증득하지 못하는 이러한 처소는 반드시 없다.'라고 이렇게 생각을 짓느니라. 선현이여. 만약 보살마하살이 이와 같은 제행·형상·상을 성취한다면, 이 자는 불퇴전의 보살마하살이라고 알아야 하느니라.

다시 다음으로 선현이여. 일체의 불퇴전인 보살마하살들은 항상 '만약 보살마하살이 제불의 교계와 같이 정근하면서 수학하고 항상 보시·정계·안인·정진·정려·반야바라밀다에 섭수되는 미묘한 행과 상응하는 작의(作意)를 벗어나지 않고, 항상 일체지지와 상응하는 작의를 벗어나지 않으며, 항상 방편으로써 제유정에게 권유하여 보시·정계·안인·정진·정려·반야바라밀다를 정근하면서 수학하게 한다면, 이 보살마하살은 결정적으로 6바라밀다에서 퇴전하지 않을 것이고, 나아가 일체상지에서 퇴전하지 않으며, 반드시 무상정등보리를 증득한다.'라고 이렇게 생각을 짓느니라. 선현이여. 만약 보살마하살이 이와 같은 제행·형상·상을 성취한다면, 이 자는 불퇴전의 보살마하살이라고 알아야 하느니라.

다시 다음으로 선현이여. 일체의 불퇴전인 보살마하살들은 항상 '만약 보살마하살이 악마의 일을 깨달아 알고 악마의 일을 따르지 않으며, 악한 벗을 깨달아 알고 악한 벗의 말을 따르지 않으며, 경계를 깨달아 알고 경계를 따라서 전전하지 않는다면, 이 보살마하살은 결정적으로 6바라밀다에서 퇴전하지 않을 것이고, 나아가 일체상지에서 퇴전하지 않으며, 반드시 무상정등보리를 증득한다.'라고 이렇게 생각을 짓느니라. 선현이여. 만약 보살마하살이 이와 같은 제행·형상·상을 성취한다면, 이 자는 불퇴전의 보살마하살이라고 알아야 하느니라.

다시 다음으로 선현이여. 일체의 불퇴전인 보살마하살들은 불·세존께서 설하셨던 것의 법요(法要)를 듣고서 깊은 마음으로 환희하고, 공경스럽게 믿고서 받아들이며 그 마음이 견고하여 금강(金剛)을 뛰어넘고, 움직일 수 없으며, 이끌어서 빼앗을 수 없고, 항상 6바라밀다를 정근하면서 수학하며 마음에 싫증과 게으름이 없고, 역시 다른 사람에게 권유하여 6바라밀다를 정근하면서 수학하며 마음에 싫증과 게으름이 없게 하느니라. 선현이여. 만약 보살마하살이 이와 같은 제행·형상·상을 성취한다면, 이 자는 불퇴전의 보살마하살이라고 알아야 하느니라."

마하반야바라밀다경 제449권

54. 전불퇴전품(轉不退轉品)

그때 구수 선현이 세존께 아뢰어 말하였다.
"세존이시여. 이와 같이 불퇴전의 보살마하살은 다만 불퇴전(不退轉)이라고 이름합니까? 역시 퇴전(退轉)이라고 이름합니까?"
세존께서 말씀하셨다.
"선현이여. 이와 같은 불퇴전의 보살마하살들은 이미 불퇴전이라고 이름하고, 역시 퇴전이라고 이름하느니라."
구수 선현이 아뢰어 말하였다.
"세존이시여. 이와 같은 불퇴전의 보살마하살들은 무슨 인연으로써 불퇴전이라고 이름하고, 역시 퇴전이라고 이름합니까?"
세존께서 말씀하셨다.
"선현이여. 이와 같은 불퇴전의 보살마하살들은 결정적으로 성문·독각지에 다시 퇴전하여 떨어지지 않고 반드시 무상정등보리를 증득하는데, 오히려 이것을 인연으로 불퇴전이라고 이름하느니라. 그렇지만 법의 생각(法想)에서는 퇴전이 있는 까닭으로 퇴전이라고 이름하느니라."
그때 구수 선현이 다시 세존께 아뢰어 말하였다.
"세존이시여. 이 보살마하살이 무슨 법의 상에서 퇴전이 있는 까닭으로 역시 퇴전이라고 이름합니까?"
세존께서 말씀하셨다.
"선현이여. 이 보살마하살은 색의 생각(想)에서 퇴전이 있는 까닭으로 역시 퇴전이라고 이름하고, 수·상·행·식의 생각에서 퇴전이 있는 까닭으로 역시 퇴전이라고 이름하며, 내육처(內六處)의 생각에서 퇴전이 있는 까닭으로 역시 퇴전이라고 이름하고, 외육처(外六處)의 생각에서 퇴전이 있는 까닭으로 역시 퇴전이라고 이름하며, 내육계(內六界)의 생각에서 퇴전이 있는 까닭으로 역시 퇴전이라고 이름하고, 외육계(外六界)의 생각에서 퇴전이 있는 까닭으로 역시 퇴전이라고 이름하며, 6식계(六識界)의 생각에서 퇴전이 있는 까닭으로 역시 퇴전이라고 이름하고, 6촉(六觸)의 생각에서 퇴전이 있는 까닭으로 역시 퇴전이라고 이름하며, 6촉(六觸)을 인연으로 생겨난 여러 수(受)의 생각에서 퇴전이 있는 까닭으로 역시 퇴전이라고 이름하며,

6바라밀다의 생각에서 퇴전이 있는 까닭으로 역시 퇴전이라고 이름하고, 일체공(一切空)의 생각에서 퇴전이 있는 까닭으로 역시 퇴전이라고 이름하며, 진여 등의 생각에서 퇴전이 있는 까닭으로 역시 퇴전이라고 이름하고, 사성제(四聖諦)의 생각에서 퇴전이 있는 까닭으로 역시 퇴전이라고 이름하며, 4념주 등의 생각에서 퇴전이 있는 까닭으로 역시 퇴전이라고 이름하고, 4정려 등의 생각에서 퇴전이 있는 까닭으로 역시 퇴전이라고 이름하며, 8해탈 등의 생각에서 퇴전이 있는 까닭으로 역시 퇴전이라고 이름하고, 3해탈문의 생각에서 퇴전이 있는 까닭으로 역시 퇴전이라고 이름하며,

10지의 생각에서 퇴전이 있는 까닭으로 역시 퇴전이라고 이름하고, 다라니문·삼마지문의 생각에서 퇴전이 있는 까닭으로 역시 퇴전이라고 이름하며, 여래의 10력 등의 생각에서 퇴전이 있는 까닭으로 역시 퇴전이라고 이름하고, 32대사상·80수호의 생각에서 퇴전이 있는 까닭으로 역시 퇴전이라고 이름하며, 무망실법·항주사성의 생각에서 퇴전이 있는 까닭으로 역시 퇴전이라고 이름하고, 예류과, 나아가 독각의 보리의 생각에서 퇴전이 있는 까닭으로 역시 퇴전이라고 이름하며, 제보살마하살의 행, 나아가 제불의 무상정등보리의 생각에서 퇴전이 있는 까닭으로 역시 퇴전이라고 이름하고,

일체지·도상지·일체상지의 생각에서 퇴전이 있는 까닭으로 역시 퇴전이라고 이름하며, 여러 이생·성문·독각·보살·불(佛)의 생각에서 퇴전이 있는 까닭으로 역시 퇴전이라고 이름하느니라.

그 까닭은 무엇인가? 이와 같은 불퇴전의 보살마하살은 자상공(自相空)으로써 일체법을 관찰하였고, 이미 보살의 정성이생에 들어갔으며, 나아가 적은 법도 얻을 수 있다고 보지 않느니라. 얻을 수 없는 까닭으로 조작(造作)하는 것이 없고 조작하는 것이 없는 까닭으로 반드시 결국에는 생겨나지 않고, 반드시 결국에는 생겨나지 않는 까닭으로 무생법인(無生法忍)이라 이름하고, 오히려 이와 같은 무생법인을 증득하는 까닭으로 불퇴전의 보살마하살이라고 이름하느니라. 선현이여. 만약 보살마하살이 이와 같은 제행·형상·상을 성취한다면, 이 자는 불퇴전의 보살마하살이라고 알아야 하느니라.

다시 다음으로 선현이여. 여러 악마들이 이 보살마하살의 처소에 이르러서 무상정등보리를 싫어하고 버리게 하기 위하여 보살에게 '일체지지와 허공은 동등(同等)하고 자상(自相)이 본래 공(空)하며 무성(無性)으로서 성품을 삼았고, 제법도 역시 그와 같아서 허공과 함께 동등하므로 자상이 본래 공하고 무성으로서 성품을 삼소. 이와 같이 일체의 허공과 함께 동등하므로 성상(性相)이 공한 가운데에서는 하나의 법이라도 능히 증득하는 것이 있다고 이름할 수 없고, 하나의 법이라도 증득되는 것이 있다고 이름할 수 없고, 증득하는 처소와 증득하는 때와 더불어 오히려 이러한 증득도 역시 얻을 수 없소.

이미 일체법의 성상이 모두 허공과 함께 동등하므로 공한데, 그대들은 어찌하여 헛되게 정근하는 고통을 받으면서 무상정등보리의 증득을 구하는가? 그대들이 먼저 들었던 제보살들이 상응하여 구하였던 무상정등보리는 이것이 모두가 악마의 말이고 진실로 여래의 말씀이 아니오. 그대들은 상응하여 대보리의 서원을 버리고, 장야(長夜)에 널리 일체의 유정들의 이익과 안락을 위하여 스스로가 정근하는 고통을 받지 마시오. 비록 여러 종류의 난행(難行)과 고행(苦行)을 행하면서 보리를 구하고자 하더라도 결국 능히 얻지 못하는데, 어찌하여 그대들은 헛되이 구로(劬勞)를 베푸는가?'라고 알려 말하였다면,

선현이여. 이 보살마하살은 이와 같이 꾸짖고 이간질하는 말을 듣는 때에 '이러한 마사(魔事)는 나에게 대보리의 마음을 퇴전시키고 파괴하려는 것이니, 나는 지금 상응하여 그의 말을 믿지 않겠다. 비록 일체법이 허공과 함께 동등하므로 성상이 모두 공하더라도, 그렇지만 제유정들은 생사의 장야를 알지 못하고 보지 못하므로 전도(顚倒)되고 방일하여 여러 고뇌(苦惱)를 받는다. 나는 마땅히 성상이 모두 공하므로 큰 허공과 같은 공덕의 갑옷을 입고서 빠르게 무상정등보리에 나아가서 제유정들을 위하여 상응하게 설법하여 그들을 생사의 큰 고통에서 해탈시키고, 예류과를 증득하게 하고 혹은 일래과이거나, 혹은 불환이거나, 혹은 아라한이거나, 혹은 독각의 보리를 증득하게 하거나, 혹은 무상정등보리를 증득하게 하겠다.'라고 능히 자세하게 관찰하느니라.

선현이여. 이 보살마하살은 초발심부터 이러한 법을 들었으므로 그 마음이 견고하여 동요하지 않고 전전하지 않으며, 이러한 견고하고 동요하지 않고 전전하지 않는 마음에 의지하여 항상 보시·정계·안인·정진·정려·반야바라밀다를 바르게 수행하고, 오히려 이러한 6바라밀다의 부분에 따라서 원만하게 하였다면, 보살의 정성이생에 들어가서 다시 보시·정계·안인·정진·정려·반야바라밀다를 바르게 수행하나니, 오히려 이것으로 불퇴전지에 안주하느니라. 이러한 까닭으로 악마가 비록 여러 종류의 퇴전시키고 파괴하는 방편을 짓더라도, 그렇지만 보살이 일으킨 대보리의 마음을 능히 퇴전시키고 파괴하지 못하느니라.

선현이여. 이 보살마하살은 여러 성문·독각지를 초월하나니, 일체의 마사로 능히 구하였던 것인 무상정등보리에서 퇴전시키지 못하므로 불퇴전이라고 이름하고, 일체의 허망한 분별과 집착하는 것인 제법과 2승지(二乘地) 등을 멀리 벗어나는 까닭으로 역시 퇴전이라고 이름하느니라. 이러한 까닭으로 이러한 보살이 얻는 두 종류 이름은 다른 지위에서 오직 퇴전하는

명자와 같지 않으니라. 선현이여. 만약 보살마하살이 이와 같은 제행·형상·상을 성취한다면, 이 자는 불퇴전의 보살마하살이라고 알아야 하느니라.

다시 다음으로 선현이여. 일체의 불퇴전인 보살마하살들은 초정려(初靜慮), 나아가 제4정려(第四靜慮)에 들어가고자 하였다면 곧 뜻을 따라서 능히 들어가고, 자무량(慈無量), 나아가 사무량(捨無量)에 들어가고자 하였다면 곧 뜻을 따라서 능히 들어가며, 공무변처정(空無邊處定), 나아가 비상비비상처정(非想非非想處定)에 들어가고자 하였다면 곧 뜻을 따라서 능히 들어가고, 4념주, 나아가 8성도지에 들어가고자 하였다면 곧 뜻을 따라서 능히 들어가며, 초해탈(初解脫), 나아가 상수멸해탈(想受滅解脫)에 들어가고자 하였다면 곧 뜻을 따라서 능히 들어가고, 초승처(初勝處), 나아가 8승처에 들어가고자 하였다면 곧 뜻을 따라서 능히 들어가며, 초정려정(初靜慮定), 나아가 상수멸정(想受滅定)에 들어가고자 하였다면 곧 뜻을 따라서 능히 들어가고, 초변처(初遍處), 나아가 10변처에 들어가고자 하였다면 곧 뜻을 따라서 능히 들어가며, 3해탈문에 들어가고자 하였다면 곧 뜻을 따라서 능히 들어가고, 5신통을 일으키고자 하였다면 곧 뜻을 따라서 능히 일으키느니라.

선현이여. 이 보살마하살은 비록 4정려에 들어가고 나아가 5신통을 이끌어 일으키더라도 그 과보를 받지 않나니, 오히려 이러한 인연으로 정려(靜慮)·무량(無量)·등지(等至), 나아가 멸정(滅定)과 나머지 공덕의 세력을 따라서 태어나지 않고, 역시 예류과를 증득하지 않고, 혹은 일래·불환·아라한과와 독각의 보리를 증득하지 않으며, 제유정들의 이익과 안락을 위한 까닭으로 욕망을 따라서 섭수하고 상응하는 것에서 몸을 받으면서 곧 소원하는 것을 따라서 모두 능히 섭수하느니라.

다시 다음으로 선현이여. 일체의 불퇴전인 보살마하살들은 무상정등보리의 작의(作意)를 성취하였으므로 항상 대보리의 마음을 벗어나지 않고 색을 귀중(貴重)하게 생각하지 않으며, 수·상·행·식을 귀중하게 생각하지 않고, 안처, 나아가 의처를 귀중하게 생각하지 않으며, 색처, 나아가 법처를 귀중하게 생각하지 않고, 안계, 나아가 의계를 귀중하게 생각하지 않으며, 색계, 나아가 법계를 귀중하게 생각하지 않고, 안식계, 나아가 의식계를 귀중하게 생각하지 않으며, 안촉, 나아가 의촉을 귀중하게 생각하지 않고, 안촉을 인연으로 생겨난 여러 수, 나아가 의촉을 인연으로 생겨난 여러 수를 귀중하게 생각하지 않으며,

제상(諸相)을 귀중하게 생각하지 않으며, 소의(所依)를 귀중하게 생각하지 않고, 보시바라밀다, 나아가 반야바라밀다를 귀중하게 생각하지 않으며, 4정려·4무량·4무색정을 귀중하게 생각하지 않고, 4념주, 나아가 8성도지를 귀중하게 생각하지 않으며, 8해탈·8승처·9차제정·10변처를 귀중하게 생각하지 않고, 공·무상·무원해탈문을 귀중하게 생각하지 않으며, 사성제를 귀중하게 생각하지 않고, 18공을 귀중하게 생각하지 않으며, 진여, 나아가 부사의계를 귀중하게 생각하지 않으며, 10지를 귀중하게 생각하지 않고, 5안·6신통을 인연으로 생겨난 여러 수를 귀중하게 생각하지 않으며,

여래의 10력, 나아가 18불불공법을 귀중하게 생각하지 않으며, 무망실법·항주사성을 귀중하게 생각하지 않고, 다라니문·삼마지문을 귀중하게 생각하지 않으며, 일체지·도상지·일체상지를 귀중하게 생각하지 않고, 성문지·독각지·보살지·여래지를 귀중하게 생각하지 않으며, 유정을 성숙시키고 불국토를 청정하게 장엄하는 것을 귀중하게 생각하지 않고, 일체의 보살마하살의 행과 제불의 무상정등보리를 귀중하게 생각하지 않으며, 제불을 많이 보는 것을 귀중하게 생각하지 않고, 여러 선근을 심는 것을 귀중하게 생각하지 않느니라.

왜 그러한가? 선현이여. 이 보살마하살은 일체법의 성상이 모두 공하고 허공과 같아서 모두 얻을 수 없고, 법은 귀중하다는 생각이 생겨나는 것이 있다고 보지 않고, 능히 생겨나는 것·생겨나게 되는 것·생겨나는 처소·생겨나는 때·오히려 이렇게 생겨나는 것을 모두 얻을 수 없다고 통달하였느니라. 그 까닭은 무엇인가? 선현이여. 이러한 일체법은 허공과 동등하므로 자상이 본래 공하고 무성으로써 성품을 삼느니라.

선현이여. 이 보살마하살은 무상정등보리의 작의를 성취하여 항상

대보리의 마음을 멀리 벗어나지 않고 몸의 4위의(四威儀)인 왕래(往來)하고 출입(入出)하며 발을 들고 발을 내리면서 마음에 산란(散亂)함이 없고, 행(行)·주(住)·좌(坐)·와(臥)의 위의로 지었던 것의 사업(事業)은 모두가 정념(正念)에 안주하느니라. 선현이여. 만약 보살마하살이 이와 같은 제행·형상·상을 성취한다면, 이 자는 불퇴전의 보살마하살이라고 알아야 하느니라.

다시 다음으로 선현이여. 일체의 불퇴전인 보살마하살들은 제유정들을 요익하게 하기 위한 까닭으로 기거하는 집의 처소를 방편선교로 나타내고, 비록 5욕락(五欲樂)의 도구를 섭수하여 나타내더라도 그 가운데는 염착(染著)이 생겨나지 않는데, 모두가 제유정들을 발제하여 주기 위한 까닭이니라. 이를테면, 제유정들이 음식이 필요하면 음식을 주고, 마실 것이 필요하면 마실 것을 주며, 옷이 필요하면 옷을 주고, 수레가 필요하면 수레를 주며, 나아가 일체의 필요한 물건을 모두 그에게 공급하여 보시하여 그의 뜻을 만족하게 하느니라.

선현이여. 이 보살마하살은 스스로가 보시바라밀다를 행하고 역시 다른 사람에게 권유하여 보시바라밀다를 행하게 하며, 항상 보시바라밀다를 행하는 법을 바르게 칭찬(稱揚)하고, 보시바라밀다를 행하는 자를 환희하며 찬탄하고, 나아가 스스로가 반야바라밀다를 행하고 역시 다른 사람에게 권유하여 반야바라밀다를 행하게 하며, 항상 반야바라밀다를 행하는 법을 바르게 찬양하고, 반야바라밀다를 행하는 자를 환희하며 찬탄하느니라.

선현이여. 이 보살마하살은 기거하는 집의 처소를 나타내고, 신통의 힘으로써, 혹은 대원(大願)의 힘으로써 여러 종류의 7보(七寶)와 자구(資具)를 섭수하여 남섬부주, 나아가 삼천대천세계에 가득하게 채우고, 지닌 것으로써 불·법·승보에 공양하며, 더불어 빈궁한 제유정의 부류들에게 보시하느니라. 선현이여. 이 보살마하살은 비록 기거하는 집의 처소를 나타내더라도 항상 범행을 수행하고 결국 일체 미묘한 욕망의 경계는 수용(受用)하지 않으며, 비록 여러 종류의 진기한 재물을 섭수하는 것을 나타내더라도 그 가운데에서 염착이 일어나지 않으며, 또한 여러 욕락의 도구와 진기한 재물을 섭수하는 때에도 결국 제유정의 부류들을 핍박하여 근심과 고통을 생겨나지 않게 하느니라. 선현이여. 만약 보살마하살이 이와 같은 제행·형상·상을 성취한다면, 이 자는 불퇴전의 보살마하살이라고 알아야 하느니라.

다시 다음으로 선현이여. 일체의 불퇴전인 보살마하살들은 집금강약차신(執金剛藥叉神)[1]이 있어서 항상 좌우를 따르면서 비밀스럽게 수호하고 항상 '이 보살마하살은 오래지 않아서 마땅히 구하였던 것인 무상정등보리를 증득하실 것이니, 내가 항상 따르면서 비밀스럽게 수호한다면, 나아가 무상정등보리를 증득하실 것이다.'라고 이렇게 생각을 지으며, 항상 다섯 종족의 집금강신이 있어서 따르면서 마침내 수호하면서 잠시도 멈추지 않으므로 인비인(人非人) 등이 능히 손해(損害)시키지 못하고, 여러 천인·악마·범천과 나머지의 세간도 역시 법으로써 일으켰던 것인 무상정등보리의 마음을 능히 파괴하지 못하느니라. 오히려 이러한 인연으로 나아가, 무상정등보리에 이르는 때까지 몸과 마음이 안은(安隱)하고 항상 요란(擾亂)함이 없느니라.

선현이여. 이 보살마하살은 세간의 5근(五根)에 항상 결손(缺減)이 없는데 이르테면, 이(耳)·비(鼻)·설(舌)·신근(身根)이고, 출세간의 5근도 결손이 없는데 이르테면, 신(信)·정진(精進)·념(念)·정(定)·혜근(慧根)이니라. 선현이여. 이 보살마하살은 몸의 지절(支節)이 원만하고 상호(相好)가 장엄되었으며, 마음의 여러 공덕은 생각·생각에 증진(增進)하고 나아가 무상정등보리에 이르느니라. 선현이여. 만약 보살마하살이 이와 같은 제행·형상·상을 성취한다면, 이 자는 불퇴전의 보살마하살이라고 알아야 하느니라."

---

1) 산스크리트어 Vajrapāṇi Yakṣa의 번역이며, 금강을 들고 있는 약차신을 가리킨다. 고대인도의 신화에서 금강은 번개를 뜻한다.

"다시 다음으로 선현이여. 일체의 불퇴전인 보살마하살들은 항상 높은 장부(上士)를 짓고 낮은 장부(下士)를 짓지 않느니라."

구수 선현이 아뢰어 말하였다.

"세존이시여. 이 보살마하살은 어찌하여 항상 높은 장부를 짓고 낮은 장부를 짓지 않는다고 이름합니까?"

세존께서 말씀하셨다.

"선현이여. 이 보살마하살은 일체의 번뇌가 다시 현전(現前)하지 않고, 찰나·찰나에 공덕을 증진하며 나아가 무상정등보리까지 일체의 때에서 마음이 산란함이 없느니라. 이러한 까닭으로 나는 항상 높은 장부를 짓고 낮은 장부를 짓지 않는다고 설하느니라.

선현이여. 이 보살마하살은 무상정등보리의 작의를 성취하였으므로 항상 대보리의 마음을 벗어나지 않고, 항상 청정한 생활(淨命)을 수행하며, 주술(呪術)·의약(醫藥)·점술(占卜)의 여러 삿된 생활(邪命)의 일을 행하지 않고, 명예와 이익을 위하여 여러 귀신(鬼神)을 남녀에게 붙게 시켜서 길흉(吉凶)을 묻지 않으며, 역시 남녀·늙은이와 젊은이(大小)·방생·귀신 등에게 주문으로 금제(禁制)하여 희유(希有)한 일을 나타내지 않고, 역시 수명의 길고 짧음·재물·지위·남자·여자 등의 여러 좋고 나쁜 일의 점괘를 나타내지 않으며, 역시 추위·더위·풍년·흉년·길흉·좋음·나쁨 등을 예언하여 유정들을 미혹시키거나 어지럽히지 않고, 역시 주문의 금제와 탕약(湯藥)을 화합(和合)하여 좌도(左道)²⁾로 병을 고치거나 귀인(貴人)에게 아첨하지 않으며, 역시 다른 사람을 위해 사명(使命)을 통하여 이르거나 친우(親友)의 모습을 나타내어 이익에 재빠르고 명예를 구하지 않으며, 오히려 염오된 마음으로 남녀를 바라보지 않고 즐겁게 웃거나 말하지도 않는데, 하물며 다른 일이 있겠는가! 역시 귀신을 공경하거나 공양하지도 않느니라. 이러한 까닭으로 나는 항상 높은 장부를 짓고 낮은 장부를 짓지 않는다고 설하느니라.

---

2) 정도(正道)에 어긋나는 삿된 도(邪道)를 가리킨다.

그 까닭은 무엇인가? 선현이여. 이 보살마하살은 일체법의 성상(性相)이 모두 공하다고 알았고, 성상이 공한 가운데에서는 상(相)이 있다고 보지 않으며, 상을 보지 않는 까닭으로 여러 종류의 삿된 생활인 주술·의약·점술(占相) 등을 멀리 벗어나고 오직 무상정등보리를 구하면서 제유정과 함께 항상 요익을 짓느니라. 선현이여. 만약 보살마하살이 이와 같은 제행·형상·상을 성취한다면, 이 자는 불퇴전의 보살마하살이라고 알아야 하느니라.

다시 다음으로 선현이여. 일체의 불퇴전인 보살마하살들은 여러 세간의 문장(文章)이나 기예(伎藝)에 비록 선교(善巧)를 얻었더라도 애착하지 않느니라. 그 까닭은 무엇인가? 선현이여. 이 보살마하살은 일체법의 성상이 모두 공하고, 성상이 공한 가운데에서는 세간이 소유한 문장과 기예를 모두 얻을 수 없으며, 또한 여러 세간의 문장과 기예는 모두가 잡스럽고 지저분한 말과 삿된 생활에 섭수된다고 통달하느니라. 이러한 까닭으로 이 보살마하살은 여러 세속(世俗)과 외도(外道)의 논서(書論)에서 비록 잘 알았더라도 즐거워하거나 집착하지 않느니라.

왜 그러한가? 선현이여. 이 보살마하살은 일체법이 모두 반드시 결국에는 공하고, 반드시 결국에는 공한 가운데에서는 일체의 논서를 얻을 수 없으며, 또한 여러 세속과 외도의 논서에서 말한 것인 이치와 일이 많은 증장과 감소가 있으며, 보살도에서 수순하는 것이 아니고, 모두가 이것은 희론과 잡스럽고 지저분한 말에 섭수된다고 통달한 까닭으로 제보살들은 알았더라도 즐거워하지 않느니라. 선현이여. 만약 보살마하살이 이와 같은 제행·형상·상을 성취한다면, 이 자는 불퇴전의 보살마하살이라고 알아야 하느니라."

"내가 지금 그대들에게 분별하여 해설(解說)하겠나니, 그대들은 자세하게 듣고 지극히 잘 사유하라."

선현이 청하여 말하였다.

"그렇습니다. 원하건대 설하여 주십시오. 저희들 대중은 오직 뜻으로 즐겁게 듣고자 합니다."

세존께서 선현에게 말씀하셨다.

"일체의 불퇴전인 보살마하살들은 반야바라밀다를 수행하여 제법이 모두가 무소유라고 통달하고, 항상 보리의 작의를 벗어나지 않으며, 여러 온(蘊)·처(處)·계(界) 제법을 관찰하고 논설(論說)하기를 즐거워하지 않느니라. 왜 그러한가? 이 보살마하살은 온·처·계의 성상이 공한 이치라고 이미 잘 사유하고 잘 통달하였기 까닭이니라. 선현이여. 이 보살마하살은 여러 일을 관찰하고 논설하기를 즐거워하지 않느니라. 그 까닭은 무엇인가? 이 보살마하살은 일체의 중생의 성상이 공한 이치라고 이미 잘 사유하고 잘 통달하였기 까닭이니라.

선현이여. 이 보살마하살은 국왕의 일을 관찰하거나 논설하기를 즐거워하지 않느니라. 그 까닭은 무엇인가? 이 보살마하살은 본성공(本性空)에 안주하여 적은 법이라도 수승하거나 하열하거나, 존귀하거나 비천한 상이 있다고 보지 않는 까닭이니라. 선현이여. 이 보살마하살은 도둑의 일을 관찰하거나 논설하기를 즐거워하지 않느니라. 그 까닭은 무엇인가? 이 보살마하살은 자상공(自相空)에 안주하여 적은 법이라도 얻음이 있고 손실이 있으며, 주는 것과 빼앗는 상이 있다고 보지 않는 까닭이니라.

선현이여. 이 보살마하살은 군사의 일을 관찰하거나 논설하기를 즐거워하지 않느니라. 그 까닭은 무엇인가? 이 보살마하살은 본성공(本性空)에 안주하여 제법의 많음이 있고 적음이 있으며 모이고 흩어지는 상이 있다고 보지 않는 까닭이니라. 선현이여. 이 보살마하살은 전쟁의 일을 관찰하거나 논설하기를 즐거워하지 않느니라. 그 까닭은 무엇인가? 이 보살마하살은 진여와 일체법의 공성에 잘 안주하여 적은 법이라도 강함이 있고 약함이 있으며 악하고 사랑하고 성내는 상이 있다고 보지 않는 까닭이니라.

선현이여. 이 보살마하살은 성읍의 일을 관찰하거나 논설하기를 즐거워하지 않느니라. 그 까닭은 무엇인가? 이 보살마하살은 허공계(虛空界)의 공성에 안주하여 적은 법이라도 섭수하는 것이 있고 섭수하지 않는 것이 있으며 좋고 나쁜 상이 있다고 보지 않는 까닭이니라. 선현이여.

이 보살마하살은 취락(聚落)의 일을 관찰하고 논설하기를 즐거워하지 않느니라. 그 까닭은 무엇인가? 이 보살마하살은 일체법의 공성에 안주하여 적은 법이라도 증장이 있고 감소가 있으며 합쳐지고 벗어나는 상이 있다고 보지 않는 까닭이니라.

선현이여. 이 보살마하살은 국토의 일을 관찰하거나 논설하기를 즐거워하지 않느니라. 그 까닭은 무엇인가? 이 보살마하살은 실제(實際)에 안주하여 제법에 귀속되는 것이 있고 귀속되지 않는 것이 있으며 이것과 저것의 상이 있다고 보지 않는 까닭이니라. 선현이여. 이 보살마하살은 아(我)와 유정(有情), 나아가 지자(知者)와 견자(見者)를 관찰하거나 논설하기를 즐거워하지 않느니라. 그 까닭은 무엇인가? 이 보살마하살은 필경공(畢竟空)에 안주하여 모두 아와 유정, 나아가 지자와 견자를 만약 있거나 만약 없거나, 차별하는 상이 있다고 보지 않는 까닭이니라.

선현이여. 이 보살마하살은 상호(相好)의 일을 관찰하거나 논설하기를 즐거워하지 않느니라. 그 까닭은 무엇인가? 이 보살마하살은 무상(無相)에 잘 안주하여 제법에 좋은 것이 있고 추악한 것이 있으며 차별하는 상이 있다고 보지 않는 까닭이니라. 선현이여. 이 보살마하살은 세간의 이와 같은 등의 일들을 관찰하거나 논설하기를 즐거워하지 않고 다만 반야바라밀다를 관찰하거나 설하기를 즐거워하느니라. 그 까닭은 무엇인가? 매우 깊은 반야바라밀다는 여러 상을 멀리 벗어나서 무상정등보리를 능히 증득하는 까닭이니라.

선현이여. 이 보살마하살은 항상 일체지지와 상응하는 작의를 벗어나지 않고, 보시바라밀다를 수행하여 간탐(慳貪)의 일을 벗어나며, 정계바라밀다를 수행하여 파계(破戒)하는 일을 벗어나고, 안인바라밀다를 수행하여 진에(瞋恚)의 일을 벗어나며, 정진바라밀다를 수행하여 해태(懈怠)한 일을 벗어나고, 정려바라밀다를 수행하여 산란하고 동요하는 일을 벗어나며, 반야바라밀다를 수행하여 악한 지혜의 일을 벗어나느니라. 선현이여. 이 보살마하살은 비록 일체법의 공(空)을 행하였으나 정법을 애락(愛樂)하고, 비법(非法)을 애락하지 않으며 항상 일체의 유정들의 요익을 발원하느니라.

선현이여. 이 보살마하살은 비록 불가득공(不可得空)을 행하더라도 항상 3보의 공덕을 칭찬(稱讚)하여 일체의 유정들을 이익되고 안락하게 하느니라. 선현이여. 이 보살마하살은 비록 제법의 진여와 법계의 한 맛(一味)인 상을 행하더라도, 진여와 법계의 여러 종류의 공덕을 즐겁게 칭찬하느니라. 선현이여. 이 보살마하살은 비록 제법이 모두 필경공(畢竟空)이라고 알았더라도, 선지식을 애락하고 악한 벗을 애락하지 않는데, 선한 벗이라고 말하는 자는 이를테면, 불·보살·성문승·독각승 등이고, 유정들을 잘 교화하여 안립시키고 무상정등보리에 나아가게 하는 자도 역시 선한 벗이라고 이름하느니라.

선현이여. 이 보살마하살은 항상 일체의 여래·응공·정등각들을 친근하게 보는 것을 애락하나니, 만약 여래·응공·정등각께서 나머지의 세계에 계시면서 현재에 정법을 설하신다고 들었다면 곧 원력으로써 그 세계에 가서 태어나고서 공양하고 공경하며 존중하고 찬탄하면서 정법을 듣느니라. 선현이여. 이 보살마하살은 만약 낮이거나, 만약 밤이더라도 항상 여래를 생각하는 작의를 벗어나지 않고, 항상 법을 듣는 작의를 벗어나지 않나니, 오히려 이러한 인연으로 여러 국토를 따라서 불세존께서 현재에 정법을 설하시고 있다면, 곧 원력을 타고 그곳에 가서 태어나거나, 혹은 신통을 타고 그곳에 가서 법을 듣느니라. 오히려 이러한 인연으로 이제 보살마하살은 태어나는 처소에서 항상 여래를 벗어나지 않고 항상 정법을 들으면서 틈새가 없고 단절이 없느니라.

선현이여. 이 보살마하살은 항상 제유정들을 이익되고 안락하게 하려는 까닭으로 비록 능히 현재에 초정려, 나아가 비상비비상처정을 일으켰더라도 공교(工巧)로 곧 욕계의 마음을 일으켜서 제유정들에게 10선업도를 교계하고, 역시 원력을 따라서 욕계에 있는 불국토에 태어나서 세존께 공양하고 공경하며 존중하고 찬탄하면서 정법을 듣고 여러 수승한 행을 수행하느니라. 선현이여. 만약 보살마하살이 이와 같은 제행·형상·상을 성취한다면, 이 자는 불퇴전의 보살마하살이라고 알아야 하느니라.

다시 다음으로 선현이여. 일체의 불퇴전인 보살마하살들은 항상 보시바라밀다, 나아가 반야바라밀다를 수행하고, 항상 내공, 나아가 무성자성공을 수행하며, 항상 진여, 나아가 부사의계를 수행하고, 항상 고·집·멸·도성제를 행하며, 항상 4념주, 나아가 8성도지를 수행하고, 항상 4정려·4무량·4무색정을 수행하며, 항상 8해탈·8승처·9차제정·10변처를 수행하고, 항상 공·무상·무원해탈문을 수행하며, 항상 5안·6신통을 수행하고, 항상 일체의 다라니문·삼마지문을 수행하며, 항상 여래의 10력, 나아가 18불불공법을 수행하고, 항상 무망실법과 항주사성을 수행하며, 항상 일체지·도상지·일체상지를 수행하고, 항상 일체의 보살마하살의 행을 수행하며, 항상 제불의 무상정등보리를 구하느니라.

선현이여. 이 보살마하살은 스스로의 지위(自地)에서 의혹을 일으키지 않고, '나는 불퇴전이다. 나는 불퇴전이 아니다.'라고 이렇게 생각을 짓지 않느니라. 그 까닭은 무엇인가? 이 보살마하살은 적은 법이라도 무상정등보리에서 퇴전이 있다고 말하거나 퇴전이 없다고 말하는 것을 보지 않느니라. 선현이여. 이 보살마하살은 스스로의 지위인 법(自地法)에서 미혹이 없고 의심이 없느니라. 그 까닭은 무엇인가? 이 보살마하살은 스스로의 지위인 법에서 이미 잘 명료하게 알았고 잘 통달한 까닭이니라. 선현이여. 예류자가 예류과에 안주하고, 스스로의 과보인 법에서 의혹이 없고 일래·불환·아라한·독각과 더불어 제여래·응공·정등각께서 각자 스스로가 과보인 법에 안주하며, 스스로가 과보인 법에서 역시 의혹이 없는 것과 같이, 이 보살마하살도 역시 다시 그와 같아서 스스로가 안주하는 불퇴전지에 섭수되는 제법을 현재에 알고 현재에 보아서 의혹이 없느니라.

선현이여. 이 보살마하살은 이 지위의 가운데에 안주하여 유정들을 성숙시키고 불국토를 청정하게 장엄하면서 일체의 공덕을 수행하였고, 마사(魔事)가 일어나고 있다면 곧 깨달아서 알았으며, 마사의 세력을 따라서 전전하지 않았고, 능히 여러 종류의 마사를 잘 절복시켜서 수행하는 공덕이라는 것을 장애하지 못하게 하였느니라. 선현이여. 무간업(無間業)을 조작하는 자가 있어서 그 끊임(無間)없는 마음으로 항상 따르면서 쫓았더라도, 나아가 목숨을 끝마치도록 능히 버리게 하지 못하였느니라. 왜 그러한가? 선현이여. 그들은 능히 동등한 무간업과 얽매임을 일으켜서 증상(增上)하는 세력이 항상 따라서 전전하였어도, 나아가 목숨을 끝마치도록 역시 능히 절복시키지 못하였고 설사 나머지의 마음이 있었더라도 능히 막거나 장애하지 못하였느니라.

이 보살마하살도 역시 다시 이와 같아서 스스로의 지위에 안주하고 그 마음이 동요하지 않고 분별하는 것이 없으므로, 세간의 천인·인간·아소락 등이 모두 능히 전전(展轉)시키지 못하느니라. 왜 그러한가? 선현이여. 이 보살마하살은 그 마음이 견고하여 여러 세간의 천인·인간·마계·범천·아소락 등을 초월하였고, 이미 보살의 정성이생에 들어가서 불퇴전지에 안주하였으며, 이미 보살의 수승한 신통을 증득하여 유정들을 성숙시켰고 불국토를 청정하게 장엄하였으며, 한 불국토에서 다른 한 불국토에 이르면서 제불·세존과 불제자들에게 공양하였고 공경하였으며 존중하였고 찬탄하면서 정법을 들었고, 제불의 처소에서 선근을 심었고, 보살들이 수학할 법과 의취를 청하여 물었느니라.

선현이여. 이 보살마하살은 자신의 지위에 안주하여 반야바라밀다와 나머지의 선법(善法)을 수행하였고, 악마의 일이 일어나고 있다면 곧 깨달아서 알았으며, 결국 마사를 수순하지 않았고, 방편선교를 굴리면서 여러 마사를 집적하여 실제(實際)의 가운데에 놓아두고서 방편으로 없애고 소멸시켜서 스스로의 지위인 법에서 의혹이 없느니라. 왜 그러한가? 이 보살마하살은 일체법이 모두 실제에 들어감을 알고, 실제는 하나가 아니고 여럿도 아니라고 통달하여 실제의 가운데에서 분별이 없는 까닭으로 실제에서 의혹이 없으며, 스스로의 지위인 법에서도 주저함이 없느니라.

선현이여. 이 보살마하살은 설사 전전하여 생명을 받았더라도, 역시 실제에서 다시 퇴전이 없으며, 결국 성문지와 독각지의 마음을 일으켜서 나아가지 않느니라. 그 까닭은 무엇인가? 이 보살마하살은 일체법이 모두 자상공(自相空)이라고 통달하였고 이 공의 가운데에서는 법이 있어서 만약 태어나거나, 만약 소멸하거나, 만약 염오이거나, 만약 청정하다고 보지 않느니라. 선현이여. 이 보살마하살은 나아가 몸을 전전하면서 역시 '내가 마땅히 무상정등보리를 증득하겠는가? 마땅히 증득하지 못하겠는가?'라고 의심하지 않느니라. 왜 그러한가? 이 보살마하살은 일체법이 모두 자상공이고 이것이 무상정등보리라고 통달하였느니라.

선현이여. 이 보살마하살은 스스로의 지위에 안주하여 다른 인연을 따르지 않고, 스스로의 지위인 법을 파괴할 자가 없느니라. 왜 그러한가? 이 보살마하살은 동요가 없고, 퇴전이 없는 지혜를 성취하였으므로 일체 악한 인연이 능히 기울어뜨리고 동요시키지 못하느니라. 선현이여. 이 보살마하살은 설사 악마가 있어서 여래의 형상을 짓고 그의 처소에 와서 이르렀으며, '그대들은 지금 상응하여 아라한과를 구하여 영원히 여러 번뇌를 끝마치고 반열반에 증득하시오. 그대들은 대보리의 수기를 감당할 수 없으며, 역시 무생법인(無生法忍)을 증득하지 못할 것이오. 그대들은 지금 불퇴전지(不退轉地)의 제행·형상·상이 없으니, 여래께서는 상응하여 그대들에게 무상대보리(無上大菩提)의 수기를 주지 않을 것이오. 반드시 불퇴전지의 제행·형상·상이 구족되어 있어야 비로소 여래께 무상대보리의 수기를 받는 것이오.'라고 이와 같이 말을 지었더라도, 선현이여. 이 보살마하살은 그의 말을 들었어도 이미 마음에 전변(轉變)이 없고, 놀라지 않으며 두려워하지 않고 물러나지 않고 침울하지도 않으니라.

이 보살마하살은 상응하여 '나는 과거의 불·세존의 처소에서 반드시 이미 대보리의 수기를 받았느니라. 왜 그러한가? 보살이 이와 같이 수승한 법을 성취하였다면 결정적으로 여래·응공·정등각께서는 보리의 수기를 주신 것이고, 나도 이미 이와 같이 수승한 법을 성취하였는데, 어찌하여 여래·응공·정등각께서 나에게 수기를 주지 않았겠는가? 이러한 까닭으로 나는 과거의 제불의 처소에서 결정적으로 대보리의 수기를 받았다.'라고 스스로가 증득하여 아느니라.

선현이여. 이 보살마하살은 설사 악마이거나 악마의 사자(使者)가 있어서 여래의 형상을 짓고 와서 보살이거나 성문지의 수기를 주었거나, 혹은 독각의 보리의 수기를 주면서 보살에게 '그대 선남자여. 무상정등보리가 생사를 윤회하면서 오랫동안 큰 고통을 받는 것이 무슨 소용이 있겠는가? 마땅히 스스로가 빠르게 무여열반(無餘涅槃)을 증득하고 영원히 생사를 벗어나서 반드시 결국에는 안락하시오.'라고 알려서 말하였다면, 선현이여. 이 보살마하살이 그 말을 듣고서, '이것은 결정적으로 악마이거나, 혹은 악마의 사자가 거짓으로 여래의 형상을 나타내어 나의 마음을 요란(擾亂)시키기 위하여 나에게 성문이거나 독각지의 수기를 주어서 무상정등보리에서 퇴전시키려는 것이다. 그 까닭은 무엇인가? 결정적으로 제불은 보살들에게 성문지이거나 혹은 독각지를 향하여 나아가게 하거나, 무상정등보리를 버리라는 교계는 없다.'라고 이렇게 생각을 짓느니라.

선현이여. 이 보살마하살은 설사 악마이거나 혹은 악마의 사자가 있어서 거짓으로 여래의 형상을 나타내고 보살에게 '그대가 수지(受持)한 대승의 경전은 여래(佛)께서 설하신 것이 아니고, 역시 여래(如來)의 제자들이 설하신 것도 아니오. 이것은 여러 악마이거나, 혹은 여러 외도들이 그대를 속이고 미혹시키기 위하여 이와 같은 말을 짓는 것이오. 그대들은 지금 상응하여 수지하고 독송하지 않아야 하오.'라고 알려 말하였다면, 이 보살마하살은 그의 말을 듣고서 '이것은 결정적으로 악마이거나, 혹은 악마의 권속이 나에게 무상정등보리를 구하는 것을 싫어하고 버리게 하려는 까닭으로, 대승경전은 여래께서 설하신 것이 아니고, 역시 여래의 제자들이 설하신 것이 아니라고 말하는 것이다. 왜 그러한가? 이러한 경전을 벗어나서 능히 무상정등보리를 증득한다는 것은 결정적으로 이러한 처소는 없다.'라고 이렇게 생각을 짓고 말하였다면, 선현이여. 이 보살마하살은 이미 불퇴전지에 안주하였고, 과거의 제불께 이미 오래전에 대보리의 수기를 받았다고 마땅히 알아야 하느니라.

왜 그러한가? 이 보살마하살은 이미 불퇴전지의 제행·형상·상을 구족하여 성취하였나니, 만약 보살마하살이 이와 같은 제행·형상·상을 성취하였다면 이미 대보리의 수기를 받았고, 반드시 이미 불퇴전지에 안주하였다고 마땅히 알아야 하느니라. 선현이여. 만약 보살마하살이 이와 같은 제행·형상·상을 성취한다면, 이 자는 불퇴전의 보살마하살이라고 알아야 하느니라.

다시 다음으로 선현이여. 일체의 불퇴전인 보살마하살들은 매우 깊은 반야바라밀다를 수행하는 때에 정법을 섭수하고 정법을 호지(護持)하면서 몸과 목숨도 아끼지 않는데, 하물며 다른 재물에 친근하겠는가? 이 보살마하살은 항상 '나는 오히려 친한 벗과 진기한 재물 및 스스로의 목숨을 버릴지라도 결국 제불의 정법은 버리지 않겠다. 왜 그러한가? 친한 벗과 재물 및 목숨은 태어나는 생(生)마다 항상 있어서 매우 쉽게 얻을 수 있으나, 제불의 정법은 백천 구지(俱胝)·나유타(那庾多)의 겁에 한 번을 얻으며, 이미 얻었다면 장야(長夜)에 큰 이익과 안락을 얻는 까닭으로, 나는 결정적으로 상응하여 정근하면서 수호하겠다.'라고 이렇게 생각을 짓느니라.

선현이여. 이 보살마하살은 정법을 호지하는 때에 '나는 한 여래(佛)이거나, 두 여래이거나, 나아가 백천 제불(諸佛)의 정법(正法)을 호지(護持)하지 않고, 널리 시방삼세(十方三世) 제불의 정법을 호지하여 훼손(虧損)이 없게 하겠다.'라고 이렇게 생각을 짓느니라."

그때 구수 선현이 세존께 아뢰어 말하였다.

"세존이시여. 무엇 등을 제불의 정법이라고 이름하며, 이 보살마하살이 어찌하여 몸과 목숨을 아끼지 않고 호지하는 것입니까?"

세존께서 선현에게 말씀하셨다.

"일체의 여래·응공·정등각께서 깨달으신 처소에 설하신 것인 일체법의 공성이고, 이와 같다면 제불의 정법이라고 이름하며, 어리석은 부류들이 있어서 비방(誹謗)하고 훼자(毀訾)하면서 '이것은 비법(非法)이고, 비나야(毘奈耶)가 아니며, 천인사(天人師)께서 설하신 성스러운 가르침이 아니니, 이러한 법을 수행하더라도 무상정등보리를 증득하지 못하고, 열반과 구경의 안락(安樂)도 증득하지 못한다.'라고 말한다면, 선현이여. 이 보살마하살은 이러한 법을 호지하면서 몸과 목숨을 아끼지 않으며 항상 '제불께서 설하신 것인 일체법공(一切法空)은 제유정들의 귀의처(歸依處)인 것이니, 보살이 수학한다면 빠르게 무상정등보리를 증득하고, 제유정들의 생(生)·노(老)·병(病)·사(死)의 고통을 발제(拔濟)하여 구경의 안락과 열반을 얻게 하는 까닭으로 호지하면서 몸과 목숨을 아끼지 않겠다.'라고 이렇게 생각을 지었고, 또한 '나도 역시 미래불(未來佛)의 숫자에 포함되어 있고, 세존께서는 이미 나에게 보리의 수기를 주셨으며, 오히려 이러한 인연으로 제불의 정법은 곧 이것이 나의 법이다. 나는 상응하게 호지하면서 몸과 목숨을 아끼지 않을 것이고, 나도 미래 세상에서 작불(作佛)을 증득하는 때에, 역시 유정들을 위하여 마땅히 이와 같은 제법의 공을 설하는 까닭이다.'라고 이렇게 생각을 짓느니라.

선현이여. 이 보살마하살은 이러한 의취와 이익을 보고서 여래께서 설하신 정법을 호지하면서 몸과 목숨을 아끼지 않고, 무상정등보리를 증득하기까지 항상 해태와 폐지(懈廢)가 없느니라. 선현이여. 만약 보살마하살이 이와 같은 제행·형상·상을 성취한다면, 이 자는 불퇴전의 보살마하살이라고 알아야 하느니라."

"다시 다음으로 선현이여. 일체의 불퇴전인 보살마하살들은 제여래·응공·정등각들께서 설하신 정법을 들으면 미혹이 없고 의심이 없으며, 들었다면 수지하고 항상 잊어버리지 않으며 무상정등보리까지 이르느니라. 왜 그러한가? 이 보살마하살은 이미 다라니(陀羅尼)를 잘 얻었던 까닭이니라."

그때 선현이 세존께 아뢰어 말하였다.

"세존이시여. 이 보살마하살은 무엇 등의 다라니를 얻었던 까닭으로, 제여래·응공·정등각들께서 설하신 것인 정법을 듣고서 미혹이 없고 의심이 없으며, 들었다면 수지하고 항상 잊어버리지 않습니까?"

세존께서 말씀하셨다.

"선현이여. 이 보살마하살은 무진장다라니(無盡藏陀羅尼)를 얻었고, 해인다라니(海印陀羅尼)를 얻었으며, 연화중장다라니(蓮花衆藏陀羅尼)를 얻었던 까닭에, 제여래·응공·정등각들께서 설하신 것인 정법을 듣고서 미혹이 없고 의심이 없으며, 들었다면 수지하고 항상 잊어버리지 않느니라."

구수 선현이 세존께 아뢰어 말하였다.

"이 보살마하살은 여래·응공·정등각들께서 다만 설하신 것인 정법을 듣고서 미혹이 없고 의심이 없으며, 들었다면 수지하고 항상 잊어버리지 않습니까? 혹은 보살·독각·성문·천인·용·약차·아소락 등이 말하는 것인 정법을 듣고서 미혹이 없고 의심이 없으며, 들었다면 수지하고 항상 잊어버리지 않습니까?"

세존께서 말씀하셨다.

"선현이여. 이 보살마하살은 널리 일체의 유정들의 언어(言音)·문자(文字)·의취(義趣)를 듣는다면 모두 능히 명료하게 이해하므로 미혹이 없고 의심이 없으며, 미래의 세상을 끝마치도록 잊어버리지 않느니라. 그 까닭은 무엇인가? 이 보살마하살은 이미 무진장다라니 등을 얻어서 설한 것을 맡아서 수지하고 잊지 않는 까닭이니라. 선현이여. 만약 보살마하살이 이와 같은 제행·형상·상을 성취한다면, 이 자는 불퇴전의 보살마하살이라고 알아야 하느니라.

55. 심심의품(甚深義品)(1)

그때 구수 선현이 세존께 아뢰어 말하였다.

"세존이시여. 이와 같이 불퇴전의 보살마하살은 광대(廣大)하고 무량(無量)하며 무수(無數)이고 변제(邊際)가 없으며 불가사의(不可思議)하고 수승(殊勝)한 공덕(功德)을 성취하였습니다."

세존께서 말씀하셨다.

"선현이여. 그와 같으니라. 그와 같으니라. 그대가 말한 것과 같으니라.

이 불퇴전의 보살마하살들은 광대하고 무량하며 무수이고 변제가 없으며 불가사의하고 수승한 공덕을 성취하였느니라. 그 까닭은 무엇인가? 선현이여. 이 보살마하살은 이미 수승하고 무량하며 무변(無邊)하므로 성문의 지혜(聲聞智)와 독각의 지혜(獨覺智)와 공유할 수 없는 지혜를 성취하였느니라. 이 보살마하살은 이러한 지혜의 가운데에 안주하여 수승한 4무애해(四無礙解)를 이끌어서 일으키나니, 오히려 이러한 수승한 4무애해로 세간의 천인·인간·아소락 등이 능히 질문하여 난처하게 할 수 없고, 이 보살의 지혜와 변재(辯才)를 지극하게 끝마칠 자가 없느니라."

그때 선현이 다시 세존께 아뢰어 말하였다.

"세존이시여. 긍가사와 같은 겁에서 널리 설해졌던 불퇴전의 보살마하살의 제행·형상·상이 오히려 세존께서 설하신 것인 제행·형상·상을 불퇴전의 보살마하살의 성취하는 무변하고 수승한 공덕을 드러내어 보여주셨습니다. 오직 바라옵건대, 여래·응공·정등각께서는 다시 보살마하살들을 위하여 매우 깊은 의취를 설하시어 제보살마하살이 그 가운데에 안주하여 보시, 나아가 반야바라밀다를 능히 수행하여 빠르게 원만하게 하시고, 내공, 나아가 무성자성공에 능히 안주하여 빠르게 원만하게 하시며, 진여, 나아가 부사의계에 능히 안주하여 빠르게 원만하게 하시고, 고·집·멸·도 성제에 능히 안주하여 빠르게 원만하게 하시며, 4념주, 나아가 8성도지를 능히 수행하여 빠르게 원만하게 하시고, 4정려·4무량·4무색정을 능히 수행하여 빠르게 원만하게 하시며, 8해탈·8승처·9차제정·10변처를 능히 수행하여 빠르게 원만하게 하시고, 공·무상·무원해탈문을 능히 수행하여 빠르게 원만하게 하시며, 다라니문·삼마지문을 능히 수행하여 빠르게 원만하게 하시고, 극희지, 나아가 법운지를 능히 수행하여 빠르게 원만하게 하시며, 5안·6신통을 능히 수행하여 빠르게 원만하게 하시고, 여래의 10력, 나아가 18불불공법을 능히 수행하여 빠르게 원만하게 하시며, 32대사상·80수호를 능히 수행하여 빠르게 원만하게 하시고, 무망실법·항주사성을 능히 수행하여 빠르게 원만하게 하시고, 일체지·도상지·일체상지를 능히 수행하여 빠르게 원만하게 하십시오."

세존께서 선현에게 말씀하셨다.

"옳도다. 옳도다. 그대는 지금 다만 제보살들을 위하여 여래·응공·정등각께 매우 깊은 의취를 청하여 물어서 제보살마하살이 그 가운데에 안주하게 하였고, 수행하거나 안주하는 공덕을 빠르게 원만하게 하였도다. 선현이여. 마땅히 알아야 하느니라. 매우 깊은 의취의 처소는 이를테면, 공(空)·무상(無相)·무원(無願)과, 무작(無作)·무생(無生)·무멸(無滅)·적정(寂靜)·열반(涅槃)과, 진여(眞如)·법계(法界)·법성(法性)·실제(實際) 등의 이와 같은 것 등을 매우 깊은 의취의 처소라고 하느니라. 선현이여. 마땅히 알아야 하느니라. 이와 같이 설하였던 것인 매우 깊은 의취의 처소인 여러 종류의 증어(增語)라는 말은 모두가 열반이 매우 깊은 의취를 드러내느니라."

그때 선현이 다시 세존께 아뢰어 말하였다.

"다만 열반을 깊은 의취라고 이름합니까? 여러 나머지의 법도 역시 매우 깊다고 이름합니까?"

세존께서 선현에게 말씀하셨다.

"선현이여. 나머지의 일체법도 매우 깊다고 이름하느니라. 왜 그러한가? 선현이여. 색도 역시 매우 깊다고 이름하고, 수·상·행·식도 역시 매우 깊다고 이름하며, 안처, 나아가 의처도 역시 매우 깊다고 이름하고, 색처, 나아가 법처도 역시 매우 깊다고 이름하며, 안계, 나아가 의계도 역시 매우 깊다고 이름하고, 색계, 나아가 법계도 역시 매우 깊다고 이름하며, 안식계, 나아가 의식계도 역시 매우 깊다고 이름하고, 안촉, 나아가 의촉도 역시 매우 깊다고 이름하며, 안촉을 인연으로 생겨난 여러 수, 나아가 의촉을 인연으로 생겨난 여러 수도 역시 매우 깊다고 이름하며,

지계, 나아가 식계도 역시 매우 깊다고 이름하고, 무명, 나아가 노사의 수탄고우뇌도 역시 매우 깊다고 이름하며, 고·집·멸·도성제도 역시 매우 깊다고 이름하고, 4념주, 나아가 8성도지의 수탄고우뇌도 역시 매우 깊다고 이름하며, 4정려·4무량·4무색정도 역시 매우 깊다고 이름하고,

8해탈·8승처·9차제정·10변처도 역시 매우 깊다고 이름하며, 공·무상·무원해탈문도 역시 매우 깊다고 이름하고, 다라니문·삼마지문도 역시 매우 깊다고 이름하며, 3승과 보살의 10지도 역시 매우 깊다고 이름하고, 5안·6신통도 역시 매우 깊다고 이름하며,

  여래의 10력, 나아가 18불불공법도 역시 매우 깊다고 이름하고, 32대사상·80수호도 역시 매우 깊다고 이름하며, 무망실법·항주사성도 역시 매우 깊다고 이름하고, 예류과, 나아가 독각의 보리도 역시 매우 깊다고 이름하며, 일체지·도상지·일체상지도 역시 매우 깊다고 이름하고, 일체의 보살마하살의 행과 제불의 무상정등보리도 역시 매우 깊다고 이름하느니라."

마하반야바라밀다경 제450권

55. 심심의품(甚深義品)(2)

그때 구수 선현이 세존께 아뢰어 말하였다.
"세존이시여. 어찌하여 색도 역시 매우 깊다고 이름합니까? 어찌하여 수·상·행·식도 역시 매우 깊다고 이름합니까? 이와 같이 나아가, 어찌하여 일체의 보살마하살의 행도 역시 매우 깊다고 이름합니까? 어찌하여 제불의 무상정등보리도 역시 매우 깊다고 이름합니까?"
세존께서 선현에게 말씀하셨다.
"색의 진여가 매우 깊은 까닭으로 색도 매우 깊다고 이름하고, 수·상·행·식의 진여가 매우 깊은 까닭으로 수·상·행·식도 매우 깊다고 이름하며, 이와 같이 나아가, 일체의 보살마하살의 행의 진여가 매우 깊은 까닭으로 일체의 보살마하살의 행도 매우 깊다고 이름하고, 제불의 무상정등보리의 진여가 매우 깊은 까닭으로 제불의 무상정등보리도 매우 깊다고 이름하느니라."
그때 선현이 다시 세존께 아뢰어 말하였다.
"어찌하여 물질의 진여가 매우 깊습니까? 어찌하여 수·상·행·식의 진여가 매우 깊습니까? 이와 같이 나아가, 어찌하여 일체 보살마하살의 행의 진여가 매우 깊습니까? 어찌하여 제불의 무상정등보리의 진여가 매우 깊습니까?"
세존께서 선현에게 말씀하셨다.
"색의 진여는 색에 나아가지 않고 색을 벗어나지도 않는데, 이러한 까닭으로 매우 깊고, 수·상·행·식의 진여는 수·상·행·식에 나아가지 않고 수·상·행·식을 벗어나지도 않는데, 이러한 까닭으로 매우 깊고, 이와 같이 나아가, 일체의 보살마하살의 행의 진여는 일체의 보살마하살의 행에 나아가지 않고 일체의 보살마하살의 행을 벗어나지도 않는데, 이러한 까닭으로 매우 깊고, 제불의 무상정등보리의 행의 진여는 제불의 무상정등보리의 행에 나아가지 않고 제불의 무상정등보리의 행을 벗어나지도 않는데, 이러한 까닭으로 매우 깊으니라."

선현이 세존께 아뢰어 말하였다.

"여래께서는 매우 기이하고 미묘한 방편으로 불퇴전지의 보살마하살을 위해 여러 색을 막아서 없애고서 열반을 보여주셨고, 수·상·행·식을 막아서 없애고서 열반을 보여주셨으며, 이와 같이 나아가, 일체의 보살마하살의 행을 막아서 없애고서 열반을 보여주셨고, 제불의 무상정등보리를 막아서 없애고서 열반을 보여주셨습니다. 세존께서는 매우 기이하고 미묘한 방편으로 불퇴전지 보살마하살을 위하여 일체가 만약 색이거나, 만약 색이 아니거나, 만약 견해가 있거나(有見), 만약 견해가 없거나(無見), 만약 마주할 수 있거나(有對), 만약 마주할 수 없거나(無對), 만약 세간(世間)이거나, 만약 출세간(出世間)이거나, 만약 공유(共)이거나, 만약 공유가 아니(不共)거나, 만약 유루(有漏)이거나, 만약 무루(無漏)이거나, 만약 유위법(有爲法)이거나, 만약 무위법(無爲法)이라도 막아서 없애고서 열반을 보여주셨습니다."

세존께서 선현에게 말씀하셨다.

"그와 같으니라. 그와 같으니라. 그대가 말한 것과 같으니라. 여래는 매우 기이하고 미묘한 방편으로 불퇴전지의 보살마하살을 위하여 여러 색을 막아서 없애고서 열반을 드러내어 보여주고, 수·상·행·식을 막아서 없애고서 열반을 드러내어 보여주며, 나아가 세존은 매우 기이하고 미묘한 방편으로 불퇴전지의 보살마하살을 위하여 일체가 만약 색이거나, 만약 색이 아니거나, 만약 견해가 있거나, 만약 견해가 없거나, 만약 마주할 수 있거나, 만약 마주할 수 없거나, 만약 세간이거나, 만약 출세간이거나, 만약 공유이거나, 만약 공유가 아니거나, 만약 유루이거나, 만약 무루이거나, 만약 유위법이거나, 만약 무위법이라도 막아서 없애고서 열반을 드러내어 보여주느니라.

다시 다음으로 선현이여. 제보살마하살은 상응하여 이와 같은 여러 매우 깊은 처소에서 반야바라밀다에 상응하는 이취(理趣)에 의지하여 자세하게 살펴서 사유하고 헤아리면서 관찰하며, 상응하여 '매우 깊은 반야바라밀다가 가르치는 것과 같이 안주해야 하고, 매우 깊은 반야바라밀다가 설하는 것과 같이 수학(修學)하겠다.'라고 이렇게 생각을 지어야 하느니라.

선현이여. 만약 보살마하살이 능히 이와 같은 여러 매우 깊은 처소에서 반야바라밀다에 상응하는 이취에 의지하여 자세하게 살펴서 사유하고 헤아리면서 관찰하며, 상응하여 매우 깊은 반야바라밀다가 가르치는 것과 같이 안주하였고, 매우 깊은 반야바라밀다가 설하는 것과 같이 수학한다면, 이 보살마하살은 오히려 능히 이와 같이 정근하면서 수학하면서 매우 깊은 반야바라밀다에 의지하여 한 생각의 마음을 일으키더라도 오히려 능히 무수이고 무량하며 무변한 선근(善根)을 섭수하여 취(取)하므로, 무량한 겁의 생사의 유전을 초월하여 빠르게 무상정등보리를 증득하는데, 하물며 끊임없이 항상 반야바라밀다를 수행하거나 항상 보리에 안주하여 상응하는 작의를 짓는 사람이겠는가!

선현이여. 음욕이 많은 사람이 단엄(端嚴)한 여인과 서로가 사랑하고 염오되어서 함께 기약(期契)하였으나 그 여인이 제한하는 장애로 기약에 나아가지 못하였다면 그 사람의 음욕의 마음은 치성(熾盛)하게 흐를 것이다. 선현이여. 그대의 뜻은 어떠한가? 그 사람에게 음욕의 생각은 어느 곳으로 움직이겠는가?"

"세존이시여. 그 사람의 음욕의 생각은 여인에게 움직이는데 이를테면, '그녀는 마땅히 어느 때에 오겠고 함께 이곳에서 즐겁고 기쁘게 오락(娛樂)하겠는가?'라고 이렇게 생각을 짓습니다."

"선현이여. 그대의 뜻은 어떠한가? 그 사람은 밤낮으로 얼마나 음욕(婬欲)의 생각이 생겨나겠는가?"

"세존이시여. 이 사람은 밤낮으로 음욕의 생각이 매우 많을 것입니다."
세존께서 선현에게 말씀하셨다.

"만약 보살마하살이 능히 매우 깊은 반야바라밀다에 의지하여 매우 깊은 반야바라밀다가 설하는 것과 같이 수학한다면, 생사를 유전하는 겁(劫)의 숫자를 초월하는 것과 음욕이 많은 사람이 하루의 낮과 밤을 지내면서 일으켰던 음욕의 생각인 그 수량 등과 같으니라. 선현이여. 이 보살마하살은 반야바라밀다에서 설하신 것인 이취를 따라서 의지하여 사유하고 수학한다면, 따라서 무상정등보리를 장애하면서 소유하는 허물과 죄(過罪)를 능히 해탈시키느니라. 이러한 까닭으로 보살은 매우 깊은 반야바라밀다를 의지하여 정근하면서 수학한다면 빠르게 무상정등보리를 증득하느니라.

선현이여. 만약 보살마하살이 매우 깊은 반야바라밀다에서 설하였던 것에 안주하여 하루의 밤과 낮을 지내면서 획득하였던 것인 공덕은, 만약 이 공덕의 형상과 분량이 있다면, 긍가사(殑伽沙)와 같은 삼천대천세계(三千大千世界)의 제불세계도 능히 포용하여 받아들이지 못하느니라. 가사 긍가사와 같은 삼천대천세계에 가득한 여러 나머지의 공덕으로 이 공덕에 비교한다면 백분의 일에도 미치지 못하고 천분의 일에도 미치지 못하며 백천분의 일에도 미치지 못하고 나아가 오파니살담분의 일에도 미치지 못하느니라."

"다시 다음으로 선현이여. 만약 보살마하살이 반야바라밀다를 멀리 벗어나서도 설사 긍가사와 같은 대겁(大劫)을 지내면서 불(佛)·법(法)·승보(僧寶)에 보시하고 공양한다면, 선현이여. 그대의 뜻은 어떠한가? 이 보살마하살은 오히려 이러한 인연으로 얻는 복취(福聚)는 많겠는가?"
선현이 대답하여 말하였다.

"매우 많습니다. 세존이시여. 그 복취는 무수(無數)이고 무량(無量)하며 무변(無邊)합니다."
　세존께서 선현에게 말씀하셨다.
　"만약 보살마하살이 매우 깊은 반야바라밀다에 의지하여 하루의 낮과 밤을 지내면서 설한 것과 같이 수학한다면, 획득하였던 것인 공덕은 그것보다 매우 많으니라. 그 까닭은 무엇인가? 선현이여. 매우 깊은 반야바라밀다는 이러한 제보살마하살들이 도(道)의 수레인 것이니라. 제보살마하살이 이러한 수레를 타는 까닭으로 빠르게 무상정등보리를 증득하느니라."
　"다시 다음으로 선현이여. 만약 보살마하살이 반야바라밀다를 멀리 벗어나서 설사 긍가사와 같은 대겁을 지내면서 예류(預流)·일래(一來)·불환(不還)·아라한(阿羅漢)·독각(獨覺)·보살(菩薩)들과 더불어 여래(如來)·응공(應供)·정등각(正等覺)들께 보시하고 공양한다면 선현이여. 그대의 뜻은 어떠한가? 이 보살마하살은 오히려 이러한 인연으로 얻는 복취는 많겠는가?"
　선현이 대답하여 말하였다.
　"매우 많습니다. 세존이시여. 그 복취는 무수이고 무량하며 무변합니다."
　세존께서 선현에게 말씀하셨다.
　"만약 보살마하살이 매우 깊은 반야바라밀다에 의지하여 하루의 낮과 밤을 지내면서 설한 것과 같이 수학한다면, 획득하였던 것인 공덕은 그것보다 매우 많으니라. 그 까닭은 무엇인가? 선현이여. 제보살마하살은 매우 깊은 반야바라밀다를 행하여 여러 성문지와 독각지를 초월하고 빠르게 보살의 정성이생(正性離生)에 들어가며, 다시 여러 보살행을 점차로 수행하여 빠르게 무상정등보리를 증득하느니라."
　"다시 다음으로 선현이여. 만약 보살마하살이 반야바라밀다에서 설한 것에 의지하여 안주하고 하루의 밤과 낮을 지내면서 보시·정계·안인·정진·정려·반야바라밀다를 정근하면서 수행한다면 선현이여. 그대의 뜻은 어떠한가? 이 보살마하살은 오히려 이러한 인연으로 얻는 복취는 많겠는가?"
　선현이 대답하여 말하였다.

"매우 많습니다. 세존이시여. 그 복취는 무수이고 무량하며 무변합니다."
세존께서 선현에게 말씀하셨다.

"만약 보살마하살이 매우 깊은 반야바라밀다에 의지하여 하루의 낮과 밤을 지내면서 보시·정계·안인·정진·정려·반야바라밀다를 정근하면서 수행한다면, 획득하였던 것인 공덕은 그것보다 매우 많으니라. 그 까닭은 무엇인가? 선현이여. 제보살마하살은 매우 깊은 반야바라밀다는 이것이 제보살마하살의 어머니이니라. 왜 그러한가? 매우 깊은 반야바라밀다는 능히 보살마하살들을 출생시키고, 일체의 보살마하살은 매우 깊은 반야바라밀다에 의지하여 제불의 법을 빠르게 원만하게 하는 까닭이니라."

"다시 다음으로 선현이여. 만약 보살마하살이 반야바라밀다를 멀리 벗어나서 설사 긍가사와 같은 대겁을 지내면서 법으로써 일체의 유정들에게 보시한다면 선현이여. 그대의 뜻은 어떠한가? 이 보살마하살은 오히려 이러한 인연으로 얻는 복취는 많겠는가?"

선현이 대답하여 말하였다.

"매우 많습니다. 세존이시여. 그 복취는 무수이고 무량하며 무변합니다."
세존께서 선현에게 말씀하셨다.

"만약 보살마하살이 매우 깊은 반야바라밀다에 의지하여 하루의 낮과 밤을 지내면서 법으로써 일체의 유정들에게 보시한다면, 획득하였던 것인 공덕은 그것보다 매우 많으니라. 그 까닭은 무엇인가? 선현이여. 만약 보살마하살이 반야바라밀다를 멀리 벗어난다면 곧 일체지지를 멀리 벗어나는 것이고, 반야바라밀다를 멀리 벗어나지 않는다면 곧 일체지지를 멀리 벗어나지 않는 것이니라. 이러한 까닭으로 선현이여. 만약 보살마하살이 무상정등보리를 증득하고자 하였다면 항상 상응하여 매우 깊은 반야바라밀다를 벗어나지 않아야 하느니라."

"다시 다음으로 선현이여. 만약 보살마하살이 반야바라밀다를 멀리 벗어나서 설사 긍가사와 같은 대겁을 지내면서 보시바라밀, 나아가 반야바라밀다를 수행하고, 내공, 나아가 무성자성공에 안주하며, 진여, 나아가 부사의계에 안주하고, 고·집·멸·도성제에 안주하며, 4념주, 나아가 8성도지를 수행하고, 4정려·4무량·4무색정을 수행하며, 공·무상·무원해탈문을 수행하고, 극희지(極喜地), 나아가 법운지(法雲地)를 수행하며, 일체의 다라니문·삼마지문을 수행하고, 5안·6신통을 수행하며, 여래의 10력, 나아가 18불불공법을 수행하고, 무망실법·항주사성을 수행하며, 일체지·도상지·일체상지를 수행한다면 선현이여. 그대의 뜻은 어떠한가? 이 보살마하살은 오히려 이러한 인연으로 얻는 복취는 많겠는가?"

선현이 대답하여 말하였다.

"매우 많습니다. 세존이시여. 그 복취는 무수이고 무량하며 무변합니다."

세존께서 선현에게 말씀하셨다.

"만약 보살마하살이 매우 깊은 반야바라밀다에 의지하여 하루의 낮과 밤을 지내면서 보시바라밀다, 나아가 일체상지를 수행하면서 획득하였던 것인 공덕은 그것보다 매우 많으니라. 그 까닭은 무엇인가? 선현이여. 만약 보살마하살이 반야바라밀다를 멀리 벗어나지 않았는데, 일체지지에서 퇴전이 있다는 이러한 처소는 없느니라. 만약 보살마하살이 반야바라밀다를 멀리 벗어나고서 일체지지에서 퇴전이 있다는 이러한 처소는 있느니라. 이러한 까닭으로 선현이여. 만약 보살마하살이 무상정등보리를 증득하고자 하였다면 항상 상응하여 매우 깊은 반야바라밀다를 벗어나지 않아야 하느니라."

"다시 다음으로 선현이여. 만약 보살마하살이 반야바라밀다를 멀리 벗어나서 설사 긍가사와 같은 대겁을 지내면서 여러 종류의 재시(財施)와 법시(法施)를 수행하였고 공한처(空閑處)[1]에 안주하여 생각을 얽어매고 깊이 사유하면서 먼저 수행하였던 것인 복취를 일체의 유정들과 함께 평등하게 공유하면서 무상정등보리에 회향하였다면 선현이여. 그대의 뜻은 어떠한가? 이 보살마하살은 오히려 이러한 인연으로 얻는 복취는 많겠는가?"

---

1) 산스크리트어 araṇya의 번역이고, 아란야(阿蘭若)를 가리키다. '한가롭고 적정(寂靜)한 처소'라는 뜻이고, '원리처(遠離處)', '적정처(寂靜處)', '무쟁처(無諍處)' 등으로 번역한다.

선현이 대답하여 말하였다.

"매우 많습니다. 세존이시여. 그 복취는 무수이고 무량하며 무변합니다."

세존께서 선현에게 말씀하셨다.

"만약 보살마하살이 매우 깊은 반야바라밀다에 의지하여 하루의 낮과 밤을 지내면서 여러 종류의 재시와 법시를 수행하였고 공한처에 안주하여 생각을 얽어매고 깊이 사유하면서 먼저 수행하였던 것인 복취를 일체의 유정들과 함께 평등하게 공유하면서 무상정등보리에 회향하였다면 획득하였던 것인 공덕은 그것보다 매우 많으니라. 그 까닭은 무엇인가? 선현이여. 매우 깊은 반야바라밀다에 의지하여 일으키는 회향하는 것은 이것이 최고로 수승한 회향이라고 마땅히 알아야 하고, 반야바라밀다를 멀리 벗어나서 일으키는 회향은 하열(下劣)한 회향이라고 마땅히 알아야 하느니라.

왜 그러한가? 선현이여. 매우 깊은 반야바라밀다는 능히 일체의 보리분법과 함께 인도하는 상수가 되는 까닭이니라. 이러한 까닭으로 선현이여. 만약 보살마하살이 무상정등보리를 증득하고자 하였다면 항상 상응하여 매우 깊은 반야바라밀다를 벗어나지 않아야 하고, 수행하였던 여러 종류의 공덕을 제유정들과 함께 공유하면서 무상정등보리에 회향해야 하느니라."

"다시 다음으로 선현이여. 만약 보살마하살이 반야바라밀다를 멀리 벗어나서 설사 긍가사와 같은 대겁을 지내면서 널리 과거·미래·현재의 일체의 여래·응공·정등각들과 여러 제자들의 공덕과 선근에 화합하고 따라서 기뻐하면서 일체의 유정들과 함께 평등하게 공유하면서 무상정등보리에 회향하였다면 선현이여. 그대의 뜻은 어떠한가? 이 보살마하살은 오히려 이러한 인연으로 얻는 복취는 많겠는가?"

선현이 대답하여 말하였다.

"매우 많습니다. 세존이시여. 그 복취는 무수이고 무량하며 무변합니다."

세존께서 선현에게 말씀하셨다.

"만약 보살마하살이 매우 깊은 반야바라밀다에 의지하여 하루의 낮과 밤을 지내면서 널리 과거·미래·현재의 일체의 여래·응공·정등각들과 여러 제자들의 공덕과 선근에 화합하고 따라서 기뻐하면서 일체의 유정들과 함께 평등하게 공유하면서 무상정등보리에 회향하였다면 획득하였던 것인 공덕은 그것보다 매우 많으니라. 그 까닭은 무엇인가? 선현이여. 일체의 따라서 기뻐하면서 회향하는 공덕과 선근은 모두가 매우 깊은 반야바라밀다로써 상수를 삼는 까닭이니라. 이러한 까닭으로 선현이여. 만약 보살마하살이 무상정등보리를 증득하고자 하였다면 항상 상응하여 매우 깊은 반야바라밀다를 벗어나지 않아야 하고, 여러 선근에서 따라서 기뻐하면서 구하였던 것인 무상정등보리에 회향해야 하느니라."

그때 구수 선현이 세존께 아뢰어 말하였다.

"세존이시여. 세존께서 설하신 것과 같이, 제행(諸行)은 이것이 모두 분별(分別)로 지었던 것이고, 망상(妄想)을 따라서 생겨났으므로 모두 실유(實有)가 아닌데, 무슨 인연으로써 이 보살마하살들은 재시 등을 행하여 무수이고 무량하며 무변한 복취를 획득합니까? 세존이시여. 분별로 지었던 것인 재시 등의 복으로는 상응하여 능히 진실한 정견(正見)을 일으키지 못할 것이고, 정성이생에 능히 들어가지 못할 것이며, 예류과를 능히 증득하지 못하고, 혹은 일래과이거나, 혹은 불환과이거나, 혹은 아라한과이거나, 혹은 독각의 보리도 능히 얻을 수 없을 것이고, 역시 구하였던 것인 무상정등보리도 능히 증득하지 못합니다."

세존께서 말씀하셨다.

"선현이여. 그와 같으니라. 그와 같으니라. 그대가 말한 것과 같으니라. 제행은 이것이 모두 분별로 지었던 것이고, 망상(妄想)을 따라서 생겨났으므로 모두 실유가 아니고, 분별로 지었던 것인 재시 등의 복으로는 상응하여 능히 진실한 정견을 일으키지 못할 것이고, 정성이생에 능히 들어가지 못할 것이며, 예류과를 증득하지 못하고, 나아가 무상정등보리도 증득하지 못하느니라.

다시 다음으로 선현이여. 제보살마하살은 매우 깊은 반야바라밀다를 수행하는 때에 일체 종류의 분별로 지었던 것인 재시 등의 법은 공하고 무소유이며 허망하고 진실하지 않다고 아느니라. 그 까닭은 무엇인가? 선현이여. 내가 설한 일체의 분별로 지었던 것인 재시 등의 법은 모두가 공하지 않은 성상(性相)이 비유(非有)가 아닌 것이 없는데, 이것은 허망(虛妄)하고 견고(堅固)하지 않으니라. 왜 그러한가? 선현이여. 제보살마하살은 내공을 잘 수학하였고, 나아가 무성자성공을 잘 수학하여서 세존께서 설하신 것과 같이, 통달한 까닭이니라.

선현이여. 이 보살마하살이 공에 안주하여 분별로 지었던 것인 재시 등의 복덕은 공하고 무소유이며 허망하고 진실하지 않다고 여여(如如)하게 관찰하나니, 이와 같고 이와 같은 매우 깊은 반야바라밀다를 능히 멀리 벗어나지 않고, 매우 깊은 반야바라밀다를 여여하게 벗어나지 않는다면 이와 같고 이와 같은 무수이고 무량하며 무변한 많은 복취를 획득하느니라. 오히려 이러한 인연으로 진실한 정견을 일으키고, 역시 능히 정성이생에 들어가며, 나아가 구하였던 것인 무상정등보리를 능히 증득하느니라."

그때 선현이 다시 세존께 아뢰어 말하였다.

"설하셨던 것인 무수(無數)·무량(無量)·무변(無邊)은 무슨 차별이 있습니까?"

세존께서 말씀하셨다.

"선현이여. 무수라고 말하는 것은 숫자로 얻을 수 없는 것이니, 얻을 수 없는 숫자는 유위계(有爲界)에도 있고, 무위계(無爲界)에도 있느니라. 무량이라고 말하는 것은 분량을 얻을 수 없는 것이니, 얻을 수 없는 것은 과거법의 가운데에도 있고 미래법의 가운데에도 있으며 현재법의 가운데에도 있느니라. 무변이라고 말하는 것은 끝자락을 얻을 수 없는 것이니, 그 끝자락을 측량하여 헤아릴 수 없는 까닭이니라."

구수 선현이 아뢰어 말하였다.

"세존이시여. 대체로 인연이 있다면 색도 역시 무수이고 무량하며 무변하다고 설하시고, 수·상·행·식도 역시 무수이고 무량하며 무변하다고 설하십니까?"

세존께서 말씀하셨다.

"선현이여. 인연(因緣)이 있는 까닭으로 색도 역시 무수이고 무량하며 무변하다고 설하시고, 수·상·행·식도 역시 무수이고 무량하며 무변하다고 설하시느니라."

그때 구수 선현이 다시 세존께 아뢰어 말하였다.

"무슨 인연을 까닭으로 색도 역시 무수이고 무량하며 무변하다고 설하시고, 수·상·행·식도 역시 무수이고 무량하며 무변하다고 설하십니까?"

세존께서 말씀하셨다.

"선현이여. 색의 자성(自性)은 공한 까닭으로 역시 무수이고 무량하며 무변하다고 설하고, 수·상·행·식의 자성도 공한 까닭으로 역시 무수이고 무량하며 무변하다고 설하느니라."

구수 선현이 다시 세존께 아뢰어 말하였다.

"다만 색이 자성을 공으로 삼습니까? 수·상·행·식도 자성을 공으로 삼습니까? 일체법도 역시 모두 자성을 공으로 삼습니까?"

세존께서 선현에게 알리셨다.

"내가 먼저 어찌 일체법은 모두 자성이 공하다고 설하지 않았는가?"

선현이 아뢰어 말하였다.

"세존께서 비록 항상 일체법은 모두 자성이 공하다고 설하셨고, 저도 이미 명료하게 알았으나, 제유정들이 알지 못하고 깨닫지 못하였던 까닭으로 지금 제가 다시 이것을 물었습니다. 세존이시여. 일체법의 자성이 공하다면 곧 이것은 무진(無盡)이고 역시 이것은 무수이며 역시 이것은 무량이고 역시 이것은 무변입니다. 세존이시여. 일체법의 자성이 공한 가운데에서는 끝남(盡)을 얻을 수 없고, 숫자를 얻을 수 없으며, 분량을 얻을 수 없고, 끝자락(邊)을 얻을 수 없습니다. 오히려 이러한 인연으로 무진이고 무수이며 무량이고 무변이므로 만약 의취이거나, 만약 문장을 갖추었더라도 모두 차별이 없습니다."

세존께서 선현에게 말씀하셨다.

"그와 같으니라. 그와 같으니라. 그대가 말한 것과 같으니라. 무진이고 무수이며 무량이고 무변이므로 만약 의취이거나, 만약 문장을 갖추었더라도 모두가 차별이 없는데, 모두가 함께 제법이 공(空)하다고 명료하게 드러내기 위한 까닭이니라. 선현이여. 일체법공(一切法空)은 모두 설할 수 없으나, 여래께서는 방편으로 무진이라고 설하고, 혹은 무수라고 설하며, 혹은 무량이라고 설하고, 혹은 무변이라고 설하며, 혹은 공(空)이라고 설하고, 혹은 무상(無相)이라고 설하며, 혹은 무원(無願)이라고 설하고 혹은 무작(無作)이라고 설하며, 혹은 생겨남이 없다고 설하고, 혹은 소멸함이 없다고 설하며, 혹은 잡염(雜染)이라고 설하고, 혹은 적정(寂靜)이라고 설하며, 혹은 열반(涅槃)이라고 설하고 혹은 진여(眞如)라고 설하며 혹은 실제(實際)라고 설하더라도, 이와 같은 등의 의취(義趣)들은 모두가 여래께서 방편으로 연설(演說)하신 것이니라."

그때 구수 선현이 다시 세존께 아뢰어 말하였다.

"세존이시여. 매우 기이한 방편선교는 제법의 실상은 널리 설할 수 없으나, 그렇지만 유정들을 위하여 방편으로 드러내어 보여줍니다. 세존이시여. 제가 세존께서 설하신 것을 의취라는 것을 이해하는 것과 같다면, 일체의 법성은 모두 설할 수 없습니다."

세존께서 선현에게 말씀하셨다.

"그와 같으니라. 그와 같으니라. 그대가 말한 것과 같으니라. 일체의 법성은 모두가 설할 수 없느니라. 왜 그러한가? 일체의 법성은 모두가 필경공(畢竟空)이니, 능히 필경공인 것을 널리 설할 수 없느니라."

구수 선현이 다시 세존께 아뢰어 말하였다.

"설할 수 없는 의취에 증장이 있고 감소가 있습니까?"

세존께서 선현에게 말씀하셨다.

"설할 수 없는 의취에 증장이 없고 감소가 없느니라."

그때 선현이 다시 세존께 아뢰어 말하였다.

"만약 설할 수 없는 의취에 증장이 없고 감소가 없다면, 곧 보시바라밀다, 나아가 반야바라밀다도 역시 상응하여 증장이 없고 감소가 없으며, 4념주, 나아가 8성도지도 역시 상응하여 증장이 없고 감소가 없으며, 4정려·4무량·4무색정도 역시 상응하여 증장이 없고 감소가 없으며, 8해탈·8승처·9차제정·10변처도 역시 상응하여 증장이 없고 감소가 없으며, 공·무상·무원해탈문도 역시 상응하여 증장이 없고 감소가 없으며, 극희지, 나아가 법운지도 역시 상응하여 증장이 없고 감소가 없으며, 다라니문·삼마지문도 역시 상응하여 증장이 없고 감소가 없으며, 5안·6신통도 역시 상응하여 증장이 없고 감소가 없으며, 여래의 10력, 나아가 18불불공법도 역시 상응하여 증장이 없고 감소가 없으며, 무망실법·항주사성도 역시 상응하여 증장이 없고 감소가 없으며, 일체지·도상지·일체상지도 역시 상응하여 증장이 없고 감소가 없습니다.

세존이시여. 만약 6바라밀다에 증장이 없고 감소가 없고, 나아가 일체지·도상지·일체상지도 증장이 없고 감소가 없다면, 6바라밀다는 무소유이고, 나아가 일체지·도상지·일체상지도 무소유입니다. 만약 6바라밀다가 무소유이고, 나아가 일체지·도상지·일체상지도 무소유라면, 어찌하여 일체의 보살마하살이 6바라밀다, 나아가 일체지·도상지·일체상지를 수행하여 무상정등보리를 증득합니까?"

세존께서 선현에게 말씀하셨다.

"그와 같으니라. 그와 같으니라. 그대가 말한 것과 같으니라. 설할 수 없는 의취에는 증장이 없고 감소가 없나니, 6바라밀다도 증장이 없고 감소가 없고, 나아가 일체지·도상지·일체상지도 증장이 없고 감소가 없으며, 말할 수 없는 의취는 무소유이니, 6바라밀다도 무소유이고, 나아가 일체지·도상지·일체상지도 무소유이니라. 선현이여. 제보살마하살이 반야바라밀다를 수행하고 반야바라밀다에 안주하여 방편선교로써 '나는 반야바라밀다, 나아가 보시바라밀다에서 만약 증장하거나 만약 감소시키지 않겠다.'라고 생각을 짓지 않고, 다만 '오직 명자(名字)와 생각이 있는데 이를테면, 반야바라밀다, 나아가 보시바라밀다이다.'라고 이렇게 생각을 짓느니라.
 선현이여. 이 보살마하살이 보시바라밀다를 수행하는 때에, 이 보시바라밀다를 구족하고서 작의(作意)를 행하고, 아울러 이것에 의지하여 일으킨 마음과 선근을 가지고, 제유정들과 함께 평등하게 공유하면서 무상정등보리에 회향하게 하며, 여래의 무상정등보리와 같은 미묘하고 매우 깊은 회향을 일으키고, 이와 같이 나아가, 반야바라밀다를 수행하는 때에 이 반야바라밀다를 구족하고서 작의를 행하고, 아울러 이것에 의지하여 일으킨 마음과 선근을 가지고, 제유정들과 함께 평등하게 공유하면서 무상정등보리에 회향하게 하며, 여래의 무상정등보리와 같은 미묘하고 매우 깊은 회향을 일으키느니라. 오히려 이러한 회향의 교묘한 방편의 힘에 의지하여 무상정등보리를 증득하느니라."

 그때 구수 선현이 세존께 아뢰어 말하였다.
 "세존이시여. 무엇을 무상정등보리라고 말합니까?"
 세존께서 선현에게 알리셨다.
 "일체법의 진여(眞如)를 무상정등보리라고 말하느니라."
 그때 구수 선현이 세존께 아뢰어 말하였다.
 "무엇을 일체법의 진여라고 말하고, 일체법이라고 설하는 진여는 이와 같은 무상정등보리를 말합니까?"
 세존께서 선현에게 말씀하셨다.
 "여러 색의 진여와 수·상·행·식의 진여인 이것을 무상정등보리라고 말하고, 안처의 진여, 나아가 의처인 이것을 무상정등보리라고 말하며, 색처의 진여, 나아가 법처의 진여인 이것을 무상정등보리라고 말하고, 안계의 진여, 나아가 의계의 진여인 이것을 무상정등보리라고 말하며, 색계의 진여, 나아가 법계의 진여인 이것을 무상정등보리라고 말하고, 안식계, 나아가 의식계의 진여인 이것을 무상정등보리라고 말하며, 안촉의 진여, 나아가 의촉의 진여인 이것을 무상정등보리라고 말하고, 안촉을 인연으로 생겨난 여러 수의 진여, 나아가 의촉을 인연으로 생겨난 여러 수의 진여인 이것을 무상정등보리라고 말하며,

지계(地界)의 진여, 나아가 식계(識界)의 진여인 이것을 무상정등보리라고 말하고, 무명(無明)의 진여, 나아가 노사의 진여인 이것을 무상정등보리라고 말하며, 내공의 진여, 나아가 무성자성공의 진여인 이것을 무상정등보리라고 말하고, 고제(苦諦)의 진여, 나아가 도제(道諦)의 진여인 이것을 무상정등보리라고 말하며, 4념주의 진여, 나아가 8성도지의 진여인 이것을 무상정등보리라고 말하고, 4정려의 진여와 4무량·4무색정의 진여인 이것을 무상정등보리라고 말하며, 8해탈의 진여와 8승처·9차제정·10변처의 진여인 이것을 무상정등보리라고 말하고, 공해탈문의 진여와 무상·무원해탈문의 진여인 이것을 무상정등보리라고 말하며, 정관지의 진여, 나아가 여래지의 진여인 이것을 무상정등보리라고 말하고,

극희지의 진여, 나아가 법운지의 진여인 이것을 무상정등보리라고 말하며, 다라니문의 진여와 삼마지문의 진여인 이것을 무상정등보리라고 말하고, 5안의 진여와 6신통의 진여인 이것을 무상정등보리라고 말하며, 여래의 10력의 진여, 나아가 18불불공법의 진여인 이것을 무상정등보리라고 말하고, 무망실법의 진여와 항주사성의 진여인 이것을 무상정등보리라고 말하며, 예류과의 진여, 나아가 독각의 보리의 진여인 이것을 무상정등보리라고 말하고, 일체지의 진여와 도상지·일체상지의 진여인 이것을 무상정등보리라고 말하며, 생사의 진여와 열반의 진여인 이것을 무상정등보리라고 말하느니라.

선현이여. 일체의 진여는 증장이 없고 감소가 없는 까닭으로 제불의 무상정등보리도 증장이 없고 감소가 없느니라. 선현이여. 제보살마하살은 반야바라밀다를 벗어나지 않고 항상 즐겁게 제법의 진여에 안주하여 법에서 모두 증장이 있고 감소가 있다고 보지 않느니라. 오히려 이러한 인연으로 설할 수 없는 의취에는 증장이 없고 감소가 없나니, 보시바라밀다도 증장이 없고 감소가 없고, 정계·안인·정진·정려·반야바라밀다도 증장이 없고 감소가 없으며, 나아가 일체지에도 증장이 없고 감소가

없고, 도상지와 일체상지도 증장이 없고 감소가 없으며, 설할 수 없는 의취는 무소유이고, 6바라밀다도 무소유이며, 나아가 일체지와 도상지와 일체상지도 역시 무소유이니라.

선현이여. 제보살마하살은 증장이 없고 감소가 없으며 무소유를 의지하고 방편으로 삼아서 반야바라밀다를 수행하나니, 오히려 이것을 문(門)으로 삼으므로 여러 공덕을 집적하고 곧 무상정등보리를 증득하느니라."

그때 구수 선현이 세존께 아뢰어 말하였다.

"세존이시여. 만약 보살마하살이 증장이 없고 감소가 없으며 무소유를 의지하고 방편으로 삼아서 반야바라밀다를 수행하나니, 오히려 이것을 문으로 삼으므로 여러 공덕을 집적하고 곧 무상정등보리를 증득한다면, 이 보살마하살은 초심(初心)이 일어난다면 능히 무상정등보리를 증득합니까? 후심(後心)이 일어난다면 능히 무상정등보리를 증득합니까?

세존이시여. 이 보살마하살이 초심이 일어나는 때에 무상정등보리를 증득한다면 초심이 일어나는 때에는 후심이 아직 일어나지 않아서 화합하는 이치가 없고, 만약 후심이 일어나는 때에 무상정등보리를 증득한다면 후심이 일어나는 때에는 이미 초심은 소멸하여 화합하는 의취가 없습니다. 이와 같이 앞과 뒤의 심(心)·심소법(心所法)으로 나아감과 후퇴함을 추정하건대 화합하는 의취가 없는데, 어찌하여 선근(善根)을 집적(積集)하겠습니까? 만약 여러 선근을 집적할 수 없다면, 곧 여러 수승한 지혜가 오히려 생겨나지 못하나니, 수승한 지혜가 생겨나지 못하면 어떻게 보살이 무상정등보리를 증득하겠습니까?"

세존께서 선현에게 말씀하셨다.

"내가 마땅히 그대를 위하여 간략한 비유로 설하겠으니, 지혜가 있는 자라면 설하는 것에서 의취를 쉽게 이해하게 하겠노라. 선현이여. 그대의 뜻은 어떠한가? 등불이 타는 때와 같다면 처음의 불꽃이 능히 심지를 태우겠는가? 끝자락의 불꽃이 심지를 태우겠는가?"

선현이 대답하여 말하였다.

"제가 뜻으로 이해하는 것과 같다면, 처음의 불꽃이 능히 심지를 태우는 것이 아니고, 역시 처음의 불꽃을 벗어나고 능히 심지를 태우는 것도 아니며, 끝자락의 불꽃이 능히 심지를 태우는 것도 아니고, 역시 끝자락의 불꽃을 벗어나서 능히 심지를 태우는 것도 아닙니다."

세존께서 선현에게 말씀하셨다.

"그대의 뜻은 어떠한가? 등불을 켜는 때에 심지가 타겠는가?"

선현이 대답하여 말하였다.

"세간에서 나타나 보이는 것은 그 심지가 진실로 탑니다."

세존께서 선현에게 말씀하셨다.

"제보살마하살이 반야바라밀다를 수행하여 무상정등보리를 증득하는 것도 역시 다시 이와 같으니라. 초심을 일으켜서 능히 무상정등보리를 증득하지 않고, 역시 초심을 일으킨 것을 벗어나서 무상정등보리를 증득하지 않으며, 후심을 일으켜서 무상정등보리를 증득하지 않고, 역시 후심을 일으킨 것을 벗어나서 무상정등보리를 증득하지 않느니라. 제보살마하살은 반야바라밀다를 수행하여 여러 선근이 점점 증장시켜서 무상정등보리를 증득하느니라."

"다시 다음으로 선현이여. 제보살마하살은 초발심(初發心)부터 반야바라밀다를 수행하여 10지를 원만하게 하고서 무상정등보리를 증득하느니라."

그때 선현이 아뢰어 말하였다.

"세존이시여. 제보살마하살이 무엇 등의 10지를 수행하여 원만해진다면 무상정등보리를 증득합니까?"

세존께서 선현에게 말씀하셨다.

"제보살마하살은 극희지(極喜地), 나아가 법운지(法雲地)를 수행하여 그것이 원만해진다면 무상정등보리를 증득하고, 역시 정관지(淨觀地), 나아가 여래지(如來地)를 수행하여 그것이 원만해진다면 무상정등보리를 증득하느니라. 선현이여. 제보살마하살은 이러한 10지에서 정근하면서 수학하고 원만해지는 때라면, 초심을 일으켜서 능히 무상정등보리를 증득하지 않고, 역시 초심을 일으킨 것을 벗어나서 무상정등보리를 증득하지 않으며, 후심을 일으켜서 무상정등보리를 증득하지 않고, 역시 후심을 일으킨 것을 벗어나서 무상정등보리를 증득하지 않느니라. 제보살마하살은 반야바라밀다를 수행하여 여러 선근이 점점 증장시켜서 무상정등보리를 증득하느니라. 그렇지만 제보살마하살은 정근하면서 수행하고 10지를 원만해진다면 무상정등보리를 증득하느니라."

그때 구수 선현이 세존께 아뢰어 말하였다.

"세존이시여. 여래께서 설하신 연기(緣起)의 이치는 지극히 매우 깊게 되는데 이를테면, 제보살마하살은 초심을 일으켜서 능히 무상정등보리를 증득하지 않고, 역시 초심을 일으킨 것을 벗어나서 무상정등보리를 증득하지 않으며, 후심을 일으켜서 무상정등보리를 증득하지 않고, 역시 후심을 일으킨 것을 벗어나서 무상정등보리를 증득하지 않습니다. 그렇지만 제보살마하살은 반야바라밀다를 수행하여 여러 선근이 점점 증장시키고 10지(十地)가 원만해진다면 무상정등보리를 증득합니다."

세존께서 선현에게 알리셨다.

"그대의 뜻은 어떠한가? 만약 마음이 이미 소멸되었다면, 다시 생겨나겠는가?"

선현이 대답하여 말하였다.

"아닙니다. 세존이시여."

세존께서 선현에게 알리셨다.

"그대의 뜻은 어떠한가? 만약 마음이 이미 생겨났다면, 소멸하는 법이 있겠는가?"

선현이 대답하여 말하였다.

"그와 같습니다. 세존이시여. 만약 마음이 이미 생겨났다면 결정적으로 소멸하는 법이 있습니다."

세존께서 선현에게 알리셨다.

"그대의 뜻은 어떠한가? 사라지는 법이 있더라도 마음은 마땅히 소멸하지 않겠는가?"

선현이 대답하여 말하였다.

"아닙니다. 세존이시여."

세존께서 선현에게 알리셨다.

"그대의 뜻은 어떠한가? 마음이 안주한다면 마음의 진여와 같겠는가?"

선현이 대답하여 말하였다.

"그와 같습니다. 세존이시여. 마음이 진여와 같다면, 마음은 이와 같이 안주합니다."

세존께서 선현에게 알리셨다.

"그대의 뜻은 어떠한가? 만약 마음이 안주하여 진여와 같다면 이 마음도 진여와 같이 항상하겠는가?"

선현이 대답하여 말하였다.

"아닙니다. 세존이시여."

세존께서 선현에게 알리셨다.

"그대의 뜻은 어떠한가? 제법의 진여가 매우 깊게 되겠는가?"

선현이 대답하여 말하였다.

"그와 같습니다. 세존이시여. 제법의 진여가 매우 깊게 됩니다."

세존께서 선현에게 알리셨다.

"그대의 뜻은 어떠한가? 진여로 나아간다면 이것이 마음인가?"

선현이 대답하여 말하였다.

"아닙니다. 세존이시여."

세존께서 선현에게 알리셨다.

"그대의 뜻은 어떠한가? 진여를 벗어나서 마음이 있겠는가?"

선현이 대답하여 말하였다.

"아닙니다. 세존이시여."

세존께서 선현에게 알리셨다.

"그대의 뜻은 어떠한가? 마음으로 나아간다면 이것이 진여인가?"

선현이 대답하여 말하였다.

"아닙니다. 세존이시여."

세존께서 선현에게 알리셨다.

"그대의 뜻은 어떠한가? 마음으로 벗어나서 진여가 있겠는가?"

선현이 대답하여 말하였다.

"아닙니다. 세존이시여."

세존께서 선현에게 알리셨다.

"그대의 뜻은 어떠한가? 진여가 능히 진여를 보겠는가?"

선현이 대답하여 말하였다.

"아닙니다. 세존이시여."

세존께서 선현에게 알리셨다.

"그대의 뜻은 어떠한가? 만약 보살마하살이 능히 이와 같이 행한다면, 이것이 매우 깊은 반야바라밀다를 행하는 것인가?"

선현이 대답하여 말하였다.

"그와 같습니다. 세존이시여. 만약 보살마하살이 능히 이와 같이 행한다면, 이것이 매우 깊은 반야바라밀다를 행하는 것입니다."

세존께서 선현에게 알리셨다.

"그대의 뜻은 어떠한가? 만약 보살마하살이 능히 이와 같이 행한다면, 어느 처소에서 행하는 것인가?"

선현이 대답하여 말하였다.

"만약 보살마하살이 능히 이와 같이 행한다면 모두 행하는 처소가 없습니다. 그 까닭은 무엇인가? 세존이시여. 만약 보살마하살이 매우 깊은 반야바라밀다를 행한다면, 마음이 현행(現行)이 없고 현행하는 처소도 없습니다. 왜 그러한가? 세존이시여. 만약 보살마하살이 매우 깊은 반야바라밀다를 행하는 때에 진여의 가운데에 안주한다면 모두 현행과 현행하는 처소와 현행하는 자가 없는 까닭입니다."

세존께서 선현에게 말씀하셨다.

"그대의 뜻은 어떠한가? 만약 보살마하살이 매우 깊은 반야바라밀다를 행하는 때에, 어느 처소에서 행하는 것인가?"

선현이 대답하여 말하였다.

"만약 보살마하살이 매우 깊은 반야바라밀다를 행하는 때에는 승의제(勝義諦)를 행한다면, 이 가운데에서 현행과 현행하는 처소가 함께 무소유이고, 능히 취하는 것과 취해지는 것도 얻을 수 없는 까닭입니다."

세존께서 선현에게 말씀하셨다.

"그대의 뜻은 어떠한가? 이 보살마하살이 매우 깊은 반야바라밀다를 행하는 때에, 행하는 승의제의 가운데에서 비록 상을 취하지 않았더라도, 상을 행하겠는가?"

선현이 대답하여 말하였다.

"아닙니다. 세존이시여."

세존께서 선현에게 알리셨다.

"그대의 뜻은 어떠한가? 이 보살마하살이 매우 깊은 반야바라밀다를 행하는 때에 행하는 승의제의 가운데에서 상을 버리겠는가?"

선현이 대답하여 말하였다.

"아닙니다. 세존이시여."

세존께서 선현에게 알리셨다.

"그대의 뜻은 어떠한가? 이 보살마하살이 매우 깊은 반야바라밀다를 행하는 때에, 어찌하여 상을 버리지 않고, 역시 상이라는 생각을 버리지 않는가?"

선현이 대답하여 말하였다.

"이 보살마하살이 매우 깊은 반야바라밀다를 행하는 때에, '나는 마땅히 상을 버리겠고 더불어 상이라는 생각을 버리겠다.'라고 이렇게 생각을 짓지 않고, 역시 '나는 마땅히 무상(無相)을 버리겠고 더불어 무상이라는 생각을 버리겠다.'라고 이렇게 생각을 짓지 않는데, 일체의 종류에서 분별이 없는 까닭입니다. 세존이시여. 이 보살마하살이 매우 깊은 반야바라밀다를 행하면서, 비록 능히 이와 같이 여러 분별을 벗어났더라도, 여래의 10력·4무소외·4무애해·대자·대비·대희·대사·18불불공법 등의 무량하고 무변한 수승한 공덕이 원만하지 않은 까닭으로 무상정등보리를 증득하지 못합니다.

세존이시여. 이 보살마하살이 미묘한 방편선교를 성취하였다면, 오히려 이러한 미묘한 방편선교로 일체법에 성취하지 않고 파괴하지 않으며 취하지 않고 버리지 않습니다. 왜 그러한가? 세존이시여. 이 보살마하살은 일체법의 자상(自相)이 공하다고 통달한 까닭입니다. 세존이시여. 이 보살마하살은 일체법의 자상(自相)이 공한 가운데에 안주하고, 유정(有情)들을 헤아리기 위하여 3삼마지(三三摩地)에 들어가는데, 대비(大悲)인 원력(願力)에 이끌리고 핍박받는 까닭이며, 이 세 가지의 정려에 의지하여 유정들을 성숙시킵니다."

　세존께서 선현에게 말씀하셨다.

　"그와 같으니라. 그와 같으니라. 그대가 말한 것과 같으니라."

　구수 선현이 곧 세존께 아뢰어 말하였다.

　"이 보살마하살이 어떻게 3삼마지에 들어가서 유정들을 성숙시킵니까?"

　세존께서 선현에게 말씀하셨다.

　"이 보살마하살은 공삼마지(空三摩地)에 안주하여 제유정들이 아·아소에 많이 집착하는 것을 보았다면 방편의 힘으로 교계하여 공삼마지에 안주하게 하고, 이 보살마하살은 무상삼마지(無相三摩地)에 안주하여 제유정들이 아·아소에 많이 집착하는 것을 보았다면 방편의 힘으로 교계하여 무상삼마지에 안주하게 하며, 이 보살마하살은 무원삼마지(無願三摩地)에 안주하여 제유정들이 아·아소에 많이 집착하는 것을 보았다면 방편의 힘으로 교계하여 무상삼마지에 안주하게 하느니라.

　선현이여. 이 보살마하살은 매우 깊은 반야바라밀다를 행하는 때에 이와 같이 이러한 3삼마지에 들어가고 그것을 따라서 상응하는 방편으로 일체의 유정들을 성숙시키느니라."

漢譯 | 현장(玄奘)

중국 당나라 사문으로 하남성(河南省) 낙양(洛陽) 구씨현(緱氏縣)에서 출생하였고, 속성은 진씨(陳氏), 이름은 위(禕)이다. 10세에 낙양 정토사(淨土寺)에 귀의하였고, 경(經)·율(律)·논(論) 삼장(三藏)에 밝아서 삼장법사라고 불린다. 627년 인도로 구법을 떠나서 나란다사(那爛陀寺)에 들어가 계현(戒賢)에게 수학하였다. 641년 520질 657부(部)에 달하는 불경들을 가지고 귀국길에 올라 645년 정월 장안으로 돌아왔으며, 인도 여행기인 『대당서역기(大唐西域記)』 12권을 저술하였다. 번역한 삼장으로는 경장인 『대반야바라밀다경(大般若波羅蜜多經)』 600권, 율장인 『보살계본(菩薩戒本)』 2권, 논장인 『유가사지론(瑜伽師地論)』 100권, 『아비달마대비바사론(阿毘達磨大毘婆沙論)』 200권 등이 있다. 번역한 경전은 76부 1,347권에 이르는 매우 중요한 대승불교 경전들이 상당수 포함되어 있으며, 문장과 단어에 충실하여 문장의 우아함은 부족하더라도 어휘의 정확도는 매우 진전되었다. 구마라집 등의 구역(舊譯)과 차별을 보여주고 있어 신역(新譯)이라 불리고 있다.

國譯 | 釋 普雲(宋法燁)

대한불교조계종 제2교구본사 용주사에서 출가하였고, 문학박사이다. 현재 대한불교조계종 교육아사리(계율)이고, 죽림불교문화연구원에서 연구와 번역을 병행하고 있다.

논저 | 논문으로 「통합종단 이후 불교의례의 변천과 향후 과제」 등 다수. 저술로 『신편 승가의범』, 『승가의궤』가 있으며, 번역서로 『마하반야바라밀다경』 1~14, 『팔리율』(Ⅰ~Ⅴ), 『마하승기율』(상·중·하), 『십송율』(상·중·하), 『보살계본소』, 『근본설일체유부비나야』(상·하), 『근본설일체유부비나야약사』, 『근본설일체유부비나야파승사』, 『근본설일체유부비나야잡사』(상·하), 『근본설일체유부필추니비나야』, 『근본설일체유부백일갈마 외』, 『안락집』 등이 있다.

마하반야바라밀다경 15 摩訶般若波羅蜜多經 15

三藏法師 玄奘 漢譯 | 釋 普雲 國譯

2025년 8월 31일 초판 1쇄 발행

펴낸이·오일주
펴낸곳·도서출판 혜안
등록번호·제22-471호
등록일자·1993년 7월 30일

주　소·㈜ 04052 서울시 마포구 와우산로 35길3(서교동) 102호
전　화·3141-3711~2 / 팩시밀리·3141-3710
E-Mail·hyeanpub@daum.net

ISBN 978-89-8494-735-1 03220

값 48,000 원